Le Siècle.

Vᵀᴱ PONSON DU TERRAIL.

## LA JEUNESSE DU ROI HENRI

### LE SERMENT

# DES QUATRE VALETS

PARIS

BUREAUX DU SIÈCLE

RUE DU CROISSANT, 16.

A. VIALON. DEL. J. GUILLAUME SC.

On trouve encore dans les bureaux du Siècle:

**ISTOIRE DES DEUX RESTAURATIONS (DE 1813 A 1830), par M. ACHILLE DE VAULABELLE.**

Huit volumes in-8°. — Prix : 40 fr., et 20 fr. seulement pour les abonnés du journal le Siècle.

Ajouter 50 c. par volume pour recevoir l'ouvrage franco par la poste.

N. B. — Afin de faciliter aux abonnés l'acquisition de ce ouvrage important, il leur sera loisible de se le procurer par parti de deux volumes chaque au prix de 5 fr. pris au bureau, et de 6 fr. par la poste.

Vᵗᵉ Ponson du Terrail

LA

# JEUNESSE DU ROI HENRI

## LE SERMENT DES QUATRE VALETS

### PREMIÈRE PARTIE

### I

C'était aux bords de la Garonne.

Au flanc d'un coteau pierreux qui surplombait le fleuve se dressait un vieux manoir flanqué de trois tours en ruines.

Un clos de vignes, un bouquet d'arbres, une prairie souffreteuse, deux ou trois champs caillouteux, composaient tout son domaine.

Mais on est vantard en Gascogne, et là mieux qu'ailleurs le cuivre sait emprunter les reflets de l'or.

Le castel avait des fossés, un pont-levis, une herse et des créneaux. A l'intérieur, il y avait de vieilles salles enfumées dont les murs étaient couverts d'écussons, et les maîtres prétendaient que, en hiver, ils alimentaient leur feu avec des bâtons de connétable.

Seulement les esprits médisants ajoutaient qu'on s'y chauffait bien rarement.

Une demi-douzaine de chiens maigres prenaient le nom pompeux de meute ; deux petits chevaux du pays de Tarbes emplissaient à eux seuls les écuries, et par pure fantaisie le dernier châtelain entretenait un gerfaut presque séculaire, qu'on ne chaperonnait plus depuis longtemps, car il était aveugle.

Or, le dernier châtelain était un tout jeune homme au nez busqué, aux dents blanches, au fier regard, qui par-

lait haut, buvait sec et jouait gros jeu sur parole, quand il ne pouvait faire mieux.

Lorsqu'il s'en allait à Nérac ou à Pau, ou bien encore à Bordeaux ou à la Rochelle, il avait une mine superbe sur son cheval roux à la crinière jaune, et il lorgnait les filles que c'était à le prendre pour un légat du pape ou un ambassadeur.

Sa vieille rapière héréditaire sonnait sur les dalles et les pavés d'une façon conquérante, et il portait si merveilleusement son vieux pourpoint de drap gris qu'on eût juré qu'il était tout de neuf habillé.

Donc, un soir de juillet de l'an de grâce mil cinq cent soixante-douze, ils étaient là trois amis en la grande salle du manoir, trois cavaliers dont le plus vieux pouvait avoir trente ans et le plus jeune dix-neuf. Ce dernier était le châtelain.

Ils étaient rangés à l'entour d'une table couverte d'un vieux tapis, et ils jouaient à la *bête hombrée*, un jeu très-en vogue en ce noble temps, et que madame Marguerite de France, reine de Navarre, avait mis à la mode quelque trente ou quarante années auparavant.

En vrais Gascons qu'ils étaient, ils avaient posé leur bourse sur la table au lieu d'en étaler le contenu.

A côté des enjeux on voyait deux bouteilles vides, deux bouteilles ventrues, pansues, comme un moine génovéfain en eût rêvé pour oreiller.

Les verres étaient vides aussi.

— Par le sambleu et les apôtres ! mes maîtres, — s'écria l'un d'eux, — j'ai soif. A boire, valet !

Une manière de paysan, vêtu d'une casaque jaune,

s'approcha l'oreille basse, dit quelques mots au châtelain, qui se fit de la main un cornet acoustique.

Le châtelain grimaça un sourire et dit tout haut :

— Messieurs, Pandrille, mon écuyer, demande quel est le vin que vous désirez.

Le châtelain se vantait. Pandrille s'était borné à dire qu'il n'y avait plus de vin à la cave.

— Mais, — s'écria l'un des convives, — du meilleur, *sandis !*

— Du plus vieux, *cadédis !* — riposta le troisième joueur.

Le châtelain ne sourcilla point.

— Par ma foi ! messeigneurs, si vous n'êtes pas très-pressés, vous serez servis à souhait, car, j'y songe...— Et se tournant vers la casaque jaune qu'il décorait du nom ronflant d'écuyer : — Pandrille, mon bel ami, — dit-il, — sellez sur-le-champ mon meilleur cheval...

— Lequel ? — demanda naïvement le valet ; — le noir ou le blanc ?

Le châtelain regarda son valet de travers.

— Imbécile ! — dit-il, — tu sais bien que Belzébuth est noir comme la nuit. — Le valet salua. Son maître poursuivit : — Sellez mon meilleur cheval, c'est-à-dire le noir Belzébuth, et galopez jusqu'à ma métairie du Clos. Vous demanderez à mon fermier une outre de vin de Saint-Jacques, ce vin fameux que mon aïeul importa d'Espagne, où il avait longtemps servi l'empereur Charles-Quint. — Le châtelain accompagna cet ordre d'un tel regard que le malheureux Pandrille, qui n'avait jamais entendu parler du fameux vin de Saint-Jacques plus que de l'empereur Charles-Quint, et qui savait que la métairie du Clos n'était autre qu'une cabane en pierre sèche bâtie au milieu d'un arpent de vigne, sortit tout ahuri. Alors le châtelain continua : — Mes chers seigneurs, les temps sont durs pour de bons gentilshommes comme nous. Les rois n'ont ni sou ni maille, et les querelles de la religion ont ruiné les plus nobles maisons de France et de Navarre.

— A qui le dis-tu, Hector ? — s'écria l'un des joueurs.

— Heureusement que noblesse oblige ! — murmura le second, qui se nommait Lahire.

— Par mes aïeux ! — reprit le châtelain, qui répondit en effet au nom d'Hector, — tandis que mon écuyer nous va quérir le fameux vin dont je vous ai parlé, si nous causions un peu de nos généalogies respectives ? Il est bon, le temps de peu ou de rien où nous vivons, que les vrais gentilshommes se remémorent leur noblesse.

— Voilà une belle idée, mordioux ! — exclama celui des joueurs qui répondait au nom de Lahire ; — et j'y vais répondre noblement, messeigneurs. Moi qui vous parle, tenez, je suis beaucoup plus noble que le roi. Le malheur des temps a forcé mes aïeux à demeurer simples gentilshommes, mais en vérité nous méritions mieux. Je me nomme Lahire et je descends du *valet de cœur,* vous savez ?

— Oui, — dit le châtelain, — Lahire, le compagnon de Jeanne Darc, Lahire le *valet de cœur,* l'ami de mon ancêtre Hector de Galard, le *valet de carreau.*

— C'est, parbleu ! vrai...— dit le descendant du compagnon de la Pucelle.

— Et moi, messeigneurs, — dit le troisième, — je ne vous cèlerai pas plus longtemps que je suis de bien meilleure maison que vous, en vérité.

— Bah ! — fit Hector.

— Allons donc ! — murmura Lahire.

— Vous le savez, je me nomme Hogier de Lévis, et mes pères étaient parents de la sainte Vierge. Le premier de mes ancêtres auquel nous pouvons remonter sûrement était écuyer du roi David, et il fut le conseiller intime, le confident de Salomon, qui le surnomma le *valet de pique.*

— Ah ! par les cornes du diable ! — exclama Hector de Galard, — tu vas un peu loin, mon gentilhomme.

— Mais non ! — fit modestement Hogier de Lévis.

— Les cartes n'ont été inventées que sous le règne de Charles VI.

— Pardon ! — répliqua Hogier imperturbable, — les cartes sont de l'invention de Saül.

— Tu crois ?

— J'en suis sûr. L'usage s'en perdit trente-neuf années et six mois avant la naissance du Christ, et on ne l'a retrouvé que sous le monarque dont tu parles.

— Ah ! — dit Lahire gravement,— c'est différent. Ainsi tu descends du *valet de pique ?*

— Comme toi du *valet de cœur.*

Au moment où Hogier de Lévis affirmait cette descendance avec le calme qui sied à la vérité, la porte de la salle s'ouvrit, et un jeune et beau gentilhomme entra.

Il était botté, éperonné et tout poudreux.

— Par la Vierge ! ta cousine, — dit-il, — j'ai la douleur, mon cher Hogier, de t'assurer que tu es auprès de moi qu'un gentillâtre sans naissance, tandis que nos amis Hector et Lahire sont de purs manants taillables et corvéables à merci.

— Et de qui donc descends-tu, Amaury ? — demanda Hector de Galard sans s'émouvoir.

— Mon nom te l'indique, — répondit le nouveau venu, — je descends de Noé.

— En droite ligne ?

— Et sans mésalliance, mon cher. Le premier de mes aïeux, fils aîné de Japhet, régna sur les bords du Gange. Un de ses descendants, Lancelot, fut le compagnon de l'empereur Alexandre, qui le surnomma le *valet de trèfle.*

— Pardon ! — observa Hogier de Lévis à son tour, — crois-tu pas que les cartes avaient déjà disparu à cette époque ?

— Tu as raison, mais l'usage s'en était conservé en Macédoine, — riposta Amaury de Noé. Puis il prit un siége et ajouta : — Maintenant, messeigneurs, que nous voilà tous fixés sur notre noblesse, offrez-moi un verre de vin, je meurs de soif.

— Attends un moment, — dit Hector, — mon écuyer est à la cave.

— Et, — ajouta Lahire, — comme la cave est un peu loin il a pris un cheval pour s'y rendre.

Amaury de Noé, car c'était notre ancien ami, se prit à sourire dans sa blonde moustache, avisa une carafe d'eau sur un dressoir, se versa un verre de cette boisson un peu primitive, et murmura en soupirant :

— C'était, ma foi ! bien la peine que mon aïeul plantât la vigne pour que son descendant, après avoir chevauché deux jours et deux nuits, se désaltérât de cette façon !

— Ah çà ! — dit Hector, — d'où viens-tu ?

— De Paris.

— Bah !

— Et je viens tout exprès pour vous rencontrer, messeigneurs.

— Allons donc !

Noé était devenu grave subitement, et le sérieux de son visage en imposa aux trois jeunes gens.

— Messieurs, — reprit-il, — je viens de Paris, où j'ai entendu comme un bruit confus, comme un craquement lugubre, comme un glas funèbre.

L'accent d'Amaury de Noé était solennel, et contrastait étrangement avec la voix joyeuse qu'il avait tout à l'heure.

— Que dis-tu donc ? — demandèrent les trois jeunes gens à la fois.

— Ce bruit confus, — répondit Noé, — c'était la voix du peuple de France avide et désireux de l'avenir ; ce craquement, c'était le trône des Valois qui s'écroule lentement ; ce glas funèbre, celui de ces trois princes dont le plus jeune a vingt ans, le plus vieux vingt-quatre, et qui cachent dans leur jeune poitrine le vieux cœur d'une race usée !...— Les trois Gascons ne riaient plus et regardaient Amaury de Noé avec une curiosité grave. Noé continua :

— Les querelles de la religion ont hâté l'œuvre de destruction ; les huguenots tournent les yeux vers l'électeur palatin, les catholiques appellent à leur aide les princes lorrains et l'Espagne... Nul n'a le sentiment du pays.

Ces derniers mots provoquèrent une explosion parmi les trois jeunes gens.

— Mort de ma vie ! — s'écria Hogier de Lévis, — étant cousin de la Vierge je suis bon catholique, mais je me ferais huguenot si les Espagnols devaient franchir les Pyrénées.

— Et moi aussi, — dit Lahire.

— Mordioux ! — exclama le châtelain, — je suis huguenot, moi, et je m'en fais gloire ! mais j'irais plutôt à la messe que de voir ce Teuton électeur palatin se mêler de nos affaires.

— Vive Dieu ! messeigneurs, — dit Noë, — je vous connaissais bien tous trois, et vous êtes les hommes que je cherchais.

— Pour quoi faire ?

— Écoutez-moi ; nous sommes Gascons, nous sommes Béarnais ; nous sommes les fils d'une terre chevaleresque et loyale où s'ébrécha l'épée de Roland ; nous n'avons pas de mines d'or dans nos montagnes, mais l'air qu'on y respire trempe le cœur, le rend invulnérable à l'effroi ; nous sommes une poignée d'hommes, mais le vieux rois de France avaient coutume de nous disséminer dans leurs armées en disant que l'épée d'un Béarnais valait cent piques et la rapière d'un Gascon cent arquebuses.

— Où veux-tu donc en venir ? — demandèrent les trois jeunes gens.

— Écoutez encore... écoutez ! — Et Noë se leva, son geste devint plus solennel, et il poursuivit : — Il y a de cela un mois à peine. Une nuit, deux hommes étaient accoudés à un balcon du Louvre, contemplant cette ville immense qui l'enserre et qu'on nomme Paris. Ces deux hommes étaient jeunes, ils étaient ardents, ils avaient foi en l'avenir. Vêtus de pourpoints de bure ils rêvaient du drap d'or, la main sur la garde de leur épée ils songeaient à commander des armées. L'un d'eux tout à coup leva les yeux vers le ciel nuageux. Une étoile y brillait sereine et lumineuse dans un lambeau d'azur. Et l'homme regarda l'étoile longtemps, et lorsqu'il ramena son regard sur la grande ville, ses lèvres murmurèrent tout bas ces mots : « Qui sait ? un jour peut-être je serai roi de France ! » — Ces dernières paroles de Noë produisirent un frémissement parmi ses trois auditeurs. — Cet homme, — continua-t-il, — c'était l'enfant de nos montagnes, le jeune prince qui a dormi souvent en plein air sous la voûte azurée de notre ciel avec une pierre pour coussin ; c'était le roi de notre pauvre pays où souffle puissant et sonore le vent de la liberté. Cet homme, chapeau bas ! messieurs, c'était le prince Henri de Navarre, devenu roi depuis que Catherine de Médicis a fait empoisonner Jeanne d'Albret sa mère et notre souveraine...

— Vive le roi de Navarre ! — s'écrièrent les trois jeunes gens.

— Vive le roi de France ! — répondit Noë. — L'autre, acheva-t-il, — l'autre jeune homme qui entendit ces paroles du prince, c'était moi... Et alors, messieurs, je me suis souvenu de vous, et je me suis dit que si quatre gentilshommes, quatre Béarnais, quatre Gascons, braves comme Roland, nobles comme le roi, levaient un jour la main et faisaient le serment de donner, non point la Navarre à la France, mais bien la France à la Navarre, ce serait folie à Dieu que songer à les en empêcher !

Les trois jeunes gens se dressèrent spontanément et levèrent la main.

En ce moment la porte se rouvrit et Pandrille l'écuyer reparut.

— Ah ! monseigneur, — dit-il, — quel malheur ! j'ai crevé l'outre d'un coup d'éperon et le vin s'est répandu en chemin...

— Messieurs, — dit Hector en riant, — Dieu est pour nous, car il vient de donner de l'esprit à mon valet.

## II

Le jour même où les quatre valets de Gascogne faisaient entre eux un pacte mystérieux, et presque à la même heure, à trois cent cinquante lieues de distance, un cavalier faisait sonner ses éperons sur le pavé de Nancy, la bonne ville ducale des princes lorrains.

Il était enveloppé dans un grand manteau couleur muraille, dont les pans soigneusement ramenés lui couvraient le bas du visage, tandis qu'un large chapeau sans plume descendait sur ses yeux.

Ce cavalier, après avoir traversé rapidement plusieurs rues fréquentées, car le couvre-feu n'était point encore sonné, s'enfonça dans une ruelle déserte qui, par une pente assez rapide, descendait jusqu'à la berge de la Meurthe.

Il parut hésiter un moment lorsqu'il eut atteint l'extrémité de la ruelle, et il se demanda peut-être s'il prendrait à gauche ou à droite, c'est-à-dire s'il remonterait le courant de la Meurthe ou s'il en suivrait le cours.

— Au diable les indications qui ne sont pas précises ! — murmura-t-il enfin. Une vieille lanterne éclairait le milieu de la ruelle. Le cavalier se dirigea vers cette clarté douteuse, s'arrêta verticalement au-dessous, tira de son sein un petit rouleau de parchemin attaché par une faveur bleue, et relut à mi-voix les lignes suivantes : « Si » le comte Éric de Crèvecœur aime toujours, il viendra ce » soir vers neuf heures au bord de la Meurthe, en descen» dant de la rue qui porte le nom de Saint-Paul. » — Je suis descendu sur la berge et je n'ai vu personne, — se dit le cavalier ; — comment faire ? Ma foi ! je vais me placer juste en face de la rue et regarder l'eau couler ; c'est le plus sûr. La personne qui m'écrit et que je ne connais ni d'Ève ni d'Adam est peut-être en retard... — Ayant ainsi parlé, le cavalier alla se placer à l'entrée de la ruelle Saint-Paul et demeura immobile. Cependant il fit encore à mi-voix les réflexions suivantes : — Qui donc a pu pénétrer mon secret ? Oui j'aime toujours, oui j'ai au fond de mon cœur un amour éternel ; mais l'objet de cet amour est trop loin de moi pour que je puisse et j'ose rien espérer... Que me veut-on ? qui donc m'a fait tenir ce matin ce billet mystérieux ?

Le jeune homme, car il était jeune le comte Éric de Crèvecœur, le jeune homme, disons-nous, regardait à droite et à gauche et cherchait à sonder les ténèbres d'une nuit brumeuse.

Tout à coup il entendit un léger bruit, et, se retournant, il vit une ombre mobile qui descendait la ruelle Saint-Paul et s'avançait sur lui.

C'était une femme.

Une femme vêtue de noir et le visage couvert d'un voile.

— Comte ! — dit-elle tout bas.

Cette voix était inconnue au cavalier.

— Que me veut-on ? — répondit-il.

— Êtes-vous le comte Éric de Crèvecœur ?

— Oui.

— Avez-vous reçu un billet ?

— Oui.

— C'est moi que vous attendez.

— Ah !

Et le comte essaya de voir si la femme était jeune ou vieille ; mais le voile qui dérobait ses traits était épais et la nuit était noire.

— Comte, — dit encore l'inconnue, — il n'y a que les paroles échangées en plein air qui ne sont recueillies par personne.

— C'est mon avis.

— Venez au bord de l'eau, là-bas... — La femme voilée

passa devant lui et se dirigea vers l'extrême bord de la berge. Puis elle jeta autour d'elle un nouveau regard.

— Nous sommes bien seuls, — dit-elle. Le comte l'avait suivie. Alors la femme voilée reprit : — Vous êtes le comte Éric de Crèvecœur, le descendant direct de ce vaillant Crèvecœur qui fut le bras droit du duc de Bourgogne Charles le Terrible?

— C'était mon arrière-grand-père.

— Vous êtes jeune, beau et brave.

— Jeune, oui ; beau, je n'en sais rien ; brave, à coup sûr.

— Vous êtes un des plus riches seigneurs de la Lorraine.

— On le dit.

— Et cependant les belles dames de Nancy et les gentilshommes de la cour du duc notre maître s'accordent à dire qu'il n'est cavalier si triste et si morose que vous.

— Je suis d'humeur grave.

— Votre front est pâle, un cercle de bistre entoure vos yeux, vos lèvres sont décolorées, et on prétend que vous êtes rongé par un mal inconnu.

— Peut-être suis-je malade ?

— Non, vous êtes frappé au cœur. — Le cavalier tressaillit. L'inconnue poursuivit : — Comte Éric de Crèvecœur, vous êtes la proie d'un amour immense et fatal.

— Qu'en savez-vous ? — interrompit brusquement Éric de Crèvecœur.

— Je le sais.

Il se prit à rire bruyamment :

— Je vous défierais bien de désigner la femme qui m'a fait son esclave?

— Ah ! vous croyez?

Et la femme voilée approcha ses lèvres de l'oreille du comte et y laissa tomber un nom.

Éric étouffa un cri :

— Taisez-vous ! — dit-il.

— Non, — dit la femme voilée, — vous m'écouterez.

— Que voulez-vous ?

— Je veux vous raconter votre propre histoire.

— A quoi bon ?

— Vous le verrez.

Ceux qui possèdent notre secret ont toujours un terrible ascendant sur nous. Le comte se sentit dominé par l'accent de l'inconnue ; il courba la tête et dit :

— Soit; parlez, je vous écoute...

— Comte de Crèvecœur, — reprit l'inconnue, — vous êtes entré un soir dans la vieille église dont la flèche domine dix lieues de pays à l'entour de Nancy.

— Je vais souvent à l'église.

— C'était un soir d'hiver ; la nuit était profonde et la grande nef du temple déserte... C'était l'heure où les prêtres ont cessé leurs chants, où les fidèles se sont retirés dans leur demeure, l'heure où Dieu reste seul en son tabernacle.

— Après?

— Vous vous êtes agenouillé sur la dalle ; vous avez courbé votre front de jeune homme avec l'humilité d'un vieillard qui voit approcher l'éternité et craint de paraître devant Dieu, puis vous avez murmuré à mi-voix cette prière : « Seigneur ! vous qui pouvez tout, donnez-moi la force de renoncer au fatal amour qui me ronge ; car, vous le savez, j'aime... » Alors vous avez prononcé un nom, et, si sourde qu'ait été votre voix, elle a trouvé un écho.

— Ah ! — dit le comte Éric en attachant un regard scrutateur sur la femme voilée, — qui donc êtes-vous qu'*elle* envoie pour savoir tant de choses?

— Peu vous importe! Écoutez encore...

— Parlez.

— Ce nom est arrivé jusqu'à une femme qui, pareillement agenouillée, se tenait immobile derrière un pilier de la nef.

— C'était vous?

— Non.

— Qui donc alors

— Comte, — dit la femme voilée, — vous êtes un vaillant soldat ; on vous a vu sourire au milieu des arquebusades, on vous a vu jouer avec la mort, mais qui sait si vous entendrez de sang-froid et sans pâlir ce que je vais vous dire ? — Éric de Crèvecœur sentit quelques gouttes de sueur perler à son front. — Savez-vous quelle était cette femme ?

— Mais parlez ! — exclama le comte avec une impatience fébrile.

— C'était *elle !*

— Elle ! elle !! elle !!! — murmura le comte épouvanté.

L'inconnue continua :

— Du moment où *elle* a su que vous l'aimiez, elle a pensé que vous la serviriez et lui seriez dévoué corps et âme si elle avait besoin de vous.

— Ah ! — murmura Éric de Crèvecœur, — si elle pouvait me demander mon sang jusqu'à la dernière goutte...!

— Qui sait?

— Si elle me pouvait dire : « Mourez pour moi, et en expirant vous me verrez sourire... »

— Pauvre comte ! — murmura la femme voilée, — comme vous l'aimez, mon Dieu !

Tout à coup Éric de Crèvecœur se redressa, et, pour la seconde fois,

— Mais qui donc êtes-vous, — dit-il, — vous qui me venez dire tout?

— Je suis envoyée par *elle*.

— Ciel !

L'inconnue vit le comte chanceler comme s'il eût été frappé de la foudre.

— Du courage, comte, du courage ! — dit-elle, — il le faut!

— Pourquoi ?

— *Elle* a compté sur vous.

— Je suis prêt. Que faut-il faire ?

— Suivez-moi... — L'inconnue se remit en marche ayant le comte à ses côtés. Elle suivit le bord de la Meurthe pendant dix minutes environ jusqu'à ce qu'elle eût rencontré un pont. Là elle s'arrêta et dit à son compagnon : — Connaissez-vous la forêt Verte?

— Oui, certes ; c'est elle qui entoure le burg du Diable, un vieux château ruiné, et ensorcelé, dit-on.

— Êtes-vous superstitieux ?

— Non.

— Alors vous ne craignez ni les esprits, ni les farfadets, ni les gnômes?

— Je suis chrétien, et ma religion me défend d'y croire.

— Chrétien et catholique, n'est-ce pas ?

— J'ai la haine des huguenots.

— C'est bien. Avez-vous parcouru la forêt Verte?

— Elle est immense ; mais, comme l'un de mes manoirs l'avoisine et que j'y ai forcé maint sanglier, j'en connais les moindres carrefours et les plus petites clairières.

— Ainsi vous n'avez nul besoin du clair de lune pour traverser le val des Fées, cette gorge sauvage qui conduit au vieux burg?

— J'en compterais au besoin les arbres et les pierres.

— Écoutez donc alors, comte Éric de Crèvecœur. Neuf heures viennent de sonner au beffroi du palais ducal. Il faut que vous soyez à minuit dans les ruines du vieux burg.

— J'y serai. Que dois-je faire ?

— Rien... attendre.

— Est-ce tout ce que vous avez à m'ordonner, vous qu'*elle* envoie ? — demanda humblement le comte Éric de Crèvecœur.

— On vous donnera vos instructions dans les ruines.

— Je vais faire seller mon meilleur cheval.

— C'est inutile.

— Pourquoi ?

— Tenez, descendez sous le pont, vous y trouverez une barque ; vous savez manier l'aviron ?

— Oui.

— En une heure vous aurez descendu la Meurthe jusqu'à l'endroit où commence la forêt Verte. Vous entrerez dans le taillis qui porte le nom de bois Fourchu.

— Je le connais.

— Et vous y trouverez un cheval tout sellé. Adieu !

Et l'inconnue, sans avoir soulevé son voile, fit un geste de la main et s'éloigna.

Le comte Éric de Crèvecœur descendit sous le pont, sauta dans la barque qu'on venait de lui indiquer, coupa l'amarre avec son poignard, et d'un coup d'aviron gagna le milieu de la rivière.

La Meurthe est profonde et rapide ; le comte était habile à gouverner une embarcation.

Celle qu'il montait fila rapide comme un alcyon, et, moins d'une heure après, elle effleurait la lisière de la *forêt Verte*, à deux portées d'arquebuse de ce taillis que l'inconnue avait désigné sous le nom de *bois Fourchu.*

Le comte aborda, sauta lestement à terre, et, laissant la barque s'en aller à la dérive, il s'apprêtait à entrer dans le taillis lorsqu'il crut entendre un bruit d'avirons qui frappaient l'eau régulièrement.

La nuit était noire ; on ne voyait point à deux pas devant soi, et le comte s'arrêta pour écouter.

Mais le bruit des avirons cessa comme par enchantement.

— Je me suis trompé, — pensa-t-il. Et il entra dans le taillis, se dirigeant vers une clairière où sans doute devait être le cheval dont on lui avait parlé. Tout à coup, et tandis qu'il marchait, il entendit un bruit de pas comme il avait entendu tout à l'heure un bruit d'avirons.

— Pâques-Dieu ! — murmura-t-il, — est-ce que je serais suivi ? Il porta la main à son épée et continua à avancer. Les pas se rapprochèrent. — Viendrait-on à ma rencontre ? — se dit-il encore. En même temps le hennissement d'un cheval arriva jusqu'à lui. Le comte marcha dans cette direction. Les pas s'approchaient toujours et faisaient craquer les feuilles mortes qui jonchaient le sol. Soudain le comte aperçut un homme qui, comme lui, allait droit au cheval qui venait de hennir et qui était attaché à un arbre. Il doubla le pas et arriva juste au moment où ce nouveau personnage allait prendre le cheval par la bride. — Arrière, manant ! — cria-t-il, — ce cheval est à moi !

— Arrière, toi-même ! — répondit l'inconnu, — et apprends que je suis gentilhomme.

— Eh bien ! en ce cas, mon gentilhomme, — dit le comte d'un ton plus courtois, — laissez-moi vous dire que vous vous méprenez étrangement ; ce cheval m'est destiné.

— Aussi vrai que je suis gentilhomme du Luxembourg et que je me nomme sire d'Arnembourg, je vous jure, mon gentilhomme, que vous êtes dans l'erreur.

— Pardon ! messire. Je viens de Nancy en bateau avec la certitude de trouver un cheval dans la clairière du bois Fourchu.

— Moi je viens de mon château d'Arnembourg, situé à quinze lieues d'ici ; j'en viens en ligne directe, persuadé que je trouverai un cheval dans cette même clairière.

— Alors, monsieur, — dit le comte Éric de Crèvecœur, — je ne vois qu'un moyen de trancher la question.

— J'allais vous le proposer, monsieur, — répondit le Luxembourgeois.

Et les deux jeunes gens, rejetant leurs manteaux en arrière, tirèrent leur épée du fourreau.

### III

Déjà les épées étaient hors du fourreau et les deux jeunes gens croisaient le fer, lorsqu'un deuxième hennissement se fit entendre.

Mais, chose bizarre, ce hennissement partait du fond

du taillis, et le cheval que le gentilhomme du Luxembourg et le comte de Crèvecœur se disputaient était auprès d'eux.

Il y avait donc un deuxième cheval.

Tous deux relevèrent le fer, et le comte regarda son compagnon.

— Nous sommes fous, — dit-il, — il y a un cheval pour chacun de nous.

— C'est mon avis, — dit le sire d'Arnembourg.

Comme le hennissement continuait à se faire entendre, le comte se dirigea vers le lieu d'où il partait, et en effet il trouva un second cheval attaché à un baliveau.

— Ma foi ! monsieur, — dit-il, — celui-ci est noir, l'autre est blanc, tous deux sont sellés ; lequel est pour vous, lequel est pour moi, je n'en sais rien.

— Ni moi non plus.

— Qu'en conclure ?

— Mais, — dit le sire d'Arnembourg, — choisissez...

— Après vous...

— Oh ! peu importe, pourvu que celui que je monterai me porte aux ruines du burg du Diable.

— Plaît-il ? — fit le comte.

— Je vais, — répéta le sire d'Arnembourg, — aux ruines du burg.

— Moi aussi.

— Hein ?

Et malgré la nuit les deux adversaires se regardèrent de nouveau.

— Cependant, monsieur, — dit le comte, — le château n'est pas habité, que je sache ?

— Il le sera cette nuit puisqu'on m'y attend.

— Moi aussi, — répéta le comte de Crèvecœur.

— Ah çà ! monsieur, voici, selon moi, qui commence à devenir extraordinaire.

— Comment cela ?

— Vous arrivez en bateau, moi aussi ; un cheval vous attend, j'en trouve un autre ; qu'est-ce que cela signifie ?

— Que nous allons au même endroit, voilà tout.

— Et probablement pour le même but, j'imagine.

— Je l'ignore.

— Plaît-il ?

— Monsieur, — dit le comte, — on ne sonde point les mystères.

— Ce n'est point mon avis.

— Ah!... Et, — ajouta monsieur de Crèvecœur, — si on vous attend aux ruines du vieux burg c'est que vous y avez affaire.

— C'est probable.

— Et moi aussi, puisqu'on m'y attend comme vous.

— C'est probable pareillement.

— Or donc j'ai le droit... de vous demander...

— Ce que j'y vais faire ?

— Dame !

— Je n'en sais rien.

— Ni moi non plus.

Il y eut un moment de silence entre les deux jeunes gens. Enfin le sire d'Arnembourg reprit :

— Cependant, monsieur, je puis vous révéler une chose qui piquera votre curiosité si elle ne peut la satisfaire.

— Je suis prêt à l'écouter.

— Je vous l'ai dit, je suis gentilhomme du Luxembourg et je suis capitaine pour monseigneur le duc de Lorraine, que Dieu conserve !

— Je suis pareillement à son service, — observa le sire de Crèvecœur.

— Étant capitaine pour le duc, — poursuivit le sire d'Arnembourg, — j'ai longtemps tenu garnison dans sa bonne ville de Metz.

— C'est comme moi.

— Or, tandis que je m'y trouvais, je me suis épris d'un amour violent pour une femme qui, pour des raisons que je ne puis vous donner, était aussi loin de moi que le soleil l'est de la lune.

— C'est également mon histoire.

Le sire d'Arnembourg ne parut point avoir entendu et continua :

— J'avais enseveli cet amour au plus profond de mon cœur lorsque j'ai reçu un singulier billet hier matin.— Le comte de Crèvecœur fronça le sourcil. Le gentilhomme du Luxembourg continua : — Ce billet disait : « Vous aimez... » Ici était le nom de la femme dont je vous parle; « or, cette dame a été instruite de votre amour... »

— Pardon ! mon gentilhomme, — interrompit le comte de Crèvecœur, — comment peut-il se faire que cette dame ait eu connaissance de votre amour puisque vous l'aviez enseveli au plus profond de votre cœur?

— Oh ! d'une façon bizarre.

— Voyons!

— Un soir, il y a de cela quelques mois, j'entrai dans une église comme la nuit tombait. L'église était déserte... du moins je le crus.

— Et, — dit brusquement le comte Éric de Crèvecœur, — agenouillé sur les dalles vous demandâtes sans doute à Dieu de vous guérir du fatal amour qui vous rongeait?

— Précisément.

— Et cette dame que vous aimiez était là derrière un pilier, et elle vous entendit.

— Sang-Dieu ! — exclama le sire d'Arnembourg, — qui donc vous a dit...?

— Personne.

— Alors comment...?

— Votre histoire est la mienne.

— Vous dites...? — fit le gentilhomme du Luxembourg.

— Monsieur, — dit froidement le comte Éric de Crèvecœur, — si vous le voulez, je vais vous dire le nom de cette femme?

— Par exemple !

— Je vous en donne ma parole.

— Eh bien! voyons...

— Elle se nomme... — Et le comte se pencha à l'oreille du sire d'Arnembourg, qui tressaillit et finit par jeter un cri. Cette confidence échangée, les deux jeunes gens firent chacun un pas en arrière. — Monsieur, — dit le comte, — je crois que nous sommes rivaux.

— C'est également mon avis, monsieur.

— Donc nous allons nous battre.

— Ah ! permettez...

— Et nous battre à mort !

— Monsieur, — dit froidement le sire d'Arnembourg, — vous ne me ferez pas l'injure de croire que j'aie jamais reculé devant un coup d'épée?

— Je ne le pense pas, du moins.

— Cependant je trouve votre proposition de combat hors de propos.

— Comment! monsieur, — exclama le comte, — nous allions nous battre pour un cheval et vous trouvez qu'une femme n'en vaut pas la peine?

— Ce n'est point cela.

— Alors expliquez-vous.

— Pour que cette femme dont nous parlons nous ait donné un semblable rendez-vous, il lui fallait un motif impérieux.

Le comte tressaillit de nouveau.

— Vous avez peut-être raison, — dit-il.

— Et si cette femme nous a supposés tous deux assez dévoués, assez remplis d'abnégation pour nous entendre et la servir en commun...

— Parbleu ! monsieur, — s'écria le comte en remettant son épée au fourreau, — vous êtes dans le vrai.

— Ah ! vous trouvez?

— Et au lieu de nous battre mieux vaut chevaucher de compagnie et faire route ensemble jusqu'aux ruines du burg.

— C'est mon avis.

— Là nous saurons ce qu'on attend de nous.

— Allons, — dit le sire d'Arnembourg, — choisissez votre cheval, monsieur.

— Je prends le noir.

— Bon ! — dit le Luxembourgeois.

Et, mettant le pied à l'étrier, il enfourcha le cheval blanc.

— Savez-vous bien le chemin ? — demanda le comte Éric.

— Moi? pas du tout. Mais on m'a recommandé, dans le billet que j'ai reçu, de rendre la main à mon cheval.

— Il saura le chemin pour vous?

— Précisément.

— C'est inutile, monsieur.

— Pourquoi?

— Parce que je vous guiderai, moi.

— Alors, c'est bien... En route !

Les deux jeunes gens poussèrent leurs chevaux, et, le comte Éric passant le premier, ils s'engagèrent dans un petit chemin frayé à travers la futaie et qui conduisait au val des Fées.

Tous deux chevauchèrent longtemps silencieux et absorbés en leurs pensées; tous deux firent tour à tour cette réflexion : « La femme que nous aimons ne nous aime pas évidemment, puisque nous sommes deux et que à tous deux elle assigne le même rendez-vous; mais elle a besoin de notre épée, et elle nous a permis de l'aimer en échange du service qu'elle attend de nous. » Tous deux encore furent simultanément assaillis par une mauvaise pensée, et chacun se dit : « Qui sait? si j'étais seul à l'aimer, seul à la servir, peut-être... »

Et ils se repentirent tour à tour d'avoir remis l'épée au fourreau.

Mais, comme ils entraient dans cette gorge étroite et profonde à l'extrémité de laquelle une colline hérissée de rochers supportait les ruines du vieux burg et que les habitants de la contrée environnante nommaient le val des Fées, ils entendirent résonner sous la futaie le galop d'un cheval, et en même temps retentir un juron énergique en langue allemande.

— Oh ! oh ! — dit le sire Léo d'Arnembourg, — qu'est-ce que cela ? On dit que la forêt Verte est fréquentée par de mauvais esprits. Est-ce que par hasard l'un d'eux servirait de cheval à Satan?

Le comte, lui, haussa les épaules.

— C'est quelque soudard égaré, un reître qui a perdu son chemin, — dit-il.

Le galop se rapprochait, et tout à coup un cavalier déboucha dans le val des Fées et arrêta court son cheval en se trouvant en présence des deux gentilshommes.

La lune venait de monter à l'horizon, et la nuit, sombre naguère, était devenue lumineuse.

— Parbleu ! messeigneurs, — s'écria le cavalier, — vous êtes du pays sans doute?

— Oui, — répondit Éric.

— Et vous aurez bien la courtoisie de me remettre en mon chemin ?

— C'est facile, messire. Où allez-vous ?

— Aux ruines du burg du Diable.

Éric et Léo jetèrent un cri.

— Hein? — fit le premier.

— Comment dites-vous? — demanda le second.

— Je vais aux ruines du burg du Diable, — répéta le cavalier.

— Nous aussi.

— Vrai? — fit-il à son tour.

— On nous attend à minuit.

— C'est l'heure qu'on m'a donnée.

— Par la Vierge ! seigneur cavalier, — dit alors Éric de Crèvecœur, — s'il en est ainsi vous ne ferez nulle difficulté, mon gentilhomme, de nous dire d'où vous venez?

— De Saarbruck, dont je suis seigneur châtelain tout en étant le vassal du duc de Lorraine, que Dieu conserve!

— Ah ! vous venez de Saarbruck?

— Sur un billet mystérieux que j'ai trouvé cloué avec un poignard à la porte de mon castel...

— Et... ce billet ?

— Ce billet m'invitait à me rendre aujourd'hui même, à minuit précis, aux ruines du vieux burg.

Le comte Éric regarda Léo d'Arnembourg.

— Je gage, — dit-il, — que ce billet commençait ainsi : « Si vous aimez toujours... »

Le châtelain de Saarbruck jeta un cri.

— Comment savez-vous ?

— Bah ! — dit le comte de Crèvecœur, — je gage que vous aimez une grande dame.

— C'est vrai.

— Une dame qui est aussi loin de vous que de nous ?

— Mais...

— Je me nomme le comte Éric de Crèvecœur, — l'Allemand s'inclina, — et monsieur, — continua Éric, — a nom Léo, sire d'Arnembourg.

L'Allemand salua et répondit :

— Je suis le sire châtelain de Saarbruck, et je m'appelle Conrad.

— Et vous aimez une femme dont je vais vous dire le nom.

— Oh ! je vous en défie.

— Bah !

Et le comte se pencha à l'oreille de Conrad, baron de Saarbruck, et murmura un nom tout bas.

— Ah ! exclama Conrad, — vous avez dit vrai. Mais qui donc a pu vous livrer mon secret ?

— Personne. Votre secret le nôtre ; nous aimons cette femme aussi. — Conrad porta la main à la garde de son épée. Léo se prit à rire. — Allons donc ! — dit-il, — si elle convoque ainsi tous ceux qui l'aiment, c'est qu'elle a besoin de leur épée.

— Vous avez raison, — murmura Conrad, qui refoula sa rapière dans le fourreau.

— Je gage, — reprit le comte Éric, — que vous étiez persuadé comme nous qu'elle ignorait votre amour ?

— C'est vrai.

— Comment l'a-t-elle appris ?

— Je l'ai sauvée dans une chasse à l'épieu des défenses d'un sanglier.

— Ah !

— Et mon secret m'est échappé.

— Eh bien ! franchement, — dit Léo en riant, — j'aime mieux cela.

— Pourquoi ?

— Parce que cela varie un peu. Le comte et moi nous avions révélé notre amour de la même manière.

— En vérité !

— Et, mort de ma vie ! — dit le comte Éric, — vous êtes plus hardi que moi.

L'Allemand répondit avec flegme :

— Je suis toujours hardi quand j'ai bu.

— Vous aviez bu ce jour-là ?

— Une outre de vin du Rhin ?

— Peste ! — murmura Léo.

Tout en causant, les trois jeunes gens avaient continué à chevaucher vers la colline, dont le faîte supportait les ruines du vieux burg.

Il leur fallut une heure pour gravir les pentes abruptes qui conduisaient au manoir ruiné ; mais minuit n'était point sonné encore lorsqu'ils franchirent la première enceinte.

Au milieu de ces murs écroulés, une seule tour était demeurée debout. Les créneaux de cette tour étaient inondés d'une clarté rougeâtre, tandis qu'un flot de fumée passait au travers du toit.

Éric de Crèvecœur, qui passait le premier, poussa son cheval vers cette tour, et lorsqu'il fut sur le seuil il se retourna tout à coup vers ses compagnons en s'écriant :

— Cornes du diable ! messeigneurs, en voici un quatrième.

Pourquoi ces paroles du comte Éric de Crèvecœur ?

C'est que, à l'intérieur de la tour, qui était immense, et dont les plafonds écroulés laissaient apercevoir le ciel tout constellé d'étoiles, on avait allumé un grand feu de broussailles.

Devant ce feu était assis un jeune homme qui pouvait avoir vingt-cinq ans.

Au bruit que fit le cheval d'Éric de Crèvecœur, le jeune homme tressaillit, se leva, et voyant un inconnu porta la main à la garde de son épée.

Mais Éric n'en tint pas compte ; il poussa son cheval et entra dans la tour sans avoir quitté la selle.

— Qui donc êtes-vous ? — demanda le jeune homme.

— Je me nomme le comte de Crèvecœur, — dit Éric.

Et comme ses deux compagnons l'avaient suivi et pénétraient pareillement dans la tour, le jeune homme étonné s'écria :

— Qui êtes-vous et que venez-vous faire ici ?

— Nous avons rendez-vous à minuit.

— À minuit !

— Comme vous, sans doute ?

— C'est vrai.

— Messire, — reprit Éric, — j'ai eu l'honneur de vous dire, que je me nomme Éric, comte de Crèvecœur, — le jeune homme s'inclina ; — monsieur que voilà, — poursuivit le comte, — s'appelle Léo d'Arnembourg ; — le jeune homme salua de nouveau ; — et monsieur, — acheva le comte, — est le baron Conrad de Saarbruck.

Le jeune homme rendit un troisième salut et dit à son tour :

— Messieurs, je suis gentilhomme bourguignon, et l'on me nomme Gaston de Lux.

— Tiens ! — dit le comte, — vous avez été page du duc Henri de Guise ?

— Je l'étais encore il y a cinq ans.

— Et on vous a donné rendez-vous... ?

— Par un billet qui m'est parvenu à Dijon, où j'étais descendu à l'hôtellerie des Trois-Rois.

— Bon ! — dit Éric, — je parie qu'il y était question d'amour.

— Que vous importe ! — dit-il.

Tout en échangeant ces explications, les trois nouveaux venus avaient mis pied à terre, attaché leurs chevaux à un arbre qui avait poussé au milieu des ruines, et ils étaient venus se ranger à l'entour du feu.

— Ah ! seigneur Gaston de Lux — dit le comte Éric avec une inflexion railleuse, — vous nous demandez que nous importe ?

— Sans doute.

— C'est que peut-être nous possédons tous trois votre secret.

— Je n'en ai qu'un, — répondit le jeune homme, — et il est si bien enfoui au fond de mon cœur que Dieu lui-même n'en sait rien.

— Mais elle.

— Qui... elle ? — demanda Gaston, qui fit un soubresaut sur le tronc d'arbre qui lui servait de siège.

— Elle, parbleu ! la femme que vous aimez... la femme que nous aimons tous.

— Vous ! vous ! — exclama le jeune homme.

— Nous... — dit froidement le comte.

— J'aime la femme que vous aimez !

— Eh ! sans doute, cela doit être... Sans cela seriez-vous ici ? — Et comme le jeune homme stupéfait et pâlissant les regardait d'un œil hagard et portait instinctivement la main à la garde de son épée, le comte Éric de Crèvecœur ajouta : — Tenez, si vous le souhaitez, messire, je vais vous dire son nom.

— C'est inutile, — dit tout à coup une voix sur le seuil, une voix douce et fraîche, une voix de jeune fille, harmonieuse comme le soupir du vent dans les bois. A cette voix les quatre jeunes gens se levèrent précipitamment et demeurèrent ensuite immobiles, tête nue, saisis d'admiration et de respect. Une femme qui s'était un moment arrêtée sur le seuil de la tour s'avança alors jusqu'au brasier, dont les reflets rougeâtres l'enveloppèrent et l'éclairèrent tout entière. Cette femme, qui avait rejeté en arrière le capuchon de sa mante espagnole, était une belle et suave jeune fille aux cheveux dorés, aux yeux bleus. Frêle et délicate en sa stature, elle avait le regard étincelant des âmes fortes, et sous ce regard ces quatre hommes, qui avaient bravé mille périls, courbèrent le front et se sentirent fascinés. Un moment silencieuse, cette jeune fille s'adressa enfin à Éric : — Comte de Crèvecœur, — dit-elle, — il est inutile que vous prononciez mon nom ; je vais vous le dire moi-même : je m'appelle Anne de Lorraine, et je suis duchesse de Montpensier. — Et comme ils se taisaient et demeuraient courbés sous les magiques effluves de son regard : — Oui, vous voilà bien tous, mes beaux seigneurs, — dit-elle avec enthousiasme, — vous à qui j'ai inspiré un violent amour longtemps à mon insu. Vous voilà, comte Éric de Crèvecœur, vous qui vous élançâtes un jour dans les flots du Rhin pour aller au péril de vos jours me cueillir sur la rive opposée une petite fleur bleue que j'aimais. Vous voilà, sire Léo d'Arnembourg, vous qui avez tué en champ clos un chevalier allemand qui avait osé insulter l'étendard de ma noble maison. Te voilà, Gaston de Lux, toi l'ancien page de mon frère bien-aimé, toi avec qui j'ai joué enfant. Et vous aussi, baron Conrad, vous êtes accouru, vous à qui déjà je devais la vie. — Et comme tous s'inclinaient. — Messires, — dit-elle, — tous quatre vous m'aimez... et s'il me fallait faire un choix parmi vous, oh ! sans nul doute j'hésiterais. Vous êtes tous braves, beaux, de noble race et d'âme loyale... Je ne suis point une princesse altière et vaine de ses aïeux ; je sais que des gentilshommes tels que vous valent des fils de roi, et si je pouvais vous réunir tous les quatre en un seul homme je placerais une main dans la sienne. Il y eut un frémissement d'enthousiasme parmi les quatre jeunes gens. La duchesse poursuivit : — Ne pouvant vous aimer d'amour, j'ai voulu vous aimer comme une sœur : j'ai voulu vous réunir et vous unir par un serment solennel, vous qui étiez inconnus les uns aux autres ; vous que le hasard avait fait rivaux, j'ai voulu vous rendre frères... j'ai voulu vous ranger sous un même drapeau, vous faire les serviteurs de la même cause. — Ils la regardaient muets, étonnés. — Messires, — poursuivit la duchesse, — je veux faire un roi de France : ce roi sera mon frère Henri de Guise, et les hommes sur lesquels j'ai compté pour cette œuvre de géants, c'est vous ! — A ces derniers mots ils se redressèrent tous quatre avec fierté. La duchesse acheva : — Le jour où mon frère Henri de Guise sera couronné roi de France, vous tirerez au sort parmi vous, et le vainqueur placera dans la sienne la main d'Anne de Lorraine, duchesse de Montpensier.

Tous quatre étendirent la main, et, frémissant d'enthousiasme, ils firent sur un christ que la duchesse tenait à la main ce serment solennel :

— Nous jurons de dévouer notre vie et de verser notre sang jusqu'à la dernière goutte pour Henri de Lorraine, duc de Guise, et un jour roi de France !

— A l'œuvre donc ! messires, — s'écria la duchesse, dont les yeux bleus jetèrent des flammes . . . . . . . . .

. . . . . . . . . . . . . . . . . . . . . . . . . . . . .

▼

Revenons maintenant à Paris.

Un matin, vers le milieu du mois d'août de la même année, le compère Malican, en manches de chemise, tête nue, était debout sur le seuil de sa porte.

Le cabaret était vide, la place du Louvre déserte. Il était cependant huit heures bien sonnées à l'église Saint-Germain-l'Auxerrois.

— Allons, — murmura Malican, — les Suisses sont de garde au Louvre ! Quand les Suisses sont au Louvre, monsieur de Crillon fait fermer les portes, et quand on ferme les portes le pauvre Malican fait de mauvaises affaires... — Le cabaretier jeta un regard mélancolique à l'intérieur de sa maison et continua ainsi son monologue : — J'ai beau avoir fait de Myette une grande dame, je n'en suis pas moins le pauvre diable de Malican qui a besoin de son métier pour vivre. Or, depuis un mois, les Suisses boivent comme les Français et les Français comme les Espagnols, ces pleutres qui dédaignent le jus de la treille pour le jus des limons et des citrons. — Malican accentua son monologue d'un nouveau soupir. Il avait tenu longtemps les yeux fixés sur le Louvre, dont la grand'porte demeurait close. Soit qu'il désespérât de voir se rouvrir cette porte, soit qu'il eût l'espoir qu'une pratique lui viendrait du côté opposé, Malican se retourna et se prit à lorgner le pont au Change, dont il apercevait les boutiques et les maisons d'orfèvres et de joailliers. Justement un cavalier passait sur ce pont. — Oh ! oh ! — dit Malican. — si tu te rends au Louvre, qui que tu sois, mon gentilhomme, je te défie bien de passer outre... Bon gré, mal gré, il te faudra boire de mon vin. — Et Malican qui n'était pas Gascon pour rien, Malican se campa sur sa porte d'un air conquérant, mit le poing sur sa hanche et se donna l'attitude d'un cabaretier qui n'a pas besoin de son métier pour vivre et ne le remplit que par pure philanthropie. Le cavalier venait de tourner l'angle du pont au Change, et, pour combler les vœux de Malican, il suivait en aval la rive droite de la Seine, c'est-à-dire qu'il venait droit au Louvre. Ce cavalier montait un fort beau cheval, aux jambes grêles, à la taille petite mais bien prise, et du premier coup d'œil le Béarnais Malican reconnut sa race. — Mort de ma vie ! — s'écria-t-il, — voilà un cheval de Tarbes, et par conséquent c'est un gentilhomme béarnais qui m'arrive... Holà ! messire ! — cria-t-il lorsque le cavalier ne fut plus qu'à vingt pas de distance. Celui-ci vint alors droit sur lui, et Malican jeta un cri de joie. Il avait reconnu le cavalier, et maintenant il oubliait son rôle de cabaretier pour se souvenir qu'il était l'oncle de la jolie Myette, l'heureuse épouse de Noë. Or, ce cavalier, c'était Raoul, le beau page Raoul, pour qui le cœur de Nancy l'espiègle avait battu, disait-on par le Louvre. Maintenant, pourquoi Raoul était-il monté sur un cheval de Tarbes ? C'est que Raoul revenait de Nérac et même de Pau. Presque aussitôt après son mariage, notre ancien ami Amaury de Noë avait éprouvé le besoin de s'en aller faire un tour en Navarre avec sa jeune femme. Il était parti il y avait environ un mois, et il avait emmené Raoul. Pourquoi ? Ceci était un secret entre le roi Henri de Navarre, Nancy et lui. Malican lui-même n'en avait rien su. Tout ce que Malican savait, c'est que Raoul avait fait route avec Myette et Noë. — Hé ! monsieur Raoul ! — s'écria-t-il tout joyeux.

— Bonjour, Malican.

— Vous arrivez ?

— Tu le vois à la poudre de mes habits. J'ai chevauché toute la nuit. — Et Raoul mit pied à terre. — Donne-moi un verre de vin, — dit-il, — je meurs de soif.

— Entrez, monsieur Raoul. — Le page attacha son cheval

à un anneau de fer fixé en dehors, et il entra dans le cabaret. — Vous revenez de Navarre? — demanda Malican avec vivacité.

— En droite ligne.

— Et vous avez vu Myette?

— Je l'ai quittée il y a huit jours.

— Et monsieur de Noë?

— Il y en a cinq à peine.

— Comment! — dit Malican scandalisé, — monsieur de Noë a déjà quitté sa femme?

— Pour quelques jours.

Malican fronça le sourcil.

— Aurait-il déjà cessé de l'aimer? — fit-il en regardant Raoul.

Raoul se prit à rire.

— Oh! rassurez-vous, — dit-il, — monsieur de Noë adore sa femme plus que jamais.—Malican respira.—Mais, — reprit le page, — il avait un voyage mystérieux à accomplir.— Malican ouvrit de grands yeux. — Ah! mon pauvre Malican, — dit le page, — il ne faut pas m'en demander plus long.

— Je sais que vous êtes discret.

— Par nécessité. Je ne sais pas où Noë est allé.

— C'est différent.

— Nous sommes partis de Nérac ensemble, et nous sommes venus jusqu'à Bordeaux; là, il m'a laissé sans me dire où il se rendait.

— Et vous ne savez pas?

— Je ne sais rien. Mais toi, Malican, tu vas me donner des nouvelles, je suppose.

— De quoi et de qui? — demanda Malican.

— Mais de tout ce qui se passe à Paris.

— Certes oui; mais mam'zelle Nancy vous en dira plus long que moi.—Malican cligna de l'œil.—Il n'y a que les femmes, — dit-il, — pour être au courant de tout. Et justement... — Malican était retourné sur le pas de la porte, — justement, — dit-il, — je vois une fenêtre qui s'ouvre là-haut sous les toits du Louvre.

Raoul courut à la porte, et, comme il avait l'œil presque aussi perçant que le Béarnais Malican, il reconnut la blonde Nancy en déshabillé du matin, qui, accoudée à sa fenêtre, respirait l'air à pleins poumons.

Raoul sentit son cœur battre précipitamment.

— Tu as raison, — dit-il. — Nancy doit savoir bien des choses.

Et il s'élança au dehors, remonta sur son cheval et piqua des deux vers le Louvre.

Nancy était à sa fenêtre, et, après avoir regardé curieusement le cheval attaché à la porte de Malican, elle avait suivi de l'œil le cavalier qui l'enfourchait pour venir au Louvre.

Peut-être Nancy n'avait-elle pas l'œil aussi perçant que Raoul et Malican, mais elle devina, aux pulsations violentes qui s'emparèrent subitement de son cœur, que ce cavalier ne pouvait être que son cher petit Raoul. Le page frappa à la porte ferrée du Louvre du pommeau de son épée.

Un Suisse ouvrit le guichet et le reconnut.

— Ah! monsieur Raoul, — lui dit-il, — vous êtes bien heureux d'arriver en plein jour.

— Pourquoi cela?

— Parce que, depuis le retour de madame Catherine...

— Hein? — fit Raoul.

Le Suisse reprit:

— Depuis le retour de madame Catherine, on n'entre plus la nuit au Louvre.

— Ah! madame Catherine est revenue?

— Oui, — dit le Suisse d'un air passablement consterné.

Et il ouvrit la porte.

Raoul pénétra dans la cour du Louvre, mit pied à terre, jeta la bride à un soldat qui n'avait rien à faire, et s'élança vers le petit escalier qui conduisait dans les combles du palais, et par conséquent aux logis des pages et des suivantes.

Sur la première marche de cet escalier il trouva Nancy.

Nancy, qui pâlit et rougit tour à tour, et, sans plus de cérémonie, lui sauta au cou en lui disant:

— Ah! Raoul, mon mignon, décidément je me suis aperçue de ton absence.— Et le prenant par la main, elle l'entraîna après elle dans l'escalier tournant. — Monte vite, — dit-elle, — on a dansé la nuit dernière au Louvre, et tout le monde dort encore.

— Ah! on a dansé?

— Jusqu'au jour.

— Peste! — murmura Raoul.

Nancy conduisit Raoul à sa chambre et le poussa sur un escabeau, tandis qu'elle-même s'arrondissait dans un grand fauteuil et y prenait la pose nonchalante d'une jolie chatte.

— Mon pauvre Raoul, — répéta-t-elle, — comme te voilà fait!

Et elle regardait les vêtements couverts de poussière du page.

— Ah! dame! — répondit Raoul, — je n'ai pas pu faire ma toilette en chemin; vous m'excuserez.

Nancy lui montra ses dents blanches en un joli sourire.

— Eh bien! — dit-elle, — nous avons fait un bon voyage?

— Excellent, mais un peu... triste!

— Ah! vraiment?

— J'ai songé à vous...

— Peuh! — dit Nancy, — je m'attends depuis trois semaines à cette réponse. Il n'en pouvait être autrement.

— Vous savez bien que je vous aime, Nancy... — La camérière de madame Marguerite rougit bien un peu, mais elle se laissa prendre la main, et Raoul porta avec transport cette main à ses lèvres. — Ah çà! — dit le page, ce premier moment d'effusion passé, — que m'a-t-on dit, Nancy?

— Je ne sais...

— Que madame Catherine, que le roi a fait exiler...

— Au château d'Amboise, après le mariage de madame Marguerite.

— Était de retour à Paris?

— Justement.

— Mais... le roi?

— Le roi, mon mignon, est persuadé que madame Catherine lui est tout à fait indispensable.

— Bah!

— C'est elle qui découvre les complots des huguenots.

— Les complots?

— Il y en a eu un.

— Contre qui?

— Contre le roi et la sûreté de son royaume.

— Mais quand?

— Il y a huit jours.

— Et... ce complot?

— C'est un certain gentilhomme du Limousin, nommé le sire de Cotte-Hardie, qui l'avait fomenté.

— Ah!

— Et c'est madame Catherine qui, du fond de sa retraite ou de son exil, comme tu voudras, l'a découvert.

— C'est bizarre.

— On a arrêté le sire de Cotte-Hardie. Le roi lui a fait donner la torture; mais on a dit tout bas, par le Louvre, que le bourreau avait mis des coussinets entre les coins et les jambes.

— Pourquoi donc?

— Attends... Le sire de Cotte-Hardie a été condamné à être décapité en place de Grève.

— Quand?

— L'exécution devait être pour hier matin.

— Et on l'a ajournée?

— Non... le gentilhomme s'est évadé.

— Du Châtelet?

— Mon Dieu! oui.

Raoul comprit.

— Je ne plains pas beaucoup, — dit-il, — le sire de Côté-Hardie. Et René ?

— René est toujours au Châtelet, et chaque soir, au dîner du roi, monsieur de Crillon murmure : « Har-nibieu ! sire, m'est avis que le parlement a fait de la mauvaise besogne en condamnant René à être rompu vif, puisque la sentence tarde tant à être exécutée. »

— Et que répond le roi ?

— Le roi jette un regard farouche de côté et n'ose lever les yeux sur Crillon.

— Et... la reine ?

— La reine regarde Crillon de travers et se tait pareillement... — Nancy allait continuer sans doute à donner à son ami Raoul des nouvelles de la cour et de la ville, lorsqu'un petit cordon qui sortait du plancher et montait au plafond s'agita et mit en mouvement un morceau de papier. C'était le genre de sonnette imaginé autrefois entre madame Marguerite et sa camérière. — Tiens, — dit Nancy, — il y a du nouveau. Oh ! oh !

## VI

Nancy dit à Raoul :

— Reste ici et attends-moi.

— Serez-vous longtemps ?

— Je ne sais pas.

— Pourrai-je sortir si vous tardez à remonter ?

— Non.

— Pourquoi ?

Nancy eut son sourire mutin.

— Parce que, — dit-elle, — j'ai à causer longuement avec toi.

— Mais...

— Et qu'il faut que je te mette au courant de ce qui se passe dans le Louvre...

— Ah !

— Pour que tu ne commettes aucune maladresse.

— C'est différent.

— Comprends-tu ?

— Oui. — Nancy était charmante en sa robe du matin, de couleur claire. Elle avait mis une touffe de bluets dans ses cheveux blonds relevés au coin des tempes, et son sourire lutin était tempéré par un doux regard qu'elle laissait de temps à autre peser sur la page. — Ah ! Nancy, — murmura le page, — ne me quittez point ainsi...

— La reine m'attend.

— Sans m'avoir dit...

Raoul hésita.

Elle le menaça du doigt :

— Je sais, — dit-elle.

— Sans m'avoir dit... que... vous me permettez toujours... de... vous... aimer...

Nancy le toisa d'un regard moqueur et amical à la fois.

— Niais ! — dit-elle.

Elle haussa légèrement les épaules et s'en alla.

Raoul demeura seul, et Nancy, pour être bien sûre que la fantaisie ne lui prendrait pas de s'aller promener dans le Louvre, Nancy l'enferma dans sa chambre et mit la clef dans sa poche.

Puis elle descendit.

Depuis qu'il avait épousé madame Marguerite de France, Henri de Navarre, devenu roi par la mort mystérieuse de la reine Jeanne d'Albret, sa mère, logeait au Louvre avec sa jeune femme, et il y occupait l'appartement que la princesse possédait avant son mariage.

Cet appartement, on le sait, était séparé par un mur mitoyen de celui de la reine Catherine, situé en partie au-dessous de la chambre de Nancy, et en mystérieuse communication avec le logis du sire de Pibrac, capitaine

des gardes, par le judas percé à travers les pieds de ce grand christ placé au chevet du lit de Marguerite.

Seulement, le soir de ses noces, le jeune roi avait pris à part le capitaine des gardes, lui disant :

— Pibrac, mon ami, vous souvenez-vous de certain cabinet ?

— Oui, sire.

— Par lequel vous me montrâtes ma femme la première fois ?

— Certainement, sire...

— En auriez-vous la clef sur vous ?

Le sire de Pibrac s'était pris à sourire de ce sourire spirituel et fin qu'on rencontre du pied des Pyrénées au bord de la Garonne, et il avait répondu :

— Votre Majesté me ferait certainement injure si elle supposait un seul instant que je ne l'aie pas dans ma poche depuis ce matin...

— Ah ! ah !

— Et je cours même après Votre Majesté, à la seule fin...

Le prince interrompit monsieur de Pibrac d'un geste et tendit la main :

— Donnez, — dit-il, — entre gens comme nous on se comprend...

— A demi-mots, — acheva Pibrac.

Et le roi Henri avait mis dans sa poche cette clef qui le garantissait contre les curiosités égrillardes de monsieur de Pibrac.

Ce fut donc dans cet appartement si longtemps occupé par madame Marguerite, et où tant d'événements dissemblables avaient eu lieu, que Nancy entra, après avoir enfermé Raoul chez elle.

Marguerite, en dépit de l'heure matinale, était levée.

Le roi de Navarre était absent. Ces deux circonstances étonnèrent Nancy, qui demeura sur le seuil les bras croisés, la bouche béante.

— Viens, petite, — dit la reine... Nancy fit un pas.

— Et ferme la porte.

Nancy obéit et demanda :

— Faut-il pousser le verrou ?

— Oui.

Marguerite de France, la belle Marguerite, était pâle, agitée, et Nancy stupéfaite s'écria :

— Est-ce que Votre Majesté a fait un mauvais rêve ?

— Non, mais...

— Se serait-elle déjà querellée avec le roi son époux sous prétexte de religion ?

— Non, — dit encore Marguerite.

— Alors... — Nancy regarda Marguerite avec la respectueuse familiarité d'un vieux serviteur. — Je n'ai jamais vu Votre Majesté levée de si bonne heure depuis son mariage.

— J'ai mal dormi.

— En outre, je trouve toujours le roi ici quand je viens.

— C'est vrai.

— Et jamais Votre Majesté n'a été aussi pâle... aussi défaite...

Marguerite mit un doigt sur sa bouche :

— Chut ! — dit-elle, — écoute-moi. — Nancy se rapprocha et regarda la reine avec une curiosité inquiète.

— Le roi de France vient de demander le roi de Navarre, — dit Marguerite avec effroi.

— Pour chasser ?

— Non... pour lui parler des affaires de la religion.

Nancy allongea ses lèvres et prit une mine piteuse.

— Hum ! — fit-elle, — c'est bien différent, en ce cas.

— Le roi Charles a travaillé cette nuit avec madame Catherine. — Nancy jeta autour d'elle un regard effaré, et ses yeux cherchèrent une porte ouverte. La reine continua : — Depuis le retour de la reine Catherine, mon frère Charles est sombre et d'aspect sinistre. — Nancy inclina la tête. — Et, — continua Marguerite, — il nous a dit hier, en soupant, qu'il entendait que tout le monde fût bon catholique dans son royaume.

— Ainsi, — demanda Nancy, — il a mandé le roi de Navarre?

— C'est Crillon qui l'est venu chercher.

Nancy, qui avait froncé à demi ses blonds sourcils, se dérida.

— Ah! voilà qui me rassure.

— Pourquoi?

— Parce que Crillon sera disgracié avant nous.

— Tu crois?

— Et que tant que Crillon fait son service auprès du roi... il n'est pas disgracié.

— C'est logique, mais...

— Cela ne prouve rien, veut dire sans doute Votre Majesté? — Marguerite fit un signe de tête affirmatif. Nancy reprit : — Il y a trois personnes que madame Catherine hait à la mort.

— Quelle est la première?

— Vous, madame.

La reine recula devant cette énormité affirmée par la bouche rose de la jolie camériste.

— Es-tu folle? — dit-elle.

Nancy secoua la tête.

— Je sais ce que je dis : madame Catherine hait Votre Majesté.

— Pourquoi?

— Mais pour trois motifs.

— Voyons!

Nancy répondit :

— D'abord parce que madame Catherine, en songeant à faire épouser le roi de Navarre à Votre Majesté, avait fait certains calculs qui ne se sont pas réalisés.

— Bon! Ensuite?

— Ensuite parce que Votre Majesté aime son époux.

— C'est une raison. Après?

— Après, parce que madame Catherine ne pardonne point à Votre Majesté l'horreur qu'elle n'a pu se défendre de lui témoigner lors de l'empoisonnement de la reine de Navarre.

— C'est bien, — dit Marguerite. — Voyons maintenant, selon toi, quelle est la seconde personne que la reine hait à la mort?

— Votre Majesté le devine.

— Plaît-il?

— C'est le roi de Navarre.

— Tu as raison. Et la troisième?

— C'est Crillon.

— Bah! — dit la reine, — je suis persuadée que ma mère ne lui fait pas cet honneur.

— Votre Majesté se trompe.

— Tu crois?

— J'en suis sûre.

— Explique-toi.

— Pour cela, il faut d'abord que j'affirme à Votre Majesté que si la reine hait elle sait aimer.

— Eh! j'en suis convaincue.

— Et elle aime pareillement trois personnes.

— Je connais la première, — dit la reine, — c'est mon frère d'Alençon.

— La seconde, — dit Nancy, — c'est maître René, qu'on doit rompre vif chaque matin, et qui chaque soir se couche fort tranquillement.

— Et la troisième?

— Oh! celle-là, — dit Nancy, — n'a rien de commun avec messire de Crillon, madame.

— Ah!

— Et je tairai son nom provisoirement pour en revenir à messire de Crillon.

— Soit!

Nancy continua :

— Là reine Marguerite a déjà obtenu du roi bien des choses, et demain elle obtiendra plus encore, mais elle n'a pu obtenir l'élargissement de René.

— C'est vrai, — dit Marguerite.

— La vie de René tient à un fil. Si le roi se couche un soir de mauvaise humeur, il peut se réveiller au milieu de la nuit avec le cauchemar et donner l'ordre qu'on rompe René avant le réveil de madame Catherine.

— C'est bien possible.

— Or, — poursuivit Nancy, — la seule personne qui contre-balance à elle toute seule l'influence de madame Catherine, c'est Crillon.

— Vraiment?

— Crillon est devenu auprès du roi ce que Caton d'Utique était auprès du sénat romain.

— Peste! — murmura la reine, — tu sais l'histoire ancienne, petite?

— Il le faut bien, madame.

— Comment?

— C'est la seule façon, selon moi, de comprendre l'histoire de France.

Marguerite eut un sourire silencieux, et Nancy continua :

— Caton d'Utique disait chaque jour en entrant au sénat : « Je pense qu'il est urgent de détruire Carthage. »

— Et Crillon?

— Crillon dit chaque soir en assistant au souper du roi : « Il m'est avis, sire, que, tant que René le Florentin n'aura pas été rompu vif, l'écusson de Votre Majesté sera mieux à l'ombre qu'au soleil. »

— Tu as raison, — dit la reine, — le jour où Crillon sera disgracié René sortira du Châtelet.

— Et nous serons tous perdus, — ajouta Nancy. Marguerite tressaillit. — Madame Catherine, — poursuivit la camériste, — est sortie du Louvre comme un proscrit; elle y est rentrée en triomphateur.

— C'est assez vrai, cela.

— Elle y est revenue avec des colères terribles, des haines mortelles, le désir ardent de sauver René et la résolution bien arrêtée de châtier tous ceux qui l'ont offensée.

— Je sais tout cela, — dit Marguerite; — mais crois-tu que le roi, mon époux, n'ait rien à craindre?

— Aujourd'hui, je ne sais.

— Et demain?

— Hum! — fit Nancy. — Voici le cas de nommer à Votre Majesté la troisième affection de madame Catherine.

— Quelle est-elle?

— Un homme qu'elle a voulu faire assassiner.

Marguerite tressaillit.

— Quand?

— Il y a trois mois.

La reine devint pâle.

— Son nom?

Nancy murmura tout bas :

— Il se nomme Henri.

— Tais-toi!

Et Marguerite jeta un regard effrayé autour d'elle.

A ce regard Nancy répondit par un sourire.

— Le roi n'est pas là, — dit-elle.

— Mais, — reprit Marguerite, — tu es folle?

— Non, madame.

— La reine hait le duc.

— Elle le haïssait, du moins.

— Et... maintenant?

— Maintenant elle l'aime.

— C'est impossible! — s'écria Marguerite stupéfaite.

— Impossible et vrai, — dit Nancy. Et la camériste, dont, on le voit, le sens et la pénétration politiques étaient allés se développant, exposa ainsi sa manière de voir. — La reine Catherine ne haïssait point le duc Henri de Guise, qui est un prince charmant, plein de bravoure, excellent catholique, mortel ennemi des huguenots, et de plus le frère du cardinal de Lorraine, pour lequel, Votre Majesté le sait, elle a eu une grande amitié.

— Bien, — dit Marguerite, — qui haïssait-elle donc?

— Le favori de la princesse Marguerite, — osa murmurer Nancy, — lequel aspirait à être son époux, c'est-à-dire le beau-frère du roi de France, ce qui devenait le premier glas funèbre de la monarchie.

— Après?

— Votre Majesté devenue reine de Navarre, madame Catherine ne hait plus le duc de Guise.

— Ah!

— Elle l'aime, au contraire, et bien certainement, à cette heure, il y a un petit traité d'alliance entre elle et lui.

— Tu es folle, — répéta Marguerite.

— Pas du tout.

Nancy s'exprimait avec un accent de conviction qui frappa madame Marguerite.

— Sur quoi donc appuies-tu cette belle théorie? — demanda-t-elle à sa camérière.

— Sur un événement qui s'est produit au Louvre.

— Quand?

— Hier au soir.

— Et tu ne m'en as rien dit?

— Votre Majesté était au lit.

— Eh bien! qu'est-il arrivé?

— Sa Majesté la reine Catherine a reçu la visite d'un beau cavalier.

— Que tu nommes?

— Le comte Éric de Crèvecœur.

Et Nancy s'appuya au dossier d'un fauteuil et prit l'attitude d'un narrateur qui est sûr de l'attention de son auditoire.


## VII

Ce nom de Crèvecœur était trop franchement historique pour que madame Marguerite l'entendît prononcer pour la première fois.

— Les Crèvecœur sont de Lorraine, — dit-elle.

— Oui, madame.

— Et l'un d'eux, Philippe de Crèvecœur...

— Servit le duc de Bourgogne, puis le roi Louis XI.

— C'est cela.

— Or, — reprit Nancy, — Votre Majesté sait que je suis Lorraine, moi aussi, et que c'est pour cela qu'on m'a surnommée Nancy. — La reine inclina la tête. — Mon père, qui était un pauvre gentilhomme, avait un manoir en ruines au bord de la forêt Verte.

— Qu'est-ce que la forêt Verte? — demanda Marguerite.

— Un grand bois près de Nancy qui couvre plusieurs lieues carrées de pays.

— Eh bien?

— Le comte de Crèvecœur possède, à quelques portées d'arquebuse de notre manoir, un beau castel en briques rouges.

— Et tu le connais?

— Dans mon enfance, le comte de Crèvecœur était un vieillard à barbe blanche.

— Et maintenant...?

— Maintenant c'est un beau jeune homme à brune moustache.

— C'est-à-dire que le père est mort et que le fils lui a succédé dans ses biens et son titre?

— Justement!

— Continue, petite.

— Il y a quelques années, — reprit Nancy, — quand j'étais encore chez mon père avec mes deux frères, dont l'un est page du roi de Pologne et l'autre est soldat dans les armées du roi, je rencontrais souvent le comte Éric de Crèvecœur. J'avais alors douze ou treize ans.

— Et lui?

— Il pouvait en avoir dix-huit.

Marguerite regarda sa camérière avec finesse.

— Je gage qu'il était beau, — dit-elle.

— Charmant.

— Et qu'il te plut?

— Ah! dame! — fit Nancy, — j'eus même l'effronterie de le lui laisser entendre.

— En vérité!

— Un soir que je me promenais à la lisière de la forêt, je rencontrai le comte Éric qui revenait de la chasse. « Petite, — me dit-il, — tu es jolie à croquer! — Ah! monseigneur, — m'écriai-je, — quel dommage que vous soyez si noble et si riche! — Et pourquoi cela, petite? — Mais, — répondis-je, — parce que si vous étiez un pauvre gentilhomme comme mes frères et mon père, je pourrais vous dire, moi aussi, que je vous trouve tout à fait de mon goût. — Ah! — dit-il en souriant. — Et vous m'épouseriez!... — Il me regarda tristement et me dit : — Ma pauvre enfant, si je n'avais le cœur pris, hélas! et que je pusse t'aimer, ce ne serait pas la pauvreté de ton manoir qui me ferait reculer; je suis bien assez riche pour deux. — Ah! — lui dis-je d'un ton boudeur, — vous aimez donc une belle dame, monsieur le comte? — Il fit un signe de tête et se tut. — Une belle dame toute de soie vêtue, — répondis-je, — avec des dentelles au cou et aux bras, comme il y en a tant à la cour du duc François? — poursuivis-je. — Oui, — me dit-il, — et jamais elle ne m'aimera... — Il faut qu'elle ait bien mauvais goût, — murmurai-je avec la naïve effronterie de mon âge. — Elle ne saura jamais que je l'aime, » ajouta le comte. Et, comme s'il eût regretté de m'en avoir trop dit, il poussa son cheval et s'éloigna. Mais quand il eut fait vingt pas il revint.

— Hein! — fit Marguerite.

Nancy continua :

— Il revint et me dit : « Tu es un joli petit ange dont le bon Dieu doit écouter les prières. — Est-ce que vous voulez que je prie pour le repos de l'âme du comte, votre père, monseigneur? — Prie-le pour mon père d'abord, et puis, mon enfant... — Il hésita; ensuite il prit une chaîne d'or qu'il portait, me la passa au cou et ajouta : — Le matin, quand tu t'éveilleras et que, de la fenêtre entr'ouverte de ta chambre, tu verras dans le lointain, à travers les arbres, les huit tours et le haut beffroi de mon manoir; lorsque tu entendras dire que le comte Éric de Crèvecœur est le plus riche seigneur de Lorraine, le plus brave, le plus beau, le plus envié, alors mets-toi à genoux, et prie pour lui!... » Il remonta précipitamment à cheval et s'enfuit.

— Ah ça! mignonne, — dit la reine, — quelle singulière histoire me fais-tu là?

— Attendez, madame. — Et Nancy poursuivit : — L'année suivante, mon père m'annonça qu'il allait me conduire à la cour de France, et que Votre Altesse daignait m'attacher à sa personne.

— Est-ce que tu revis le comte Éric de Crèvecœur?

— Oui, madame.

— Comment cela?

— Nous passâmes par Nancy juste le jour où le duc François donnait à ses gentilshommes un brillant carrousel. Mon père était pauvre, mais il était gentilhomme, et tous les gentilshommes se valent. Il fut admis à pénétrer dans l'enceinte du carrousel, et je pus m'asseoir à ses côtés sur un gradin qui n'était pas très-loin de la tribune des princes... Il me fut donc facile de voir de près le vainqueur lorsqu'il vint recevoir le prix de la lutte.

— Et ce vainqueur?

— C'était le comte Éric.

— Ah!

— Il était fort pâle; il devint livide quand la couronne de chêne toucha ses cheveux, et ses jambes fléchirent.

— Eh bien?

— J'en conclus que le vicomte Éric était toujours malheureux, et qu'il avait toujours besoin de mes prières.

— Mais, — dit madame Marguerite, — qu'est-ce que cet amour mystérieux du comte de Crèvecœur peut avoir de commun avec la visite qu'il a faite à la reine mère?

— Beaucoup de choses...

— Explique-toi...

— Le comte était jeune, beau, riche comme un roi, et certes si la dame qu'il aimait à ce point d'être ainsi malheureux ne pouvait devenir sa femme, c'est qu'elle était séparée de lui par un abîme.

— Tu crois?

— J'ai songé à tout cela depuis; alors j'étais trop jeune.

— Et tu as deviné?

— Oui, madame.

— Voyons, — fit la reine.

— La femme qu'aimait le comte Éric pourrait bien être celle-là même qui lui décerna le prix du tournoi au carrousel de Nancy.

— Et cette femme?

— Est la meilleure amie du duc Henri de Guise.

Pour la seconde fois la reine Marguerite tressaillit profondément :

— Son nom? — demanda-t-elle.

— La princesse de Lorraine, duchesse de Montpensier, — répondit Nancy, qui semblait être sorcière.

— Tu rêves, — dit la reine.

— Mais non, madame.

— Es-tu sûre de ce que tu avances?

— Dame! — fit Nancy, — je suppose, voilà tout... j'ai pu me tromper.

— Eh bien! admettons que cela soit, qu'est-ce que cela prouve?

— Madame, — répondit Nancy, — Votre Majesté n'a peut-être pas le temps de m'écouter?

— Au contraire, parle... et assieds-toi.

Nancy ne se fit point répéter l'injonction, et elle se pelotonna fort gracieusement dans un fauteuil garni de coussins.

Puis elle reprit :

— Le duc Henri de Guise a rêvé plus d'une fois de la couronne de France.

— C'est probable, — dit Marguerite.

— Mais c'est surtout à la suite de ses entretiens nocturnes avec la duchesse de Montpensier, sa sœur.

— Ah! — fit Marguerite rêveuse.

— La duchesse de Montpensier, voyez-vous, c'est l'âme, le génie, le démon de la maison de Lorraine; elle peut ce qu'elle veut.

Un fier sourire glissa sur les lèvres de Marguerite.

— Elle voulait me faire duchesse de Guise, — dit-elle après.

— Du temps que j'étais en Lorraine, le comte de Crèvecœur n'allait jamais à Nancy.

— Pourquoi

— Il boudait la cour.

— Avait-il à s'en plaindre?

— On disait oui. Or, de deux choses l'une : ou le comte a fait sa paix avec son seigneur suzerain, et il est venu à Paris en qualité de messager ; ou il s'est présenté au Louvre pour son propre compte. Ceci est peu probable, attendu que le comte n'a rien à démêler avec le roi de France. Donc, — continua Nancy — un homme qui avait un aussi grand chagrin d'amour que le comte de Crèvecœur...

— Peut-être ce chagrin est-il passé? — observa Marguerite.

— Je le crois.

— Ah!

— Hier au soir, il pouvait être dix heures, je me suis trouvée dans le corridor juste au moment où le comte sortait de l'appartement de madame Catherine.

— T'a-t-il reconnue?

— Il passait sans me voir, mais moi je lui ai parlé.

— Que lui as-tu dit?

— « Bonjour, monsieur le comte. » Il était pourtant bien enveloppé dans son manteau, et son chapeau descendait sur ses yeux. Je gage que personne ne le connaissait au Louvre. Quand il s'est entendu interpeller ainsi, je l'ai vu tressaillir et me regarder fixement. « Vous me connaissez? — m'a-t-il dit. — Vous êtes le comte Éric de Crèvecœur... et moi la petite fille... — Nancy ! - s'est-il écrié. — Oui, monseigneur. — Comment es-tu ici ? — Je suis camérière de la reine. — Le pauvre comte a cru que je parlais de madame Catherine, et son front plissé s'est rasséréné. — Monsieur le comte, — lui ai-je dit encore, — j'ai prié pour vous tous les jours... Faut-il continuer ? — Un éclair de joie a passé dans son regard. — Oui, — m'a-t-il dit, — prie toujours, petite; les prières sont bonnes pour ceux qui espèrent comme pour ceux qui désespèrent. — Puis il m'a quitté brusquement, ajoutant : — Ne dis pas que tu m'as rencontré. »

— Et qu'as-tu conclu de cette rencontre? — demanda Marguerite.

— J'ai conclu que le comte espérait, c'est-à-dire que la duchesse avait daigné lui sourire... et si elle lui a souri...

— Eh bien?

— Eh bien! le comte se fera tuer pour elle et dépensera ses richesses auparavant pour lui acheter des partisans; or, servir la duchesse c'est servir le prince Henri de Guise.

— Ma pauvre Nancy, — dit la reine, — tu aurais dû t'aboucher avec l'abbé de Brantôme. Tu composes déjà fort bien un conte, et, avec ses conseils...

— Madame, — répliqua Nancy avec une gravité triste, — voulez-vous me permettre de continuer mon raisonnement?

— Va! je t'écoute.

— Madame de Montpensier hait le roi Charles IX, le duc d'Anjou, roi de Pologne, et le duc d'Alençon. Madame de Montpensier n'aime au monde que son frère le duc de Guise.

— Je le sais.

— Elle se soucie de l'amour du comte Éric comme de ça... — Et Nancy appuya l'ongle rose de son pouce sous une de ses jolies dents et le fit claquer :

— Or donc supposons qu'il s'est trouvé par la Lorraine un autre, deux autres, trois autres seigneurs également énamourés des yeux bleus de la duchesse... et que la duchesse, qui sait quel parti on peut tirer d'hommes dévoués et amoureux, leur ait dit à chacun : « Je ferai tout pour celui qui fera beaucoup pour mon frère le duc ! »

— Petite, — dit Marguerite, — te voici dans la politique jusqu'au cou.

— C'est bien possible.

— Et tu devrais attendre le retour du roi mon époux.

— Comme la reine disait ces mots, on gratta doucement à la porte. — Qui est là ? — demanda la reine de Navarre.

— Moi, Henri.

Nancy courut ouvrir, et le roi entra.

La douleur qu'il avait éprouvée à la mort de sa mère avait quelque peu pâli le front du jeune prince, mais il avait conservé son œil vif, sa lèvre souriante et moqueuse, et la beauté du sire de Coarasse était demeurée la même sous le pourpoint du roi de Navarre. La reine courut à lui.

— Eh bien ? — fit-elle avec anxiété.

Le jeune roi la prit tendrement dans ses bras et lui dit :

— Rassurez-vous, ma mie, nous ne sommes pas encore complètement brouillés avec mon frère Charlot.

— Pas encore... — murmura Marguerite frémissante.

— Mais cela viendra, — ajouta le prince en riant.

— Mon Dieu !...

— Madame Catherine s'est donné un mal inouï hier pour nous faire congédier, vous et moi.

— Et où nous veut-elle envoyer?

— Eh ! ma mie, là où va le charbonnier et où il est maître, chez nous, dans notre royaume de Navarre.

Un nuage passa sur le front de Marguerite.

— Et le roi, qu'a-t-il dit?

— Ma foi! je tiens de Crillon qu'il allait consentir à notre renvoi, lorsque la reine a tout gâté.

— Comment?

— Par une maladresse. Elle est revenue à la charge et a demandé la grâce de René.

— Ah! par exemple!

— Alors le roi s'est emporté, et la reine n'a eu que le temps de rentrer chez elle... Mais, — ajouta Henri de Navarre, — il s'en est passé bien d'autres depuis hier.

— Quoi donc?

— Vous allez voir!

## VIII

Qu'on nous permette quelques lignes d'histoire rétrospective.

La reine mère avait été en disgrâce pendant six semaines environ.

Le roi l'avait boudée pendant un mois, à partir de la mort de madame Jeanne d'Albret.

Un mois après cette mort, presque jour pour jour, le jeune roi de Navarre avait épousé la belle Marguerite de Valois.

Jusqu'alors madame Catherine était demeurée au Louvre.

Le roi lui avait dit:

« Je ne veux point, madame, donner au monde le scandale de vous bannir de la cour juste au moment où votre fille va prendre un époux, mais souvenez-vous bien que le soir du mariage vous quitterez Paris pour toujours. »

La reine, qui connaissait la faiblesse de son fils, s'était inclinée, sans croire un seul instant à ses menaces.

Durant un mois, Charles IX avait évité Catherine, et, s'il l'avait rencontrée une ou deux fois par hasard, il ne lui avait même pas adressé la parole.

Or, malgré son espérance de rentrer en grâce, la reine avait vu, le soir du mariage, monsieur de Crillon pénétrer dans son appartement et s'incliner avec gravité.

— Que voulez-vous, monsieur? — lui avait-elle dit sèchement.

Crillon, l'homme sans peur, avait salué derechef, disant:

— Je viens annoncer à Votre Majesté que sa litière est prête.

— Plaît-il?

— Elle sera portée par quatre mules d'Espagne qui trottent long.

— Et escortée par une vingtaine de gardes de Sa Majesté le roi...

— Que me contez-vous là, monsieur? — fit la reine avec hauteur.

— Que j'aurai l'honneur de commander, — acheva Crillon avec un flegme superbe.

— Ah çà! monsieur! — s'écria Catherine avec colère, — expliquez-vous donc, s'il vous plaît!

— Madame, — répondit le jeune homme provençal avec une respectueuse fermeté, — le roi désire que Votre Majesté quitte Paris, et il a daigné me choisir pour l'escorter.

— C'est-à-dire que vous êtes mon geôlier, monsieur?

— Crillon salua. — Et... où me conduisez-vous?

— Au château d'Amboise, madame. — Catherine enveloppa le duc d'un regard de vipère. — Ah! monsieur de Crillon, — dit-elle, — vous êtes beau joueur.

— Votre Majesté m'honore.

— Et vous jouez gros jeu avec moi, en vérité.

— J'obéis, madame.

— Qui sait si quelque jour vous ne vous repentirez pas d'avoir si bien obéi?

— Madame, — répliqua le duc en se redressant et jetant en arrière sa tête martiale, — le jour où Crillon sera décapité pour avoir obéi à son maître, l'écusson de sa maison n'en brillera qu'avec plus d'éclat.

Catherine comprit que cet homme était de fer et qu'il ne fallait point songer à le briser.

— Cependant, — dit-elle, — je veux voir le roi.

— C'est impossible, madame.

— Impossible!

— Oui, madame.

— Et pourquoi donc?

— Parce que le roi est absent du Louvre. — Catherine eut un geste d'incrédulité. — Je ne mens jamais, — dit simplement monsieur de Crillon.

— Et... où donc est-il?

— Il est parti pour Saint-Germain il y a une heure.

— Eh bien! j'attendrai son retour.

— Cela ne se peut.

— Pourquoi?

— Parce que le roi couchera à Saint-Germain et ne reviendra que demain soir, après avoir chassé.

— Eh bien! je partirai demain soir, après l'avoir vu.

Crillon secoua la tête:

— J'ai engagé ma parole de soldat, — dit-il, — que Votre Majesté aurait fait quinze lieues avant le lever du soleil.

Crillon était homme à employer la force, Catherine le savait. Elle se résigna donc et partit. Le surlendemain elle arriva au château d'Amboise, désigné par le roi comme étant son lieu d'exil.

Mais au moment où Crillon prenait congé d'elle pour revenir à Paris, elle lui dit:

— Je crois, monsieur de Crillon, que vous eussiez eu plus de profit à être des miens.

— Madame, — répliqua le duc, — j'ai fidèlement servi Votre Majesté tant que Votre Majesté a suivi la même ligne de conduite que le roi mon maître.

— Savez-vous, — acheva la reine, — que le roi est d'humeur changeante?

— Hélas!

— Et que je pourrais bien revenir au Louvre prochainement?

— Je le souhaite pour vous, madame.

— Or, ce jour-là...

— Votre Majesté fera ce que bon lui semble... et ce qu'elle pourra, — dit-il, — Crillon n'a jamais tremblé ni devant l'ennemi ni devant le bourreau.

Et le duc était remonté à cheval, tandis que la reine murmurait au fond de son cœur:

— Voilà un homme dont j'aurai la tête quelque jour...

Or, madame Catherine avait bien auguré de l'avenir lorsqu'elle avait prédit au duc qu'elle finirait par rentrer au Louvre, ou plutôt elle avait fort habilement manœuvré pour rentrer en grâce.

Quinze jours après le départ de la reine mère, le roi Charles IX se trouvait un soir dans son *cabinet*, vaste pièce où nous l'avons vu plus d'une fois déjà.

Il était seul et jouait avec *Nisus*, ce beau lévrier qu'il avait donné à l'abbé de Ronsard, et qui revenait au Louvre chaque fois que le poète, la tête perdue dans les nuages, oubliait les choses de ce monde pour chercher une rime et laissait échapper son chien.

La nuit était venue, et le roi n'avait point encore frappé sur un timbre pour demander de la lumière.

Une vague obscurité régnait donc autour du monarque, donnant des formes et des tons fantastiques aux objets environnants. Tout à coup une porte s'ouvrit sans bruit, et le roi vit se dessiner à l'autre extrémité de son cabinet une forme noire.

— Holà! quelqu'un! — cria-t-il un peu effrayé. Mais soit qu'il n'eût point appelé assez fort, soit que le page de service ne se trouvât point dans l'antichambre voisine,

personne n'accourut à son appel. En même temps la
forme noire se prit à marcher, et le roi reconnut que
c'était une femme vêtue de deuil et le visage couvert
à la fois d'un masque et d'un long voile. — Qui êtes-vous,
madame, et que me voulez-vous ? — s'écria le roi, qui se
dressa tout d'une pièce.

— Sire, — répondit l'inconnue d'une voix qui devenait
méconnaissable en passant à travers le masque et le voile,
— je viens sauver le roi et la monarchie : on conspire à
cette heure contre Votre Majesté.

Au seul mot de complot, Charles IX bondissait et
devenait le plus attentif des auditeurs.

La femme voilée lui donna alors les plus minutieux
détails sur le complot du sire de Cotte-Hardie, complot
qui devait, disait-elle, entraîner l'assassinat du roi et la
perte du royaume livré aux huguenots. Elle désigna le
jour et l'heure choisis par les conjurés ; elle indiqua le
lieu où l'on pourrait arrêter sûrement le sire de Cotte-
Hardie.

Enfin son récit emprunta les couleurs de la plus austère
vérité.

Tandis que cette femme parlait, le roi se disait :
— Il me semble que j'ai déjà ouï cette voix quelque
part. — Quand elle eut fini, il lui dit : — Qui donc êtes-
vous, madame ?

— Sire, — répondit-elle, — que Votre Majesté donne des
ordres et fasse arrêter les coupables ; alors seulement elle
saura qui je suis.

— Soit, — dit le roi.

— Dans deux jours, — poursuivit l'inconnue, — à
pareille heure, Votre Majesté sera seule et me verra
revenir.

— Bien !

— Alors je me ferai connaître et demanderai à Votre
Majesté le prix de mes services.

— Si haut estimé qu'il soit pour vous, — dit le roi, —
si tout ce que vous venez de me dire est vrai, je le
payerai.

— Je ne veux point d'argent ni d'or, sire.

— Que voulez-vous donc ?

— Une grâce.

Et la femme voilée se retira, et le roi la vit s'éloigner
et n'osa la faire suivre.

Le lendemain, en effet, le sire de Cotte-Hardie fut
arrêté, et il avoua l'existence du complot.

Le soir, comme la nuit venait, le roi se retrouva seul
dans son cabinet, et la femme voilée, qui sans doute avait
une connaissance parfaite du Louvre, reparut.

— Madame, — dit le roi, — vous m'avez dit la vérité ;
parlez, qu'exigez-vous de moi ? je le ferai.

— Sire, — murmura l'inconnue en éclatant en sanglots,
— je suis une pauvre mère bannie de la présence de son
fils.

Et elle arracha son voile et son masque, et le roi jeta
un cri :

— Ma mère !...

Charles IX s'emporta d'abord, et puis, comme il était
faible, il pardonna ; et le lendemain les courtisans, en
pénétrant chez le roi, reculèrent stupéfaits à la vue de
madame Catherine.

— Messieurs, — dit le roi, — la reine mère a sauvé la
monarchie.

Le roi de Navarre, qui se trouvait présent, se pencha à
l'oreille de Crillon, et lui dit :

— Mon pauvre duc, je crois que voici le moment venu,
pour vous et pour moi, d'aller faire un tour dans nos
terres respectives.

— Ah ! sire, — murmura le brave Crillon, — je n'ai
nulle peur pour moi, mais je suis bien désolé...

— Et à quoi.

— Si la reine eût tardé trois jours de plus de rentrer
en grâce, on rouait René le Florentin, dont le procès était
enfin terminé.

En effet, bien qu'il y eût déjà plus de six semaines que

la reine de Navarre était trépassée, et que sur son cadavre
Charles IX eût juré que prompte justice serait faite, les
choses avaient singulièrement traîné en longueur.

D'abord le roi avait voulu que l'affaire fût poursuivie
solennellement.

On avait assemblé le parlement tout entier, lequel avait
mis ses robes rouges, et René avait comparu devant lui.

Mais un conseiller nouvellement nommé, le président
Renaudin, avait su trouver un vice de forme dans l'ins-
truction, et, après avoir été interrogé par ses juges, René
avait été renvoyé en prison, le parlement ayant demandé
un supplément d'enquête.

Justement le magistrat chargé de cette enquête avait
été maître Renaudin.

Renaudin avait gagné du temps ; puis les fêtes du
mariage étaient venues, et alors on avait un peu oublié
René.

Mais, le mariage accompli et la reine mère exilée,
Crillon avait dit au roi :

— Sire, il serait grand temps que Votre Majesté fît une
chose agréable à son bon peuple de Paris.

— Quoi donc ? — avait demandé Charles IX.

— Les Parisiens voudraient voir rompre René ; ils sont
dérangés de leurs travaux par les fêtes du mariage,
autant faire royalement les choses.

— Je suis de ton avis, Crillon, — avait répondu le roi.

Et alors Crillon avait été chargé de stimuler le parlement.

— Je vais pousser à la roue, — avait dit le gentilhomme,
qui ne dédaignait point de faire à l'occasion un calembour.

D'un autre côté, Renaudin, voyant la reine exilée, avait
renoncé à sauver René.

Or donc, juste l'avant-veille du jour où madame Catherine reparut au Louvre, le parlement avait condamné
René à être rompu vif le matin du troisième jour après le
prononcé de la sentence.

On le devine, la rentrée en grâce de la reine fut une
bonne aubaine pour René.

— Sire, — dit Catherine au roi, — je vous en supplie,
retardez de quelques jours l'exécution de ce malheureux,
dont, hélas ! je n'ai plus le courage de demander la grâce.

Cette feinte humilité de Catherine avait touché Charles IX.

On avait sursis à l'exécution de René. Chaque soir
Crillon demandait que le Florentin fût rompu ; mais, dans
la nuit, Catherine parlait de complots, d'assassins, de
huguenots, et le roi ne songeait plus à René.

En quinze jours, Catherine avait reconquis son influence
et Crillon perdait la sienne.

Cependant le tenace gentilhomme demeurait encore
sur la brèche, lorsque de nouveaux événements éclatèrent...

Catherine allait triompher.

## IX

Or, voici ce qui s'était passé chez le roi la veille au soir
et le lendemain au matin, au dire du jeune roi de Navarre.

Charles IX, dont l'humeur changeait à vue d'œil depuis
que madame Catherine était rentrée au Louvre, avait
cependant consenti à ce que la reine de Navarre, sa sœur,
donnât un bal aux échevins de la ville de Paris, lesquels
avaient eu l'honneur d'en offrir un aux jeunes époux
huit jours auparavant.

Madame Catherine, qui depuis son retour se montrait
souriante pour tous et faisait à tous patte de velours,
s'était montrée à ce bal dans ses plus beaux atours.

Le roi Henri et Marguerite, qui s'aimaient plus que
jamais, s'étaient promenés environ deux heures par les
salles, puis avaient disparu.

Henri pleurait encore sa mère ; Marguerite éprouvait encore le besoin d'être seule avec son époux.

Madame Catherine, seule, avait fait les honneurs du bal avec une grâce parfaite qui avait été d'un sinistre augure pour plus d'un courtisan.

Les uns avaient dit tout bas :

— La reine mère est si heureuse ce soir que quelqu'un pleurera demain des larmes de sang.

D'autres avaient ajouté :

— Peut-être qu'elle a obtenu la grâce de René le Florentin.

A cette dernière hypothèse, tout le monde avait frissonné.

Le roi, pris d'un sombre accès de mélancolie, ne s'était point montré ce soir-là, et il était demeuré dans son cabinet, occupé à jouer à la *bête hombrée* avec monsieur de Pibrac et Crillon.

Le colonel des gardes et le capitaine des Suisses étaient tous deux joueurs passionnés et ne s'occupaient que de leur partie.

Tout à coup le roi frappa du poing sur la table :

— Savez-vous, mes maîtres, — dit-il, — que voici plusieurs nuits que je ne dors pas ?

Et il posa les cartes sur la table.

Crillon et Pibrac, étonnés de cette apostrophe, regardèrent le roi.

Comme lui, ils posèrent leurs cartes sur la table.

En homme prudent, monsieur de Pibrac crut devoir attendre que le roi complétât sa pensée.

Mais Crillon, l'homme sans peur, dit nonchalamment :

— Cela n'est point étonnant, sire.

— Ah ! vous trouvez, Crillon ?

— Harnibieu ! sire, nous sommes au mois d'août et les nuits sont brûlantes... — le roi haussa les épaules, — et le Louvre est rempli d'insectes qu'on nomme *cousins,* lesquels font une piqûre très-désagréable, — acheva le colonel des Suisses.

— Crillon, mon ami, — dit le roi avec bonhomie, — vous êtes un bélître.

Les narines de Crillon se dilatèrent et frémirent.

— Harnibieu ! sire, — répliqua-t-il en riant, — il n'y a que vous en ce monde qui ayez le droit de me parler ainsi.

— Pourquoi cela ?

— Parce que vous êtes le roi ; car...

— La ! la ! — fit Charles IX, — ne te fâche pas, mon vieux Crillon ; je suis de méchante humeur.

— Cela se voit, sire.

— Et dans ces moments-là je tape un peu sur tout le monde.

— Bon ! — dit Crillon satisfait des excuses du roi, — ne parlons plus de cela, sire. Votre Majesté me faisait donc l'honneur de me dire qu'elle dormait mal depuis quelque temps... et les *cousins...*

Un rire nerveux plissa les lèvres du roi.

— Oui, — dit-il, — il y a en effet des cousins dans mes rêves.

— Ah !

— Mais des cousins sans ailes, des cousins véritables, quelque chose comme le duc de Guise et ses frères...

— Hum ! — fit Crillon, — Votre Majesté pourrait bien rêver vrai.

— Et puis il y en a encore un.

— Ah ! — dit Crillon, qui fronça le sourcil ; — et celui-là ?...

— C'est le roitelet de Navarre.

Un large sourire épanouit la face loyale de Crillon.

— Le roi de Navarre est un sujet fidèle de Votre Majesté, — dit-il.

— Tu crois ?

— Et s'il n'y a que lui qui empêche Votre Majesté de dormir...

— Il est le chef des huguenots...

— Bah ! sire, moi qui suis catholique, je vous puis parler en toute franchise, n'est-ce pas ?

— Parle...

— Eh bien ! si Votre Majesté veut lever une armée de cent mille huguenots pour les conduire à l'ennemi, elle trouvera cette armée et n'en aura jamais eu de plus vaillante.

Crillon, en parlant ainsi, venait de faire faire un bon pas à la cause des huguenots dans l'esprit du roi. Malheureusement l'effet en fut détruit presque aussitôt.

On gratta à la porte.

— Entrez, — dit le roi.

— Au diable le fâcheux !... — murmura monsieur de Crillon.

Pibrac, lui, toujours prudent, gardait le silence.

La personne que Crillon traitait de *fâcheux* n'était autre que la reine mère.

Madame Catherine était vêtue de ses habits de gala, et son sourire était rayonnant.

— Hum ! — pensa Pibrac.

— Diable ! — se dit Crillon.

On savait ce que signifiaient les sourires de madame Catherine.

— Bonsoir, madame, — dit le roi en se levant ; — est-ce que vous venez faire la *quatrième* dans notre partie ?

Jouer avec le roi, c'était lui faire un plaisir infini.

— Volontiers, sire, — dit la reine.

— Voilà qui est de mauvais augure, — murmura monsieur de Crillon.

Pibrac, lui, était plus que jamais silencieux.

La reine s'assit, retira ses gants, et prit les cartes avec ses belles mains blanches garnies de bagues.

— Votre Majesté a raison de s'amuser, — dit-elle.

— Et pourquoi pas, ma mère ?

— Car elle aura bientôt plus sérieuse besogne.

Le roi tressaillit.

— Plaît-il, madame ?

Catherine soupira.

— Hélas ! sire, nous vivons en un temps bien malheureux, en vérité.

Le roi replaça ses cartes sur la table et son œil étincela.

— Est-ce que vous allez m'apprendre une nouvelle conspiration, madame ?

Nouveau soupir de la reine.

Crillon, qui semblait se faire un jeu de tenir tête à la reine mère, dit brusquement :

— Je gage que Votre Majesté nous va parler encore des huguenots ?

Catherine essaya de foudroyer Crillon d'un regard ; mais les regards de Catherine étaient aussi impuissants sur l'âme du duc que les efforts de l'orage sur les vieux cèdres du Liban.

— Oui, certes, — dit-elle, — et il ne faut pas que Votre Majesté ignore plus longtemps la vérité tout entière.

— Hein ! — fit le roi.

— Le sire de Cotte-Hardie s'est évadé de prison.

— Oh ! — fit Crillon, qui tenait à conserver son franc parler, — nous savons cela depuis huit jours, madame.

— Mais ce que le roi ne sait pas, — dit la reine, — c'est que le complot du sire de Cotte-Hardie n'était qu'une simple escarmouche.

— Oh ! — reprit négligemment Crillon, — je n'y ai jamais, pour mon compte, attaché une grande importance.

La reine se mordit les lèvres ; mais elle continua :

— Plus que jamais les huguenots se remuent et conspirent tout à leur aise.

— Ah ! — fit le roi.

— Et c'est tout simple, — poursuivit Catherine, — puisque leur chef... le roi de Navarre...

— Hé ! madame, — répliqua le roi avec humeur, — convenez que vous m'avez assez tourmenté, cependant, pour en faire votre gendre.

Madame Catherine était battue avec ses propres armes; aussi changea-t-elle brusquement de tactique.

— Sire, — dit-elle, — Dieu veuille qu'un jour vos yeux s'ouvrent à la lumière, et que ce jour-là ne soit pas trop tard!

— Que voulez-vous me dire, madame?

— Il est un malheureux serviteur de la monarchie que sa haine pour les huguenots va conduire à l'échafaud, et qui cependant...

Madame Catherine jouait de malheur, car le roi se leva brusquement et s'écria :

— Je sais de qui vous parlez; c'est de René...

— Oui, sire.

Le roi frappa sur la table de son poing fermé.

— Eh bien! — dit-il, — s'il en est ainsi, laissez-moi vous dire à mon tour que je suis las de temporiser, madame. — Catherine frissonna. — Je veux en finir, — acheva le roi. Et se tournant vers Crillon, — Monsieur le duc, — dit-il, — vous ferez donner les ordres nécessaires pour que l'exécution ait lieu demain.

La reine eut le vertige.

— A quelle heure? — demanda Crillon triomphant.

— A midi. — Et comme la reine voulait parler, le roi l'arrêta d'un geste : — Madame, — dit-il, — quand on aura rompu votre cher René, vous me viendrez parler des huguenots et de leurs conspirations; je serai prêt à vous écouter. — Et comme il redoutait de nouvelles explications, le roi se leva et passa dans sa chambre à coucher, ajoutant : — Laissez-moi dormir.

. . . . . . . . . . . . . . . . . . . . . . . . . . . . . . .

Charles IX se vantait lorsqu'il demandait qu'on le laissât dormir; la vérité fut qu'il ne ferma pas l'œil de la nuit.

Il avait en tête les huguenots et leurs conspirations.

La reine avait compromis un moment la partie en redemandant la grâce de René; mais ses paroles perfides n'en avaient pas moins germé dans l'esprit du faible monarque.

Au matin, comme il commençait à s'assoupir, il eut un affreux cauchemar.

Il rêva que le sire de Cotte-Hardie tentait de l'assassiner...

Éveillé en sursaut, le roi appela. Un page accourut.

— Où est Crillon? — dit-il.

— Monsieur de Crillon a couché au Louvre.

— Qu'on aille me le chercher. — Crillon arriva. — Mon cher duc, — dit le roi, — je veux en finir avec les huguenots.

Crillon ouvrit de grands yeux.

— Votre Majesté aurait-elle revu la reine mère?

— Non, — dit le roi. L'étonnement de Crillon redoubla.

— Les huguenots conspirent, le roi de Navarre conspire...

— Oh! pour celui-là, sire, — dit Crillon, — je réponds du contraire.

— N'importe! allez me le quérir.

Crillon, tout abasourdi, alla prévenir Henri de Bourbon, qui était encore au lit avec sa jeune femme.

Henri accourut, laissant Marguerite en grand émoi; et Crillon le suivit.

Charles IX s'était fait habiller, et il venait de passer dans son cabinet. Les paroles de Crillon, jointes à son attitude calme et à son visage souriant, avaient déjà produit un bon effet sur le roi, qui reçut son frère de Navarre avec bienveillance.

— Votre Majesté a désiré me voir? — dit le jeune prince.

— Oui, mon frère. — Et le roi invita Henri de Bourbon à s'asseoir. Mais le prince demeura debout. — Mon pauvre Henri, — dit alors Charles IX, — te plais-tu beaucoup au Louvre?

— Mais oui, sire.

— Et tu n'as nul regret de ton royaume et de tes sujets?

— Henri regarda le roi. Le roi reprit : — On dit pourtant que Nérac est un plaisant séjour...

— Mais, sire...

— Et voici bientôt venir les vendanges et la cueillette des olives...

Un fin sourire vint aux lèvres du roi de Navarre.

— Mais, sire, — dit-il, — Votre Majesté semble me vouloir exiler.

— Non, certes, mais je prévois que tu auras peut-être des ennuis ici...

— Avec qui donc, sire?

— Avec madame Catherine.

— C'est bien possible, sire.

— Et puisque ma sœur Margot n'est jamais allée en Navarre, tu devrais l'y conduire.

— Je le veux bien, sire, mais...

Henri s'arrêta.

— Ah! — dit le roi, — est-ce que tu y mets des conditions?

— Oh! une seule...

— Laquelle?

— J'aimerais assez emmener la femme et emporter la dot; c'est l'usage.

Charles IX fit un soubresaut.

— Ouais! — dit-il.

— On a promis une dot à madame Marguerite, — poursuivit Henri imperturbable, — la ville de Cahors et trois cent mille écus. Or, j'ai bien besoin des trois cent mille écus, et, quant à la ville de Cahors, Votre Majesté conviendra qu'elle me serait fort nécessaire.

— Tu crois?

— Cela m'arrondirait.

Crillon se pencha à l'oreille du roi.

— Sire, — dit-il, — un homme qui réclame si franchement ce qu'on lui doit ne conspire pas...

## X

Tandis que Charles IX conseillait à son frère et cousin le roi de Navarre d'aller faire un tour dans son royaume, et que ce dernier manifestait l'intention de toucher auparavant la dot de madame Marguerite sa femme, la reine mère rentrait chez elle furieuse et désespérée.

Une dernière fois Charles IX lui avait refusé la grâce de son cher René, et de plus il avait chargé Crillon de presser l'exécution du coupable.

La reine retournait dans ses appartements en proie à un trouble d'esprit tel qu'elle eût cherché vainement toute seule à prendre un parti, si le hasard ne fût venu à son aide.

Un de ses pages était dans l'antichambre et vint à elle en lui disant :

— Un gentilhomme étranger désire parler à Votre Majesté.

— Je ne veux voir personne, — répondit brusquement Catherine.

— Ah! c'est que, — dit le page embarrassé, — je l'ai introduit.

— En quel lieu?

— Dans l'oratoire de Votre Majesté.

— Qui sait? — pensa la reine, — c'est peut-être un secours inespéré qui m'arrive?

Et elle entra dans son oratoire.

Un beau jeune homme, enveloppé dans un manteau, tête nue et le chapeau à la main, attendait debout et adossé à la table de chêne sculpté sur laquelle Catherine avait coutume d'écrire.

La reine le regarda avec curiosité.

— Qui êtes-vous, monsieur?

— Un gentilhomme lorrain.

— La reine fronça le sourcil.

— Votre nom?

— Éric de Crèvecœur.

Catherine avait coutume d'entretenir des espions dans

toutes les cours d'Europe; par conséquent elle connaissait de nom presque tous les personnages de marque des pays étrangers.

— En ce cas, — dit-elle, — je devine que vous m'apportez un message du duc Henri de Guise. — Le comte s'inclina. Catherine fit trève un moment à sa terrible préoccupation touchant René; et, retrouvant son sang-froid, — Nos cousins de Lorraine, — dit-elle, — nous ont fort négligés, monsieur, depuis quelque temps.

Le comte sourit.

— Mais il me semble, — dit-il, — que le prince Henri est venu dernièrement à Paris... un peu avant le mariage de madame Catherine.

Le comte prononça ces mots d'une façon qui ne laissa aucun doute à la reine mère. Il était au courant des anciennes intrigues du duc avec madame Marguerite et devait être sûrement dans tous les secrets de celui qui l'envoyait.

— Le prince Henri, — dit la reine, — est un ingrat...

— Il est tout dévoué à Votre Majesté, madame.

— Mais il a fui la cour de France, — dit Catherine avec un soupir hypocrite.

— Il y avait des ennemis.

— Ah! vous croyez?

— Et bien certainement, s'il y fût resté plus longtemps...

— Eh bien?

— On eût tenté de l'assassiner.

— Je ne connais à la cour de France, — répondit madame Catherine, — qu'une seule personne qui soit l'ennemi mortel du duc de Guise.

— Votre Majesté en convient?

— Oui: c'est le roi de Navarre.

— C'est aussi mon avis, madame.

— Mais, — reprit la reine, — si le roi de Navarre est l'ennemi du duc de Guise, moi, la reine, je suis son amie.

— Le duc l'espère, madame.

— Et comme telle je puis contre-balancer l'influence néfaste du roi huguenot.

Le comte de Crèvecœur s'inclina silencieux.

— Mais, — dit la reine, — vous venez ici envoyé par lui?

— Oui, madame.

— Par conséquent vous êtes porteur d'un message...

Le comte s'inclina.

Catherine croyait à un message écrit, et elle tendit la main.

Mais le comte se hâta d'ajouter:

— Je ne suis chargé, madame, que de demander de vive voix à Votre Majesté si elle voudrait bien accorder un rendez-vous au duc mon maître.

— Comment! — s'écria Catherine, — il ne m'a point écrit?

— Non, madame.

— Pourquoi?

— *Verba volant, scripta manent*, ce qui veut dire...

— Que les écrits restent et que les paroles s'envolent, — dit la reine, qui savait le latin. — Mais cependant, — dit-elle, — le duc a dû vous donner un gage quelconque, un signe auquel je pourrais reconnaître que vous venez de sa part...

— Oui, madame.

Et le comte tira de son sein une bague.

La vue de cette bague arracha un tressaillement à Catherine, en même temps qu'un éclair de colère passait dans ses yeux.

Cette bague, jadis le roi Henri II l'avait passée au doigt de la jeune reine que l'Italie envoyait à la France; plus tard, cette même reine, après que Montgommery eut si fatalement tué son époux, donna ce joyau à sa fille madame Marguerite de France.

Cette dernière, un jour, dans un élan de tendresse, avait mis cette bague à l'annulaire gauche du duc Henri de Guise.

Or, pour que cette bague fût dans les mains du comte Éric de Crèvecœur, il fallait bien qu'il vînt de la part du duc.

La reine n'en pouvait douter.

En outre, cet anneau avait encore, pour Catherine, une autre signification.

Si le duc de Guise avait consenti à s'en séparer, c'est qu'il n'aimait plus Marguerite.

— C'est bien, — dit la reine mère, — parlez maintenant, monsieur de Crèvecœur.

— Madame, — dit le comte, — le duc mon maître, qui s'intéresse fort aux affaires du royaume de France et à celles de la religion catholique, qui est si fort menacée en ce moment...

— C'est vrai, — interrompit la reine.

Le comte poursuivit:

— Le duc mon maître pense que Votre Majesté et lui pourriez vous entendre.

— C'est selon, — dit la reine.

— Et il est persuadé que d'une heure d'entretien avec Votre Majesté il pourrait résulter de grands biens pour la cause du catholicisme.

— Je le pense également, monsieur. Retournez à Nancy et dites au duc de Guise que je suis prête à le recevoir secrètement.

Le comte secoua la tête.

— Le duc n'est pas à Nancy.

— Où donc est-il?

— A Paris.

Pour la seconde fois madame Catherine fronça le sourcil.

— Ah! — dit-elle, — je croyais qu'il redoutait d'y être assassiné?

— Aussi est-il caché.

— Le roi de Navarre a peut-être bien des espions...

— Rassurez-vous, madame: si le duc n'a point vu cette nuit même Votre Majesté, il sera demain à quinze lieues de Paris.

— Eh bien! qu'il vienne!

Le comte se prit à sourire.

— Non, — dit-il.

— Pourquoi donc?

— Mais... parce que... il a fait un vœu...

— Quel est-il?

— De ne remettre les pieds au Louvre qu'après avoir vu Votre Majesté.

— Ah çà! monsieur, — fit la reine, — le duc a-t-il perdu la tête de me demander un rendez-vous et de ne point venir au Louvre?

— Le duc attend Votre Majesté.

— En quel endroit?

— Dans la maison où il est caché.

— Et cette maison...?

— Je ne puis pas l'indiquer à Votre Majesté; mais je puis l'y conduire, si toutefois elle consent à me suivre.

— Vous êtes fou, — dit Catherine, — de penser qu'une reine de France va s'en aller courir Paris la nuit.

— Hélas! madame, — répondit le comte, — j'ai ouï dire que Votre Majesté l'avait fait un soir qu'elle voulait à tout prix sauver du bourreau un homme qui lui était cher. — Catherine tressaillit brusquement. — Or, — continua monsieur de Crèvecœur, — je gage que, s'il était encore question du salut de cet homme, Votre Majesté consentirait à me suivre. — La reine attacha son regard clair et profond sur le comte, et parut attendre qu'il complétât sa pensée. — Madame, — dit le jeune homme, — si Votre Majesté consent à me suivre sur-le-champ, sans un page, sans un garde, foi de gentilhomme! René sera sauvé...

La reine étouffa un cri.

— Eh bien! — dit-elle, — je vous suis... — Et elle jeta un manteau à capuchon sur ses épaules; puis, regardant le comte, — Par où êtes-vous venu?

— Par là, — dit monsieur de Crèvecœur.

Et il montrait la porte de l'antichambre.

— Il faut qu'on vous voie sortir comme on vous a vu entrer.

— Mais vous, madame?

La reine ouvrit la croisée de son oratoire qui donnait sur la rivière.

— Tenez, — dit-elle, — voyez-vous cet arbre dont les racines plongent dans l'eau?

— Oui, madame.

— Eh bien! je vous y donne rendez-vous, ou plutôt j'y serai avant vous; sortez par le grand escalier. — Monsieur de Crèvecœur s'inclina et sortit. Ce fut alors qu'il rencontra Nancy et échangea quelques mots avec elle. Quant à la reine, elle prit ce petit escalier secret que Henri de Guise, le sire de Coarasse et René le Florentin avaient si bien connu tour à tour. Cet escalier, on s'en souvient, aboutissait à la poterne du bord de l'eau, et, cinq minutes après leur séparation, la reine Catherine et monsieur de Crèvecœur se retrouvaient au pied de l'arbre indiqué. La reine était encapuchonnée, et elle avait posé sur son visage le masque de velours si fort en usage alors. Le comte lui offrit la main. — Par où me conduisez-vous? demanda-t-elle.

— Venez, madame. — Et le comte fit traverser à la reine cette place semée de cabarets et de bicoques qui s'étendait entre le vieux Louvre et Saint-Germain-l'Auxerrois, puis il entra avec elle dans la petite rue des Prêtres. A ce moment, un homme, immobile jusque-là sous l'imposte d'une porte bâtarde, s'avança silencieusement vers eux. L'homme que la reine voyait s'avancer vers elle était, comme le comte Éric de Crèvecœur, enveloppé dans un manteau, et il portait un large chapeau qui lui couvrait une partie du visage. A la vue de cet homme, Catherine éprouva un certain effroi, car il vint se ranger auprès d'elle; et, par un mouvement instinctif, elle se serra contre monsieur de Crèvecœur. — Ne craignez rien, madame, — lui dit ce dernier, — cet homme est de mes amis.

— Ah! — fit la reine.

— Le sire Léo d'Arnembourg, — ajouta le jeune homme, — comme moi au service du duc. — Ils longèrent la rue des Prêtres, et, comme ils allaient en atteindre l'extrémité, un second personnage vêtu comme le premier quitta pareillement l'embrasure ténébreuse d'une porte et rejoignit le comte Éric. — Ne vous effrayez pas davantage, madame, — répéta le comte. — Vous connaissez donc aussi cet homme?

— Oui.

— Et c'est comme vous...?

— Un serviteur du duc notre maître, le baron de Saarbruck.

Mais les paroles de monsieur de Crèvecœur ne rassurèrent pas complétement madame Catherine.

— Ah çà! monsieur, — dit-elle, — voudriez-vous par hasard m'enlever?

Le comte se prit à sourire.

— Non, madame, — dit-il, — mais nous sommes gens de précaution, et nous avons voulu nous sauvegarder nous-mêmes pour le cas où il aurait plu à Votre Majesté de se faire escorter.

— Ah! c'est différent, — dit la reine.

Et elle continua à marcher.

On arriva ainsi jusqu'à la place Saint-Eustache.

Là tout à coup la reine entendit des cris, des hurlements, un tumulte infernal qui partait d'une maison de hideuse apparence, au coin de la rue des Deux-Écus.

— Oh! oh! — dit le comte de Crèvecœur, — il paraît que les habitants de ce quartier ne sont pas précisément très-paisibles.

Mais la reine s'était arrêtée muette et anxieuse.

— Que se passe-t-il donc dans cette maison? — demanda-t-elle.

## XI

La reine avait attaché sur la maison borgne un regard ardent et curieux.

Une lueur rougeâtre brillait derrière le papier huilé des croisées.

A cette clarté on voyait derrière les carreaux passer et repasser des ombres.

Puis les cris continuaient, les uns désespérés, les autres joyeux, mêlés de jurons, blasphèmes et chants d'orgie. Au milieu de ces vociférations, une voix de femme, voix suppliante et pleine d'angoisse, se faisait entendre, dominait tout le reste et arrivait jusqu'à la reine.

Cette voix, Catherine l'avait reconnue sans doute, puisqu'elle s'était arrêtée.

— Ah! — dit-elle, — on jurerait que c'est la voix de Paola.

— Paola! — fit monsieur de Crèvecœur étonné.

— Oui, la fille de René.

— Ah! je sais, — dit le comte, — on m'a narré cette histoire : les truands l'ont déshonorée...

— Hélas! — fit Catherine. — Et depuis deux mois je l'ai fait chercher vainement partout.

Les cris redoublaient.

— Au secours!... à moi!... — hurlait-on au dedans.

— Monsieur, monsieur! — dit la reine avec une anxiété croissante, — ne pourrait-on porter secours à ces infortunés?

— Si tel est le bon plaisir de Votre Majesté qu'on se mêle des affaires de ces bourgeois, — dit le comte, — la chose est facile.

Et il fit un signe à ses deux compagnons.

Le baron de Saarbruck arriva le premier sous les fenêtres, et frappa deux coups vigoureux sur la porte bâtarde avec le pommeau de son épée.

A ce bruit, les gens qui se trouvaient dans la maison parurent s'émouvoir.

— Qui est là? — demanda-t-on d'une voix avinée. — Est-ce toi, le duc d'Égypte?

— Truand de malheur! — répondit le baron, — je suis un vrai gentilhomme qui te plantera sa dague en plein corps si tu ne lui ouvres à l'instant.

— Fi des gentilshommes! — répondit l'ivrogne.

Et il referma la fenêtre.

Les cris continuaient au dedans.

Le baron de Saarbruck était un solide gaillard, haut de six pieds, un vrai Germain pour la stature et les proportions herculéennes.

Il s'arrêta tranquillement à la porte, donna un coup d'épaule, et la porte vola en éclats.

Éric de Crèvecœur et le sire Léo d'Arnembourg étaient derrière lui.

La reine se tenait à quelques pas dans la rue.

Alors un spectacle étrange s'offrit à leurs regards.

Une femme nue était liée à un poteau qui soutenait le plafond, et quatre personnes, dont une autre femme, l'entouraient.

La malheureuse poussait des cris déchirants et cherchait vainement à se dégager et à rompre ses liens pour se soustraire au supplice qu'on lui infligeait.

L'autre femme, qui ressemblait à une furie, vêtue d'un misérable jupon et d'une chemise ouverte sur la poitrine, ses longs cheveux noirs dénoués et flottants, était armée d'une corde à nœuds dont elle frappait la femme attachée au poteau.

Trois hommes étaient assis et buvaient, les coudes sur une table. Ces trois hommes étaient le colosse Boürden, Cœur-de-Loup et Courte-Haleine, ces trois truands qui avaient enlevé la fille de René trois mois auparavant. La femme que l'on fouettait n'était autre que Paola. Quant à l'autre, on le devine, c'était Farinette.

Les trois hommes buvaient, chantaient, blasphémaient, et si Paola poussait un cri trop déchirant, ils lui jetaient un verre de vin au visage en lui disant :

— Tais-toi ! sorcière de malheur...

— Ah ! — hurlait Farinette en frappant à coups redoublés, — je l'ai juré, je tiendrai mon serment. Chaque soir, pendant un an, je te rosserai d'importance !... Il faut que celui que j'aimais, et qui est mort pour ton scélérat de père, soit vengé !...

— Au nom du ciel ! — murmurait Paola, — grâce ! grâce !!!

L'œil de la jeune fille était hagard, une écume blanche bordait ses lèvres, et son visage jadis si beau portait maintenant l'empreinte de terribles et cruelles souffrances.

A la subite irruption des trois gentilshommes lorrains dans la maison, un silence de mort qui dura quelques secondes succéda à ce tapage.

Farinette demeura la corde en main et la main levée.

Le colosse Bourdon, qui avait ouvert la croisée pour savoir qui frappait, se leva précipitamment, et, à défaut d'autre arme, s'empara d'un pot de grès énorme dans lequel il n'y avait plus de vin.

Courte-Haleine et Cœur-de-Loup tirèrent chacun un poignard, renversèrent la table et la placèrent entre eux et les nouveaux venus.

— Holà ! marauds, — cria le comte en mettant flamberge au vent, — rendez-vous, s'il vous plaît, et détachez-moi cette femme...!

— C'est Paola ! c'est bien elle ! — s'écria la reine, qui se tenait un peu en arrière.

Le colosse se prit à rire d'un rire hébété.

— Laisse-nous tranquilles, beau mignon, — dit-il.

Le comte fit un pas en avant, et ses compagnons se rangèrent à ses côtés.

Courte-Haleine et Cœur-de-Loup brandissaient leurs poignards.

Bourdon leva son pot de grès, et il allait essayer d'assommer le comte, lorsque deux mains l'enlacèrent par derrière.

C'était Farinette.

Farinette avait jeté sa corde, et elle disait :

— Arrêtez donc, brutes que vous êtes ! et laissez-moi parler à ces gentilshommes.

— A la bonne heure ! — s'écria Éric de Crèvecœur. — La fille est méchante, mais elle est belle ; on l'écoutera.

— Farinette avait sans doute une certaine autorité sur ces trois hommes, car ils s'arrêtèrent. Bourdon laissa retomber son pot de grès au niveau de son nombril ; Courte-Haleine et Cœur-de-Loup se retirèrent en arrière. Paola roulait autour d'elle les yeux hagards qu'elle fixait parfois avec une curiosité hébétée sur les trois hommes qui venaient d'entrer. — Allons ! — la belle fille, — répéta le comte, — parle et dis-nous ce que tu fais ici, ce que sont cette femme que tu bats et ces hommes qui te regardaient faire ton métier de bourreau.

— Je m'appelle Farinette, — répondit-elle simplement.

— Tu es une jolie ribaude, mais je n'en sais pas davantage.

— Je suis la reine de la cour des Miracles.

— Ah ! ceci est un renseignement, — dit le comte. — Après ?

— Le roi de Bohême m'épousera dans neuf mois, lorsque j'aurai porté le deuil de mon premier époux.

— Comment le nommais-tu ?

— Gascarille.

— Et il est mort ?

— On l'a pendu à la place de René le Florentin, le misérable empoisonneur, le sorcier, le mécréant.

— Pourquoi bats-tu cette femme ?

— C'est la fille de René.

— Ah ! ah !

— Or, messeigneurs, — dit Farinette, — vous le voyez,

je fais œuvre pie, puisque je venge mon premier époux. Depuis deux mois, cela se renouvelle chaque soir.

— Et... ces hommes ?

Le comte désignait du doigt les trois truands.

— Ce sont mes esclaves...

Et Farinette eut un geste et un accent de véritable reine.

Le comte avait froidement écouté ces explications.

— Eh bien ! ma petite, — dit-il, — tu vas détacher cette fille, et sur-le-champ.

— Hein ? — fit la ribaude.

— Tu lui jetteras un manteau sur les épaules, et tu nous la rendras.

Mais Farinette poussa un cri sauvage.

— Qui donc êtes-vous ? — dit-elle.

— Nous sommes les amis de René.

Farinette bondit comme une tigresse vers le poteau, enlaça Paola qui se prit à gémir, et, lui étreignant le cou de ses deux mains :

— Eh bien ! — dit-elle, — si vous l'avez, vous l'aurez morte !... A moi les truands !

→Allons, mes amis, — dit le comte Éric, — il faut dégainer.

Et les trois jeunes gens se ruèrent sur les truands, qui prirent la table et s'en firent un bouclier.

En même temps, Farinette enfonça ses ongles dans le cou de Paola gémissante.

— N'approchez pas ! — cria-t-elle, — n'approchez pas... ou je l'étrangle !

Mais le comte leva son épée, et, d'un bond s'élançant par-dessus la table, il arriva près du poteau.

Farinette reçut un vigoureux coup de plat d'épée sur l'épaule droite, et la douleur, en lui arrachant un cri, lui fit lâcher prise.

En même temps le colosse Bourdon lançait, après l'avoir brandi, son pot de grès à la tête du comte.

Mais soit que le truand eût mal pris ses mesures, soit que le comte eût esquivé le coup, le pot frappa le poteau et se brisa. En même temps encore une détonation se fit entendre, et le colosse vomit un horrible blasphème et tomba tout de son long sur le parquet.

Le sire d'Arnembourg venait de le mettre bas d'un coup de pistolet. Courte-Haleine et Cœur-de-Loup laissèrent retomber la table et crièrent en un seul mot :

— Grâce !!!

Que pouvaient les poignards de deux truands contre les pistolets du sire Léo d'Arnembourg ?

— Allons ! canaille infecte, vermine humaine, — s'écria Éric de Crèvecœur, — hors d'ici !... — Les truands avaient jeté leurs poignards ; le colosse Bourdon se tordait sur le sol baigné dans son sang ; Farinette, étourdie du coup de plat d'épée, s'était retirée vers le mur auquel elle s'était adossée comme une bête fauve poursuivie qui fait tête aux chasseurs et aux chiens. Le comte alla vers elle, la prit à bras-le-corps et la porta jusqu'au seuil de la maison. Puis il la jeta dehors en lui disant : — Va te faire pendre ailleurs.

— Courte-Haleine et Cœur-de-Loup s'étaient déjà enfuis.

Il ne restait plus dans la maison que Bourdon, qui râlait et blasphémait, et Paola qui continuait à rouler autour d'elle des yeux hagards.

Le sire Léo d'Arnembourg la délia, puis il lui jeta son manteau sur les épaules.

A ce moment la reine, qui était demeurée immobile et comme frappée de stupeur dans la rue tandis que les truands se trouvaient encore dans la maison, y fit irruption et vint prendre Paola dans ses bras en lui disant :

— Mon enfant, ma fille... me reconnais-tu ?

Paola répondit par un éclat de rire.

Elle était folle !

Dix minutes après, la reine mère, ses trois compagnons et la fille de René, qui, après avoir pleuré et demandé grâce, riait maintenant et chantait les obscènes refrains qu'elle avait entendus dans la cour des Miracles, se remettaient en route.

Le comte de Crèvecœur, qui ouvrait la marche, conduisit la reine dans la rue des Jeux-Neufs, derrière Saint-Eustache, et au delà de ce rempart qu'on nommait l'enceinte de Philippe-Auguste.

Le comte s'arrêta devant une hôtellerie à la porte de laquelle pendait la traditionnelle branche de houx.

Au lieu de frapper, il siffla.

A ce bruit la porte s'ouvrit, mais nulle lumière ne brilla à l'intérieur.

Cependant un homme sortit à demi.

— Est-ce vous ? — dit-il.

— C'est moi. — Et le comte entra, priant la reine de le suivre, tandis que Léo d'Arnembourg donnait le bras à la folle. — Madame, — dit le comte Éric, — prenez ma main et laissez-vous conduire.

— Mais pourquoi ces ténèbres ?

— Parce que nul ne doit voir le duc, excepté vous et nous.

Catherine avait bien quelque appréhension, mais elle s'était trop avancée pour reculer.

Elle plaça sa main dans la main du comte, qui à travers l'obscurité l'entraîna dans l'intérieur de cette maison, qui ressemblait bien plus à un coupe-gorge qu'à un lieu honnête.


XII


La reine mère vécut alors une année en cinq minutes, tandis que le comte Éric de Crèvecœur l'entraînait à travers les dédales ténébreux de cette maison isolée derrière les remparts de Paris.

Elle se remémora tous les griefs que la maison de Lorraine pouvait avoir contre elle, tous les mauvais tours qu'elle avait joués au duc de Guise quand il était aimé de sa fille Marguerite, toutes les trahisons qu'elle avait méditées et tentées.

Pour un second royaume de France, Catherine eût hésité peut-être à suivre les envoyés du duc ; mais Éric de Crèvecœur avait fait vibrer à son oreille un mot magique, le nom de René.

Catherine, la femme insensible et cruelle par excellence, sourde à toutes les infortunes, impitoyable pour tous, Catherine avait un défaut de cuirasse au cœur : elle aimait d'une tendresse aveugle ce Florentin, mélange de sorcier et d'empoisonneur, qui depuis quinze ans possédait tous ses secrets et avait trempé dans tous ses crimes.

Or, le comte Éric avait prononcé le nom de René ; il avait promis que, si la reine le suivait, René ne mourrait point, et la reine avait consenti à le suivre.

L'homme qui s'était montré un moment sur le seuil de la porte extérieure de la maison était rentré et avait disparu dans l'obscurité.

Catherine fit une trentaine de pas, guidée par le comte ; elle longea un couloir humide et plus ténébreux encore que la pièce qu'elle avait traversée, puis le comte s'arrêta et frappa à une deuxième porte, sous laquelle passait un filet de lumière.

— Entrez ! — dit une voix à l'intérieur. Cette voix, Catherine la reconnut : c'était celle du duc.

Le comte poussa la porte, et Catherine se trouva sur le seuil d'une petite chambre d'auberge, au milieu de laquelle un homme était assis à califourchon sur un escabeau.

C'était le duc Henri de Guise.

A la vue de la reine, il se leva et salua profondément.

La reine attacha sur lui son regard intelligent et qui plongeait si bien au fond des cœurs.

Mais le duc était calme, impassible, et il était impossible de deviner sa pensée.

Il vint à la reine mère, s'inclina de nouveau et lui baisa la main.

Le comte Éric se retira et ferma la porte derrière lui.

— Savez-vous, monsieur mon cousin, — dit la reine, qui dissimulait de son mieux sous un sourire et une attitude tranquilles l'émotion qui l'étreignait, — savez-vous que vous en usez un peu sans façon avec moi ?

— Excusez-moi, madame, — répondit le duc avec respect ; — la prudence seule a dicté ma conduite, qui en toute autre circonstance eût été impardonnable. — Et le duc avança un siége à madame Catherine, puis demeura debout devant elle. — Madame, — dit-il alors, — vous comprendrez d'autant mieux les précautions dont j'ai dû m'entourer pour obtenir de vous une entrevue, que vous savez les dangers que j'ai courus il y a quelques mois alors que je logeais au Louvre.

La reine comprit l'allusion, mais elle demeura impassible.

— Mais non, — dit-elle, — je n'ai point ouï parler de ces dangers.

— J'ai failli être assassiné...

— En vérité !

— Mon Dieu ! oui, madame.

— Et par qui ? par un huguenot, sans doute ?

— Non, — répliqua froidement le duc, — on m'a invité à quitter le Louvre si je voulais demeurer au nombre des vivants.

— Mais qui ? — demanda Catherine qui jouait l'incrédulité.

— Un inconnu m'a abordé un soir au bas de la poterne du bord de l'eau...

— Et c'est lui qui a osé ?...

— C'est lui qui m'a prévenu du péril que je courais ; il m'a même nommé la personne qui stipendiait les assassins.

— Ah ! — fit la reine toujours calme. — Et cette personne...?

— C'était vous, madame, — répondit le duc sans s'émouvoir.

Catherine jugea inutile de s'indigner et de protester. Seulement elle demanda avec ironie :

— Dites-moi, monsieur mon cousin, m'avez-vous donc voulu voir pour me parler de ces sornettes ?

— Non, madame.

— Alors expliquez-vous, de grâce, sur le sujet de conversation que nous allons traiter ensemble.

— Auparavant, madame, permettez-moi de vous remémorer une histoire qui n'est pas encore bien loin de nous.

— Faites, — dit la reine.

— Je veux parler de l'histoire du roi François Ier, père du roi Henri II, votre illustre époux...

— Ah !

— Et de son rival l'empereur Charles-Quint. — Catherine tressaillit. — Pensez-vous, — continua le duc, — que si le roi François eût lu dans l'avenir et qu'il eût prévu les funestes conséquences de la bataille de Pavie et sa captivité en Espagne, il eût laissé l'empereur traverser fort paisiblement la France pour s'en aller dans les Flandres ?

— Je ne le pense pas. — dit la reine.

— Eh bien ! madame, — reprit le duc, — me voici à Paris, et en apparence je suis dans la situation de l'empereur Charles-Quint.

— On ne songe point à vous garder, monsieur mon cousin.

— Attendez... Mais, en dépit de l'apparence, je suis tout au contraire dans la position du roi François. — La reine fronça le sourcil. — Je prévois que si je me livrais à Votre Majesté je pourrais bien m'en repentir.

— Vous êtes fou, duc.

— Alors voici ce que j'ai imaginé, madame.

— Voyons ! — fit la reine.

— J'ai imaginé de vous enlever au milieu de Paris. — La reine eut un geste d'effroi. — J'ai des chevaux sellés à la porte Montmartre, qui est à deux pas d'ici. Justement l'officier qui commande la porte est un reître allemand qui m'est très-dévoué et qui me laissera sortir; trois hommes vaillants et fidèles m'accompagnent; vous les avez vus, n'est-ce pas?

— Oui, — dit la reine avec ironie.

— Et, une fois en Lorraine, je pourrai peut-être traiter avec vous des choses importantes de la religion et du royaume.

La reine, au comble de la stupeur, s'était relevée et dirigée vers la porte.

Mais cette porte s'ouvrit, et la reine aperçut derrière elle les trois jeunes gens qui lui avaient servi d'escorte.

— Ah! — s'écria-t-elle dominée enfin par l'indignation et la colère, — c'est une trahison infâme!

— Non, madame, — dit tranquillement le duc, — c'est de la belle et bonne guerre; cependant nous pourrions peut-être nous entendre...

— C'est-à-dire que vous allez me vendre ma liberté?

— Non, je veux assurer la mienne.

— Parlez...

Le duc fit un signe et la porte se referma.

De nouveau, madame Catherine était seule avec le prince lorrain.

— Madame, — reprit ce dernier, — votre cause et la mienne sont étroitement unies, croyez-le.

— C'est possible.

— Nous avons un ennemi politique commun, le parti huguenot.

— C'est vrai.

— Un ennemi personnel commun, le roi de Navarre.

— C'est encore vrai.

— Or, de notre entretien d'aujourd'hui va dépendre le sort des uns et de l'autre. — La reine regarda le duc. — Que feriez-vous pour celui qui vous débarrasserait d'eux?

— Mais... je ne sais pas.

— Cherchez bien. — Catherine devinait sans doute les secrètes prétentions du duc, mais elle paraissait ne point les comprendre. — Votre Majesté, — continua le duc de Guise, — n'a point voulu accorder la main de la princesse Marguerite... elle a peut-être commis une faute...

— La reine ne sourcilla point. — Car, — reprit le duc, — elle a cru que le roi de Navarre serait un petit prince sans importance, un ours mal léché, un montagnard vêtu grossièrement et plus préoccupé de courre un sanglier que de gouverner un royaume.

— Hélas! — soupira Catherine.

— Les choses étant ainsi, Votre Majesté a pensé que le roi de Navarre ne porterait nul ombrage au trône de France, tandis que si le duc de Guise...

Un sourire compléta la pensée du duc.

— Je confesse, — répondit Catherine, — que j'ai commis une grande faute; mais...

— Vous voulez dire que le repentir arrive trop tard.

— Oui, certes.

— La cour de Rome accorderait certainement le divorce.

— Oui, — dit Catherine, — mais Marguerite aime son époux.

Un nuage passa sur le front du duc, et un éclair de haine brilla dans ses yeux.

— Ah! madame, — dit-il, — vous avez parfois des mots cruels.

— Pardonnez-moi, — dit la reine, — et revenons aux huguenots.

Le duc se remit promptement de son émotion passagère et regarda froidement Catherine.

— Si Votre Majesté le veut, — dit-il, — avant qu'il soit un mois il n'y aura plus de huguenots en France.

— Pas même le roi de Navarre?

Le duc eut un sourire silencieux.

— Pas même le roi de Navarre, — répondit-il.

— Alors vous le ferez catholique?

— Non, mais il lui arrivera malheur. — La reine tressaillit. — Madame, — poursuivit Henri de Guise, — je

suis plus chez moi à Paris que Votre Majesté ne le pense.

— Oh! je sais, — dit la reine avec amertume, — que la maison de Lorraine a toujours eu le talent de se faire des partisans en tous pays.

— J'ai une armée occulte organisée dans votre capitale, — poursuivit Henri, — et cette armée surgira de terre à un signal donné.

— Et... ce signal?

— Elle aura, — continua le duc sans répondre à la question de madame Catherine, — elle aura un mot d'ordre.

— Lequel?

— Vive la messe! à bas le prêche!

— Mais qui donnera ce signal?

— Vous, madame.

— Moi? moi?

— Sans doute.

— Mais puisque cette armée vous obéit, dites-vous?

A son tour, le duc leva sur la reine un clair regard.

— Je vous offre les moyens de frapper, c'est à vous de les employer, — dit-il. — Je serai l'homme de la lutte, mais vous me l'aurez ordonnée; je serai le glaive et vous serez le bras; il nous faut une solidarité dans l'histoire.

— Et si je consentais à cela, quelles seraient vos conditions?

Le nuage qui avait déjà assombri le front du duc reparut.

— Ah! — dit-il, — vous savez bien que j'aime toujours Marguerite. — La reine hésitait encore. — Madame, — reprit le duc, — prenez garde, l'heure nous presse. Il faut que j'aie quitté Paris avant le jour. Si vous refusez, je vous garde prisonnière et je vous enlève.

La reine était prise au piège; elle essaya de trouver un détour.

— Mais, — dit-elle, — vous m'avez promis de sauver René?

— Oui.

— Savez-vous que l'heure de son supplice est proche?

— Je le sais.

— Et que dans deux jours...

— Il sera libre. Mais, — ajouta le duc, — vous ne le reverrez, madame, que le jour où vous aurez donné le signal du massacre. Jusque-là René, que nous aurons soustrait à ses bourreaux, restera mon prisonnier, et vous ne saurez point où le retrouver.

— A quoi bon? — dit Catherine.

— René sera mon otage. Si vous manquez à l'engagement que vous allez prendre avec moi, René n'aura fait que changer de bourreau : on le rompra à Nancy.

Le duc venait de prononcer une parole qui décida la reine.

— Eh bien! soit, — dit-elle, — puisqu'il faut que les ennemis du royaume périssent, que ce soit bientôt!

— C'est aujourd'hui le 14 août, madame.

— Bien!

— Voulez-vous que nous fixions la date du grand jour?

— Soit!

Le duc parut réfléchir un moment.

— Que pensez-vous du 24 août, jour de la Saint-Barthélemy?

— Comme vous voudrez, — murmura Catherine encore indécise.

Alors le duc poussa devant la reine une table sur laquelle il se trouvait des plumes et du parchemin.

— Veuillez, madame, — dit-il, — écrire sous ma dictée ces deux lignes : « *C'est par mon ordre que, dans la nuit du 24 août, le duc de Guise aura agi.* »

— Mais, — fit Catherine, — si cependant vous allez trop loin?

— Alors, — dit le duc, — n'en parlons plus; Votre Majesté nous fera l'honneur de nous suivre à Nancy, et René sera rompu vif.

Catherine étouffa un soupir.
— Allons, — dit-elle, — il faut céder.
Et elle prit la plume, écrivit et signa.

. . . . . . . . . . . . . . . . . . . . . . . .

La haine de la reine mère pour le roi de Navarre et l'amour désespéré de Henri de Guise pour Marguerite venaient de décider du sort des huguenots.

## XIII

Tandis que la reine mère conférait mystérieusement avec le duc de Guise, monsieur de Crillon, qui avait perdu galamment deux pistoles au jeu du roi, prenait congé de Sa Majesté et sortait de l'appartement royal en donnant le bras à Pibrac.

— Ah! monsieur le duc, — murmura le Gascon, — quel jeu dangereux vous jouez là!...

— Vous croyez? — fit Crillon avec sa naïveté de soldat.

— Cela vous jouera un mauvais tour. La reine ne pardonne pas.

— Je me suis juré, — répliqua tranquillement le duc, — que René s'en irait en Grève, et il ira. — Pibrac eut un geste d'incrédulité. — Et je vais m'en occuper dès ce soir.

— C'est un peu tard...

— N'importe! je veux aller faire un tour chez Caboche, qui est un peu mon ami. Venez-vous avec moi, mon cher capitaine?

Monsieur de Pibrac se serait fort bien dispensé de cette visite nocturne, mais il n'osa refuser.

Crillon entra dans le poste des Suisses, donna un ordre à l'officier de service, puis il sortit du Louvre avec Pibrac. La nuit était venue, les étoiles brillaient au ciel. Monsieur de Crillon fut surpris d'un souvenir de jeunesse et il soupira comme à vingt ans.

Pibrac se méprit à ce soupir.

— Ah! — dit-il, — je vois que vous êtes de mon avis. C'est une triste chose que d'être l'ennemi de madame Catherine; un jour ou l'autre on le paye cher.

Crillon haussa les épaules.

— Eh! mon cher, — dit-il, — je pense bien à madame Catherine, en vérité!

— A quoi donc pensez-vous?

— A une belle Arlésienne que j'ai aimée jadis, quand ma moustache naissait à peine... et qui me trompait pour un soudard.

— Fi! — murmura Pibrac, — la drôlesse avait donc la berlue?

— Il paraît. Cependant elle ouvrit de grands yeux le jour où je tuai le soudard.

— Ah! ah! — fit le capitaine des gardes, — vous le tuâtes?

— Raide, mon cher. Mais, — dit Crillon qui étouffa à temps un troisième soupir, — ne parlons plus de tout cela; songeons à René. Je vais m'entendre avec Caboche pour les détails de la cérémonie. — Le duc et Pibrac remontèrent la rive droite de la Seine, passèrent devant le Châtelet et atteignirent la place de Grève. A l'angle de cette place il se trouvait une petite maison de lugubre apparence, même pour ceux qui ignoraient le nom de son locataire. Elle n'avait qu'un étage et était peinte en rouge. Trois grandes croisées donnaient sur la rivière. Du côté de la place, elle possédait une sorte de galerie en bois qui, aux jours d'exécution, était louée fort cher par les dames et les seigneurs de la cour. Au rez-de-chaussée était un vaste hangar qui renfermait plusieurs pièces de bois de forme sinistre et mystérieuse. Cependant le duc de Crillon, au lieu de se détourner comme les passants ordinaires pour ne point voir de trop près cette demeure lugubre, s'en alla droit à la porte et frappa. Une lumière discrète tremblotait au travers des carreaux de l'une des croisées.

— Notre homme n'est point couché, — dit le duc à monsieur de Pibrac. — En effet, la lumière changea de place, on entendit un pas lourd qui descendait à l'intérieur le long d'un escalier de bois, et la porte s'ouvrit. Crillon et Pibrac virent alors un homme aux épaules carrées, au cou de taureau, de stature moyenne, et dont la large face n'était point dépourvue d'intelligence. Il était en manches de chemise, la tête nue, et avait à la main une lampe en fer. A la vue de ses illustres visiteurs, cet homme recula tout étonné et salua jusqu'à terre. — Bonjour, Caboche, — dit Crillon, — bonjour, mon ami.

Et il entra dans la maison.

— Votre Seigneurie pourrait dire bonsoir, — répondit le bourreau.

— Tu te trompes : deux heures du matin viennent de sonner à l'église Saint-Jacques-du-Haut-Pas.

— Comment! — dit le bourreau, — il est si tard déjà?

— Et tu n'étais point couché?

— Je travaillais...

— Ah! — fit Crillon.

— J'étais en haut, dans mon laboratoire, occupé à disséquer le corps d'un jeune homme que j'ai pendu hier soir.

— Qu'avait-il fait?

— Oh! — fit dédaigneusement Caboche, — je l'ai pendu sur l'ordre du prévôt des marchands; c'était un pauvre diable qui avait assassiné son maître.

— Peste!

— Oui, un commis drapier, amoureux de la femme du maître drapier. Le mari l'avait battu à un moment où il avait un couteau à la main. Il a plongé le couteau dans le ventre du marchand et s'est sauvé. Un archer l'a arrêté, et le prévôt des marchands l'a condamné à être pendu. C'était un beau garçon, ma foi!...

— Et tu l'as pendu?

— Il le fallait bien; mais j'ai vu dans la foule, comme je le hissais, une femme qui pleurait à chaudes larmes et avait un mouchoir sur les yeux.

— Je gage que c'était la drapière, — fit joyeusement le duc.

— Justement.

— Parlons d'autre chose, mon cher Caboche, — dit Crillon; — je viens t'annoncer de la besogne.

— Ah! ah! — dit le bourreau, — est-ce que par hasard il serait question d'un homme de marque?

— René...

Un sourire incrédule vint aux lèvres de maître Caboche.

— Oh! si ce n'est que cela, — dit-il, — Votre Seigneurie aurait pu ne pas se déranger.

— Pourquoi?

— Mais parce que je ne romprai jamais René, monsieur le duc. La reine mère est là pour le défendre.

— Eh bien! — fit le duc avec importance, — tu verras, maître Caboche, que tu en as menti.

— Je le désire, monsieur le duc, — répondit tout bas Caboche. — Je n'aime pas René que vous ne l'aimez. Cependant je vous assure qu'il m'a fait pitié la dernière fois que je suis allé dans son cachot.

— Comment cela?

— Ses cheveux ont blanchi et il a le regard morne de la bête fauve mise en cage. Et puis il pleure souvent comme une femme.

— Vraiment?

— Chaque fois qu'on pénètre dans son cachot, il tressaille et croit qu'on le vient chercher pour le mener au supplice.

— Bon! — dit Crillon, — il ne tressaillait pas et il ne pleurait pas le jour où il a empoisonné les gants de la reine de Navarre.

— Oh! — fit Caboche, — soyez tranquille, si je l'étends jamais sur la roue, je ne le ménagerai pas.

— Eh bien! — dit le duc, — ce moment n'est pas loin.

— Est-ce pour demain?

— Non, pour le jour suivant.

Caboche secoua la tête.

— Voilà qui diffère singulièrement, — fit-il.

— En quoi ?

— Il vaut mieux tenir que courir.

— Eh bien ?

— Et d'ici à demain au soir et au matin suivant, il peut se passer tant de choses !

Crillon haussa les épaules.

— Le roi sera inflexible, — dit-il, — et je viens m'entendre avec toi, mon cher Caboche, pour fixer l'heure.

— J'attends les ordres de Votre Seigneurie...

— J'aimerais assez l'heure de midi, — fit le duc en se tournant vers Pibrac ; — on conviera à la cérémonie toutes les belles dames de la cour.

Monsieur de Pibrac jouait auprès de Crillon le rôle de la princesse Cassandre auprès des Troyens.

Il prédisait sans cesse et le duc ne le croyait jamais ; cependant il ne se décourageait pas.

— Monsieur le duc, — dit-il, — ni les seigneurs ni les dames de la cour, si on rompt René, ce dont je doute, n'assisteront à son supplice.

— Plaît-il ? — fit le duc.

— Chacun sait que la reine ne pardonnerait pas...

— Harnibieu ! — s'écria Crillon, — vous êtes tous des trembleurs... il n'y a que moi qui n'ai pas peur...

— C'est un tort, monsieur le duc.

Fatigué des prédictions de monsieur de Pibrac, Crillon monta dans ce que le bourreau nommait son *laboratoire*.

C'était une vaste pièce, encombrée d'instruments de torture, au milieu de laquelle était une table de dissection. Sur cette table était couché le cadavre du commis drapier.

— Pauvre diable ! — murmura le duc en regardant tour à tour avec curiosité les têtes de mort, les tibias et les ossements divers garnissant les vastes étagères qui tapissaient les murs.

Le duc se fit montrer la barre de fer avec laquelle Caboche briserait l'un après l'autre les membres de René.

La barre était lourde, mais il la prit dans ses mains et la fit tourner comme une canne.

— Votre Seigneurie est rudement vigoureuse, — dit le bourreau avec admiration ; — et, si elle était à ma place, peut-être...

— Oh ! moi, — dit le duc, — j'aurais si grand plaisir et je frapperais si fort que je romprais le patient, la roue et l'échafaud tout à la fois.

— Ainsi, — reprit le bourreau, — ce sera pour après-demain midi ?

— Oui.

— René fait-il amende honorable ?

— Certainement, avec un cierge de trois livres dans la main, pieds nus et en chemise. Je verrai demain l'archiprêtre de Notre-Dame pour l'avertir qu'à onze heures précises le tombereau se présentera sur la place du Parvis. Ainsi voilà qui est convenu.

— Oui, monsieur le duc.

— Adieu, Caboche !... c'est aujourd'hui mardi : à jeudi matin.

Et monsieur de Crillon, reconduit par Caboche jusqu'au seuil de sa maison, s'en alla avec Pibrac.

Le bourreau était garçon ; il vivait seul et ne voulait même pas loger un de ses aides.

Il ferma donc sa porte à double tour, et il s'apprêtait à se coucher lorsqu'il entendit frapper de nouveau.

— Tiens ! — se dit-il, — monsieur le duc aura oublié quelque chose... il a une dernière recommandation à me faire.

Et Caboche allait ouvrir, croyant avoir affaire à Crillon.

Mais il fut fort étonné de se trouver face à face avec un gentilhomme qu'il ne connaissait pas et qui lui parut âgé d'environ vingt-deux ans.

— Maître Caboche ?

— C'est moi, messire.

Le gentilhomme entra et dit :

— Il faut que je vous parle, maître Caboche. Fermez votre porte ; nous avons à causer... — Et le jeune homme,

qui n'était autre que messire Gaston de Lux, le quatrième amoureux d'Anne de Lorraine, duchesse de Montpensier, prit un escabeau et s'assit. Caboche demeura debout devant lui. — Vous allez exécuter René le Florentin ? — dit le jeune homme.

— Après-demain, messire.

— Vous l'irez prendre au Châtelet ?

— Oui.

— Vous le conduirez à Notre-Dame ?

— C'est l'usage.

— Et quand vous quitterez la place du Parvis, par où prendrez-vous ?

— Mais, — dit le bourreau, — je prendrai la rue de la Barillerie et le pont au Change.

— Vous aurez tort.

— Plaît-il ?

— A votre place je prendrais par la rue de la Calandre.

— Maître Caboche regarda le jeune homme avec étonnement. Celui-ci ouvrit son manteau et déposa un sac de cuir assez volumineux sur la table. Le sac était plein d'or.

— Maître Caboche, — dit-il, — il y a dans la rue de la Calandre une dame qui veut voir passer le cortège. Les femmes sont curieuses.— Le bourreau regarda Gaston de Lux avec défiance. — Et puis, —ajouta Gaston, — je vous engage dans votre intérêt à ne point traverser la rue de la Barillerie.

— Pourquoi ?

— Qui sait ? — fit Gaston nonchalamment, — René a encore des amis. On pourrait tirer sur vous quelque coup de pistolet ou d'arquebuse. — Caboche fit un mouvement de surprise. — Prenez par la rue de la Calandre, — ajouta Gaston, — c'est un bon conseil que je vous donne.

Le jeune homme se leva et fit un pas vers la porte sans reprendre le sac de cuir.

Caboche était gagné à la cause de René le Florentin.

## XIV

Cependant Pibrac et Crillon s'en allaient et reprenaient la route du Louvre.

— Hum ! — dit le gentilhomme avignonnais, — le temps a fraîchi, qu'en pensez-vous ?

— Mais je pense, — répondit Pibrac, — que le vent du matin est un peu frais. Trois heures sonnent.

— Mon cher Pibrac, — continua le duc, — tout homme a son côté faible ; je ne me suis jamais trop soucié d'un coup de rapière ou d'une arquebusade, mais j'ai toujours eu la plus grande épouvante d'un rhume de cerveau. — Pibrac se mit à rire. — Cela tient, voyez-vous, — poursuivit Crillon, — à une aventure de ma jeunesse. J'étais fort épris d'une belle dame du pays aptésien, madame d'Archias, laquelle me regardait déjà d'un bon œil, lorsqu'une nuit, en faisant le pied de grue sous sa fenêtre, je m'enrhumai. Or, le lendemain, en allant la saluer, je lui parlai du nez.

— Et elle se mit à rire sans doute ? — observa Pibrac.

— Elle me congédia en me disant que jamais elle n'avait songé à aimer un capucin. Les capucins, vous le savez, sont toujours *enchifrenés*.

— Que faut-il conclure de tout cela, monsieur le duc ?

— Que, au lieu de nous en revenir par le bord de l'eau, où il fait très-froid, nous allons prendre par les rues ; la température y est meilleure, mon cher.

— Comme il vous plaira. — Crillon et Pibrac prirent donc par les rues et se dirigèrent à travers la rue aux Ours et la rue Saint-Sauveur vers l'église de Saint-Eustache. — Nous passons bien près de la cour des Miracles — observa monsieur de Pibrac.

— Ma foi ! — dit le duc, — si vous le voulez, nous irons y faire un tour.

— Plaît-il ?

Et Pibrac, stupéfait, regarda le duc qui continua :

— Ces truands sont mes amis, vous le savez, et le roi de Bohême m'est dévoué tout autant que le duc d'Egypte.

— Mais les autres ?

— Quand je me nomme, je passe partout.

— À quoi bon ? — fit Pibrac, — Votre Seigneurie a-t-elle trop d'or en son escarcelle ?

— Dieu m'en garde ! Mais, — ajouta le duc, — je ne serais pas fâché de savoir ce qu'est devenue la fille de René.

Pibrac tressaillit.

— Je sais, — dit-il, — que la malheureuse est restée au pouvoir des truands après la mort de la reine de Navarre, mais il est probable qu'ils l'auront tuée.

— Vous croyez ?

— Madame Catherine l'a fait chercher partout, et on ne l'a point retrouvée.

— C'est égal, — dit le duc, — allons voir si nous serons plus heureux, nous...

— Soit, — dit Pibrac, qui avait mille complaisances pour Crillon ; — mais, si nous retrouvons Paola, qu'en ferons-nous ?

— Rien absolument, — dit le duc. — Nous la laisserons avec les truands. Je l'aime mieux avec eux qu'auprès de madame Catherine.

— Pourquoi ?

— Mais parce que la fille d'un empoisonneur connaît d'ordinaire les secrets de son père et qu'elle peut s'en servir.

Le capitaine des gardes se laissa entraîner par Crillon vers la cour des Miracles.

Ce jour-là il y avait à la cour du roi de Bohême une nonchalance générale.

On avait bien allumé le feu comme de coutume, mais on l'entretenait mal et comme pour la forme.

Les jeunes filles ne dansaient pas à l'entour ; on ne chantait point de chansons, et les refrains du coupe-gorge s'étaient éteints.

Le roi de Bohême et le duc d'Egypte jouaient gravement au *doigt mouillé*.

Les truands faisaient cercle autour du mauvais tapis placé par terre et sur lequel ces deux majestés du ruisseau étaient assises.

On causait tout bas pour ne point interrompre le jeu de l'auguste monarque et de son premier lieutenant.

Bref, on eût juré que la cour des Miracles était devenue le parloir de quelque monastère à la règle rigide.

Les sentinelles elles-mêmes, ces truands qui faisaient bonne garde contre les archers des rues avoisinantes, sommeillaient sur leurs bornes et se souciaient médiocrement du chevalier du guet.

Crillon entra dans la cour des Miracles comme il fût entré au Louvre. Cela tint à un enfant qui se roulait dans la poussière et qui aux reflets lointains du foyer le reconnut et s'écria :

— Tiens ! c'est messire Crillon !...

Le duc provoqua le même respect et le même enthousiasme que lors de sa première visite.

Seulement l'enthousiasme et le respect furent moins bruyants.

Il faisait chaud.

Le nom de Crillon, répété de bouche en bouche, s'en vint jusqu'aux deux hauts dignitaires de la Bohême.

Tous deux abandonnèrent leur partie et se levèrent.

— Bonjour, mes enfants, — dit simplement Crillon ; — il paraît que vous passez gaiement le temps.

— Nous jouons pour oublier que nous avons soif, — dit le roi de Bohême.

— Ah ! vous avez soif ?

— Comme au désert.

— Et...?

Crillon les regarda en souriant. La foule des truands l'entourait et le contemplait avec une curiosité respectueuse.

— Il fait chaud, — dit le roi de Bohême.

— Tiens, — dit Crillon, — j'ai eu peur de m'enrhumer, moi !

— Il fait chaud, et quand on a chaud on a soif.

— Et le vin est rare, n'est-ce pas ?

— Ma foi ! — répondit naïvement le roi de Bohême, — à vous dire vrai, le vin est plus que rare, il n'existe pas.

— En vérité !

— Les affaires vont mal, on ne gagne plus sa vie et le crédit est mort.

— Comment ! — dit Crillon scandalisé, — on vous refuse crédit !

— Hélas ! depuis que le bruit a couru que nous avions pillé le cabaret de la *Pomme de pin*...

— Et ce n'était pas vous ?

— C'étaient les archers, monseigneur.

Crillon éclata de rire. Puis il tira sa bourse et la jeta sur le tapis.

— Allez quérir du vin, — dit-il.

— Vive Crillon ! — s'écrièrent les truands avec un touchant ensemble.

— Mais, en attendant qu'il arrive, — dit le duc, — donnez-moi des nouvelles de Paola.

— La fille du Florentin ?

— Oui.

— Elle est folle, — dit le duc d'Egypte.

— Folle ?

— Oui, car Farinette l'abrutit de coups tous les jours.

Le duc d'Egypte n'eut pas le temps de donner au duc de Crillon de plus amples détails, car une rumeur se fit à l'entrée de la cour des Miracles, et cette rumeur attira l'attention générale.

Deux hommes arrivaient haletants, éperdus...

— A nous les truands ! à nous la Bohême ! — criaient-ils.

— Tiens ! c'est Courte-Haleine ! — cria le roi...

— Et Cœur-de-Loup...

— Et Farinette ! — s'écria un troisième truand.

En effet, derrière les deux hommes une femme échevelée accourait.

— Ils me l'ont prise ! ils me l'ont prise ! — répétait-elle hors d'elle-même. — Ils ont tué Bourdon !...

A ces derniers mots le roi de Bohême et tous les truands bondirent.

— Qui cela ? — s'écria-t-on, — les archers ?

— Non, les gentilshommes !

— Quels gentilshommes ? — exclama Crillon à son tour.

Farinette reconnut le duc, et courut à lui, répétant :

— Ils me l'ont prise !... et je ne suis pas assez vengée encore !

Crillon passa sa main sous le menton de Farinette, et lui dit :

— Explique-toi, mignonne.

Mais Farinette était hors d'état de s'expliquer. Elle rugissait comme une lionne à qui on a enlevé sa proie.

Cœur-de-Loup seul avait conservé un peu de sang-froid, et il raconta ce qui s'était passé dans la maison de la rue des Deux-Ecus.

— Oh ! oh ! — murmura Pibrac, — ceci devient bizarre.

— Et ils étaient trois ? — fit Crillon à son tour.

— Trois jeunes et beaux gentilshommes, — dit Farinette qui porta la main à son épaule meurtrie.

— Et une femme, — ajouta le truand Courte-Haleine.

— Ah ! il y avait une femme ?

— Qui se tenait dans la rue, à trois pas ; elle était masquée.

Pibrac se pencha à l'oreille de Crillon.

— Monsieur le duc, — dit-il, — nous en savons assez, allons-nous en ! je devine bien des choses.

Crillon aurait eu quelque peine à se débarrasser de ses bons amis les truands, si l'ingénieuse idée qu'il avait eue de leur payer à boire ne fût venue à son aide.

En effet, tandis que Courte-Haleine et Cœur-de-Loup

faisaient tour à tour le récit de leur aventure, deux truands arrivèrent portant sur une civière un quartaut de vin.

— A boire ! à boire ! — cria la foule.

Et Crillon s'esquiva, suivi du capitaine des gardes.

— Par la sambleu ! mon cher Pibrac, — dit le duc lorsqu'il fut hors de la cour des Miracles, — que pensez-vous de tout cela ?

— Moi, — dit Pibrac, — je pense que les gentilshommes qui ont délivré Paola étaient les gens à la reine mère.

— Buh ! — fit Crillon, — madame Catherine n'a jamais eu trois hommes dévoués. — Pibrac ne répondit pas. — Et cette femme ?...

— Ce pourrait bien être la reine.

— Ah ! — dit Crillon, — si c'est elle, je le saurai.

— Comment ?

— Vous allez voir...

Ils regagnèrent le Louvre, et au lieu d'entrer par la grande porte, ils se dirigèrent vers la poterne du bord de l'eau. Cette poterne, on le sait, donnait sur un corridor qui aboutissait au petit escalier tournant dont madame Catherine avait fait son issue secrète. Dans ce corridor veillait jour et nuit une sentinelle.

Seulement cette sentinelle était prise ordinairement parmi les gardes, et elle avait la consigne de laisser sortir quiconque descendait par le petit escalier.

On se souvient même que Nancy avait obtenu plus que cela de cette sentinelle complaisante, lors des entrevues de Marguerite avec le duc Henri et ensuite avec le sire de Coarasse.

Crillon frappa à la poterne.

La sentinelle vint ouvrir et reconnut le colonel général.

Cette sentinelle était un jeune homme, cadet de Roanne, qu'on appelait monsieur de Mérindol, et que le duc avait, en sa qualité de compatriote, fait entrer dans les gardes.

— Mon mignon, — lui dit Crillon avec sa bonhomie ordinaire, — y a-t-il longtemps que vous êtes là ?

— Deux heures.

— Avez-vous vu sortir quelqu'un ?

— Oui... une femme...

— Masquée ?

— Et encapuchonnée : le diable lui-même, — ajouta le jeune homme, — n'aurait pu voir son visage.

— Est-elle rentrée ?

— Non.

— Eh bien ! — dit Crillon, — quand on a fait deux heures de faction, on peut se faire relever.

— Je compte l'être tout à l'heure. J'attends l'officier de service.

— C'est inutile, — dit Crillon ; — donnez-moi votre mousquet.

— Comment ?

— Et allez vous coucher. — Et monsieur de Crillon fit un signe à Pibrac, qui emmena monsieur de Mérindol hors du corridor. Puis le brave duc s'enveloppa le nez dans son manteau, mit le mousquet au bras et se promena de long en large, se disant : — Je saurai bien, morbleu ! quelle est cette femme... — Et il ferma la poterne au verrou.

XV

Crillon se promena pendant plus d'une heure comme un simple Suisse, et personne ne se présenta au guichet. Les premières clartés du jour commençaient à blanchir la cime des toits. — Au diable le métier ! — murmura Crillon. Et déjà il songeait à s'aller coucher, car le digne gentilhomme n'aimait pas à passer les nuits blanches, lorsqu'un léger bruit se fit au dehors. Le duc, on

s'en souvient, avait fermé la porte au verrou. On frappa doucement à cette porte. Crillon avait fait guerre en Allemagne, et il était initié aux rudesses de la langue tudesque. — Qui est là ? — demanda-t-il en allemand.

— Ouvrez ! — répondit-on en français mêlé d'accent italien.

Crillon avait l'oreille fine. Il reconnut la voix de madame Catherine, quelque soin qu'elle eût pris de la déguiser, et il répondit :

— Ché fais vus enfoyer mon gamarate, quil a emborté la glé. — Et le duc s'en alla par le corridor jusqu'à une porte qui donnait sur la grande cour du Louvre, et il gagna le poste des Suisses. Il entra et dit d'un ton bourru :

— Comment se fait-il qu'il n'y ait pas de sentinelle à la poterne ? — Puis il sortit en se disant : — Madame Catherine et le Suisse qu'on va envoyer à la poterne s'arrangeront comme ils pourront, moi je vais me coucher.

Mais Crillon avait compté sans le roi.

Comme il passait devant les royaux appartements, le page Gauthier, qui avait été de service pendant la nuit, l'aborda.

— Hé ! monsieur le duc !

— Que veux-tu, mignon ?

— Vous faites bien d'être matinal.

— Pourquoi donc ?

— Mais parce que Sa Majesté demande toujours après vous en s'éveillant.

— Ah ! — fit Crillon désappointé.

— Hier au soir encore, lorsque vous avez été parti..,

— Eh bien ?

— Le roi m'a dit en se couchant : « Crillon couche au Louvre, n'est-ce pas ? — Oui, sire. — Tu sais où est son logis ? — Oui, sire. — Tu me l'iras quérir demain matin. »

— Et, — dit Crillon, qui rongeait sa moustache grisonnante avec une mauvaise humeur concentrée, — le roi t'a-t-il dit à quelle heure il avait besoin de moi ?

— Non, monsieur le duc.

— Alors, bonsoir, je vais me coucher.

— Hein ? — fit le page.

— Tel que tu me vois, mignon, — reprit le duc, — je ne me suis point encore mis au lit.

— Vraiment ?

— Et j'ai bonne envie de dormir.

— Eh bien ! monsieur le duc, — dit Gauthier, — venez par ici...— Et le page fit entrer Crillon dans l'antichambre royal. Puis il lui montra son lit. — Jetez-vous là, — dit-il, — et je vous promets de vous laisser dormir tant que le roi ne demandera point à vous voir.

— Hum ! — se dit Crillon, — c'est ce que j'ai de mieux à faire. Bonsoir, mon mignon.

Crillon était l'homme des temps héroïques en tout et pour tout. On eût dit un guerrier d'Homère.

Il avait la franchise du vieux Nestor ; il mangeait comme Ménélas ; il se battait comme Achille ; il dormait comme François Ier la veille de Marignan.

Il se jetta sur le lit du page et n'eut que le temps de fermer les yeux.

Cinq minutes après, il dormait d'un sommeil majestueux et sonore qui donnait à penser qu'un tel homme ne pouvait avoir que de belles actions sur la conscience.

Malheureusement le sommeil de Crillon ne fut pas de longue durée.

Le roi, qui avait eu le cauchemar toute la nuit et avait rêvé huguenots, trahison, complots, assassinats, le roi demanda Crillon.

Non point que Charles IX n'eût pu envoyer tout autre de ses officiers quérir le roi de Navarre, ce qui, après tout, était bien plus la besogne d'un chambellan ou d'un page que celle de Crillon,

Mais au milieu de ses terreurs imaginaires, le roi avait besoin de voir Crillon.

La loyale et franche figure du duc, sa bonhomie pleine de rudesse, rassuraient singulièrement le monarque.

Quand il avait passé une heure en tête-à-tête avec madame Catherine, le roi était sombre et triste comme un jour de pluie; il désespérait de la vie, de l'avenir, de la santé; il ne croyait plus ni à la bravoure des uns, ni à la fidélité des autres, ni à l'honneur de tous.

Lorsque Charles IX avait vu Crillon cinq minutes et échangé trois paroles avec lui, il se trouvait métamorphosé; il regardait le ciel bleu, trouvait le soleil chaud, l'air pur, la vie bonne, et se surprenait à dire : « Après tout, ce n'est pas à la portée du premier venu d'être le roi de France !... »

Donc Crillon fut réveillé, réveillé impitoyablement, au milieu de ce beau sommeil de géant qui s'est perdu avec les hommes de cette trempe.

Il se frotta les yeux, avala un juron prêt à jaillir de ses lèvres, et entra chez le roi, qui lui commanda d'aller lui chercher le roi de Navarre.

On sait comment débuta cette entrevue.

Le roi conseilla à Henri d'aller faire avec sa jeune femme un tour en Gascogne et en Navarre.

A quoi Henri répondit :

— Je suis prêt à obéir à Votre Majesté, si elle consent à me compter la dot de madame Marguerite.

Cette réponse d'Henri avait fait froncer le sourcil à Charles IX.

En même temps Crillon s'était pris à rire, et il avait dit au roi :

— Un homme qui réclame si nettement son argent n'est pas un conspirateur.

Un moment de silence régna alors parmi les trois acteurs de cette scène.

Crillon observait, Henri attendait, le roi réfléchissait.

— Ah ! — dit enfin Charles IX, — tu veux toucher la dot de ta femme, Henriot ?

— Mais, sire, ce désir est assez naturel, ce me semble.

— D'accord.

— D'autant plus que j'en ai grand besoin. J'ai des dettes...

— On a toujours des dettes quand on se marie, — observa sentencieusement le roi.

— Et puis, — reprit Henri, — j'ai toujours ouï dire à feu la reine ma mère que la ville de Cahors nous était aussi nécessaire, à nous rois de Navarre, que l'air aux oiseaux et l'eau aux poissons.

— Ouais ! — fit Charles IX, — et si tu n'avais pas épousé ma sœur ?

— Dame ! — murmura le roi de Navarre avec son fin sourire de montagnard, — j'aurais conquis Cahors les armes à la main.

Charles IX partit d'un grand éclat de rire.

Depuis Charles le Mauvais, il n'y avait eu aucun exemple qu'un roitelet tel que le roi de Navarre pût songer un instant avec quelque gravité à prendre, lui tout seul, une ville au roi de France.

Aussi le fou rire de Charles IX se prolongea-t-il longtemps.

Mais Crillon, qui, s'il manquait parfois d'esprit fin et délié, n'en avait pas moins beaucoup de discernement, Crillon dit au roi :

— M'est avis, sire, que le roi de Navarre eût fait la chose comme il le dit.

— Ah ! par exemple !

Le roi de Navarre était trop rusé pour insister.

— Heureusement, sire, — dit-il, — je n'aurai nul besoin de faire de semblables preuves...

— Tu crois ?

— Votre Majesté me baillera Cahors.

— Hum ! — fit Charles IX, — j'en ai bon besoin, moi aussi.

— Votre Majesté me l'ayant promis, — reprit le roi de Navarre avec calme, — j'ai toute confiance en sa parole royale, et je vais attendre qu'elle veuille bien la tenir.

Et le roi de Navarre se leva et prit congé, à la grande stupéfaction de Charles IX, qui se prit à murmurer :

— Ah çà ! mais je suis un niais, ma foi ! je le mande pour lui enjoindre de quitter Paris et mon royaume, et c'est lui qui me prouve qu'il a tous les droits du monde d'y rester... — Henri de Bourbon s'était levé, avait salué et fait trois pas vers la porte avant que le roi fût revenu de sa stupéfaction. Lorsque enfin Charles IX voulut parler, Henri n'était plus là. — Eh bien ! duc, — dit enfin le roi, — que pensez-vous de cela ?

— Je pense, sire, — répondit Crillon, — que le roi de Navarre demeurera longtemps à Paris.

— Et que Votre Majesté ne le peut contraindre à s'en aller avant que...

— Assez ! dit brusquement le roi. — Vous me la baillez belle, en vérité, mon pauvre Crillon ; et où voulez-vous que je prenne cent mille écus ?

— Mon avis est que madame Catherine a eu tort de les promettre...

Le roi n'eut pas le temps de répondre.

— Sire, — dit le page Gauthier, — la reine mère fait demander audience à Votre Majesté.

— Qu'elle entre ! — répondit le roi, qui se tourna vers l'enfant, qui montrait son visage éveillé au milieu des plis de la portière.

— Harnibieu ! sire, — murmura Crillon, — j'aurais voulu pourtant faire à Votre Majesté quelques confidences.

— A propos de quoi ?

— De René.

— Oh ! sois tranquille, mon vieux duc, — dit le roi, — je ne céderai pas.

Sur ces mots, la reine entra.

Catherine s'était fait un visage pâle et triste.

Elle salua Crillon avec aménité, et Crillon se sentit mal à l'aise et pensa :

— J'aimerais mieux un regard plein de haine.

— Sire, — dit Catherine, — j'ai été heureuse de vous ouvrir les yeux sur vos véritables ennemis; à présent que vous les connaissez, vous n'avez plus besoin de moi.

— Mais, madame... — fit Charles IX un peu surpris.

— Je viens vous demander la permission de retourner au château d'Amboise.

— Heín ? — fit Charles IX, qui flaira quelque hypocrisie.

— J'ai eu l'audace de vous demander l'exil du roi de Navarre... c'est un tort, je le confesse.

— Madame...

— Je viens vous supplier de ne lui causer aucun chagrin.

— Eh ! madame, — dit Charles IX, — jouez donc avec moi cartes sur table sur-le-champ.

— Je ne vous comprends pas, sire.

— Dites-moi que vous renoncez à chagriner le roi de Navarre... parce que... vous espérez...

— Sire, — interrompit Catherine, — je devine. Votre Majesté se figure que je viens une fois encore lui demander la grâce de René...

— Dame !

— Votre Majesté se trompe. — Le roi ouvrit de grands yeux. — J'abandonne René, — soupira Catherine. — Je ne veux pas que les Parisiens continuent à dénaturer plus longtemps l'attachement que je portais à ce fidèle serviteur.

— Comment ! — dit le roi, — vous l'abandonnez ?

— Il le faut bien, car je suis seule à le défendre.

— Ma foi ! madame, — dit Charles IX, — je crois que, au fond, vous avez raison d'en agir ainsi.

— Ah !

— Car monsieur de Crillon, que voilà... — la reine regarda Crillon, — monsieur de Crillon, poursuivit le roi, — va en finir avec lui.

— Monsieur n'est pourtant point le bourreau, — ricana Catherine.

— Non, — dit sèchement Charles IX, — mais il lui a transmis mes ordres. — Catherine se tut. Alors le roi dit gracieusement à sa mère : — Ainsi, madame, voilà qui est bien convenu, n'est-ce pas ? on rompra René et le roi de Navarre demeurera au Louvre.

— Vous êtes le maître, sire.

Le roi se frotta les mains.

— Et, — acheva-t-il, — je ne compterai pas les cent mille écus, et je garderai les clefs de Cahors. — La reine ne parut pas comprendre un mot des paroles du roi. — Mais vous, madame, — ajouta Charles IX, — vous resterez auprès de moi, j'ai besoin de vos conseils.

. . . . . . . . . . . . . . . . .

— Harnibieu ! — pensa Crillon, — je veux être un butor si je ne devine pas... La reine a trouvé le moyen de sauver René, puisqu'elle cesse d'implorer sa grâce. La reine a trouvé le moyen de se débarrasser du roi de Navarre, puisqu'elle cesse de demander son exil... Hum !

Et Crillon demanda la permission de se retirer, et il s'en alla rejoindre Henri et Marguerite.

## XVI

Revenons à notre ami Raoul, que nous avons laissé enfermé dans la chambre de Nancy.

Le page attendit fort patiemment d'abord, puis il trouva le temps long, puis il s'impatienta.

Un homme qui veut tuer le temps coûte que coûte est capable de tout.

Raoul était si pressé de revoir sa chère Nancy, qu'il se promena d'abord de long en large par le logis de la soubrette, puis il ouvrit un beau livre d'Heures enluminé à chaque page, puis il ferma le livre et chercha un troisième genre de distraction. Ses yeux tombèrent alors sur un endroit du parquet où il semblait y avoir une légère solution de continuité.

Raoul, qui avait été initié à tous les mystères du Louvre, reconnut sur-le-champ le judas par lequel Nancy et madame Marguerite avaient plus d'une fois épié la reine mère.

Seulement Raoul ignorait sans doute que, depuis son retour au Louvre, madame Catherine avait changé d'oratoire.

Elle ne se tenait plus dans cette salle qui se trouvait placée verticalement au-dessous de la chambrette de Nancy, mais dans une pièce voisine, qui était plus vaste, et dont par conséquent l'atmosphère était plus fraîche.

Mais Raoul, qui ignorait ce détail, fut pris d'un sentiment de curiosité et se dit :

— Puisque tout le monde au Louvre est en grand émoi du retour de madame Catherine, faisons comme tout le monde. — Le page s'agenouilla, prit son couteau et descella la planchette du parquet qui recouvrait le judas pratiqué dans le plafond. Le judas mis à jour, Raoul y colla son œil. L'oratoire de madame Catherine était silencieux, et, à première vue, il était désert. Mais, à force de regarder, Raoul aperçut une forme humaine accroupie dans un coin. C'était une femme demi-nue, dont les cheveux noirs couvraient les épaules, et qui promenait autour d'elle un regard égaré. Raoul reconnut Paola, et son étonnement fut grand, car on ne savait au Louvre depuis longtemps ce qu'elle était devenue. — Je parie, — pensa le page, — que Nancy ne sait rien de tout cela.

Raoul avait raison.

Un bruit se fit au dehors, une clef tourna dans la serrure. Raoul demeura agenouillé sur le parquet.

Nancy entra.

— Oh ! le curieux ! — dit-elle.

— Chut ! — fit Raoul.

Mais Nancy se prit à sourire :

— Comme on voit bien que tu reviens de la province, — dit-elle, — tu ne sais plus rien des choses du Louvre.

— Hein ? — fit Raoul.

— Madame Catherine ne se tient plus dans son oratoire...

— Soit, mais regardez !...

L'accent mystérieux de Raoul frappa Nancy. Elle se pencha à son tour, et, comme Raoul, elle regarda par le trou percé dans le plancher.

La folle avait perdu son immobilité première et elle se promenait d'un pas saccadé, inégal, avec des gestes et des attitudes bizarres.

Il était impossible de ne point reconnaître en elle un être privé de sa raison.

— Paola ! — murmura Nancy à son tour. Mais Nancy ne fut point étonnée. Elle quittait Crillon et savait que, la nuit précédente, trois cavaliers inconnus avaient arraché la fille de René à Farinette et à ses complices. — C'est égal, — dit-elle, — la reine mère a de l'aplomb... — Et comme Raoul la regardait et semblait lui demander l'explication de ses paroles : — Mon petit Raoul, — lui dit-elle avec son grand air protecteur, — vous êtes un page sans expérience...

— Nancy !

— Un petit bambin qui ne sera jamais au courant des choses de la politique...

— Ah ! vous avez bien mauvaise opinion de moi.

— A moins, — reprit Nancy, qui avait laissé sa phrase inachevée, — que je ne m'en mêle et ne vous donne des leçons. — Alors la jolie camérière fit signe à Raoul de replacer la planchette, puis elle le prit par la main et le conduisit vers un grand fauteuil dans lequel elle le fit asseoir. Après quoi elle s'assit elle-même sur le pied de son lit : — Causons, — dit-elle.

— Vous allez donc m'apprendre ce qui s'est passé au Louvre depuis mon départ ?

— Je te l'ai raconté, la reine a découvert une conspiration qui n'existait pas.

— Et elle est rentrée en grâce ?

— Justement.

— Après ?

— Mais jusqu'à hier, c'était à peu près tout, mon mignon.

— Et hier ?..

— Hier le roi a décidé que René serait rompu demain à midi.

— Oh ! — fit Raoul d'un air incrédule, — reste à savoir si la reine voudra.

— Certainement. — Raoul fit un soubresaut dans son fauteuil. Nancy continua : — C'est demain. Monsieur de Crillon est chargé de presser la chose ; il a vu le bourreau la nuit dernière. Demain à midi tout sera prêt.

— Mais la reine...?

— La reine était chez le roi, il y a une heure, et elle consent à l'exécution.

— C'est à n'y rien comprendre, — murmura Raoul.

— Pardon ! — dit Nancy, — je comprends tout.

— Comment cela ?

— Le roi le veut, monsieur de Crillon le veut, la reine y consent : en voilà bien assez pour que René ne soit ni rompu, ni pendu. J'ai voulu dire cela à Sa Majesté le roi de Navarre, et...

— Il ne vous a pas cru ?

— Il m'a ri au nez.

— Et monsieur de Crillon ?

— Crillon a juré son fameux *harnibieu !* que, dût-il prendre lui-même la barre de fer de maître Caboche, René ne serait pas demain soir qu'un amas d'os brisés et de chairs pantelantes.

— Et vous pensez ?...

— Je pense que la reine mère sauvera René.

— Quand ?

— Aujourd'hui... ce soir... cette nuit... je ne sais pas ; mais elle le sauvera.

— Et personne n'est de votre avis ?

— Personne.

— Eh bien — dit Raoul, — vous vous trompez, Nancy.

— Ah !

— Je pense comme vous, moi.

Nancy leva son doigt rose et menaça le page :

— Tu es un flatteur, toi, — dit-elle.

— Et c'est parce que je vous aime !...

Et Raoul, s'enhardissant, prit la petite main de la jolie fille et la porta en rougissant à ses lèvres...

— Peste ! — dit Nancy, qui laissa bruire entre ses lèvres un frais éclat de rire, — tu as fait des progrès en voyage... tu commences a être hardi...

— Je vous aime ? — répéta Raoul.

— Bravo ! — fit Nancy riant toujours.

— Ma foi ! — dit le page, — je ne vous ferai pas mentir.

Et il prit la camérière par la taille et lui mit deux bons baisers sur chaque joue.

A son tour Nancy rougit un peu, puis elle cessa de rire, se dégagea lestement, courut vers la porte, qu'elle ouvrit, et dit :

— Allons ! voici que la situation s'aggrave et que vous devenez beaucoup trop entreprenant. Allez-vous-en, monsieur !

Et comme il ne paraissait nullement disposé à sortir, elle le prit par les épaules, comme il l'avait prise par la taille, et le poussa dans le corridor.

Tandis que toutes ces choses se passaient au Louvre, une scène toute différente se déroulait au Châtelet, cette sombre prison, dans un cachot de laquelle était enfermé René le Florentin.

Le gouverneur du Châtelet d'alors était un gentilhomme esclave de sa consigne et de ses devoirs, que Crillon, un moment tout-puissant auprès du roi, avait fait nommer à ce poste le lendemain de la nouvelle incarcération de René. Il était environ dix heures du matin.

Monsieur le gouverneur, qui était célibataire, était à déjeuner assez tristement tout seul, enviant le sort de ceux qui ont le bonheur de trouver des convives, lorsque son écuyer lui vint apporter un message.

Ce message était du duc de Crillon ; il était conçu dans les termes laconiques suivants :

« Monsieur le gouverneur,

» C'est demain à midi que votre prisonnier René le » Florentin sera conduit en Grève. Prenez vos dispositions » en conséquence.

» CRILLON. »

Le gouverneur eut un éblouissement et ordonna qu'on fît entrer le messager.

Ce messager n'était autre que notre ancienne connaissance, l'écuyer Fangas, ce Provençal guerrier, joueur et poëte qui, un moment, avait fait un assez beau rêve et gagné à René toutes ses richesses.

Le gouverneur avait eu plus d'une insomnie depuis que René était son prisonnier.

— Monsieur le gouverneur, — lui avait dit Crillon le jour où il l'installa au Châtelet, — vous me répondez de René sur votre tête. S'il vous échappe, je vous envoie en place de Grève à sa place. — Le gouverneur se l'était tenu pour dit. Fangas, lui, trouvait qu'il avait fort légitimement gagné l'or de René, et il avait demandé plusieurs fois au duc que cet or lui fût compté. A quoi Crillon, embarrassé, avait naïvement répondu : — Attends que René ait été rompu. Après, cela ira tout seul.

Donc, Fangas et le gouverneur se regardèrent un moment sans trouver une parole.

— Ainsi, — dit le gouverneur, — c'est décidé...

— Très-décidé.

— Et c'est demain ?

— Oui, parbleu !

— Ah ! je voudrais que ce fût aujourd'hui, — grommela le gouverneur, — car on joue gros jeu à être son geôlier.

— Et moi qui dois être son héritier ! — dit Fangas.

— Je vais doubler les postes du Châtelet, — dit le gouverneur.

— Hé ! hé ! — dit Fangas, — c'est assez prudent.

Comme Fangas faisait cette réflexion, on annonça un second messager. Celui-là venait pareillement du Louvre, mais il était envoyé par le roi. C'était le jeune page Gauthier. Le roi écrivait :

« Monsieur le gouverneur,

» J'ai fixé le supplice de René à demain. La reine mère » a fini par comprendre qu'elle ne pouvait s'opposer plus » longtemps à cette grande expiation. Mais elle m'a de- » mandé une faveur dernière que je n'ai pu lui refuser. » Cette faveur consiste à faire parvenir à René un cha- » pelet que le pape a béni, et qui lui donnera sans doute » la résignation nécessaire pour subir son supplice. » Je vous envoie ce chapelet et vous tiens pour mon » féal.

» CHARLES. »

Le gouverneur prit le chapelet, qui était à gros grains de bois odorant, tel que les pèlerins en rapportaient de la terre sainte,

Puis il dit à Fangas :

— Je vais le porter moi-même.—Et, en effet, monsieur le gouverneur du Châtelet, qui avait achevé son déjeuner, se fit conduire par deux hallebardiers à travers les corridors humides et les souterrains tortueux jusqu'au cachot où gisait le condamné à mort. Les cheveux de René avaient blanchi, et il était pris depuis quelques jours d'un trem- blement nerveux qui ne s'arrêtait ni jour ni nuit. Quand le gouverneur entra, il était couché sur un amas de paille à demi pourrie, verticalement au-dessous de la meurtrière qui amenait un peu de jour dans son cachot. — René, — lui dit le gouverneur, — je viens vous annoncer que l'heure de votre mort est proche. — Le condamné leva un œil hébété sur le gouverneur et ne répondit pas. Seule- ment son tremblement redoubla. — René, — répéta le gouverneur, — c'est demain à midi qu'on viendra vous querir pour vous conduire au supplice, et auparavant faire amende honorable sur les marches de l'église Notre- Dame. René gardait un morne silence. Le gouverneur continua : — La reine mère, tout en vous abandonnant au sort que vous avez mérité, a voulu vous donner une dernière marque de sa compassion. Au nom de la reine, René tressaillit et se leva à demi, — tenez, — dit le gou- verneur.

Et il lui tendit le chapelet.

René le prit, l'examina, étouffa un cri rauque, et tout à coup son œil brilla et il cessa de trembler. Quelle vertu magique avait donc ce chapelet ?

. . . . . . . . . . . . . . .

## XVII

René, depuis qu'il était en prison, depuis surtout qu'il était condamné à mort, avait passé par toutes les phases de l'épouvante, et il avait fini par se faire aux plus ter- ribles réactions.

Aussi fut-il complétement maître de lui en présence du gouverneur du Châtelet.

Celui-ci se retira aussitôt.

Alors René se dressa pour être plus près encore du rayon de lumière qui lui tombait par la meurtrière, et de nouveau il examina le chapelet. Son regard, tout à l'heure morne, étincelait maintenant ; sa taille voûtée s'était redressée.

René n'était plus le même homme.

Il espérait.

Or, pour que la vue du chapelet que lui envoyait la reine produisît sur lui une telle réaction, il fallait que ce fût un signal de délivrance, et il est nécessaire de raconter en quelques mots l'histoire de cet objet de sainteté.

Ce chapelet, que la reine disait avoir été béni par le pape, lui venait au contraire de René lui-même. Il avait appartenu longtemps au Florentin, qui l'avait rapporté de Milan.

Le favori de Catherine, du temps qu'il était encore en Italie et à Milan, où il s'était réfugié après l'assassinat des parents de Godolphin, vit entrer chez lui un moine si parfaitement encapuchonné qu'il était impossible de distinguer ses traits.

René tenait déjà une boutique de parfumerie, et déjà il passait pour un empoisonneur de quelque mérite.

Or le moine entra et lui dit :

— Les murs ont-ils des oreilles ici ?

— Pour moi seulement, — répondit René.

— C'est à toi que j'en ai ; ferme ta porte.

Le moine parlait avec un certain accent d'autorité qui ne laissa pas que d'impressionner le Florentin.

Et puis il entr'ouvrit sa robe comme par mégarde, et René vit luire les crosses de deux pistolets et le manche d'un poignard ?

— Que désire Votre Sainteté ? — dit-il humblement.

— Ferme ta porte, — répéta le moine. René obéit.

Alors le moine tira de la poche de sa robe un chapelet à gros grains, le même que René devait avoir un jour en sa possession.

— Voilà, — lui dit-il, — un objet que l'on voudrait faire tenir à une personne pieuse.

— Et vous avez besoin d'un intermédiaire ?

— Attends donc... — A travers le capuchon du moine, René vit luire un regard étincelant comme le feu de l'enfer. Le moine continua : — On voudrait que les grains de ce chapelet fussent enduits d'une substance quelconque qui eût pour effet...

Le moine s'arrêta. Le Florentin comprit aussitôt, et il acheva la phrase commencée :

— Une substance, — dit-il, — qui tuerait à la longue.

— Hélas ! — soupira le moine, — cette personne a de grandes richesses dont elle ne fait aucun usage...

— Vraiment ?

— Et dont ses héritiers, au contraire, auraient grand besoin.

En parlant ainsi, le moine posa un gros sac de cuir fort lourd devant René.

Ce sac était lié solidement, mais le cuir était usé çà et là, et René reconnut qu'il était plein d'or.

A son tour, il regarda le moine.

— Voulez-vous que le résultat traîne en longueur, ou bien êtes-vous pressé ? — demanda-t-il.

— Heu ! heu ! on attendra un mois.

René regardait le chapelet et finit par reconnaître que les grains en étaient creux.

— L'un d'eux se dévisse, — dit le moine.

— Ah ! lequel ?

— Devinez.

Et René les examina l'un après l'autre, mais il n'y put rien reconnaître.

— C'est impossible.

— Vous allez voir le contraire, — répondit le moine. — Comptez vos doigts, en faisant glisser un grain après l'autre, en commençant par celui au bout duquel se trouve la croix.

— Bien !

— Comptez jusqu'au nombre 47. — René compta.

— Maintenant, prenez le grain que vous avez dans les doigts et tournez chacune des extrémités ovoïdes en sens inverse.

René obéit, et le grain se divisa en deux parties, laissant voir dans l'une d'elles une cavité qui pouvait contenir un objet de la grosseur d'un pois chiche.

— Tenez, — dit-il au moine, — pensez-vous qu'on pourrait percer ce grain avec une aiguille très-fine ?

— C'est facile.

René laissa le moine seul, et passa dans son laboratoire, où il demeura environ dix minutes.

Puis il revint et dit au moine :

— Le grain creux est rempli d'une poussière imperceptible, que la personne à qui le chapelet est destiné respirera petit à petit si vous y faites un trou comme je vous l'ai dit.

— Et... cette... poussière ?

— Fera en quinze ou vingt jours le bonheur des héritiers dont vous m'avez parlé.

— Je compte sur ta parole, René, — dit le moine, et si ta prédiction se réalise, tu seras récompensé.

— Ah ! — dit le Florentin, — vous êtes un moine grand seigneur. Vous faites bien les choses.

— Dans un mois tu auras de mes nouvelles si ta poudre a eu de la vertu, — acheva le moine. René s'inclina. — Dans un mois, jour pour jour, heure pour heure...

Et le moine emporta le chapelet.

René, qui devait plus tard capter la confiance d'une reine de France en lui disant la bonne aventure, était lui-même fort superstitieux ; et depuis que la bohémienne lui avait prédit un jour, dans les rues de Florence, le sort brillant qui lui était réservé, il avait coutume d'aller consulter une devineresse quelconque à chaque événement qui lui advenait.

Or donc, après avoir empoisonné le chapelet, il s'en alla trouver une sorte de pythonisse qui rendait ses oracles derrière la cathédrale de Milan.

La sorcière prit sa main, traça des signes cabalistiques sur le sable divinateur dans un cercle de grains de millet, coupa la tête à une couleuvre, et finit par lui dire :

— L'objet que tu as donné, et qui est un instrument de mort, sera pour toi l'instrument du salut, si tu peux en obtenir la possession, n'importe à quel prix.

René se le tint pour dit.

Un mois après, jour pour jour, heure pour heure, comme il le lui avait annoncé, le moine revint et lui dit :

— René, ta poudre était efficace, et je viens tenir ma promesse.

Et le moine posa sur la table un deuxième sac rempli d'or.

Mais René le repoussa.

— Seigneur, — dit-il, — remportez votre or, et, si vous voulez me récompenser, donnez-moi le chapelet de la défunte.

Le moine se mit à rire sous son capuchon.

— Si cela peut te rendre heureux, — dit-il, — je te l'enverrai.

— Quand ?

— Demain.

— Merci ! seigneur.

— Et, en attendant, garde l'or.

Le moine s'en alla sans reprendre le sac.

Le lendemain, en effet, un mendiant accosta René dans la rue, et lui vendit le chapelet pour deux liards de France.

Une fois en possession du précieux talisman, René retourna chez la pythonisse.

Celle-ci recommença ses pratiques mystérieuses et compléta ainsi sa prédiction :

Le chapelet ne pouvait avoir de vertu qu'à la condition de demeurer en la possession d'une personne qui aimerait fort René.

Or, le Florentin avait soigneusement secoué la poudre mortelle que renfermait le grain creux, puis il avait confié le chapelet à sa femme, puis à sa fille, enfin, longtemps après, à madame Catherine.

Mais, hélas ! avec le temps, le Florentin avait perdu quelque peu de sa crédulité, et il avait même complétement perdu le souvenir de la prédiction qui lui avait été faite jadis, lorsque le chapelet lui fut apporté par le gouverneur.

Or, si la reine le lui envoyait, c'est qu'elle allait le sauver.

René chercha le grain creux et le dévissa.

Une petite boule grisâtre s'en échappa.

René ramassa cette boule et reconnut que c'était un petit morceau de parchemin roulé et rendu semblable à une boulette de cire.

Il le déplia et le trouva couvert de chiffres.

Chacun de ces chiffres correspondait à une lettre de l'alphabet, et leur assemblage composait les trois lignes suivantes :

« On va t'annoncer l'heure de ton supplice ; mais ne » crains rien... je veille sur toi toujours : tu seras sauvé. »

René reconnut l'écriture de la reine mère,

Et, plein de confiance, il attendit.

La journée s'écoula cependant sans aucun autre incident que l'arrivée d'un père génovéfain qui le vint confesser.

Un moment, le Florentin crut que c'était là son libérateur.

Mais le génovéfain était de bonne foi ; il ne savait rien, si ce n'est que René allait mourir le lendemain.

René attendit encore...

La nuit s'écoula.

D'abord plein de confiance, le Florentin commença à voir les heures s'écouler avec une véritable anxiété...

Le premier rayon de jour qui tomba dans son cachot l'effraya.

— Comment !— se dit-il, — la nuit est déjà passée ?—La matinée s'écoula. — Allons ! — pensa-t-il, — la reine aura obtenu ma grâce et jugé inutile de me faire enlever. Comme onze heures sonnaient, la porte de son cachot s'ouvrit. René étouffa un cri, et il espéra que c'était le gouverneur qui venait, en personne, lui annoncer qu'il était libre. Mais, au lieu du gouverneur, il vit entrer deux hommes vêtus de chemises rouges. Ces deux hommes, René les reconnut et se prit à frissonner. C'étaient les aides de maître Caboche, le bourreau de Paris. L'un d'eux avait déjà tourmenté le Florentin trois mois auparavant, lorsque Charles IX lui avait fait appliquer la torture en sa présence.—Que me voulez-vous ? — demanda le Florentin d'une voix émue.

— Nous venons te chercher.

— Moi !

— Eh ! mais que veux-tu donc que nous fassions san toi, mon pauvre René ? — dit l'un des aides avec un gros rire cynique.

— Moi ! moi ! — répétait-il avec égarement, — ce n'est pas possible... le roi m'a fait grâce.

— Je ne sais pas si le roi t'a fait grâce, — dit le valet du bourreau en riant ; — mais je sais qu'on lui a construit une belle tribune tout auprès de l'échafaud, et qu'il se fait une fête, par avance, de te voir mourir.

Et les deux aides prirent René frémissant et lui lièrent les mains derrière le dos.

Alors son tremblement convulsif le reprit :

— Je suis un homme perdu ! — murmura-t-il d'une voix étranglée ; — la reine m'a abandonné.

Les aides du bourreau l'entraînèrent.

### XVIII

La veille au soir, tandis que René attendait avec anxiété ce secours et cette délivrance que lui avait promis la reine, un jeune cavalier entra dans Paris par la porte Saint-Jacques, longea la rue de ce nom, et vint s'arrêter devant l'hôtellerie où naguère avait logé incognito le sire de Coarasse.

Ce cavalier mit pied à terre et dit à l'aubergiste cette brève parole :

— J'ai faim !

Ces deux mots firent tressaillir l'hôte.

— Avez-vous soif ?

— Pareillement.

L'hôte, qui était bien toujours le Béarnais Lestacade prit la bride du cheval et ajouta :

— Votre Seigneurie vient de loin ?

— De Gascogne.

— Et elle vient à Paris ?

— Pour y entendre parler d'un de mes ancêtres.

Cette fois l'hôte eut un sourire :

— Un ancêtre qui aimait les cartes ? — fit-il en clignant de l'œil.

— Je suis le valet de carreau.

— Ah ! ah ! — dit Lestacade, — je m'en doutais. Vous êtes attendu, messire.

— Par qui ?

— Le valet de pique est ici...

— Quand est-il arrivé ?

— Voici deux heures.

— Et le valet de trèfle ?

— Il a passé par ici comme midi sonnait, et il m'a prévenu de l'arrivée de Vos Seigneuries.

L'hôte appela un garçon d'écurie, lui remit le cheval du gentilhomme, et ouvrit ensuite la porte qui, de la cour, donnait dans la salle basse de l'auberge, cette pièce qui est le lieu de réunion de toute hôtellerie et sert d'antichambre à la cuisine.

Un autre jeune homme était assis devant une table et buvait à petites gorgées, comme un véritable amateur, le contenu d'une bouteille dont l'extérieur était revêtu d'une vénérable couche de poussière.

Ce dernier se leva et courut à la rencontre du nouveau venu :

— Bonjour, Hogier...

— Bonjour, Hector, — dirent-ils tour à tour en se pressant cordialement les deux mains. Hector de Galard se débarrassa de son manteau, déboucla son ceinturon, et posa son épée en travers sur son escabeau, puis il s'assit en face de son ami Hogier de Lévis, tandis que l'hôte lui apportait un verre. — Quand es-tu arrivé ?

— Il y a deux heures.

— As-tu vu Noë ?

— Pas encore. Je l'attends... Il a dit à l'hôtelier que nous le verrions dans la soirée. Hé ! hé ! — ajouta Hogier de Lévis, — j'ai eu de ses nouvelles, du reste.

— Comment cela ?

— A trois ou quatre lieues d'ici, sur la route, dans un village du nom de Montlhéry, on l'a vu passer ce matin.

— On le connaît ?

— Non, mais on me l'a si bien dépeint que je ne pouvais m'y tromper. Il voyageait avec deux femmes.

— Deux !

— Jeunes et jolies toutes deux.

— Il nous a dit en effet qu'il était marié, mais il ne nous a point ajouté qu'il avait épousé deux femmes, — observa Hector de Galard en riant. La conversation des deux jeunes gens fut interrompue par l'arrivée subite d'un troisième personnage. — Parbleu ! — dit Hector, quand on parle du loup on en voit toujours la queue. Vois plutôt.

En effet, un jeune homme entra dans la salle basse. C'était Noë.

— Vraidieu ! messeigneurs, — dit-il, — vous êtes des hommes pleins d'exactitude, il faut en convenir.

— A l'exception de notre ami Lahire, toutefois.

— Oh ! celui-là, — dit Noë, — s'il arrive avant la nuit close, il sera plus exact que vous encore.

— Ceci demande une explication, ce nous semble.

— Je vais vous la donner. Écoutez-moi.

— Voyons !

— Toi, Hector, tu es parti de Bordeaux mardi matin ?

— Oui.

— Et tu as suivi la route la plus directe. Tu es venu par Poitiers, Tours, Blois et Orléans.

— Justement.

— Hogier, lui, est parti de son château de Mirapeix, et

il a traversé le Périgord et une partie du Berri. Vous auriez pu vous rencontrer à Orléans.

— C'est vrai.

— Mais Lahire avait un tout autre itinéraire.

— Ah !

— Il a dû passer par Chartres, ce qui allongeait sa route d'au moins cinq ou six lieues.

— Bon ! — dit Hector, — mais pourquoi a-t-il passé par Chartres ?

— Parce que je tenais à ce que chacun de vous entrât isolément dans Paris, afin de ne pas éveiller l'attention.

— Très-bien. Donc tu l'attends ce soir.

— Comme je vous attendais. Tu sais bien, Hector, que nous nous sommes séparés à la porte de ton château, il y a huit jours, en nous donnant rendez-vous à Paris, à l'hôtellerie du *Cheval rouan* tenue, dans la rue Saint-Jacques, par le Béarnais Lestacade.

— Le quatorze du présent mois, au coucher du soleil, — ajouta Hogier de Lévis.

Le mari de la jolie Myette appela Lestacade.

— As-tu beaucoup de monde chez toi ? — lui demanda-t-il.

— Personne en ce moment.

— C'est bien. Veille à ce que nous ne soyons pas dérangés.

— Personne n'entrera, soyez tranquille, messire.

— A l'exception de notre *quatrième*.

— Aura-t-il pareillement le mot de passe ?

— Oui.

— C'est bien, — dit l'hôte en s'en allant, — comptez sur moi.

— Ah ! pardon ! — fit Noë en le rappelant, — il se pourrait faire qu'un gentilhomme déjà mûr se présentât.

— Comment est-il ?

— Tu dois le connaître de vue, au fait ; c'est monsieur de Crillon.

— Je le connais.

— Eh bien ! s'il vient, tu le laisseras entrer.

L'hôte sortit.

Alors Hector de Galard et Hogier de Lévis regardèrent Noë avec étonnement.

— Tu attends Crillon ?... — dirent-ils.

— Peut-être... — Et Noë, baissant un peu la voix, poursuivit : — Mes bons amis, nous avons fait un serment que l'avenir justifiera sans doute, mais que le présent ne justifie guère...

— Plaît-il ?

— Avant de conquérir un nouveau trône à notre roi, il sera difficile de lui conserver celui qu'il a.

— Hein ?. — fit Hogier.

— Es-tu fou ? — s'écria Hector.

— Mes chers seigneurs, — reprit Noë, — le roi de Navarre n'est pas raisonnable ; il persiste à demeurer à Paris, où la reine mère, qui a reconquis toute sa faveur, conspire contre sa vie, et où il n'a que deux amis : Pibrac et Crillon.

— Ah ! Crillon est son ami ?

— Il lui est dévoué jusqu'à la mort. Et, tout à l'heure encore, il me le répétait.

— Eh bien ! mais, — fit Hogier, — le dévouement de Crillon et quatre épées comme les nôtres, voilà, ce me semble, plus qu'il ne faut...

Noë haussa les épaules :

— Il est inutile que je vous dise aujourd'hui, — fit-il, — tout ce que j'ai appris au Louvre en une heure. Qu'il vous suffise de savoir que nous devons veiller jour et nuit, et à son insu, sur la vie de notre roi, qui est en péril.

— Oh ! oh !

— Le roi de Navarre, — poursuivit Noë, — est huguenot ; en ce moment les huguenots ne sont point en odeur de sainteté, et, comme on considère à la cour du roi Charles que Henri de Bourbon devient le chef du parti, il

se pourrait bien qu'on échangeât avant peu de bonnes arquebusades.

— Moi, — dit Hogier de Lévis, — je suis catholique, et les querelles de la religion me touchent peu, mais je suis le sujet du roi de Navarre et je verserai tout mon sang pour lui.

— Le roi, — dit encore Noë, — a deux ennemis mortels : la reine mère et le duc de Guise. C'est assez pour qu'il puisse tomber assassiné au coin d'une rue, si nous ne faisons bonne garde.

— Nous veillerons.

— Voyez-vous, mes amis, — acheva Noë, — il est chevaleresque en diable, notre roi, et ce n'est point chose facile de le garder ; s'il se doutait qu'il a autour de lui un rempart d'hommes comme nous, alors cela deviendrait tout à fait impossible. Il faut donc que nous soyons pour ainsi dire invisibles, et que cependant nous nous trouvions toujours auprès de lui.

Noë fut interrompu par l'arrivée de Crillon.

Le duc avait, le jour même, pris le jeune homme à part, et lui avait dit :

— Vous êtes au roi de Navarre, et de plus il vous permet d'être son ami, par conséquent il est probable qu'il vous écoutera.

— J'ose l'espérer, — avait répondu Noë.

— Eh bien ! conseillez-lui donc de monter à cheval et de s'en aller faire un tour en Navarre.

— Ah ! — répondit Noë, — je sais que que le roi demeurera à Paris jusqu'à ce qu'il ait touché la dot de madame Marguerite.

Crillon s'était pris à soupirer.

— Harnibieu ! — s'était-il enfin écrié, — il n'y a plus autour de nous que des lâches et des courtisans de la pire espèce. On a peur de René qui sera mort demain ; et depuis ce matin je cherche parmi les Suisses, les lansquenets et les gentilshommes, ce dont j'ai besoin, et ne le trouve pas.

— Que cherchez-vous ?

— Douze hommes vaillants...

— Il y en a pas mal en France.

— Oui, mais vaillants et dévoués, ne craignant rien, hormis Dieu, et capables d'exécuter leur consigne sans réfléchir qu'ils vont déplaire à madame Catherine. Je pourrais bien, — avait ajouté Crillon, lever une armée en moins d'une heure pour aller conquérir l'empire turc, mais je n'ai pu trouver dans tout Paris douze hommes capables de déplaire à la reine mère.

— Ma foi ! monsieur le duc, si douze hommes en peuvent valoir douze, à l'occasion je vous les offre.

— Vous ?

— Venez ce soir rue Saint-Jacques, à l'hôtellerie du *Cheval rouan*, et demandez à me voir.

C'était donc sur l'invitation de Noë que Crillon arrivait.

Il jeta, en entrant, sur les deux jeunes gens qui se trouvaient avec Noë un regard de vrai connaisseur.

— Harnibieu ! — dit-il en saluant, — ces nez busqués, ces cheveux noirs, ces dents blanches, sont d'un bon augure. Bonjour, messeigneurs !

— Monsieur le duc, — répondit Noë, — voici mes amis Hogier de Lévis et Hector de Galard.

— Harnibieu ! voilà de belle et bonne noblesse, — dit Crillon ; — et je gage que ce sont là deux des épées que vous m'avez annoncées.

— Pardon ! en voilà trois.

— Ah ! c'est juste, — fit le duc en souriant, — j'oubliais que vous étiez toujours heureux de déplaire quelque peu à madame Catherine. Mais... le quatrième ?

— Ne vous en inquiétez point, il va venir ; et ce que nous ferons il le fera, soyez-en sûr.

On offrit un siège à Crillon, qui reprit :

— C'est demain qu'on exécute l'homme le plus dangereux du royaume de France.

— J'en sais quelque chose, — dit Noë.

— Si René ne s'en va pas dans l'autre monde, je ne réponds de la vie de personne. Cet homme empoisonnerait Dieu et les saints...

— Bon ! — dit Noë, — je devine. Vous craignez qu'on ne l'enlève au moment du supplice.

— Je le crains depuis que la reine a retrouvé Paola.

— On m'a conté ça, — dit Noë, — et on m'a parlé de trois gentilshommes qui l'avaient aidée...

— C'est bien cela. Or, si la reine a trois gentilshommes capables de délivrer la fille, ils feront tous leurs efforts pour sauver le père.

— C'est juste.

— Et je n'avais jusqu'ici personne à leur opposer. Je serai bien à cheval demain en tête du cortège, avec un escadron de reîtres ; mais ils se débanderont à la première attaque. Tous ont peur des rancunes de madame Catherine.

— Eh bien ! monsieur le duc, — répondit Noë, — ne vous inquiétez pas ; vous verrez que nous n'aurons pas peur, nous, et ce que vous nous commanderez, nous l'exécuterons.

— Bravo ! — dit le duc.

En ce moment la porte s'ouvrit et Lahire entra :

— Oh ! messeigneurs, — dit-il, — je ne vous cache point qu'il m'en a coûté beaucoup de me rendre à l'heure dite.

— Vraiment ! — fit Noë.

— Oui, car je viens d'abandonner pour vous la femme la plus séduisante de France et de Navarre, une sirène...

On regarda Lahire avec curiosité.


## XIX

Voici ce qui était advenu à Lahire.

Il avait mis dans son voyage une célérité que Noë n'avait point calculée, et il était arrivé à Chartres la veille, au matin.

— A combien de lieues suis-je de Paris ? — demandat-il en s'arrêtant dans la première hôtellerie qu'il rencontra sur le bord de la route, à l'entrée de la ville.

— A quinze lieues, — lui fut-il répondu par l'hôtelier.

Lahire mit pied à terre et demanda à déjeuner, puis il jeta un coup d'œil sur son cheval.

La pauvre bête était efflanquée et à demi fourbue.

— C'est un cheval perdu, — se dit le jeune homme. Et il entra dans l'écurie, où plusieurs chevaux étaient au râtelier. Il remarqua un superbe limousin sous poil gris, dont la jambe grêle et nerveuse et l'œil à fleur de tête lui plurent. — A qui est ce cheval? — fit-il.

— A moi, — dit l'hôtelier.

— Voulez-vous le vendre ?

— C'est selon...

Lahire calcula ce qu'il avait dans sa bourse et se fit ce raisonnement :

— Puisque je vais à Paris pour le service du roi de Navarre, il est juste que le roi me fournisse au moins un cheval. — Et il proposa en échange son cheval contre le cheval limousin, moyennant du retour. L'hôtelier demandait cinquante pistoles ; Lahire en offrit vingt-cinq, puis trente, et le marché fut conclu. Alors le jeune homme déjeuna fort gaillardement, se fit servir du meilleur vin et ordonna qu'on lui sellât sa nouvelle monture. — Je veux aller coucher à Paris ce soir, — se dit-il. Il partit de Chartres vers midi, au grand trot du limousin, qui allait comme une hirondelle, et fit huit lieues sans débrider. A la fin de cette première étape, il fit donner une avoine à son cheval, le laissa souffler une heure et repartit. Comme le soir tombait, il aperçut dans le lointain les tours de Notre-Dame de Paris, et il atteignit le petit village de Meudon. Au sortir de Meudon, il croisa une litière portée par des mules. Cette litière paraissait venir de Paris. Les rideaux de cuir en avaient été pliés, et Lahire put voir qu'elle contenait une femme. La femme était masquée, mais elle paraissait jeune et ses cheveux étaient d'un blond merveilleux. Un écuyer à cheval était sa seule escorte. — Mordioux ! — exclama Lahire, qui était un chercheur d'aventures, — on ne m'attend que demain à Paris. J'ai donc le temps de me distraire et je vais suivre cette belle dame. Qui sait?

Et il tourna bride.

La dame avait jeté sur lui un regard distrait d'abord et curieux ensuite.

Lahire avait bonne mine à cheval, et, comme tous les Gascons, il portait haut la tête et chevauchait le poing sur la hanche. En outre, il était fort joli garçon, ce qui ne sera jamais un mince mérite auprès des femmes.

Comme la litière n'allait pas un train d'enfer, Lahire ralentit le pas de son cheval et demeura un pas en arrière.

La litière traversa Meudon, puis entra à gauche dans un joli sentier bordé de haies.

Ce sentier se dirigeait vers la forêt, y pénétrait et s'y enfonçait.

Lahire suivait toujours.

Il y avait environ une heure que ce manége durait, lorsque la femme masquée se pencha un peu en dehors et aperçut le cavalier.

Alors sans doute elle donna un ordre, car la litière s'arrêta.

Lahire, qui se trouvait à vingt pas en arrière, s'arrêta pareillement.

Alors la dame donna sans doute un nouvel ordre, car la litière s'ébranla de nouveau.

Ce que voyant, le jeune homme rendit la main à son cheval et se remit en chemin.

Alors la litière s'arrêta de nouveau ; et comme Lahire s'apprêtait à en faire autant, il vit l'écuyer qui précédait la dame tourner bride et venir à lui.

— Mon gentilhomme, — dit l'écuyer, — la dame qui est dans cette litière désire vous parler.

Lahire poussa son cheval vers la litière et salua avec une grâce parfaite.

— Monsieur, — lui dit la dame d'une voix qui parut enchanteresse au jeune homme, — n'ai-je pas eu le plaisir, il y a une heure, de vous rencontrer sur la route de Paris à Meudon ?

— Oui, madame.

— Vous alliez à Paris ? — Lahire s'inclina. — Pourrais-je savoir, — continua la dame masquée, pourquoi vous avez si subitement changé de résolution ?

Lahire se prit à sourire :

— Mais, — dit-il, — je ne suis attendu à Paris que demain.

— Et alors ?...

— Alors, madame, je me suis aperçu que vous aviez des cheveux d'un blond admirable.

— Merci bien.

— Et que vos yeux brillaient sous le masque avec trop d'éclat pour n'être point les plus beaux yeux du monde, en vérité !

— C'est-à-dire, — observa la dame masquée, — que vous avez eu fantaisie de me suivre ?...

— Et je suis prêt à continuer...

— Ah ! par exemple ! — Et la dame montra à travers son masque deux rangées de dents éblouissantes. — Mais, — dit-elle, — il se peut que j'aille bien loin.

— Qu'importe ?

— Au bout du monde...

— Le monde serait trop petit encore.

— Cependant vous ignorez qui je suis...

— Je devine que vous êtes belle...

— Ah çà ! monsieur, — fit la dame masquée, — vous êtes d'une impertinence rare !

— Pardonnez-moi, madame, — répondit Lahire ; — mais j'ai vingt-deux ans, je suis cadet de Gascogne.

— Ah ! — interrompit l'inconnue, — vous êtes Gascon ?

— Et j'en suis fier !

— Seriez-vous huguenot ?

— Pas que je sache.

— Tant mieux, en ce cas... Et vous aimez le roi ?

— Lequel ? — fit naïvement Lahire, — celui de France ou celui de Navarre, le vôtre ou le mien ?

— C'est juste, j'oubliais que vous êtes sujet du Béarnais.

— Et je m'en fais gloire, madame.

L'inconnue ne répondit rien tout d'abord, puis elle reprit :

— Ah çà ! j'espère, monsieur, que vous n'allez point prolonger cette mauvaise plaisanterie...

— Je ne plaisante pas, je vous jure.

— Et persister à me suivre ainsi !

— Madame, — répondit gravement le jeune homme, — voici la nuit, nous sommes au milieu des bois, la misère est grande par le royaume et les voleurs sont nombreux...

— Je ne les crains pas.

Lahire poursuivit, sans se déconcerter :

— Souffrez, madame, que je vous accompagne et vous protège... On ne sait pas ce qui peut arriver.

L'inconnue le menaça du doigt.

— Prenez garde, — dit-elle, — vous pourriez vous tromper.

— En quoi ?

— Peut-être suis-je laide.

— Oh ! c'est impossible.

— Et si j'avais... un mari ?

— Ah ! madame, — dit Lahire, — convenez que, si vous en avez un, il se conduit bien mal.

— Comment cela ?

— En vous laissant voyager seule ; et qu'il a bien mérité...

— Monsieur, — dit la dame masquée, — laissez-moi vous dire que j'ai encore une grande lieue à faire pour arriver...

— Souffrez que je vous accompagne.

— Et que, si vous me suivez jusque-là, vous courrez grand risque de perdre votre chemin en revenant. La lune est nouvelle. Une fois la nuit venue, il fait horriblement sombre dans les bois.

— Oh ! madame, — répliqua Lahire, — ne vous inquiétez point de moi, je sais me tirer d'affaire.

— Ainsi, vous persistez ?

— Plus que jamais.

— Eh bien ! soit, — dit-elle, — je vous le permets. Seulement...

Elle s'arrêta.

— Faites vos conditions, madame, je les accepte d'avance.

— Quand nous serons arrivés à la porte de la maison où je vais, vous rebrousserez chemin.

— Sans l'espérance de vous revoir ?

Lahire prononça ces derniers mots avec cet accent de la jeunesse qui annonce si éloquemment la résolution, le dévouement et l'énergie.

L'inconnue le regarda attentivement.

— Êtes-vous brave ?

— Ah ! madame, quelle question !

— Et si je mettais votre bravoure à l'épreuve ?

— Parlez...

— Tenez, — dit l'inconnue, — montez dans ma litière et donnez votre cheval à conduire à mon écuyer, nous causerons... — Lahire sauta lestement à terre, remit sa monture aux mains de l'écuyer et prit place dans la litière. Alors l'inconnue lui dit : — Je suis peut-être une femme tout autre que vous ne vous l'êtes imaginé.

— Vous avez la voix d'un ange...

— Et les colères d'un démon au fond du cœur, — acheva-t-elle d'une voix sourde. Lahire tressaillit. L'inconnue continua : — J'ai une haine violente, et je cherche un homme qui me puisse venger...

— Ce sera moi, — répondit Lahire avec la chevalerie de ses vingt ans.

— Prenez garde !

— A quoi ?

— L'homme que je hais est puissant.

— Bah ! — fit le Gascon, — je me moque de sa puissance. J'ai une bonne rapière... Dites-moi son nom...

— Oh ! pas encore...

— Mais...

— Plus tard, — dit-elle, — plus tard !... quand nous aurons fait plus ample connaissance.

Et elle se prit à questionner le jeune homme sur son pays et sur le motif qui l'amenait à Paris ; mais Lahire était discret et il répondit :

— Ceci, madame, n'est point mon secret.

— Vraiment ?

— Mais celui de plus haut que moi.

L'inconnue le transperça d'un regard. Elle eût voulu fouiller ses pensées les plus intimes.

Puis elle lui dit avec une indifférence affectée :

— Vous avez raison, il faut toujours garder fidèlement les secrets qui ne nous appartiennent point. — Le sentier que suivait la litière, après avoir longtemps serpenté sous la futaie, s'élargit tout à coup, et, en dépit de la nuit qui arrivait rapidement, Lahire put voir une vaste clairière au milieu de laquelle brillait un point lumineux. Cette lumière partait des fenêtres d'une petite maison blanche élevée au milieu du bois. Alors l'inconnue dit à Lahire : — Descendez...

— Vous me renvoyez ? — fit-il avec un accent de prière.

— Non, je vous garde... — Il frissonna de joie. — Je vous garde, — dit-elle, — parce qu'il serait odieux et cruel de vous renvoyer à cette heure... et que je puis vous donner l'hospitalité.

— Ah ! vous êtes bonne !

Et Lahire osa porter à ses lèvres la main de l'inconnue. Elle dégagea sa main et ajouta :

— Je vous garde aussi parce que vous m'avez promis...

— Je serai votre chevalier, je me ferai tuer pour vous...

— Mais, — acheva-t-elle, — je suis obligée de prendre quelques précautions pour vous recevoir.

— Ah !

— Vous allez donc descendre ici.

— Bien.

— Vous voyez cette lumière ?

— Oui.

— Vous voyez la maison à travers les arbres ?

— Je la vois.

— Eh bien ! restez là, les yeux fixés sur cette lumière jusqu'à ce qu'elle s'éteigne.

— Et quand elle s'éteindra ?

— Vous marcherez vers la maison et vous irez droit à la porte.

Lahire sortit de la litière et alla s'asseoir sur un tronc d'arbre.

L'écuyer continua son chemin, la litière s'éloigna et atteignit la maison, puis tout disparut dans l'ombre.

Alors Lahire attendit.

Les minutes s'écoulèrent, puis une heure entière.

La lumière brillait toujours.

— Est-ce qu'elle aurait voulu me mystifier ? — se dit le jeune homme. Tout à coup il entendit le galop d'un cheval, et il se dressa vivement. Un cavalier passa près de lui, rapide comme l'éclair, et disparut sous la futaie. En même temps la lumière s'éteignit. Alors Lahire respira. — Enfin ! — dit-il. — Tout cela m'a l'air bizarre, mais j'irai jusqu'au bout.

Il se leva et se dirigea vers la maison, qui était bien à deux cents pas.

La porte était entr'ouverte.

Lahire monta les deux marches qui formaient le perron, poussa cette porte et se trouva dans les ténèbres.

En même temps, une petite main satinée prit la sienne, et la voix harmonieuse et fraîche de l'inconnue lui dit tout bas :

— Venez!.. et ne faites pas de bruit.

Lahire était prudent, et il mit la main sur la garde de son épée.

## XX

Lahire, conduit par l'inconnue, fit une dizaine de pas au milieu d'une obscurité profonde.

Puis une porte s'ouvrit...

Un rayon lumineux vint frapper le visage de notre héros, et Lahire se trouva au seuil d'une salle en manière d'oratoire au milieu de laquelle une table était dressée.

Cette table, qui supportait une nappe éblouissante de blancheur et une vaisselle d'argent ciselé, était couverte de mets délicats et de flacons de cristal de Bohême emplis de vins généreux.

Une lampe italienne à globe d'albâtre, suspendue au plafond, projetait autour d'elle une clarté discrète et voluptueuse.

Un moment ébloui, Lahire put bientôt jeter un regard autour de lui et tout examiner.

L'oratoire était petit, mais aussi luxueusement, aussi coquettement décoré que les salles du Louvre, où madame Catherine avait dépensé trésors et génie.

Les murs étaient tendus d'une étoffe orientale alors fort à la mode ; l'embrasure des croisées était garnie de jardinières pleines de fleurs rares ; çà et là, sur des bahuts sculptés, aux fermoirs de cuivre travaillés au marteau, se dressaient de blanches statues de marbre ou des bronzes florentins d'un goût exquis.

De chaudes peintures couvraient le plafond, le sol était jonché d'un moelleux tapis.

Il s'échappait de tout cela un parfum mystérieux qui faisait rêver d'amour sur-le-champ.

— Suis-je chez une princesse ou chez une fée? — murmura Lahire, dont l'éblouissement continuait.

L'inconnue, toujours masquée, n'avait point cessé de tenir dans sa main celle de Lahire.

— Peut-être chez les deux, — répondit-elle en souriant. Elle l'entraîna vers une ottomane sur laquelle étaient empilés des coussins, et l'y fit asseoir auprès d'elle. — Avouez, — lui dit-elle, — que vous ne vous attendiez point, quand vous m'avez suivie, à être reçu ainsi, mon gentilhomme?

— Je crois rêver... — répondit Lahire étourdi de tout ce qu'il voyait.

— Vous avez fait une longue route, — reprit l'inconnue, — vous avez faim et soif, j'ai voulu vous garder à souper...

— Décidément, madame, vous êtes une fée.

— Ne vous inquiétez point de votre cheval, — poursuivit-elle, — on a pris soin de lui. Vous le trouverez frais et vigoureux demain matin.

Ces deux derniers mots firent tressaillir Lahire.

— Allons! — pensa-t-il, — je crois que je ne déplais pas. — Et, comme tout homme en ce monde est disposé à médire d'une conquête par trop facile, le Gascon fit encore cette réflexion peu charitable : — Je dois avoir affaire à quelque dame de la cour affligée d'un vieux mari et qui cherche à l'oublier en joyeuse compagnie.

La dame masquée invita Lahire à se débarrasser de son manteau et de son épée.

Puis elle se mit à table, lui indiqua un siège vis-à-vis de celui qu'elle occupait.

— Soupons, — lui dit-elle.

— Mais, madame, — observa le Gascon, qui n'était pas tout à fait sûr d'être éveillé, — est-ce que vous allez souper avec votre masque?

— Oui, certes.

— Oh! c'est cruel...

— Mais prudent.

— Ah! fit-il d'un ton de reproche, — je suis gentilhomme, madame, et je suis discret.

Elle eut un petit air moqueur sous son loup de velours noir.

— Je ne doute point de votre loyauté, — dit-elle, — mais j'ai un de ces visages que nul ne doit voir. Je suis un peu comme les anciens rois de Perse.

— Ah! ma dame...

— Écoutez, reprit-elle, quand vous saurez ce que je veux de vous, peut-être comprendrez-vous que je ne puis me montrer à visage découvert.

— Parlez donc, alors, et ordonnez...

Elle lui versa dans un hanap d'or ciselé un vin jaune comme de l'ambre.

— Buvez! dit-elle.

Si Lahire eût été un seigneur de la cour de France, riche, puissant et redouté, peut-être eût-il hésité à boire et eût-il pensé qu'il allait laisser au fond de son gobelet, sinon sa vie, du moins sa raison.

Mais Lahire était un cadet de Gascogne n'ayant que peu de pistoles au fond de sa bourse, ne jouissant que d'un crédit modéré, en dépit de sa bonne noblesse, et possédant comme bien le plus clair sa vieille rapière héréditaire.

C'était là plus de raisons qu'il n'en fallait pour que Lahire ne craignît rien.

Et puis il avait un appétit de lansquenet et une soif de reître.

Il mangea comme quatre et but comme douze, répétant de temps à autre :

— Mais parlez donc, madame, ce que vous m'ordonnerez, je le ferai.

— Vrai? — dit-elle enfin.

— Foi de Lahire!

— Ah! vous vous nommez Lahire?

— Oui, madame.

— Etes-vous le descendant du compagnon de Jeanne Darc?

— C'était mon bisaïeul.

L'inconnue s'inclina, en femme qui savait assez bien son armorial de France.

— Et, — reprit-elle, — vous alliez à Paris?

— J'y suis attendu.

— Comptez-vous y rester?

— Je ne sais, mais c'est probable...

— Longtemps?

— Cela dépendra... Je vous l'ai dit, madame, ce n'est point mon secret.

— Ah! c'est juste...

— Mais je vous ai fait le serment de vous obéir, et je le tiendrai...

— Prenez garde! vous ne savez pas encore ce que j'attends de vous. Elle lui versa une nouvelle rasade de ce vin jaune, qui venait sans doute d'Espagne et qui montait à la tête comme un enivrant parfum. — Tout à l'heure, — dit-elle, — plus tard... Lahire était jeune, il était ardent, le vin d'Espagne échauffait son cœur, il devint plus pressant et plus hardi vers la fin du repas, portant sans cesse à ses lèvres la petite main blanche et rose de l'inconnue et la suppliant d'ôter son masque. Il osa se mettre à genoux, il osa enlourer de ses ras nerveux la taille délicate et frêle de la femme au loup de velours... Mais elle se dégagea avec un pli couleuvre, et mit l'épaisseur de la table entre elle et lui.

— Vous êtes un enfant, — lui dit-elle, — et je veux vous dire un apologue oriental qui vous montrera votre folie.

— Eh bien! — dit-il, — je vous écoute. Mais après, vous ôterez votre masque.

— Nous verrons. Écoutez... — Et elle se renversa à demi dans son fauteuil, prit une pose charmante et, jouant négligemment avec un petit poignard à lame d'or dont elle s'était servie pour manger une pêche, elle dit : « il y avait autrefois un prince du nom de Namoun qui régnait à Lahore, dans l'Inde. »

— J'ai ouï parler de ce pays.

— »Namoun était beau, si beau qu'il inspira une vive passion à une fée. Le roi des fées, touché de voir la pauvre immortelle se lamenter nuit et jour de sa condition qui lui défendait d'aimer un simple mortel, lui dit à la fin :

» — Je te permets d'aller sur la terre, d'y bâtir un palais à ton goût et d'y recevoir ton beau Namoun chaque nuit.

— Et comme la fée se réjouissait, le roi ajouta : — Mais j'y mets une condition : tu porteras un masque sur le visage et tu ne l'ôteras jamais.

» — Oh ! — dit la fée, qui était pleine de confiance en elle-même, — je saurai bien me faire aimer de lui sans qu'il voie mon visage.

» — Ceci est ton affaire, — répondit le roi.

» La fée prit sa baguette, descendit sur la terre et choisit une vallée charmante, arrosée par une rivière aux eaux limpides, couverte de grandes forêts ombreuses et de verts pâturages, pour sa résidence.

» Là, elle secoua sa baguette, et soudain un palais merveilleux sortit de terre. Le soir même, le prince Namoun s'égara à la chasse et vint demander l'hospitalité à la porte du palais.

» Cette porte s'ouvrit et la fée apparut à Namoun.

» Comme moi, — dit l'inconnue, — elle était masquée, comme moi elle avait des cheveux blonds, et ses épaules demi-nues, ses bras d'albâtre, ses dents blanches, et le regard ardent qui brillait au travers de son masque, disaient éloquemment qu'elle était belle.

» Le prince l'aima, et la fée le reçut chaque soir.

» Mais, un soir qu'il était plus épris et plus empressé que jamais, le prince voulut absolument voir le visage de la fée, et il lui arracha son masque.

» Soudain le palais s'écroula, la fée disparut, et le prince, un moment lancé dans l'espace, se trouva au milieu de la vallée où tout à l'heure s'élevait le palais enchanté. Il n'y avait plus ni palais, ni fée... » — Quand elle eut terminé son récit, l'inconnue regarda Lahire.

— Eh bien ? — dit-elle.

— Namoun était curieux comme moi. Mais vous n'êtes pas une fée ?

— Qui sait ?

— Et cet apologue. .

— Tenez, — interrompit-elle, — écoutez-moi bien. Vous êtes seul ici, seul avec moi, vous m'aimez... et... je vous aime... — Lahire jeta un cri. — Vous m'avez promis un serment.

— Je suis prêt à le renouveler.

— Si je vous demande la vie d'un homme que je hais.. ?

— Je le tuerai.

— Vous me le jurez ?

— Je le jure... Quel est-il ?

— Oh ! — fit-elle, — l'heure n'est point venue de vous dire son nom ; mais un jour, demain peut-être, peut-être aussi beaucoup plus tard, un coffret vous arrivera...

— Elle prit dans ses cheveux une épingle d'or et la lui donna. — Ce coffret, — continua-t-elle, — renfermera une épingle semblable à celle-ci.

— Bien !

— Et un morceau de parchemin sur lequel un nom aura été tracé.

— Ce sera le sien ?

— Oui. Tiendrez-vous toujours votre serment ?

— Foi de Lahire ! — répéta le jeune homme qui avait la tête en feu. Et il la pressa de nouveau dans ses bras, et il dit avec l'accent de la passion : — Oh ! de grâce ! vous n'êtes pas une fée, et vous pouvez me montrer votre visage.

— Non, — dit-elle, — je ne suis pas une fée, mais je vous donne à choisir : si vous tenez à rester ici, je garderai mon masque ; et vous exigez qu'il tombe, je vais frapper avec cette baguette sur ce timbre, et mes gens viendront et vous mettront dehors.

— Au fait ! — murmura Lahire, — je serais fou si j'hésitais... Le prince Namoun fut un sot.

Et il se remit aux genoux de l'inconnue et couvrit de nouveau ses mains de baisers.

En ce moment la lampe italienne, dont l'huile était consumée, s'éteignit.

Que se passa-t-il durant le reste de la nuit dans cette maison mystérieuse située au milieu des bois de Meudon ? Lahire lui-même ne le sut jamais qu'imparfaitement.

Douze heures après, notre héros s'éveilla d'un sommeil léthargique, jeta autour de lui un regard étonné.

Il s'était endormi à côté de la femme masquée et il se retrouvait seul.

Quand la lampe s'était éteinte, il était au milieu de cet élégant oratoire qui lui avait fait s'écrier : « Suis-je donc chez une princesse ou une fée ? » et il se retrouvait au milieu d'un fourré du bois de Meudon, couché sur l'herbe, avec son manteau pour oreiller, éclairé par la lumière du soleil qui commençait à décliner à l'horizon.

Il entendit un hennissement près de lui et tourna la tête.

Son cheval était attaché à un arbre.

— Morbleu ! — se dit Lahire, — je la reverrai ! — Et il sauta en selle et se mit à courir à travers le bois, avec la conviction qu'il allait retrouver la petite maison. Lahire se trompait. Il eut beau errer en tous sens, prendre et suivre tous les sentiers qui serpentaient sous le couvert, aller du nord au sud et de l'est à l'ouest, il ne retrouva ni le chemin qu'il avait suivi la veille, ni la petite maison où s'était passée cette mystérieuse aventure.

— Je commence à ajouter foi à l'histoire du prince Namoun... — se dit-il enfin. Et la nuit venait. — Ah ! mille tonnerres ! — s'écria Lahire, — voici que l'amour me trouble la tête. J'oubliais qu'on m'attend à Paris.

Il mit l'éperon aux flancs de son cheval, et, une heure après, il arriva rue Saint-Jacques, où Crillon était en train de confier à ses compagnons une mission périlleuse et pleine de mystère.

## XXI

C'était donc le lendemain de l'arrivée des *quatre valets* à Paris que René allait être conduit au supplice. A onze heures, on s'en souvient, les deux aides de maître Caboche étaient entrés dans son cachot et lui avaient annoncé qu'ils le venaient quérir. Alors René avait perdu toute illusion, et s'était abandonné à ce désespoir sans limite dont parle Dante dans son *Enfer.*

On l'avait débarrassé des liens qui lui attachaient les pieds.

Ensuite on l'avait déshabillé.

La sentence du parlement portait que le condamné s'en irait à l'échafaud pieds nus, en chemise, une corde au cou, avec un cierge du poids de six livres à la main.

A la porte de son cachot, René, qui n'avait même plus la force de se débattre, et que les valets de Caboche soutenaient, René, disons-nous, trouva une double haie de soldats, et, en avant des soldats, il aperçut un visage de connaissance, Noë.

Noë avait à sa droite Hogier de Lévis, et en face de lui Lahire et Hector de Galard.

René vit Noë, qui le salua, puis il remarqua ces trois visages bruns, au nez recourbé, aux yeux noirs, aux dents blanches, ces trois visages inconnus, mais auxquels il ne pouvait se tromper.

C'étaient des Gascons, c'est-à-dire des partisans du roi de Navarre, des ennemis de Catherine, des hommes qui allaient se réjouir de son supplice.

Certes si à cette heure René eût conservé le moindre espoir, il se fût évanoui à l'aspect de ces quatre hommes qui semblaient devoir l'escorter jusqu'au supplice.

Au bout d'un long corridor qu'on lui fit suivre, René trouva une petite salle froide et nue dans laquelle maître Caboche l'attendait pour lui passer la longue chemise des condamnés et lui mettre la corde au cou.

René regarda le bourreau, et le peu de force qui lui restait s'en alla.

Mais Caboche le prit à bras le corps et le fit asseoir sur un escabeau, puis fit signe à ses aides de le déchausser.

En même temps il lui passa sa chemise et se pencha à son oreille assez rapidement pour n'être point remarqué.

— Courage ! — lui dit-il. René tressaillit et le regarda.

— Courage !... — répéta le bourreau, — la délivrance précède quelquefois le supplice. — Le Florentin frissonna. Caboche feignit de ne pouvoir boutonner le col de la chemise, et lui dit encore : — On travaille à vous sauver...

Noë et les trois Gascons étaient demeurés à l'entrée de la salle, et ils étaient trop loin pour qu'il leur fût possible d'entendre.

Un éclair d'espoir s'était rallumé dans l'œil morne du Florentin.

— Tu cherches à me tromper, — balbutia-t-il.

— Dieu me punisse si je mens ! — répondit tout bas Caboche.

— Il est trop tard...

— Non, on doit vous enlever.

— Quand ?

— En sortant de Notre-Dame.

— Ah ! — murmura René, — il y a autour de moi des hommes qui se feront tuer plutôt que de me lâcher.

— J'en connais, moi, — répondit le bourreau, — qui se feront tuer pour vous sauver. — La toilette du condamné était terminée et Caboche dit durement : — Allons, en route !... — Les deux valets prirent René sous l'aisselle et le poussèrent devant eux. Caboche marchait en avant. Mais comme ce dernier sortait de la salle, il aperçut Noë et ses trois compagnons. — Ah ! diable, — se dit-il, — voilà des visages qui, en effet, me paraissent valoir ceux que je connais...

On arriva dans la cour du Châtelet. Là se trouvait le tombereau dans lequel on devait conduire René à l'échafaud. Autour du tombereau il y avait un peloton de Suisses à cheval.

En tête des Suisses, le bourreau aperçut Crillon.

Pour la seconde fois, Caboche douta du succès à la vue de Crillon.

Le duc était fièrement en selle, il avait le poing sur la hanche et semblait dire par son attitude conquérante :

— Il faudra que, bon gré, mal gré, René soit rompu aujourd'hui.

Deux pages tenaient en main quatre chevaux.

C'étaient les montures de Noë et de ses trois compagnons.

— En selle, messieurs ! dit Noë.

Alors Caboche perdit tout espoir.

— Voilà quatre hommes contre quatre hommes ! — se dit-il ; — et le duc va faire pencher la balance... les Suisses n'oseront pas se débander. Mais, — pensa encore le bourreau, — je n'en ferai pas moins ce que j'ai promis. Je prendrai par la rue de la Calandre, et arriverai que pourra ! Tant mieux si on sauve René, tant pis si on ne peut le sauver, j'aurai loyalement gagné l'or qu'on m'a fait tenir.

Ce bel aparté terminé, Caboche monta dans la charrette, à côté de René qui était debout et tenait déjà son cierge à la main. Auprès de lui était un moine qui, son capuchon baissé, récitait les prières des agonisants.

Le duc leva son épée et le cortège se mit en marche.

Noë et les trois Gascons s'étaient rangés deux par deux à gauche et à droite du tombereau.

Les Suisses se placèrent moitié en avant, moitié en arrière.

Crillon, avant de se mettre à leur tête, s'était approché de Noë et lui avait dit tout bas :

— Les deux berges de la rivière et les rues sont encombrées de populaire. Je suis bien certain qu'on tentera un enlèvement...

— Moi aussi...

— Certes, — avait ajouté le duc, — je tiens beaucoup à ce que ce misérable empoisonneur soit rompu, mais, comme nul n'est tenu à l'impossible, si nous ne pouvions pas arriver jusqu'à la place de Grève...

— Je lui casserai la tête d'un coup de pistolet, — dit Noë.

— J'allais vous en prier.

Cette résolution extrême approuvée, le duc alla se placer en tête des Suisses et ouvrit la marche.

Alors le moine releva un peu son capuchon, et maître Caboche, qui venait de saisir les rênes et le fouet pour conduire son ignoble véhicule, maître Caboche, disons-nous, reconnut le gentilhomme qui s'était présenté chez lui pendant l'avant-dernière nuit.

C'était un des quatre amoureux de la duchesse de Montpensier, Gaston de Lux.

René n'avait jamais vu Gaston de Lux ; par conséquent il ne pouvait savoir s'il avait ou non affaire à un vrai moine.

Mais Caboche reconnut le jeune homme et lui dit :

— Est-ce que vous avez une épée sous votre robe, mon père ?

René tressaillit et regarda le moine.

Le moine entrouvrit sa robe et René vit la crosse de deux pistolets et le manche d'un poignard.

Alors le moine se pencha vers lui sous prétexte de murmurer une prière, et il lui dit :

— Soyez plus abattu que jamais, ayez plus que jamais l'épouvante de la mort.

— Ah ! — balbutia René, — qui se méprit à ses paroles, je savais bien qu'on ne pourrait me sauver !

— On vous sauvera !

— Alors pourquoi faut-il que je redoute la mort ?

— Parce qu'un espoir trop vivement manifesté compromettrait tout.

Et le moine approcha un crucifix des lèvres de René et marmotta à voix haute, de façon à être entendu de la foule, les premiers versets des prières qu'on dit pour les agonisants.

La foule était immense au dehors, immense et hostile. Elle encombrait la berge de la rivière, les abords du Châtelet, la place du Parvis et les rues qui avoisinent Notre-Dame. Elle ondulait en tous sens comme un océan de chair humaine, vomissant des imprécations, des cris de joie, de féroces blasphèmes.

René allait mourir !

René l'empoisonneur, René l'assassin, René l'homme dont le seul nom avait épouvanté Paris durant un quart de siècle !

— Voilà qui est trop long ! — cria une femme du peuple en voyant qu'on le menait à Notre-Dame faire amende honorable... — On ne veut donc pas en finir !

Crillon, à la tête de ses Suisses, s'ouvrait à grand'peine un passage ; il entendit l'exclamation de cette femme, et il lui dit :

— Ce sera bien plus long encore si vous ne me laissez point passer.— La réplique de Crillon était si juste que la foule s'écarta. Le tombereau, toujours escorté par Noë et ses trois compagnons qui avaient l'épée au poing, arriva jusque sur la place du Parvis. C'était cet instant que Crillon redoutait entre tous les autres ; car René allait descendre du tombereau, et la foule était si compacte qu'en cet instant l'enlèvement pouvait devenir possible, si les gens de madame Catherine se trouvaient déguisés et mêlés à la foule. Aussi entoura-t-il le condamné avec sa troupe, dont chaque homme avait reçu l'ordre de faire feu sur René si on essayait une tentative quelconque en sa faveur. Quand René monta les trois marches du porche, précédé par le moine, tandis que le chapitre de Notre-Dame venait à sa rencontre, les quatre Gascons le suivirent et établirent une muraille vivante entre lui et la foule. Tandis qu'il s'agenouillait et récitait d'une voix tremblante l'oraison *In articulo mortis*, ils demeurèrent l'épée à la main et le pistolet au poing. La cérémonie terminée, maître Caboche et ses aides firent remonter le condamné.—Ouf! —murmura Crillon, — maintenant je respire... le plus mauvais moment est passé...—Crillon se trompait. Tandis que les prêtres récitaient les prières en usage pour l'amende honorable et que la foule impressionnée avait un moment suspendu ses cris de haine et ses vociférations, deux lourdes charrettes de foin débouchèrent par la rue de la Barillerie et vinrent encombrer l'issue de la place du Parvis. Ce qui fit que, lorsque la foule voulut s'écouler et prendre le chemin de la Grève, elle fut refoulée malgré elle.—Hambieu! — s'écria Crillon, qui crut deviner dans cet événement la main de madame Catherine, — voilà le moment critique!—Et il poussa son cheval pour disperser la foule, criant d'une voix de stentor :—Place! place!

Mais Caboche, qui avait pris les rênes et le fouet, et qui sans doute était instruit par avance de ce qui devait se passer, Caboche tourna bride brusquement et prit à droite, se dirigeant vers l'entrée de la rue de la Calandre.

Crillon était en avant et n'avait point vu cette manœuvre.

— Que fais-tu, maraud? — s'écria Noë.

— Hé! messire, — répondit Caboche sans s'émouvoir, — ne le voyez-vous pas? je déjoue les plans de la reine mère. Les gens qui veulent sauver René sont là-bas, derrière ces charrettes de foin.

L'explication parut logique et l'expédient lumineux à Noë, qui répondit :

— Eh bien! fouette ta rosse, et allons rondement, maître!—Et comme la rue de la Calandre était étroite, il se plaça en avant du tombereau avec Hogier de Lévis, tandis que Hector et Lahire se rangeaient par derrière. Puis le cortège se remit en marche, au grand ébahissement de Crillon, qui venait de se retourner, et crut que la manœuvre exécutée par le bourreau avait été ordonnée par Noë. Une fois engagé dans la rue de la Calandre, il était impossible que le tombereau rétrogradât, tant cette rue était étroite. C'était à grand'peine que deux cavaliers y pouvaient passer de front, et force fut à Crillon de se ranger tout à fait à la queue du cortège, derrière les premiers Suisses; car la foule avait déjà envahi la chaussée. Le tombereau avança ainsi jusqu'au milieu de la rue, dont les fenêtres étaient ouvertes et garnies de curieux. Mais arrivé au milieu de la rue, le mauvais cheval qui traînait l'ignoble véhicule rencontra un obstacle mystérieux et s'abattit, de telle façon que Caboche laissa échapper un juron énergique et que le tombereau s'arrêta. Soudain le moine enlaça René d'un bras robuste, et, par une fenêtre de la maison voisine, le bout d'une corde tomba dans la charrette. Le moine, qui avait enlacé René avec son bras gauche, saisit cette corde, et tout aussitôt moine et condamné s'élevèrent dans les airs et furent hissés vers la croisée. Malédiction! — s'écria Noë, qui prit un de ses pistolets, ajusta le groupe humain et fit feu...—Au moins, —ajouta-t-il, — ils ne l'auront pas vivant...

## XXII

Comment l'enlèvement de René s'était-il opéré?

Nous allons l'expliquer en peu de mots.

La maison par la fenêtre de laquelle une corde était tombée dans le tombereau, appartenait à un bonhomme de procureur au Châtelet, que de précoces infirmités avaient forcé à vendre sa charge.

Cet homme, catholique ardent, avait une haine féroce pour les huguenots et un dévouement profond aux princes lorrains, lesquels avaient su se faire de nombreux partisans au cœur même de la France.

Le procureur Bigorneau, tel était son nom, avait du reste d'excellentes raisons pour nourrir à la fois cette haine pour les uns et ce dévouement pour les autres.

Il était né huguenot et avait été fanatique de la *religion* jusqu'à l'âge de vingt-cinq ans.

Mais, à cette époque, on lui avait prouvé qu'il pourrait parvenir à la place de premier clerc chez un procureur où il gagnerait six livres par mois, la pitance et le logis, s'il se faisait catholique.

Alors Bigorneau n'avait point hésité, et, comme tous les gens qui changent de religion, il avait pris en haine ses coreligionnaires.

Pendant trente années, tout catholique ayant un procès avec un huguenot s'en allait trouver maître Bigorneau, qui se remuait et se démenait si bien qu'à la fin le catholique avait gain de cause.

Deux ou trois fois Bigorneau avait été rossé d'importance dans une rue sombre, à une heure tardive, par un plaideur huguenot mécontent.

Une fois, il était alors devenu procureur, les huguenots mirent le feu à sa maison.

C'en était assez pour justifier sa haine de bête fauve.

Maintenant il est facile de comprendre son dévouement aux princes lorrains.

Un jour, maître Bigorneau, alors premier clerc du procureur dont il devait acheter la charge plus tard, plaidait au palais pour un voleur effronté, un coquin sans vergogne, qui avait volé, tué et fait pis encore.

Cet homme, qu'on appelait La Ribaudière, était connu en tous les mauvais lieux de Paris, et il avait un certain renom de mauvais sujet. On l'avait surpris coupant le cou à une pauvre fille sans aucun autre motif de son abominable forfait que la malheureuse était grêlée de la petite vérole et qu'elle le dissimulait de son mieux en s'appliquant une pâte blanche sur la peau.

La Ribaudière, s'étant trouvé dupé, disait-il, avait simplement tiré sa dague, appuyé de force le cou de la ribaude contre le mur, et il s'était mis en train de le scier.

Pendant qu'il accomplissait cette horrible besogne, le guet l'avait arrêté.

Or, c'était pour ce misérable que maître Bigorneau plaidait, et il y avait foule au palais.

Plusieurs seigneurs de la cour, et notamment le duc de Lorraine, père du duc de Guise, s'y trouvaient. Bigorneau fut si éloquent, si retors et de si mauvaise foi en sa plaidoirie, qu'il prouva aux juges, clair comme le jour, que La Ribaudière était un galant homme et qu'il avait usé de son droit légitime en se vengeant d'avoir été trompé.

Les juges avaient fait mettre sur l'heure La Ribaudière en liberté.

Alors, comme Bigorneau sortait de l'audience, le duc de Lorraine lui avait frappé sur l'épaule en lui disant :

— Tu es un maître coquin, mais tu es habile.—Bigorneau avait salué. — Et, — avait repris le duc, — comme je suis propriétaire de quelques seigneuries en France et que j'ai souvent des procès avec mes voisins, je te confierai tous mes procès et je te baillerai de l'argent pour acheter la charge du procureur ton patron.

En effet, le duc avait tenu parole, et maître Bigorneau, de pauvre clerc qu'il était, devint procureur.

Trente ans après, il était riche et possédait en propre sa maison de la rue de la Calandre.

Seulement il avait vendu sa charge, par cette raison qu'un jour, en plaidant contre un huguenot, il avait crié si fort qu'il y avait gagné une complète extinction de voix.

Or, le matin du jour où René devait être rompu, Bigorneau déjeunait à neuf heures du matin, avec tout le calme d'une belle âme, lorsqu'on frappa à sa porte.

Le procureur vivait seul, avec une vieille servante sourde à laquelle il fit signe d'aller ouvrir.

Celle-ci revint suivie d'un gentilhomme inconnu de Bigorneau.

— Ah! — lui dit l'ancien procureur avec sa voix enrouée, — vous venez trop tard, mon cher seigneur, je ne me mêle plus de procès, j'ai vendu ma charge.—Le gentilhomme, qui n'était autre que le comte de Crèvecœur, se prit à sourire, puis il regarda la servante avec défiance. — Oh! — dit Bigorneau, — vous pouvez parler devant elle, le bourdon de Notre-Dame ne la fait plus tressaillir depuis longtemps ; elle est sourde, messire.

— Alors, causons, — dit Crèvecœur, — qui prit un siége.

— Mais je ne plaide plus, — souffla Bigorneau.

— Aussi n'ai-je pas de procès.

— Ah! fit le procureur.

— Je veux acheter votre maison. Bigorneau regarda son visiteur avec étonnement et voulut parler. — Chut ! — dit le comte, — écoutez-moi. — Le procureur s'inclina. — Je veux l'acheter et je ne la marchanderai pas.

— Mais, messire...

— Combien en voulez-vous ?

— C'est selon...

— Je vous en donne vingt mille écus. Est-ce assez ? — La maison de Bigorneau ne valait pas la moitié de cette somme. Aussi demeura-t-il stupéfait. Le comte ajouta : — Vingt mille écus payables comptant. — Il tira de sa poche un sac de pistoles et dit : — En voici trois mille. Maintenant, donnez-moi du parchemin, et je vais vous donner un bon de dix-sept mille écus payables aujourd'hui même, avant midi, chez La Chesnaye.

Ce nom fit tressaillir le procureur plus que l'offre du comte, plus que le prix exorbitant auquel on taxait sa maison, plus que le sac de pistoles qu'on venait de placer devant lui.

C'est que La Chesnaye était, à Paris, l'homme d'affaires secret, l'intendant mystérieux des princes lorrains.

— Ah! — fit le procureur tout effaré, — c'est donc pour le compte de...?

— Chut !

— Mais je l'eusse donnée, ma maison...

— Oh! — fit le comte en souriant, — vous savez bien que la personne dont il est question ne prend rien qu'elle ne le paye libéralement. — Et le comte de Crèvecœur prit une plume et écrivit sur un parchemin ces deux lignes : « Bon pour dix-sept mille écus, payables à maître Bigorneau. » Et, en guise de signature, il fit au-dessous une croix, ce qui, on le sait, figurait les armes de la maison de Lorraine. — Maintenant, mon cher monsieur Bigorneau, — dit-il, — je vais vous prier de vider les lieux.

— Comment ?... — exclama le procureur, — sur-le-champ !

— À l'instant même...

— Mais...

— Il vous sera loisible de revenir ce soir déménager vos meubles ou même réhabiter votre maison, dont on n'aura plus besoin...

— Comment ?... Mais je ne comprends pas... — balbutia maître Bigorneau.

— Et vous n'avez nul besoin de comprendre. Vous avez cinq minutes pour vider les lieux. C'est la *personne* en question qui le veut ainsi. — Du moment où c'était la volonté du duc de Guise, le procureur, qui devait sa fortune à la maison de Lorraine, n'avait plus qu'à s'incliner. Il prit donc son chapeau et sa canne, fit signe à sa servante de le suivre, et sortit sans rien emporter. — N'oubliez pas, — dit le comte au moment où il passait le seuil de la porte, — n'oubliez pas d'aller chez La Chesnaye sur-le-champ. Il vous attend à déjeuner.

— J'y vais de ce pas, — répondit Bigorneau.

La Chesnaye demeurait de l'autre côté de l'eau, dans la rue du Grand-Hurleur, et il y habitait une petite maison dans laquelle il tenait une boutique de drapier.

Pour tout le quartier, La Chesnaye, qui était un homme entre deux âges, ni beau, ni laid, ni grand, ni petit, était un honnête drapier, et on ignorait qu'il fût l'agent le plus actif, à Paris, de la maison de Lorraine.

La Chesnaye était prévenu, sans doute, car il reçut fort bien maître Bigorneau et l'invita à déjeuner, lui et sa servante, ainsi que le lui avait prédit le comte de Crèvecœur.

Seulement, une fois à table, il lui dit :

— Mon cher Bigorneau, j'ai ordre de vous garder jusqu'à ce soir prisonnier.

— Prisonnier !

— Oui.

— Mais... pourquoi ?

— On ne veut pas que vous retourniez dans votre maison avant ce soir... Et même... tenez... si vous agissiez prudemment...

— Eh bien ?

— Vous n'y retourneriez jamais. On vous la paye assez cher...

— Mais... ce gentilhomme m'a dit que je pourrais...

— Ce gentilhomme ne vous a point garanti contre les archers du roi et les Suisses de monsieur de Crillon.

— Plaît-il ? — fit Bigorneau de plus en plus étonné.

— Et, — acheva La Chesnaye, — il ne pouvait, pas plus que moi, vous garantir que ce soir votre maison sera debout.

— Ah ! mon Dieu !

— Ni qu'on ne vous recherchera point dans tout Paris.

— Pour quoi faire ?

— Pour vous pendre. — Bigorneau, qui n'avait jamais été le courage en personne, joignit les mains avec terreur. La Chesnaye posa une paire de pistolets sur la table, à côté de lui, et dit en souriant : — Voici pour vous tenir en respect, mon cher Bigorneau.

— Mais c'est un piége abominable que celui qu'on m'a tendu, — s'écria l'ex-procureur avec sa voix fêlée.

— Vous êtes un niais !...

— Mais... cependant...

— Et la preuve, c'est que je vais vous compter vos dix-sept mille livres.

— Mais si... on me pend... ?

— On ne vous pendra que si vous tombez aux mains des Suisses de monsieur de Crillon.

— Mais... quel crime ai-je donc commis ?

— On vous accusera d'avoir fourni votre maison pour un coup de main contre l'autorité du roi Charles IX. — Mais si vous demeurez ici, vous ne courez aucun danger.

— Ah !

— Et cette nuit on vous fera partir pour Nancy. — Bigorneau tombait de surprise en surprise. — C'est une bonne ville bien gaie que Nancy, — ajouta La Chesnaye, — et vous y vivrez plus vieux que le patriarche Mathusalem.

Et La Chesnaye, ayant achevé de déjeuner, compta les dix-sept mille écus, puis il confia le procureur à un de ses commis drapiers, lequel eut ordre de casser la tête au procureur d'un coup de pistolet s'il essayait de s'échapper.

La Chesnaye sortit, et s'alla promener par la ville comme un bon bourgeois ; puis, vers le soir, il revint et dit à Bigorneau :

— Ce n'était pas la peine que je me donnasse tant de mal pour vous dissuader de retourner en votre maison.

— Pourquoi cela ?

— Parce qu'elle brûle par les quatre murs et menace d'incendier le reste de la rue, — répondit La Chesnaye.

Or, voici ce qui s'était passé dans la maison de maître Bigorneau, ex-procureur au Châtelet.

## XXIII

Aussitôt que Bigorneau fut parti, le comte Éric de Crèvecœur ouvrit la fenêtre du rez-de-chaussée et regarda dans la rue.

La rue de la Calandre était une rue paisible où logeaient pour la plupart les chanoines et les chantres de Notre-Dame, par-ci, par-là, un robin ou un *escholier*.

On y voyait rarement des passants, et le comte de Crèvecœur put constater qu'elle était déserte au dehors.

Alors il posa deux doigts sur sa bouche et fit entendre un coup de sifflet.

A ce bruit, deux gentilshommes apparurent chacun à l'un des angles de la rue.

Puis tous deux, marchant en sens contraire, arrivèrent à la porte de la maison Bigorneau, que le procureur en s'en allant avait laissée entr'ouverte.

Éric les reçut au bas de l'escalier, puis, quand ils furent entrés, il ferma la porte au verrou.

Or, ces deux gentilshommes, on le devine, n'étaient autres que le sire Leo d'Arnembourg et le baron Conrad de Saarbruck, les deux autres amoureux de madame la duchesse de Montpensier.

— Eh bien ! — fit le comte, — avez-vous quelques nouvelles déjà ?

— Oui, — dit le sire d'Arnembourg, — bien qu'il soit à peine neuf heures et demie, la place du Parvis est déjà encombrée de populaire.

— C'est tout simple : le bruit de l'exécution s'est répandu dans tout Paris, — ajouta Conrad.

— Et les voitures de fourrage ?

— Elles sont attelées sous la remise de l'hôtellerie de la *Cigogne*, rue de la Barillerie, et prêtes à partir, — dit le sire d'Arnembourg. — C'est mon écuyer qui conduira la première. L'autre sera manœuvrée par un homme en qui madame Catherine a toute confiance.

— C'est bien ; et Gaston ?

— Gaston a donné cinq pistoles au moine genovéfain qui avait confessé René hier.

— Ah !

— Et il a pris sa place. Il montera dans la charrette au sortir de la cour du Châtelet.

— Allons ! — dit le comte, — tout va bien au dehors, voyons à nous organiser au dedans. Dans les indications qu'on m'a données, on m'a parlé d'une cave qui se prolonge sous les maisons voisines et va jusqu'à la Seine.

— L'entrée est par une salle basse qui sert de cuisine. La Chesnaye, qui connaît cette maison depuis longtemps, — ajouta le sire d'Arnembourg, — prétend que la dalle qui recouvre l'orifice de la cave est si bien ajustée que, lorsqu'elle est remontée et mise en place, il est impossible de deviner qu'elle cache une voie souterraine.

Éric consulta du regard un sablier qui était placé dans la cage de l'escalier.

— Nous avons le temps de prendre nos mesures, — dit-il ; — nous avons une grande heure devant nous.

Tous trois descendirent à la salle basse indiquée, et Leo d'Arnembourg, jetant un regard autour de lui, dit encore :

— La dalle mobile est la cinquième à partir de la cheminée en marchant vers la porte. — Il fit quelques pas, compta les dalles et s'arrêta. — La voici, — dit-il. Puis il s'agenouilla, tira sa dague, dont la lame était plate et non triangulaire, et, l'introduisant dans le joint de la dalle désignée avec la dalle voisine, il exerça une pesée.

Soudain la dalle s'ébranla, et, obéissant à quelque ressort mystérieux, tourna sur elle-même et mit à découvert une sorte de gouffre béant à l'entrée duquel apparut la première marche d'un escalier de pierre.

— Tout cela est fort bien, — dit le comte Éric, — les renseignements de La Chesnaye étaient fort exacts. — Conrad courut au foyer de la salle basse, dans laquelle brûlait encore un tison, attendu que, une heure auparavant, la servante de monsieur Bigorneau avait préparé le déjeuner, et, prenant ce tison, il en approcha la mèche huilée d'une lampe qui pendait sous le manteau de l'âtre, puis il souffla, arracha au tison une gerbe d'étincelles, et la lampe s'alluma. — Allons explorer la cave, — dit le comte Éric.

Conrad, sa lampe à la main, descendit le premier, et ses deux compagnons le suivirent.

La cave de la maison Bigorneau ressemblait à toutes les caves du monde ; seulement elle était fort spacieuse, et les trois jeunes gens, qui sans doute avaient reçu les plus minutieuses instructions, allèrent droit à une futaille placée dans un coin.

Cette futaille était vide, et ils la firent rouler de côté.

Alors ils virent une petite porte fermée par un verrou intérieur.

Éric tira ce verrou, poussa cette porte, et sentit à l'instant même son visage fouetté par un air plus vif et plus humide que celui qui régnait dans la cave, en même temps qu'un rayon de clarté lointain frappait son regard.

Cette porte qui venait de s'ouvrir donnait accès sur un boyau assez étroit qui, par une pente insensible, descendait jusqu'à la Seine au-dessous de cet endroit, derrière Notre-Dame, qu'on appelait le *Terrain*.

Les amoureux de la duchesse de Montpensier s'engagèrent dans ce boyau, et le comte Éric atteignit le premier l'étroite ouverture qui se trouvait presque à fleur d'eau.

Là, il mit simplement la tête hors du souterrain, replaça ses deux doigts sur sa bouche et siffla de nouveau.

Au coup de sifflet, une barque de pêcheur, qui tirait des bordées autour de la Cité, s'approcha lentement.

Cette barque était montée par un seul homme, un simple pêcheur aux vêtements grossiers et au rude langage.

Mais un observateur aurait pu constater que ses mains, respectées par le hâle, avaient plutôt coutume de se couvrir du gantelet que de manier l'aviron.

C'était l'écuyer du comte Éric.

Le faux pêcheur vint raser l'orifice du souterrain et jeta une corde à son seigneur.

A l'aide de cette corde, la barque put être maintenue.

Alors le pêcheur souleva une couverture goudronnée jetée au fond de son bateau et qui recouvrait des mousquets et des arquebuses.

— Voici des armes, — dit-il.

Les trois jeunes gens prirent les arquebuses et les mousquets ; puis le comte rentra dans le souterrain, disant à son écuyer :

— Ne t'écarte pas trop, et, au premier coup de sifflet, arrive. — Muni des armes qu'avait apportées le faux pêcheur, lui et ses compagnons remontèrent dans la salle basse et laissèrent ouverte l'entrée du souterrain. Puis ils gagnèrent le premier étage et pénétrèrent dans la pièce qui donnait sur la rue. C'était la chambre à coucher de maître Bigorneau. Éric en ouvrit la fenêtre et se pencha au dehors. Un murmure confus s'élevait de toutes parts, et la rue, déserte tout à l'heure, s'emplissait de monde. La foule se portait vers la place du Parvis par tous les chemins. De l'entablement de la croisée au niveau du sol, il y avait une vingtaine de pieds.

— Le tombereau exhaussera le patient et le moine de quatre à cinq pieds, — calcula le comte Éric ; — il faut donc que la corde soit solide et longue de quinze à vingt pieds au moins.

— La voilà, — dit Conrad, qui s'était muni de cet objet apporté par le faux pêcheur ainsi que les arquebuses.

Il y avait une poulie placée au-dessus de la croisée ; elle servait à monter des sacs au grenier ; le comte prit un des bouts de la corde et le lança par dessus.

— A présent, messieurs, — dit Éric, — délibérons, s'il vous plaît.

— Sur quoi ?

— Sur la distribution de nos rôles.

— Moi, — dit Conrad, — je lancerai la corde dans le tombereau.

— Et nous, — dit Léo d'Arnembourg, — nous la tirerons le plus lestement possible.

— C'est fort bien, — observa le comte. — Seulement vous oubliez que, le patient enlevé, il faudra le conduire en toute hâte par le souterrain jusqu'à la barque.

— Sans doute.

— Et que la barque ne peut porter que trois personnes, c'est-à-dire René, l'un de nous et mon écuyer.

— Bon !

— Par conséquent, les deux autres se défendront dans

la maison aussi longtemps qu'ils le pourront ; et puis ils tâcheront de s'ouvrir un passage à travers les Suisses de Crillon.

— C'est bien ! on se l'ouvrira.

— Donc, — fit le comte, — le rôle de celui de nous qui conduira René étant le moins dangereux, il est juste que nous le tirions au sort.

— C'est juste, en effet.

Le comte prit une pistole dans sa poche :

— Tenez, baron, — dit-il à Conrad, — celui qui gagnera pariera avec Léo.

— Soit. — Éric jeta la pistole en l'air. — Face ou roi ! — dit le baron. La pistole retomba. — J'ai gagné, — dit le baron. — Je resterai, par conséquent.

— A nous deux ! — fit Léo qui ramassa la pistole.

— Pile ! — dit le comte.

Et le comte gagna.

— Je n'ai pas de chance, — murmura Léo d'Arnembourg, — je vais devenir le conducteur de cet empoisonneur de René. Savez-vous, messeigneurs, que nous faisons là une mauvaise besogne ?

— Chut ! — fit le comte en se rapprochant de la croisée, — nous n'avons plus le temps de causer. — En effet, onze heures sonnaient au beffroi de Notre-Dame et une rumeur immense s'élevait sur la place du Parvis. René faisait en ce moment son amende honorable. La rue de la Calandre s'emplissait de monde ; mais comme il était sans précédents que le tombereau des condamnés y eût jamais passé, il n'y avait personne aux fenêtres. Cependant, tout à coup, une rumeur étrange se répandit, et bientôt on vit apparaître deux cavaliers à l'entrée de la rue, puis le tombereau, au milieu duquel étaient le patient avec sa chemise blanche, le moine avec sa robe brune, le bourreau avec sa veste rouge traversée par deux bandes jaunes qui simulaient une échelle. Alors les fenêtres s'ouvrirent et se garnirent de curieux à tous les étages. — Attention ! — dit Éric, qui posa un mousquet au bord de la fenêtre, à la portée de sa main. Conrad l'imita et monta sur l'entablement de la croisée, tenant à la main un des bouts de la corde. Le sire d'Arnembourg avait enroulé l'autre bout à l'entour de ses épaules, afin de pouvoir tirer à lui de toutes ses forces. Deux cavaliers précédaient le tombereau ; deux autres le suivaient, escortés eux-mêmes par les Suisses et un flot immense de peuple. Alors eut lieu l'événement que nous avons raconté déjà. Comme le tombereau arrivait sous la fenêtre, Caboche jeta son cheval à terre, le tombereau s'arrêta, la corde tomba aux pieds du faux moine, le faux moine s'y cramponna, enlaça René, et tous deux furent hissés jusqu'à l'entablement de la croisée. Ce fut en ce moment que la balle de Noë siffla et atteignit René, qui jeta un cri étouffé. Noë avait le coup d'œil juste. Mais déjà le faux moine et le patient avaient atteint l'embrasure de la fenêtre, et on les tirait en dedans. — Ah ! diable ! — fit le comte en voyant la chemise de René couverte de sang. — nous pourrions bien n'avoir sauvé qu'un cadavre. — René était évanoui. — Emportez-le ! — ajouta le comte, — et à nous ! — Et tandis que le faux moine et Léo d'Arnembourg chargeaient le Florentin évanoui sur leurs épaules et se dirigeaient en courant vers la salle basse et l'orifice de la cave, le comte Éric de Crèvecœur et le baron Conrad de Saarbruck sautèrent sur leurs mousquets et firent feu par la fenêtre. Noë et ses trois compagnons avaient mis pied à terre et essayaient d'enfoncer la porte de la maison. — Oh ! oh ! — dit le comte Éric, — l'engagement sera chaud... Nous allons trouver des gens qui nous valent.

— Ah ! — fit le baron avec un flegme tout germanique, — nous tiendrons bien une heure...

— Et puis, — acheva le comte, — nous mettrons le feu à la maison, au risque de brûler tout le quartier.

Et le baron Conrad fit feu à son tour.

## XXIV

Tandis que le comte Éric de Crèvecœur et le baron Conrad de Saarbruck tenaient tête à l'orage, Gaston de Lux et Léo d'Arnembourg emportaient par la cave et l'étroit boyau qui conduisaient à la Seine René évanoui.

Arrivé à l'orifice du souterrain, Léo se prit à siffler l'écuyer du comte Éric.

La barque arriva rapide, et le batelier jeta la corde d'amarre aux deux jeunes gens.

Alors un combat s'éleva entre eux, la barque ne pouvant contenir que trois personnes.

C'était à qui resterait, puisque le comte Éric avait oublié de tirer au sort pour Gaston.

Mais Gaston disait :

— Je suis le dernier venu, j'ai le droit de rester.

— Non, — dit Léo, — car vous êtes vêtu en moine, et cette robe n'est pas un costume de combat.

— Oui, — répliqua Gaston ; — mais si on me voit dans la barque avec cette robe, on devinera que c'est moi qui ai enlevé René.

— Bah !

— Et on se mettra à notre poursuite. — Ce dernier argument était triomphant. — Et puis, — acheva Gaston en désignant du doigt le condamné, dont la chemise se teignait de sang de plus en plus, — vous êtes un peu chirurgien, m'avez-vous dit ?

— Allons ! — soupira Léo, — restez, en ce cas... et au revoir !

— Vous savez où vous allez ?

— L'écuyer d'Éric le sait, ce qui revient au même.

René fut déposé, toujours évanoui, au fond de la barque, et Léo d'Arnembourg se plaça auprès de lui, tandis que le faux moine rentrait dans le souterrain pour aller prêter main-forte à ses deux compagnons.

La barque fila comme une flèche sur le fleuve, côtoyant un moment le *Terrain*, puis elle remonta le courant, se dirigeant vers le petit village d'Ivry. Il y avait alors un si grand nombre de pêcheurs sur la Seine que nul ne prit garde à cette embarcation.

Le faux pêcheur avait hissé sa misaine, dont la vaste envergure cachait la barque tout entière. A l'ombre de cette misaine, Léo d'Arnembourg put s'occuper de René, toujours inanimé.

Il commença par soigner sa blessure, ayant, comme l'avait dit Gaston de Lux, quelques connaissances en chirurgie.

René avait été frappé à l'épaule, un peu au-dessous de la clavicule. La blessure était affreuse, mais elle n'était point mortelle.

Léo la lava avec de l'eau qu'il puisa dans le creux de sa main, puis il versa dessus quelques gouttes d'un baume renfermé dans un flacon qu'il portait toujours sur lui.

Ensuite, avec son poignard, il coupa la chemise du condamné et en fit des bandelettes au moyen desquelles il posa un premier appareil.

La barque, poussée par un vent du sud, remontait rapidement le courant, et les dernières maisons de Paris commençaient à demeurer en arrière. Sur la rive droite, en amont, les fugitifs aperçurent bientôt un édifice bizarre en sa forme, et qui n'était autre qu'un couvent de moines déchaussés.

Ce fut là que la barque s'arrêta. Alors le pêcheur fit entendre à son tour ce coup de sifflet bizarre au bruit duquel il s'était lui-même approché du souterrain.

Aussitôt la porte du couvent qui donnait sur la Seine s'ouvrit, et plusieurs moines sortirent.

A la tête marchait un jeune abbé, au teint pâle, aux yeux brillants, à la tournure presque militaire.

Il vint jusqu'au bord de l'eau, et reconnut sans doute le prétendu pêcheur, car il lui dit vivement :

— Eh bien! a-t-on réussi?

— Il est là, — répondit le pêcheur, — mais il est à moitié mort.

Léo d'Arnembourg leva la tête et dit :

— Rassurez-vous, l'abbé, il ne mourra pas. — Deux moines entrèrent dans la barque et s'emparèrent de René, qui fut placé sur un brancard improvisé fait avec les avirons et la toile goudronnée qui tout à l'heure recouvrait les mousquets et les arquebuses. Puis on le transporta dans l'intérieur du couvent. Alors Léo d'Arnembourg dit à l'abbé : — Vous avez sans doute reçu des instructions minutieuses?

— Oui, messire.

— Et le duc peut compter sur vous, j'imagine?

— Comme sur lui-même.

— Par conséquent, je puis m'en aller? — L'abbé s'inclina. — Entre nous, — dit le sire d'Arnembourg, — je reprends volontiers ma liberté. C'est une mauvaise besogne que nous avons faite là, et je ne me sentais nulle vocation à être le geôlier de cet empoisonneur...

Et le sire d'Arnembourg remonta dans la barque.

Le faux pêcheur vira de bord, amena sa voile, reprit l'aviron, et sa barque, entraînée par le courant, redescendit vers Paris.

L'abbé du couvent s'était installé au chevet de René. Un moine faisait respirer au blessé des sels et du vinaigre.

Au bout d'un grand quart d'heure René reprit l'usage de ses sens et jeta un regard hébété autour de lui.

Il était dans un lit, en une cellule de couvent, entouré de moines qui lui étaient inconnus.

Un moment, il crut qu'il était retombé au pouvoir de Crillon et du bourreau, et un violent effort se peignit sur son visage.

Mais l'abbé le rassura.

— Vous êtes sauvé! — lui dit-il.

— Sauvé? — fit René, qui poussa un gémissement que lui arracha la douleur.

— Vous êtes blessé; — reprit l'abbé, — mais votre blessure n'est point mortelle. Vous serez guéri avant quinze jours.

— Sauvé...? — répétait René avec une sorte d'égarement, — qui donc m'a sauvé? — Ce dernier mot eut le privilège de rasséréner le visage contracté du Florentin. Puis, insensiblement, la mémoire lui revint. Il se souvint de tout ce qui s'était passé, jusqu'au moment où le prétendu moine l'avait enlacé et s'était suspendu à la corde jetée dans le tombereau. Là s'arrêtaient les souvenirs de René. La balle de Noë avait amené une solution de continuité dans sa mémoire. L'abbé, qui tenait du sire d'Arnembourg les détails de l'enlèvement, combla cette lacune, puis il dit au Florentin : — A présent, monsieur René, vous est-il possible de vous soulever un peu?

Deux moines prirent René sous les bras et le placèrent sur son séant.

— Que voulez-vous de moi? — demanda le Florentin.—

— Que vous tâchiez d'écrire quelques mots.

— A qui?

— A la reine.

— J'essayerai, — murmura René, qui était d'une faiblesse extrême.

On lui apporta une plume et du parchemin.

Puis les moines continuèrent à le soutenir, et il écrivit ces trois mots :

« Je suis sauvé! »

— Signez, — dit l'abbé. La main de René tremblait en écrivant, tant sa faiblesse était grande, mais son écriture était reconnaissable. — La reine aura ces deux lignes dans une heure, — dit l'abbé.

— Oh! — dit le Florentin, — elle viendra me voir, je n'en doute pas.

L'abbé eut un sourire silencieux et sortit.

Il y avait parmi les moines un vieux frère à barbe blanche, dont le dos était courbé par l'âge et dont la voix était chevrotante.

Ce fut à lui que l'abbé confia le message de René.

Le vieux moine prit son bâton, et, en dépit de son âge, quitta le couvent du pas alerte d'un jeune homme.

Puis il s'en alla vers Paris, y entra par la porte Bourdeille, et, suivant les instructions qu'il avait reçues, il se dirigea vers le Louvre.

Une fois sous les murs du royal édifice, il s'adossa à la petite poterne du bord de l'eau, et, posant auprès de lui sa besace et son bâton, il se mit à prier à haute voix, entremêlant sa prière de ces paroles :

— N'oubliez pas le couvent des Carmes déchaussés!...

— Alors une fenêtre s'ouvrit au-dessus de lui. C'était la fenêtre de l'oratoire de madame Catherine, et madame Catherine y parut. Elle laissa tomber un écu d'argent aux pieds du moine et referma la fenêtre. Mais, au lieu de s'en aller, le moine répéta : — N'oubliez pas le couvent des Carmes déchaussés!...

Cette répétition était un signal, sans doute, car, au bout de quelques minutes, et tandis que le moine marmottait de nouveau ses prières, la poterne s'ouvrit et la reine mère, enveloppée dans sa mante, sortit et vint à lui.

Le moine répéta pour la troisième fois sa demande d'aumône.

— D'où venez-vous? — fit Catherine, dont la voix tremblait d'émotion.

Le moine la regarda d'un air naïf.

— De la rue des Lombards, — dit-il, — comme je passais en recueillant des aumônes pour ma communauté, un gentilhomme m'a abordé.

— Dans la rue des Lombards?

— Oui; ce gentilhomme m'a dit : « Mon père, allez prier sous les murs du Louvre, auprès de la poterne du bord de l'eau, et demandez trois fois l'aumône pour votre couvent. A la troisième fois, une femme sortira et viendra à vous, et vous lui remettrez ce parchemin. »

Le moine tendit le parchemin, et la reine chancelante l'ouvrit.

L'émotion de Catherine était si grande que le moine fut obligé de la soutenir.

— Ah! — fit-elle avec une joie étrange et sauvage, — Dieu est pour nous! — Le moine la regarda et parut ne point comprendre. Elle lui mit une bourse pleine d'or dans la main; puis, se redressant fière, hautaine, l'œil étincelant, elle rentra au Louvre en murmurant : — Le duc a tenu sa parole. A nous deux donc, messire Henri de Bourbon, roi de Navarre! tu ne seras jamais roi de France!

Que se passait-il pendant ce temps-là dans la rue de la Calandre?

L'enlèvement si inattendu, si audacieusement exécuté du patient, avait été accompli si rapidement qu'il y eut un moment de stupéfaction autour du tombereau.

Noë seul avait eu la promptitude et le sang-froid nécessaires pour prendre un pistolet dans ses fontes, ajuster René qui se balançait dans les airs et faire feu.

Peut-être même avait-il espéré tuer le moine, et, par ce moyen, faire retomber René dans le tombereau. Mais le moine et le patient avaient atteint l'entablement de la croisée, puis on les avait tirés à l'intérieur de la maison.

Il y eut alors un moment de confusion extraordinaire autour du tombereau.

La foule se mit à pousser des cris, les Suisses reculèrent stupéfaits et indécis. Seuls, Noë et ses compagnons, furieux, l'œil étincelant, descendirent de cheval avec la rapidité de l'éclair, et se ruèrent vers la maison de Bigorneau.

Le bourreau avait coutume de placer dans le tombereau qui conduisait le condamné à la place de Grève les instruments ordinaires du supplice, tels que la barre de fer et la hache.

Noë s'empara de la hache, Hector prit la barre de fer, et tous deux se mirent à attaquer la porte avec furie.

En même temps Hogier de Lévis et Lahire montèrent dans le tombereau, et le premier, pliant le dos, fit la courte échelle à l'autre, qui essaya ainsi d'atteindre la croisée par où le moine et René venaient de disparaître.

Mais comme Lahire appuyait ses mains sur le rebord de la croisée, il reçut un coup de crosse de mousquet sur la tête.

Le coup fut si vigoureusement appliqué que le jeune homme, étourdi, tomba à la renverse et que Hogier le crut mort.

Pendant ce temps, Crillon accourait en jurant et tempêtant, et on le mettait en quelques mots au courant de ce qui venait de se passer.

— Harnibieu ! — s'écria-t-il, — j'y perdrai mon nom ou je retrouvai René mort ou vivant. En avant, les Suisses !

Mais les Suisses s'étaient débandés, et la foule en délire avait passé au travers.

Alors, comme la porte tardait à être enfoncée et résistait aux coups de hache et de la masse que les deux Gascons lui portaient, Crillon voulut recommencer la tentative de Lahire.

Et il monta dans le tombereau, où maître Caboche était demeuré simple spectateur de tout ce qui venait d'avoir lieu.

## XXV

Crillon arriva jusqu'à l'embrasure de la croisée ; mais il se trouva face à face avec le baron Conrad.

Le Germain saisit son arquebuse par le canon et déchargea sur la tête du duc un coup de crosse équivalant à celui qu'avait reçu Lahire.

Mais le duc avait un casque de meilleure trempe ou la tête plus dure.

Toujours est-il qu'à peine il chancela une seconde, mais ne tomba point.

Retrouvant la souplesse de jarret de ses vingt ans, il sauta sur le rebord de la fenêtre et de là dans la chambre de maître Bigorneau, en dépit de deux balles qui sifflèrent autour de lui et passèrent sans l'atteindre.

Alors Crillon se trouva, l'épée levée, en face de trois adversaires, le comte Éric, le baron Conrad et Gaston de Lux, qui avait dépouillé sa robe de moine.

— Rendez-vous, messire, — lui dit le comte, — trois c'est beaucoup trop.

— Tout beau ! mes petits lions, — répondit le duc, — vous ignorez qu'on me nomme Crillon. — Et le duc s'adossa au mur et fit tournoyer son épée d'une vaillante manière. Le combat dura cinq minutes, Crillon donna huit coups d'épée et en reçut trois. Le comte Éric et Gaston furent blessés, l'un au bras, l'autre à l'épaule. Conrad de Saarbruck reçut un coup d'épée à travers la gorge. Mais Crillon était seul, et il avait été atteint en pleine poitrine par l'arme du comte Éric. Son sang rougissait sa cuirasse et coulait avec abondance. Mais Crillon n'en prenait souci, et, après avoir un moment gardé la défensive, il reprit l'offensive subitement : — Ah ! messeigneurs, — cria-t-il en se ruant avec impétuosité sur ses trois adversaires, — vous allez voir ce que pèse le bras de Crillon ! — Si braves que fussent les trois amoureux de la duchesse de Montpensier, ils n'en éprouvèrent pas moins un moment d'hésitation et firent même chacun un pas en arrière. Le duc était un vrai lion et ses yeux lançaient des éclairs. Tout à coup il se fendit à fond sur Éric de Crèvecœur. Éric était à son tour, adossé à la muraille. Certes, il ne pouvait y avoir cuirasse si finement trempée qui résistât au coup terrible porté par Crillon. Si le comte, lui, eût été atteint,

il aurait été transpercé. Mais le comte sauta de côté, et l'épée de Crillon, au lieu de rencontrer la poitrine d'un homme, se heurta contre le mur d'une si violente manière qu'elle se brisa. Crillon poussa un cri de rage, il était désarmé. Heureusement pour Crillon, en ce moment, deux hommes enfourchèrent à leur tour l'entablement de la croisée. C'étaient Hogier et Hector, qui avaient renoncé à enfoncer la porte de la maison. — A moi ! — leur cria Crillon, — chargeons, messieurs.

Le comte Éric et ses deux compagnons s'étaient réfugiés à l'extrémité opposée de la chambre, et Conrad avait ouvert la porte.

Hogier, Hector et Crillon arrivaient de nouveau l'épée haute.

Mais alors les trois jeunes gens exécutèrent avec une rapidité merveilleuse une manœuvre inattendue. Ils franchirent le seuil de la chambre et poussèrent la porte, qui se ferma brusquement au moment même où leurs adversaires les rejoignaient.

La porte était munie d'un verrou à l'extérieur. Le comte poussa ce verrou.

Puis, tous trois, tandis que Crillon et les Gascons se ruaient sur la porte pour l'enfoncer, tous trois, disons-nous, se précipitèrent vers la salle basse, où se trouvait l'entrée de la cave, fermant et verrouillant chaque porte derrière eux.

Il était temps !

Noë avait fini par enfoncer la porte à coups de hache, et il se précipitait dans la maison suivi d'un flot de Suisses.

Quant à la porte fermée sur le duc et les deux Gascons, elle n'avait résisté que deux minutes.

Hector, d'un vigoureux coup d'épaule, l'avait fait voler en éclats.

Mais ces deux minutes avaient suffi pour assurer la retraite du comte Éric et de ses deux compagnons.

Conrad, qui avait le dernier mis le pied sur l'escalier souterrain, avait, du bout de son poignard, touché le ressort de la dalle, et cette dalle qui masquait l'escalier était remontée sans bruit et avait repris sa place ordinaire.

Crillon sanglant, affaibli, mais furieux, Noë et ses deux compagnons suivis des Suisses, parcouraient la maison en tous sens, cherchant vainement leurs adversaires disparus.

La dalle mystérieuse de la salle basse était semblable aux autres dalles.

Crillon tempêtait et jurait, fouillant les combles, parcourant les corridors, ne trouvant ni René ni ses ravisseurs, et ne s'inquiétant nullement de son sang qui coulait toujours.

— Mais, — s'écria Noë non moins exaspéré que le duc, — je suis pourtant bien certain d'avoir frappé le Florentin. J'ai visé juste.

— Harnibieu ! mes maîtres, — exclama Crillon à bout de recherches, — les murs de cette maison peuvent être doubles ; mais il est impossible qu'elle ait plusieurs issues, par conséquent il y a un moyen bien simple de faire sortir les renards de leurs trous. Enfumons-les ! — Et Crillon prit un tison qui brûlait dans l'âtre de la salle basse et le jeta tout enflammé dans le lit de la vieille servante de Bigorneau. Le feu prit aux rideaux et aux draps, et l'incendie se déclara. Alors, Noë et Crillon sortirent et établirent un cordon de Suisses devant la maison. En moins d'une heure elle fut en flammes. Mais le duc, à bout de forces et perdant tout son sang, était tombé sur un genou. — A moi ! — dit-il.

Et tandis qu'on emportait le duc, tandis que la maison brûlait, Hector, qui avait vu tomber Lahire au commencement de l'attaque et le tenait pour mort, Hector cherchait vainement son cadavre.

Cependant Lahire n'était point mort.

En face de la maison de Bigorneau il y en avait une autre dont la principale entrée était sur la place du Parvis.

Cette maison, qui avait également une issue dans la rue

de la Calandre, appartenait, on le croyait du moins dans le quartier, au drapier La Chesnaye.

Mais la vérité était qu'elle appartenait à la famille de Lorraine, qui avait çà et là dans Paris des propriétés isolées.

L'esprit envahisseur du duc de Guise l'avait poussé à se ménager des intérêts et des intelligences partout. Il avait vingt maisons dans Paris, il possédait en France plusieurs châteaux.

Or, dans cette maison qui prenait jour à la fois sur la place du Parvis et dans la rue de la Calandre, logeait force menu peuple qui payait à ses loyers moins cher que dans les maisons voisines.

Le premier étage seul n'était pas loué.

La Chesnaye se l'était réservé.

Le matin même, avant que la foule n'envahît les abords de Notre-Dame, deux personnages, un homme et une femme, s'étaient glissés dans cette maison.

La femme était masquée, selon l'usage du temps, qui voulait que les dames de qualité pussent dérober dans la rue leur visage à la curiosité publique.

Quant à l'homme, déjà d'un âge mûr, si Lahire l'eût rencontré, il l'eût reconnu sans doute pour l'écuyer qui, l'avant-veille, escortait la litière dans le bois de Meudon.

La Chesnaye avait commis à la garde de la maison un vieux concierge, ancien soldat, qui sans doute s'attendait à l'arrivée de ces deux personnages, car en les voyant entrer il vint à leur rencontre et les salua silencieusement.

Puis, muni d'un trousseau de clefs, il les précéda dans l'escalier et leur ouvrit la porte de l'appartement unique du premier étage. Après quoi il se retira.

Alors l'écuyer ferma la porte et dit à la dame :

— Votre Altesse pourra tout voir ici sans être vue.

La dame aux cheveux blonds, car c'était bien la même qui avait accordé la surveille au mystérieuse hospitalité à Lahire, fit alors le tour de l'appartement.

Elle entr'ouvrit d'abord les persiennes des croisées qui prenaient jour sur la place du Parvis.

De là elle voyait Notre-Dame et était à cent pas à peine de ces fameuses marches sur lesquelles René allait faire amende honorable.

Puis elle alla se placer à une lucarne étroite qui donnait dans la rue de la Calandre.

Cette lucarne faisait vis-à-vis à la maison de Bigorneau et se trouvait à peu près au niveau de la croisée par laquelle on devait hisser René et le moine.

Maîtresse provisoire de ce logis, la femme aux cheveux blonds, qu'une curiosité puissante avait amenée sans doute, put, sous la sauvegarde de l'écuyer, assister tantôt à une fenêtre, tantôt placée derrière la lucarne, à tous les événements de la matinée.

C'est ainsi qu'elle vit d'abord le comte Éric et ses compagnons expulser Bigorneau et prendre possession de sa maison.

Ensuite elle vit arrêter le cortège du condamné, et elle étouffa un cri de surprise en reconnaissant parmi les quatre gentilshommes qui escortaient le tombereau son amoureux de la surveille, notre héros Lahire.

— Ah ! ah ! — fit-elle, — c'était donc pour cela qu'il était si pressé d'arriver à Paris. Je crois décidément, s'il débute ainsi, qu'il aura de la peine à tenir le serment qu'il m'a fait.

La dame aux cheveux blonds alla se poster derrière la lucarne, lorsque René remonta dans le tombereau et qu'elle eût vu Caboche prendre par la rue de la Calandre. De là, elle put assister à toutes les péripéties de l'enlèvement.

Elle vit le moine enlacer René, elle entendit le coup de pistolet de Noë, puis les cris de rage des quatre Gascons qui voyaient leur proie leur échapper.

Enfin elle assista au commencement du combat.

C'est-à-dire qu'elle vit Lahire s'élancer dans le tombereau, monter sur les épaules d'Hogier et tenter l'escalade.

Puis elle entendit le cri qu'il jeta en recevant sur la tête le coup de crosse d'arquebuse, et elle le vit tomber à la renverse au milieu de la foule.

— Ah ! mon Dieu ! — dit-elle, — il ne faut pourtant point qu'il périsse... car il n'est pas, il ne peut être mort... Vite ! sauvons-le !...

Et elle entraîna son écuyer et s'élança avec lui hors de l'appartement. Au bas de l'escalier se trouvait une petite porte qui donnait rue de la Calandre.

Cinq minutes après, et tandis qu'on faisait le siège de la maison Bigorneau, cette porte s'ouvrit, et, au milieu du désordre, alors que tous les regards étaient tournés vers le lieu du combat, Lahire évanoui fut enlevé par l'écuyer, qui le prit dans ses bras et l'emporta dans la maison où il avait laissé la dame masquée.

## XXVI

Lahire avait reçu un violent coup de crosse qui lui avait endommagé le cuir chevelu et lui avait ouvert une large plaie.

Quand on l'avait relevé au milieu de la rue, il était inondé de sang.

Son évanouissement fut long. Lorsque cet évanouissement cessa et que notre jeune homme rouvrit les yeux, il fut fort étonné de se trouver couché sur un lit qui lui parut étrange, en ce sens qu'il était soumis à un balancement à peu près régulier.

Une demi-obscurité régnait autour de lui.

Lahire porta la main à sa tête et la sentit enveloppée de compresses humides.

Alors il commença à se souvenir.

Il s'était trouvé face à face avec l'un des ravisseurs de René, et, si rapidement que lui eût été appliqué le coup de crosse, il avait eu le temps de bien voir le visage de son adversaire.

Lahire referma les yeux une seconde et il revit en imagination ce visage.

— Bon !—pensa-t-il, —je te reconnaîtrais dans dix ans.— Le lit sur lequel Lahire était couché se balançait toujours. En même temps un air frais et vif fouettait le visage de notre héros. — Où diable suis-je donc ? — se demanda-t-il. Et il se souleva à demi pour mieux voir. Il reconnut alors qu'il se trouvait étendu sur les coussins d'une litière et que cette litière était portée à dos de mulet. — Oh ! oh ! — pensa-t-il. Et, bien qu'il se trouvât très-faible, il se mit tout à fait sur son séant et se pencha à la portière, dont il écarta tout à fait les rideaux de cuir. La litière cheminait en rase campagne, et la nuit était venue. Mais c'était une de ces nuits d'été transparentes qui permettent de distinguer chaque objet à une certaine distance. La litière était portée par des mules ; les mules allaient au petit trot, un trot de moine qui n'est pas pressé. Devant la litière chevauchait un écuyer. Derrière un autre homme d'armes fermait la marche. Deux pages trottaient aux portières. — Peste ! — murmura Lahire, — j'ai un train de prince. — Et de nouveau, avant de faire aucun bruit, il explora tout ce qu'il pouvait parcourir. C'était une petite plaine déserte, à l'horizon de laquelle on croyait voir, autant que la nuit le permettait, une bande brune qui pouvait bien être une forêt. Lahire était avant tout un Gascon de la bonne roche, c'est-à-dire prudent autant que brave, et toujours porté à la circonspection, du moment où il se trouvait hors de son pays. Avant d'interpeller un des pages qui lui servaient d'escorte, et qui ne s'étaient nullement aperçus, du reste, du mouvement qu'il venait de faire, notre Gascon jugea d'assembler son conseil, comme il avait coutume de dire, c'est-à-dire de réfléchir un peu. Un Gascon de ce temps-là ne réfléchissait jamais sans porter la main à la garde de son épée. Lahire chercha donc la sienne à son côté ; l'épée était absente. Cette circonstance lui déplut. Outre son épée, il portait une dague au flanc droit au moment où il avait été frappé. La dague avait pris la route mystérieuse suivie par l'épée. Lahire fronça le sourcil. — Ah çà ! — se dit-il, — je me sens bien vivant, et il est impossible que je sois dans l'autre monde. Par conséquent, il faut tâcher de savoir où je suis en celui-ci. On m'emmène dans une litière, avec une escorte comme un ambassadeur. A première vue, c'est évidemment un grand luxe qu'on déploie pour moi, et les gens qui me font voyager ainsi ont à mon endroit les plus grands égards. Plus d'un, à ma place, s'imaginerait que c'est mon seigneur et maître le roi de Navarre qui me fait honneur ainsi. Mais, en y regardant de plus près, cela me semble moins probable, d'abord parce que le roi de Navarre n'a point de semblables équipages, ensuite parce que, s'il en était ainsi, un de mes amis serait évidemment de l'escorte, enfin parce qu'on m'a ôté ma dague et mon épée, et qu'on ne désarme que les gens qui sont prisonniers. Je suis donc prisonnier !

Lahire pensa bien un moment à se couler hors de la litière et à tâcher de prendre la fuite.

Mais, en ce moment aussi, un des pages se rapprocha, jeta un coup d'œil dans la litière, et s'aperçut que Lahire était revenu à lui.

— Bonjour, monsieur Lahire, — lui dit-il.

Le page était jeune, très-jeune même, et sa voix était celle d'une jeune fille.

— Bonjour, mon jeune ami, — répondit Lahire.

— Comment vous trouvez-vous ? — continua le page d'un ton courtois.

— Mais... assez bien...

— Votre blessure...

— Ah ! c'est juste, je suis blessé ..

— Oh ! sans gravité, monsieur le chirurgien l'a déclaré.

— Ah ! un chirurgien m'a soigné.

— C'est lui qui vous a pansé, monsieur.

— Pardon ! mon jeune ami, — dit Lahire ; — puisque vous savez mon nom, vous me permettrez, j'imagine, de vous demander quel est le vôtre ?

— Je m'appelle Séraphin.

— Un joli nom !

— Vous êtes trop bon, monsieur Lahire.

— Puis-je vous faire quelques questions ?

— Mais sans doute. Que désirez-vous savoir, monsieur Lahire ?

— Beaucoup de choses.

— Diable ! voyons !

— D'abord, comment suis-je ici ?

— C'est par l'ordre de la personne qui vous a recueilli dans la rue où vous étiez gisant au milieu d'une mare de sang.

— Très-bien. Et quelle est cette personne ?

— Ah ! voilà ce que je ne puis vous dire.

— Comment cela ?

— On me l'a défendu.

— Bon ! mais vous me direz au moins quels sont ces cavaliers qui sont avec vous ?

— Ce sont deux écuyers et un page comme moi.

— Ah !

— Les écuyers se nomment Germain et Laurent.

— Et le page ?

— Antony.

— Où me conduit-on ?

— Il m'est interdit de vous le dire.

— D'où venons-nous ?

— De Paris.

— Mais, au moins, — dit Lahire, — vous m'expliquerez ce qui s'est passé ce matin.

— Dans la rue de la Calandre ?

— Précisément.

— Oh ! très-volontiers, monsieur, du moins je vous dirai ce que la rumeur publique prétend.

— Je vous écoute, monsieur Séraphin.

— D'abord on a enlevé René.

— Oh ! je sais cela. Mais on l'a rattrapé, je suppose, et monsieur de Crillon l'aura fait rompre.

— Vous vous trompez, on n'a rien trouvé.

— Comment donc ?

— On a mis le feu à la maison.

— Alors on a brûlé Crillon ?

— Pas du tout. Quand la maison a été en flammes, on s'est aperçu qu'elle avait une double issue secrète.

— Sur la rue ?

— Non, sur la rivière. C'est par là que les ravisseurs ont emporté René.

— Ah ! très-bien ! — dit Lahire, qui au fond se souciait peu de René. — Mais Crillon ?...

— Monsieur de Crillon s'est battu comme un lion, mais il a été blessé grièvement.

— Ah ! — fit Lahire, qui tressaillit.

— Et il est couché, à cette heure, dans sa maison du carrefour Saint-André-des-Arcs. Les chirurgiens disent qu'il en a pour trois semaines.

— Et n'avez-vous pas entendu parler de trois gentils-hommes ?

— Monsieur de Noë ?

— Oui.

— Monsieur Hector de Galard ?

— C'en est un autre.

— Et monsieur Hogier de Lévis ?

— C'est le troisième.

— Ces gentilshommes, — dit le page, — sont tous blessés, mais aucun n'est hors de combat.

Lahire respira.

En ce moment, la litière atteignit cette bande brune que l'œil perçant du Gascon avait tout de suite reconnue pour être la lisière d'une forêt. En même temps un éclair traversa son cerveau.

Il se souvint de son aventure de l'avant-veille.

— Morbleu ! — se dit-il, — si c'était ma belle inconnue qui me fît ainsi la galanterie de...?

Lahire n'acheva point sa pensée, car il crut reconnaître le sentier par lequel il avait passé en escortant la femme masquée.

— Monsieur, — lui dit le page Séraphin, — je vais avoir le regret de vous quitter ici.

— Comment ! vous allez me laisser descendre ?

— Non pas. Mais je retourne à Paris.

— Vraiment ?

— Ainsi que mon camarade le page Antony.

— On vous y attend ?

— Oui, monsieur.

— Et vous ne voulez point me dire où l'on me conduit ?

— Vous le saurez dans une heure.

— De quel pays êtes-vous donc, monsieur Séraphin ?

Le page sourit dans sa moustache naissante :

— Du pays des gens discrets, — répondit-il. Et il tourna bride en même temps que le deuxième page. — Adieu, monsieur Lahire, — dit-il. — Au revoir, du moins.

Pour la seconde fois, Lahire songea à se glisser hors de la litière et à tenter une évasion.

Mais l'écuyer qui précédait la civière s'arrêta et rangea son cheval de côté ; celui qui le suivait donna un coup d'éperon, et tous deux se trouvèrent aux portières à la place des pages.

Les pages avaient pris le galop et s'en retournaient.

Quant aux écuyers, comme ils étaient armés de toutes pièces et avaient leur visière baissée, Lahire ne put savoir qui ils étaient.

La litière chemina pendant une demi-heure encore, puis elle s'arrêta.

La nuit s'était assombrie. Cependant Lahire finit par reconnaître le lieu où il se trouvait.

Il était au seuil de la petite maison blanche où il s'était endormi la surveille.

La porte de cette maison s'ouvrit et une vive lumière frappa Lahire au visage.

Cette lumière était celle d'une torche qu'une femme tenait à la main en s'approchant de la litière.

Cette femme, toujours masquée, n'était autre que l'inconnue aux cheveux blonds.

Lahire étouffa un cri mélangé de joie et de surprise, puis il fit cette réflexion judicieuse :

— Ah, ça ! une femme qui a des pages et des écuyers, et qui mène un semblable train, ne peut être qu'une princesse.

## XXVII

Que s'était-il passé au Louvre pendant ce temps-là ?

Henri et Marguerite, toujours épris l'un de l'autre, avaient passé la matinée tout entière dans leur appartement, en attendant que sonnât l'heure du supplice réservé à René le Florentin, René qui avait empoisonné la reine de Navarre.

Henri et Marguerite ignoraient l'intervention des Gascons recrutés par Noë, et qui devaient prêter main-forte à Crillon ; mais ils avaient foi en ce dernier.

Vers onze heures, la plupart des nobles hôtes du Louvre se préparaient à assister à l'exécution, une exécution étant à cette époque un spectacle dont les grands seigneurs se montraient tout aussi friands que le peuple.

Le roi de Navarre lui-même devait, avec sa jeune femme, se rendre à la place de Grève, où l'on avait disposé des tribunes à l'entour de l'échafaud. Mais le jeune prince, lui, n'allait point à un spectacle, il se rendait à un devoir sacré.

L'ombre de Jeanne d'Albret, reine de Navarre, empoisonnée par René lui faisait une loi d'assister à cette exécution.

— Enfin ! — avait-il dit avec une sombre joie, comme le bruit du bourdon de Notre-Dame annonçait que l'heure de l'amende honorable était proche pour le condamné, — enfin !...

Marguerite avait regardé son époux et lui avait dit :

— Si le châtiment du meurtrier ne peut rendre la vie à la victime, du moins elle doit calmer la douleur de ceux qui la pleurent.

Mais Nancy, qui ajustait sa maîtresse et qui jusqu'alors avait gardé le silence, murmura :

— Le châtiment n'est point accompli.

— Oh ! — fit Marguerite, — cette fois René n'y peut échapper.

— Qui sait ?

— Es-tu folle ? — dit Henri à son tour. — N'entends-tu pas nos chevaux piaffer dans la cour, le bourdon de Notre-Dame retentir, et ne vois-tu point par ces fenêtres la foule immense qui se porte à la Grève ?

— Oui, — dit Nancy, — je vois et j'entends tout cela ; mais...

— Cette péronnelle, — dit Marguerite, — est une prophétesse de mauvais augure.

— Je suis comme la princesse Cassandre, madame, je prédis et ne trouve que des incrédules.

Henri de Navarre, haussant les épaules, avait pris son manteau et son épée et offert la main à la jeune reine en lui disant :

— Venez, madame, le roi nous attend.

En effet, la cour du Louvre était encombrée de seigneurs, de pages, de nobles dames parées de leurs plus beaux atours.

La litière royale était au milieu, et, au moment où le roi de Navarre et sa femme arrivaient dans la cour, Charles IX parut en haut du grand escalier.

Le monarque était hautain ; il avait aux lèvres un dédaigneux sourire, et la foule des courtisans, le voyant ainsi, ne douta plus un seul instant du prochain supplice de René.

— Mesdames et messieurs, — dit le roi, — on nous attend à la place de Grève, et les condamnés ont le privilège d'exiger l'exactitude de la part de ceux qu'ils convient à leur dernière heure.

Le roi monta dans sa litière et offrit une place à côté de lui à la reine Marguerite, sa sœur.

Quant au roi de Navarre, il monta à cheval et se rangea à la portière. Monsieur de Pibrac, l'épée en main, marchait en tête d'un détachement de gardes du roi, destinés à fendre la presse du Louvre à la place de Grève.

Le cortège royal se mit en route et longea un moment la rivière sans encombre, bien que la foule fût immense.

Le bourdon de Notre-Dame retentissait toujours, et René, à cette heure, devait être arrivé sur la place du Parvis. Le cortège avança jusqu'à la hauteur du pont au Change.

Mais là, une rumeur immense s'éleva tout à coup, la multitude se prit à refluer en dehors de la Cité, par toutes les rues, par toutes les passerelles.

En même temps un mot sinistre la parcourut, et, de bouche en bouche, arriva jusqu'au roi :

— René s'est sauvé !

Apprendre à Paris tout entier que René le Florentin venait d'échapper au sort terrible qui l'attendait, c'était le plonger dans la consternation et l'épouvante.

A partir de ce moment-là il fut impossible à monsieur de Pibrac et à ses gardes de pénétrer plus avant dans cette muraille humaine, et bientôt, le cortège royal se trouva refoulé en deçà du pont au Change.

— René s'est sauvé ! — répéta la foule avec stupeur.

Le roi Charles IX, ne pouvant aller plus avant et ignorant jusqu'à quel point pouvait être vraie la rumeur parvenue jusqu'à lui, prit le parti de rentrer au Louvre.

Charles IX était hors de lui. Il jurait comme un païen, et monta chez la reine mère la menace à la bouche. Si on avait sauvé René, c'était par les ordres de la reine mère. Elle seule pouvait oser un coup de main contre l'autorité royale.

Mais le roi trouva madame Catherine dans son oratoire, agenouillée et priant, le visage baigné de larmes, pour l'âme de René.

En voyant entrer le roi, elle lui dit en étouffant un sanglot :

— C'est fini, n'est-ce pas ?

— Fini ! — s'écria le roi stupéfait. — Comment ! vous ne savez pas ?

— Quoi ? — demanda la reine avec un étonnement si parfait que le roi s'y laissa prendre.

Mais il lui répondit avec emportement :

— Hé ! madame, si ne vous ne l'avez pas sauvé, qui donc l'a pu faire ?

Et il s'en alla, persuadé que madame Catherine ignorait ce qui s'était passé.

Or, du moment où René n'était point sauvé par le fait de madame Catherine, la chose était impossible, la rumeur était fausse, le condamné s'en allait en Grève ; et le roi, de plus en plus furieux, s'écria :

— A cheval ! messieurs... à cheval ! René ne peut être sauvé, c'est impossible. — Malheureusement, des nouvelles certaines, positives, de l'enlèvement de René venaient d'arriver. Le page Raoul, dont Nancy, l'incrédule, avait fait son émissaire, le page qui venait de la rue de la Calandre, avait vu René et le moine s'élever dans les airs, et disparaître par la croisée du procureur Bigorneau. Raoul avait tout vu, Raoul savait l'événement dans ses moindres détails, en comment il ne trouvait pas moyen de passer l'eau sur un pont, il s'était jeté à la nage. Le visage si joyeux naguère des courtisans s'était rembruni tout à coup. On faisait cercle autour de Raoul, qui racontait simplement ce qui venait d'avoir lieu. Le page était parti, comme on faisait le siège de la maison. — Eh bien ! — s'écria le roi, — si Crillon est là, on reprendra René.

Nancy, qui s'était approchée de la reine de Navarre, murmura :

— Le roi est plein d'illusions...

Deux heures s'écoulèrent au Louvre dans un trouble et une fermentation indicibles.

Le roi eut un accès de fureur comme il en avait quelquefois.

Il jura qu'il ferait pendre Caboche, qu'on retrouverait René mort ou vivant, et que la reine mère, si elle avait trempé dans cet enlèvement, serait enfermée dans le plus noir cachot du donjon de Vincennes.

Mais quand il eut bien manifesté sa colère, le roi fut pris d'une sorte de torpeur physique et morale, et il demeura dans son cabinet, sombre, farouche, ne voulant recevoir personne.

Le prudent Pibrac murmura :

— Si monsieur de Crillon n'a pas été tué dans la bagarre, il fera bien de ne pas revenir au Louvre.

— Pourquoi donc ? — lui demanda la reine Marguerite.

— Parce que, — répondit Pibrac, — l'heure de son crédit est passée.

Or, le soir, à peu près à l'heure où Lahire, porté dans une litière, s'en allait rejoindre dans la petite maison du bois de Meudon la dame masquée aux cheveux blonds qui l'avait sauvé le matin, ses deux compagnons, Hogier de Lévis et Hector de Galard, étaient attablés dans une des salles basses de l'hôtellerie du *Cheval rouan*.

Hogier avait un bras en écharpe.

Hector souffrait d'une balle dans la cuisse.

Ni l'un ni l'autre ne savaient ce que Lahire était devenu.

Aussi soupaient-ils fort tristement en attendant le retour de Noë, qui s'en était allé au Louvre prendre l'air de la politique, comme il disait.

— Il est évident, — disait Hector, — que notre pauvre Lahire est grièvement blessé, mais il ne peut être mort.

— Tu crois ?

— S'il avait été tué sur le coup, nous eussions retrouvé son cadavre.

— Hé ! qui sait si on ne l'a pas enlevé ? — dit Hogier.

— Si quelque âme charitable s'est donnée cette peine, c'est qu'il respirait encore.

— Toujours est-il, — observa Hogier, — que nous avons frappé à toutes les portes de la rue de la Calandre. Pauvre Lahire !...

En ce moment, Lestacade parut à l'entrée de la salle.

— Que veux-tu ? — fit Hector.

— Une vieille femme demande à vous parler, messeigneurs, répondit l'hôtelier.

— Que peut-elle nous vouloir ?

— Je ne sais.

— Fais-la entrer. — Lestacade s'en alla et revint deux minutes après avec une femme du peuple courbée et ridée, qui cheminait péniblement en s'appuyant sur un bâton.

— Que voulez-vous, la bonne vieille ? — demanda Hector.

— Messeigneurs, — répondit-elle, — je viens m'acquitter d'un message.

— Pour qui ?

— Pour vous ?

— Vous nous connaissez ?

— Je ne sais pas vos noms, mais on m'a dit de demander à l'hôtellerie du *Cheval rouan* les deux gentilshommes gascons amis de messire Lahire.

Hector et Hogier tressaillirent.

— Qui vous envoie ?

— Un gentilhomme que je ne connais pas. Il m'a donné une pistole et m'a commandé de venir vous trouver.

— Dans quel but ?

— Pour vous dire de ne point vous inquiéter de messire Lahire.

— Il est donc vivant ? — s'écria Hogier.

— Oui, messire.

— Où est-il ?

— Je ne sais pas.

— Mais ce gentilhomme le sait, lui ?

— Oh ! sans doute...

— Et... où est-il, ce gentilhomme ?

Il m'a abordé au coin de la rue du Fouarre et puis il s'est éloigné rapidement ; je ne le connais pas et ne sais où il loge.

Et la vieille, à qui Hector donna pareillement une pistole, s'en alla.

Hogier et Hector ne savaient point où était Lahire, mais on leur apprenait qu'il était vivant...

C'en était assez pour que le front de chacun d'eux se déridât.

— Holà ! morbleu ! — dit Hector, — puisqu'il en est ainsi, nous allons boire !...

— Et causer ! — ajouta Hector.

— Tais-toi, Hector ! nous prendrons notre revanche.

— Morbleu ! oui, nous la prendrons ! — dit une voix sur le seuil.

C'était Noë.

— Ah ! le voilà, — dirent les deux jeunes gens à la fois.

Noë avait le sourcil froncé.

— Mes amis, — dit-il, — je viens du Louvre et j'en apporte de mauvaises nouvelles.

— Parle...

— Ce matin le roi Charles IX était furieux ; il voulait faire exécuter le bourreau qui a laissé échapper René, et il jurait que la reine mère irait coucher dans un cachot de Vincennes.

— Et ce soir...?

— Ce soir, tout est changé.

— Je m'en doute.

— La reine mère soupe avec le roi, et Caboche a expliqué au chevalier du guet, qui l'avait fait arrêter, qu'on avait placé une corde en travers de la rue, et que c'est cette corde qui a fait tomber son cheval.

— C'est faux !

— Je le sais bien, mais le roi l'a cru.

— Ah ! — dit Hogier, — Caboche est un misérable, et je me repens bien de ne l'avoir pas occis de ma propre main quand il était encore dans le tombereau. J'ai eu peur de me salir.

— Attendez donc ! — fit Noë, — ce n'est pas tout encore...

— Vraiment !

— Que s'est-il passé entre madame Catherine et le roi, je ne sais ; mais le roi a de nouveau mandé notre prince.

— Le roi de Navarre ?

— Oui.

— Pourquoi ?

— Pour l'engager à aller faire un tour en Béarn.

— Et le roi partira ?

— Non...

— Hein ? — fit Hector, — on le met dehors et il veut rester.

— Il veut emporter la dot de sa femme et les clefs de Cahors.

— Il a raison.

— Il a tort, — dit Noë.

— Mais... cependant...

— Mes amis, — dit Noë d'une voix émue, — de graves événements se préparent : la vie de notre prince est en danger, croyez-le !

— Nous sommes là...

— Il faut y être à toute heure, il faut lui faire un rempart de nos poitrines... — Les deux jeunes gens se levèrent et mirent la main sur la garde de leur épée. — Et il faut retrouver Lahire, puisqu'il n'est point mort ; car, — ajouta Noë, — ce n'est pas trop de quatre épées pour protéger la vie de notre Henri contre le fer des assassins et les mystérieux breuvages des empoisonneurs.

— On veillera ! — répondit Hector avec l'accent de la fidélité poussée jusqu'au fanatisme.

— Mais où donc est Lahire ? — murmura Noë.

## XXVIII

Nous avons laissé Lahire sur le seuil de la petite maison perdue au milieu du bois de Meudon.

La porte venait de s'ouvrir, et, un flambeau à la main, la dame aux cheveux blonds s'était avancée vers la litière.

La dame était toujours masquée, mais un regard humide brillait à travers son masque.

— Je suis adoré ! — pensa Lahire, qui était légèrement fat.

— Ah ! — lui dit-elle en lui tendant une petite main blanche et rose, — si vous saviez comme j'ai souffert.

— Vous avez souffert ? — exclama Lahire, qui ne comprit pas.

— Oui, depuis ce matin.

— Comment ! vous saviez... ?

— J'ai tout vu. Mais, — acheva l'inconnue avec un petit signe d'intelligence, — nous causerons de tout cela quand nous serons seuls.

— Seuls ?

— Sans doute. — Sur l'ordre de l'inconnue, les écuyers, qui avaient mis pied à terre, s'approchèrent de la litière pour aider Lahire à en descendre. Le jeune homme était d'une faiblesse extrême. Cependant il ne voulut pas qu'on le soutînt pour marcher, et il n'accepta d'autre appui que celui de la main que l'inconnue lui abandonna. Les écuyers remontèrent à cheval et s'en allèrent. La litière rebroussa chemin. — Venez, ami, — dit l'inconnue. Elle le fit entrer dans la maison et le conduisit dans ce joli oratoire où il avait été reçu la surveille. — Ah ! mon ami, — lui dit-elle alors en prenant sa main dans les siennes et la pressant doucement, — figurez-vous que j'ai eu la douleur de vous voir tomber.

— Mais comment étiez-vous là ? — demanda Lahire un peu étonné.

— Je voulais voir exécuter René.

— Mais la chose a eu lieu dans la rue de la Calandre...

— Sans doute...

— Et, — dit Lahire, dont un soupçon traversa l'esprit, — le cortége n'y devait point passer.

Mais l'inconnue répondit simplement :

— J'avais loué pour la circonstance un logis dans une maison qui a des fenêtres sur la place du Parvis et tout à la fois sur la rue de la Calandre ; de telle façon que lorsque j'ai vu le bourreau, en sortant de Notre-Dame, changer d'itinéraire, moi j'ai changé de fenêtre.

L'explication était fort naturelle. Lahire s'en contenta.

— Et vous m'avez vu ? — dit-il.

Elle lui pressa tendrement la main.

— Tenez, — dit-elle, — je ne veux pas vous mentir et je serai franche avec vous. — Lahire fronça le sourcil. — Je n'avais loué ces fenêtres que pour vous voir passer. Je vous aime, — poursuivit-elle, — et cependant je m'étais juré de ne plus vous revoir.

— Ah ! — fit-il d'un ton de reproche.

— Cher enfant, murmura-t-elle, — ne savez-vous pas qu'il y a un abîme entre nous ?

— Je m'en doute, — fit-il, — car je vois bien que vous êtes une grande dame dont un pauvre cadet de Gascogne est indigne.

— Vous êtes jeune, brave et beau, — répondit-elle. Puis, après un court silence : — Oui, je m'étais juré de ne plus vous revoir, car je sentais bien que je vous aimerais follement ; mais le sort ne l'a point voulu. Après vous avoir fait transporter hors d'ici durant votre sommeil, je me suis repentie, et alors j'ai voulu savoir où vous alliez et où vous logiez à Paris. — Pour la seconde fois Lahire fronça le sourcil. — D'abord on a perdu vos traces...

— Ah !

— Puis on les a retrouvées...

— En quel endroit ?

— Ce matin même, à la place du Châtelet.

— Et c'est pour cela... ?

— C'est pour vous voir une dernière fois que je suis allée, à prix d'or, m'installer dans cette maison qui donne à la fois sur le Parvis et dans la rue de la Calandre. Comprenez-vous ?

— Oui.

— Je ne m'attendais point, moi, — poursuivit-elle avec un accent si naïf que Lahire s'y trompa, — à l'événement qui a eu lieu. J'étais loin de supposer qu'on enlèverait René, que des inconnus soutiendraient un siége dans une maison, et que vous, tentant l'escalade de cette maison, vous seriez renversé sanglant d'un coup de crosse de mousquet.

— Oh ! — interrompit Lahire avec vivacité, — celui qui m'a frappé...

— Le connaissez-vous ?

— Non, mais je le reconnaîtrais maintenant entre mille.

— Vrai ?

— Et il ne mourra que de ma main.

Un sourire énigmatique auquel Lahire ne prit pas garde plissa un moment les lèvres de la jeune femme.

— Ah ! — reprit-elle, — j'ai cru que j'allais mourir lorsque je vous ai vu tomber. Mais Dieu m'a soutenue ; il m'a donné la force de descendre dans la rue avec mon écuyer, de fendre la foule, d'arriver jusqu'à vous, de vous emporter sanglant, mais respirant, mais vivant encore, dans cette maison où j'étais quelques minutes auparavant.

Lahire était un Gascon plein de circonspection, qui fait attention aux moindres détails et veut pénétrer la cause première de chaque événement.

— Mais, — dit-il, — puisque je suis ici, comment se fait-il que vous soyez arrivée ici avant moi ?

— Comment ! — dit-elle, — vous ne comprenez pas... ?

— Pas trop bien.

— Mais, enfant que vous êtes ! songez donc que je ne puis vous aimer ouvertement, qu'il m'était impossible sans me perdre à jamais de traverser Paris avec vous.

— Pardonnez-moi, — dit humblement Lahire, — je suis un niais.

— Et puis, — ajouta-t-elle, souriant toujours, — le chirurgien qui vous a pansé craignait pour vous la chaleur excessive de la journée. Vous savez que la chaleur est mauvaise pour les blessures.

— En effet.

— Enfin, — acheva-t-elle, — je voulais être seule à vous soigner, et pour cela je vous ai fait transporter ici. Cette maison est une retraite mystérieuse ignorée de tous.

A ces derniers mots, Lahire fit la réflexion suivante :

— Il paraît que ma belle inconnue a la coutume des aventures et que je ne suis pas le premier à venir dans cette maison.

La dame masquée continua :

— Le chirurgien a déclaré que votre blessure n'avait rien de grave.

— En effet, je ne souffre pas.

— Mais qu'il vous fallait du repos.

— Diable !

— Un repos absolu de huit jours au moins.

— Bon ! — se dit Lahire, — il paraît qu'elle m'aimera toute une semaine.

— Pendant ces huit jours, — dit-elle encore, — vous resterez ici.

— Oh ! avec bonheur...

— Je viendrai vous voir chaque jour.

— Comment ! — dit le Gascon qui ressentait déjà l'égoïsme de l'amour, — vous ne resterez pas avec moi ?

— Vous êtes un enfant ! — dit-elle. Et, comme il voulait se récrier, elle lui mit la main sur la bouche : — Taisez-vous et écoutez-moi... Je vous laisse dans cette maison, vous y êtes chez vous... mais je vous demande, au nom de l'amitié que je vous ai témoignée, de ne point sortir avant huit jours.

— Et vous viendrez me voir?

— Chaque soir.

— Mais...

— Je ne veux pas vous donner d'autre explication. — Elle ouvrit une porte et fit passer le jeune homme de l'oratoire dans une chambre à coucher. — Voilà votre logis, — dit-elle.

— Et je n'en dois pas sortir?

— Non, avant huit jours.

— Mais j'ai à Paris des amis.

— Ils sont prévenus.

— Que je suis ici?

— Non, mais que vous êtes en lieu sûr.

Lahire eut un fin sourire.

— Oserai-je vous faire une question, — dit-il.

— Faites...

— Est-ce que je ne serais pas un peu prisonnier ici? on m'a ôté mon épée...

Elle laissa bruire un frais éclat de rire entre ses lèvres:

— Plaignez-vous! — dit-elle. — La prison, si c'en est une, me semble jolie...

— Et la geôlière est belle! — dit-il galamment. — Cependant on m'a pris mon épée et ma dague...

Sans doute que la dame aux cheveux blonds avait prévu cette question, car elle répondit d'un ton enjoué:

— On vous a désarmé parce que les blessures à la tête occasionnent souvent des transports au cerveau, et qu'il est dangereux de laisser épée et poignard à un homme qui peut avoir un accès de fièvre chaude.

— C'est différent, — dit Lahire.

Et il parut se contenter de cette explication.

La dame aux cheveux blonds s'approcha d'un guéridon sur lequel se trouvaient un timbre d'argent et une baguette d'ébène.

Elle prit la baguette, puis, avant de frapper, elle dit à Lahire:

— Je vais vous donner un de mes pages qui vous servira. Il a reçu les instructions du chirurgien et vous pansera à merveille.

— Comment! — fit Lahire, — vous me quittez sur-le-champ.

— Il le faut. Mais vous me verrez revenir demain. — Et, pour éviter de nouvelles explications, elle laissa retomber la baguette sur le timbre. Au bruit, une porte que Lahire n'avait point remarquée s'ouvrit. Un page parut. C'était un enfant blond et rose, aussi jeune que cet autre page nommé Séraphin qui avait escorté la litière jusqu'à l'entrée de la forêt. Il salua profondément Lahire. — Adieu, — dit la dame aux cheveux blonds.

Et, avant que Lahire eût essayé de la retenir encore, elle avait disparu.

Alors Lahire regarda le page.

— Comment vous nommez-vous, mon mignon? — lui dit-il.

— Amaury, monsieur.

— Et vous êtes provisoirement à mon service?

— Ordonnez, j'obéirai.

— C'est fort bien.

— Mais, dit le page, je dois, tout en obéissant à Votre Seigneurie, suivre les prescriptions de *madame*.

— Pouvez-vous me dire son nom?

— De qui? du chirurgien?

— Non, de *madame*.

Le page Amaury eut le même sourire spirituel et railleur que Lahire avait vu glisser sur les lèvres du page Séraphin.

— Votre Seigneurie se moque de moi, — dit-il. Puis il ajouta: — Le chirurgien m'a recommandé, monsieur Lahire, de vous faire mettre au lit de bonne heure.

— Sans souper?

— Vous devez garder la diète aujourd'hui.

— Au fait! je n'ai pas faim.

— Et de vous faire prendre un breuvage quand vous serez au lit.

— Je prendrai tout ce que vous voudrez, — dit Lahire.

Et, désespérant de rien tirer du page, il se laissa panser de bonne grâce, se déshabilla et se mit au lit.

Le lit était moelleux et on y devait faire des rêves d'or.

Le page déboucha un flacon mystérieux et en versa le contenu dans un hanap; puis il plaça le hanap sur un guéridon au chevet du lit.

— Buvez cela, — dit-il.

— Tout à l'heure, mon mignon, — répondit Lahire. — J'ai coutume de faire ma prière en me mettant dans mon lit, et pour cela j'aime à être seul.

— Bonsoir, monsieur Lahire.

— Bonsoir, monsieur Amaury. — Le page se retira et Lahire resta seul. — Mordioux! — dit alors le Gascon, — je ne prends pas deux narcotiques de suite dans la même maison, et je veux savoir ce qui se passe ici.

Il prit le hanap et en versa le contenu dans la ruelle du lit.

## XXIX

Lahire, après en avoir vidé le contenu dans la ruelle du lit, replaça le hanap sur le guéridon.

Après quoi il se renversa bien mollement sur son oreiller et se prit à réfléchir.

Notre Gascon se disait:

— De deux choses l'une; ou ce que je viens de jeter est un narcotique, ou c'est en effet un breuvage destiné à me guérir. Dans ce dernier cas, comme ma blessure est légère, je serai toujours à temps de redemander le remède, tandis que si c'est un narcotique... — Tout un horizon inconnu s'ouvrait pour Lahire. Il se disait encore: — Si on me veut endormir, c'est qu'il se passe ici des choses que je ne dois pas savoir; et, si je ne dors pas, je les saurai.

Le page Amaury avait, en se retirant, placé auprès du hanap le timbre et la baguette.

Lahire prit la baguette et frappa.

Au bruit, le page vint.

— Avez-vous besoin de moi, monsieur Lahire?

— Oui, — dit le Gascon. — Je viens d'avaler un singulier breuvage, en vérité! j'ai déjà la tête lourde... lourde...

— C'est un breuvage excellent, monsieur Lahire.

— Ah! vous croyez?

— Il a des vertus puissantes.

— Mais il me brûle...

— Et demain vous serez tout à fait bien.

— C'est singulier, mes yeux se ferment malgré moi.

— C'est le premier effet du remède. Vous allez dormir et vous passerez une bonne nuit.

— Allons! — se dit Lahire, — je ne me suis pas trompé. — Puis il dit encore au page: — Est-ce que vous couchez près de moi?

— Oui.

— Où cela?

— A côté, dans une petite chambre qui est par là...

— Tant mieux!

— Oh! si vous souffriez cette nuit, vous n'auriez qu'à m'appeler: je m'empresserais d'accourir.

— Merci, monsieur Amaury, — dit Lahire, qui avait déjà les yeux fermés, — et bonsoir! Eteignez mon flambeau... je dors.

Le page avait jeté les yeux sur le hanap, au fond duquel brillaient encore quelques gouttes de la liqueur mystérieuse, et il était persuadé que Lahire avait bu.

Il emporta le hanap, éteignit le flambeau et s'en alla.

Lahire attendit fort tranquillement une heure, réfléchissant et méditant.

7

Au bout de cette heure, il vit la porte s'ouvrir et le page Amaury revint, un flambeau à la main.

Lahire ferma les yeux et fit entendre un ronflement sonore.

Le page s'approcha de lui, et Lahire sentit son regard peser sur lui.

— Il dort ! — murmura l'enfant.

Puis il se dirigea vers une autre porte, celle par laquelle la dame aux cheveux blonds avait disparu.

— Où diable va-t-il ? — se demanda Lahire.

Le page frappa, la porte s'entr'ouvrit aussitôt et livra passage à un filet de lumière.

— Il dort ! — répéta le page à mi-voix.

— Ah ! ah ! — pensa Lahire, — il paraît que je dois dormir... et qu'on a besoin que je dorme.

— A-t-il tout bu ? — demanda une voix. Lahire tressaillit. C'était la voix de la dame masquée. Elle n'était pas partie... Lahire continua de ronfler ; mais il entendit fort distinctement le frôlement de la robe et le bruit des pas de l'inconnue, qui traversa la chambre et se dirigea à son tour vers la porte opposée, celle par où entrait le page. Pour tout l'or du monde, le Gascon n'aurait pas ouvert les yeux en ce moment, mais il entendit tout. La dame aux cheveux blonds s'arrêta un moment devant le lit, et Lahire sentit qu'elle le regardait. En même temps elle dit au page : — Puisqu'il a tout bu, il en a pour deux heures à dormir d'un sommeil de plomb, et le bourdon de Notre-Dame ne le réveillerait pas.

— Est-ce que je puis m'en aller ? — dit le page.

— Tu vas porter un message à Paris.

— Mon cheval est sellé...

— Tu rencontreras Léo à l'entrée de la clairière.

— Il doit y être depuis longtemps.

— Et tu lui diras qu'il peut venir.

— Oui, madame.

— Quel dommage, — pensait Lahire, — que je ne puisse ouvrir les yeux ! Je parie cent contre un qu'elle n'a plus son masque.

Il entendit bruire de nouveau la robe de soie de l'inconnue, qui, en s'éloignant de son lit, ajouta :

— Tu sais, Amaury, mon mignon, que je te ferais fouetter jusqu'au sang si Léo ou les autres savaient jamais l'histoire de la nuit d'avant-hier.

— Votre Altesse, — répondit le page, — sait bien que je mourrais pour elle.

— Merci de ta bonne parole !... je t'en récompenserai !...

Et Lahire entendit la porte se fermer.

Alors il se risqua à ouvrir un œil et reconnut qu'il était dans les ténèbres.

— Hum ! — pensa-t-il, — le page part pour Paris où il va porter un message. En route il rencontrera Léo et lui dira qu'il peut venir. Qu'est-ce que Léo ? Je n'en sais rien, ma foi ! Mais il paraît que Léo et les *autres* ne doivent pas avoir connaissance de mon aventure. Qu'est-ce que les *autres* ?

En s'adressant ces diverses questions, Lahire tourna un peu la tête et vit un filet de lumière qui passait sous une porte et traversait une serrure.

C'était cette porte qui s'était refermée derrière l'inconnue.

Le Gascon se glissa hors de son lit, et, étouffant le bruit de ses pas, retenant son haleine, il se dirigea vers la porte et colla son œil au trou de la serrure . . . . . . . . . . . .
. . . . . . . . . . . . . . . . . . . . . . . . . . . . . . . . . . . . .

Or, voici ce que notre héros vit par le trou de la serrure, lequel était assez large et permettait à l'œil de se mouvoir à l'aise.

La dame aux cheveux blonds était assise devant une petite table, au milieu d'une salle assez spacieuse et dont l'ameublement était aussi luxueux, aussi coquet que celui du boudoir. Elle était assise et elle écrivait.

Mais comme elle tournait à demi le dos à la porte, son visage se trouvait dans l'ombre, et, bien qu'elle n'eût plus son masque, Lahire ne s'en trouva pas plus avancé.

— Elle finira bien par se retourner, — murmura le Gascon.

Et, comme il était patient, il attendit.

L'inconnue écrivit pendant quelques minutes, puis elle prit de la cire, un scel et de la soie bleu.

Auprès de la table, debout, son *toquet* à la main, le page Amaury attendait.

L'inconnue plia son message, l'attacha avec le fil de soie et le scella.

Lahire était trop loin pour qu'il pût reconnaître le cachet et dire quelles armes il portait.

— Monseigneur le duc est toujours chez La Chesnaye ? — demanda le page.

— Toujours.

— Bon ! — dit le Gascon, — c'est un duc, paraît-il, à qui ce message est destiné. Quel est ce duc ?

Mais, en ce moment, la dame aux cheveux blonds tourna un peu la tête et la clarté du flambeau tomba d'aplomb sur son visage.

Lahire faillit jeter un cri d'admiration, Lahire faillit se trahir...

Jamais il n'avait vu plus charmant visage !...

— Pars, — dit l'inconnue.

Le page Amaury prit le message et sortit par le fond de la salle.

Lahire n'avait pu voir l'inconnue qu'un moment, car elle avait presque aussitôt repris sa position première.

De nouveau, elle s'était mise à écrire, et elle avait même appuyé son front dans sa main gauche.

Au lieu de s'aller recoucher, Lahire demeura à son poste d'observation. D'abord il voulait revoir à son aise ce visage d'une merveilleuse beauté, ensuite il tenait à savoir quel était ce Léo qui devait ignorer sa présence, à lui Lahire.

Dix minutes s'écoulèrent, puis la porte qui s'était refermée derrière le page se rouvrit.

Un homme entra et salua.

Cet homme était enveloppé dans un manteau qui lui cachait le bas du visage, tandis qu'un large chapeau lui descendait sur les yeux.

Il fit trois pas et salua, mais il se trouva dans l'ombre, et Lahire ne put voir sa figure plus qu'il n'avait vu d'abord celle de la dame aux cheveux blonds.

Seulement il entendit sa voix fraîche et sonore, légèrement entachée de prononciation allemande, et il en conclut que le nouveau venu était jeune et d'origine lorraine ou brabançonne.

La dame aux cheveux blonds attendait sans doute ce personnage avec impatience, car elle lui dit vivement :

— Ah ! vous voilà, Léo ?

— J'attendais que Votre Altesse voulût bien me recevoir.

— Quelles nouvelles m'apportez-vous ?

— Le duc a trouvé un moyen de revoir Marguerite.

— Quel est-il ?

— Il le confiera à Votre Altesse lui-même.

— Mais, mon cher Léo, — dit la dame aux cheveux blonds, — Marguerite ne l'aime plus.

— Le duc le sait.

— Elle aime son mari.

— Il le sait encore, mais... il prétend que si le roi de Navarre...

A ce nom, Lahire, qui était tout oreilles, éprouva un battement de cœur.

— Diable ! — se dit-il, — qu'est-ce que le roi de Navarre fait en tout ceci ?

Léo poursuivit :

— Si le roi de Navarre, qui avant son mariage était d'humeur volage et folle, pouvait faire un faux pas et que la reine en fût instruite...

— C'est une bien belle idée, mais elle n'est pas réalisable.

— Le duc a songé à la comtesse de Gramont, cette belle Corisandre.

La dame aux cheveux blonds se frappa le front :

— Bah ! — dit-elle, — j'ai mieux que cela à lui offrir.

— Vraiment ?

— J'ai su, je ne sais comment, que, avant d'épouser Marguerite, le prince de Navarre avait aimé quelque peu une femme dont le mari a été assassiné par René.

— La Belle argentière ?

— Précisément.

— J'ai ouï dire qu'elle était belle.

— Le roi de Navarre ne l'a point vue depuis son mariage ; mais, s'il la revoyait...

— Où est cette femme ?

— Voilà ce que nul ne sait.

— Vraiment.

— Elle a disparu... elle aussi aimait le roi de Navarre... elle s'est dévouée, résignée... Il faudrait la retrouver.

— Oh ! nous la retrouverons, madame.

— Ecoutez, Léo, — dit encore la dame aux cheveux blonds, — pensez-vous que le duc couche chez La Chesnaye ?

— Oui, madame.

— Eh bien ! j'ai grande envie d'aller à Paris avec vous. Il y a encore un cheval à l'écurie. Vous me le sellerez.

— Comment ! — dit le jeune homme, — Votre Altesse est seule ici ?

— Toute seule. Mon dernier page est en route.

— Et Votre Altesse oserait passer la nuit ici, seule, au milieu des bois ?

— Je ne crains rien, — répondit-elle fièrement.

— Hé ! hé ! — pensait Lahire, — mais tout cela est fort intéressant à entendre, j'en ferai mon profit.

Tandis que Lahire faisait cette réflexion, le jeune homme que l'inconnue appelait Léo fit un mouvement et se trouva tout à coup dans le rayon lumineux du flambeau.

Lahire stupéfait s'appuya au mur pour ne point tomber.

Dans le personnage que recevait la dame aux cheveux blonds il venait de reconnaître l'un des sauveurs de René le Florentin et celui-là même qui lui avait asséné sur la tête le coup de crosse de mousquet.

### XXX

Lahire eut quelque peine à se remettre de l'émotion et de la surprise que lui fit éprouver cette reconnaissance.

Néanmoins il ne bougea point, continua à regarder par le trou de la serrure et fut tout oreilles.

La dame aux cheveux blonds poursuivait en regardant le sire Léo d'Arnembourg :

— Oui, je vais aller avec vous à Paris. Je verrai le duc.

— Il est chez La Chesnaye.

— Je le verrai et je conduirai toute cette affaire. Et puis, demain, n'a-t-il pas rendez-vous avec la reine mère ?

— Oui, madame, au Louvre même.

— A propos, comment va René ?

— Oh ! oh ! — murmura le Gascon, — il paraît que décidément ces gens-là sont fort les amis de la reine mère et de René.

Et il se reprit à écouter.

— René a reçu une balle dans l'épaule, — dit le sire d'Arnembourg, — mais la blessure n'est pas mortelle.

— Il est toujours au couvent ?

— Oui, certes.

— L'abbé fera bonne garde, j'en suis bien sûre. — Tout en parlant, la dame aux cheveux blonds s'était levée. Elle s'était enveloppée dans sa mante et avait remis son masque. — Allez me seller mon cheval, — dit-elle à Léo

d'Arnembourg. — Je suis à vous dans dix minutes. — Lahire retourna vers son lit et se coula prestement entre ses draps. Presque aussitôt après la porte s'ouvrit et la dame aux cheveux blonds entra dans sa chambre. Lahire ronflait. Elle s'approcha du lit et regarda le jeune homme un moment : — Il est réellement beau ! — murmura-t-elle. Lahire demeura impassible et continua à dormir.

— Amaury aura le temps de revenir avant qu'il s'éveille, — ajouta-t-elle.

Puis elle se dirigea vers la porte que le page avait entre-bâillée une heure avant pour lui dire que Lahire dormait, et elle disparut.

Alors le Gascon se prit à réfléchir.

— Mon cher ami, — se dit-il à lui-même, — tu dois convenir d'une chose : c'est que, en quittant ta bicoque patrimoniale, tu ne t'attendais point à tant d'aventures. Mais enfin puisque te voilà au milieu d'une intrigue, tâche d'en débrouiller les fils. — La dame aux cheveux blonds était belle, si belle que Lahire avait été ébloui ; mais, disons-le à sa louange, le descendant du compagnon de Jeanne d'Arc avait toujours placé dans son esprit la politique au-dessus de l'amour ; et cette opinion amena chez lui cette réflexion : — Elle me plaît, elle m'a même un peu sauvé la vie, et je lui dois quelque reconnaissance ; mais elle a le tort de s'occuper, je le vois, des choses de la politique. Je ne suis pas assez au courant des intrigues de la cour de France pour savoir au juste quel est ce duc, ni qui est ma belle inconnue, mais Noë m'expliquera tout cela. L'essentiel, c'est de sortir d'ici. — Lahire attendit environ un quart d'heure ; puis un bruit arriva à son oreille. C'était le pas d'un cheval résonnant sur le pavé d'une cour. — Elle part, — se dit-il. Et de nouveau il quitta son lit et se glissa vers la fenêtre qui était entr'ouverte. La lune s'était levée, et à sa clarté le Gascon put voir la dame aux cheveux blonds placer son pied dans la main de Léo d'Arnembourg et sauter en selle sur un magnifique cheval noir. Lahire attendit que le galop des deux chevaux se fût éteint dans l'éloignement, puis il ouvrit la fenêtre toute grande. — C'est un moyen comme un autre d'y voir clair, — se dit-il. Et il jeta un regard autour de lui pour s'orienter. Les rayons de la lune pénétraient dans la chambre. Lahire s'habilla à la hâte. Il était faible, mais la crainte que le page Amaury ne revînt lui donnait des forces. Après avoir hésité un moment à se procurer une clarté moins douteuse que celle de la lune, de crainte qu'une lumière brillant à travers les arbres n'éveillât l'attention, notre héros s'y résolut en se disant : — Puisque je suis décidé, après toutes les choses que je viens d'entendre, à me sauver d'ici au plus vite, il faut que je tâche de savoir chez qui je suis. Et puis, dans une maison où on reçoit tant d'étrangers, de pages et de gentilshommes, il y a évidemment une épée, et puisqu'on m'a désarmé... — Lahire avait droit au guéridon qui se trouvait au chevet de son lit. Le page Amaury avait placé sur ce guéridon un briquet et un silex. Lahire s'empara de ces deux objets, battit le briquet et ralluma un flambeau. Puis, ce flambeau à la main, il commença à faire l'inspection de la maison. Il passa dans l'oratoire où il avait été reçu tout d'abord. Un objet frappa ses regards. C'était une petite armoire de fer, à triple serrure, et devant laquelle un forgeron de Milan ou un armurier de Tolède eussent perdu leur latin. Une simple inspection de cette armoire arracha à Lahire cette réflexion : — S'il y a dans cette maison des parchemins compromettants, ils sont évidemment dans cette armoire. Or, je ne dois pas songer à l'ouvrir, et il est impossible de l'emporter. Par conséquent, le plus simple est de chercher une épée. — La maison n'avait qu'un rez-de-chaussée et se composait de sept ou huit pièces. Lahire parcourut les unes après les autres, et arriva dans une petite cour intérieure où se trouvait une écurie. L'écurie était vide et il y avait, dans un coin, un monceau de fourrage assez considérable pour qu'un homme s'y pût blottir. Cette circonstance n'échappa point à Lahire, qui rentra dans la

maison. Il avait cherché partout, fureté partout, et n'avait
rien trouvé qui pût lui apprendre le nom de la belle inconnue. Vainement il avait cherché une épée et des pistolets. La maison ne renfermait aucune arme. De plus, la
porte extérieure était fermée à double tour, et il fallait
l'enfoncer pour sortir. Mais Lahire n'était pas Gascon pour
rien, et il eut une merveilleuse idée. Il éteignit le flambeau après avoir refermé toutes les portes, et retourna à
l'écurie. Là il se jeta dans le tas de fourrage et s'y cacha
tout entier. — Le page finira bien par arriver, — se dit-
il ; — je l'attends... — Et il attendit en effet, calculant
qu'il fallait trois heures pour s'en aller à Paris à pied et
une heure pour s'y rendre à cheval. Or, Lahire n'aimait
pas aller à pied, et ce jour-là, du reste, il n'en aurait pas
eu la force. Une fois blotti dans le fourrage, il se dit : —
Le page va venir ; il mettra son cheval à l'écurie tout
d'abord, avant d'aller s'assurer si je dors toujours. —
Lahire avait raison. Environ une heure après, le Gascon
entendit le galop d'un cheval. C'était Amaury qui revenait ; seulement il arrivait trop tôt et trop tard en même
temps, c'est-à-dire que la lune venait de disparaître à
l'horizon et que le jour ne paraissait point encore. Le
page, après avoir pénétré dans la cour, mit pied à terre
et laissa son cheval entrer à l'écurie, tandis qu'il allait
quérir une lanterne. Prompt comme l'éclair, Lahire
s'élança sur le cheval, mit la main sur les fontes et les
trouva garnies. — Deux pistolets valent une épée, — se
dit-il. Et comme la porte de la cour était demeurée ouverte, il poussa le cheval et le lança au galop. — Rattra-
pe-moi, si tu peux ! — murmura-t-il en songeant au page.

. . . . . . . . . . . . . . . . . . . . . . . . . . . . . .

Le lendemain, au matin, notre ami Amaury de Noë,
qui avait un pied-à-terre au Louvre, dans lequel il couchait lorsque son service auprès du roi de Navarre l'avait
retenu un peu tard, Amaury de Noë, disons-nous, vit
entrer chez lui Lahire.

Lahire était poudreux, il avait des vêtements en désordre, le front toujours enveloppé de bandelettes ensanglantées, et il se laissa tomber sur un siége en disant :

— Ouf ! j'ai cru un moment que j'avais le cauchemar,
tellement tout cela est extraordinaire.

Et comme Noë faisait un geste d'étonnement, Lahire,
avec sa volubilité gasconne, se prit à narrer tout ce qui
lui était advenu depuis la veille, et la façon dont il avait
quitté la maison du bois de Meudon.

Noë regarda Lahire et lui dit :

— Voyons donc tout cela en détail. Tu prétends qu'elle
est blonde, n'est-ce pas ?

— Avec des yeux bleus.

— Elle a des pages et des écuyers ?

— Oui.

— Qui l'appellent *altesse* ?

— Gros comme le bras.

— Et elle s'occupe des affaires d'un duc ?

— Elle lui écrit.

— Un duc qui veut *revoir* Marguerite ?

— J'ai compris qu'il était question de la reine de Navarre.

— Bon ! et tu n'as pas compris ?

— Non.

— Mon cher ami, — dit Noë, — tu es plus fort en généalogies qu'en matière d'étiquette. Il y a plusieurs sortes
de ducs : les ducs d'élection, à lettres patentes, comme on
dit, et les ducs qui ont un duché. Les premiers se font appeler monsieur le duc ou Votre Seigneurie ; c'est le roi
qui les a fait ducs.

— Et les autres ?

— Les autres sont princes alliés à la maison de France,
et ils ont le titre d'altesse. Or, en ce temps-ci, je n'en
connais que deux.

— Quels sont-ils ?

— Le duc de Bourbon et le duc de Guise.

— Diable ! — fit Lahire.

— Le premier est cardinal et n'a que faire de madame
Marguerite.

— Et le second ?

— Le second a vingt-cinq ans, il est beau, il est brave,
et on dit tout bas que la reine de Navarre...

— Je comprends.

— Donc, le duc à qui ton inconnue a écrit ne peut être
que le duc de Guise.

— Mais... elle ?

— On lui donne le titre d'*altesse*, donc elle est de maison souveraine.

— C'est probable.

— Or, je ne connais de princesse de vingt ans, blonde,
jolie, avec de grands yeux bleus, que la duchesse de
Montpensier, sœur du duc.

Lahire recula d'un pas.

— Comment ! — dit-il, — j'aurais le bonheur d'être
aimé...

Noë haussa les épaules :

— Tu es un niais ! — dit-il.

— Le mot est dur.

— Soit ! mais il est vrai.

— Noë !

— Et je vais te désillusionner complétement.

— J'écoute.

— Tu as suivi la duchesse. D'abord ta hardiesse l'a
étonnée, puis ton accent gascon l'a intriguée.

— Pourquoi ?

— Mon bon ami, — dit Noë en manière de parenthèse,
— je vais te faire un aveu.

— Parle.

— La reine Catherine et René le Florentin, et le duc de
Guise, qui aime encore Marguerite, réunis tous ensemble,
haïssent moins le roi de Navarre que cette petite personne
délicate et frêle, un peu bossue...

— Hein ? — exclama Lahire indigné.

— Un peu bossue, — répéta Noë.

— Oh ! par exemple !... je m'en serais bien aperçu !

— Non, l'amour est aveugle. Mais écoute donc... —
Lahire se mordit silencieusement les lèvres. Noë continua : — La duchesse, en te sachant Gascon, a bien pensé
que tu étais au roi de Navarre, et elle t'a cajolé alors...
Et tu ne sais pas dans quel but ?

— Mais parce que... je lui plaisais...

— C'est une erreur. Ne t'a-t-elle pas dit qu'elle avait
une haine dans l'âme ?

— Sans doute.

— Et ne lui as-tu pas fait le serment de tuer, sur sa réquisition pure et simple, cet homme qu'elle hait ?

— Oui.

— Et cet homme ?...

— Je ne le connais pas. Je ne sais pas son nom...

— Eh bien ! je vais te le dire, moi. C'est le roi de Navarre.

Lahire pâlit.

— Je suis un idiot et un misérable ! — murmura-t-il.

## XXXI

Il y eut entre Noë et Lahire un moment de silence
pendant lequel tous deux se regardèrent avec une sorte
de stupeur.

— Je suis un misérable et un fou ! — répéta enfin
Lahire.

— Non, — dit Noë, — mais tu as la jeunesse de tes
vingt ans et cette chevalerie imprudente qui se développe
aux bords de la Garonne.

— Mais, — s'écria le jeune homme, — j'ai fait un
serment !

— Je le sais.

— Et, comme je ne pourrai le tenir, je suis un homme déshonoré par avance.

Noë haussa les épaules.

— Mon cher ami, — dit-il, — ce pauvre duc de Crillon, qui en ce moment est couché tout de son long sur son lit, avec un chirurgien pour compagnon, ce pauvre duc de Crillon, dis-je, avait fait un serment, lui aussi.

— Ah !

— Et, s'étant trouvé dans l'impossibilité de le tenir, il imagina un moyen de s'en faire relever.

— Et... ce moyen ?...

— Je te l'indiquerai, si nous n'en trouvons pas de meilleur. Mais rassure-toi, en attendant. — Lahire essuyait son front qu'une sueur glacée inondait. Noë habitait au Louvre un petit appartement voisin de celui du roi de Navarre. Cet appartement communiquait, par une porte dérobée, avec une petite pièce dont le prince avait fait son cabinet. Tandis que Noë parlait, on frappa à la porte dérobée. — Mordioux ! murmura Noë, — c'est le roi. — Et, ouvrant un cabinet, il y poussa vivement Lahire. — Ne bouge pas ! lui dit-il tout bas.

Puis il alla ouvrir.

C'était en effet Henri de Navarre qui entrait.

Le prince avait un sourire aux lèvres, et, voyant le visage rembruni de Noë, il lui dit :

— Te voilà donc encore morose ?

— J'ai des raisons pour cela, sire.

— Bah ! fit Henri. Et il se plaça à califourchon sur un escabeau. — Ah ! mon pauvre Noë — dit-il, — où est donc ce temps où c'était entre nous à qui rirait le plus franchement et le plus fort ?

— Il est loin, sire.

— Je crois que le mariage t'a porté sur les nerfs.

— Hum ! hum ! je crois plutôt, moi, que c'est la politique.

— Pourquoi t'en occupes-tu ?

— Pour le bien de Votre Majesté.

Henri eut un rire homérique.

— Ah çà ! mon bonhomme, — dit-il en se levant et frappant sur l'épaule de Noë, — est-ce que nous ne sommes pas seuls, que tu m'appelles sire et majesté ? Suis-je donc plus ton bon ami Henri ?

— Je le crois, mais...

— Mais tu prends avec moi un ton beaucoup trop cérémonieux. Majesté ! Là ! mon ami, attends un peu... Un jour viendra où ce titre ne sera plus une dérision, alors je te permettrai de me le donner.

Noë, qui cherchait un prétexte pour aborder franchement une question assez grave, saisit au vol ces paroles du roi.

— Votre Majesté, — dit-il, — fait beaucoup de rêves de gloire, mais elle pourrait bien ne les point voir se réaliser.

— Hein ? — fit le roi.

— On n'a pas toujours le temps.

— Doutes-tu de moi ?

— Peuh ! — murmura Noë, — la peau d'un roi n'est pas plus dure qu'une autre à trouer. — Henri tressaillit et regarda froidement son ami d'enfance. — Il est fortement question de vous assassiner, Henri, — continua le jeune homme.

— Tu m'as déjà dit cela, mais je n'y crois pas.

— C'est un tort.

— Il est vrai que René s'est sauvé une fois encore.

— Ce n'est pas René que je crains.

— Je sais bien, — poursuivit Henri, — que la reine Catherine...

— Il faut s'en défier, mais...

L'hésitation calculée de Noë fit faire un soubresaut au roi de Navarre.

— Ah çà ! — dit-il, — si tu ne crains ni René ni la reine mère, qui crains-tu donc ?

— Sire, — répondit Noë, — je crains un gentilhomme

gascon, qui a fait par amour le serment de vous assassiner.

Henri se prit à rire.

— Tu es toqué, — dit-il.

— Ecoutez donc, — reprit Noë. — Ce gentilhomme s'en venait chercher fortune à Paris. Il a rencontré dans le bois de Meudon une femme jeune, belle, délicate, et cette femme lui a ouvert son cœur en échange de votre vie. Seulement elle ne vous a point aimé tout d'abord, se contentant d'exiger le serment qu'on frapperait celui qu'elle désignerait.

Le roi haussa les épaules.

— Qu'est-ce que cette péronnelle ?

— Je vous le dis, une femme délicate et frêle, avec des yeux bleus et des cheveux blonds.

— Est-ce que je l'ai... aimée ?

— Non, sire.

— Et elle veut me faire assassiner ?

— Oui.

— Pourquoi ?

— Pour être agréable à un personnage qu'elle aime beaucoup.

— Et qui se nomme ?

— Le duc de Guise.

Noë prononça ce nom froidement, avec conviction.

— Bah ! — fit Henri, — le duc ne songe plus guère à moi.

— Vous croyez ?

— Il est fort tranquillement dans sa bonne ville de Nancy.

— Vous vous trompez, Henri.

— Où donc est-il ?

— A Paris, chez un certain La Chesnaye.

— Ventre-saint-gris ! — murmura le roi de Navarre. — Si la reine mère le savait !

— Elle le sait.

— Tu crois ?

— Dame ! c'est le duc de Guise et ses officiers qui ont sauvé René.

— Oh ! oh !

— Et la dame blonde aux yeux bleus, c'est...

— Je vais te dire son nom, — fit Henri de Navarre.

— Ah ! vous devinez ?

— C'est la duchesse de Montpensier.

— Justement.

— Mais ce gentilhomme gascon ?...

Noë ouvrit la porte du cabinet et appela.

— Lahire !

Lahire entra et se jeta aux genoux du prince.

— Comment ! monsieur, — dit Henri avec bonté, — vous avez fait le serment de m'assassiner ?

— Non, sire, mais j'ai juré de tuer l'homme qu'on me désignerait ; et comme cet homme n'est autre que Votre Majesté, je suis prêt, sur un signe d'elle, à me passer mon épée au travers du corps.

— Bah ! — fit Henri, — c'est inutile, au moins pour le moment. — Lahire baissait les yeux. — Car, — acheva le roi de Navarre, — il est inutile de payer d'avance. Attendez que vous ayez revu la duchesse.

— J'attendrai, sire.

— Et puis venez me demander conseil ; je suis homme de ressource quelquefois. Mais, — ajouta Henri, — contez-moi donc tout cela. — Le roi de Navarre mettait si bien le Gascon à l'aise que celui-ci s'enhardit, cessa de baisser les yeux, retrouva sa verve gasconne, et finit par narrer son aventure avec cet esprit railleur et de bon aloi qui pétille au bord de la Garonne. Le roi écouta fort gravement, puis il dit à Noë : — Eh bien ! monsieur le grondeur, que vas-tu conclure de tout cela ?

— Mais... sire, — dit Noë en hésitant, — je ne veux plus me mêler de politique.

— Oh ! si fait, je te le permets cette fois.

— C'est différent. — Et comme Lahire était là : — On

peut parler devant lui, — dit Noë ; — il appartient corps
et âme à Votre Majesté.

— Soit ! parle.

— Sire, — dit Noë, — je reviens à mon opinion première : un roi est plus à l'aise dans ses États que dans
ceux des autres.

— Cela dépend,

— Votre Majesté aurait besoin d'aller faire un tour à
Nérac.

— Bah !

— Sinon le duc de Guise et madame Catherine, et
cette vipère séduisante qu'on appelle madame de Montpensier...

— Me joueront quelque mauvais tour, veux-tu dire ?

— J'en ai peur.

— Mon bon ami, — répliqua Henri de Navarre, qui se
redressa avec toute la fierté de sa face, — as-tu jamais
cru à la destinée ?

— Je ne suis pas superstitieux, sire, je l'avoue humblement.

— C'est un tort,

— Pourquoi ?

— Mais parce que, si tu étais fataliste, si tu avais,
comme moi, une foi inébranlable dans l'avenir, si tu
avais comme moi vu briller un soir une étoile dans un
coin d'azur, et qu'une voix intérieure t'eût crié : « C'est
celle du roi de Navarre ! » eh bien ! tu comprendrais que
la duchesse de Montpensier, et la reine Catherine, et le
duc de Guise, et tous les ennemis de ce roitelet qui sera
un jour un vrai roi, ne m'inquiètent pas plus de souci que
les corbeaux qui croassent à l'entour de son aire n'inquiètent l'aigle qui sommeille au-dessus des nuages.
— Et le roi frappa sur l'épaule de Noë et s'en alla en lui
disant : — Je suis à Paris et j'y veux rester !

Quand le roi fut parti, Noë et Lahire eurent la même
pensée :

— Puisque les conspirations qui se forment tout autour
du roi, — dit Noë, — ne parviennent point à troubler sa
lune de miel, il m'est avis que c'est à nous de les déjouer,
de lutter, de combattre.

— Et de veiller sans cesse, — ajouta Lahire.

— Or, — reprit Noë, — puisque le duc de Guise est
chez La Chesnaye, il faut savoir ce qu'il y fait. . . . .
. . . . . . . . . . . . . . . . . . . . . . . . . . . . . . . . . . . .

Le soir du même jour, à la nuit close, Léo d'Arnembourg sortait à pied d'une maison située rue du Renard-
Saint-Sauveur, où il avait eu sans doute quelque mystérieuse occupation, lorsque, au coin de la rue, il se trouva
face à face avec un gentilhomme qui le salua et lui dit :

— Bonjour, monsieur Léo.

Le jeune homme fut si stupéfait de s'entendre appeler
par son nom qu'il fit un pas en arrière et porta la main à
la garde de son épée.

— Vous me connaissez ? — dit-il.

— Je vous connais, — répondit le gentilhomme, qui
avait un de son manteau ramené sur son visage.

— Vraiment ? et où m'avez-vous vu ?

— Je vous ai vu deux fois.

L'accent du gentilhomme était poli, mais railleur.

Léo comprit que c'était une querelle qui lui tombait du
ciel.

— Où ?

— La seconde fois...

— Ah ! pardon, — interrompit Léo d'Arnembourg, vous
commencez par la fin.—Pourquoi mettez-vous la seconde
avant la première ?

— J'ai mes raisons pour cela.

— Ah !

— La seconde fois, c'était dans le bois de Meudon, dans
une petite maison blanche qui s'élève au milieu d'une
clairière...et qui est habitée par...

— Assez ! — s'écria Léo d'une voix irritée, — vous savez,
là, mon gentilhomme, des choses qui vous feront du tort.

— Bah ! — répondit Lahire, car c'était lui, — c'est ce
que nous verrons. Maintenant, je vais vous apprendre où
je vous ai vu pour la première fois.

Il recula jusque sous une lanterne suspendue à une
corde, se plaça sous le rayon lumineux, jeta son manteau
en arrière et ôta son chapeau.

Léo reconnut le Gascon qu'il avait assommé d'un coup
de crosse la veille au matin...

— Mort de ma vie ! — murmura-t-il, — j'aurais parié
que vous étiez mort.

— Mais non, — répondit Lahire, — la dame de la maison blanche a pris soin de moi.

Pour la seconde fois, Léo d'Arnembourg recula.
On eût dit qu'il venait d'être frappé de la foudre.


## XXXII

Lahire s'attendait à l'effet qu'il venait de produire sur
le sire Léo d'Arnembourg.

— Comment ! — dit-il, — cela vous étonne donc beaucoup ?

— Ce qui m'étonne, c'est votre assurance, — répliqua
Léo.

— Bah !

— L'assurance avec laquelle vous mentez, mon gentilhomme.

— Mon cher monsieur Léo, — répliqua Lahire qui était
parfaitement maître de lui, — nous ne sommes point en
présence pour nous débiter des galanteries, par conséquent il est inutile que je réponde à vos injures.

— Ah ! ah ! — ricana le gentilhomme du Luxembourg.

— Mais vous me permettrez de vous donner quelques
détails.

— Sur qui ?

— Sur la dame de la maison blanche.

— J'écoute ? — fit Léo, qu'une curiosité ardente et terrible domina sur-le-champ.

— Elle est blonde...

— Après ?

— Elle a les yeux bleus.

— Après ? après ?

— On lui donne le titre d'altesse.

Le Luxembourgeois tressaillit et murmura d'une voix
sourde :

— Vous savez bien des choses, mon jeune maître.

— Attendez donc... vous étiez chez elle la nuit dernière...

— Ah ! vous m'avez vu.

— Et vous avez causé quelques minutes d'un certain
duc...

— Mais comment savez-vous cela ?

— Attendez... vous êtes parti de la maison blanche avec
elle.

La colère de Léo éclata comme une tempête.

— Vous êtes donc un espion ? — s'écria-t-il hors de lui.

— Pas tout à fait... Mais, — ajouta Lahire en souriant,
— j'écoute quelquefois aux portes... et je regarde par les
trous de serrure.

Un nuage passa sur le front de Léo.

— Vous étiez donc cette nuit dans la maison blanche ?
— demanda-t-il d'une voix altérée.

— Oui.

— Vous vous y étiez introduit... furtivement ?

— Pas du tout, on m'y a conduit en litière. J'ai fait
même évanoui une partie du chemin. Vous m'aviez si
fort étourdi.

— Et qui donc vous a conduit ?

— L'écuyer de la duchesse. Oh ! je le connaissais
déjà.

— Ah ! vraiment !

— C'était lui qui l'escortait il y a trois jours.

— Qui... la duchesse ?

— Oui, lorsque je l'ai rencontrée pour la première fois... dans le bois de Meudon. — Léo, stupéfait, se demandait s'il n'était pas la victime d'un cauchemar. — Que voulez-vous, mon cher monsieur, — reprit le Gascon de sa voix railleuse et fanfaronne, — on est jeune, assez bien tourné... on plaît aux femmes...

— Ah! c'en est trop, — s'écria Léo ivre de rage, — tu es un abominable imposteur!

Et il tira son épée du fourreau.

Lahire l'imita.

— Ma foi! — dit ce dernier, — nous serons fort bien ici. Cette lanterne éclaire mieux que ses pareilles. Je pourrai vous tuer en y voyant.

Les épées se croisèrent.

— Ah! — disait Léo en ferraillant avec rage, — tu sais et tu as vu trop de choses pour n'avoir point signé toi-même ton arrêt de mort.

— Bah! — répondit Lahire, — ne vous pressez pas tant, mon gentilhomme, et laissez-moi vous conter les délices de la maison blanche.

Ces mots arrachèrent un cri de hyène à Léo :

— Oh! tu mens! — dit-il, — tu mens!

— Ah ça! mais, — dit Lahire, qui paraît avec une adresse merveilleuse, — vous êtes donc amoureux de la belle, vous aussi?

— Tu mens, infâme!

— Je comprends cela... Elle est belle à damner tous les saints du paradis, notre blonde et frêle duchesse, — railla le Gascon. Et il toucha Léo d'Arnembourg, dont le sang coula. Léo riposta par un coup terrible. Mais Lahire fit un saut de côté et l'esquiva. — L'amour vous donne mal aux nerfs, — dit-il. Léo rugissait comme un lion forcé dans son repaire. Tout à coup un bruit se fit à l'angle opposé de la rue et des pas mesurés retentirent. C'était le guet. — Mordioux! — dit le Gascon, — voilà les douze soldats de messire le chancelier qui vont nous rappeler aux édits du roi Charles IX.

— Je me moque des édits, — répondit Léo, que la colère rendait sourd aussi bien qu'aveugle.

— Ma foi! tant pis!... — dit le Gascon, — je voulais vous laisser cette chance de salut. Tant pis pour vous!...

— Et Lahire se fendit. Léo, atteint en plein corps, jeta un cri, chancela et s'appuya au mur pour ne point tomber. Son épée lui avait échappé. — Quittes! — dit Lahire.

Et il prit la fuite.

Tandis que cela se passait au coin de la rue du Renard-Saint-Sauveur, trois hommes étaient réunis dans un cabaret situé sur la place Saint-Germain-l'Auxerrois, à quelques pas de la taverne de notre vieil ami Malican.

Ces trois hommes n'étaient autres que le comte Éric de Crèvecœur, Gaston de Lux et le baron Conrad de Saarbruck.

Attablés devant les restes d'un copieux souper, ils achevaient de vider une cruche de vieux vin en jouant aux dés.

— Corbleu! messeigneurs, — disait Conrad, — savez-vous que nous avons fait hier matin une vilaine besogne?

— Pouah! — fit le comte.

— Fi! — ajouta Gaston.

— Et si nous n'avons pas autre chose à faire à Paris...

Un sourire plein de mystère glissa sur les lèvres du comte Éric de Crèvecœur.

— Oh! soyez tranquilles! — dit-il; — nous ne sommes point venus ici pour gêner seulement le bourreau dans ses actions, nous aurons bientôt d'autre besogne.

— Tu crois?

— Léo est chez le duc. Il doit nous rejoindre ici.

— Penses-tu qu'il nous apporte des ordres? — demanda Gaston.

— J'en suis certain.

— Qui me tient deux pistoles? — fit Conrad.

— Moi.

Et le comte Éric jeta deux pistoles sur la nappe. Conrad agita son cornet, et les dés retombèrent.

Éric ramassa les dés, les agita dans son cornet et les jeta à son tour :

— Sept! — dit-il.

— Par Belzébuth! — murmura le baron Conrad de Saarbruck, — je n'ai pas la moindre chance au jeu.

— Tu es heureux en amour, — dit Gaston.

Cette banalité fit tressaillir les trois jeunes gens.

Tous trois se regardèrent.

— Ah ça! messieurs, — dit Éric, — vous êtes-vous jamais adressé une question?

— Laquelle?

— C'est que la duchesse que nous aimons tous les quatre pourrait bien préférer l'un de nous...

— Ah! — fit Gaston.

— Tout beau! — murmura Conrad. — Et notre pacte?

— Qui sait? — fit Éric.

— Tu te souviens pourtant de ses paroles, comte?

— Oui, mais souvent femme varie, — disait le roi François.

— Mort de ma vie! — exclama Conrad avec sa brutalité germanique, — si j'étais sûr que d'avance elle préférât l'un de nous...

— Eh bien?

— Et que celui-là ne fût pas moi...

— Que ferais-tu?

— Je déserterais son service, et je m'en retournerais dans mon manoir, laissant le duc de Guise et le roi de Navarre vider leurs querelles.

— Moi aussi, — dit Gaston.

— Moi! — fit Éric en baissant la tête, — je continuerais à lui obéir.

— Vous êtes des niais tous trois! — dit une voix sourde sur le seuil.

Ils se retournèrent étonnés...

Léo d'Arnembourg, pâle, chancelant, couvert de sang, était sur le seuil.

— Blessé? — s'écria Éric.

— Oui, — répondit Léo. — J'ai six pouces de fer dans les côtes, et j'ai eu toutes les peines du monde à me traîner jusqu'ici. Ils se précipitèrent vers lui et le soutinrent. Éric et Conrad le prirent dans leurs bras, Gaston ouvrit son pourpoint et déchira sa chemise. Le sang coulait avec abondance. — Place ta main dessus, — dit Léo; — si ma blessure est mortelle, il faut que j'aie le temps de parler... Quand vous saurez tout... si je ne suis pas mort... eh bien! vous chercherez à me sauver... — On assit Léo sur un banc, et il regarda le comte Éric avec un amer sourire. — Ah! — lui dit-il, — tu as songé, n'est-ce pas, qu'il se pourrait faire que cette femme que nous aimons tous les quatre préférât l'un de nous? tu as songé à cela, comte Éric?

— Oui, — dit le comte.

— Mais tu n'as point songé qu'elle pouvait aimer un homme qui nous fût étranger...?

— Oh! — firent-ils tous trois en se levant spontanément.

— Tu es fou! — ajouta Gaston.

— Ta raison s'en va avec ton sang, — dit Conrad. Éric baissa la tête et se tut.

— Mes amis, — dit Léo, — écoutez-moi, écoutez. Je perds mon sang, mais j'ai ma raison...

— Parle donc!

L'homme dont l'épée a troué ma poitrine est aimé d'Anne de Lorraine, duchesse de Montpensier.

— Tu mens! — s'écrièrent-ils tous trois, — comme Léo avait dit : « Tu mens! » à Lahire.

— Je dis vrai, mes maîtres.

— Tu mens ou tu es fou! — ajouta le baron Conrad.

— Non, je ne me suis pas fou, non, je ne mens pas!... — répéta Léo avec force. — Comme je sortais de chez le duc, un homme m'a abordé au coin de la rue du Renard.

— Quel est cet homme?

— C'est ce Gascon que je croyais avoir assommé hier matin, ce Gascon qui escortait le tombereau de René.

— Eh bien?

— Cet homme, — poursuivit Léo, — avait été recueilli sanglant, inanimé, dans la rue de la Calandre.

— Par qui?

— Par la duchesse.

— Oh !

— La duchesse qui, la nuit précédente, dans la maison blanche du bois de Meudon, lui avait donné asile.

Il y eut comme un rugissement parmi les trois compagnons de Léo.

En ce moment on gratta à la porte et un page entra.

C'était le page Amaury, le même qui avait été chargé de la garde de Lahire.

Amaury leur apportait un message de la duchesse.

— Ah ! — murmura Léo, — c'est l'enfer qui l'envoie, toi !... — Et comme le page demeura stupéfait : — Tu étais la nuit dernière dans la maison blanche, — acheva Léo, — tu sais ce qui s'y est passé, et, dussions-nous te hacher menu ou te faire cuire dans ce feu qui brille sous la cheminée, tu parleras !...

L'enfant devint pâle et frissonna.


### XXXIII


La vue du page semblait avoir ranimé les forces défaillantes de Léo d'Arnembourg.

Il se tourna vers Gaston.

— Panse-moi, — lui dit-il, — bande ma blessure, je veux vivre encore... je veux savoir...

Le page, tremblant, regardait ces quatre hommes avec épouvante.

Sans doute les trois compagnons de Léo d'Arnembourg avaient deviné son dessein, car l'un d'eux se leva et alla fermer la porte au verrou.

C'était Gaston.

En même temps Conrad prit l'enfant et lui appuya sa dague sur la gorge.

— Parle, — dit-il.

— Que voulez-vous que je vous dise? — demanda le page.

— Où étais-tu la nuit dernière?

— A la maison blanche.

— Seul ?

— Avec Son Altesse.

— Tu mens, — dit Léo.

L'enfant répéta :

— J'étais seul avec la duchesse.

Conrad appuya légèrement la pointe de sa dague.

L'enfant poussa un cri.

— Parleras-tu? — s'écria Conrad.

Mais l'enfant croisa ses bras sur sa poitrine et un éclair brilla dans ses yeux :

— Vous pouvez me tuer ! — dit-il.

Éric arracha la dague aux mains de Conrad.

— Il se laisserait tuer, — dit-il; — ce que tu fais est inutile...

— Eh bien ! — dit le Germain avec colère, puisque la dague est impuissante, — nous allons user d'un autre moyen.

Et il renversa l'enfant sur la table, comme il eût fait d'un mouton à l'abattoir.

L'enfant se débattait.

— Déchausse-le, — dit Conrad à Gaston de Lux.

Gaston dénoua les chaussures éperonnées d'Amaury et lui mit les pieds à nu.

Alors, malgré les cris de l'enfant, Conrad le prit à bras-le-corps, le coucha sur le sol et lui exposa la plante des pieds à la chaleur du foyer.

— Grâce ! — murmurait le pauvre page ; — grâce, messeigneurs !

— Parle ! — répétait Conrad. Amaury fut d'abord stoïque. Il cria, mais il ne fit aucune révélation. Cependant Conrad l'approchait de plus en plus du feu. — Parle ! parle ! — répétait-il.

La douleur arrachait des cris horribles au pauvre enfant.

— Jette-le dans le feu, — dit Léo d'Arnembourg dont les forces s'en allaient.

Cette menace produisit son effet.

— Grâce ! — répéta l'enfant, — je parlerai !

— Ah ! enfin ! — murmura Léo.

Conrad avait déjà relevé l'enfant et l'avait placé sur la table.

— Prends garde ! — lui dit-il alors, — nous savons déjà tout ce que tu dois nous dire; mais nous avons besoin de l'entendre de ta bouche.

— Que voulez-vous savoir? — demanda le pauvre page qui frottait dans ses mains ses pieds brûlés.

— Il y avait, la nuit dernière, un homme dans la maison blanche, — dit Léo d'Arnembourg.

— Oui.

— Quel est cet homme?

— Il s'appelle Lahire.

— Et pourquoi cet homme était-il là ? — demanda Conrad.

— La duchesse l'y avait fait conduire dans la soirée en litière, mais il s'est échappé et il m'a volé mon cheval.

— Mais la duchesse le connaissait donc ?

L'enfant se troubla.

— Tu veux donc brûler ? — exclama Léo d'Arnembourg.

— Il avait passé la nuit de l'avant-veille à la maison blanche.

Léo jeta un cri d'amer triomphe.

— Vous l'entendez ! — dit-il. — Et alors, sous le coup de la terrible menace qui lui était faite de le jeter dans le feu, le pauvre enfant raconta tout ce qu'il avait vu, tout ce qu'il savait. Ils l'écoutèrent sombres, recueillis, muets. On eût dit des statues. — C'est bien ! — dit Léo, — quand le page eut fini, tu as bien fait de nous dire la vérité.

— La duchesse me fera mettre à mort, — dit Amaury, dont la joue fut sillonnée par une larme silencieuse.

— Non, — répondit le comte Éric, car je te prendrai sous ma protection. — Et il ajouta : — Que venais-tu donc faire ici?

— Je vous apportais un message.

— A moi.

— Oui.

— De qui?

— De Son Altesse.

— Ah ! ah ! — ricana le baron Conrad, — il paraît que la conquête du Gascon Lahire ne lui suffit point.

— Et qu'elle a encore besoin de nos services, — ajouta Léo.

Éric avait ouvert le message de la duchesse.

Ce message contenait un seul mot :

« Venez ! »

Éric tendit tour à tour le message à ses trois compagnons.

— Ah ! — dit Conrad, — je suppose que tu vas seller ton cheval et retourner en Lorraine, comte.

— Non, — dit Éric.

— Songerais-tu, — fit Léo, — à te rendre à cette aimable invitation ?

— J'y songe !

— Mais tu es donc un lâche, comte?

— Non ! mais je veux pouvoir demander à la duchesse des nouvelles de Lahire. Je voudrais être déjà face à face avec elle !...

— Au fait ! — murmura Conrad, — c'est une vengeance comme une autre.

— Et où est-elle donc, ta maîtresse ? — demanda Éric au page Amaury.

— A Meudon.

— Elle y est retournée ?

— Ce soir.

— Eh bien ! — dit Eric en se levant et bouclant son épée, — par les cornes du diable ! j'irai.

Le sire Léo d'Arnembourg, trahi par la perte de son sang, venait de glisser évanoui de son siége sur le sol.

Gaston de Lux et le baron Conrad de Saarbruck s'empressèrent auprès de lui, murmurant :

— Si tu meurs, nous te vengerons !

Anne de Lorraine, duchesse de Montpensier, après avoir passé une partie de la nuit précédente avec le duc de Guise, Anne de Lorraine, disons-nous, était revenue à Meudon vers dix heures du matin.

La duchesse était persuadée qu'elle trouverait Lahire dormant toujours, sous l'influence du narcotique, et le page Amaury veillant sur lui avec sa fidélité accoutumée.

Mais la duchesse se trompait.

Quand elle arriva, elle trouva le page Amaury qui pleurait sur le seuil de la maison.

Amaury était craintif et timide ; il avait peur d'être congédié. Ce fut au milieu d'un déluge de larmes qu'il raconta ce qui s'était passé, c'est-à-dire la fuite du Gascon qui lui avait volé son propre cheval.

Madame de Montpensier fut abasourdie tout d'abord.

Elle ne comprenait point comment le narcotique avait été impuissant.

Cependant le page soutenait avoir emporté le verre vide.

— Montre-le moi, — dit la duchesse. Amaury lui présenta le gobelet, au fond duquel brillaient encore quelques gouttes de liqueur. Mais la duchesse eut un soupçon et elle entra dans la chambre où avait couché Lahire, alla droit au lit, écarta les rideaux, et finit par reconnaître que le contenu tout entier du gobelet avait été répandu dans la ruelle et sur les tentures. Alors Anne de Lorraine fronça le sourcil. — S'il n'a pas bu, — se dit-elle, — c'est qu'il s'est défié ; et, dans ce cas, il a feint de dormir. — Cette hypothèse admise, Anne de Lorraine frissonna et se dit encore : — S'il ne dormait pas, il a vu et écouté. Il a vu mon visage, il a écouté ce que je disais... Cet homme a mon secret !... — Alors une vague terreur s'empara de la duchesse. Lahire était Gascon, il était sujet du roi de Navarre, et avait joué un rôle assez actif la veille pour qu'on pût répondre de sa fidélité à son roi. C'en était assez pour que la peur remplît son âme. Mais la fière duchesse, si elle n'était point inaccessible à un premier mouvement de crainte, retrouvait bien vite l'énergique sang-froid de sa race ; et quand elle se fut dit que Lahire possédait peut-être une partie de ses secrets, elle se souvint aussi qu'elle l'avait vu ardent, enthousiaste, éperdu, à ses genoux. Anne était femme, et un sourire, à ces souvenirs, lui vint aux lèvres : — Il doit m'aimer encore, — se dit-elle, — et il reviendra !...— Cette espérance passa bientôt à l'état de conviction dans son esprit ; elle fut persuadée que Lahire se repentirait d'avoir fui avant la fin du jour, et qu'il reviendrait. Elle en demeura si convaincue qu'elle attendit toute la journée sans envoyer à Paris aucun message. Mais la nuit vint... Alors, perdant patience, elle dit à Amaury : — Tu vas monter à cheval, tu iras à Paris et tu porteras ce billet au comte Eric de Crèvecœur.

— Ce billet, on le sait, ne contenait qu'un seul mot : « Venez ! » Or, la duchesse, désespérant enfin de voir revenir Lahire, avait songé à le faire rechercher ; et pour cela elle avait imaginé un plan infernal. Elle avouerait au comte Eric une partie de la vérité, c'est-à-dire l'enlèvement de Lahire rue de la Calandre. Elle expliquerait au comte l'intention qu'elle avait eue de faire du Gascon un espion intime, un ami secret, un occulte allié dans le camp du roi de Navarre ; puis elle lui dirait : « Cet homme m'a trahi, cet homme a été plus fin et plus rusé que nous, il faut le tuer ! » Et alors, calculait encore la duchesse, les quatre amoureux dont elle avait fait des ins-

truments dociles se mettraient à la recherche de Lahire et le tueraient sans lui donner le temps de s'expliquer.— Va ! — dit-elle au page Amaury, — va et reviens vite !—

Le page partit. Anne de Lorraine attendit pendant une heure dans une anxiété extrême. Cependant elle n'était point seule à la maison Blanche ; elle était revenue accompagnée d'un écuyer et d'une camérière. Cette camérière était blonde comme elle, à peu près de sa taille, et elle se nommait Marion. Accoudée à une fenêtre qui donnait sur le sentier qui venait de Paris, Anne de Lorraine écoutait... Enfin elle entendit le galop d'un cheval.— C'est le comte Eric ! — se dit-elle.

Anne se trompait encore.

Un cavalier déboucha dans la clairière et vint s'arrêter devant la porte de la petite maison.

Aux rayons de la lune, la duchesse le reconnut.

C'était Lahire !...

Lahire qui revenait monté sur le cheval qu'il avait volé, la nuit précédente, au page Amaury.

Alors la duchesse se repentit amèrement d'avoir mandé le comte Eric.

Le comte allait arriver...

Que se passerait-il donc entre ces deux hommes ?

## XXXIV

Anne de Lorraine, duchesse de Montpensier, se hâta de poser sur son visage son masque de velours noir.

Puis elle appela Marion.

— Fais entrer le seigneur Lahire, — lui dit-elle.

Elle s'installa dans l'oratoire et attendit.

Marion s'en alla à la rencontre de Lahire, et lui dit :

— Bonsoir, monsieur Lahire, avez-vous été content du cheval d'Amaury ?

Le Gascon regarda la soubrette, et une idée bizarre lui vint :

— Très-content, — dit-il, — c'est une excellente bête. Est-elle jeune ? j'ai oublié de jeter un coup d'œil à sa mâchoire.

— Elle a sept ans, monsieur Lahire ; et Amaury n'espérait plus la revoir.

— Eh ! — dit Lahire avec hauteur, — me prenez-vous pour un voleur de chevaux, ma charmante ?

— C'est que vous l'avez emprunté si singulièrement !

Lahire sourit et prit le menton de Marion.

— C'est ce breuvage qu'on m'a fait prendre qui m'a bouleversé les idées.

— Ah ! c'est différent.

— Votre maîtresse y est-elle ?

— Oui.

— Conduisez-moi auprès d'elle ?

— Venez.

Quand Lahire pénétra dans l'oratoire, la duchesse était à demi couchée sur un siége à l'orientale, avec une pile de coussins sous son bras.

Elle darda sur Lahire, à travers son masque, un regard moqueur :

— Eh bien ! — dit-elle, — d'où venez-vous donc, beau fugitif ?

— Madame, — répondit Lahire, qui, après s'être incliné eut la hardiesse de prendre la main blanche de la duchesse et de la porter à ses lèvres, — je suis allé à Paris chercher mon épée et ma dague.

— En aviez-vous si grand besoin ?—fit-elle d'un ton moqueur.

— Et puis je m'ennuyais un peu ici, vous m'aviez laissé seul.

— C'est vrai.

— Ensuite j'avais une petite dette à payer.

— Hein ? — fit la duchesse.

— Je devais un coup d'épée à un certain Léo... — La

duchesse fit un soubresaut. — J'ai voulu m'acquitter, — acheva Lahire avec calme.

— Qu'est-ce donc que ce Léo? — demanda-t-elle en jouant la plus parfaite indifférence.

— C'est ce gentilhomme qui m'a asséné hier matin ce coup de crosse de mousquet dont j'ai pensé mourir.

— Ah! c'est lui?...

— Il est attaché au service de monseigneur de Guise.—

La duchesse tressaillit. — Et il aime Votre Altesse, — poursuivit Lahire.

La duchesse se leva vivement et fit un pas en arrière. On eût dit qu'un abîme venait de s'ouvrir devant elle.

— Mon... Altesse! — s'écria-t-elle.

— N'ai-je point l'honneur d'être en présence de Son Altesse la duchesse de Montpensier?..... — Anne de Lorraine jeta un cri. — Ah! madame, — reprit Lahire, — n'ayez crainte, je suis gentilhomme et j'ai le cœur reconnaissant.

— Monsieur...

— Je suis discret, au besoin. Cependant, je vous avouerai qu'il m'a fallu faire une confidence à ce pauvre Léo, que j'avais vu ici par le trou de la serrure, la nuit dernière.

— Comment! — s'écria la duchesse, qui se prit à bondir comme une tigresse blessée, — tu as osé, misérable!...

— Madame la duchesse, — répondit le Gascon, — je suis téméraire peut-être de m'aventurer jusqu'ici, car vous avez sans doute assez d'estafiers pour me faire mettre à mort, cependant j'y suis venu parce que je voulais vous voir une dernière fois...

Lahire était fort calme, il portait haut la tête, il appuyait sa main sur la coquille de son épée avec une simplicité pleine de vaillance et de noblesse. La duchesse l'enveloppait d'un regard ardent, et ce regard, il faut en convenir, ne respirait pas l'amour.

Tout à coup ce regard cessa d'être courroucé; il devint froid, en même temps que l'agitation de la duchesse se calmait.

Puis Anne de Lorraine lui dit d'une voix brève :

— Jouons cartes sur table !

— Volontiers, madame.

— Vous avez jeté le contenu du gobelet dans la ruelle du lit ?

— Je me défiais du breuvage.

— Ce qui fait qu'au lieu de dormir vous avez vu?

— Et écouté, madame.

— Si bien que vous savez mes secrets?

— A peu près.

— Or, — continua la duchesse, — vous venez sans doute me vendre votre discrétion?

— Peut-être....

Elle le toisa avec dédain.

— Il paraît, — dit-elle, — que vous faites argent de tout.

— Pas précisément; cependant il est des cas...—Lahire eut un fin sourire. — Votre Altesse me permettra-t-elle un petit raisonnement? — continua-t-il.

— J'écoute.

— Sur quoi doit reposer la discrétion que demande Votre Altesse? sur les événements qui se sont accomplis ici, n'est-ce pas?

— Naturellement.

— Eh bien! que Votre Altesse oublie la première, et j'oublierai tout, moi aussi.

— Que voulez-vous dire?

— Je veux parler d'un certain serment que Votre Altesse m'a surpris un peu légèrement. — Anne de Lorraine se mordit les lèvres. — Votre Altesse peut m'en délier.

— Et si je le fais?

— Je serai muet désormais.

Anne de Lorraine était pâle.

— Mais, — dit-elle tout à coup, — vous avez dit à Léo...

— Ah! c'est juste; mais rassurez-vous...

— Pourquoi ?

— Parce qu'il doit être mort à cette heure.

— Oh! — fit la duchesse, — vous avez tué un de mes plus dévoués serviteurs. Et cependant, s'il n'est pas mort...

— Eh bien?

— Et qu'il ait prévenu les autres... qu'il leur ait répété tout ce qu'il tenait de vous...

A ces derniers mots, la lumière se fit dans l'esprit sagace de Lahire.

Il devina que Léo d'Arnembourg n'était pas le seul à aimer aveuglément la duchesse.

— Il doit y avoir, — pensa-t-il, — une petite association dont Léo faisait partie. Et si Léo n'est pas mort...

Lahire fut interrompu dans son aparté par le galop de deux chevaux.

— Mon Dieu ! — fit la duchesse, — c'est Eric !

— Quel Eric ?

— Un ami de... Léo.

— Ah! ah !

— Cachez-vous !... fuyez !... Peut-être sait-il tout...?

— Eh bien ! tant mieux pour vous, madame la duchesse.

— Pourquoi tant mieux?

— Parce que dans dix minutes il demeurera convaincu que le Gascon Lahire est un imbécile qu'il est toujours facile de mystifier. Laissez-moi faire.

C'était Eric, en effet.

Le comte de Crèvecœur, livré à toutes les tortures de la jalousie, arrivait hors de lui, furieux, le cœur altéré de vengeance.

Pendant tout le trajet, il n'avait point desserré les dents, et Amaury, qui souffrait horriblement de ses brûlures, était lui-même si peu d'humeur à causer qu'il n'avait pas essayé de faire jaser le comte.

Eric jeta la bride au page, et pour la première fois il ne fut point saisi, en approchant de la duchesse, de ce terrible battement de cœur qui d'ordinaire ébranlait sa poitrine.

La duchesse était, comme lorsqu'elle avait reçu Lahire, dans son oratoire. Quand Eric, le front chargé de nuages, y pénétra, il trouva la jeune princesse assise devant une table, un parchemin sous les yeux et une plume à la main.

Elle leva la tête en le voyant entrer et lui sourit :

— Bonjour ! — dit-elle. Le comte Eric était pâle et ses dents claquaient. — Venez vous asseoir là, près de moi, mon cher comte, — poursuivit Anne de Lorraine.

— Ah ! — fit le comte, — je croyais que Votre Altesse avait renoncé à mes services.

— Moi?

— Je le croyais.

— Quelle plaisanterie !...

— C'est que, — dit le comte d'une voix sourde, — j'ai ouï parler d'un nouveau serviteur de Votre Altesse.

— Bah !

— D'un homme qu'elle honore de son amitié.

— Comment le nommez-vous ?

— Lahire.

— Tiens, — dit ingénument la duchesse, — on vous a parlé de lui?

— Oui, madame.

— Qui donc?

— Léo.

— Léo le connaît?

— Il l'a assommé hier matin.

— C'est juste.

— Et, le soir, on l'a transporté ici.

— En effet...

— Ensuite, — continua le comte Eric, — ils se sont battus ce soir.

— Lahire avec Léo ?

— Oui, madame.

— C'est bizarre, — dit la duchesse toujours calme.

— Vous trouvez, madame ?

— Oui, car Lahire ne m'a rien dit de cela.

— Ah ! — murmura le comte Eric, que le calme de la duchesse frappait de stupeur, — vous l'avez donc vu ?

— Oui. Il est ici.

— Ici !

Et le comte fut pris d'un fol accès de rage et porta la main à la garde de son épée.

— Ah ! mon Dieu ! — fit la duchesse, — mais à qui donc en avez-vous ?

— Madame, — répondit Eric de Crèvecœur, — je ne suis qu'un vassal, et, si vous n'eussiez deviné mon amour, certes j'eusse souffert mille morts plutôt que de le confesser ; mais un jour vous m'avez permis de vous consacrer ma vie, mon cœur et mon sang. Alors, ce jour-là, vous m'avez donné le droit d'être jaloux.

— Jaloux !

— Oui, madame, car ce Lahire, ce Gascon, cet aventurier...

— Eh bien ?

— Il a osé...

Eric hésita.

— Mais parlez donc, comte !

La duchesse était calme, elle souriait et jouait du bout des doigts avec la chaîne d'or qu'elle avait au cou.

Le comte reprit :

— Cet homme a prétendu que, il y a trois jours...

La duchesse l'interrompit.

— Il y a trois jours, — dit-elle, — j'en ai fait la rencontre dans le bois. J'étais masquée, mais il a été séduit par mes cheveux blonds, et... il a osé me suivre... et puis...

A son tour elle hésita, mais sans cesser de sourire.

— Et puis ? insista Eric.

— Il s'est installé ici.

Le comte jeta un cri.

— Ah ! vous en convenez, madame, — dit-il ; — vous avouez...

— Ce pauvre Lahire ! — dit froidement la duchesse, — il est persuadé qu'il est l'homme le plus aimé du monde. Malheureusement, il ne sait pas que dans les ténèbres toutes les femmes se ressemblent. — Et comme la stupeur du comte augmentait : — Chut ! dit-elle, — venez avec moi. Elle ouvrit une porte, celle qui conduisait à la chambre où Lahire avait couché. Puis elle le força à coller son oreille à la porte opposée, celle qui donnait dans la salle où, la veille, elle avait reçu Léo. — Ecoutez, — dit-elle.

Le comte entendit une voix d'homme qui murmurait avec l'accent de la passion :

— Anne, ma chère Anne, jamais je n'aurai assez de sang dans les veines pour le répandre à votre service. Anne, ma vie, mon amour, je t'aime ! je t'aime !...

— Regardez ! — dit alors la duchesse.

Eric regarda et vit, à la clarté douteuse d'une lampe, Lahire à genoux devant une femme vêtue comme la duchesse, ayant comme elle un masque sur le visage et de magnifiques cheveux blonds.

C'était Marion...

Le comte Eric de Crèvecœur jeta un cri, tomba à genoux et balbutia le mot de *pardon !*

## XXXV

La duchesse se hâta d'entraîner le comte de Crèvecœur loin de la porte, comme si elle eût craint que Lahire ne les entendît.

Cette dernière manœuvre eût convaincu le comte s'il eût encore douté.

— Ah ! madame, madame, — murmura-t-il en se mettant à genoux, — nous pardonnerez-vous jamais ?

La duchesse le força à se relever et retourna s'enfermer avec lui dans son oratoire.

— A présent, — dit-elle, — causons... Le comte frissonnait et il baissait la tête comme un criminel. Il avait osé mettre un moment en doute la candeur de l'ange qu'il aimait depuis si longtemps. — Causons, — répéta la duchesse. Il la regarda et attendit. — Mon cher comte, — reprit-elle, — vous connaissez les Gascons ?... — Eric fit une moue dédaigneuse. — Ils sont vantards, suffisants, pleins de prétention...

— Certes, oui.

— Mais ils sont braves...

— Peuh !

— Et dévoués quand ils se sont donnés.

— Ah ! — dit Eric d'un air de doute.

— Or, j'ai voulu me faire une créature de ce Lahire...

— Mais il peut tirer vanité...

— Non, il se taira. J'ai un moyen de lui faire garder le silence.

— Ah !

— Un moyen qui est mon secret.

Le comte n'insista pas pour connaître ce secret dont parlait la duchesse ; mais il dit :

— A quoi comptez-vous employer cet homme ?

— Je vous l'ai dit, il me faut quelqu'un auprès du Béarnais. — Eric s'inclina. — Maintenant, je vais vous dire pourquoi je vous ai fait venir.

— J'écoute, madame.

— Comme un jour ou l'autre il pouvait se faire que Lahire et vous ou un de vos amis vous rencontrassiez, soit ici, soit partout ailleurs, je voulais vous prévenir... Vous voyez que je m'y suis prise trop tard... — Le comte Eric renouvela ses excuses. Puis, passant à un autre sujet, la duchesse reprit : — Mais ne m'avez-vous pas dit que Léo et Lahire s'étaient battus ?

— Oui, madame.

— Quand ?

— Il y a deux heures.

— Et Léo ?...

— Léo est peut-être mort à cette heure.

— Ciel ! — fit la duchesse avec une explosion de douleur. — Oh ! mais partez, mon Dieu ! remontez à cheval, courez à Paris... il me faut de ses nouvelles ! — Anne de Lorraine, duchesse de Montpensier, était une habile comédienne ; elle savait donner à sa physionomie l'expression de la joie ou de la douleur sans que son cœur battît plus vite. Le comte de Crèvecœur, simple et droite nature aveuglée par l'amour, demeura convaincu de la sincérité des alarmes de la duchesse. Aussi il se leva spontanément, lui demanda pardon une fois encore, puis prit congé d'elle et remonta à cheval. Anne le vit s'éloigner ; elle écouta le galop de sa monture, qui s'affaiblit peu à peu dans l'éloignement. Puis, lorsqu'elle n'entendit plus rien, elle courut à la salle où Lahire était demeuré enfermé avec la camériste Marion. — Allons ! — dit-elle à celle-ci, — bas le masque et va-t'en ! La farce est jouée. — Puis elle fit un signe à Lahire. Le Gascon se prit à sourire et suivit la duchesse dans l'oratoire. — A nous deux, maintenant ! — dit-elle en le regardant.

— Le tour est-il fait ? — demanda Lahire.

— Oui.

— Il est convaincu ?

— Il s'est jeté à mes pieds et m'a demandé pardon.

— Bravo ! — Et Lahire murmura en manière d'aparté : — Oh ! les hommes ! quels niais !... — Puis il osa s'asseoir auprès de la duchesse avec la familiarité d'un intime. L'altière duchesse ne sourcilla point, Lahire semblait avoir pris sur elle un ascendant étrange. — Eh bien ! madame, — dit-il, — vous voyez que j'ai tenu ma promesse. Pour messire Léo et ses amis, je suis maintenant une dupe et vous la plus candide des femmes.

— C'est vrai, mais je vous ai délié de votre serment.

— Troc pour troc, madame. Reste à régler l'avenir...

— Comment! — Le sang des Guise, ces princes les plus hautains du monde, bouillonna dans les veines de la duchesse : — Songeriez-vous, par hasard, — dit-elle, — à mettre un nouveau prix à votre discrétion ?

— Ah ! fit — dit Lahire. Et il ajouta d'une voix grave et presque émue : — Je vaux mieux que vous ne pensez, madame, et le souvenir de Votre Altesse demeurera éternellement gravé dans mon cœur.—Anne de Lorraine fit un geste dédaigneux. Lahire reprit : — Hier, madame, à pareille heure, je vous invoquais tout bas comme mon bon ange, et je me demandais quelle belle et noble action j'avais pu commettre pour me rendre ainsi digne des bontés de Votre Altesse.

— Taisez-vous !

— Il a fallu que la politique nous divisât, que mon devoir de sujet du roi de Navarre...

La duchesse l'interrompit d'un geste :

— Vous l'aimez donc bien, votre prince ?

— C'est mon devoir.

Elle l'enveloppa d'un regard magnétique.

— Et si je vous priais de changer de maître ? — La voix d'Anne de Lorraine était caressante, son regard fascinateur. Lahire eut un éblouissement. — Ah ! tenez, — dit-elle, — vous m'avez mal jugée et vous m'avez prise pour une femme sans cœur, uniquement livrée aux calculs arides de la politique.

— Madame... au nom du ciel ! — dit Lahire ému, — ne me parlez point ainsi.

— Qui sait ? — reprit-elle, et sa voix tremblait, — qui sait si, moi aussi, je ne me souviendrai pas ? — Anne de Lorraine était belle en ce moment, plus qu'elle ne l'avait jamais été ; et peut-être était-elle sincère. — Pourquoi ne me serviriez-vous pas ? — continua-t-elle, — ne suis-je pas jeune et belle ? — Son regard était humide, et sous l'éclat de ce regard le Gascon frissonna. — Quel lien existe-t-il donc, — poursuivit-elle, — entre ce roi de Navarre pour lequel vous avez failli me trahir, ingrat ?

— Je suis né son sujet.

— Bah ! — fit-elle en s'efforçant de sourire, — vous avez sans doute en Navarre quelque pauvre gentilhommière dont le toit laisse passer la pluie et le vent, dont les murs croulent pierre à pierre, et qu'entourent quelques landes arides ?... Venez en Lorraine, je vous donnerai un château, un vrai château, avec une ceinture de forêts, de gras pâturages et de vertes prairies...

Lahire avait écouté, regardant la duchesse.

Il avait semblé se complaire au bruit harmonieux de sa voix, s'enivrer de son sourire tentateur.

Plus d'une fois même il avait porté à ses lèvres sa main blanche et parfumée.

Mais ce fut l'affaire de quelques minutes, et le rêve se brisa.

Tout à coup il se releva fier, calme, hautain.

— Madame, — dit-il, — le jour où mon roi n'aura besoin de mon épée, je viendrai m'agenouiller devant vous et je dirai à Votre Altesse : Je ne vous demande ni château, ni forêts, ni vertes prairies, ni brunes et grasses terres de labour, madame ; mais je viens vous supplier de me bailler une besogne où je puisse utilement verser pour Votre Altesse mon sang jusqu'à la dernière goutte.

La duchesse laissa échapper un geste de douloureux dépit, peut-être même de désespoir :

— Eh bien ! soit ! — dit-elle, — allez, partez, ne revenez jamais ici... mais faites-moi un serment.

— Lequel ?

— Jurez-moi que pour le monde entier vous aurez rêvé...

— J'ai rêvé le paradis, madame.

Elle lui donna sa main à baiser, et il fléchit le genou devant elle.

— Partez ! — répéta-t-elle, — je vois bien que nous devons être ennemis.

Lahire éprouva un violent battement de cœur ; mais il avait l'âme loyale, il était fidèle à son roi, et il partit.

— Adieu, madame, — dit-il en franchissant le seuil de l'oratoire, — Dieu est bon, et il me permettra quelque jour, peut-être, de mourir pour vous.

— O mon Dieu ! — murmura Anne de Lorraine lorsqu'il fut parti, — il y a de par le monde quatre hommes jeunes, nobles, beaux et braves, quatre hommes qui m'aiment jusqu'au fanatisme, quatre hommes qui se plaignent de ne pouvoir verser tout leur sang pour moi, et cependant mon cœur n'a battu pour aucun d'eux... et, — ajouta-t-elle plus bas encore, — quand cet aventurier est parti, il m'a semblé que quelque chose de moi-même s'en allait avec lui...

Une larme silencieuse perla un moment au bout de ses longs cils, puis roula lentement sur sa joue.

Pendant ce temps, Lahire galopait vers Paris sur le cheval d'Amaury, qu'il avait emprunté de nouveau.

Le Gascon n'avait point trop vanté le pauvre animal à la camérière Marion.

Il retourna à Paris comme il était venu, au grand galop.

Lahire s'en alla droit au Louvre, où Noë l'attendait.

Noë l'avait vu partir à la fin du jour et ne savait trop où il était allé.

Lahire s'était contenté de lui dire :

— Je vais régler mes comptes avec le seigneur Léo. Attends-moi, je reviendrai.

— Eh bien ! — demanda Noë.

— J'ai occis Léo.

— Il est mort ?

— A peu près.

— Peste ! c'est une jolie besogne.

— Et puis j'ai eu une bonne idée.

— A propos de quoi ?

— A propos de mon serment.

— Tu as trouvé un moyen de t'en délier ?

— C'est fait.

— Comment ?

— Ah ! mon cher, — dit Lahire, — ceci est un secret entre Dieu, la duchesse et moi.

— En vérité !

— Qu'il te suffise de savoir que désormais mon épée est au service du roi de Navarre.

— Bravo !

— Seulement, — ajouta Lahire, — lorsque tu auras quelque vilaine besogne à entreprendre contre la duchesse...

— Eh bien ?

— Tu en chargeras quelque autre que moi, de préférence.

Noë n'eut pas le temps de répondre, on gratta à la porte, et Nancy, la belle espiègle, entra.

— Ah ! — dit-elle, — en voilà bien d'une autre, ma foi !

— Qu'est-ce donc, mignonne ?

— C'est aujourd'hui ou jamais que le roi de Navarre doit refaire ses valises.

— Pourquoi ?

— René est rentré au Louvre.

Noë fronça le sourcil.

— En effet, — dit-il, — je suis de ton avis, mignonne, il ne fait pas bon pour nous à Paris. Voici venir les vendanges, nous ferions mieux d'aller préparer nos cuves...

— Amen ! — dit Lahire.

## XXXVI

Nous avons laissé René aux mains des moines et de cet abbé encore jeune qui paraissait si dévoué à monseigneur le duc Henri de Guise.

Le Florentin, après avoir écrit à la reine le billet que lui dicta l'abbé, regarda ce dernier et lui dit :

— Mon père, me ferez-vous la grâce de me dire où je suis ?

— Dans mon couvent, — répondit le moine.

— Mais où est situé ce couvent ?

— A une lieue de Paris.

— De quel côté ?

— Vous le saurez plus tard.

— Au moins me direz-vous quels sont les hommes qui m'ont sauvé ?

— Des amis de la reine.

— Mais encore...

— Mon cher monsieur René, — dit l'abbé, — voulez-vous un conseil ?

— J'écoute, mon père.

— Ne vous inquiétez ni du lieu où vous êtes, ni du temps que vous passerez avec nous.

— Comment ! — fit le Florentin, — je ne vais donc pas m'en aller ?

— D'abord, votre état ne vous le permet pas pour aujourd'hui.

— Mais demain ?

— Demain, nous verrons... Cela ne dépend pas de moi.

— Je suis donc prisonnier ?

— Oui. — René eut un geste d'effroi. — Oh ! — dit le moine en souriant, — on ne vous conduira point à l'échafaud. Vous êtes prisonnier, mais comme otage. — Ce dernier mot fit beaucoup réfléchir le Florentin. Le chirurgien du couvent le pansa vers le soir et permit quelques aliments. On mélangea un narcotique à la boisson calmante qu'il prit, et il dormit toute la nuit d'un sommeil paisible. Le lendemain, l'abbé le vint visiter de nouveau :

— Souffrez-vous ? — lui demanda-t-il.

— Pas beaucoup.

— Vous sentez-vous le courage de quitter votre lit ?

— Oui, mon père.—L'abbé donna un ordre, et on habilla René. Puis on lui servit un repas plus copieux que la veille et une bouteille d'un vin généreux qui lui fouetta le sang et lui donna une vigueur toute nouvelle. Une seule chose préoccupait beaucoup le Florentin. Il croyait toujours voir apparaître Noé ses trois compagnons qui le venaient chercher pour le ramener à l'échafaud. Quand il eut terminé son repas, on lui apporta une robe de moine. — Qu'est-ce que cela ? — fit-il.

— Vous allez endosser ce costume.

— Pourquoi ?

— Pour aller à Paris.

— Ah ! — dit-il avec une joie subite, — je savais bien que la reine ne m'avait pas sauvé pour ne pas me revoir...

Le moine ne répondit rien.

René passa la robe de bure grise, et, sur l'ordre de l'abbé, rabattit le capuchon sur son visage, dont on n'aperçut plus que les yeux.

A cette époque, un archer, un sergent, voire même le chevalier du guet, eussent-ils flairé un fripon sous l'habit monacal, ne se seraient point permis de relever le capuchon d'un moine. René le savait, et, ainsi caché, il se sentait parfaitement à l'abri de toute rencontre pénible, et il eût passé sans broncher au milieu de Noé et ses terribles amis.

Cette bizarre toilette terminée, l'abbé dit à René :

— Venez avec moi. — Il le prit par la main et le fit sortir du couvent ; quand il fut à la porte, le Florentin reconnut qu'il était sur le bord de la Seine, et il aperçut au couchant les tours de Notre-Dame à demi perdues dans la brume. Deux moines attendaient courbés sur les avirons d'une barque amarrée en face du couvent. L'abbé fit monter René dans la barque et s'assit auprès de lui. Alors i entr'ouvrit sa robe, et les moines qui l'accompagnaient en firent autant. — Regardez ! — dit-il. René vit le manche d'un poignard et les crosses de deux pistolets à la ceinture de chacun d'eux. — Vous devinez, mon cher monsieur René, — dit le carme déchaussé, — que nous avons mission de vous tuer si vous tentez de nous échapper.

— Oh ! je n'y songe pas, mes bons pères. Mais enfin où me menez-vous ?

— Vous le saurez dans une heure.

L'embarcation descendit rapidement le fleuve, emportée par le courant.

Le populaire qui se trouvait sur les deux rives disait en la voyant passer :

— Voilà le bateau des carmes déchaussés qui s'en va quêter pour leur communauté.

La barque pénétra au cœur de Paris, presque en face du Châtelet.

René contempla en frissonnant le terrible édifice.

— Monsieur René, — dit alors l'abbé, tandis que l'un des moines amarrait solidement sa barque, — savez-vous où est la rue du Renard-Saint-Sauveur ?

— Oui, mon père.

— C'est là que nous vous conduisons.

Ce fut en effet dans la maison de La Chesnaye, ce faux drapier qui faisait les affaires des princes lorrains, que l'abbé mena René.

Le faux drapier se trouvait sur sa porte.

Il reçut le Florentin avec force salutations, puis il le conduisit au premier étage de sa maison, et l'y enferma dans une grande salle.

— Chez qui diable suis-je ? — demanda le Florentin avec inquiétude. Tout à coup une porte s'ouvrit, et un homme entra. René recula abasourdi : — Son Altesse ! — murmura-t-il.

C'était en effet Henri de Guise.

— Bonjour, René, — dit-il.

— Je suis votre serviteur, Votre Altesse.

— Tu sais que c'est moi qui t'ai sauvé ?

— Ah ! monseigneur, — s'écria René, — j'aurais dû le deviner !

— J'avais contracté une dette envers toi.

— Monseigneur...

— J'ai voulu m'acquitter. — René était prêt à tomber à genoux. — Et puis, j'ai besoin de toi.

— Ah ! — dit le Florentin d'un air sombre, — je devine que vos ennemis sont les miens, monseigneur.

— Peut-être...

— Et s'il en est ainsi...

Le duc l'interrompit.

— Quel est l'homme que tu hais le plus au monde ?

— Henri de Bourbon, — répondit René.

— Pourquoi ?

— Pour trois motifs.

— Lesquels ?

— Le premier, c'est qu'il m'a humilié.

— Et le second ?

— C'est que, par son ordre, ma pauvre fille...

— Passons, je sais cela.

— Quant au troisième motif, c'est le plus grave, — dit René avec son abominable sourire. — Je hais le roi de Navarre parce que j'ai empoisonné sa mère, et qu'on hait toujours ceux à qui on a fait du mal.

— Puis-je compter sur toi ?

— Oui, monseigneur.

— Ecoute, — dit le duc, — j'ai fait alliance avec Catherine. — René eut un frisson de joie. — Catherine, toi et moi, nous allons nous incarner en une seule personne, nous n'aurons qu'une pensée et qu'un but.

— Ecraser le roi de Navarre ? — dit René.

— Tu m'as compris.

— Si la reine mère hésitait, ce serait à toi de la pousser...

— Fiez-vous à moi, monseigneur...

— Ecoute, René, — dit tout à coup le duc, — tu es passé maître en fait de trahisons, et, si tu me sers fidèlement, c'est que tu y trouveras ton intérêt. Mais que dis-tu des hommes qui t'ont arraché à l'échafaud ?

— J'ai cru que c'étaient des démons, — murmura le Florentin avec une admiration naïve.

— Eh bien ! — dit le duc, — le jour où tu me trahiras, je te livrerai à eux... — Une secrète épouvante envahit le cœur de René. — Et maintenant, — acheva le duc, — tu peux rentrer au Louvre. La reine t'attend et je compte sur toi. — Et, tandis que René se levait, le duc murmura :— Quinze et neuf font vingt-quatre. C'est aujourd'hui le 15 août; je n'ai donc plus que neuf jours devant moi, et il n'y a plus de temps à perdre.

Le 24 août dont parlait le duc tombait le jour de la *Saint-Barthélemy*.

---

# DEUXIÈME PARTIE.

## I

Quand on sortait de Paris, dans ce même mois d'août 1572, par la porte des Fossés-Montmartre, on voyait à gauche du sentier qui conduisait à l'abbaye et grimpait en zigzags au flanc de la butte, on voyait, disons-nous, une petite maisonnette entourée d'un massif d'arbres et d'un jardin que clôturait une haie vive.

Cette maison, qui avait longtemps appartenu à un chanoine de Notre-Dame, lequel était mort l'année précédente, avait été achetée récemment par une dame en habits de deuil, qui paraissait très-affligée et s'y était enfermée comme dans un cloître. Elle y était venue le soir, à la brune, le visage couvert d'un voile épais. Etait-elle jeune ou vieille, belle ou laide ? Pleurait-elle un mari, pleurait-elle un ingrat ?

Ni le valet, ni la servante, qui composaient à eux deux toute sa domesticité, n'avaient jugé à propos d'éclaircir pour le voisinage ces diverses questions.

Le voisinage se composait de quelques maisonnettes éparpillées çà et là dans les champs voisins de la ferme royale la *Grange-Batelière*, laquelle était voisine d'un cabaret fameux alors, connu sous le nom du *Bon-Catholique*.

Les maisonnettes étaient habitées en général par de petits bourgeois jouissant de franchises et retirés du commerce, gente babillarde, cancanière, s'occupant beaucoup de ce qui se passait autour d'elle.

La ferme royale était tenue par maître Perrichon, écuyer, à qui le roi François avait donné des lettres de noblesse en signant avec lui un bail de quarante années.

Hugues Perrichon avait alors près de soixante ans.

C'était un grand vieillard, qui avait une démarche de prince, un air fort noble, qui portait une longue barbe blanche, et tenait à grand honneur d'être le fermier du roi.

L'hôtelier, qui avait inscrit sur la porte de son cabaret : *Au bon catholique*, était un drôle assez mal famé du nom de Létourneau. Sa cave était bonne, sa réputation détestable.

On disait tout bas dans les environs qu'il avait volé et assassiné; mais, comme il avait un renom de méchanceté, personne n'osait le dire tout haut.

Létourneau vivait seul, avec un garçon cabaretier nommé Pandrille.

Pandrille avait vingt ans, il était joufflu, haut en couleur, d'une taille herculéenne et d'une intelligence bornée.

Des deux serviteurs qui composaient la domesticité de la dame mystérieuse qu'abritait le toit du défunt chanoine, l'un était un honnête garçon appelé Guillaume, l'autre était une servante d'origine cauchoise, si on s'en rapportait à ses bonnets en pyramide.

La servante s'en allait tous les jours en ville faire son marché, ne parlait à personne, et revenait de bonne heure à la maisonnette, d'où elle ne sortait plus.

Le valet entrait parfois dans le cabaret de Létourneau pour acheter du vin, le payait, et sortait sans prononcer une parole.

Quelquefois aussi on le voyait s'en aller à la Grange-Batelière, dont le fermier avait le droit exclusif de pêche sur l'étang, et il achetait du poisson.

Quant à la dame, depuis le jour où elle avait pris possession de la maison, on ne l'avait point vue. Le jardin était clôturé par une double haie, au dedans de laquelle croissait un épais rideau de peupliers.

Pandrille, le garçon du cabaretier Létourneau, avait un jour escaladé la haie et grimpé le long d'un peuplier.

De là son regard, plongeant dans le jardin, avait rencontré la dame mystérieuse.

— Par Notre-Dame ! patron, — avait-il dit en revenant au cabaret,—c'est la plus jolie femme que j'aie jamais vue.

Létourneau n'avait pas soufflé. Seulement le lendemain il avait imité son garçon.

Comme lui il avait vu la dame, et soudain il avait tressailli, et, portant la main à son front :

— Je la connais, je l'ai vue quelque part, — s'était-il dit. Depuis lors, Létourneau mûrissait quelque étrange projet dans son cerveau. Un jour que le valet Guillaume était venu chez lui pour avoir du vin, il lui dit : — Votre maîtresse est pourtant assez riche pour avoir du vin en cave ?

L'honnête valet se troubla.

— Qu'en savez-vous ? — dit-il.

— Bah ! — fit Létourneau, — elle a plus d'écus que le roi. — Guillaume haussa les épaules et voulut s'en aller. Mais Létourneau le retint : — Croiriez-vous pas, — dit-il, — que j'ai été garçon dans le cabaret qui fait le coin de la rue aux Ours et de la rue Saint-Denis ?

Le trouble de Guillaume augmenta.

Il s'en alla et ne revint plus; mais il continua d'aller à la Grange-Batelière.

Un jour, maître Perrichon lui dit :

— Mon garçon, je suis écuyer et on me tient pour le plus loyal homme de Paris.

— Je le sais, — répondit Guillaume, qui ne savait où le fermier en voulait venir.

— Par conséquent, — continua Perrichon, — si je vous donne un conseil, vous le prendrez en bonne part ?

— Oui, maître.

— Eh bien ! nous vivons en un temps malheureux où les bandits ont beau jeu, sous prétexte de religion. — Guillaume tressaillit. — La maisonnette que vous habitez avec votre maîtresse est bien isolée, — continua le fermier.

— Nous ne craignons pas les voleurs.

— Vous avez tort, — dit sentencieusement maître Perrichon. — Croyez-moi, une femme seule ne doit pas vivre ainsi en dehors des murs. — Le fermier ajouta, en voyant que Guillaume ne répondait rien : — Nous avons un mauvais drôle de voisin.

— Ah ! — fit Guillaume.

— Le cabaretier Létourneau a une méchante réputation.

— On le dit, en effet.

— On l'accuse même d'avoir plus d'une fois assassiné ses pratiques, lorsqu'elles commettaient l'imprudence de lui demander l'hospitalité pour la nuit.

— J'ai une bonne arquebuse, — dit Guillaume, — et je saurai m'en servir,

Le fermier secoua la tête.

— Pardon, — dit-il, — je vais vous faire une dernière question. Excusez-moi, mais c'est l'intérêt que je porte aux honnêtes gens qui m'y pousse.

— Je vous écoute, maître.

— Votre dame est-elle catholique?

— Oui.

— N'a-t-elle aucune relation avec ceux de la religion?

— Aucune.

— Tant mieux, en ce cas.

Maître Perrichon crut avoir suffisamment averti le valet, qui s'en alla et ne revint que quelques jours après.

Cette fois, le fermier garda le silence.

Or, un soir, c'était le lendemain du jour où maître René le Florentin était rentré au Louvre, deux cavaliers qui paraissaient avoir fait une longue course, s'arrêtaient à la porte du *Bon-Catholique*.

— Holà, l'hôtelier! — cria l'un d'eux.

Le cabaret était fermé, la nuit close et un peu sombre.

— C'est pourtant un cabaret, — dit le second; — et, par l'arche de Noé, mon ancêtre, on m'ouvrira!

Il rangea son cheval près du seuil, prit son épée par le fourreau, et du pommeau frappa rudement sur la porte.

— Qui est là? — dit une voix à l'intérieur.

— A boire! — répondit le premier cavalier.

— Le couvre-feu est sonné, — répliqua la voix, qui lâcha un gros juron en manière d'accompagnement.

— Le couvre-feu n'est pas fait pour les gentilshommes.

Et le pommeau d'épée retomba plus violemment sur la porte close.

— Je suis couché, — répondit la voix.

— Tant pis! si tu n'ouvres, j'enfonce la porte.

La voix de Noé, car c'était lui, était impérieuse.

Maître Létourneau, qui sans doute avait de bonnes raisons pour ne pas ouvrir, pensa qu'il se ferait un mauvais parti s'il persistait dans sa résolution première.

— Attendez un moment! — cria-t-il.

Et, en effet, au bout de trois minutes la porte s'ouvrit.

Noé et son valet Hector de Galard mirent pied à terre.

Ils revenaient de Montmorency, où Noé était allé porter un message au vieux connétable.

Hector l'avait accompagné.

Ils étaient allés et revenus sans débrider. Les chevaux étaient las, et, la poussière de la route aidant, les cavaliers mouraient de soif.

Ce fut Pandrille qui vint ouvrir.

Le colosse était tout habillé, et rien dans sa toilette n'indiquait qu'il eût précipitamment quitté son lit.

— Tiens, — dit Noé, — je te croyais couché.

— C'est le patron.

— Ah! ce n'est pas toi le patron?

— C'est moi, — dit une voix que Noé reconnut pour celle qu'il avait entendue à travers la porte.

A la clarté de la lampe en fer que Pandrille avait à la main, Noé et Hector aperçurent alors dans le coin le plus sombre du cabaret un lit, et sur ce lit un homme couché.

Il était enveloppé jusqu'au menton dans les couvertures et les draps.

— Ah! c'est toi le patron? — demanda Noé.

— Oui, messire.

— Et tu ne voulais pas ouvrir?

— Je suis couché et malade.

— Un cabaretier doit toujours se bien porter. Comment te nommes-tu?

— Létourneau. — Ce nom fit froncer le sourcil à Noé.

Noé avait entendu parler vaguement, un soir, dans le corps de garde des Suisses, d'un assassinat commis dans un cabaret de la porte Montmartre, et dont le cabaretier lui-même était accusé. Noé se souvint que le cabaretier dont on avait parlé se nommait Létourneau. — Que faut-il servir à Vos Seigneuries? — demanda Pandrille.

— Du vin, et du meilleur.

— Vos Seigneuries seront satisfaites, — murmura Létourneau d'un ton obséquieux.

— Mais d'abord attache nos chevaux. — Pandrille noua les deux brides dans un anneau unique fiché dans le mur, à l'intérieur. Puis, ayant allumé une chandelle, le garçon cabaretier reprit sa lampe, souleva la trappe de la cave et descendit chercher du vin. — C'est singulier, — pensait Noé, tandis qu'il s'asseyait en face d'Hector devant une table graisseuse, — voilà un homme bien chaudement couvert pour la saison.

Tout à coup un bruit se fit dans la cave. Pandrille avait heurté une bouteille du pied.

— Butor! — murmura Létourneau, qui fit un brusque mouvement, puis se hâta de reprendre son immobilité.

Mais ce mouvement avait permis à Noé de remarquer que le cabaretier était couché tout vêtu.

En même temps il lui sembla qu'un reflet de la lampe tombait sur un objet luisant à demi enfoui sous les couvertures.

Noé reconnut le manche d'acier d'un poignard.

## II

Hector avait vu, tout comme Noé.

Tous deux échangèrent un regard.

Puis Noé, sous la table, pressa le pied à Hector.

Hector comprit qu'il devait considérer comme bien fait et bien dit ce que ferait et dirait Noé.

Pandrille revint avec quatre bouteilles sous le bras.

— Oh! oh! — dit Hector, — voilà une vénérable poussière.

— Il y a même de la toile d'araignée, — ajouta Noé.

— C'est du vieux, — dit Létourneau, — Mais si Vos Seigneuries le trouvent trop cher...

— Imbécile! — fit Noé. Et il tira de sa poche une bourse fort ronde qu'il jeta brusquement sur la table. Un regard de convoitise s'alluma dans l'œil de Létourneau. — Dis donc, hôte de malheur, — reprit Noé, — donne-moi donc un renseignement?

— Volontiers, messire.

— Quel est le plus court chemin pour aller à Montlhéry?

— Vous allez à Montlhéry?

— Oui.

— Cette nuit?

— Nous en avons bonne envie.

— Mais, — dit Létourneau, — il faut traverser Paris.

— Bon! après?

— Et sortir par la porte Bourdeille.

— Et combien y a-t-il de lieues?

— Au moins cinq.

— Diable! — murmura Noé; — nos chevaux sont bien las.

— Les nuits sont fraîches, — dit le cabaretier; — les chevaux peinent moins par ce temps-là.

Noé regarda Hector.

— Et toi, où en es-tu?

— Je meurs de sommeil.

— Si nous couchions ici?

Le cabaretier tressaillit sous sa couverture.

— Ce n'est pas mon intérêt, — dit-il, — car on doit garder les pratiques le plus possible; cependant, si j'osais donner un conseil à Vos Seigneuries...

— Parle.

— Pour peu qu'elles soient pressées, elles feront mieux de profiter de la fraîcheur.

— Nous ne sommes pas pressés, — dit Noé. — D'ailleurs, je vais voir comment sont nos chevaux. — Et il sortit, laissant Hector un peu étonné. Un moment après il revint. — Mordioux! — dit-il, — mon cheval à moi

peut aller encore, mais le tien, Hector, sera fourbu s'il
fait deux lieues de plus ; il a déjà des mollettes...
— Tu veux donc coucher ici ?
— J'y suis décidé.
— Ce sera comme il plaira à Vos Seigneuries, — mur-
mura Létourneau d'un ton de mauvaise humeur. — Seu-
lement je n'ai qu'une chambre et qu'un lit.
— Nous coucherons ensemble.
— Mets nos chevaux à l'écurie, — dit Hector à Pan-
drille.

Noë achevait en ce moment la seconde bouteille :
— Peste ! — dit-il, — ce vin est capiteux ! j'ai la tête
lourde..

— Et moi, — dit Hector, — je dormirai dans cinq minutes d'une si belle manière, que le bourdon de Notre-
Dame ne me réveillerait pas si on sonne le tocsin.

Pandrille s'approcha de son patron.
Létourneau lui murmura quelques mots à l'oreille.
Puis le garçon cabaretier, qui avait mis les chevaux à
l'écurie, prit la chandelle qui se trouvait sur la table.
— Si Vos Seigneuries veulent me suivre, — dit-il, — je
vais les conduire à leur chambre. — Il ouvrit une porte
qui masquait un escalier de bois. Cet escalier conduisait
à l'unique étage du cabaret, lequel était divisé en deux
pièces. L'une était une salle où, quand le rez-de-chaussée
était plein de buveurs, on faisait monter les pratiques :
l'autre était la chambre qu'on donnait aux voyageurs,
quand il s'en présentait. — Voilà ! — dit Pandrille en y
introduisant Hector et Noë, — Bonsoir, messeigneurs !
— Bonsoir, mon garçon.

Pandrille posa sur une table boiteuse, auprès du grabat décoré du nom de lit, la chandelle qu'il tenait à la
main, puis il se retira.

Alors Noë alla pousser le verrou de la porte.
Puis il regarda Hector en souriant.
— Ah çà ! — dit celui-ci, — es-tu fou ?
— Non. Pourquoi ?
— Où as-tu rêvé que nous allions à Montlhéry, et pour-
quoi veux-tu coucher ici quand nous sommes à la porte
de Paris ?
— Mon bon ami, — répliqua Noë, — il se passe ou il
va se passer dans ce cabaret quelque chose d'inusité.
— Tu crois ?
— Le cabaretier est couché tout habillé, et il a un poi-
gnard sous sa couverture. Or, ces préparatifs ne pouvaient
nous concerner, puisque c'est tout à fait par hasard que
nous nous sommes arrêtés ici.
— Sans doute.
— Moi, je suis curieux, et je flaire quelque félonie,
quelque assassinat. Puisque le hasard nous a fait tomber
ici, c'est qu'il a ses vues secrètes. Restons : nous verrons.
— Soit ! — dit Hector.

Quelques minutes après, les deux amis, qui causaient
en langue béarnaise, feignirent de se mettre au lit, et ils
éteignirent la chandelle.

Létourneau, qui avait l'oreille au guet, entendit le lit
craquer.
— Bon ! — pensa-t-il, — dans une heure ils dormiront.

Et il se leva sans bruit.
Pandrille avait refermé la porte.
— Partons-nous, patron ? — dit-il.
— Pas encore...
— Pourquoi ?
— Il faut attendre qu'ils dorment. Ils ont bu d'un vieux
vin qui fait de l'effet.
— Ce sont des seigneurs de bonne mine, — observa
Pandrille.
— Je l'ai bien vu.
— La bourse que l'un d'eux a montrée était pleine de
pièces d'or.
— Je les ai vues briller     rayers les mailles.

Pandrille cligna l'œil :
— Ce serait une bonne affaire, hein !
— Peuh ! — fit Létourneau.
— Je me chargerais bien de les étrangler tous les deux,
quand ils dormiront.

Létourneau haussa les épaules.
— Qaand ils sont arrivés, — poursuivit Pandrille, —
le chemin était déser ; personne n'a dû les voir entrer.
— C'est probable.
— Lorsqu'ils seront morts, nous les descendrons dans
la cave, et nous les enterrerons avec les autres... vous sa-
vez ?
— Et leurs chevaux ?
— J'irai les vendre au marché. Ce sont de belles bêtes,
ma foi ! On en aura un bon prix.
— Pandrille, — dit gravement Létourneau, — tu es un
niais...
— Pourquoi donc ?
— Parce que nous allons faire cette nuit une besogne
qui vaux mieux. Crois-tu que la dame de la maisonnette
n'a pas plus d'or et de bijoux que ces deux cavaliers ?..
— Oh ! si fait !
— Un moment j'ai été vexé de voir ces gentilshommes
s'arrêter ici. Ils pouvaient nous gêner. Mais à présent je
m'en applaudis.
— Vous les ménagez pour après, peut-être, — dit Pandrille.
— Non, et je les laisserai partir demain, après leur
avoir préparé un bon déjeuner et fait boire de bon vin.
— Quelle drôle d'idée, patron !...

Létourneau était un petit homme d'apparence assez
chétive, Pandrille avait la stature et les proportions d'un
géant ;

Mais Létourneau dominait Pandrille de toute la hauteur
de son intelligence.
— Tu n'as pas l'esprit bien ouvert, mon garçon, et il
faut t'expliquer longuement les choses.
— Ça, c'est vrai, — dit naïvement Pandrille. — Mais j'ai
le poignet solide. Vous souvenez-vous du petit page, pa-
tron ? lui ai-je bien tordu le cou ?...
— C'est bon. Je te disais donc que les deux gentilshom-
mes s'en iront demain fort tranquillement.
— Oui, et...?
— Et ce sera pour moi un bon témoignage, si besoin
est.
— Comment cela ?
— Tu comprends que l'affaire de cette nuit fera du
bruit.
— Certainement.
— On ne manquera point de m'accuser dans les envi-
rons.
— Eh bien ?
— Alors ces deux gentilshommes seront là pour dire
qu'ils ont passé la nuit ici et que précisément j'étais ma-
lade.
— Voilà une fameuse idée ! — murmura Pandrille
émerveillé.

Létourneau ouvrit avec précaution la porte de l'escalier,
se déchaussa et monta les degrés nu-pieds.
Puis il colla son oreille à la porte de la chambre où
étaient couchés Hector de Galard et Noë.
Il entendit un ronflement sonore.
— Ils dorment, — pensa-t-il. Puis il redescendit et
dit à Pandrille : — Es-tu prêt ?
— Je le suis, patron. Voyez. — Le colosse montrait une
barre de fer, longue de trois pieds, qu'il avait placée sur
son épaule comme il eût fait d'un bâton... — Si le domestique bouge, — dit-il, — je l'étourdirai avec ça...

Létourneau avait un poignard à sa ceinture.
Il ouvrit un bahut et en retira une pelote de viande hachée
— Voilà pour le chien ! — dit-il. — Létourneau s'enveloppa d'un manteau, enfonça son chapeau sur ses yeux
et souffla la lampe. Pandrille avait ouvert la porte ex-

térieure. — Un moment, — dit Létourneau, — il faut de la précaution en toutes choses. Par ici, butor! — Le cabaretier s'approcha de la cheminée et frotta ses mains sur la plaque noircie du foyer. Puis il appuya ses doigts sur son visage et se barbouilla de suie. — Voilà, — dit-il, qui vous change fièrement un homme! — Et il ajouta en s'adressant à Pandrille : — Fais-en autant. — Pandrille ne se le fit point répéter. Il se barbouilla comme son maître, puis tous deux sortirent sur la pointe du pied et fermèrent la porte avec précaution, de manière à ne point éveiller Noë et son compagnon. Une fois dehors, les deux bandits prêtèrent l'oreille avant de se mettre en chemin. La nuit était sombre, la route déserte. On n'entendait aucun bruit. — Allons! — pensa Létourneau, — tout dort par ici. — Et, quittant le chemin, ils s'en allèrent à travers champs, vers la maison Blanche qu'habitait Sarah Loriot. La maison Blanche était à peine à un quart de lieue. En moins de dix minutes ils eurent atteint la haie de clôture. Cette haie présentait une brèche imperceptible, mais Pandrille et Létourneau la connaissaient. Comme ils se glissaient par cette ouverture, un aboiement furieux se fit entendre, et un énorme chien de garde arriva au galop, la gueule béante et l'œil ensanglanté. — Voilà pour toi, Pluton, mon ami, — dit le cabaretier. Il lui jeta la boulette de viande hachée qu'il avait apportée. Le chien tomba dessus et se tut. — Nous n'avons pas de temps à perdre, — dit Létourneau.

Et tous deux, au pas de course, la haie de clôture franchie, se dirigèrent vers la maison, non moins silencieuse que les environs.

### III

La femme mystérieuse qui habitait la maisonnette de feu le chanoine n'était autre, on l'a deviné sans doute, que Sarah Loriot, la belle argentière.

Comment se trouvait-elle là? par quels hasards étranges, par quelles vicissitudes imprévues était-elle venue habiter cette maison isolée?

Il faut, pour l'expliquer, nous reporter à deux mois en arrière, c'est-à-dire au mariage de Marguerite de Valois avec le jeune prince Henri de Bourbon.

Quand la reine Jeanne mourut empoisonnée par René, Sarah était auprès d'elle.

On se souvient que, pour la soustraire aux vengeances du Florentin, le prince l'avait confiée à sa mère.

Noë s'était marié, il avait épousé la jolie Myette.

Presqu'en même temps, en dépit de son deuil, et la raison d'Etat dominant, le nouveau roi de Navarre avait épousé Marguerite.

La veille du mariage de Noë, le fidèle Guillaume Verconsin arriva de grand matin à la porte du cabaret de Malican.

Le commis poussait devant lui un âne de forte taille, chargé d'un bât qui supportait deux tonneaux.

— Qu'est-ce que cela? — dit le Béarnais étonné.

— Aidez-moi à les décharger, — dit Guillaume, — ils sont lourds.

Malican ne savait à qui étaient destinés les deux barils.

Il fit ce que lui commandait Guillaume néanmoins, et s'aperçut alors en remuant les barils qu'ils rendaient un son métallique.

— Tiens! — dit-il, — c'est drôle.

— Ils sont pleins d'argent, — dit naïvement Guillaume Verconsin.

— Pleins d'argent!

— Ils renferment trois cent mille livres.

— Et où les portes-tu, mon garçon?

— Ici.

— Est-ce que tu plaisantes?

— Madame Loriot m'a commandé de les déposer dans votre cave.

— Ah! — dit Malican, se méprenant toujours, — s'il en est ainsi, dépose-les, mon garçon, et ils seront bien gardés, sois-en sûr.

— Et puis, — ajouta Guillaume, — madame Loriot m'a donné cette lettre pour vous.

Guillaume ouvrit son pourpoint et en retira un billet fermé par un fil de soie blanc.

Le billet portait cette suscription :

### Au bon Malican.

Tout intrigué, Malican ouvrit le billet et lut :

« Mon cher Malican,

» Feu Samuel Loriot, mon époux, n'avait aucun parent » en ce monde, et il m'a laissé toute sa fortune.

» Cette fortune était immense, et je n'en ai que faire.

» Ma petite amie Myette n'a point de dot; son futur » époux, monsieur de Noë, a plus de dettes que d'écus.

» Je me suis renseignée, et j'ai appris que son patri- » moine se composait tout entier d'un vieux castel et d'un » maigre domaine qui l'entoure.

» Ma petite Myette me permettra de lui faire mon ca- » deau de noces.

» Je suis votre amie,

» SARAH. »

La lettre avait un *post-scriptum* :

» Je pars, » disait Sarah, « pour un grand voyage » dont je ne puis vous préciser ni le but ni la durée; mais » croyez que je n'oublierai aucun de ceux que j'aime. »

Ce *post-scriptum* rendait tout refus impossible.

Malican accepta pour Myette.

Vainement questionna Guillaume Verconsin.

L'honnête commis était un serviteur de l'âge d'or : il était intelligent, muet et désintéressé.

Il s'en alla sans que Malican eût pu tirer de lui un seul mot et savoir en quel lieu allait Sarah.

Noë et Myette se marièrent; ce fut vint le tour du roi de Navarre.

La messe nuptiale fut dite en grande pompe, et, bien que le roi de Navarre fût de la religion, dans la grande nef de Saint-Germain-l'Auxerrois.

Toute la cour assistait à la cérémonie, et la foule était si grande que nul ne remarqua d'abord, agenouillée derrière un pilier, une femme vêtue de noir, le visage couvert d'un voile épais.

Cette femme qui versait des larmes silencieuses priait avec ferveur pour le bonheur du roi de Navarre.

Comme la messe finissait, Noë se retourna, aperçut la femme vêtue de noir et tressaillit.

Il avait deviné que c'était Sarah Loriot.

Il voulut fendre la foule, arriver jusqu'à elle, lui prendre les deux mains et lui dire :

— Restez avec nous qui vous aimons, restez, et nous vous ferons une famille à vous qui n'avez plus personne en ce monde...

Mais lorsqu'il arriva auprès du pilier contre lequel tout à l'heure elle était agenouillée, Noë ne trouva plus personne.

L'argentière avait disparu.

Depuis lors vainement Noë et le roi de Navarre lui-même avaient-ils cherché Sarah Loriot...

La maison de la rue aux Ours était louée; on avait muré l'entrée de la cave.

Nul, dans le quartier, ne put dire ce que l'argentière était devenue.

On avait pu voir quelques jours encore Guillaume Verconsin aller et venir; puis, à son tour, le commis avait fait une éclipse, et on ne l'avait point revu.

Qu'était donc devenue Sarah ?

Sarah était venue s'établir dans la petite maison que nous connaissons, sous le nom de Mariette Lormeau, veuve de Jean Lormeau, huissier au Châtelet, et depuis elle n'en était plus sortie.

Quand la fraîcheur du soir venait, elle se promenait dans le jardin, rêvant avec mélancolie à son cher Henri de Navarre, à jamais perdu pour elle.

Quelquefois Guillaume Verconsin, enveloppé dans un grand manteau, son chapeau rabattu sur ses yeux, s'en allait, à la brune, errer dans Paris, aux alentours du Louvre.

Alors, s'il rencontrait un Suisse ou un garde du corps, il l'abordait et lui demandait si le roi de Navarre était toujours au Louvre.

Le soldat se montrait-il bon enfant, Guillaume l'emmenait dans un cabaret, lui payait à boire et le faisait jaser sur ce qui se passait dans la royale demeure.

Or, précisément le soir où Noë et son ami Hector allaient frapper au cabaret du *Bon-Catholique*, Guillaume était allé à Paris. Assise sous un grand arbre dans le jardin, Sarah l'attendait avec quelque impatience.

La nuit était venue, la maison était isolée, et Guillaume, qui aurait voulu voir sa maîtresse choisir une autre habitation, ne s'était point fait prier pour lui répéter les sages avertissements de maître Périchon, le fermier du roi.

Sarah éprouvait donc une vague inquiétude en attendant Guillaume ; mais comme le couvre-feu sonnait aux paroisses voisines, Guillaume arriva.

Alors Sarah oublia ses terreurs pour ne songer qu'à son cher Henri.

— Eh bien ! — lui dit-elle, — quelles nouvelles m'apportes-tu ?

— De mauvaises, — répondit Guillaume. Sarah tressaillit. — Madame, — reprit l'ancien commis de maître Loriot, — les affaires de la religion s'embrouillent de plus en plus.

— Mais lui... le roi de Navarre ? — demanda Sarah pleine d'anxiété.

— Oh ! rassurez-vous, — dit Guillaume, — il est sain et sauf jusqu'à présent.

— Eh bien ! que m'importent les affaires de la religion ?

— Minute ! — dit Guillaume, — vous allez voir. Il y a depuis deux jours une grande fermentation dans Paris.

— Contre qui ?

— Contre les huguenots. Or, le roi de Navarre est huguenot...

— C'est vrai, — dit Sarah, — mais il est le beau-frère du roi.

— Ah ! dame ! — continua Guillaume, — je vous dis ce qu'on m'a dit. J'ai passé une heure dans un cabaret où il y avait des catholiques passionnés, qui disaient que le duc de Guise allait venir à Paris.

— Eh bien ?

— Et qu'il massacrerait tous les huguenots.—Sarah n'attacha qu'une importance médiocre à ces paroles, mais elle devint fort pâle lorsque Guillaume ajouta : — René le Florentin s'est encore tiré des mains du bourreau.

Et Guillaume, qui avait appris tous les détails de l'enlèvement du Florentin au moment où on le menait au supplice, Guillaume, disons-nous, raconta l'événement dans tous ses détails.

— O mon Dieu ! — murmura l'argentière éperdue, — permettrez-vous qu'un tel misérable triomphe toujours ?

— Et comme la soirée fraîchissait, elle quitta le jardin et rentra dans la maison. Puis elle dit encore à Guillaume :

— Qui sait ? le roi de Navarre m'écouterait peut-être si je lui donnais un conseil.

— Quel conseil voulez-vous donc lui donner, madame ?

— De quitter le Louvre et de s'en retourner en Navarre.

— C'est une belle idée tout de même, — observa Guillaume.

Sarah s'assit devant une table et écrivit :

« Sire,

» Permettrez-vous à une amie des anciens jours de vous donner un avis du fond de sa retraite ?

» Vous êtes roi de Navarre, et non roi de France, » hélas !

» Votre capitale est Nérac et non point Paris. Pourquoi » vous dérober à l'amour de vos sujets ?

» Pourquoi fuir vos États ?

» Le Louvre est un méchant lieu, sire, où la trahison » et le crime veillent dans l'ombre ; vos ennemis sont » nombreux. Le plus terrible de tous, René, vient d'é- » chapper une fois encore au juste châtiment qui l'atten- » dait... »

Sarah interrompit un moment sa lettre pour dire à Guillaume qui l'avait suivie dans sa chambre :

— Tu iras à Paris demain matin.

— Oui, madame.

— Tu te rendras chez Malican.

— Lui dirais-je que vous êtes ici ?

— Non, mais tu le prieras d'aller te quérir soit Myette, soit Nancy, et tu leur remettras ma lettre.

— Vous serez fidèlement obéie, madame, — dit l'honnête Guillaume.

— Et maintenant, — acheva l'argentière, — va te coucher, mon pauvre garçon ; mais auparavant lâche Pluton et ferme bien toutes les portes.

Guillaume partit.

Alors Sarah se remit à écrire.

Dans sa lettre elle donnait des conseils au roi de Navarre ; elle le suppliait de quitter Paris, de retourner en Navarre ; elle faisait appel à sa prudence des anciens jours, et lui remettait en mémoire que la reine Catherine avait une réputation de perfidie établie dans toute l'Europe. Enfin elle le conjurait de songer que, une fois encore, le Florentin René, René l'empoisonneur, était sorti de prison ; que sans doute il aurait bientôt reconquis le crédit dont il jouissait à la cour de France, et que le premier usage qu'il ne manquerait pas de faire de ce crédit serait de se venger de lui par tous les moyens possibles.

Mais tout à coup un aboiement retentit au dehors.

C'était Pluton, le chien de garde, qui venait de faire entendre sa voix grondeuse.

La jeune femme fit un soubresaut sur son siège et prêta l'oreille.

En même temps, il lui sembla qu'on parlait dans le jardin.

Alors les sinistres prédictions du fermier royal de la grange Batelière lui revinrent en mémoire, et une sueur glacée perla le long de ses tempes.

## IV

La belle argentière se leva et alla jusqu'à la croisée, qu'elle entr'ouvrit. Puis elle regarda dans le jardin. La nuit était sombre et silencieuse. Le chien s'était tu.

— C'est un passant attardé, — pensa la jeune femme. Et elle vint se rasseoir devant la table et continua à écrire à son cher Henri. Mais quelques minutes s'étaient à peine écoulées qu'elle se reprit à tressaillir. Un bruit sourd, difficile à définir, une sorte de craquement, venait de se faire entendre. On eût dit une pesée exercée sur une porte. Sarah, un peu effrayée, se leva de nouveau.

— Guillaume ! — appela-t-elle.

Mais Guillaume dormait sans doute et il n'entendit pas.

Alors elle prit un flambeau, ouvrit la porte de sa chambre et gagna le corridor, résolue à faire une minutieuse inspection de la maison.

Elle ne vit personne dans l'escalier et descendit au rez-de-chaussée.

Mais là elle poussa un cri.

Deux hommes, le visage barbouillé de suie, venaient d'entrer dans le vestibule.

L'un d'eux avait une barre de fer sur l'épaule.

L'autre tenait un poignard à la main.

Ces deux hommes venaient de forcer la porte d'entrée et s'apprêtaient sans doute à gravir l'escalier, lorsqu'ils avaient subitement vu paraître l'argentière son flambeau à la main.

Cette apparition n'avait point été prévue par eux probablement, car ils demeurèrent un peu interdits et hésitent un moment.

Létourneau et Pandrille avaient compté trouver l'argentière au lit.

En la voyant debout, ils craignirent qu'elle n'appelât au secours assez fort pour qu'on accourût.

Mais le cri jeté par l'argentière avait été à demi éteint par l'effroi qui la prit à la gorge.

— Chut! taisez-vous, madame, — dit enfin Létourneau en posant un doigt sur ses lèvres.

— Faut-il l'étourdir du coup? — demanda Pandrille bas à Létourneau en levant sa barre de fer.

— Non, pas encore. — Et Létourneau fit un pas vers elle. Sarah, immobile, glacée d'épouvante, n'eut pas la force de reculer. — Allons, ma petite dame, — dit Létourneau; — vous êtes trop gentille pour que nous ne puissions pas nous entendre... — Sarah essaya de fuir, d'appeler. Mais sa gorge était aride, ses jambes refusèrent de la porter. — Ma petite dame, — continua Létourneau tout bas, — ne criez pas, n'appelez pas! ça vous porterait malheur.

Et il faisait briller la lame de son poignard.

— Que voulez-vous de moi? — balbutia enfin Sarah.

— Vous parler d'abord de votre défunt époux, monsieur Loriot. — Sarah comprit que ces hommes venaient pour la dépouiller. — Vous avez de la chance tout de même, chère madame Loriot, — continua Létourneau d'un ton narquois, — une chance d'être ainsi venue à notre rencontre. — L'argentière regardait ces deux hommes avec stupeur. Le cabaretier continua : — Mon ami Pandrille, qui est expéditif, n'aurait pas pris la peine de causer avec vous s'il vous avait trouvée au lit et dormant... — l'argentière frissonna, — tandis que... maintenant... on pourra peut-être s'entendre...

— Mais que voulez-vous donc de moi? — répéta la jeune femme, dont les dents s'entre-choquaient.

— Vous vous appelez madame Loriot, — reprit Létourneau, — vous êtes la veuve de l'argentier de la rue aux Ours, et vous avez plus d'écus que Sa Majesté le roi Charles IX. Il nous faut tout ce que vous avez, si vous tenez à la vie : est-ce clair?... Il nous faut...

Létourneau n'acheva pas, car un éclair brilla au seuil de la porte entr'ouverte, une détonation se fit entendre, une balle siffla, et le cabaretier, frappé en pleine poitrine, lâcha un épouvantable juron, tournoya sur lui-même pendant une minute et tomba raide mort.

En même temps deux hommes s'élancèrent dans le corridor pour tenir Pandrille en respect.

Ces deux hommes, on le devine, n'étaient autres que Noël et son ami Hector.

Tous deux avaient le pistolet au poing, la dague aux dents, une main sur la garde de leur épée.

Pandrille le colosse était lâche autant que cruel : il vit tomber son maître, et la peur le prit.

Un moment il songea à fuir... Mais Hector lui barra le passage et l'ajusta avec son pistolet.

En même temps, Noël laissait échapper une exclamation de surprise.

— Rends-toi! — disait Hector au garçon cabaretier.

— Sarah! — s'écriait Noël stupéfait.

— Grâce! messeigneurs, — murmurait Pandrille, — grâce!

La belle argentière, encore épouvantée, regardait Noël.

— Jette ta barre! — ordonna Hector d'un ton impérieux, — ou je te casse la tête. — Pandrille laissa tomber son redoutable instrument. Noël, pendant ce temps-là, courut à l'argentière défaillante, et la soutint dans ses bras. Tout cela fut l'affaire d'un instant. Pandrille, cette intelligence obtuse qui avait pris l'habitude d'obéir machinalement à Létourneau, contemplait d'un air hébété le cadavre de son maître qui gisait dans une mare de sang.

— Allons! mon bonhomme, — dit Hector, — il faut voir à nous expliquer un peu, et savoir ce que tu venais faire ici... Mais Hector, qui cherchait des explications, fut interrompu par l'arrivée subite d'un nouveau personnage; c'était Guillaume.

Si le fidèle valet avait été un moment en défaut, s'il avait succombé au sommeil, demeurant sourd, à l'aboiement du chien et au bruit de la porte que Létourneau avait crochetée, du moins, réveillé en sursaut, il avait bondi en entendant le coup de pistolet tiré par Noël.

Guillaume accourait éperdu, haletant, croyant déjà à un épouvantable malheur.

D'un regard il embrassa toute la scène; il vit Létourneau mort, Pandrille cloué sous le regard d'Hector, et Sarah que Noël soutenait dans ses bras.

Il comprit tout comme s'il avait tout vu.

— Guillaume! — s'écria Noël.

— Ah! monsieur, monsieur! — s'écria le pauvre garçon que l'émotion étouffait, — que s'est-il donc passé? Comment êtes-vous ici?

— Nous sommes arrivés, — répondit Noël, dont l'humeur gasconne reprit le dessus, — comme la marée en carême.

— Il n'était que temps! — murmura Hector. Puis, avisant le garçon cabaretier que la vue de ce canon de pistolet braqué sur lui gênait singulièrement : — Voici un coquin, — dit-il, — qu'il faut réserver pour une bonne corde neuve et une potence de vingt pieds de haut.

— Oh! le misérable! — exclama Guillaume, qui, en dépit de la suie dont ils étaient barbouillés, avait reconnu Pandrille et le cadavre de son maître.

— Mais, — continua Hector, — puisque nous sommes en pays de connaissance, monsieur... Guillaume... c'est le nom, je crois, que mon ami Noël, que vous paraissez connaître beaucoup, vient de vous donner?...

— Oui, monsieur.

— Occupons-nous de ce drôle.

— Vous devriez bien le tuer tout de suite, — dit Guillaume, que son amour pour sa maîtresse rendait féroce.

— J'y ai songé, — dit Hector, — mais il est désarmé, et frapper un homme désarmé porte malheur.

— Qu'en allons-nous faire, alors?

— Le mettre en un lieu de sûreté jusqu'à ce que deux soldats du guet le viennent prendre...

— Il faut le mettre dans la cave, — dit Guillaume.

— Ferme-t-elle bien?

— La porte est en chêne ferré, et elle est pourvue d'une bonne serrure et de verrous.

— Et où est cette cave?

— Là-bas, au bout de cet escalier.

— Marche! — dit Hector, — marche devant nous! sinon je t'envoie une balle entre les deux yeux.

Le garçon cabaretier était plus mort que vif. Il obéit.

Guillaume, qui avait un flambeau à la main, passa le premier.

Hector força Pandrille à suivre Guillaume, et tous trois s'engouffrèrent dans les profondeurs béantes et noires de l'escalier qui conduisait à la cave.

Pendant ce temps, Noël, revenu de sa surprise, et Sarah de son épouvante, s'étaient pris à causer.

Noël avait emporté l'argentière encore défaillante dans une petite salle qui se trouvait à droite du corridor et dont la porte était ouverte.

Puis, tandis que Guillaume et Hector s'assuraient de

Pandrille, le mari de Myette et la veuve de Samuel Loriot avaient échangé rapidement ces questions :

— Comment êtes-vous ici ?

— D'où venez-vous !

— Pourquoi nous avoir fui ! — A cette dernière question, la pauvre femme était devenue toute pâle. — Ah ! — dit Noë, — je sais bien que vous l'aimez... je sais bien que la vue de son bonheur a été pour vous un supplice... et cependant... — Il hésita et la regarda : — Mais vous êtes l'ange du dévouement et de l'abnégation, vous, — reprit-il.

— Je tâche de faire quelque bien, — murmura l'argentière.

— Vous saurez souffrir encore, n'est-ce pas ?

— Que voulez-vous dire, ami ?

— Je veux dire qu'Henri a besoin de vous, ma chère Sarah.

— Ah ! — fit-elle.

Et son visage si pâle s'empourpra subitement.

— Oui, — reprit Noë, — il faut que vous voyez Henri, il faut que vous le décidiez à quitter Paris...

— Mon Dieu ! c'est ce que je lui écrivais il y a une heure, et je comptais lui faire parvenir ma lettre.

— Mieux vaut le voir.

— Je le verrai, — balbutia-t-elle d'une voix altérée.

— Ah ! Sarah, — reprit Noë, — quelque chose me dit que vous serez le bon génie de notre Henri, que vous le sauverez du péril où il va tête baissée.

— Je le sauverai ! — répondit l'argentière, qu'un pressentiment de l'avenir assaillit sans doute en ce moment.

En ce moment aussi Hector et Guillaume revinrent de la cave où ils avaient solidement enfermé le garçon cabaretier.

— Ma chère Sarah, — dit alors Noë, — nous ne pouvons vous emmener hors de cette maison au milieu de la nuit ; mais nous ne pouvons non plus vous y laisser seule. Il faut que je voie le roi de Navarre le plus tôt possible, cette nuit même. Je rentre donc à Paris, mais je vous laisse sous la sauvegarde de mon ami Hector.

L'argentière regarda le jeune Gascon, dont la loyale figure lui plut.

Hector regarda aussi l'argentière, et la beauté mélancolique de la pauvre veuve l'impressionna d'une façon bizarre.

Hector avait vingt-deux ans et il n'avait encore jamais aimé.

## V.

Noë, après avoir installé Hector dans la petite maison de feu le chanoine, en lui confiant la garde de Sarah, s'en revint fort tranquillement à l'auberge du *Bon-Catholique*, dont la porte était demeurée entr'ouverte.

Noë voulait reprendre son cheval. Avant d'aller à l'écurie pour le détacher, il entra dans la salle basse afin de se procurer de la lumière ; dans ce but, il déterra un des tisons enfouis sous la cendre.

Puis il se mit à souffler dessus et à en arracher des étincelles, en le rapprochant de la lampe que les deux bandits avaient laissée sur la table.

Comme il se livrait à cette opération, il entendit un pas au dehors.

Ce pas s'arrêta sur le seuil et une voix inconnue à Noë cria :

— Hé ! Létourneau !

Noë se retourna.

— Que voulez-vous ? — dit-il.

Il venait d'allumer la lampe.

Un grand vieillard à l'air fort noble était sur le pas de la porte.

Ce vieillard reconnut sur le champ qu'il n'avait point affaire au cabaretier, mais bien à un gentilhomme.

Aussi salua-t-il.

Noë rendit le salut.

— Excusez-moi, monsieur, — dit le vieillard, — je passais devant la porte de ce méchant drôle, et, en entendant du bruit chez lui à une heure aussi avancée j'ai eu la curiosité de savoir ce qui s'y passait.

— Ah ! — dit Noë.

— Il se brasse souvent bien des mauvaises actions dans cette maison, — ajouta le vieillard.

— A qui le dites-vous ? — fit Noë, — j'en sais quelque chose.

— Ce Létourneau, — poursuivit le vieillard, — est l'homme le plus mal famé des environs de Paris.

— On le dit.

— Il a volé, pillé, assassiné !...

— Je le crois.

— Et il ne craint guère que moi, par ici.

Noë eut un sourire énigmatique.

— Moi, je crois, — dit-il, — qu'il ne vous craint plus.

— Bah ! — fit le vieillard.

— Ni vous, ni personne, monsieur.

— Pourquoi ?

— Mais parce qu'il est mort.

— Oh ! oh ! — fit le vieillard.

— Je l'ai tué, — ajouta Noë aussi simplement que s'i eût parlé de chose la plus naturelle et la plus indifférente du monde.

— Vous ? — dit le vieillard étonné.

— Moi-même, monsieur, moi, Amaury de Noë, gentilhomme béarnais et ami du roi de Navarre.

— Pourquoi donc l'avez-vous tué ? — demanda-t-il.

— Pour l'empêcher d'assassiner une pauvre femme.

— Ah ! mon Dieu ! je devine, c'est la dame de la petite maison là-bas ?

— Justement, — dit Noë.

Le vieillard respira.

— J'avais pourtant prévenu le domestique, — dit-il ; — je ne sais pourquoi, mais je pressentais que ce misérable Létourneau méditait quelque crime abominable à l'endroit de cette maison. Chaque fois que Guillaume venait à la ferme... — Noë eut un geste de curiosité que le vieillard comprit. — Tel que vous me voyez, — dit-il, — je me nomme Antoine Perrichon, et je suis fermier royal de la grange Batelière.

Noë salua.

— Ah ! — dit-il, — j'ai ouï parler de vous, messire ; vous êtes noble homme, et le roi François vous a baillé des lettres patentes, n'est-ce pas ? — Il y eut un nouveau salut échangé entre le noble et le gentilhomme. Puis Noë, qui aimait fort à savoir toute chose, Noë regarda le fermier royal et lui dit : — Vous vous couchez bien tard, monsieur Perrichon.

— Je viens de Paris, où je suis allé voir un mien parent qui est logé au *Grand-Charlemagne*...

— L'hôtellerie du bord de l'eau, en aval du bac de Nesle ?

— Précisément.

— On m'a dit qu'elle était tenue, — ajouta Noë, — par un drôle qui ne vaut pas mieux que celui que je viens d'envoyer dans l'autre monde.

— Hum ! — murmura le fermier royal, — c'est un peu mon avis. Maître Pernillet est un mauvais chien, il se targue d'être bon catholique et prétend qu'assassiner un huguenot est une œuvre pie.

— Merci bien ! — dit Noë. — Il est des gens qui se plaisent et se conviennent à première vue. — Voilà un brave homme, ou je me trompe fort, — s'était dit Noë.

— Voilà un joli garçon qui a l'air d'avoir le cœur sur la main, — avait pensé Perrichon.

— Ma foi ! monsieur, — dit Noë, — j'ai bu de fameux vin ici il y a deux heures.

— Ah ! ah !

— Si nous en vidions une bouteille à la santé l'un de l'autre?

— C'est une bonne idée, — répondit le fermier, qui n'avait jamais refusé de trinquer avec personne.

— Je sais où est la cave, — ajouta Noë en prenant la lampe d'une main et soulevant la trappe de l'autre. On descendait à la cave par une échelle de meunier. Cette échelle avait une dizaine de marches. Quand il fut sur la dernière, Noë s'arrêta un moment, leva sa lampe et se fit un abat-jour de sa main, afin de s'orienter. Il lui parut que la cave était divisée en deux caveaux, car il vit une porte tout au fond, entre deux rangées de futailles. — Ce doit être le bon endroit, — pensa-t-il. — Il se dirigea vers cette porte, et s'aperçut qu'elle était fermée. Seulement il est des heures où l'homme est sujet à une sorte de divination. Noë leva la tête, vit un trou dans la voûte, et instantanément il passa la main dans ce trou. Une clef s'y trouvait. Il la plaça dans la serrure. La clef tourna, la porte s'ouvrit. Noë fit trois pas en avant, puis tout à coup il recula et ses cheveux se hérissèrent. — A moi! monsieur Perrichon! — cria-t-il. Le fermier royal entendit cet appel, et il se hâta de descendre, guidé par la clarté lointaine de la lampe que Noë tenait toujours à la main. Le vieillard trouva le compagnon du roi Henri immobile, pâle, l'œil fixé sur un objet étrange. C'était une énorme futaille renversée de laquelle sortaient deux pieds humains. — Regardez! — balbutia-t-il.

Noë était brave, certes, et comme pas un, mais il ne pouvait se défendre, et en cela il ressemblait à beaucoup de gens, de cette terreur superstitieuse qu'inspire la vue d'un cadavre.

Les pieds qui sortaient de la futaille étaient chaussés de bas de soie rouges, ce qui était une preuve certaine qu'ils appartenaient à une personne de qualité.

Maître Perrichon éprouva comme Noë un premier mouvement de répulsion et d'horreur, mais il s'en rendit maître sur-le-champ et il marcha droit à la futaille, tandis que Noë demeurait toujours immobile au milieu du caveau.

Il prit ces deux pieds qui passaient, les tira à lui, et Noë vit apparaître un cadavre parfaitement intact et dont la mort, à première vue, semblait toute récente.

Le visage seul était méconnaissable, défiguré qu'il était par une horrible plaie qui l'avait fendu de haut en bas, et qui avait dû être faite par un instrument contondant.

Noë songea sur-le-champ à cette barre de fer que Pandrille, le garçon cabaretier, portait sur son épaule.

Évidemment l'homme qu'on avait tué avait été frappé durant son sommeil.

— Oh! le misérable Létourneau! — murmura le fermier royal, — ce n'était donc point à tort que la rumeur publique l'accusait de faire disparaître les gentilshommes qui s'attardaient chez lui? — Le cadavre était celui d'un jeune homme; le costume dont il était revêtu indiquait un page, et sa casaque bleue était celle que portaient les serviteurs du duc d'Alençon. — Il a l'air mort d'hier, — dit maître Perrichon; — mais je gagerais qu'il y a plus de quinze jours qu'il est là. Nous sommes ici dans un souterrain qui a la propriété bizarre de conserver les corps.

Noë, revenu de sa première stupeur, s'était pris à examiner curieusement ce cadavre.

— On l'a assassiné pour le voler, — dit-il.

— C'est probable...

— Et d'ailleurs la chose est facile à vérifier. Fouillôns-le, je gage qu'il n'a pas sur lui une pistole.

Maître Perrichon s'agenouilla devant le cadavre et suivit le conseil de Noë.

Il retourna les poches l'une après l'autre, chacune était vide.

Mais, en passant sa main sur la poitrine du mort, il sentit tout à coup quelque chose de sec qui lui parut être du parchemin.

Il écarta la chemise et retira en effet une lettre pliée en quatre, retenue et scellée par un fil de soie :

— Qu'est-ce que cela? — dit-il. Il tendit la lettre à Noë, ajoutant : — Excusez-moi! je ne sais pas lire.

Noë tressaillit en jetant les yeux sur la suscription de la lettre :

*A madame Catherine, royne de France.*

Sur-le-champ Noë fit cette réflexion :

— Puisque maître Perrichon ne sait pas lire, c'est le cas d'en profiter. — Et il dit tout haut : — Cette lettre est adressée au roi de Navarre, mon maître.

— Ah! — dit le fermier royal.

— Et je reconnais maintenant le pauvre garçon.

— Vraiment?

— Ce doit être un page de monseigneur le duc d'Ale çon, qui, vous le savez, est grand ami du roi de Navarr

— Ah!

— Et je me souviens que mon maître a reçu de lui un second message dans lequel il était question d'un certain page Renaud dont nous n'avons jamais entendu parler.

— Et pensez-vous que ce message soit important?

— Ma foi! je vais vous dire cela...

— Comment! — fit le fermier étonné, — est-ce que vous oseriez décacheter cette lettre?...

— C'est moi qui ouvre toutes celles qui sont adressées au roi mon maître.

— Ah!

— Je suis son secrétaire intime.—Maître Perrichon, à qui Noë plaisait de plus en plus, le crut sur parole. — Remontons, — dit le Gascon, — la vue de ce cadavre m'est odieuse.

— Et n'oublions pas le vin, — observa le fermier royal.

— Ma foi! je n'ai plus soif...

— Bah! bah! nous verrons bien...

Le fermier repassa dans le deuxième caveau, et fit main basse sur quatre ou cinq bouteilles poudreuses.

Puis tous deux remontèrent dans la cuisine du cabaret naguère tenu par maître Létourneau, aujourd'hui défunt.

Noë, tout en remontant, faisait la réflexion suivante :

— Qui sait? la lettre que le hasard vient de faire tomber en mes mains renferme peut-être un bon petit secret d'État. Si je pouvais, de mon côté, tenir madame Catherine en respect en lui jouant un mauvais tour!... J'ai toujours eu l'idée qu'elle conspirait contre le roi son fils avec son autre fils le duc d'Alençon, qui est son benjamin, comme chacun sait. Voyons!

Et tandis que maître Perrichon étalait deux verres sur la table et décoiffait la première bouteille, Noë brisa le fil de soie et le cachet du message.

## VI

Le message de S. A. monseigneur le duc d'Alençon, second frère du roi, à la reine mère, madame Catherine de Médicis, était ainsi conçu :

« Angers, juillet 1572.

« Madame ma mère,

» M'étant toujours estimé heureux de vos bons conseils, » je ferai aujourd'hui encore comme vous me le com- » mandez, et je demeurerai tranquillement dans mon » gouvernement d'Angers, attendant des jours meilleurs.

» Ce que vous me marquez de l'humeur sombre et de » l'état de maladie du roi mon frère me confirme dans » l'opinion que j'ai qu'il ne saurait vivre longtemps en- » core.

» Je compte plus que jamais, madame ma mère, que » vous ferez tout votre possible, comme par le passé, » pour ruiner de plus en plus mon frère de Pologne dans » l'esprit du roi. Cela dépend de vous entièrement, sur- » tout maintenant que, par suite de notre petite comédie » huguenote, vous avez repris tout votre pouvoir.

» J'ai eu des nouvelles du gentilhomme huguenot qui
» s'est laissé prendre de si bonne grâce et que nous avons
» ensuite laissé évader, comme c'était convenu.

» Le digne homme a gagné la frontière flamande sans
» encombre, et il va prendre du service dans l'armée du
» roi d'Espagne.

» Je vous mande ces nouvelles par un page à moi, en
» qui j'ai toute confiance, et qui mâcherait et avalerait
» mon message, si besoin était.

» Sur ce, madame ma mère, je prie Dieu qu'il vous ait
» en sa sainte garde.

» FRANÇOIS. »

Noë avait lu ces quelques lignes sans sourciller.
— Eh bien! — demanda curieusement Antoine Perrichon.

— Ma parole d'honneur! — répondit Noë, — il n'y a
que des princes pour avoir ainsi du temps à perdre et du
parchemin à gâter. Voilà monseigneur le duc d'Anjou
qui écrivait une longue lettre à mon maître le roi de Navarre, devinez pour quoi et sur quoi?

— Dame! je ne sais...

— A la seule fin de lui donner des conseils sur l'éducation d'un gerfaut dont il lui fit présent voici trois mois. —
Antoine Perrichon se mit à rire. Noë serra le parchemin
dans la poche la plus sûre de son pourpoint, ajoutant: —
Et dire que cela a coûté la vie à un malheureux page!

— Pauvre diable!... — murmura le fermier royal.

— Buvons à sa mémoire et à votre santé, monsieur Perrichon!

Le fermier et Noë choquèrent leurs gobelets, et Noë décoiffa une deuxième bouteille.

— Ah çà! — dit le fermier, — qu'allez-vous faire du
garçon cabaretier, ce colosse stupide dont Létourneau
avait fait son instrument ordinaire?

— Il est enfermé dans la cave de la maisonnette.

— Vous me l'avez dit.

— Et je vous réponds qu'il ne s'échappera point. Mon
ami est là.

— Oh! je suis persuadé qu'il le gardera fidèlement.
Mais ensuite?

— Demain au matin, je dirai un mot au chevalier du
guet.

— C'était ce que j'allais vous conseiller.

— Et, en attendant, — ajouta Noë en se levant, — je
vais me coucher.

— Ici?

— Oh! non, je retourne à Paris. Le roi de Navarre
m'attend.

Noë se leva, mais Perrichon l'arrêta:

— Un instant, monsieur, — dit-il; — excusez-moi, mais
je vais vous faire une question: Le roi de Navarre est toujours huguenot?

— Toujours.

— Et vous?

— Moi aussi.

— Ah! — soupira le fermier.

— Est-ce que cela vous chagrine, monsieur Perrichon,
par hasard?

— Hum! un peu.

— Pourquoi cela?

— Parce que, depuis quelque temps, on parle beaucoup
de choses mauvaises à l'endroit des huguenots.

— Hé! hé! — pensa Noë, — voici peut-être un homme
qui m'apprendra des choses utiles.

Et il se rassit.

— Buvons donc encore un coup, — reprit le fermier
royal, qui fit sauter le bouchon d'une troisième bouteille.

— Volontiers, monsieur Perrichon.

— Je vous disais donc, — continua le fermier, — que
depuis quelque temps l'air était mauvais pour les huguenots.

— Bah!

— Tenez, moi qui vous parle, j'aimé beaucoup le roi

de Navarre, parce qu'autrefois, quand j'étais soldat, j'ai
servi sous les ordres de son père, le roi Antoine de Bourbon, qui alors n'était que duc.

— Et vous croyez...

— Je crois qu'il y a une grande fermentation parmi
les bourgeois de Paris, lesquels adorent le duc Henri de
Guise.

— Vraiment?

— Et vous pensez bien que le duc déteste le roi de Navarre. — Maître Perrichon cligna de l'œil, et Noë comprit
qu'il était au courant des petites intrigues du Louvre. —
Un soir, le roi de Navarre peut s'attarder sans escorte
dans un quartier de Paris où il y aura affluence de populaire... — poursuivit le fermier; — et, mon Dieu! un coup
est bientôt parti...

— Savez-vous, monsieur Perrichon, que vous me dites
là d'étranges choses?

— C'est que j'ai mes raisons pour cela.

— En vérité!

— Et si j'étais sûr que le roi de Navarre suivît un bon
conseil...

— Le roi mon maître est trop sensé, monsieur Perrichon, pour mépriser un sage avertissement.

— Ma foi, tant pis! je vais vous dire ce que j'ai appris.

— Voyons!

— Figurez-vous donc que je me promène volontiers la
nuit. Les gens de mon âge dorment peu. Je me couche
de bonne heure, mais avant que le coq ait chanté je suis
sur pied, et alors je vais prendre l'air, surtout dans cette
saison où il fait chaud.

— Dites qu'on étouffe!

— Donc, il y a trois jours, ou plutôt trois nuits, je m'é-
tais assis sur un banc, à la porte de ma ferme, lorsque
j'entendis le pas de deux chevaux qui suivaient le chemin
de Montmorency, lequel chemin passe devant la porte de
ce cabaret et devant celle de ma ferme. Tout le monde
dormait à la grange Batelière; il n'y avait pas la moindre
lumière aux croisées et la nuit était obscure. Ces deux cavaliers allaient au pas et se dirigeaient vers Paris. Ils passèrent à trois pas de moi sans me voir, et j'entendis l'un
d'eux qui disait: « Le duc se moque de moi s'il espère
que je me chargerai du Béarnais de la façon qu'il l'entend: je me bats, mais je n'assassine point. — Ni moi, »
dit l'autre. « — D'autant plus, — reprit le premier, — que
Paris fourmille de bourgeois qui tirent fort bien un coup
d'arquebuse, et qui sont toujours très-heureux d'être
agréables au duc. »

— Et c'est là, — dit Noë, — tout ce que vous avez entendu?

— Tout. Mais j'en ai conclu que le Béarnais était le roi
de Navarre.

— C'est probable...

— Et l'accent germanique de l'un des cavaliers m'a
donné lieu de penser que le duc dont il parlait pouvait
bien se nommer Henri de Guise.

— C'est aussi mon avis.

— Or, — acheva maître Perrichon, — je vous conseille
de bien garder votre maître, monsieur de Noë.

— Et moi je vous remercie de votre conseil, monsieur
Perrichon.

Cette fois, Noë se leva pour tout de bon et, éclairé par
Perrichon, il s'en alla à l'écurie brider son cheval.

— Et celui-là? — dit le fermier en montrant le cheval
d'Hector.

— Mon ami le retrouvera ici demain matin. Il n'y avait
de voleurs, j'imagine, que les hôtes de cette maison.

Et Noë sauta en selle, serra la main de maître Perrichon, fermier de la grange Batelière, et piqua des deux
vers Paris.

Vingt minutes après il entrait au Louvre; deux heures
du matin sonnaient à Saint-Germain-l'Auxerrois.

Cependant le roi de Navarre n'était point couché, et Noë,
en traversant la cour intérieure du Louvre, aperçut une

lumière qui brillait aux croisées de la petite salle où le jeune roi avait installé son cabinet de travail.

Cette salle, on s'en souvient, communiquait d'une part à l'appartement de la reine Marguerite, et de l'autre à la chambre de Noë.

Ce fut par cette dernière pièce que le compagnon du roi Henri pénétra chez lui.

Le jeune prince était assis devant une table, son menton dans ses mains, les yeux fixés sur un volume de vénerie que lui avait prêté le roi Charles IX.

Noë entra sur la pointe du pied.

Le roi l'aperçut et lui dit, sans changer d'attitude :

— Il paraît décidément que Montmorency est au bout du monde. Voici bien longtemps que je t'attends.... Tu sais pourtant que je ne t'ai point envoyé à mon cousin de Condé à la seule fin de lui offrir mes civilités.

— J'ai été un peu long, c'est vrai, — dit Noë, — mais je n'ai pas perdu mon temps.

— Ah! ah!

— Et entre autres choses j'ai mis la main sur une lettre qui vous fera quelque plaisir, Henri.

Noë, à ces mots, tira de sa poche le message du duc d'Alençon à la reine mère, et le plaça triomphalement sous les yeux de Henri.

Le roi de Navarre le lut, le relut, comme s'il eût voulu l'apprendre par cœur, puis il regarda Noë :

— Eh bien! — dit-il, — que comptes-tu faire de ce bout de parchemin?

— Votre Majesté fera bien de le porter au roi.— Henri secoua la tête. — Cependant, — dit Noë, — c'est la preuve irréfutable que le roi a été joué et que le complot découvert par la reine...

— Était une comédie?

— Dame!

— Raison de plus pour ne point porter ce message au roi.

— Plaît-il? — fit Noë.

— Et le conserver précieusement.

— Je ne comprends pas.

— Mon bon ami, — dit le prince en souriant, — connais-tu l'histoire ancienne?

— Un peu.

— As-tu ouï parler d'un certain tyran de Syracuse appelé Denys?

— Oui.

— Et d'un sujet de ce même tyran nommé Damoclès?

— Certainement.

— Alors tu connais l'histoire de cette épée qui était suspendue par un fil?

— Justement. Mais je ne vois pas ce qu'il y a de commun entre l'épée de Damoclès et ce message.

— Alors, tu es un niais!

— Merci!

— Ce n'est pas au roi qu'il faut porter ce message, c'est à madame Catherine.

— Bah! — fit Noë stupéfait.

— Du moins, c'est une copie qu'il faut lui faire tenir.

— Ah! bon! je commence à comprendre, — dit Noë.

— C'est fort heureux...— Et quand madame Catherine saura que l'original est dans nos mains... elle nous ménagera.

— C'est égal, sire, — dit Noë, — j'en reviens toujours à mon opinion première.

— Quelle est-elle?

— Que nous ferions bien d'aller faire un tour en Navarre.— Henri haussa les épaules.— Et ce n'est pas seulement mon opinion à moi...

— Ah!

— C'est encore celle d'une personne qu'un vous avez quelque peu aimée.

— Et qui se nomme?

— Sarah.

Henri de Navarre pâlit et se sentit, à ce nom, saisi par une émotion violente.

— Tu l'as donc vue? — s'écria-t-il d'une voix altérée.

Un sourire railleur glissa sous la blonde moustache de Noë :

— Chut! — dit-il, — vous allez réveiller la reine de Navarre, sire...

## VII

Un dicton du règne du roi Charles IX est ainsi conçu :

Lever à cinq, dîner à neuf;
Souper à cinq, coucher à neuf.

Ce dicton était vrai pour la première partie seulement.

On se levait de grand matin au Louvre, mais on s'y couchait fort tard quelquefois, surtout depuis que le Louvre était devenu un foyer perpétuel d'intrigues de toutes sortes.

Le roi de Navarre avait attendu Noë jusqu'à deux heures du matin, et nous venons de voir pénétrer enfin ce dernier dans le cabinet du roi son maître, lui montrer d'abord le parchemin trouvé sur le cadavre du page, et lui parler ensuite de la belle argentière Sarah.

La violente émotion qu'éprouva le jeune roi fit faire à Noë une foule de réflexions qu'il jugea convenable de condenser en un monologue.

— D'abord, — se dit-il, — on ne saurait douter de la faculté dont jouissent certains hommes d'aimer deux femmes à la fois. Évidemment, Henri aime la reine Marguerite, mais il aime aussi Sarah ; ceci est hors de doute. Et même si Sarah avait été entourée du prestige qui environne une princesse, si elle eut été de sang royal, Henri eût fait fi de Marguerite. Donc Henri aime Sarah, et cette passion sur laquelle compte madame de Montpensier pour opérer une diversion favorable à son frère le duc de Guise, je vais l'exploiter à ma manière.

Noë fit toutes ces réflexions en un clin d'œil, tandis que le prince, après avoir pâli, rougissait.

— Mais enfin, — dit vivement ce dernier, — explique-toi... où l'as-tu vue?

— Henri, — répondit Noë, qui reprenait avec son compagnon d'enfance son ton familier ordinaire, — si vous voulez que je vous dise où j'ai vu Sarah, il faut que vous écoutiez le récit de mon aventure.

— J'écoute. — Noë se prit à narrer que, en revenant de Montmorency, il s'était arrêté avec Hector dans le cabaret de Létourneau, et qu'il fit le récit de tout ce qui s'était passé. Quand le prince apprit le danger que l'argentière avait couru, il s'écria : — Non, je ne veux point laisser Sarah plus longtemps dans l'isolement où elle vit. Je veux qu'elle revienne parmi nous.— Noë haussa les épaules. — Comment! — fit le prince, — ne saurais-tu garder auprès de ta femme votre bienfaitrice?

— Vous parlez comme si madame Catherine était à Amboise...— Henri tressaillit, — et René au Châtelet. — Le prince eut un léger frisson. — Enfin, — continua Noë, — Votre Majesté s'imagine qu'elle est toujours à ce bon temps où nous courions au grand galop sur la route de Beauséjour.

— Pauvre Corisandre!... — murmura le prince.

— Et vous pensez, Henri, que madame Marguerite vous laissera courir la bonne aventure à votre aise.

— Ah! diable! — dit le prince.

— D'ailleurs, vous aimez toujours Sarah.

— Tu crois? — fit naïvement Henri.

— Et un peu plus que la reine de Navarre encore...

— Tu es fou!

— Dame! si je me trompe, si cet amour ne vous tient plus au cœur, il y a un moyen de vous en assurer...

— Voyons?

— Je me charge de l'escorter.. et je vous jure qu'il ne lui arrivera point malheur en route.

— Oh ! je me fie à toi.

— Si vous le voulez, — continua Noë, — dès demain matin, je me mettrai en route avec elle.

— C'est un peu tôt, il me semble.

— Nullement, car d'un moment à l'autre la reine mère et René peuvent la retrouver.

— Cependant, j'aurais voulu la voir...

Noë eut un franc éclat de rire.

— Vous voyez bien, mon pauvre roi, — dit-il, — que ce serait peine perdue de vouloir vous prouver que vous n'aimez plus la belle argentière.

Alors le prince retrouva pour Noë un de ces mouvements d'expansif abandon de sa première jeunesse :

— Mon petit Noë, — dit-il, — ne penses-tu pas qu'on puisse aimer deux femmes à la fois ?

— J'en suis très-convaincu.

— Sans que l'une fasse du tort à l'autre ?

— Hum !

— J'aime pourtant bien madame Marguerite.

— C'est vrai,—dit Noë,—mais parfois un souvenir vous chagrine.—Un nuage passa sur le front de Henri. — Car, enfin, il est toujours désagréable de songer...

— Tais-toi ?

— Et à votre place je continuerais à aimer Sarah...

— J'y songe.

— Sans remords aucuns.

La morale facile de Noë était du goût du prince.

— Cependant, — dit-il, — si madame Marguerite allait avoir vent de la chose.

— Bah !

— Elle m'aime... elle est jalouse...

— Oui, mais il me vient une bien belle idée, Henri.

— Voyons ?

— Envoyez Sarah à Nérac.

— Bon ! après ?

— Et puis prétextez un voyage de quelques semaines dans vos Etats.

Henri secoua la tête :

— C'est impossible, — dit-il.

— Pourquoi ?

— Pour deux raisons.

— J'écoute.

— La première, c'est que madame Marguerite voudrait m'accompagner.

— Oh ! qu'à cela ne tienne ! je me chargerai bien, moi, de cacher Sarah de telle façon que la reine n'y verra goutte.

— Mais il y a une deuxième raison.

— Laquelle ?

— C'est que je veux rester à Paris.

Noë se mordit les lèvres.

— C'est singulier, sire, — dit-il, — singulier en vérité, que vous préfériez vivre ici menacé par le poignard et le poison, que vous en aller paisiblement dans vos Etats, où vos sujets vous adorent.

— Mon pauvre Noë, — répondit le roi de Navarre,—tu ne comprends rien à la politique.

— C'est selon.

— Sais-tu ce que je fais ici ?

— Ma foi ! non...

— Eh bien ! je médite une petite alliance offensive et défensive entre tous les protestants, non-seulement de France, mais encore d'Allemagne. Je ne t'ai pas envoyé pour autre chose chez mon cousin le prince de Condé.

— Ah !

— Et j'imagine qu'il m'attendra au rendez-vous que je lui ai fixé ?

— Oui, sire.

— Tu vois donc bien que je ne puis quitter Paris, en ce moment du moins.

— Mais si on vous assassine ?

Henri se redressa, et son œil brilla d'une fierté suprême :

— Va,— dit-il,— si je dois être assassiné, l'heure de ma mort est lointaine encore. Ne t'ai-je pas dit un soir, en te montrant une étoile qui brillait au ciel, que je mourrais roi de France ?

Noë baissa les yeux sous le regard fulgurant du prince, et il se tut.

Cependant le jeune Béarnais était tenace, et il n'abandonnait point facilement une idée lorsqu'il l'avait méditée longtemps.

— J'arriverai indirectement à mon but, — se dit-il. Puis il reprit tout haut : — Il y a cependant un moyen de tout arranger, Henri.

— Tu crois ?

— Il faut laisser Sarah où elle est.

— Et puis ?

— Et vous l'irez voir tant que cela vous plaira.

Le visage du jeune prince s'épanouit.

— Tu as raison, — dit-il ; — et, dès demain matin...

— Peste ! vous êtes pressé... — Henri rougit. — A votre place, j'attendrais jusqu'au soir, jusqu'après mon retour de Montmorency.

— C'est bien long, demain soir, — murmura naïvement le prince.

— Bah !— dit Noë. Et du doigt il indiqua le sablier placé dans un angle de la salle. — Il est trois heures, — dit-il ; — bonsoir, sire, je vais me coucher.

— J'ai bien peur de ne pas dormir, — soupira le jeune prince. Il donna une poignée de main à Noë, ouvrit la porte de communication, et passa dans la chambre de madame Marguerite. La reine de Navarre dormait et ne s'éveilla point.—Ventre-saint-gris ! — murmura le prince avec une humeur subite qui attestait que le souvenir de Sarah remplissait de nouveau son cœur, — le bel amour de madame Marguerite ne résiste point au sommeil... Qui sait ? elle rêve peut-être à mon cousin de Guise...

Et Henri se coucha et se prit à songer à la belle argentière.

. . . . . . . . . . . . . . . . . . . . . . . . . . . . . . . .

## VIII

Cependant Sarah Loriot, encore toute bouleversée des événements de la soirée, n'avait point fermé l'œil de la nuit.

Pourtant Hector et Guillaume, installés au rez-de-chaussée de la maison, faisaient bonne garde, Létourneau était mort, Pandrille enfermé dans la cave.

Mais la terreur ne tenait peut-être pas dans le cœur de l'argentière qu'une place insignifiante ; peut-être songeait-elle à Henri.

La nuit s'écoula, le jour vint...

Sarah veillait toujours.

Elle entendit, comme le soleil se levait, un bruit de voix et de pas dans le jardin, et alors elle quitta son lit, s'enveloppa dans un peignoir et ouvrit sa croisée.

Noë était dans le jardin et trois hommes l'accompagnaient.

Ces trois hommes étaient des soldats du guet qui venaient arrêter Pandrille et le conduire au Châtelet d'où il ne sortirait plus.

Noë aperçut l'argentière et la salua, puis il frappa à la porte de la maison.

Guillaume ouvrit.

Noë pénétra dans le vestibule et aperçut d'abord son ami Hector.

Hector était pâle, sombre, abattu... Il roulait des yeux hagards.

— Qu'as-tu donc ? — lui dit Noë.

Hector tressaillit.

— Moi ? rien, — dit-il.

— Tu as un visage bouleversé ?

— J'ai le visage d'un homme qui n'a point dormi, voilà tout...

Noë crut Hector, ou du moins il feignit de le croire ; puis il monta chez l'argentière et lui dit rapidement :

— Ma chère Sarah, je vais remettre que nous avons enfermé dans la cave aux mains des soldats du guet, puis je remonterai vous voir.

— Ah ! — lui dit Sarah, — l'avez-vous vu ?

— Oui.

— Eh bien ! partira-t-il ?

— Non, à moins que vous ne me serviez... Attendez-moi... je remonte.— Et Noë rejoignit les hommes du guet.

Hector était toujours morne ; on eût dit qu'il sortait des fumées de quelque sombre ivresse. Guillaume avait allumé une lampe et ouvert la porte qui conduisait à la cave. Il descendit le premier, puis Noë le suivit, et derrière eux marchaient les soldats du guet. Le caveau dans lequel on avait enfermé Pandrille, la veille au soir, était situé à l'extrémité de la cave. Une solide porte de chêne bien ferrée et pourvue de verrous le fermait. En outre, par un luxe de précautions, que justifiait suffisamment du reste la force herculéenne du garçon cabaretier, on avait entassé derrière cette porte tout ce qu'il y avait de pesant dans la cave, des futailles, de grosses pierres, un vieux bahut dans lequel jadis le chanoine de Notre-Dame avait serré ses chasubles et ses autres vêtements sacerdotaux. Il fallut quelques minutes pour déblayer l'entrée ; puis Guillaume mit la clef dans la serrure et tira les verrous. A l'intérieur du cachot on n'entendait aucun bruit. — Le drôle dort sans doute, — murmura Noë, et il ouvrit la porte. Mais un cri d'étonnement lui échappa alors ; et ce cri fut répété par Guillaume et les soldats du guet : le cachot était vide ! Pandrille était parvenu à s'évader en se hissant jusqu'à un soupirail garni d'énormes barreaux de fer. Avec sa force gigantesque, le garçon cabaretier avait tordu et descellé l'un de ces barreaux. Quand il fut bien avéré que Pandrille s'était évadé, Noë fit cette réflexion philosophique :—Après tout, je ferai garder Sarah ; par conséquent nous n'avons rien à craindre de ce drôle, et je suis moins intéressé à son supplice que je ne l'étais à celui de René. —Guillaume fit boire les archers pour les dédommager de eur course inutile, et Noë monta auprès de Sarah, à laquelle il apprit l'évasion de Pandrille. Ensuite, après lui avoir fait comprendre qu'elle n'avait plus rien à craindre du garçon cabaretier, il lui dit : — Maintenant, parlons de Henri.

— Lui avez-vous remis ma lettre ? — demanda Sarah.

— Non.

— Pourquoi donc ?

— Parce que je préfère que vous lui disiez vous-même ce qu'elle contient.

— Le voir ! — murmura l'argentière avec un subit effroi.

— Il le faut.

Sarah devint pâle comme une statue.

— O mon Dieu !... — fit-elle d'une voix altérée ; —mon Dieu !... si vous saviez ce que sa vue me fera souffrir !

Noë lui prit la main.

— Ma pauvre Sarah, — dit-il, — vous aimez Henri et vous seule pouvez le sauver.

— Le sauver !...

— Oui, vous seule pouvez lui faire quitter Paris ; Paris, où le poignard et le poison le menacent ; Paris, où il se trame quelque abominable complot en ce moment.

— Ah ! s'il en est ainsi, parlez ! — s'écria la noble femme ; — parlez, et je vous obéirai.

— Eh bien ! écoutez-moi.— Noë tenait toujours la main de Sarah dans les siennes. — Henri vous aime, — dit-il ; Sarah se sentit mourir ; — il vous aime plus que jamais... et il est prêt à vous suivre au bout du monde.

— Mais vous savez bien...

— Chut ! écoutez... — Et Noë ne put s'empêcher de

sourire : — Vous savez bien, — dit-il, — que ce qu'on ne peut avoir par la force il le faut avoir par la ruse...

— Que voulez-vous dire ?

— Henri a mis dans sa tête qu'il ne quitterait point Paris, et, quoi qu'on lui puisse dire, il tiendra bon.

— Que pourrai-je donc faire, moi ?

— Il le faut recevoir ici.

— Et puis ?

— Quand l'amour qu'il a pour vous aura repris tout son empire d'autrefois, lorsque, plus que jamais épris, Henri croira toucher au bonheur... — Sarah écoutait, pâle, frémissante, éperdue. Noë continua : — Alors, ma chère Sarah, vous prendrez la fuite, vous disparaîtrez.

— Mais, — balbutia-t-elle, — je ne comprends réellement pas...

— Vous fuirez, — poursuivit Noë, — mais on s'arrangera pour que votre fuite laisse des traces, et que ces traces Henri puisse les suivre.

— Ah !

— Et vous le conduirez ainsi jusqu'en Navarre. Comprenez-vous ?

— Oui. Mais...

Sarah n'osa parler.

— Oh ! je vous comprends, ma pauvre amie, — dit Noë, qui pressa affectueusement sa main, — je vous comprends...

— Peut-être...

— Vous allez me dire que, si vous agissez ainsi, Henri cessera d'aimer Marguerite, Marguerite qui est sa femme, Marguerite qui l'aime.

Sarah se prit à soupirer et ses yeux s'emplirent de larmes :

— Ah ! — dit-elle, — c'est un rôle infâme que vous m'allez faire jouer.

— Non, Sarah, non, —répliqua gravement Noë, — vous sauverez la vie de celui que vous aimez et que nous aimons tous. Car, voyez-vous, Sarah, —poursuivit le jeune homme en s'animant, — nous ne sommes autour de lui qu'une poignée d'hommes, et la reine mère et René et les Guise ont armé toute une ville contre nous. Nous mourrons jusqu'au dernier avant qu'on ait trouvé le chemin de sa poitrine... Mais... après ?

— J'obéirai, — murmura l'argentière résignée.

— Et puis, tenez, — reprit Noë, — pensez vous que madame Marguerite soit, en vérité, bien à plaindre ? N'a-t-elle pas aimé le duc de Guise ?...

— Oh ! taisez-vous ! — dit Sarah, — ces choses-là ne sont point nos affaires.

— Soit !

— Ainsi, il viendra ?...

— Ce soir.

— A quelle heure ?

— Vers dix heures environ.

— Mon Dieu ! mon Dieu ! — murmura l'argentière, — faites que j'aie du courage...

Noë lui baisa la main.

— Adieu, — dit-il, — à demain...!

— Demain ?

— Oui, car sans doute j'aurai de nouvelles recommandations à vous faire.—Et le jeune homme s'en alla, laissant la pauvre femme en proie à une inexprimable émotion. — Ma parole d'honneur! — se dit-il, — si jamais madame Marguerite apprend cela, elle sera aimable pour moi...— Les archers buvaient toujours, rangés autour d'une table que Guillaume avait apportée dans le vestibule et sur laquelle il avait étalé plusieurs bouteilles de vin. Mais Hector, qui d'ordinaire était un assez joli gobelet, Hector avait dédaigné de se mêler aux autres. Toujours sombre et pensif, il se promenait dans le jardin d'un pas inégal et brusque. Noë le rejoignit et passa son bras sous le sien.

— Mais qu'as-tu donc, mon pauvre cher ? — lui dit-il.

Hector répondit pour la troisième fois :

— J'ai passé une mauvaise nuit.

— Eh bien ! va dormir...

Ces simples paroles semblèrent arracher Hector à sa torpeur :

— Ah ! — dit-il, comme si un charme bizarre sous le poids duquel il se trouvait se fût rompu, — ah ! nous allons donc partir ?

— Comment ! partir !

— Oui, retourner à Paris.

— Moi, oui ; mais toi, non. Tu vas rester ici, mon ami.

— Encore !

Et une sorte d'effroi se peignit sur le visage d'Hector.

— Parbleu ! Guillaume te donnera un bon lit et tu dormiras quelques heures.

— Je dormirais aussi bien à Paris.

— Oui, mais il faut veiller sur Sarah.

Hector eut un mouvement de subite impatience :

— Mais qu'est-ce donc que cette Sarah, — dit-il, — pour laquelle tu prends de si grands soins ?...

— C'est la femme qui a doté la comtesse de Noë. Comprends-tu ?

— Soit ! Mais...

— Tiens, mon pauvre ami, — dit Noë, — j'ai le secret de ton exaltation, de ton trouble et de la mauvaise nuit que tu as passée...

— Ah ! tu crois ?

Et Hector tressaillit profondément.

— La beauté de Sarah a produit sur toi une impression profonde.

— Tais-toi !

— Tu l'aimes !...

Un nuage passa sur le front d'Hector de Galard.

— Eh bien ! — dit-il, — quand cela serait.

— Ah ! tu en conviens ?...

— Cette femme est-elle mariée ou veuve ? est-elle libre ou non ?

— Elle n'est pas libre, — dit tristement Noë. Hector pâlit.

— Elle n'est pas libre, parce qu'elle aime... et celui qu'elle aime...

Noë hésita.

— Eh bien ! — fit Hector avec colère, — quel est-il ?

— C'est mon meilleur ami. — Hector ne comprit pas, mais il se tut. Noë reprit : — Et cet ami, mon pauvre cher, cet ami que Sarah aime, la viendra voir ce soir.

— Et tu veux que je reste ici ?

— Il le faut. Adieu...

Et Noë, sans vouloir s'expliquer plus clairement, serra la main d'Hector et s'en alla.

. . . . . . . . . . . . . . . . . . . . . . . .

Hector, qui ne savait absolument rien des anciennes amours du roi Henri avec Sarah, Hector, disons-nous, passa une journée pleine d'anxiété.

Notre héros avait dix-neuf ans ; il n'avait jamais sérieusement aimé ; trois ou quatre amourettes sans conséquence s'étaient partagé sa vie. Jamais son cœur n'avait battu... jamais le regard d'une femme n'avait jeté le trouble et l'angoisse au fond de son âme.

Mais tout à coup, la veille, quand son œil avait rencontré l'œil profond et mélancolique de Sarah, quand il avait envisagé cette beauté merveilleuse à qui la souffrance semblait avoir donné un prestige de plus, une révolution étrange s'était opérée en lui.

Hector avait compris qu'il aimait désormais Sarah, d'un amour profond, inaltérable, éternel.

Mais, au lieu de s'abandonner à l'espérance, au lieu de se laisser aller sur-le-champ à ces rêves pleins de promesses que fait naître la première heure de l'amour, Hector avait éprouvé, au contraire, comme le pressentiment terrible que cet amour allait être le malheur de sa vie entière.

Et c'est pour cela que Noë l'avait trouvé sombre et morne.

C'est pour cela que, durant la journée qui s'écoula, Hector se tint constamment à l'écart, évitant de parler à Guillaume, fuyant Sarah, sans pour cela s'écarter de la maison.

Lorsque Lahire, Hogier et Hector avait quitté leur pays à la suite de Noë, ils avaient tacitement reconnu celui-ci pour leur chef ; Noë ordonnait, on obéissait.

Aussi Hector avait-il cédé d'abord à ce sentiment docile, lorsque Noë lui avait dit :

« L'homme que Sarah aime est mon meilleur ami. Tu veilleras sur elle et tu attendras qu'il vienne... »

Mais bientôt le sentiment de la dignité humaine, de l'indépendance et de l'égalité entre gentilshommes, s'éveilla chez Hector.

— Et de quel droit, — se dit-il enfin, — Noë ferait-il de moi son esclave ? Pourquoi me serait-il défendu d'aimer la femme qu'aime son ami ?... Pourquoi ? — Ici une étrange pensée traversa le cerveau d'Hector. — Et si je tuais cet homme ? — se dit-il.

D'abord il repoussa cette pensée avec énergie, avec indignation.

Mais Sarah descendait au jardin, où il se promenait toujours, et elle lui dit de cette voix harmonieuse et douce qui l'avait si profondément ému déjà :

— Vous paraissez me fuir, monsieur ?

— Moi ! — fit Hector en tressaillant. Et alors il perdit la tête et il faillit tomber aux genoux de l'argentière. Il n'osa point... mais il la suivit dans la maison, il causa avec elle, il partagea son repas... Et alors il oublia la confidence que Noë lui avait faite, et, pendant quelques heures, il s'enivra du regard et du pâle sourire de Sarah. Comme la nuit venait, elle le quitta. Alors le rêve se dissipa, Hector s'éveilla et songea qu'il avait un rival, un rival heureux et aimé... que ce rival allait venir... et que lui, Hector, serait chargé de veiller sur leurs amours. Le jeune homme se sentit prison ce moment d'une sorte de haine profonde et pour Noë qui avait osé lui confier ce rôle, et pour cet inconnu qui avait l'audacieux bonheur d'être aimé. — Allons ! décidément, — fit-il, — je tuerai cet homme. — On entrait dans la maison par le jardin, et le jardin n'avait qu'une seule porte. — Il faudra bien qu'il passe par là, — pensa Hector. Le Gascon s'enveloppa dans son manteau et se mit à se promener de long en large devant la porte du jardin, qu'il entre-bâilla. La nuit allait s'obscurcissant ; les dernières lueurs du crépuscule s'étaient éteintes. Une église sonnait dix heures... Tout à coup Hector entendit un bruit auquel ne pouvait se tromper. C'était le trot d'un cheval.

— Le voici, — pensa-t-il.

Et il s'arrêta pour écouter.

Le bruit, éloigné d'abord, devint plus distinct, s'approcha, et bientôt Hector put discerner dans les ténèbres la noire silhouette du cheval et du cavalier.

Le cavalier vint jusqu'à la haie qui clôturait le jardin.

Là il s'arrêta et mit pied à terre.

Puis il attacha son cheval à un arbre qui se dégageait de la haie.

Et il marcha ensuite vers la porte.

Hector l'avait entr'ouverte ; le cavalier n'eut qu'à la pousser, et il se trouva dans le jardin.

Alors Hector, immobile depuis un instant, porta la main à la garde de son épée et fit un pas vers le nouveau venu.


IX

Il n'y avait guère que cinq jours entiers que les quatre valets étaient arrivés à Paris.

Lahire seul avait pénétré au Louvre ; Hogier et Hector n'avaient jamais vu le roi de Navarre.

On se souvient que Noë lui avait dit :

« Le roi notre maître serait furieux s'il savait que nous veillons sur lui. Il faut le protéger et le défendre à son insu. »

Depuis plusieurs jours, Henri n'étaient point sorti du Louvre, et Hector ne l'avait jamais vu.

Or, le cavalier qui venait d'entrer dans le jardin de feu le chanoine de Notre-Dame, ne supposant point qu'on l'attendait à la porte, fit trois pas vers la maison, aux fenêtres de laquelle brillaient plusieurs lumières.

Mais tout à coup il s'arrêta.

Hector était devant lui et paraissait vouloir lui barrer le passage.

— Ventre-saint-gris ! — murmura le cavalier, — qui va là ?

— Moi, — dit Hector d'une voix brève.

— Qui êtes-vous ?

— Peu vous importe !

— Que voulez-vous ?

— Monsieur, — dit Hector, — je ne serais pas fâché de savoir à qui j'ai affaire moi-même.

— Pardon, monsieur — répliqua le cavalier, — je vais à cette maison où on m'attend.

— Ah ! ah ! — ricana Hector.

— Cela vous étonne ?

— Non !

— Alors, laissez-moi passer !

Mais Hector ne bougea pas.

— Monsieur, — dit-il, — vous êtes celui qu'attend madame Sarah ?

— Précisément.

— Celui qui l'aime...

— Oui, monsieur.

— Et... qu'elle aime...

— Heu ! heu !... je l'espère...

— Eh bien ! halte-là !

— Plaît-il ?

— Vous ne passerez pas...

Le cavalier répondit avec un éclat de rire moqueur.

— Mon cher monsieur, — dit-il, — j'ai l'habitude de passer partout.

L'humeur gasconne d'Hector se fit jouer à ces mots :

— Cela tient, monsieur, — dit-il, — à ce que vous ne m'avez jamais rencontré sur votre chemin.

Le cavalier se mit à rire de plus belle.

— Ventre-saint-gris ! — dit-il, — la nuit est noire, monsieur ; mais à une pareille réponse je devine que vous êtes un joli garçon.

— Vous êtes trop aimable...

— Et, ventrebleu ! si votre accent ne me le prouvait surabondamment, j'aurais juré que vous êtes un Gascon ?

— Des bords de la Garonne, monsieur.

— Eh bien ! mon bel ami, vous êtes un aimable plaisant.

— Vous trouvez ?

— Et maintenant que vous m'avez prouvé combien vous avez d'esprit... — Hector salua, — laissez-moi continuer mon chemin, car, vous le savez, l'amour n'aime pas attendre....

— Cette fois-ci, monsieur, il attendra.

— Allons donc !

— Car je me suis en tête de vous passer mon épée au travers du corps.

— C'est une jolie idée, ma foi ! — dit le cavalier toujours souriant.

— Vous trouvez ?

— Mais elle est prétentieuse...

— Ah ! ah !

— Et cela pour deux raisons...

— Je les écoute, monsieur.

— La première, c'est que je n'ai pas l'habitude de me battre avec les gens qui ne m'ont point décliné leurs titres et qualités.

— Monsieur, — répondit Hector, — je me nomme le sire de Galard, et je descends en ligne directe du *Valet de carreau.*

— C'est une belle généalogie, monsieur, — ricana le cavalier.

— Pensez-vous que vous puissiez vous battre avec moi ?

— Heu ! heu !... à la rigueur.

— J'attends la deuxième raison, monsieur.

— Ah ! celle-là — dit le cavalier, — est plus sérieuse... — Voyons —

— C'est que, jusqu'à présent, j'ai eu pour coutume de tuer mes adversaires. —Hector se prit à ricaner. — Que voulez-vous ? — reprit le cavalier, — cela me paraît plus commode...

— Allons ! monsieur, — dit Hector dont la patience commençait à s'évanouir, — trêve de gasconnades, et veuillez mettre l'épée à la main.

— Comme vous voudrez, monsieur.— Et le cavalier dégaina ; Hector avait déjà l'épée hors du fourreau. Les deux fers se croisèrent et grincèrent l'un sur l'autre. — Tiens ! — dit le cavalier dès la première passe, — vous avez une bonne méthode.

— On me l'a toujours dit, — répondit Hector, qui venait de reconnaître que son adversaire était de première force.

— Et je vois, — continua le cavalier, — que nous aurons le temps de causer un peu.

— Volontiers...

Et Hector porta au cavalier un vigoureux coup de quarte qui se trouva paré.

— Cela vous chagrine donc que j'aime Sarah, hein ?

— Un peu...

— Et qu'elle m'aime ?

— Beaucoup.

— Bah ! — fit le cavalier, — est-ce que vous l'aimeriez ?

— Peut-être...

— Et bien ! franchement vous avez bon goût. — Et le cavalier se fendit à moitié. Hector fit un bond de côté, esquiva le coup et riposta, mais déjà son adversaire était arrivé à la parade. — Et elle a la cruauté de ne vous point aimer ?...

Cette raillerie exaspéra Hector.

— Cornes du diable ! — s'écria-t-il, — elle ne vous aimera pas longtemps, vous !

Et il eut le malheur de se fendre à fond sur son adversaire.

Mais ce dernier, aussi calme que s'il eût été dans une salle d'armes, répliqua :

— Vous tirez bien, monsieur, mais vous êtes jeune et manquez d'habitude. Tenez, on pare prime, on lie l'épée de son adversaire tierce sur tierce et... voyez vous-même !

Le cavalier avait mis la théorie en pratique, et l'épée d'Hector venait de sauter à vingt pas. Hector poussa un cri de rage et s'élança pour ressaisir son épée. Mais le cavalier, plus agile, avait déjà mis le pied dessus. — Mon cher monsieur de Galard, — lui dit-il, — je consens à vous rendre votre épée et à recommencer avec vous...

— Ah ! — fit Hector, ivre de rage.

— Mais j'y mets une condition..., — et le cavalier riait toujours ; — c'est que, acheva-t-il, — si je ne vous tue pas aujourd'hui et que vous retourniez jamais en Gascogne, vous proclamiez que je suis d'une certaine force en escrime. — Le cavalier se baissa, ramassa l'épée d'Hector et la lui offrit galamment. — Convenez, — dit-il, — que je vous ai montré là un joli coup.

Hector écumait.

— Eh bien ! — s'écria-t-il, — je vais vous en montrer un autre, moi ! Et, par l'écusson de mes aïeux... !

— Peuh ! — dit le cavalier, — vos aïeux étaient gentilshommes, monsieur, mais enfin ils ne descendaient pas de Jupiter lui-même.

Cette raillerie acheva d'exaspérer Hector.

— Hé ! parbleu ! monsieur, — dit-il en se remettant en garde, — je serais assez flatté de savoir quels sont les vôtres...

— Ah ! monsieur, — répondit modestement le cavalier, — je suis d'une assez bonne famille, croyez-moi.

— En vérité ! — ricana Hector.

— Le premier de mes ancêtres directs se nommait Ro-

bert...—Hector tressaillit;—il descendait du roi saint Louis;
—Hector jeta un cri ; — et mon père,— acheva le cavalier
avec une bonhomie parfaite, — avait nom Antoine de
Bourbon, roi de Navarre.

Cette fois, Hector ne jeta pas un cri, mais il recula pétrifié, et l'épée s'échappa de sa main.

Puis, tout à coup, il mit un genou en terre et murmura
éperdu :

— Ah ! sire, sire... pardonnez-moi !...

Henri le prit dans ses bras et se hâta de le relever.

— Mon bel ami, — lui dit-il, — n'ayez nulle honte de
votre action.

— Ah ! sire, je suis un butor, un bélître, un misérable...

— Vous êtes un brave garçon.

— J'ai osé tirer l'épée contre mon roi...

— Bah ! vous êtes gentilhomme...

— Oh ! certes.

— Eh bien ! le roi est un simple gentilhomme, lui aussi,
et tous les gentilshommes se valent.—Henri à ces mots prit
la main d'Hector et la serra cordialement; puis, lui frappant sur l'épaule : — Et maintenant, bonsoir... Vous savez... on m'attend...

Hector se sentit défaillir ; mais il s'effaça, et le roi de
Navarre continua son chemin vers la maison.

Guillaume était sur le seuil de la porte, il reconnut Henri
et vint à sa rencontre.

— Venez, sire, — dit-il.

— Chut !...

Guillaume se tut. Mais il prit Henri par la main et le
conduisit à travers la maison, que les ténèbres avaient envahie; il lui fit gravir l'escalier, ouvrit une porte, et Henri
vit Sarah devant lui.

Sarah était assise auprès d'une table, appuyant son beau
front dans ses mains blanches et transparentes comme la
cire vierge. Son émotion fut si grande à la vue d'Henri
qu'elle ne put se lever, mais elle poussa un cri étouffé et
tendit les bras à son cher prince.

— Ah ! Sarah !... Sarah ! ma bien-aimée,—murmura
Henri en se jetant à ses genoux et couvrant ses mains de
baisers ardents, — enfin je vous revois !...

Sarah se disait en ce moment :

— Mon Dieu ! je me sens mourir.

. . . . . . . . . . . . . . . . . . . . . . . . . .

Cependant Hector était demeuré dans le jardin.

Pendant quelques minutes, le pauvre jeune homme
resta comme abasourdi et privé de raison.

Il avait tiré l'épée contre son roi, contre ce roi de Navarre qu'avaient servi ses pères, et pour lequel il avait
juré quelques jours auparavant de verser son sang jusqu'à la dernière goutte...

Cela lui semblait si monstrueux que pendant quelque
temps il oublia tout, même Sarah...

Mais enfin il finit par se demander pourquoi il avait
provoqué cet inconnu qui n'était autre que son roi.

Et alors il se souvint.

Et, quand il se fut souvenu, il leva un œil éperdu sur la
maisonnette, dont le premier étage était éclairé...

Et il lui sembla voir derrière les rideaux passer deux
ombres enlacées, l'ombre de cette femme que déjà il aimait d'un ardent amour, l'ombre de cet homme qui n'était
plus son rival, mais son roi...

Alors encore le malheureux jeune homme tomba sur
ses genoux, cacha sa tête dans ses mains et se prit à fondre en larmes.

Hector sanglota longtemps; mais tout à coup un bruit
se fit derrière lui, une main s'appuya sur son épaule, une
voix murmura à son oreille :

— Pauvre ami...!—Hector se redressa vivement.— Pauvre ami ! — répéta Noë.

C'était Noë, en effet, Noë qui revenait de Montmorency
avec le roi de Navarre, et que celui-ci avait distancé dans
son impatience de voir Sarah.

Hector avait dix-neuf ans, l'âge où les larmes coulent
abondantes, où l'on est encore un peu enfant.

Il se jeta dans les bras de Noë ; il lui raconta en pleu-
rant ce qui lui était arrivé. Il lui dit qu'il avait failli tuer
son roi.

— Tu l'aimes donc bien cette femme ? — murmura
Noë.

— A ce point, — répondit Hector, — que je vais me
tuer !...

Et il ramassa son épée, qui gisait à terre, et il allait se
la passer au travers du corps.

Noë la lui arracha et la jeta loin de lui.

— Tu es fou ! — dit-il.

— Je n'ai plus la force de vivre, — répondit Hector, —
laisse-moi mourir.

— Ta vie ne t'appartient pas, — Hector tressaillit, — elle
est au roi, — dit simplement Noë, — à ce roi qui te vole
ton bonheur, à ce roi qui est aimé de la femme que tu
aimes. Mais la fidélité, mon ami, doit passer par tous les
chemins, sécher toutes les larmes, fermer toutes les plaies,
tarir la source des plus grandes douleurs...—Il prit Hector
dans ses bras et l'y pressa longtemps.—Ah ! — reprit-il,
nous servons une cause sainte, ami... Nous serons dans
l'avenir les compagnons du roi Henri, de ce roi que la
destinée fera grand... de ce roi dont les peuples futurs
vénéreront la mémoire... Et puis n'as-tu pas dix-neuf ans,
l'âge où le cœur est une cire molle, où la première empreinte s'efface sous une seconde ?... Oublie cette femme,
ami...

— Jamais ! — murmura Hector,—jamais, je le sens!...

Noë ne répondit pas et baissa la tête.

Mais il comprit ce qu'Hector devait souffrir, si près de
Sarah, aux pieds de laquelle, à cette heure, se trouvait
Henri.

— Tiens, — lui dit-il, — prends mon cheval et va-t'en.
Je te rejoindrai dans une heure à l'hôtellerie du *Cheval-
Rouan*.

## X

— Fangas ?

— Monseigneur...

— Es-tu allé au Louvre, aujourd'hui ?

— Oui, monseigneur.

— As-tu vu quelqu'un ?

— J'ai aperçu le roi de Navarre.

— Lui as-tu parlé ?

— Je n'ai pas pu.

— Pourquoi cela ?

— Parce qu'il passait rapidement dans le grand corridor.

— Et où allait-il ?

— Je ne sais, mais son cheval était sellé et je l'ai vu
partir avec monsieur de Noë.

— Quelle heure était-il alors ?

— Cinq heures environ.

Ainsi causaient monsieur de Crillon et son écuyer, le
provençal Fangas.

Le pauvre duc était dans son lit; où il avait toutes les
peines du monde à se tourner, car sa blessure le faisait
horriblement souffrir.

On avait transporté le duc dans sa maison du pays latin, au carrefour Saint-André-des-Arts.

Le premier jour, le roi n'était venu le visiter :

— Ah ! mon pauvre Crillon, — lui dit-il, — tu peux
compter que je te vengerai !...

Le lendemain le roi n'était point venu, mais il avait envoyé monsieur de Pibrac, son capitaine.

Le troisième jour, le roi n'avait envoyé personne.

— Allons ! — s'était dit le duc, — il fait mauvais être
dans son lit. Les rois qu'on a servis fidèlement vous ou-
blient. — Cependant il avait envoyé Fangas au Louvre, en

lui disant : — Tâche de voir soit Pibrac, soit le roi de Navarre, soit monsieur de Noë ; tu sauras ce qui se passe.

Fangas avait vu le roi de Navarre.

— Mon pauvre ami, — lui dit Henri, — dis à monsieur de Crillon que le roi Charles et la reine mère sont au mieux, que René est rentré au Louvre, et qu'il faut perdre tout espoir de le voir rompre.

Fangas était revenu avec ces mauvaises nouvelles.

Le duc avait éprouvé une si violente colère que sa blessure s'était rouverte. Puis il s'était calmé et avait dit à son écuyer :

— Tu retourneras au Louvre demain.

Or, le duc, qui avait eu la fièvre pendant deux jours et deux nuits, s'était assoupi une grande partie de la journée, et ce fut en s'éveillant qu'il adressa ces nouvelles questions à son écuyer.

La nuit était venue.

Monsieur de Crillon était couché dans cette vaste pièce où jadis il avait gardé René prisonnier toute une nuit, une nuit pleine d'émotion, durant laquelle Fangas gagna les poignées de haricots avec la conviction que chacun de ces farineux représentait une pistole de René.

La chambre était éclairée par deux lampes.

La première était posée sur un guéridon placée au chevet du lit.

Auprès de ce guéridon, l'écuyer Fangas, qui avait des connaissances chirurgicales assez approfondies, préparait un appareil.

Ce fut lui que le duc vit d'abord en s'éveillant.

Mais, à l'autre extrémité de la pièce, deux jeunes gens étaient attablés et vidaient silencieusement une bouteille de ce vieux vin récolté au flanc des coteaux de Villeneuve-les-Avignon, où monsieur de Crillon possédait, comme on sait, un clos de vigne de quelque importance.

Ces deux jeunes gens n'étaient autres que Lahire et Hogier.

Hector, on s'en souvient, était encore chargé de veiller sur Sarah.

Chaque jour les Gascons étaient venus ensemble ou séparément s'informer de la santé du bon duc.

Ce jour-là ils étaient arrivés ensemble.

Fangas, en les voyant apparaître sur le seuil, avait posé un doigt sur ses lèvres :

— Chut ! — avait-il dit, — le duc dort. — Hogier et Lahire étaient entrés sur la pointe du pied. — Il dort, — avait continué Fangas, — mais il ne saurait tarder à s'éveiller.

Fangas était hospitalier comme Crillon lui-même.

A Paris comme à Avignon, c'était l'usage, on n'entrait jamais chez Crillon sans vider une bouteille. Fangas posa un flacon poudreux et trois gobelets sur la table, but à la santé de son maître, et se remit à préparer son appareil.

Après avoir regardé Fangas et échangé ces quelques mots avec lui, Crillon s'aperçut qu'ils n'étaient pas seuls.

Il se servit de sa main comme d'un abat-jour.

— Harnibieu ! — dit-il, — je crois que voilà mes jeunes amis.

Hogier et Lahire s'approchèrent.

— Bonsoir, monsieur le duc, — dit Lahire, — comment vous sentez-vous ?

— Heu ! heu ! un peu mieux...

— Allons ! — fit Hogier, — je vois que vous serez sur pied avant quinze jours.

Le duc hocha la tête.

— Mettons un mois et n'en parlons plus, — dit Lahire.

Un sourire bonhomme vint aux lèvres de Crillon.

— Mes bons amis, — dit-il, — le roi ne me paraît plus avoir besoin de mes services, et j'en conclus que j'ai tout le temps nécessaire pour me guérir à l'aise.

— Le roi est ingrat ?

Crillon soupira :

— Je m'étais longtemps refusé à le croire, — dit-il.

— Ah ! monsieur de Crillon, — murmura Hogier, — si vous serviez le roi de Navarre !...

Crillon tressaillit.

— Ma foi ! — dit-il, — tâchez que Dieu en fasse un jour un roi de France, et, ventrebleu ! vous verrez... Mais pour le moment, mes chers seigneurs, le seul maître de Crillon, c'est le roi Charles.

— Qui a fait sa paix avec la reine mère.

— Hélas !

— Et qui a pardonné à René...

Un nuage passa sur le front pâle du blessé.

— Vive Dieu ! mes enfants, — dit-il, — je vous vais parler à cœur ouvert.

— Alors vous ferez comme toujours, monsieur le duc, — dit Lahire.

— Soit !

— Et nous vous écouterons avec bien du plaisir, — ajouta Hogier.

— Je vais d'abord vous établir un principe. Les gens comme moi ne servent point un homme dans la personne de leur roi, ils servent la monarchie.

— C'est juste.

— La monarchie, mes enfants, c'est un principe institué par Dieu. Peu importe qui le représente. Le roi François Ier était un grand homme, le roi Henri II, son fils, en était la monnaie.

— D'assez bon aloi, — dit Hogier.

— Je le veux bien. Mais feu le roi François II, et le roi Charles IX, qui n'a pas de descendance, et le roi de Pologne, et le duc d'Alençon, ressemblent diantrement à de la fausse monnaie, mes enfants ! — Et le duc eut son gros rire mélangé de finesse et de bonhomie. — Écoutez-moi bien, — poursuivit-il ; — j'ai peu d'estime pour le roi Charles IX, peu de confiance dans son frère de Pologne, je méprise le duc d'Alençon : eh bien ! je verserai mon sang pour le premier, pour le second et le troisième, avec la même abnégation, si chacun d'eux monte sur le trône... Et savez-vous pourquoi ? — continua Crillon dont le visage semblait entouré d'une auréole de fierté chevaleresque : — c'est que je suis un serviteur, un soldat de la monarchie ; c'est que, moi aussi, j'entrevois l'avenir, et que je prie Dieu chaque jour de me conserver jeune longtemps, afin que je puisse, quand ce trône pourri des Valois sera tombé, saluer la race nouvelle qui lui succédera, et voir la France abaissée se redresser hautaine et dominer le monde !... — Crillon s'arrêta un moment, ferma les yeux, et sa pensée sembla interroger les mystères de l'avenir. — Ah ! mes enfants, — reprit-il enfin, — je vois bien du sang, bien des larmes, bien des douleurs s'abattre, dans le lointain, sur notre pauvre France... Mais à l'horizon, là-bas, je vois aussi se dresser une grande figure, je vois un héros apparaître, j'entends une voix mystérieuse qui prononce un grand nom... — Hogier et Lahire regardaient avec étonnement. Crillon était en proie à ce délire raisonnant qui s'empare des blessés ; sa fièvre ardente semblait lui avoir donné une seconde vue. — Écoutez-moi encore, — reprit-il après un nouveau silence. — Un jour viendra où le coq gaulois chantera de sa voix plus sonore, où le clairon de la guerre civile ne retentira plus au milieu de nos campagnes désolées. Tenez, dans l'avenir, je vois flotter sur les Alpes et les Pyrénées la vieille oriflamme de saint Louis ; je vois un roi vraiment français, vraiment patriote, remettre au fourreau l'épée des discordes intestines pour pointer sur l'Espagne et l'Autriche, nos mortelles ennemies, le canon victorieux de la France !...

— Le délire l'a repris, — murmura Fangas à l'oreille d'Hogier de Lévis.

— Que parles-tu de délire ? — fit Crillon qui entendit ces mots. Et, se mettant sur son séant, il dit encore : — Ce roi, mes enfants, vous le servez déjà, je ne le sers point encore...

— Au nom du ciel ! monsieur le duc, — murmura Fangas, — si vous vous animez ainsi, votre blessure se rouvrira...

Crillon sourit de nouveau.

— Vous l'entendez, messieurs, — dit-il, — voilà le chirurgien qui parle... obéissons... Et en attendant que le roi de France ait besoin de moi, songeons à nous en aller un peu dans nos terres.

— A la bonne heure ! — dit Fangas ; — voici que monsieur le duc devient raisonnable..

— Imbécile !

— Et si je pouvais parler à mon tour...

— Parle !

Fangas reprit :

— Voyez-vous, monseigneur, dans huit jours Votre Seigneurie pourra se lever.

— Tu crois ?

— J'en suis sûr.

— Tant mieux, harnibieu !

— Dans quinze jours elle pourra monter en litière.

— Ah ! ah !

— Et nous nous en irons à Avignon faire nos vendanges.

— C'est mon idée, — murmura Crillon.

— On dit beaucoup de mal du Midi, voyez-vous ; on médit de cette pauvre Provence tant qu'on peut, mais, en fin de compte, on y revient toujours volontiers. Le mistral a du bon, monsieur le duc.

— Je le crois bien, — dit Crillon ; — c'est un purgatif...

— Et le bon vin ?

— C'est un tonique.

Fangas se frotta les mains :

— Allons ! allons ! — dit-il, — je vais inventer quelque baume merveilleux qui vous guérira plus vite.

Comme Fangas se réjouissait ainsi de la perspective d'un prochain voyage à Avignon, on frappa légèrement à la porte.

— Entrez ! — dit le duc. Et soudain il étouffa un véritable cri de joie. Un jeune homme que Crillon reconnut était sur le seuil ; c'était le roi de Navarre. — Ah ! sire... — murmura le duc, — c'est bien le cas de dire qu'on voit la queue du loup quand on en parle.

— Vous parliez de moi ?

— Oui, sire.

— Eh bien ! vous me direz cela tout à l'heure. — Le roi connaissait Lahire pour l'avoir vu dans la chambre de Noë, mais il n'avait jamais vu Hogier. — Messieurs, — dit-il, — je désire causer tête à tête avec le duc. Lahire et Hogier, dont le martial et spirituel visage séduisit le prince, s'inclinèrent sans répondre ; puis ils sortirent. — Va-t'en pareillement, — dit Henri à l'écuyer Fangas.

Fangas obéit.

Alors Henri s'assit au chevet de Crillon et lui parla longtemps bas à l'oreille.

Le duc écouta attentivement sans interrompre le jeune roi.

Mais quand celui-ci eut fini, le brave duc répondit :

— Sire, j'ai eu tout à l'heure comme une révélation de l'avenir, et dans cet avenir je me suis vu votre serviteur. — Henri tressaillit. — Mais alors, — reprit Crillon, — vous étiez roi de France, sire ! — Un éclair brilla dans les yeux du prince. — Aujourd'hui, — acheva Crillon avec sa brusque franchise, — vous me proposez de vous servir contre le roi de France, et je refuse. Crillon est le soldat de la monarchie française.

Henri soupira, mais il tendit la main à Crillon.

— Voilà une belle parole, duc, — dit-il, — et, ventre-saint-gris ! je m'en souviendrai.


## XI


Pour deviner ce que le roi Henri de Navarre venait proposer à Crillon, il faut nous reporter à quelques heures en arrière et suivre le jeune prince à Montmorency, où il s'était rendu avant d'aller voir Sarah.

Le prince, on le sait, était escorté de Noë. Mais Noë, en montant à cheval, n'avait pu se défendre de faire la réflexion suivante :

— Je veux que le diable m'étrangle si je sais ce que Henri va comploter avec son cousin le prince de Condé !

Durant la route, le roi s'était montré taciturne, ou bien il avait parlé de Sarah,

Mais quant au but de sa visite au prince de Condé, il n'en avait soufflé mot.

Pendant la première heure du voyage, Noë avait espéré que le prince lui ferait quelque confidence,

Mais ils étaient déjà bien au delà de Saint-Denis que Noë n'était pas plus avancé.

Alors il perdit patience et laissa échapper un gros juron.

— Plaît-il ? — dit le roi.

— Oh ! ce n'est rien, — dit Noë.

— Comment ! rien ?

— Je me parle à moi-même.

— Et que te dis-tu ?

— Que je suis un bélître.

— En vérité ! mon compère...

— Oui, — dit Noë, — car depuis quelque temps Votre Majesté me traite si mal et fait si peu de cas de moi que je ferais mieux de m'en aller...

— Où cela, Noë, mon ami ?

— Dans mes terres, sire.

— Prends garde, — dit le roi en riant, — si c'est un voyage de santé que tu veux entreprendre, et que tu veuilles prendre de l'exercice, je te conseille d'aller ailleurs.

— Pourquoi donc, sire ?

— Parce que tes terres sont si petites que tu en auras fait le tour en peu de temps, mon bel ami. — Noë se mordit les lèvres. — Vraiment, — reprit le roi, — tu trouves que je te traite mal ?

— Très mal, sire.

— Bah ! comment cela ?

— Votre Majesté n'écoute plus mes conseils, d'abord.

— C'est qu'ils sont mauvais.

— Ensuite...

— Ah ! tu as encore d'autres griefs...?

— Oui, sire.

— Parle.

— Ensuite Votre Majesté ne daigne même pas me mettre au courant de ses projets.

— Diable ! diable ! — murmura le roi de Navarre, — j'ai peut-être bien un peu tort, mon bel ami, mais... — Il s'arrêta et parut réfléchir. — Ecoute donc, — reprit-il enfin, — je gage que tu vas m'approuver.

— Voyons, — fit Noë, qui crut enfin à une confidence.

— Nous allons voir mon cousin, — reprit le roi.

— Parbleu ! je le sais...

— Et je vais proposer une petite affaire dont j'attends bon résultat.

— Ah ! ah !

— Reste à savoir s'il acceptera.

— Mais... cette affaire ?...

— Ta, ta, ta ! tu es trop pressé, mon bel ami. Attends donc un peu.

— J'écoute.

— Si Condé pense comme moi, s'il est de mon avis, lui et moi nous aurons bon besoin de vaillants et fidèles serviteurs tels que toi.

— Ah ! c'est bien heureux !...

— Et alors tu peux compter que je te mettrai au courant...

— Et s'il n'accepte pas ?

— Alors, ma foi ! tu ne sauras rien...

Noë fronça le sourcil :

— Voilà, — dit-il, — une confiance qui m'honore, sire.

— Hé ! mon pauvre ami, — dit le roi, — je te vais répondre par un proverbe qui est du feu roi Antoine, mon père : « Il vaut mieux parler d'une conspiration en voie d'exécution que d'une conspiration en projet. »

— Tiens, — dit Noë, — nous conspirons donc ?

— C'est-à-dire que nous conspirerons...—Noë se tut. Le roi poussa son cheval et parla d'autre chose. La nuit tombait lorsque les deux cavaliers atteignirent la lisière de la forêt de Montmorency. — Hé ! hé ! — dit le roi, qui aperçut au loin les croisées du château illuminées,—je vois qu'on nous attend !...

Le prince de Condé, cousin du roi de France, et plus près cousin du roi de Navarre, était un homme d'environ trente ans. Comme son cousin le Béarnais, il se nommait Henri.

Henri de Condé avait acquis déjà une belle réputation militaire.

Malheureusement, il était huguenot, et comme tel, il portait ombrage à la reine mère et aux Guise.

Depuis près d'une année, à la suite de quelques paroles désagréables qui étaient échappées au roi à son sujet, le prince s'était retiré à Chantilly et n'avait point remis les pieds à la cour.

Cependant il était venu à Paris, d'abord pour y voir la malheureuse reine de Navarre, qui devait mourir quelques jours après si malheureusement ; ensuite pour assister au mariage du roi son fils.

Mais il n'avait point voulu entrer au Louvre.

Le prince boudait comme Achille, avec cette différence qu'il avait choisi pour tente cette magnifique vallée de Montmorency, dont il était le seigneur et le maître.

La veille, Noë, accompagné d'Hector de Galard, lui était venu demander rendez-vous pour le roi de Navarre.

Lorsque ce dernier arriva, Henri de Condé était seul en une vaste pièce au rez-de-chaussée, dont les murs étaient couverts de trophées de chasse. Il alla avec empressement à la rencontre du jeune roi, qui lui tendit la main et lui dit :

— Bonjour, mon cousin.

— Soyez le bien-venu, mon cousin, — répondit le prince sur le même ton de cordiale égalité, et partant sans doute de ce principe qu'un prince de Condé valait bien un roi de Navarre.

Noë était demeuré au dehors.

— Êtes-vous seul, mon cousin ? — demanda Henri.

— Oui,— répondit le prince.

— Personne ne saurait nous entendre ?

— Personne.

— Nous pouvons donc causer.

Le prince avança un fauteuil au jeune roi.

— Je vous écoute, — dit-il.

— Mon cher cousin, — reprit alors le roi de Navarre,— vous êtes huguenot et moi aussi, en dépit de la messe qu'on m'a fait entendre le jour de mon mariage à Saint-Germain-l'Auxerrois.

Le prince de Condé s'inclina d'un air qui signifiait :

— Je n'en ai jamais douté.

Le roi poursuivit :

— A cette heure, mon cousin, d'un bout à l'autre du royaume de France, deux partis sont en présence : les huguenots et les catholiques. Ces derniers ont à leur tête nos cousins de Lorraine et la reine mère.

— Oh ! je sais cela, — dit le prince de Condé ; — seulement la reine et les Guise sont mal ensemble.

— Vous vous trompez...

— Bah !

— Depuis huit jours, le duc est à Paris ; il a vu la reine, et la paix est faite.

— Oh ! oh ! — fit le prince en fronçant le sourcil.

— La reine mère et le duc de Guise se voient tous les jours ; tous les soirs, la reine passe chez le roi Charles.

— Ah ! ah !

— Si nous n'y mettons bon ordre, nous serons pris traîtreusement. Qui sait ? on nous assassinera peut-être...

— Cordieu ! — fit le prince, qui instinctivement porta la main à la garde de son épée.

— Si nous laissons la reine s'ancrer de plus en plus dans l'esprit du roi, nous sommes perdus.

— Comment l'empêcher ?

— Ah ! ma foi ! — dit Henri, — c'est pour me concerter avec vous que je suis venu ici.

— Voyons !

— Si on supprimait la reine mère ?

— Plaît-il ?

— Mon Dieu ! dit tranquillement Henri de Navarre,— la chose est plus simple que vous ne pensez.—Le prince regardait Henri avec étonnement — Figurez-vous, mon cousin, que depuis quelques jours madame Catherine a la manie de sortir le soir du Louvre.

— Seule ?

— Oui...

— Oh ! oh ! — dit le prince.

— Pour la *supprimer*, il suffit de quatre hommes déterminés et d'une bonne litière.

— Bon ! mais où la conduire ?

— Ici, d'abord.

— Diable ! — fit le prince, — l'idée me sourit ; mais...

— J'écoute vos objections, mon cousin.

— Savez-vous que nous jouons notre tête ?

— Bah ! — dit Henri, qui secoua la sienne par un mouvement rapide, — la mienne tient fièrement sur mes épaules, voyez...

— Et puis, — dit encore le prince, — la reine enlevée, le roi Charles sera furieux.

— C'est vrai.

— Il la fera chercher par tout le royaume.

— Non, mon cousin.

— Vous croyez ?

— Sans doute, car la reine lui écrira...

— Au roi ?

— Oui, et elle lui donnera un motif de sa retraite qui aura bien son petit mérite.

Alors Henri tira de sa poche la lettre que Noë avait trouvée sur le corps du page assassiné.

Le prince lut cette lettre.

— Corbleu ! — dit-il, — voilà qui compromettrait singulièrement madame Catherine et notre cousin d'Alençon aux yeux du roi Charles.

— C'est mon avis.

— Et je crois que point n'est besoin d'enlever la reine mère.

— Au contraire. Ah ! mon cher cousin, — dit Henri, — vous ne la connaissez pas aussi bien que moi. Si elle pouvait s'expliquer avec le roi touchant cette lettre, elle aurait été écrite par ses ennemis et non par le duc d'Alençon...

— Mais enfin, qu'en ferez-vous ?

— C'est la reine mère qui l'enverra au roi.

— Vous plaisantez !...

— Avec quelques mots bien sentis que je me charge de lui dicter.

Le sourire du roi de Navarre était fort compréhensible.

— Mais quand nous aurons la reine ici, qu'en ferons-nous ?

— Nous l'y garderons dans votre meilleure tour, à trente ou quarante pieds sous terre.

— Longtemps ?

— Jusqu'à ce que nous puissions la transférer en Navarre.

— Et là ?...

— Ah ! ma foi ! — dit froidement, — Henri vous êtes chasseur comme moi, mon cousin, et vous savez qu'il vaut mieux tuer la bête fauve que d'être dévoré par elle.

— C'est juste.

— Quand je tiendrai madame Catherine en Navarre, je la garderai jusqu'à ce qu'elle soit trop vieille pour se mêler des choses de la politique.

— Mon cher cousin, — répondit le prince, — je m'associe dès aujourd'hui à votre plan, que j'approuve fort. Seulement je vois surgir une difficulté.

— Laquelle ?

— Le roi Charles est faible, et il est aisé de le faire passer du camp des catholiques dans celui des huguenots. Cependant la transition ne peut s'opérer si rapidement... et ce n'est ni vous ni moi...

— J'ai trouvé un homme dont nous ferons son premier ministre, et qui, en dépit de sa religion, a conservé sur son esprit un grand empire.

— Vous voulez parler de l'amiral ?

— Justement.

— Coligny est en effet le conseiller qui nous vaut le mieux. Mais j'aimerais assez voir dans nos intérêts un homme comme Crillon.

Henri hocha la tête.

— Je lui proposerai d'entrer dans notre camp, —dit-il,— mais je doute qu'il y consente. Vous ne connaissez pas Crillon.

Le jeune roi et le duc causèrent une heure encore.

Puis ils se donnèrent rendez-vous pour le lendemain et se séparèrent.

Henri remonta à cheval et dit à Noë :

— Je me suis attardé avec le cousin Condé. Il faut rattraper le temps perdu et songer que Sarah m'attend.

Et il mit son cheval au galop.

— Eh bien ! — demanda Noë, — le prince a-t-il consenti ?

— Oui.

— Alors je saurai... ?

— Tu sauras tout.

— J'écoute.

— Ah ! — dit Henri, je n'ai pas le temps maintenant. Quand j'aurai vu Sarah... Adieu !...

Le cheval du roi valait mieux que celui de son compagnon.

Noë eut beau jouer de l'éperon, il demeura en arrière, et le roi eut bientôt pris sur lui une telle avance qu'il eut le temps de se battre avec Hector et ensuite de passer une grande demi-heure aux genoux de Sarah.

. . . . . . . . . . . . . . . . . . . . . .

Maintenant nous allons suivre Hector, qui rentrait dans Paris et gagnait l'hôtellerie du *Cheval-Rouan*.


### XII

Hector était monté machinalement sur le cheval de Noë. Le pauvre jeune homme semblait n'avoir plus que vaguement la conscience de son existence.

Quand il fut en selle, il rendit la main à sa monture.

Le cheval était un peu las ; il prit une allure modérée sur la route de Paris.

Hector, perdu en sa morne rêverie, se laissa emporter à l'aventure, et sans même songer que Noë venait de lui donner rendez-vous à l'hôtellerie du *Cheval-Rouan*.

Le cheval entra par la porte Montmartre et suivit la rue de ce nom, la bride sur le cou.

Son cavalier paraissait endormi.

Vers l'église Saint-Eustache, la bête se mit à hennir, et Hector s'aperçut qu'il avait devant lui un cavalier qui suivait le même chemin.

Mais cet incident n'était point de nature à arracher le jeune homme de sa torpeur.

Le cavalier continuait sa route ; le cheval de Noë pressa le pas.

La nuit était tombée ; mais tout à coup le cavalier qui chevauchait devant Hector passa dans le cercle de lumière projeté par une des rares lanternes qui éclairaient alors la bonne ville de Paris.

Le cheval de Noë bennit de nouveau ; celui du cavalier répondit, et Hector tressaillit soudain.

On se souvient que la veille Noë avait pris son cheval à l'auberge de Létourneau et laissé celui d'Hector à l'écurie. Il y avait une heure, Noë s'était souvenu pour la première fois depuis la veille de cette circonstance ; mais il était tellement pressé de voir partir Hector qu'il lui avait remis son propre cheval, se réservant d'aller prendre le sien pour regagner Paris.

Or, dans le cheval qu'il avait devant lui, Hector crut reconnaître ce fameux Lucifer que son valet avait sellé, un soir, dans son manoir des bords de la Garonne, pour aller querir une outre de vin qui n'existait pas.

Hector était venu à Paris sur Lucifer, et il l'avait abandonné la veille au soir pour la première fois.

Si morne que fût sa rêverie, si noir son chagrin, notre héros n'était pas homme à voir son cheval en des mains étrangères sans s'en inquiéter.

D'abord il crut avoir mal vu.

Mais le cheval de Noë hennissait toujours, et l'autre lui répondait.

Hector rendit un peu la main, et le cheval de Noë rejoignit celui que montait le cavalier inconnu, juste au moment où il passait sous une deuxième lanterne.

Cette fois, Hector remarqua la trace de baume que Lucifer avait au pied montoir.

Ce signe était caractéristique.

— Holà ! Lucifer ! — cria-t-il. Le cheval s'arrêta net. Le cavalier qui le montait joua de l'éperon, mais Lucifer se cabra et n'avança point. En même temps, Hector vint se ranger tout à côté. — Parbleu ! mon gentilhomme, — lui dit-il, — je serais curieux de savoir si vous avez acheté mon cheval à un voleur ou si vous l'avez volé vous-même.

Le cavalier auquel Hector s'adressait était enveloppé dans un grand manteau couleur muraille ; il avait un feutre rabattu sur les yeux, et il était difficile de voir son visage.

— Ce cheval est à moi, — répondit-il, — et je n'ai pas d'explications à vous donner.

Puis de nouveau il joua de l'éperon et ensanglanta les flancs de Lucifer.

Cette fois, Lucifer bondit en avant, sembla prendre un galop précipité, puis exécuta violemment cette manœuvr de tout cheval vicieux qui veut jeter bas son cavalier et qu'on appelle le saut de mouton.

Le cavalier s'y attendait si peu qu'il vida les arçons et alla piquer une tête à dix pas.

Fort heureusement la rue n'était point pavée, et l'édilité parisienne d'alors était peu chatouilleuse à l'endroit de la propreté.

Le cavalier tomba sur un tas d'immondices et ne se fit aucun mal. Mais déjà le cheval avait volte-face, et revenait en hennissant à son maître, qui, malgré son chagrin, n'avait pu s'empêcher de rire à gorge déployée de la mésaventure de l'inconnu.

Ce dernier se releva furieux, tira son épée, et revint vers Hector, qui avait pris son cheval par la bride.

— Rendez-moi ce cheval, mon gentilhomme, — dit-il, — il est à moi.

— Je ne le pense point, monsieur, — répondit Hector, — car, vous le voyez, il m'a suffi de l'appeler pour qu'il me revînt après vous avoir désarçonné.

— Il est à moi, je l'ai payé ! — répéta l'inconnu avec colère.

— Ah ! voilà ce que je ne nie point, monsieur... Vous n'avez pas l'air, en effet, d'un voleur de chevaux.

— Donc, rendez-le moi.

— Plaît-il ? — fit Hector, — On me vole mon cheval et vous l'achetez ; je le retrouve et le reprends : c'est mon droit.

— Soit, monsieur, — dit l'inconnu, — mais si je vous le paye une seconde fois ?

— Mon cheval n'est pas à vendre, monsieur.

— Ah çà ! monsieur, — dit l'inconnu avec hauteur, — vous ne savez point le prix que je veux y mettre.

— Je vous répète, monsieur, qu'il n'est pas à vendre.

— Je vous en donne cent pistoles.

— Merci bien !... je ne le vends pas.

— Monsieur, — reprit l'inconnu, — j'ai absolument besoin de votre cheval ; fixez-en le prix vous-même, et je vous le payerai.

La voix du cavalier démonté demeurait hautaine et brève, en dépit de la tournure courtoise de son langage.

— Je suis gentilhomme et non marchand de chevaux, monsieur

Et Hector voulut passer, monté sur le cheval de Noë et tenant toujours le sien par la bride.

Mais cette fois l'inconnu perdit patience. Il prit hardiment la bride du cheval d'Hector, ce qui en tout temps a été une véritable insulte.

— Eh bien ! — dit-il, — puisqu'il en est ainsi, nous le jouerons...

— Ah ! parbleu ! — répliqua Hector, — je ne demande pas mieux, et vous tombez bien, mon gentilhomme. Je suis aujourd'hui d'humeur maussade, et ne demande pas mieux que de m'égayer un peu.—Tout le sang gascon d'Hector avait été mis en ébullition par l'insulte qu'on venait de lui faire. Il mit pied à terre, noua la bride de son cheval autour du cou de Lucifer et dégaina. Le gentilhomme inconnu s'était déjà débarrassé de son manteau. Comme Hector, il avait l'épée à la main. — Monsieur, — lui dit ce dernier. — j'ai horreur de me battre dans les ténèbres.

— Moi aussi, monsieur.

— Voulez-vous venir sous cette lanterne ?

— Volontiers.

Le cavalier inconnu fit quelques pas en arrière.

Lucifer, qui était un cheval parfaitement dressé, suivit son maître, qui rétrogradait pareillement entraînant après lui le cheval de Noë.

Quand ils furent sous la lanterne, les deux adversaires purent s'examiner à loisir avant de croiser le fer.

L'inconnu était un grand et beau jeune homme, au visage martial, aux cheveux bruns, à la barbe taillée en pointe.

Une grande balafre s'étendait de son front à sa joue gauche, en passant au-dessus de l'arcade sourcilière, sans pour cela le défigurer aucunement.

C'était un homme qui pouvait avoir vingt-cinq ans, dont les manières et l'attitude étaient fort nobles, et dont le pourpoint de velours brodé d'or annonçait qu'il ne s'était point trop avancé en offrant de payer Lucifer le prix qu'Hector fixerait lui-même.

— J'ai affaire à quelque seigneur de la cour, — pensa Hector, qui ne connaissait pas grand monde à Paris. De son côté, l'inconnu regarda Hector et lui trouva bonne mine. En même temps l'accent du jeune homme lui révélait son origine. — Allons ! monsieur, — dit Hector, — dépêchons-nous !

— Monsieur, — dit l'inconnu en croisant le fer, — je vous renouvelle ma proposition.

— Je la refuse !

Et Hector attaqua le premier.

Mais l'inconnu était un rude tireur : dès la première passe, Hector crut retrouver cette méthode solide, cette main sûre qu'il avait rencontrée tout à l'heure chez le roi de Navarre.

Cependant Hector tirait fort bien ; ensuite il avait un merveilleux sang-froid, que doublait son humeur chagrine.

Hector, depuis qu'il savait que Sarah ne l'aimerait jamais, ne tenait plus à la vie.

Enfin notre héros avait sur le terrain une qualité rare : il se souvenait des beaux coups qu'il avait vu faire et osait les essayer.

— Monsieur, — reprit l'inconnu, — si vous saviez le

besoin pressant que j'ai de votre cheval, vous ne me le refuseriez pas... car...

L'inconnu termina sa phrase par une exclamation de colère.

L'épée d'Hector l'avait effleuré en pleine poitrine.

— Ah ! puisqu'il en est ainsi, — s'écria-t-il, — je ne vais plus vous ménager, mon jeune coq !

Et il porta un coup furieux à Hector.

Celui-ci le para à moitié, mais l'épée de l'inconnu ne l'atteignit pas moins au bras.

Hector jeta un cri, fit un bond en arrière, puis, se souvenant de la leçon que le roi de Navarre lui avait donnée tout à l'heure, il retomba en garde, attaqua vivement, parvint à lier l'épée de son adversaire tierce sur tierce, et, d'un revers de poignet, la fit voler à dix pas, en même temps qu'il appuyait la sienne sur la poitrine de l'inconnu.

— C'est le coup qu'on m'a montré ce soir, — dit-il.

L'inconnu se crut mort.

— Monsieur, — lui dit alors Hector, — vous êtes en mon pouvoir et j'ai le droit de vous tuer.

— Tuez-moi ! — dit froidement l'inconnu.

— Mais je ne le ferai pas, car je viens de songer que, peut-être, vous n'aviez si grand besoin de mon cheval que pour aller à un rendez-vous d'amour ; et moi qui aime, — acheva le jeune homme en soupirant, — je comprends ces choses-là...

L'inconnu tressaillit.

— En effet, — dit-il, — j'allais à un rendez-vous... une femme m'attend.

Hector releva son épée :

— Eh bien ! monsieur, — dit-il, — prenez mon cheval, je ne vous le vends pas, je vous le prête. Vous me le renverrez demain à l'hôtellerie du *Cheval-Rouan*, rue Saint-Jacques.

— Monsieur, — répondit l'inconnu, touché de la noblesse du procédé,—je n'accepterai votre cheval que si vous consentez à me tendre la main.

— Oh ! de grand cœur, monsieur. — Et Hector prit la main de l'inconnu, puis il détacha le cheval de Noë du cou de Lucifer. Les deux animaux étaient demeurés paisibles spectateurs du combat.— Voilà le cheval, — dit Hector, — sautez en selle, monsieur, et que Dieu vous rende heureux... !

La voix d'Hector était triste.

— Mon jeune ami, — répondit l'inconnu, — vous semblez malheureux... Auriez-vous le cœur malade ?

— Hélas !

— Et votre mal est-il sans remède ?

— Sans remède, monsieur.—Hector sauta en selle à son tour. — Adieu ! monsieur, — dit-il, — bonne chance !...

Et il s'éloigna au galop.

Hector, arraché par cette aventure à sa torpeur morale, dirigea le cheval de Noë vers le pont du Change, traversa la Cité et gagna l'hôtellerie du *Cheval-Rouan*.

Là il s'enquit de ses amis.

Lahire et Hogier étaient sortis sans dire où ils allaient.

Hector monta dans sa chambre, s'y enferma, et fut bientôt replongé dans son désespoir. Une heure s'écoula pendant laquelle il oublia l'inconnu pour ne songer qu'à Sarah. Mais on frappa à la porte, et ce bruit l'arracha de nouveau à sa prostration.

— Qui est là ? — demanda-t-il.

— Moi ! — répondit la voix de Noë. Hector alla ouvrir. Noë était sur le seuil, un flambeau à la main, et la lumière de ce flambeau tombant d'aplomb sur Hector fit étinceler quelques gouttes de sang qui jaspaient son pourpoint de couleur grise. Le jeune homme, on s'en souvient, avait été légèrement blessé, si légèrement qu'il n'y avait pas pris garde. — Qu'est-ce que ce sang ? — s'écria Noë.

— Ah ! ce n'est rien, — dit Hector.

— Tu t'es battu ?

— Oui.

— Avec qui ?

— Avec un inconnu à qui on avait vendu mon cheval.

— Que me chantes-tu là ?

— La vérité.

— Je sais bien qu'on t'a volé ton cheval, mais...

Hector prit le parti de raconter à Noë son aventure tout au long.

Noë l'écouta attentivement ; puis il lui demanda le signalement exact de son inconnu.

— Ma foi ! dit Hector, — il est jeune, grand, fort beau garçon, en dépit d'une large balafre qui lui coupe le visage en deux.

— Une balafre !

— Oui.

— A-t-il la barbe brune ?

— Oui.

— Taillée en pointe.

— Justement.

— Et n'as-tu pas remarqué, lorsqu'il parle, un léger grasseyement dans la voix ?

— Tiens ! — dit Hector, — c'est vrai. Tu le connais donc ?

— Et tu lui as mis ton épée sur la poitrine et tu as pu le tuer ?

— Parbleu ! comme un poulet.

Noë lâcha un affreux juron.

— O triple niais ! — s'écria-t-il, — comment n'as-tu pas eu le pressentiment que cet homme était notre ennemi mortel ?

— Notre... ennemi ?

— Oui, — acheva Noë ivre de rage, — tu as eu dans tes mains la vie de l'homme qui a juré la mort de notre roi, et tu l'as laissé échapper !... Sais-tu quel est cet homme ?... C'est le duc Henri de Guise, dit le Balafré !

. . . . . . . . . . . . . . . . . . . . . . . .

. . . . . . . . . . . . . . . . . . . . . . . .


## XIII

Comment le cavalier que Noë prétendait être le duc de Guise était-il en possession du cheval Lucifer, lorsqu'il fut rencontré par Hector ?

Il nous faut, pour l'expliquer, revenir à un personnage de notre histoire que nous avons entrevu à peine.

Nous voulons parler de Pandrille, le colosse inintelligent dont Létourneau avait fait son complice.

Pandrille, dominé par l'éloquence un peu brutale du pistolet d'Hector, s'était laissé conduire à la cave et enfermer par Guillaume Verconsin, le fidèle valet de Sarah, dans ce caveau qu'une solide porte de chêne ferrée avec soin pouvait à la rigueur élever à la dignité de prison.

Nature violente et féroce, Pandrille était lâche.

Quand il se vit sous les verrous, le colosse pensa bien que le chevalier du guet serait averti au plus vite, et que, par conséquent, il serait transféré au Châtelet, d'où il ne sortirait que pour aller se faire pendre en Grève.

Il se coucha sur le sol et se prit à fondre en larmes, ni plus ni moins qu'un enfant.

Puis un accès de fureur succéda chez lui à cette faiblesse momentanée, et, ivre de rage, il se dressa et appuya ses larges épaules contre la porte, espérant l'enfoncer ; mais la porte demeura close et ne fut pas même ébranlée.

Alors Pandrille avisa une petite lucarne, par laquelle il découvrait un lambeau du ciel étoilé, et qui laissait arriver jusqu'à lui une bouffée d'air frais.

La lucarne était haut percée.

Cependant, comme il était de taille gigantesque et de plus très-agile, Pandrille réunit toutes ses forces, se ramassa sur ses jarrets, et, bondissant à la manière des chats, il parvint à saisir les barreaux de la lucarne et s'y cramponna.

Puis il se hissa, à la force des poignets, jusqu'à l'entablement étroit de la lucarne, et, plongeant un œil ardent à l'extérieur, il reconnut qu'elle donnait dans le jardin et était percée sur la façade opposée à la porte.

Pandrille eut bientôt pris son parti.

Il se laissa retomber dans le caveau, et, à tâtons, il se mit à chercher un objet de quelque résistance, barre de fer ou morceau de bois.

Le hasard le servit à souhait.

Il y avait dans le souterrain, auprès d'une futaille vide, un énorme maillet de fer destiné à cercler les tonneaux.

Le manche avait près de deux pieds de long. Pandrille s'en empara ; puis, usant du même moyen, il bondit de nouveau jusqu'à la lucarne.

Attaquer les barreaux à coups de maillet était un moyen impraticable, car le bruit aurait sans nul doute attiré l'attention de Guillaume et des deux gentilshommes.

Mais il passa le manche du maillet à travers les barreaux de fer, de façon à lui faire jouer le rôle de levier.

Il ne fallait rien moins que la force gigantesque de Pandrille pour mener à bien une semblable opération.

Le barreau résista d'abord, puis il craqua, se tordit et finit par se casser net comme un fer dans lequel se trouve une paille.

Alors Pandrille prit le tronçon du haut, le secoua et parvint à l'arracher de son alvéole.

Le tronçon du bas lui offrant plus de résistance, le géant le tordit et le coucha sur l'entablement.

Tout cela s'opéra sans trop de bruit.

Le passage que Pandrille venait de se frayer était étroit, mais le géant s'inquiétait peu de se déchirer et de se meurtrir. Il s'écorcha les épaules et les jambes, et se trouva dans le jardin.

Une fois là, Pandrille ne se soucia point de savoir ce qui se passait dans la maison. Il prit sa course à travers les jardins, et d'un bond il franchit la haie vive.

Quand il fut en plein champ, Pandrille hésita.

Où irait-il ?

Malgré son peu d'intelligence, le géant comprit que la maison de Létourneau ne pouvait être un refuge.

Évidemment, les premières recherches des archers seraient dirigées sur ce point. Mais, en même temps, le garçon cabaretier songea que son défunt maître était à la tête d'assez belles économies, lesquelles étaient serrées dans un sac de cuir, enfermé lui-même dans un coffre de chêne à triple serrure, sur lequel, par luxe de précaution, il avait établi le matelas qui lui servait de lit.

Pandrille, guidé par la cupidité, se dirigea vers le cabaret du *Bon-Catholique*.

Lorsqu'il y arriva, Noë et le fermier royal, Antoine Perrichon, venaient d'en sortir.

Pandrille alluma la lampe éteinte et put constater le désordre qui régnait dans la salle d'auberge.

La table était surchargée de gobelets et de bouteilles.

La trappe de la cave était soulevée...

Pandrille était ivrogne.

La cave ouverte fut pour lui une tentation sans pareille ; il prit un gobelet et sa lampe, et descendit, bien décidé à vider une de ces vieilles bouteilles que feu Létourneau vendait une pistole huit sous trois deniers.

Mais il s'aperçut que le caveau était ouvert, et il vit le cadavre du page au beau milieu.

La peur prit Pandrille.

Le drôle, qui assassinait un homme d'un coup de barre aussi froidement qu'il eût vidé un verre de vin, était pris d'une terreur superstitieuse à la vue d'un cadavre.

Lorsque Pandrille avait assassiné quelqu'un, c'était Létourneau qui se chargeait de faire disparaître la victime.

Depuis que le caveau servait de sépulture au pauvre page, Pandrille n'y était point entré.

Toutes les sornettes dont le populaire était nourri, toutes les histoires de revenant qu'il avait entendu conter, lui revinrent alors. Il s'imagina que le page s'était réveillé, puis était sorti de la cave, qu'il était ensuite monté dans l'auberge et s'était mis à boire ; qu'enfin il était venu pour se recoucher dans le tonneau qui lui servait de sépulture, et, trahi par l'ivresse, n'avait pu arriver jusque-là...

La terreur s'empara si bien de Pandrille qu'il laissa tomber la lampe, qui s'éteignit.

Il remonta à tâtons, se heurta vingt fois, s'arrêta vingt fois, la sueur de l'angoisse au front et les cheveux hérissés... Mais enfin il sortit de la cave, se précipita au dehors de la maison, sans plus songer au sac de cuir de Létourneau.

Cependant il n'avait pas fait dix pas qu'il entendit un hennissement derrière lui. C'était le cheval d'Hector qui s'ennuyait. Pandrille revint vers l'écurie, toujours dominé par cette terreur qui lui faisait souhaiter des ailes.

Il s'empara du cheval, sauta dessus, le frappa avec les talons et le lança au galop.

Pandrille ne savait trop où il allait.

Il fuyait ; et dans sa fuite il s'imaginait que le page mort et les archers vivants le poursuivaient de compagnie. Pandrille s'en alla tout d'abord emporté par le cheval jusqu'au bord de la Seine, en dehors des remparts.

Là, l'absence de pont l'empêcha de passer outre.

Il avait galopé une heure, et sa terreur s'était un peu calmée, du moins par son côté superstitieux.

Pandrille ne songea plus au page mort, mais il songea aux archers du chevalier du guet, et il se dit que plus il mettrait de distance entre eux et lui, et plus il serait en sûreté. Mais le colosse n'avait pas un sou vaillant sur lui, il avait des vêtemens en désordre, et c'en était assez pour qu'il fût appréhendé au collet en mettant le pied sur le premier bailliage des environs de Paris.

Alors le garçon cabaretier eut une idée, chose rare pour son obtuse intelligence. Il songea à vendre le cheval, et se souvint que Létourneau, quand il avait trouvé sur les jeunes seigneurs qu'il assassinait un objet de prix autre que de l'argent monnayé et dont il n'aurait pu se défaire sans exciter les soupçons, allait le vendre à un aubergiste de l'intérieur de Paris.

Cet aubergiste, qui était en même temps brocanteur, était établi dans la rue du Rempart, non loin de la porte Montmartre.

Pandrille rentra dans Paris par le bord de l'eau et remit le cheval au galop.

A cette époque, il n'y avait guère que les gentilshommes qui montassent à cheval.

Paris était mal éclairé ; un homme qui le traversait à cheval était pour les rares passants attardés un gentilhomme. Pandrille arriva à la porte de l'aubergiste-brocanteur sans avoir fait de mauvaise rencontre.

La porte du bouchon était entr'ouverte ; mais il n'y avait pas de lumière.

Pandrille attache le cheval à l'anneau de fer scellé dans le mur, poussa la porte et entra.

— Est-ce toi, Crèvecœur ? — dit une voix. Pandrille s'arrêta interdit. Il venait d'entrer précisément dans cette maison où le duc de Guise vivait caché depuis quelques jours. — Est-ce toi ? — répéta la voix. Pandrille ne répondit pas. Alors un bras vigoureux le saisit, et la voix ajouta : — Qui est-ce donc ?

En même temps, une porte s'ouvrit à l'intérieur de l'auberge, et un flot de clarté envahit la première pièce. Pandrille eut le vertige. Sur le seuil de la porte qui venait de s'ouvrir, deux jeunes gens apparaissaient et le regardaient curieusement. En même temps, un troisième le secouait rudement et lui disait : — Qui es-tu ? que veux-tu ? où vas-tu ?

Pandrille était sans armes ; les trois jeunes gens avaient l'épée au côté et la dague au flanc.

Le garçon cabaretier s'imagina qu'il était tombé aux mains des archers, et il perdit tout à fait la tête.

— Grâce ! messeigneurs, — dit-il, — grâce ! Ce n'est pas moi qui ai voulu tuer Sarah Loriot, c'est Létourneau... Moi je n'ai rien fait !...

Si on se souvient que, quelques jours auparavant, la duchesse de Montpensier disait que, pour rapprocher de nouveau Henri de Guise de Marguerite, il était urgent de retrouver Sarah Loriot, on comprend l'effet que produisit son nom sur les trois jeunes gens, qui n'étaient autres que Conrad, Gaston de Lux et le duc lui-même. C'était le duc qui étreignait le bras de Pandrille.

— Sarah Loriot ! — dit-il, — tu as tué Sarah Loriot ?

— Non, non, ce n'est pas moi ! — hurla Pandrille.

— Qui donc alors ?

— Létourneau.

— Il l'a tuée.

— Non... non... il a voulu la tuer, mais les gentilshommes sont venus...

— Quels gentilshommes ?

— Je ne les connais pas.

Les dents de Pandrille claquaient de terreur.

Le duc comprit qu'il fallait d'abord calmer cet homme.

— Imbécile ! — lui dit-il, — nous ne sommes point les soldats du guet, et nous ne te pendrons pas ; mais, si tu ne t'expliques point et si tu ne nous dis pas tout ce que tu sais sur Sarah Loriot, nous te tuerons. Tiens ! choisis : cet or, si tu parles ; ce poignard, si tu te tais ! — Le duc tira sa bourse pleine d'or et la jeta sur une table. La vue de l'or rassura Pandrille et lui délia la langue. Il raconta tout ce qu'il savait ; tout ce qu'il avait vu, c'est-à-dire comment Létourneau avait reconnu l'argentière et formé le projet de l'assassiner pour lui voler ses trésors, et comment l'expédition avait avorté. Le duc demeura persuadé que l'un des deux gentilshommes qui étaient accourus au secours de Sarah était le roi de Navarre lui-même.

— Hé ! hé ! — pensa-t-il ; — je conterai cela à ma sœur Anne, et elle me donnera un bon conseil. — Puis il dit à Pandrille : — Sais-tu, mon garçon, après semblable chose, que tu ne peux plus sortir d'ici ? — Pandrille tressaillit. — Tu n'aurais pas fait dix pas que tu tomberais dans une des patrouilles du chevalier du guet !

— Oh ! — dit Pandrille.

— Et tu serais pendu sous huit jours... — Pandrille devint livide. — Tandis que, si tu restes ici, — continua le duc, — tu seras en sûreté. — Le garçon cabaretier regarda le duc d'un air de doute. Henri de Guise était sorti sur le pas de la porte et examinait le cheval. — Voilà un bel animal ! — dit-il, — je le prends pour moi, et je t'en donne vingt pistoles... — Les yeux de Pandrille brillèrent de convoitise.

— Ensuite, tu vas demeurer ici ; je te prends à mon service.

L'audace revint au colosse.

— Votre Seigneurie veut faire tuer quelqu'un ? — demanda-t-il.

— Peut-être...

— Je vois que Votre Seigneurie est généreuse ! — murmura le garçon cabaretier.

Henri de Guise se tourna vers Gaston de Lux :

— Monte sur ce cheval, — dit-il, — et va-t'en à Meudon.

Gaston s'inclina.

— Tu diras à Anne qu'elle ne me cherche pas plus longtemps... que nous avons trouvé...

— Bon !

— Et que, — acheva le duc, — la nuit prochaine je l'irai voir.

Gaston sauta sur le cheval et partit.

## XIV

Le duc Henri de Guise ne sortait jamais le jour.

Caché dans ce cabaret du bord des remparts, il ne s'aventurait au dehors que lorsque la nuit était venue.

Mais alors il s'enveloppait soigneusement dans son manteau et se rendait chez La Chesnaye, ou bien encore il s'en allait rôder aux environs du Louvre.

Les actions du roi de Navarre intéressaient le duc au plus haut point.

Quoi qu'il en eût dit à madame Catherine, Henri de Guise aimait toujours Marguerite, et son désespoir eût été sans bornes s'il n'avait eu la secrète espérance de se débarrasser du roi de Navarre tôt ou tard.

Léo d'Arnembourg, grièvement blessé par Lahire, avait été transporté dans cette petite maison où le duc se cachait.

Malgré la gravité de son état et grâce aux soins empressés que ses trois amis et le duc lui prodiguaient, il était hors de danger.

Chaque soir, le duc envoyait un message à sa sœur, après le départ d'un mystérieux personnage qui ne manquait pas un seul jour de venir, à la tombée de la nuit, s'entretenir avec lui longuement.

Ce personnage, on le devine, n'était autre que madame Catherine.

La reine mère empruntait divers déguisements pour venir voir le duc.

Tantôt elle était vêtue en page, chose que sa taille encore mince lui permettait; tantôt elle s'enveloppait dans la mante d'une duègne.

Quelquefois même elle usait d'une robe de moine dont elle rabattait le capuchon sur ses yeux.

Or, le lendemain soir de cette nuit où Pandrille était tombé par hasard au milieu du duc et de ses affidés, comme neuf heures sonnaient, la reine arriva.

Ce soir-là, elle avait pris une robe de moine, et suspendu un gros chapelet à la corde qui lui servait de ceinture.

Le duc la reçut dans cette petite pièce qui ressemblait à une cellule, dans laquelle nous l'avons déjà vu stipuler avec elle les bases de cette mystérieuse alliance dont le but unique était la perte du roi de Navarre et de tous les huguenots.

Le duc était botté et éperonné.

— Madame, — lui dit-il quand ils furent seuls, — j'ai trouvé l'argentière.

— Ah! — fit Catherine dont l'œil s'alluma de colère. La reine mère se souvenait que la belle argentière avait failli coûter la vie à son cher René, et elle avait pour elle une haine violente. — Ah! vous l'avez trouvée? — répéta-t-elle avec une sombre joie.

— Oui.

— Où est-elle?

— Près d'ici.

La reine songea à René.

— Je connais quelqu'un, — dit-elle, — qui voudrait être aussi instruit que vous.

— Et, — ajouta le duc, — je saurai dans une heure si le roi de Navarre la voit toujours.

— Oh! — dit Catherine, — cela me semble impossible, mon cher duc.

— Vous croyez, madame?

— J'en suis presque certaine.

— Remettez votre capuchon, madame.

— Pourquoi?

— Afin que la personne que je vais faire entrer ici ne vous voie, point. — La reine remit son capuchon, le duc ouvrit la porte et appela : — Pandrille!

Catherine vit entrer le colosse, qui salua gauchement.

— Conte à ce bon religieux, — dit le duc, — ce qui s'est passé hier dans la maison de feu le chanoine.

Pandrille ne se le fit point répéter.

Pour de l'argent, le garçon cabaretier faisait tout ce qu'on voulait.

Il narra dans ses plus petits détails l'histoire que nous connaissons déjà.

— Oh! oh! — murmura la reine, — ceci m'étonne singulièrement. Comment étaient ces deux gentilshommes? — demanda-t-elle à Pandrille.

— L'un d'eux a une barbe blonde.

— Ah!

— Et il me semble que l'autre l'a appelé d'un singulier nom.

— Te le rappelles-tu?

— Noë, je crois.

— Très-bien, — dit la reine, — et l'autre?

— Je ne sais pas son nom, mais il a une petite barbe noire.

— Ah! ah!

— Et il est plus grand que le premier. Ce vague signalement d'Hector pouvait s'appliquer à Henri. Pandrille le compléta en disant : — Tous les deux parlent comme des Gascons.

— C'est lui! — murmura Catherine, persuadée que l'homme à la barbe noire n'était autre que Henri de Bourbon.

— Du reste, — dit le duc, — je vais aller rôder autour de cette maison. Nous verrons bien s'il y vient. Où pourrai-je vous voir, madame? — murmura-t-il tout bas à l'oreille de Catherine.

— Ici. Je vous attendrai.

— C'est bien.

Le duc laissa Catherine installée dans son oratoire, il prit son manteau et fit signe à Pandrille de le suivre.

Tous deux longèrent la petite rue des Remparts et arrivèrent à la porte Montmartre...

— Conduis-moi, — dit le duc. Pandrille fit prendre au noble personnage le chemin qui, passant d'abord au pied de l'abbaye de Montmartre, se dirigeait vers Saint-Denis. Mais comme ils arrivaient à la bifurcation de ce chemin et du sentier qui conduisait à la maison habitée par Sarah, le duc, prêtant l'oreille, entendit le galop forcené d'un cheval. — Oh! oh! — se dit-il, — voilà un homme bien pressé, ce me semble. — Et le duc et Pandrille s'arrêtèrent. Le chemin était bordé d'une haie assez haute. Comme le galop du cheval devenait plus distinct, le duc et Pandrille se jetèrent derrière cette haie et attendirent. Le cavalier ne tarda point à arriver à la bifurcation. Le cheval, qui était lancé à fond de train, voulut passer outre; le cavalier voulut le jeter dans le sentier; il y eut une lutte d'une seconde, au bout de laquelle le cheval fut réduit et prit le sentier. Mais, dans la lutte, un énergique *ventre-saint-gris!* était échappé au cavalier, et le duc avait reconnu la voix de Henri. Caché derrière la haie, il attendit que le cavalier eût atteint la clôture du jardin qui entourait la petite maison; puis il dit à Pandrille : — Tu vas rester là, en observation...

— Oui, messire.

— Jusqu'à ce que ce cavalier sorte.

— Oui, messire.

— Et tu calculeras à peu près le temps qu'il sera resté dans cette maison. — Pandrille s'inclina... — Après quoi tu viendras me rejoindre.

Pandrille était dévoué corps et âme au duc.

Ce dernier s'en retourna tranquillement par où il était venu.

La reine mère l'attendait avec impatience.

— Vous l'avez vu? — dit-elle.

— Je l'ai entendu, ce qui revient au même, il me semble.

— Vous ne vous êtes pas trompé?

— Non.

— Et il est chez Sarah?

— Oui, madame.

La reine réfléchit un moment.

— Il y est venu hier, il y revient ce soir... certainement il y reviendra demain.

— C'est probable...

— Ah! si Marguerite sait cela...

Le duc frissonna de joie :

— Elle le saura, j'imagine, — dit-il.

Madame Catherine eut, sous son capuchon, un de ces sourires énigmatiques dont seule elle possédait le secret.

— Mon cher duc, — dit-elle, — nous voici tous deux à une heure critique où il faut frapper juste, si nous frappons.

— C'est mon avis, madame.

— Henri de Navarre, jusqu'à présent, a été protégé par l'amour de sa femme, qui a sur le roi mon fils un empire encore excessif.

— Je le sais.

— Si sa femme l'abandonne, le roi nous le livrera demain.

— Mais, — dit le duc avec feu, — il me semble que Marguerite ne peut pas aimer le roi de Navarre du jour où elle saura...

— Ah! mon cher duc, — dit la reine d'un ton protecteur, — vous qui êtes versé dans les choses de la politique, vous ne comprenez rien à celles de l'amour.

— Comment cela !

— Marguerite haïra son époux du jour où elle aura la preuve de sa trahison ; mais cette preuve, comment la lui donner?

— J'irai la voir, — dit le duc avec impétuosité.

— Bon ! Après?

— Je lui affirmerai sur ma parole...

— Elle ne vous croira pas. L'amour est aveugle, vous le savez...

— Et si je lui montre Henri aux pieds de Sarah?

— Voilà le difficile.

— Cependant...

— Écoutez, — dit Catherine, — tant que ma fille Marguerite aura auprès d'elle cette fine mouche qu'on nomme Nancy...

— Eh bien ?

— Vous ne parviendrez pas à la voir...

— Oh !

— Et, si vous y parvenez, qu'elle consente à vous suivre, que vous la conduisiez dans cette maison où Sarah reçoit Henri de Navarre et que vous lui montriez ce dernier aux genoux de l'argentière, Nancy lui prouvera qu'elle a mal vu.

— Que faut-il faire?

— Il faut *supprimer* Nancy, — dit froidement la reine.

Le duc tressaillit :

— Oh ! — dit-il, — on ne peut pourtant pas faire assassiner une femme.

— Hé ! — dit la reine mère en haussant les épaules, — qui vous parle de l'assassiner? Etes-vous fou, mon cher duc?

— Alors... que comptez-vous faire ?

— L'enlever.

— Comment ?

— Je m'en charge.

— Où la conduira-t-on?

— Il faut que la duchesse votre sœur devienne sa geôlière.

— J'y songeais, — dit le duc.

— Tenez, — dit la reine, — il faut la voir cette nuit.

— Je suis prêt à monter à cheval.

— Vous vous chargerez d'avoir une litière et deux hommes masqués.

— Quand ?

— Demain.

— Où attendra cette litière ?

— Dans la rue des Prêtres-Saint-Germain. Je me charge du reste.

Le duc se leva et appela Gaston de Lux :

— Selle mon cheval, — lui dit-il.

Dix minutes après, le duc de Guise quittait la reine mère, et, monté sur Lucifer, le cheval volé par Pandrille, il descendait la rue Montmartre.

On sait ce qu'il advint, comment il rencontra le véritable propriétaire du cheval, et ce qui suivit cette rencontre. Une heure plus tard, le duc arrivait à Meudon et conférait avec la duchesse sur le prochain enlèvement de Nancy et le moyen de renouer avec madame Marguerite.

## XV

Vingt-quatre heures après l'entrevue de la reine mère et du duc de Guise, madame Marguerite était seule en son oratoire avec Nancy.

Nancy était légèrement soucieuse. La reine l'était plus encore.

Depuis plus d'une heure, Nancy allait et venait par l'oratoire comme une âme en peine.

Depuis plus d'une heure, madame Marguerite n'avait point desserré les dents, et son beau et large front était plissé comme la mer un jour de tempête.

Enfin Nancy n'y tint plus. L'espiègle camériste éprouvait le besoin de parler et sa langue était en proie à une violente démangeaison.

— La reine ne s'habille donc pas ce soir ? — dit-elle.

— Non ! — répondit sèchement Marguerite.

— Cependant Votre Majesté avait coutume, le soir, d'aller chez le roi.

— Je n'irai pas.

— Votre Majesté est peut-être souffrante ?

— Non.

— Ou inquiète?

A cette question plus directe, la reine tressaillit profondément.

— Oui, — dit-elle.

— Pourquoi ? — fit ingénument la camériste.

Marguerite ne répondit à cette seconde question que par une autre :

— Crois-tu que le roi m'aime ? — reprit-elle.

— Hum ! — pensa Nancy, — voici l'orage arrivé, gare si le nuage crève... — Puis tout haut : — Mais je trouve la question plaisante !

— Hein !

— Votre Majesté sait mieux que moi que le roi l'adore.

— En es-tu sûre ?

— Dame ! cela se voit. — Marguerite ne donna point un démenti à Nancy, mais elle ne parut pas convaincue. Elle alla s'asseoir auprès de la fenêtre ouverte et jeta un mélancolique regard au dehors. Un nouveau silence régna dans l'oratoire. Nancy continua de ranger divers objets et se dit : — A présent que le premier mot est lâché, il faudra bien que madame Marguerite aille jusqu'au bout.

Et la fine mouche attendit que la reine lui adressât la parole.

Tout à coup Marguerite se retourna :

— A quelle heure le roi de Navarre est-il sorti ce soir? — demanda-t-elle brusquement.

— Mais, dame ! — répondit Nancy de plus en plus ingénue, — je ne sais trop, madame. Après souper... il était nuit.

— Ah !

Nancy prit un air mystérieux :

— Votre Majesté sait bien, — dit-elle, — que la politique est une maladie qui gagne tous les princes. Le roi de Navarre se mêle de politique.

— Tu crois ?

— Oh ! j'en suis sûre...

Marguerite quitta la fenêtre et alla s'asseoir devant un métier à broder.

Pendant quelques minutes encore elle garda le silence; puis elle reprit :

— C'est singulier ! le roi s'occupe de politique bien tard !

— Votre Majesté veut dire *bien tôt* ! le roi est si jeune...

— Oh ! je veux dire, — fit Marguerite; — qu'il rentré fort tard... dans la nuit!.

— Cela ne prouve rien. Il est des affaires qui ne peuvent se traiter en plein jour.

— Sais-tu qu'il était trois heures du matin quand il est revenu ?

— Bah ! si tard.

— Et puis...

Marguerite hésita.

— Eh ! mais, — dit Nancy en riant, — on dirait que Votre Majesté est jalouse...

— Ah ! c'est que, — répondit la reine, — j'ai mes raisons pour cela.

— C'est différent.

— Le roi est froid, mélancolique, indifférent, depuis trois jours.

— La politique l'absorbe...

— Et, — ajouta Marguerite, qui se décida tout à coup à faire ses confidences à Nancy, — je n'aime point qu'il mêle des femmes dans ses intrigues politiques.

— Des femmes ! — exclama Nancy, qui feignit une vive indignation.

— Lesquelles lui prêtent des mouchoirs brodés. — Et la reine, qui serrait depuis quelque temps un mouchoir brodé dans sa main crispée, le jeta au nez de Nancy Nancy ramassa gravement le mouchoir, le tourna et le retourna en tous sens, et finit par laisser bruire un éclat de rire moqueur entre ses lèvres roses. — Tu ris ? — fit la reine indignée.

— Ah ! c'est juste, — murmura Nancy, — j'ai tort... Si Votre Majesté savait la vérité...

— La vérité !

— Elle me chasserait peut-être.

— Te chasser !

— Dame ! j'ai eu tort... j'en conviens...

— Toi ?

— C'est moi qui ai prêté ce mouchoir au roi de Navarre... Et peut-être que... Votre Majesté... — Marguerite écoutait stupéfaite. Nancy avait pris un air confus, elle baissait les yeux... elle était dans l'attitude d'un grand coupable. — Car enfin, — acheva-t-elle, — si Votre Majesté allait me croire indigne de ses bontés... moi qui voudrais donner tout mon sang pour elle.

Marguerite croyait avoir mal entendu.

— Mais explique-toi donc ! — s'écria-t-elle. — Ce mouchoir est à toi ?

— Oui, madame.

— Et c'est toi qui l'as donné au roi...

— Oh ! non, — dit Nancy. — Je l'ai prêté, madame : je suis une pauvre fille qui ne peut faire de tels cadeaux. Ce mouchoir est de fine batiste. C'est un mouchoir de famille; je le tiens de mon aïeule...

— Comment ! tu l'as prêté au roi !

— Oui, madame.

— Mais... quand ? pourquoi ?...

Nancy retrouva son air confus.

— Ah ! — murmura-t-elle en baissant les yeux de plus belle, — j'ai eu tort... mais je suis jeune, j'aime à rire...

— Explique-toi donc ! — répéta Marguerite avec impatience.

— Votre Majesté me chassera.

— Tu es folle !

— Ah ! si j'étais sûre qu'elle me pardonnât !

— Je te pardonne.

— D'avance ?

— Oui.

— Ma foi ! tant pis ! — murmura Nancy; — quand on a seize ans, on aime à s'amuser un peu!. Je vais tout narrer à Votre Majesté.

— Parle !

— Eh bien ! hier au soir, le roi de Navarre m'a rencontrée dans le petit escalier qui conduit à la poterne du bord de l'eau.

— Quand il est parti ?

— Oui, madame. Il faisait nuit!. c'est vous dire que l'escalier qui est dans le jour assez sombre déjà, était tout à fait noir.

Nancy s'interrompit pour se remettre à rire.

— Mais parle donc ! — fit la reine.

— Le roi descendait, — reprit Nancy, — moi je montais...

— D'où venais-tu ?

— Je m'étais promenée au bord de l'eau.

— Avec qui ?

— Avec Raoul.

— Bon ! après ?

— Le roi descendait sans faire de bruit. Moi je faisais un tapage de tous les diables avec ma robe, dont les froufrou sont bruyants... « Qui donc va là ? » a demandé le roi tout bas. Je n'ai pas reconnu sa voix et je l'ai pris pour monsieur de Pibrac, qui gasconne passablement, lui aussi.

— Et puis ? — fit Marguerite.

Nancy poursuivit :

— Alors, au lieu de répondre, j'ai jeté mes deux bras autour du cou du roi, que je prenais toujours pour monsieur de Pibrac, et déguisant ma voix, je lui ai dit à l'oreille : « Je suis une femme de la cour qui vous aime follement et n'a jamais osé vous l'avouer. »

Marguerite, à ce récit empreint de l'espièglerie ordinaire de Nancy, ne put s'empêcher de sourire.

— Comment, — dit-elle. — tu as fait cela ?

— Oui, madame.

— Et qu'a dit le roi ?

— Ah ! madame, quand j'y songe, j'en ai la chair de poule.

— En vérité !

— Le roi s'est écrié, en parlant d'un éclat de rire : « Vraiment ! vous m'aimez, belle inconnue ? » Cette fois j'ai reconnu sa voix, et la peur m'a pris : je n'ai pas répondu. « Ah ! vous m'aimez, ma mie! » a repris le roi. « Eh bien ! dites-moi votre nom, que je l'aille répéter à madame Marguerite. » J'ai voulu m'esquiver, mais il m'a prise par le bras. Je me suis débattue, et mon mouchoir lui est resté dans les mains. — Nancy baissa les yeux pour la troisième fois. — Ah ! — dit-elle, — je sais que c'est bien mal... car enfin je me suis permis d'embrasser le roi ; mais...

— Tu es une belle fille ! — interrompit Marguerite, qui riait à se tordre. — Ah ! ma pauvre Nancy, — ajouta-t-elle, — figure-toi que j'ai trouvé ce matin ce mouchoir sous l'oreiller de mon cher Henri, et depuis ce matin je suis folle.

— Si Votre Majesté m'avait plus tôt confié son inquiétude, tout se serait expliqué.

— Mais mon tourment est passé, va!

— Ah ! madame, — dit Nancy, — je suis bien certaine, moi, que le roi vous adore.

— Mais où peut-il être allé ?

— Chut ! c'est de la politique... — Et Nancy prit un air câlin : — Est-ce que Votre Majesté ne me permettra point, — dit-elle, — d'aller prendre un peu l'air...

— Plaît-il ?

— Au bord de l'eau...

— Où t'attend Raoul ?

— Ce pauvre garçon, — dit Nancy, — je lui ai promis de l'épouser sitôt qu'il aurait vingt ans... et il a encore six mois à attendre. Il faut bien lui faire prendre patience.

— Va ! — dit la reine souriant.

— Ah ! Votre Majesté est trop bonne...

Et Nancy s'esquiva en murmurant un *oui* ! qui avait une éloquence sans pareille.

Nancy ne descendit pas au bord de l'eau, où Raoul ne l'attendait point, mais elle courut vers les antichambres du roi Charles IX, où le page était de service.

— Viens vite ! — lui dit-elle, — viens ! j'ai besoin de toi... — Raoul confia le poste qu'il occupait à un autre page, et suivit Nancy avec cette docilité particulière aux amoureux. La camérière le conduisit dans sa chambre et s'y enferma avec lui à double tour. — Ah ! mon pauvre ami, — dit-elle, — je t'assure que je viens d'éviter un joli coup de tonnerre.

— Que dites-vous ? — fit Raoul étonné.

— Eh bien ! la reine était jalouse. Tu sais ce que je t'ai conté hier...

— Oui, la conversation que vous avez surprise à travers la serrure entre Noé et le roi de Navarre ?

— Précisément.

— Le roi a reçu Sarah ?

— C'est-à-dire, — fit Nancy, — que c'est une horreur. Il est resté chez elle jusqu'à trois heures du matin.

— Et la reine...

— La reine a trouvé un mouchoir que Sarah a donné à son royal adorateur.

— Ah ! diable !

— Heureusement le mouchoir, tout brodé qu'il était, ne portait aucune couronne, aucun écusson, pas même une initiale.

— Eh bien ?

— Je l'ai pris sur mon compte.

— Comment cela ?

— J'ai dit qu'il était à moi.

— La reine l'a cru ?

— Oui, grâce à une petite histoire que j'ai imaginée...

— Bravo !

— Et que je vais te narrer. Écoute bien... car il faut que tu te la rappelles bien textuellement.

— Oh ! soyez tranquille, chère Nancy, — dit Raoul, — j'ai bonne mémoire. — Nancy raconta alors à Raoul cette fabuleuse histoire qu'elle avait narrée à madame Marguerite. — Bon ! — dit Raoul, — maintenant, ma petite Nancy, que dois-je faire ?

— Tu vas descendre au bord de l'eau.

— Bien.

— Le roi rentrera je ne sais à quelle heure, mais il rentrera...

— C'est probable.

— Il rentrera par la poterne du bord de l'eau.

— Vous croyez ?

— C'est son habitude.

— Que lui dirai-je ?

— Tu lui conteras ce qui est advenu et tu lui répéteras mot pour mot la fable du mouchoir.

— Soyez tranquille.

— Tu lui recommanderas même de prendre les devants et de narrer cette histoire avec que madame Marguerite l'interroge. — Raoul inclina la tête. Nancy reprit : — Moi, je ferai bonne garde auprès de madame Marguerite.

— Ah çà ! — dit Raoul, — voici l'orage détourné pour aujourd'hui ; mais... demain... ?

— Oh ! demain, c'est une autre affaire...

— Vous en convenez ?

— D'abord il n'y aura pas de lendemain.

— Je ne comprends pas...

— Je verrai le roi de Navarre ce soir... seule, à seul, et je te réponds bien qu'il me jurera de ne pas retourner chez Sarah.

— Qui sait ? — fit Raoul.

— Bah ! — répondit Nancy, — je ne suis pas trop maladroite, conviens-en.

— C'est vrai.

— Quant à monsieur de Noé, — poursuivit Nancy, — comme c'est lui qui a déniché l'argentière et qu'il en a parlé au roi qui n'y pensait plus, je me charge de lui donner une rude leçon.

Nancy accompagna ces paroles résolues d'un petit air qui lui seyait à ravir.

— Ah ! Nancy... chère Nancy ! — murmura Raoul, — vous êtes une femme comme il n'y en a pas !...

— Niais ! — dit-elle en lui passant sa jolie main sous le menton. — Va, mon mignon !... ou plutôt viens, car j'ai demandé à madame Marguerite une heure de liberté pour causer avec toi, et j'ai dit que tu m'attendais au bord de l'eau.

Nancy prit Raoul par la main, le fit descendre par le petit escalier que nous connaissons, et tous deux s'allèrent promener au dehors devant la poterne, prenant bien garde que le roi ne rentrât au Louvre tandis qu'ils causaient.

Au bout d'une heure, Nancy quitta Raoul, et de nouveau elle s'engouffra dans l'escalier ténébreux pour remonter auprès de madame Marguerite.

Mais elle avait à peine gravi une dizaine de marches que deux bras vigoureux l'enlacèrent.

En même temps une main invisible lui appliqua un masque de poix sur le visage pour l'empêcher de jeter un seul cri.

Nancy fut terrassée, garrottée, emportée, sans que la sentinelle qui veillait en bas eût rien entendu.

## XVI

Nancy avait été saisie et enlacée, si rapidement, on lui avait appliqué le masque de poix sur le visage avec tant de promptitude, que non-seulement elle n'avait pu se dégager, mais qu'il lui avait été impossible de jeter un cri.

L'obscurité était profonde dans l'escalier, et il était impossible à Nancy de deviner à quels agresseurs elle avait affaire. Aucune parole n'avait été prononcée et les bras qui l'étreignaient étaient vigoureux.

Cependant Nancy comprit qu'elle n'était point attaquée par une seule personne.

On lui jeta sur la tête, en outre du masque de poix, une sorte de capuchon qui lui descendait jusque sur le cou. Puis un des mystérieux ravisseurs la chargea sur son épaule.

Nancy se sentit emportée sans qu'il lui fût possible de savoir où. Le capuchon et le masque l'aveuglaient.

Celui qui la portait chemina environ cinq minutes après avoir redescendu l'escalier, puis il déposa la jeune fille dans une litière et s'assit auprès d'elle. Nancy essayait vainement de se débattre. Tout à coup, et comme la litière se mettait en route, celui de ses ravisseurs qui était à côté d'elle se pencha, et, d'une voix qui lui était inconnue, il dit à la camérière :

— Si vous voulez être débarrassée de ce masque qui vous étouffe, on vous en débarrassera. Mais si vous avez le malheur de crier, on vous tuera, ma petite. Promettez d'un signe de tête, et ce sera fait.

Nancy inclina la tête de bas en haut.

Alors l'inconnu passa ses deux mains sous le capuchon et enleva le masque de poix.

Nancy avait les bras liés derrière le dos.

Le masque enlevé, elle pouvait parler, mais elle n'y voyait pas davantage, car le capuchon descendait plus bas que son menton.

Nancy était une fille prudente et qui connaissait à merveille les mœurs de son temps.

Elle comprit que, si, en effet, elle appelait à son aide, on lui enfoncerait un stylet dans la poitrine avant que personne fût venu à son secours.

Aussi dit-elle tranquillement :

— Je ne crierai pas, mais dites-moi où vous me conduisez.

— Impossible ! — lui répondit-on.

Nancy était courageuse, elle ne se désola point, mais

elle rassembla tous ses souvenirs pour deviner qui pouvait lui jouer un pareil tour.

Nancy ne se connaissait pas d'ennemis personnels; mais elle savait qu'on disait au Louvre qu'elle était le meilleur conseil de madame Marguerite.

Aussi, loin de chercher à qui elle pouvait avoir nui, elle songea sur le champ que, si on l'enlevait, c'est qu'on la voulait empêcher d'être utile à la reine de Navarre.

Nancy était trop sagace pour errer longtemps à côté de la vérité. Elle se remémora la conversation de Lahire et de Noë, et ce que le premier avait dit au second touchant les projets de la duchesse de Montpensier.

On se souvient que Lahire avait surpris, à travers une porte ou un trou de serrure, ces paroles de la duchesse à monsieur d'Arnembourg :

« Il faut que le duc mon frère revoie Marguerite et qu'on retrouve Sarah l'argentière. »

— Bon ! — se dit Nancy, — c'est le duc qui me fait enlever. Allons ! c'est, au demeurant, un galant homme, et je n'ai rien à craindre pour ma vie. On me gardera prisonnière, mais je serai bien traitée. — Elle fit toutes ces réflexions en quelques minutes, puis elle dit à son ravisseur : — Mon cher monsieur, je ne sais pas où vous me conduisez et je n'insiste point pour le savoir. Seulement, si vous voulez réfléchir que je suis une pauvre femme sans défense, vous verrez qu'on me traite avec la dernière brutalité.

L'inconnu répondit :

— J'ai des ordres.

— Ne vous serait-il point possible de me délier les mains ? la corde qui les attache me fait un mal horrible.

— Soit, — dit le ravisseur, — mais à la condition que vous ne chercherez point à vous échapper.

— Je vous le jure.

— D'ailleurs, s'il en était autrement, ma petite, — répondit l'inconnu, — vous exposeriez votre vie.

— Comment ! vous avez ordre de me tuer ?

— Non, si vous ne cherchez point à nous résister.

— Je vous promets d'être raisonnable. — Le ravisseur délia les mains de Nancy. — Et, — continua celle-ci, — allez-vous me laisser ce vilain capuchon sur la figure ?

— Hélas ! il le faut.

— Pourquoi ?

— Parce que vous ne devez pas voir où l'on vous conduit.

— Ah ! — soupira Nancy, — ce capuchon m'étouffe !

— Rassurez-vous, votre supplice ne sera pas long.

— Vraiment ?

— En moins d'une heure nous serons arrivés au lieu où on vous mène.

— Ah ! tant mieux !...— Et Nancy résignée se rejeta au fond de sa litière. La litière fut emportée au grand trot de deux mules dont le cou était garni de clochettes. La camériste se prit à penser et se dit : — Monsieur le duc de Guise a sans doute calculé qu'il pourrait arriver sans encombre jusqu'à madame Marguerite, s'il me faisait enlever. Mais il compte sans mon petit Raoul, qui, en prévenant le roi de Navarre de ce qui m'est advenu ce soir, le mettra sur ses gardes.

Ainsi que l'inconnu qui accompagnait Nancy prisonnière le lui avait annoncé, la litière s'arrêta au bout d'une heure.

— Nous voici arrivés, — lui dit son ravisseur. Il descendit le premier et prit la main de la jeune fille. — Appuyez-vous sur moi, — lui dit-il, — et laissez-vous conduire. — Nancy était d'une docilité parfaite ; elle savait que la soumission est le rôle obligé de tout prisonnier qui a l'espoir de s'évader. Elle se laissa donc conduire sans résistance aucune. — Vous avez cinq marches à monter, — lui dit son guide.

Nancy monta les cinq marches et sentit sous ses pieds un sol dallé, en même temps qu'une atmosphère plus fraîche l'entourait.

On lui fit faire quelques pas, puis elle entendit ouvrir une porte.

Ensuite au sol dallé succéda sous son pied un tapis épais qui assourdit le bruit de ses pas.

Alors le ravisseur lui ôta son capuchon.

Nancy jeta autour d'elle le regard avide de ceux qui ont été momentanément privés de la vue.

Elle était dans une sorte d'oratoire coquettement décoré.

— Bon ! — se dit-elle, — je sais où je suis. La description que monsieur Lahire a faite de l'oratoire de madame de Montpensier à Noë est exactement celle du lieu où je me trouve. Voyons ce qu'on va faire de moi ? — Elle se retourna et regarda son mystérieux conducteur. Celui-ci était un homme de haute taille, revêtu d'une robe de génovéfain, et la figure couverte d'un masque noir qui lui descendait jusqu'au menton. — Voilà des gens de précaution, — pensa la camériste.

L'homme masqué frappa à une porte latérale qui s'ouvrit presque aussitôt.

Un jeune homme vêtu d'un costume de page et pareillement masqué entra alors et salua Nancy.

Nancy lui fit une belle révérence.

Puis l'homme masqué, supposant sans doute que Nancy ne comprenait point l'allemand, s'adressa au page dans cette langue :

— Où est madame ? —demanda-t-il.

— Elle va monter dans la litière.

— Ah ! — fit l'homme masqué.

— Et retourner à Paris.

— En sorte que nous resterons seuls ici ?

— C'est-à-dire que je resterai seul, —dit le page — car vous allez retourner avec elle.

— En es-tu sûr ?

— Très-sûr.

— Tu sais que tu réponds de la petite ?

— Oh ! soyez tranquille...

Alors l'homme masqué s'approcha de Nancy impassible et qui ne paraissait pas avoir entendu un mot :

— Vous savez, ma petite, — lui dit-il, — que, si vous tentiez de vous évader, il pourrait vous arriver malheur...

— Je n'y songe pas, monsieur.

— Je vois que vous êtes raisonnable.

— Cependant j'aimerais assez savoir, — reprit Nancy, — pour combien de temps je suis ici.

— Pour quelques jours.

— Et... après ?

— Après on vous reconduira au Louvre.

Nancy fit une deuxième révérence.

— Bien obligée du renseignement, monsieur, — dit-elle. L'homme masqué s'en alla. Alors Nancy regarda le page. Le page était masqué, mais le masque était étroit, transparent pour ainsi dire ; il ne cachait ni le front, qui était large, blanc, uni, avec une belle veine bleue au coin des tempes, ni le menton qui était creusé d'une jolie fossette. A travers les trous on voyait les yeux, deux yeux vifs, pétulants, amoureux sans doute, car ils s'arrêtaient sur la camériste avec une complaisance sans égale. Nancy n'avait pas précisément la candeur d'une jeune fille des champs ; elle avait vécu au Louvre, elle savait ce que parler veut dire, et, quand elle regardait un cavalier, elle faisait sur lui telle ou telle réflexion qui dénotait de l'expérience. Or, Nancy regarda le page, et, quand elle l'eut regardé, elle se dit : — Il est fort joli garçon, ma foi ! et, si je n'aimais pas Raoul, j'aurais sûrement du penchant pour lui.

Cette réflexion faite, Nancy eut une fort belle idée.

Quand Nancy avait une idée, elle la tournait, la retournait sous toutes les faces, la pesait, l'examinait ; puis l'idée adoptée, elle se disait : « En avant ! »

Or, il paraît que l'idée qu'eut Nancy lui parut bonne, car elle se mit à l'œuvre sur le champ.

Le page Amaury (car c'était lui) s'était assis dans un

coin de l'oratoire, et, de cet endroit, il regardait Nancy avec une naïve admiration.

Amaury avait seize ans, l'âge où l'amour est un rêve, où le cœur bat sans qu'on sache pourquoi. Comme Amaury contemplait Nancy, il la trouvait belle et se disait :

— Est-il possible, en vérité, qu'on lui ait lié les mains, placé un masque de poix sur le visage et un capuchon sur la tête ? Ah ! si on m'avait chargé de l'enlever !...—Et l'enfant soupirait. Nancy s'était laissé tomber sur l'ottomane qui se trouvait entre les deux croisées du boudoir. Là, elle avait pris une attitude pleine de tristesse, jetant autour d'elle un coup d'œil désolé. Le page, non moins silencieux, la contemplait avec cet œil mélancolique dont la vingtième année emporte le secret. Comme le page se contentait de la regarder, Nancy soupira. Le soupir de Nancy fit tressaillir le page. Nancy remarqua qu'il avait fait un mouvement, et elle soupira de nouveau. Cette fois, Amaury fut ému ; il se leva et s'approcha d'elle : — Mon Dieu ! mademoiselle, — dit-il, — vous paraissez avoir un profond chagrin. — Nancy ne répondit pas, mais elle plaça ses deux mains sur ses joues, et le page crut voir jaillir une larme à travers ses jolis doigts roses. — Hélas ! — reprit le page, — voici la première fois qu'il me répugne d'obéir aux ordres que je reçois.

Nancy releva la tête et arrêta sur le page son regard le plus fascinateur :

— Merci de cette bonne parole, monsieur, — dit-elle.

Puis elle parut retomber en sa mélancolie profonde.

Le page avait commencé à parler ; il ne se tint point pour battu, et il reprit :

— On m'a commandé de vous garder, et je vous garde, mademoiselle ; mais je fais, croyez-le, des vœux ardents pour que vous soyez bientôt rendue à la liberté.

Nancy haussa les épaules d'un air résigné :

— Oh ! — dit-elle, — vivre ici ou au Louvre, c'est pour moi la même chose. — Ces mots intriguèrent le page. — Tenez, — dit Nancy, — j'ai horreur de tous ces grands seigneurs, de toutes ces femmes de qualité parmi lesquels je vis... Je serais si heureuse si mon rêve pouvait se réaliser !...

— Votre rêve ?...

— Ah ! pardon, monsieur, j'ai perdu un moment l'esprit. Je ne vous connais pas, vous êtes mon geôlier, et cependant je vous parlais comme à un ami.

— Mademoiselle...

— Que voulez-vous ! — continua Nancy, — il est des moments où l'on a tant besoin de s'épancher...

— Ah ! mademoiselle, — murmura le page qui donna dans le piège, — pourquoi ne me parleriez-vous point comme à un ami ?... Si vous saviez,... cependant...

L'enfant se prit à rougir.

— Quel âge avez-vous ?

— Seize ans.

— A votre âge, les hommes ne sont pas encore méchants. — Et elle le regarda plus tendrement encore : — Vous avez l'air bon, — dit-elle.

— Mademoiselle...

— Et je vais vous parler comme si vous étiez mon frère... — Le page s'approcha de Nancy et vint s'asseoir auprès d'elle. Nancy lui prit la main : — Tenez, voyez-vous, — dit-elle, — j'avais rêvé une bonne petite vie bien calme, bien paisible, une vie à deux en quelque coin du monde, loin de Paris, loin du Louvre... J'aurais voulu rencontrer un homme qui m'aimât...

Le page frissonna :

— Comment, — dit-il, — personne ne vous aime ?...

— Personne, — soupira Nancy d'un air désolé.

— Et vous n'aimez personne ?...

— Hélas ! — dit-elle, — je n'ai point encore rencontré celui que je rêve. — Le page eut un éblouissement. L'œil humide de Nancy était fixé sur lui, et cet œil avait des rayonnements magnétiques. Nancy avait arrondi un de ses bras sur un des coussins de l'ottomane ; sa main blanche et rose jouait avec un gland qui pendait à ce coussin.

Le page osa prendre cette main, que Nancy ne retira point ; puis il la porta à ses lèvres : — Que faites-vous ? — lui dit-elle vivement.

— Ah ! — murmura le page, — pardonnez-moi, mais il vient de se passer en moi quelque chose d'étrange.

— Vraiment !

Et Nancy eut un regard de plus en plus fascinateur.

— Il m'a semblé, — murmura le jeune homme, — que, si vous le vouliez, je vous aimerais ardemment.

Nancy étouffa un cri.

— Vous ! — dit-elle.

— Moi...

Et le page frémissant se mit à genoux devant elle.

— Allons ! — pensa Nancy, — je le tiens !...

## XVII

Nancy se plut un moment à voir le page à ses genoux, —puis elle lui retira brusquement ses mains, le repoussa et lui dit :

— Mon cher page inconnu, je suis fort touchée de votre amour, mais...—Elle eut un sourire railleur et mutin qui produisit sur le page l'effet d'un seau d'eau glacée sur la tête d'un homme en colère.—Mais,—acheva-t-elle,—je suis prudente, et j'aime à voir ce que j'achète.—Le page se releva tout confus.— Avant de répondre à vos protestations d'amour, — murmura Nancy, — j'aimerais assez voir votre visage.—Ces mots, si simples en apparence, bouleversèrent Amaury.—Car, enfin, — acheva l'espiègle soubrette, en passant une de ses belles mains dans la chevelure du page qui venait de se remettre à genoux,—vous êtes fort bien de tournure, je n'en disconviens pas ; vous avez de jolis cheveux châtain clair ; vous paraissez avoir de beaux yeux, et votre voix est charmante ; mais vous pouvez être... laid !

— Ah ! — fit le page outré de cette supposition malveillante.

— Hé ! mon Dieu ! qui sait ? — Et Nancy décocha au page naïf une œillade assassine. — Ensuite, et même en admettant, — poursuivit-elle, — que vous soyez le plus accompli des cavaliers, c'est pour moi une question d'amour-propre.

— Ah ! fi ! dit le page.

— O mon Dieu ! — reprit Nancy, — je suis une pauvre fille sans expérience ; mais je n'en ai pas moins ouï conter bien des choses...

Le page s'était remis à genoux, et il baisait avec enthousiasme les mains que Nancy lui abandonnait sans trop se fâcher.

— Vraiment ! — dit-il.

— Mais oui.

— Eh ! mon Dieu ! qu'a-t-on pu vous conter, mademoiselle ?

— L'histoire de plus d'une pauvre fille comme moi qui s'est laissé séduire par un page beau parleur...

— Oh ! je ne suis pas de ceux-là, moi !

— Qui m'en répond ?

— Et, si j'ai osé vous dire que je vous aime,—poursuivit Amaury, — c'est que la chose est bien vraie.

— Bah !

— Je vous aime, et je sens que je vous aimerai toujours...

— Tarare ! — dit Nancy, — vous ne me connaissiez point il y a une heure.

— C'est vrai, mais...

— Et il me paraît difficile...

— Oh ! — fit le page,—croyez-moi ! j'ai éprouvé une sensation bizarre, étrange, inexplicable, en vous voyant.

— Juste ciel !

— Et j'ai compris que désormais je vous appartenais corps et âme...

12

— En vérité !

— Que je serais votre esclave...

Nancy interrompit les protestations du page par un éclat de rire.

— Raison de plus, — dit-elle, — pour que je voie votre visage.

Le page pâlit sous son masque.

— Mais, — dit-il, — si je fais cela, je manquerai à tous mes devoirs.

— Comment cela ?

— Il m'est défendu de me laisser voir.

— La raison ?

— Parce que vous ne devez pas me reconnaître quand vous me rencontrerez.

— Ah ! ah !

— Afin que vous ne sachiez pas où l'on vous a conduite.

Cette fois, le rire de Nancy devint homérique.

— Ah ! page, mon bel ami, — dit-elle, — que vous êtes vraiment amusant ! vous me parlez d'amour, vous m'aimez, vous devez m'aimer toujours...

— Ah ! je le sens !

— Et vous convenez que si, plus tard, nous nous rencontrons, je ne dois pas pouvoir vous reconnaître! Ah ! ah ! ah !—Nancy continua à rire de plus belle, et le page tout décontenancé garda un moment le silence. — Mais alors, mon bon ami, — reprit Nancy,— il est parfaitement inutile que vous me parliez de votre amour...

— Cependant, mademoiselle...

— Et je vous engage à reprendre tout simplement votre métier de geôlier ; car n'êtes-vous pas mon geôlier ?

— C'est-à-dire que je suis chargé de vous garder ici.

— Jusques à quand ?

— Je l'ignore.

— Et il vous est enjoint de demeurer masqué, sans doute ?

— Hélas !

— Ce qui fait que vous m'offrez votre cœur. C'est commode... et pour vous... et pour moi...

Nancy riait toujours.

Le page se mit à ses genoux, baisa de nouveau ses mains et lui dit d'une voix émue :

— Je ferai ce que vous voudrez.

— Non ! — répondit Nancy, — laissez-moi... ne me parlez pas d'amour... je veux tout ou rien... je veux que l'homme qui m'aimera n'aime que moi, n'obéisse qu'à moi...

— Je serai cet homme.

— Tarare ! vous ne voulez pas vous démasquer...— Amaury, complétement fasciné, oublia tous ses devoirs et arracha son masque. Alors Nancy put voir un charmant visage d'adolescent blanc et rose, un visage un peu féminin, mais plein de mystérieuses séductions. — Oh ! oh ! —pensa Nancy, — il est gentil. Songeons à Raoul ; c'est bien nécessaire en ce moment.

Et elle parut regarder Amaury avec une naïve admiration. Puis elle soupira.

Amaury jeta un cri de joie :

— Parlez ! — dit-il, — ordonnez... Je vous aime...

Nancy prit la tête du page dans ses mains et lui posa un baiser sur le front.

Ce baiser brûla l'enfant comme un fer rouge et lui mit du salpêtre dans les veines.

Ensuite elle l'attira doucement auprès d'elle, sur l'ottomane où elle était assise, et lui dit :

—Vous êtes un gentil garçon ; votre nom ?

Le page n'avait plus assez de raison pour taire son nom.

— Amaury, — dit-il.

— C'est un joli nom.

— Vous trouvez ?

— Eh bien ! mon petit Amaury, — dit Nancy,— causons raison, s'il vous plaît.

— Raison ! oh ! le vilain mot !...

— Soit ! mais causons.

— Hé ! — fit le page avec un naïf abandon, — que voulez-vous donc que je vous puisse dire, si ce n'est que je vous aime ?...

— Je vous défends de me le répéter...

— Oh !

— Avant de m'avoir entendue... C'est moi qui vais vous parler raison. Quel âge avez-vous ?

— Seize ans.

— J'en ai tout à l'heure dix-huit : donc je suis votre aînée, donc vous me devez l'obéissance.

— Oh ! de grand cœur !...—Amaury porta les mains de Nancy à ses lèvres, ajoutant : — Parlez, je vous écoute... Ce que vous ordonnerez, je le ferai.

— Mon mignon, — dit alors Nancy, — il en est de l'amour comme de la fortune ; il frappe une seule fois à votre porte, et, si on ne lui ouvre pas, il ne revient plus. Or, je m'étais fait un serment depuis longtemps...

— Et... ce serment ?

— C'était d'ouvrir ma porte à l'amour s'il se présentait. Si vous m'aimez, je vous aimerai.

— Oh ! je vous aime déjà de toutes les forces de mon âme.

— Très bien ! — dit Nancy, — mais, si je vous mettais à l'épreuve ?...

— Ordonnez.

— Si je vous disais : J'ai horreur du Louvre, horreur des intrigues de cour... je voudrais fuir avec vous... aller ensevelir notre amour dans une solitude ignorée ?

— J'accepterais avec enthousiasme.

— Vrai !

— Sur mon honneur !

— Et si je vous disais encore : La nuit n'est point avancée ; nous avons quatre heures avant que le jour paraisse...

— Fuyons sur-le-champ ! — dit le page enivré.

— Ta, ta, ta ! — fit la prudente Nancy, — réfléchissons un peu d'abord.

— A quoi bon !

— Si ! écoutez-moi. De quel pays êtes-vous, mon mignon ?

— Je suis Lorrain.

— Est-ce joli, la Lorraine ?

— Oh ! le vieux manoir de mon père est caché dans les bois, aux bords de la Meurthe.

— Votre père a un manoir ?

— Oui, certes.

— Est-il riche ?

— C'est un pauvre gentilhomme, mais il a de quoi vivre.

— Et si vous me conduisiez chez lui, me recevrait-il ?

— Oui, — dit l'enfant, — quand il saura que je vous aime.

— Et que je suis votre femme, mon mignon, — ajouta Nancy, — car vous m'épouserez, j'imagine.

— Certainement.

— Eh bien ! nous irons chez votre père. Mais... —Chacun des mais de Nancy faisait frissonner le page; il craignait toujours qu'elle ne se rétractât.—Mais, — reprit la fine mouche, — comment fuir d'ici ?

— C'est facile.

— Et ce vilain homme qui était là tout à l'heure ?

— Il est parti.

— Mais s'il y a d'autres personnes dans cette maison ?

— Non, je suis seul avec vous.

— Eh ! partons, — dit Nancy, — partons sur-le-champ.

— J'ai un cheval, — dit Amaury,— je vous prendrai en croupe.

— A merveille !

— Venez, je vais lui donner une poignée d'avoine et le seller.

Et le page prit Nancy par la main, s'arma d'un flambeau, et entraîna la jeune fille hors de l'oratoire de madame de Montpensier.

Nancy n'avait pas encore un plan bien arrêté ; mais l'essentiel pour elle était de quitter la maisonnette du bois de Meudon. Après, elle verrait!!!

Le page la conduisit à l'écurie, posa son flambeau sur le râtelier et se mit en devoir de harnacher le cheval.

Tout en le sellant et le bridant, le jeune fou, ivre d'enthousiasme, entretenait Nancy de mille projets d'avenir.

Ils devaient se marier dans le premier village où ils rencontreraient un prêtre, s'en aller directement au manoir du père d'Amaury, etc., etc.

Nancy écoutait, mais elle ne perdait de vue aucun des mouvements d'Amaury.

— Et votre manteau ? — lui dit-elle.

— Ah ! c'est juste, — dit le page, — j'allais l'oublier.

— Où est-il ?

— Je vais le prendre.

— Ah ! — dit Nancy, — si vous pouviez en trouver un pour moi... la nuit est fraîche... je frissonne !...

— Je vous envelopperai dans le mien ; — répondit le page.

Puis il passa la main dans les fontes de sa selle.

— Que faites-vous ? — demanda la jeune fille.

— Je vois si mes pistolets y sont.

— Ah ! c'est une précaution ! avec toutes les querelles de la religion, les routes ne sont pas sûres.

Amaury prit ses pistolets l'un après l'autre, en visita les pierres, le bassinet, fit jouer le rouet, et dit en souriant :

— Voilà toujours de quoi tuer deux huguenots !... — Et il dit à Nancy : — Venez, nous allons chercher mon manteau.

— Je vous attends ici... allez !

Amaury était trop épris pour avoir la moindre défiance. Il prit Nancy dans ses bras, la pressa sur son cœur, et elle ne se défendit pas. Puis il rentra en courant dans la maison, emportant le flambeau et laissant Nancy dans l'obscurité.

Nancy se tint un moment sur le seuil de l'écurie, regardant les étoiles qui brillaient dans un ciel sans lune.

Puis tout à coup elle prit son parti, rentra à tâtons dans l'écurie, chercha le cheval, mit les mains sur les fontes et s'empara des pistolets.

Cinq minutes après, Amaury revint. Le page avait trouvé un manteau appartenant à madame de Montpensier. Il l'apporta à Nancy.

— Tenez, — lui dit-il, — voici pour vous, ma bien-aimée.

— Bon ! — dit Nancy qui s'était appuyée contre la muraille et dissimulait les pistolets ; — roulez-le et le placez à l'arçon de la selle.

Alors, tandis que le page se livrait à cette opération, Nancy se mit à rire aux éclats.

— Qu'avez-vous ? — dit Amaury qui se retourna stupéfait.

Nancy fit deux pas en arrière, éleva un de ses pistolets à la hauteur du front du page et lui dit :

— Mon mignon, si vous bougez, si vous faites un pas vers moi, sur le salut de mon âme ! vous êtes mort !...

L'œil de Nancy n'était plus rempli d'effluves magnétiques, il n'avait plus ce regard mélancolique et langoureux qui avait fait sur le cœur d'Amaury si vive impression. Bien au contraire, il brillait d'une résolution froide et hautaine. Et le malheureux page, se dégrisant tout à coup, comprit qu'il avait été joué et qu'il était à la merci de la russe camérière.

## XVIII

La stupéfaction du page Amaury n'est traduisible en aucune langue. Il regardait Nancy et ne pouvait en croire ses yeux. Nancy, le pistolet au poing, était froide et résolue.

— Mon mignon, — lui dit-elle, — l'heure des jolis mots, des serments d'amour et des phrases charmantes est passée... — Amaury, pétrifié, regardait et ne comprenait pas. Il voulut faire un pas vers Nancy, mais la camérière s'écria :

— Si vous avancez, je vous tue ! — Amaury s'arrêta ; Nancy poursuivit avec calme : — Mon mignon, il faut nous expliquer, vous et moi.

— Que voulez-vous dire ? — balbutia le page Amaury. Nancy retrouva sa voix moqueuse.

— Mon cher mignon, — dit-elle, — je m'appelle Nancy.

— Je le sais, — dit le page tout confus de cette aventure inattendue.

— Je suis la première camérière de Sa Majesté la reine de Navarre.

— On me l'a dit.

— Or, ce soir, il y a environ deux heures, on m'a enlevée, garrottée, et il m'a été impossible de jeter un cri, puis on m'a emportée... — Amaury regardait Nancy et ne savait pourquoi elle lui rappelait tout cela. Nancy poursuivit : — On m'a enlevée, puis on m'a conduit ici... puis... on m'a confiée à votre garde.

— Eh bien ? — fit naïvement Amaury.

— Eh bien ! mon mignon, on m'a horriblement violentée.

— Hé ! — dit le page — je le sais... et c'est pour cela... Nancy l'interrompit d'un geste.

— C'est pour cela, — dit-elle, — que j'ai songé à m'échapper.

Le page était aux trois quarts dégrisé, ces mots le rendirent tout à fait à la raison.

— C'est-à-dire, — fit-il, — que je suis un misérable fou qui s'est laissé duper ?

Et, dans un accès de colère, il voulut faire un pas vers Nancy et arracher un de ses pistolets.

— Prenez garde ! — s'écria la jeune fille, — je vais vous tuer !... — Le sentiment de la conservation l'emporta sur la colère du jeune homme ; il s'arrêta. Toujours calme, toujours souriante, Nancy reprit : — Pour qui donc avez-vous pu me prendre, mon mignon ? — Et comme il semblait ne pas comprendre : — Mais, cher enfant, — dit-elle avec un sentiment de protection maternelle, — vous ne savez donc pas que, moi aussi, j'ai un père gentilhomme, un père qui possède un vieux manoir ?... Je suis fille de bonne maison, j'ai les sentiments des gens de ma caste, et il serait vraiment inouï, convenez-en, qu'une fille de ma race se fût laissé subitement par un page joli garçon et s'en allât avec lui courir les aventures! Fi !!! — Et Nancy eut un geste de reine, un geste dû plusieurs siècles de noblesse se révélaient. Amaury écoutait et semblait faire un mauvais rêve. Nancy continua : — J'étais prisonnière... et j'avais grand besoin de ma liberté ; j'ai cherché à la reconquérir par tous les moyens possibles ; le hasard m'a servie.— Amaury, à ces paroles, ne douta plus du rôle ridicule qu'il avait joué depuis une heure.— Le hasard m'a servie, — continua la camérière ; — vous m'avez parlé d'amour, je vous ai écouté. Vous m'avez proposé de fuir, j'y ai consenti, avec l'espoir de trouver une occasion favorable de vous échapper.— Amaury était d'une pâleur mortelle et semblait jeter dans les espaces imaginaires. Nancy éprouva sans doute un mouvement de pitié, car elle lui dit : — Ah ! mon cher enfant, je suis bien fâchée que ce soit à vous qu'advienne l'aventure, car vous êtes joli à croquer et vous me paraissez aimable...

— Vous êtes cruelle ! — murmura l'enfant.

— Mais il faut que je m'en retourne, — acheva Nancy, — On m'attend au Louvre cette nuit...

— Eh bien ! — murmura le page au désespoir, — tuez-moi alors !

— Vous tuer ?

— Oui, puisque vous voulez fuir.

— Bah ! — dit Nancy, — vous êtes vraiment trop gentil pour ne point m'obéir, mon ami.

— Que voulez-vous dire ?

— Je vais vous enfermer quelque part dans cette maison... de cette façon vous n'aurez cédé qu'à la force...

— Je suis un homme déshonoré, — soupira Amaury.

— Non, puisque vous aurez cédé à la force.

— Et puis, — ajouta l'enfant, — je suis le plus malheureux des hommes.

— Pourquoi ?

— Parce que je vous aime et que vous me refusez la seule grâce que vous n'ayez point le droit de me refuser.

— Quelle est-elle ?

— Celle de me tuer.

L'accent du page était si désolé que Nancy eut pitié de lui.

— Pauvre enfant ! — dit-elle.

— Oh ! tuez-moi ! tuez-moi !—reprit-il, — puisque vous ne m'aimez pas... puisque...

Nancy l'interrompit.

— Vous êtes un fou ! — dit-elle.

— Un fou ?

— Oui.

— Parce que je vous aime ?

— Non, mais parce que vous désespérez. — Amaury tressaillit. — Mon pauvre ami, — dit Nancy, — aujourd'hui je suis Nancy, la camérière de la reine de Navarre, Nancy qu'on a brutalement enlevée, Nancy qui aspire à sa liberté et cherche à la reconquérir...

— Ah ! — dit le page désolé, — c'est votre droit, j'en conviens.

— Vous, — poursuivit Nancy, — vous êtes le page de la duchesse de Montpensier.

Amaury fit un pas en arrière.

— Comment, — dit-il, —vous savez?...

— Je sais que je suis à Meudon...

— Ah !

— Chez la duchesse de Montpensier.

— Mais alors...

— Alors,—dit froidement Nancy,—vous pensez bien que je ne vous considère point comme un ami, mais comme un ennemi ; et, entre ennemis, toutes les ruses de guerre sont bonnes.

— Hélas !

— Donc, je me suis joué de vous. Mais, — continua Nancy d'une voix émue, — vienne demain, c'est-à-dire une heure où je serai redevenue Nancy tout court, où vous ne serez plus qu'Amaury, un joli damoiseau que j'aime de tout mon cœur, eh bien !...

Nancy s'arrêta. Amaury tressaillit de nouveau, car le regard de la jeune fille devint humide et s'arrêta sur lui plein de magnétiques effluves.

— Eh bien ? — fit-il avec angoisse.

— Eh bien ! — dit Nancy, — qui sait ? Je me souviendrai peut-être de tous nos projets, de tous nos rêves d'aujourd'hui.

— Oh ! — dit le page devenu incrédule, — vous me raillez encore.

— Non.—Et Nancy prononça ce seul mot avec franchise ; puis elle ajouta :—Tenez, mon mignon, si je vous raillais, je ne parlerais point ainsi ; car je n'ai plus besoin de vous en ce moment, car je puis vous tuer si vous refusez de me laisser sortir d'ici...

Le page secoua la tête :

— Oh ! — dit-il, — partez, si vous le voulez, partez, mademoiselle... Je vous aime et n'ai plus d'autre maître

que vous... et ce que vous ordonnerez, je suis prêt à le faire.

— Vous êtes un joli garçon, — dit Nancy, — mais je ne puis accepter.

— Pourquoi ?

— Parce que, demain, la duchesse viendra et demandera ce que je suis devenue.

— Eh bien ! — dit l'enfant avec fierté, — je lui dirai la vérité.

— Alors, — fit Nancy, — la duchesse appellera un de ses hommes d'armes qui vous pendra à un arbre.

— Non pas ! — dit Amaury qui se redressa plein de fierté.

— Et pourquoi cela ?

— Parce que je suis gentilhomme et que les gens comme moi ne meurent que par la hache.

— Soit ! on vous tranchera la tête.

— Eh bien ! je mourrai en songeant à vous, Nancy.

— Et moi, — dit la jeune fille émue, — qui ne veux pas que vous mouriez... moi qui veux vous revoir... moi qui veux que vous soyez innocent de mon évasion...

— C'est impossible !

— Bah !—dit Nancy,—vous allez voir...—Et puis, comme elle était toujours prudente, elle ajouta :— Mon mignon, je vous aime fort, mais j'aime encore plus ma liberté ; et, si j'ai à choisir... je vous tuerai. Par conséquent, marchez devant moi... et rentrons dans la maison.—Amaury obéit, non point à la menace de mort, mais à cette voix fascinatrice de Nancy qui le bouleversait si profondément. La camérière le ramena ainsi dans l'oratoire de la duchesse, et là elle lui dit : — Allez chercher une cruche de vin et deux verres. — Amaury obéit, sans savoir dans quel but Nancy lui donnait cet ordre. — Bon ! — dit celle-ci, — placez tout cela sur une table. Très-bien ! Versez du vin dans votre verre et dans le mien. A merveille ! Jetez ensuite le contenu dans les cendres de la cheminée...—Amaury exécuta toutes ces manœuvres. Alors Nancy approcha de la table, posa dessus un de ses pistolets, garda l'autre à la main et dit à Amaury :— Eloignez-vous !—Amaury s'éloigna. — Maintenant, — dit Nancy en retirant de son doigt une bague dont elle tourna le chaton,—je vais vous procurer le moyen de dormir.—Le chaton de la bague enfermait une poudre grisâtre que Nancy répandit tout entière dans le verre vide. Après quoi elle remplit ce verre et le tendit à Amaury : — Buvez ! — dit-elle. Le page n'avait plus d'autre volonté que celle de Nancy. Il prit le verre et avala le contenu d'un trait. Alors Nancy le regarda en souriant. — Vous ne comprenez pas ? — dit-elle.

— Non.

— Eh bien ! écoutez : vous venez d'avaler un narcotique comme celui qu'on a fait prendre ici au Gascon Lahire...

— Comment !—exclama le page,—vous savez aussi cela ?

— Je sais tout.—Amaury regarda la camérière avec une sorte d'admiration. Elle reprit :— Je vous aurai demandé à boire.

— Bien ! — dit le page.

— Vous aurez trinqué avec moi, sans me pouvoir refuser. Or, au second verre, j'aurai mêlé à votre boisson la poudre que voici. Vous aurez bu et le sommeil vous aura pris. Comprenez-vous, mon mignon ?

— Mais...

— Il n'y a pas de mais, —dit Nancy.—Vous avez été imprudent, mais non coupable... la duchesse sera furieuse... mais elle ne saurait vous punir... Tiens ! tiens !—fit la camérière,—voici que vous chancelez... que vos yeux papillotent... Ah ! ce narcotique est prompt, allez !

— En effet !... — balbutia Amaury, qu'une ivresse inconnue gagnait rapidement.

— Ce narcotique, — dit Nancy, — je l'ai volé au Florentin René, tandis que j'accompagnais madame Marguerite et la reine Catherine qui lui faisaient une visite dans son laboratoire du pont Saint-Michel. Je le conservais depuis longtemps comme un vrai trésor ; mais, convenez en, je ne pouvais le conserver pour une meilleure occasion.—Nancy n'acheva point. Le page, dompté par l'ivresse, commença à tourbillonner sur lui-même, attachant sur la jeune fille un regard plein d'amour, puis il tomba à la renverse et ferma les yeux. Alors Nancy posa sur la table son second pistolet désormais inutile. Sous l'influence du foudroyant narcotique, Amaury le page ronflait déjà comme le bourdon des tours de Notre-Dame. Nancy, qui était forte à l'occasion, le prit à bras le corps et le porta sur l'ottomane, où elle lui donna l'attitude d'un homme qui s'est assoupi tout naturellement. — Allons! allons! — murmura-t-elle, — ceci n'est point trop mal réussi.—Puis, laissant le page endormi, elle s'enveloppa dans le manteau de la duchesse et regagna l'écurie où le cheval était sellé. Elle ouvrit toutes les portes, replaça les pistolets dans leurs fontes, s'élança lestement en selle, et lança le cheval au grand galop hors de la cour en se disant : — Mon Dieu! pourvu que je n'arrive pas trop tard!... Qui sait ce qui s'est passé au Louvre en mon absence!...

Et Nancy galopa vers Paris.

## XIX

Cependant madame Marguerite ne voyait pas revenir Nancy. Il y avait plus d'une heure que la jolie camérière avait demandé la permission de rejoindre Raoul. Mais madame Marguerite était indulgente pour les amoureux en général et pour Nancy en particulier. D'ailleurs elle n'avait pas besoin des offices de la camérière, attendu qu'elle avait pris la résolution bien formelle de ne se mettre au lit qu'après que le roi de Navarre serait rentré au Louvre.

Tout à coup on gratta légèrement à la porte.

— Entrez! — dit Marguerite, qui eut l'espoir que c'était le roi son époux.

Marguerite se trompait. C'était madame Catherine qui lui venait faire une petite visite nocturne.

Cette visite était dans les habitudes de la reine mère, qui travaillait toujours très-tard, soit qu'elle se livrât à son goût particulier pour les sciences abstraites, soit qu'elle travaillât à la politique.

Dans ces moments-là, quand la lassitude venait, madame Catherine était bien aise que sa fille veillât encore. Alors elle passait chez elle et s'en allait babiller une heure ou deux.

Elle entra souriante et mielleuse à faire frémir.

— Bonjour, mignonne, — dit-elle, — bonjour, mon enfant chérie.

— Madame, — dit Marguerite un peu désappointée, — je suis votre servante.

— Comme je pensais bien vous trouver seule, — poursuivit madame Catherine, — je suis venue vous tenir compagnie.

— Ah! — fit la reine de Navarre, — vous pensiez que j'étais seule?

— Dame! — répondit Catherine, — votre époux est absent du Louvre.

Marguerite tressaillit.

— Comment! — dit-elle, — vous savez?...

— Je sais même où il est, — murmura Catherine avec un sourire hypocrite. La jeune reine de Navarre éprouva un violent battement de cœur; cependant elle se tut et ne fit aucune question. — Pauvre chère enfant! — murmura la reine mère en s'asseyant auprès de sa fille et lui tendant la main; — tu l'aimes donc bien?

— Qui? — fit Marguerite en tressaillant.

— Le roi ton époux.

— Oh! certes...

— Et crois-tu qu'il t'aime?

— Lui!... j'en suis sûre.—Madame Catherine ne donna point un démenti direct à sa fille, mais elle se prit à soupirer. — Mon Dieu! madame, — fit Marguerite avec impa-

tience, — me sera-t-il permis de vous faire deux questions?

— Parle, mignonne...

— D'abord, qui me vaut l'honneur que vous me faites de me visiter?

— Je te l'ai dit, chère belle; je te savais seule et je suis venue.

— Comment me saviez-vous seule?

— Parce que je savais où est à cette heure le roi de Navarre,

— Ah! vous le savez?

Et Marguerite eut un air de doute.

— Oui, certes.

— Eh bien! vous êtes plus savante que moi, madame.

La reine mère soupira de nouveau, et cette fois d'une façon déchirante.

— Ah! pauvre chère mignonne...! — répéta-t-elle.

— Mais enfin, madame, — s'écria Marguerite à qui revinrent ses soupçons jaloux que Nancy avait eu tant de peine à calmer, — puisque vous savez où est le roi de Navarre...?

— Hélas! oui... je le sais...

— Peut-être me ferez-vous l'honneur de me le dire?

— Non, — dit-elle, — à quoi bon?

— Mais, madame...

— Et puis tu l'aimes?

— Certainement, mais...

— Et enfin ce ne sont point là mes affaires, — acheva la perfide Italienne.

Mais un éclair passa dans les yeux de Marguerite;

— Ah! madame, — dit-elle, — puisque vous m'avez dit tout cela, vous irez bien jusqu'au bout, j'imagine.

— Mais, mignonne...

— Et, — acheva Marguerite pâle et frémissante, — je saurai où est Henri et ce qu'il peut faire hors du Louvre à pareille heure...

— O mon Dieu! — murmura Catherine, [— ne t'alarme point ainsi, chère enfant. Le roi de Navarre est jeune... étourdi... cela ne l'empêche point de t'aimer, peut-être... Et puis... — Catherine semblait hésiter.

— Mais parlez donc, madame! — s'écria la jeune reine avec angoisse, — ne voyez-vous pas que vous me faites mourir?

— Tu le veux? — fit Catherine, qui changea tout à coup d'attitude.

— Je vous le demande à genoux.

— Ah! c'est que, — reprit Catherine, — avant de te dire où est le roi de Navarre, il faut que je te narre certains faits que tu ignores...

— Parlez! je vous écoute...

— As-tu entendu parler d'un certain Loriot?

— Samuel Loriot, que René...

— Chut! — dit la reine.

— Certes oui. Et j'ai même vu sa veuve.

— Ah! tu l'as vue?

— Oui.

— Quand et en quel lieu?

Marguerite tressaillit :

— C'était, — dit-elle, — chez ce brave homme d'épicier où on avait transporté Henri après son duel avec le duc de Guise.

— Eh bien! comment l'as-tu trouvée?

Marguerite frissonna.

— Je n'ai point fait attention à elle.

— Tant pis!

— Pourquoi?

— Parce qu'elle est fort belle, cette Sarah Loriot... tant pis!

— Mais, madame, — réclama la princesse d'une voix altérée, — pourquoi me demandez-vous cela?

— Attends...— Et le sourire machiavélique de Catherine lui revint aux lèvres. Elle reprit : — Sarah Loriot est l'amie d'enfance de cette comtesse Corisandre de Gramont qui t'a porté tant d'ombrage.

— Ah ! — dit Marguerite dont le trouble augmentait.

— Lorsque Henri de Bourbon vint à Paris, il y a environ trois mois, il était porteur d'une lettre de Corisandre pour Sarah Loriot.

— En vérité !

— Ah ! — murmura la reine mère avec son rire moqueur, — cette pauvre comtesse, elle ne se doutait guère que...

Marguerite interrompit sa mère avec impétuosité, et, lui posant sa main sur le bras,

— Un seul mot ! — dit-elle.

— Parle...

— Croyez-vous que Henri ait aimé Sarah ?

— Oui.

— Avant qu'il m'aimât ?

— D'abord.

— Et... ensuite ?

La voix de Marguerite tremblait et sa pâleur était horrible.

— Ma chère enfant, — dit Catherine, — il faut pardonner à ton époux... il est si jeune!... et puis Sarah est si belle ! — Marguerite était debout, frémissante, échevelée...

— Pauvre enfant ! — répéta la reine mère. Et elle lui mit un baiser au front, ajoutant : — Allons ! calme-toi... Sonne Nancy et mets-toi au lit... le sommeil donne l'oubli de tous les maux... Bonsoir !...

Et madame Catherine s'en alla comme un reptile qui vient de baver son venin.

Marguerite n'essaya point de la retenir. La jeune reine était comme foudroyée. Longtemps immobile, muette, l'œil hagard, elle eut à peine conscience de sa situation et du lieu où elle était.

Mais bientôt une clarté se fit dans son esprit, une pensée traversa son cerveau et l'illumina.

— Mon Dieu ! — dit-elle, — qui sait si tout cela n'est point l'invention de madame Catherine ? qui sait si le roi mon époux...? — Et elle appela : — Nancy ! Nancy ! — Pour madame Catherine, Nancy était passée à l'idée de confident tragique, avec cette différence que, au lieu d'écouter toujours, la camériste se permettait des observations et quelquefois des conseils. Dans ses joies comme dans ses peines, Marguerite avait besoin d'elle. — Nancy ! — répéta-t-elle en entr'ouvrant la porte qui donnait sur le corridor ténébreux que nous connaissons. Mais Nancy ne répondit pas. Tout à coup un pas se fit entendre dans l'escalier qui terminait ce corridor. Le pas était léger, mais l'oreille exercée de Marguerite ne s'y trompa point cependant ; c'était un pas d'homme. — Ah ! c'est Henri ! — pensa-t-elle. Et tout son sang afflua de nouveau à son cœur, et elle se précipita en avant à sa rencontre. Le pas approchait. Marguerite fut convaincue que ce pas était celui du roi de Navarre, et elle continua à avancer à tâtons, les mains tendues... — Est-ce toi ? — dit-elle. Et ses bras enlacèrent un pourpoint de soie, et elle sentit une haleine brûlante se mêler à son haleine. Cependant l'homme au pourpoint ne répondit pas. — Est-ce toi, Henri ? — répéta Marguerite à demi-folle.

— Oui, c'est moi. — La jeune reine jeta un cri. La voix qui venait de lui répondre n'était pas celle du roi de Navarre, et cependant elle avait dit : « Oui, c'est moi ! »

Marguerite crut que la terre s'entr'ouvrait sous ses pieds, elle s'imagina qu'elle faisait un rêve affreux...

La voix qu'elle avait entendue était une voix connue aussi, une voix qui jadis avait fait battre son cœur... une voix aimée autrefois.

C'était la voix d'un homme qui pareillement s'appelait Henri.

Et cet homme qu'elle venait d'enlacer dans ses bras, le prenant pour son époux, la soutint à son tour et la porta défaillante dans l'oratoire.

Après une rupture de six mois, le duc Henri de Guise pénétrait de nouveau dans l'appartement de madame Marguerite qu'il avait tant aimée et qu'il aimait encore...

. . . . . . . . . . . . . . . . . . . . . . . . . . . . .

Un moment étourdie, stupéfaite, paralysée, la jeune reine se redressa tout à coup avec fierté.

— Que faites-vous ici ? — dit-elle, — que me voulez-vous ?...

— Marguerite !...

Et la voix du duc était suppliante.

— Sortez, prince ; sortez, mon cousin ! — murmura Marguerite éperdue.

Mais le duc avait osé se mettre à genoux devant elle.

— Non, — dit-il, — non, je ne sortirai pas, madame, avant de vous avoir dit tout ce que j'ai souffert depuis six mois que je suis loin de vous... depuis six mois que vous ne m'aimez plus...

— Monsieur le duc... mon cousin... Henri... — supplia Marguerite, — au nom du ciel ! partez !

— Oh ! Marguerite, je vous aime ! — dit le prince avec l'accent de l'enthousiasme.

— Mais, malheureux ! — s'écria la jeune reine, — ne savez-vous pas que le roi mon époux va venir ?... et que, s'il vous trouve ici... à mes pieds... Ah ! fuyez !... fuyez !

Mais le duc s'était relevé précipitamment.

— Votre époux ? — dit-il, — vous croyez que votre époux va venir ?

— Je l'attends...

— Il ne viendra pas. — Marguerite étouffa un cri et leva sur le prince lorrain un œil hagard. — Il ne viendra pas, — répéta le duc, — car à cette heure il est aux genoux de Sarah Loriot, votre rivale.

Ces mots éclatèrent comme la foudre.

— Oh ! — s'écria Marguerite éperdue, — voici la seconde fois qu'on me parle de cette femme... et qu'on me dit... — Elle s'arrêta, considéra un moment le duc, et lui dit tout à coup : — Eh bien ! vous qui me dites cela, comme la reine ma mère me le disait tout à l'heure, vous qui accusez le roi, me prouveriez-vous sa trahison ?

— Oui, — dit froidement le duc Henri de Guise.

— Vous me montreriez aux genoux de cette femme ?

— Oui, — dit encore le duc.

— Quand ?

— A l'instant, si vous voulez me suivre...

— Oh ! — s'écria Marguerite, — malheur à Henri s'il m'a trahie !

— Venez ! — répéta le duc avec l'accent de la conviction.

## XX

Marguerite ne songea point qu'on lui pouvait tendre un piège.

La jalousie s'était emparée de son cœur et le brûlait.

Elle jeta un manteau sur ses épaules, s'enveloppa la tête dans un capuchon, posa un masque sur son visage, et dit au duc d'une voix altérée :

— Marchez ! je vous suis.

Le cœur du duc de Guise éclatait.

— Ah ! Marguerite... Marguerite... — murmura-t-il au moment où, l'oratoire, ils entrèrent le corridor, — si vous saviez ce que j'ai souffert !... — Marguerite ne répondit pas. Elle songeait à Henri qu'elle aimait tant, qu'elle aimait tant encore ! Le duc s'engagea le premier dans l'escalier où naguère Nancy avait été prise au piège. Marguerite le suivit. Ils passèrent devant cette sentinelle qui avait pour consigne de fermer les yeux quand on entrait ou sortait par la poterne du bord de l'eau. Une fois hors du Louvre, Marguerite s'arrêta un moment. Un sentiment de défiance venait de s'emparer d'elle. — Eh bien ! — fit le duc.

Mais Marguerite immobile levait les yeux sur la façade du Louvre, et regardait les fenêtres de l'oratoire de madame Catherine. Ces fenêtres étaient éclairées.

— Vous avez vu ma mère ? — dit-elle brusquement au

duc. Henri de Guise tressaillit. — Répondez ! — fit-elle ; — vous l'avez vue ?

— Oui, — dit le duc.

— Et vous lui avez dit ?...

— Peut-être. — Et comme la reine de Navarre ne bougeait pas, le duc ajouta : — Venez, Marguerite : nous n'avons pas de temps à perdre...

— Et qui me dit, — répondit-elle tout à coup, — que vous ne me trompez pas ?

— Vous tromper ?

— Oui.

— Moi vous tromper, Marguerite ? — répéta le duc interdit.

— Oui, — dit-elle, — qui m'assurera que vous ne cherchez pas à m'attirer dans un piége ?

Un nuage passa sur le front du duc :

— Ah ! Marguerite, — murmura-t-il en proie à une émotion subite, — j'ai déjà bien souffert, mais votre abandon m'a été moins cruel que votre défiance.

L'accent du duc était navré.

— Hé ! mon Dieu ! — fit la reine de Navarre, — vous m'aimez donc ?

— A en mourir, Marguerite.

— Vous êtes jaloux et vous haïssez le roi de Navarre ?

— Oh ! — fit le duc dont la poitrine se souleva, — si je le hais !

— C'en est assez pour que...

Le duc interrompit Marguerite d'un geste. Puis il retira son gant et lui montra sa main gauche dont l'index était orné d'une bague.

— Reconnaissez-vous ce joyau ? — lui dit-il. Marguerite tressaillit. — C'est vous qui me l'avez donné, Marguerite. Le chaton renferme de vos cheveux, c'est tout ce qu'il me reste de vous... Eh bien !... — Il hésita un moment ; puis, retirant la bague de son doigt, il la tendit à la reine de Navarre. — Tenez, Marguerite, — dit-il, — reprenez-la ; vous la garderez si j'ai menti, vous me la rendrez si j'ai dit vrai.

Ce gage que le duc lui offrait parut suffisant à la jeune reine. Elle ne douta plus de la sincérité de Henri de Guise.

— Marchez ! — répéta-t-elle en prenant la bague. Et elle le suivit.

— Vous ne voulez point vous appuyer sur moi ? — demanda-t-il.

— Non, marchez.

Il se mit à côté d'elle, et, tandis qu'il lui faisait traverser la place de Saint-Germain-l'Auxerrois et la guidait dans la direction de Saint-Eustache :

— Mon Dieu ! mon Dieu ! Marguerite, — lui disait-il, — pourquoi donc avez-vous cessé de m'aimer ?

Marguerite haussa les épaules et répéta :

— Marchons !

— La reine vous mère, — poursuivit-il, — se repent cruellement aujourd'hui... Ah ! Marguerite, je ne vous eusse point faite reine, moi, mais le duché que j'aurais mis à vos pieds valait mieux que ce méchant royaume de Navarre, que...

— Duc, — interrompit brusquement Marguerite, — je ne vous ai point suivi pour que vous me parliez d'amour... mais pour que vous me donniez la preuve de ce que vous avanciez...

Le duc eut un mouvement de rage.

— Venez donc ! — fit-il, — hâtez le pas... car votre Henri ne passera point la nuit tout entière aux pieds de la belle Sarah.

Ce nom fouetta le sang de la jeune reine, qui précipita sa marche sans répondre.

Ils arrivèrent à la porte Montmartre. Le duc était sombre, Marguerite ne prononçait pas un seul mot. Cependant, lorsqu'ils eurent franchi la porte, lorsque la reine de Navarre se trouva seule avec le duc au milieu des champs, elle eut peur.

— Où donc me conduisez-vous ? — demanda-t-elle, envahie de nouveau par un sentiment de défiance.

Mais le duc étendit la main.

— Tenez, — dit-il, — voyez-vous là-bas, auprès de la grange Batelière, cette lumière qui brille ?

— Oui.

— Distinguez-vous le toit d'une maison ?

— Oui.

— C'est là.

Marguerite eut un moment de défaillance, mais la jalousie lui rendit ses forces, et elle redoubla de vitesse.

Alors le duc la prit par la main et l'entraîna à travers champs. A cent pas de la haie vive qui clôturait le jardin de la petite maison où Sarah recevait Henri, le duc s'arrêta.

— Que faites-vous ? — demanda la reine de Navarre surprise.

— Chut ! attendez... — Le duc mit sa main sur sa bouche et fit entendre un cri étrange, rauque, glapissant, et qui imitait à merveille le hululement de la chouette. Aussitôt un cri lointain, semblable à celui-là, lui répondit. Puis, à quelque distance et malgré la nuit, Marguerite vit se mouvoir une forme humaine qui vint à la rencontre du duc. Celui-ci dit à mi-voix : — Est-ce toi, Pandrille ?

— C'est moi.

— Y est-il toujours ?

— Toujours.

Et l'homme se trouva en présence de Marguerite, qui laissa échapper un geste d'effroi. Le géant Pandrille avait toute la tête de plus que le duc.

Celui-ci reprit la main de la reine de Navarre.

— Venez ! venez ! — dit-il. Ils se remirent en marche, escortés par le garçon cabaretier. Lorsqu'ils furent parvenus au pied de la haie, le géant, qui était aussi agile que robuste, la franchit d'un bond ; puis il grimpa le long d'un peuplier jusqu'à la hauteur des croisées du premier étage. Après quoi il se retourna vers Marguerite et le duc, et fit un signe affirmatif en agitant sa tête de haut en bas.

— Il est toujours là, — souffla le duc à l'oreille de la princesse.

Alors Pandrille, qui sans doute avait médité cette manœuvre avec le duc, Pandrille noua ses deux jambes à l'entour du peuplier, et, comme un acrobate de profession, il rejeta son corps en arrière et laissa pendre ses bras.

Alors aussi le duc prit Marguerite, l'enleva de terre et la remit à Pandrille.

Marguerite, plus morte que vive, se laissa hisser jusqu'à l'endroit d'où le regard pouvait plonger dans l'intérieur de la maison. La fenêtre de la chambre de Sarah était entr'ouverte pour laisser pénétrer l'air frais de la nuit. L'argentière était assise ; Henri, agenouillé devant elle, lui baisait les mains avec transport.

Marguerite étouffa un cri et s'évanouit dans les bras de Pandrille. Celui-ci se laissa glisser au bas du peuplier et la remit au duc frémissant, qui la chargea sur son épaule et l'emporta comme la bête fauve emporte une proie.

## XXI

Tandis que le duc de Guise emportait Marguerite évanouie, Nancy galopait vers Paris et arrivait à la porte du Louvre.

Un homme se promenait toujours de long en large devant la poterne. C'était Raoul.

— Raoul ! — cria Nancy en arrêtant court son cheval.

Raoul accourut au son de cette voix. Rien ne saurait peindre l'étonnement du page. Il voyait Nancy reparaître devant le Louvre, à cheval.

Raoul n'était pas très-superstitieux, cependant il fut

tenté de croire que le diable avait emprunté pour le séduire la gracieuse apparence de la camérière.

— Vous ! vous ! — dit-il.

— C'est moi, prends ma bride. — Nancy se laissa couler à terre. — Prends ma bride et dis-moi vite si le roi de Navarre est rentré.

— Non.

— Tu n'as vu sortir personne du Louvre, — demanda Nancy.

— Oh ! pardon... mais vous ne m'aviez pas commandé de veiller sur les gens qui sortaient.

— Eh bien ! qu'as-tu vu ?

— D'abord deux hommes, dont l'un portait quelque chose sur ses épaules.

— Ah !

— Ils se sont dirigés vers une litière qui attendait à une centaine de pas en aval de la rivière.

— Très-bien ! Et sais-tu quels étaient ces deux hommes ?

— Non.

— Et ce qu'ils portaient ?

— Pas davantage.

— Eh bien ! c'était moi... Mais, — dit Nancy, je n'ai pas le temps de t'expliquer tout cela, attache mon cheval quelque part, et puis...

— Ah ! pardon, — dit le page, — j'oubliais encore de vous dire que, il y a environ une heure, il est sorti un homme et une femme du Louvre.

— Par la poterne ?

— Oui.

Nancy eut un pressentiment.

— Comment étaient-ils ?

— L'homme était de haute taille, son manteau lui cachait le visage tout entier.

— Et la femme ?

— Elle était masquée.

— A-t-elle pris le bras de l'homme ?

— Non, mais elle s'est mise à marcher à côté de lui. Ils allaient d'un pas rapide.

— Et quelle direction ont-ils prise ?

— Je les ai vus disparaître du côté de Saint-Germain-l'Auxerrois.

Nancy n'en entendit point davantage :

— Ah ! — dit-elle, — tout est perdu ! — Raoul ne comprenait pas. — Attache ce cheval ! — dit Nancy, — et viens avec moi. Raoul passa la bride du cheval dans un anneau de fer scellé au mur et se mit en devoir de suivre Nancy. Mais celle-ci ajouta : — Tire ton poignard et passe devant ; le Louvre n'est plus sûr pour moi. Marche ! — Raoul, abasourdi, gravit l'escalier ténébreux, donnant la main à Nancy, et tous deux arrivèrent sans encombre jusqu'au couloir qui conduisait à l'appartement de madame Marguerite. La porte en était ouverte. Nancy y pénétra seule. La chambre à coucher, l'oratoire et même le cabinet du roi de Navarre étaient déserts. — Mon Dieu ! — murmura Nancy, — la chose est sûre, c'est madame Marguerite que tu as vue sortir. — Cependant elle eut un dernier espoir : cet espoir, léger comme un fil de la Vierge, était que madame Marguerite eût été mandée par la reine Catherine, laquelle avait parfois de longues insomnies et était sujette à de fréquents caprices nocturnes. Nancy fit à l'instant cette réflexion : — Si madame Catherine est complice de mon enlèvement, elle fera un mouvement de surprise en me voyant apparaître ; si au contraire elle n'y est pour rien, il n'y a aucun inconvénient à ce que je me présente inopinément chez elle.

Cette résolution prise, Nancy, toujours suivie de Raoul, se dirigea vers l'oratoire de la reine mère.

Quand elle fut à la porte, elle se tourna vers Raoul et lui prit la main :

— M'aimes-tu ? — dit-elle.

— Oh ! — fit l'enfant.

— Me défendrais-tu envers et contre tous ?

— Contre le roi, si vous l'ordonniez.

— Eh bien ! reste là, mon mignon ; colle ton oreille au trou de cette serrure, regarde parfois, et, si j'appelle à mon aide, accours !

— Oh ! Nancy, — dit le page avec l'accent du dévouement absolu et fanatique, — je me ferai hacher avant qu'il vous arrive malheur !...

Nancy fut émue. Elle étendit les mains dans les ténèbres, prit la tête du page et lui donna un baiser.

— Moi aussi, — dit-elle, — je t'aime !...

Et, pour ne pas s'attendrir davantage, elle se hâta de frapper à la porte de madame Catherine.

Cette porte était celle des intimes de la reine mère, de ceux qui conspiraient avec elle. C'était par là qu'étaient entrés successivement, et à diverses époques, René le Florentin, pour comploter l'empoisonnement de la reine de Navarre ; le duc d'Alençon, qui songeait à devenir roi ; le duc de Guise, qui conspirait contre les huguenots ; et tant d'autres...

— Entrez ! — dit à l'intérieur la voix de madame Catherine.

Nancy entr'ouvrit la porte et vit la reine mère assise auprès de René, devant une table qui supportait un bocal de verre rempli d'eau, dans lequel nageaient deux poissons rouges.

La reine et René, qui sans doute attendaient un troisième personnage, crurent que c'était lui qui entrait, car ils ne tournèrent même pas la tête et continuèrent à regarder nager les poissons. Un coup d'œil suffit à Nancy pour la convaincre que madame Marguerite était absente.

Une inspiration subite lui traversa l'esprit. Elle referma brusquement la porte, et entraîna Raoul en lui disant :

— Fuyons !

Cette manœuvre fut accomplie avec une telle promptitude que la reine mère s'imagina un moment que le personnage qu'elle attendait était entré. Ce ne fut qu'au bout de quelques minutes qu'elle s'aperçut qu'elle était seule avec René. Mais ces quelques minutes avaient permis à Nancy de regagner l'appartement de madame Marguerite.

— Avez-vous encore besoin de moi ? — demanda Raoul.

— Certainement.

— Où dois-je me mettre ?

— Reste-là... dans ce cabinet.

Nancy poussa Raoul dans le cabinet attenant à la chambre à coucher ; puis, en proie à une vive anxiété, elle attendit.

Deux heures du matin sonnaient à Saint-Germain-l'Auxerrois. Où donc était, à cette heure tardive, Henri de Bourbon, roi de Navarre ? Où donc était madame Marguerite ?

Nancy essayait vainement de résoudre ces deux questions, lorsqu'elle entendit un pas assourdi dans le couloir.

La personne qui marchait ainsi avec précaution s'arrêta à la porte de l'oratoire que Nancy avait fermée et frappa. Nancy alla ouvrir.

— Ouf ! — dit une voix joyeuse. Et le roi de Navarre entra. Nancy poussa un cri de soulagement, sinon de joie, à sa vue. — Bonjour, petite, bonjour, ma mie, — dit-il en lui frappant amicalement sur la joue.

— Bonjour, sire !

— Peste ! comme te voilà renfrognée !

— J'ai des soucis.

— Bah ! et où donc est la reine ?

— Madame Marguerite ?

— Hé ! sans doute...

— Je ne sais pas, — dit Nancy.

— Comment ! tu ne sais pas !

— Ma foi ! non, — dit la camérière. — Peut-être est-elle allée reporter certain mouchoir brodé que Votre Majesté avait emprunté la nuit dernière, je crois.

— Ventre-saint-gris ! — exclama le jeune roi pâlissant, — que parles-tu de mouchoir ?

Nancy alla fermer de nouveau la porte avec précaution.

— Les murs ont des oreilles, — dit-elle.

— Plaît-il ?

— Et comme je ne sais où est la reine...

— Mais tu es folle !

— Nullement, sire.

— La reine ne sort jamais du Louvre à pareille heure.

— C'est vrai.

— Et si elle sortait... elle te préviendrait...

— Je n'étais pas au Louvre quand elle est sortie.

— Et... où... étais-tu ?

— Prisonnière avec un masque de poix sur le visage et un capuchon de moine sur la tête.

Le roi considéra attentivement la jeune fille et se demanda si elle n'avait point perdu la raison. Mais Nancy, quoique très pâle, était calme, et rien dans son regard n'indiquait la folie.

— Ah çà ! — fit Henri, — t'expliqueras-tu clairement, ma petite ?

— Oui, sire.

— J'attends, en ce cas.

— On m'a enlevée parce que ma présence auprès de la reine gênait fort certaines personnes.

— Mais qui t'a enlevée ?

— Les gens de monsieur le duc de Guise. — Henri fit un pas en arrière et une sueur glacée baigna ses tempes. — Eh ! sire, — ricana Nancy, — la vie est ainsi faite que la loi la plus juste et la plus souvent appliquée est celle du talion.

— Explique-toi... ! — murmura Henri d'une voix altérée.

— Ah ! — reprit Nancy, — vous avez une intrigue, sire ; vous revoyez Sarah l'argentière sous prétexte de politique...

— Tais-toi !

— Et vous ne voulez point que, durant ce temps, monsieur le duc de Guise, qui aime toujours, qui aime plus que jamais madame Marguerite, profite de votre absence ? — Henri était pâle et appuyait sa main sur la garde de son épée. — Sire, — reprit Nancy, — je ne sais pas où est la reine, je ne sais pas ce qui s'est passé ; mais je vous jure qu'une catastrophe vous menace. Prenez garde !... — Comme Nancy prononçait ce mot de catastrophe, la porte s'ouvrit violemment, et le roi et la camérière virent apparaître sur le seuil madame Marguerite. La jeune reine avait la blancheur de ces statues qui décoraient le grand escalier du Louvre. Son œil étincelait, ses narines étaient frémissantes. Elle regarda le roi son époux, et, pour la première fois, son regard ne fut point éclairé de ce rayonnement de tendresse qui avait si fort séduit l'ex-sire de Coarasse. — Allons, — pensa Nancy, — la reine sait tout !...

Après avoir regardé longtemps Henri, muet et confus, Marguerite se tourna vers Nancy. D'un geste impérieux elle lui montra la porte.

— Sortez ! — dit-elle.

— Bon ! — pensa la pauvre camérière, — me voilà disgraciée !...

Nancy sortit. Alors Marguerite fit un pas vers Henri, et lui dit :

— Sire, vous avez cessé de m'aimer, puisque vous en aimez une autre. — Le roi fit un geste de dénégation ; mais Marguerite l'arrêta : — La femme que vous aimez, — dit-elle, — se nomme Sarah Loriot.

— Madame !...

— Je le sais...

— Marguerite... je vous jure...

— Ne jurez pas, vous feriez un faux serment ; il y a une heure, je vous ai vu à ses genoux, dans une petite maison hors des murs, au delà de la porte Montmartre. — A ces derniers mots, Henri demeura comme foudroyé. Alors la reine reprit : — Sire, je suis votre épouse devant Dieu, et comme telle je dois suivre votre fortune politique. Vous m'avez trompée, et j'ai cessé de vous aimer ; mais je resterai votre alliée.

— Oh ! Marguerite, Marguerite ! — s'écria Henri. Pris d'un remords immense, il tomba à ses genoux et

voulut prendre ses mains. Mais elle les retira et dit froidement :

— Sire, ne me parlez jamais d'amour. Cette heure est passée, elle ne reviendra pas. Désormais, entre vous et moi, il n'y a plus de commun que la couronne que nous portons. Je serai pour vous la reine de Navarre, c'est-à-dire que nos intérêts seront les mêmes, que la politique nous trouvera constamment unis ; mais ne me demandez rien à mon cœur ; il est *mort* pour vous !

Et Marguerite, fière, hautaine, se redressa, et, sans daigner accorder un dernier regard à celui qu'elle avait tant aimé, elle rentra dans sa chambre et s'y enferma.

. . . . . . . . . . . . . . . . . . . .

## XXII

Comment, à si peu de distance du moment où elle s'était évanouie, Marguerite se trouvait-elle au Louvre ?

Comment avait-elle quitté le duc de Guise ?

Ce dernier, on s'en souvient, avait pris dans ses bras la jeune reine évanouie. Puis, chargé de ce fardeau sans prix pour lui, il s'était mis à courir à travers champs jusqu'à la porte Montmartre.

De là il avait gagné la rue des Remparts et cette misérable auberge où il vivait caché depuis plusieurs jours. Trois hommes l'attendaient : c'étaient le comte Eric, Conrad de Saarbruck et Léo d'Arnembourg. Celui-ci, faible encore, était néanmoins sur pied.

Le coup d'épée de Lahire ne l'avait point mortellement atteint.

Quant au quatrième amoureux de la belle duchesse de Montpensier, il était absent ; Gaston de Lux était allé à Meudon, sans doute.

Le duc était sorti de l'auberge deux heures auparavant, en compagnie de Gaston et du comte Eric. Tous trois s'étaient dirigés vers le Louvre. A quelque distance du royal édifice, le duc s'était arrêté et était entré dans un cabaret rival de celui de Malican.

Eric et Gaston avaient continué leur chemin. Puis ils s'étaient présentés à la grande grille du Louvre et avaient montré un laissez-passer signé du roi. Ce laissez-passer avait été donné au duc par madame Catherine.

On devine ce qu'ils étaient allés faire au Louvre. Ils étaient entrés chez madame Catherine, qui les avait postés dans l'escalier de la poterne ; et c'étaient eux qui avaient enlevé Nancy.

Nancy enlevée, Gaston était monté avec elle dans la litière, tandis que le comte Eric rejoignait le duc.

Alors, à son tour, ce dernier était entré au Louvre, en disant au comte :

— Vous me verrez sortir probablement. Si je suis seul, vous m'aborderez.

— Et si Votre Altesse n'est pas seule ?

— Vous me suivrez à distance jusqu'aux portes de la ville.

— Après ?

— Et vous irez m'attendre à l'auberge.

Le comte Eric s'inclina. Peu après, il vit le duc sortir du Louvre avec Marguerite. Il les suivit à distance jusqu'à la porte Montmartre ; puis s'en revint auprès de Léo d'Arnembourg et du baron Conrad.

— Messieurs, — leur dit-il, — je crois qu'il va se passer de singulières choses cette nuit.

— Bah ! — dirent-ils tous deux.

— Et je ne jurerais pas que le duc et le roi de Navarre ne mettront pas l'épée à la main.

— Ce sera un beau combat, — murmura Conrad. — Je voudrais voir ça...

— Moi aussi, — dit Léo.

— Qui sait ? — reprit le comte Eric, — nous monterons peut-être tous à cheval dans une heure.

— Ah ! ah !

— Et pour quelle destination ?

— Pour accompagner le duc, qui enlève la reine de Navarre.

— Eh bien ! là ! morbleu ! — s'écria le baron Conrad, qui eut un gros rire germanique, — je voudrais voir cela, moi. Ce serait un beau coup ! — Et les trois jeunes gens devisèrent de la sorte pendant une demi-heure environ, lorsque la porte de l'auberge s'ouvrit, et le duc apparut, portant dans ses bras la reine de Navarre évanouie. — Brave ! — murmura Conrad.

— Voilà une bonne soirée ! — ajouta Léo d'Arnembourg.

Mais le duc ne répondit pas ; il traversa la première salle et pénétra dans ce cabinet où, plusieurs fois déjà, il avait reçu la reine Catherine. Puis il coucha Marguerite sur une chaise longue et se prit à la contempler.

Marguerite lui parut plus belle que jamais, plongée dans ce sommeil voisin de la mort.

Il s'agenouilla devant elle, effleura de ses lèvres les boucles dénouées de sa chevelure, prit ses mains dans les siennes et les couvrit de baisers ; et comme elle ne rouvrait pas les yeux, il se prit à l'appeler de sa voix la plus caressante :

— Marguerite ! — murmurait-il, — chère Marguerite !... revenez à vous... je vous en supplie ! — La reine de Navarre demeurait insensible et froide. Alors le duc eut peur ; il la crut morte et cria : — A moi ! à moi !

Léo et Conrad entrèrent. Léo était un peu chirurgien, un peu médecin.

— Elle n'est qu'évanouie, — dit-il, — et j'ai sur moi le remède nécessaire:—En parlant ainsi, Léo ouvrit son pourpoint et en retira un flacon d'argent. — Voilà, — dit-il, — le cordial le plus énergique connu.—Le duc prit le flacon.

— Deux gouttes, — ajouta Léo, — versées sur les lèvres de la reine, lui feront instantanément ouvrir les yeux.

Comme le duc débouchait le flacon, le comte Eric l'arrêta d'un geste :

— Votre Altesse m'accordera-t-elle une seconde ?

— Parlez, comte.

Eric se tourna vers Léo.

— Puisque tu es chirurgien, toi, — dit-il, — tu pourras nous dire le temps qu'à ton estime durerait cet évanouissement si on n'employait ni ton cordial ni tout autre.

— Deux grandes heures au moins ; plus encore peut-être, — répondit Léo ; — et...

Il s'arrêta et parut hésiter.

— Achève, — insista le comte Eric.

— Et si je frottais les tempes avec un certain onguent que je connais...

— Eh bien !

— L'évanouissement pourrait se prolonger un jour ou deux.

— Sans danger ?

— Sans danger aucun.

— Où voulez-vous en venir ? — demanda le duc étonné.

— A ceci, — poursuivit le comte Eric, — que Votre Altesse aime toujours madame Marguerite.

— Oui, — dit le duc, — oui, je l'aime !...

— Elle fera bien, en ce cas, de la placer en travers de sa selle et de l'emporter dans cet état de léthargie.

— L'emporter ?

— Oui.

— Et où cela, monsieur ?

— A Nancy.—Henri de Guise frissonna.—Eh ! mon Dieu ! — poursuivit Eric, — les femmes sont changeantes, monseigneur, le feu roi François l'a dit avant nous.

Henri de Guise regarda le comte Eric avec attention :

— Expliquez-vous, — dit-il.

— Or, — continua le comte, — aujourd'hui madame Marguerite est indignée contre son époux... elle a le désespoir au cœur... et, bien certainement, elle s'imagine qu'elle hait le roi de Navarre et qu'elle vous aime... Mais... demain...

— Taisez-vous, comte ! Taisez-vous ! — dit le duc, saisi de vertige.

— Tandis que, — dit Conrad à son tour, — avec de bons chevaux, nous serions loin de Paris au point du jour...

— Et tenez, — ajouta Léo d'Arnembourg, — tenez, monseigneur, je crois qu'on va vous donner le même conseil.

Léo s'effaça et livra passage à deux nouveaux personnages, Gaston de Lux et la duchesse de Montpensier.

La duchesse arrivait de Meudon en toute hâte pour savoir l'événement. Elle avait confié Nancy à la garde du page Amaury.

— Ah ! — fit-elle en poussant un cri de joie. — Ah ! la voilà !—Et elle montrait madame Marguerite évanouie. — Enfin, — ajouta-t-elle, — enfin nous avons un otage !—Henri de Guise tressaillit à ce mot. La duchesse se pencha sur Marguerite. — Elle est évanouie, — dit-elle, — mais le cœur bat...

— Madame, — dit alors le comte Eric, — Son Altesse ne paraît pas vouloir écouter nos conseils...

— Ah ! — fit la duchesse.

— Nous lui avons conseillé de monter à cheval...

— Bien !

— De placer la reine de Navarre en travers de sa selle...

— C'est une bien belle idée !

— Et de galoper vers Nancy.

— Et le duc n'est pas de cet avis ?

— Non.

Anne de Lorraine, duchesse de Montpensier, regarda le duc son frère avec un sentiment de compassion railleuse :

— Allez-vous pas faire de la chevalerie maintenant ? — lui dit-elle.

Henri de Guise tenait toujours le flacon dans ses mains et semblait hésiter. Mais tout à coup il repoussa d'un geste ceux qui l'entouraient et la duchesse elle-même.

— Non ! non ! — dit-il ; — si Marguerite doit m'aimer encore, elle m'aimera sans que j'emploie la ruse ; ce serait indigne d'elle et de moi...

Et le duc déboucha le flacon.

— Henri... prends garde ! — dit la duchesse avec l'accent de la prière.

— Arrière ! — répéta le duc ; — laissez-moi ! sortez tous !

— Il est fou ! — murmura madame de Montpensier.

Et elle sortit. Gaston de Lux, Eric de Crèvecœur, Conrad et Léo la suivirent.

Alors le duc approcha le flacon des lèvres de Marguerite et laissa tomber quelques gouttes du contenu dans sa bouche entr'ouverte.

Soudain, Marguerite fit un mouvement, soupira et ouvrit les yeux. Déjà le duc s'était remis à genoux.

Pendant quelques secondes, la jeune reine promena autour d'elle un regard indécis, étonné... Puis, tout à coup, elle vit le duc, le reconnut:

— Vous ! — dit-elle, — ah !...—La reine de Navarre ne savait pas où elle était ; mais elle se souvenait... elle se souvenait d'avoir vu le roi son époux aux genoux de Sarah l'argentière... Alors elle se prit à fondre en larmes, et le duc, respectant cette douleur, demeura silencieux. Mais Marguerite était une de ces femmes chez qui les réactions s'opèrent promptement. Elle eut honte de verser des larmes ; elle se repentit d'avoir étalé sa douleur. Soudain elle regarda le duc. — Où suis-je donc ? — lui demanda-t-elle.

— En un lieu où je me cachais depuis plusieurs jours.

— C'est-à-dire que je suis chez vous ?

— Oui.

Marguerite se leva.

— Duc, — dit-elle, — vous m'aimez encore, n'est-ce pas ?

— Ah ! — murmura-t-il en posant sa main sur son cœur, — en pouvez-vous douter, Marguerite ?

— C'est que, — dit-elle, — vous auriez pu songer à vous venger.

Le duc secoua la tête :

— Aimez-moi, — dit-il, — rendez-moi cet amour que vous m'avez retiré, et je serai votre esclave !...

— Je vous crois, — dit-elle. Puis elle attacha sur lui un regard plein de confiance : — Henri, — dit-elle, — savez-vous que je suis une fille de France, — il tressaillit, — et que ce n'est point dans une maison isolée, en un lieu inconnu, alors que je suis à votre merci, qu'on me peut parler d'amour ?

— Ah ! — s'écria le duc, — je le sais, Marguerite ; et je mourrais de honte et de douleur... si vous pensiez que j'ai voulu vous tendre un piège.

Elle lui tendit la main :

— J'ai foi en vous, — dit-elle. — Et maintenant... — elle le vit pâlir, — maintenant, — poursuivit-elle, — vous allez me reconduire au Louvre, Henri.

Ce nom de Henri qu'elle prononçait avec une tristesse affectueuse, un charme mélancolique indicible, arrachèrent un frisson de joie au duc.

— Allons ! — pensa-t-il, — elle m'aime encore !... — il prit son manteau et le jeta sur les épaules frissonnantes de la jeune reine. — Venez, — dit-il, — je suis à vos ordres !... — Le duc voulut éviter que Marguerite se rencontrât avec madame de Montpensier et ses compagnons. Il ouvrit une porte qui donnait sur une allée étroite et noire : — Venez, madame, — répéta-t-il, — et pardonnez-moi de vous avoir reçue dans ce bouge infect.

Marguerite sortit de la maison borgne sans y soupçonner la présence de la duchesse de Montpensier.

Appuyée sur le bras de Henri de Guise, elle reprit à pas lents le chemin du Louvre.

Le duc parlait de son amour avec enthousiasme, avec délire ; il lui dépeignait ce qu'il avait souffert et de quelles tortures sans nom la jalousie avait tourmenté son âme. Marguerite l'écoutait silencieuse. Quand elle fut à la porte du Louvre, elle lui dit :

— Demain, vous aurez de mes nouvelles, Henri.

— Ah ! — murmura-t-il, — je crois que je vais mourir de bonheur.

— Taisez-vous ! — reprit-elle, — et... à demain...! — Puis elle le quitta sans lui vouloir laisser prendre un baiser, et elle rentra furtivement au Louvre, le cœur rempli de colère et l'âme brisée... — Ah ! comme je l'aimais ! — murmura-t-elle.

## XXIII

Raoul était demeuré caché dans le cabinet de toilette de madame Marguerite, et sa position devenait critique. Le roi de Navarre était dans l'oratoire. La reine, après avoir fermé la porte sur elle, avait pris possession de la chambre à coucher.

Comment Raoul allait-il sortir ?

A vrai dire, le pauvre page n'y songeait pas, et peu lui importait son propre sort quand il songeait à celui de sa chère Nancy.

Nancy était en disgrâce, Nancy venait d'être congédiée par madame Marguerite.

A travers le rideau du cabinet de toilette, il avait semblé à Raoul que la camériste s'en allait le visage baigné de larmes.

Cependant la reine, en proie à une agitation violente, allait et venait par la chambre, et Raoul immobile, retenant son haleine, ne perdait pas un seul de ses mouvements.

Deux fois elle fut sur le point d'entrer dans son cabinet

et s'avança même jusqu'à la porte, deux fois Raoul frissonna jusqu'à la moelle des os.

Madame Marguerite s'assit un moment, appuya sa tête dans ses mains, et se prit à pleurer silencieusement. Raoul oublia un moment Nancy et se sentit pris de pitié pour cette pauvre reine si jeune, si belle et cependant trahie.

Mais madame Marguerite était une femme forte ; elle ne pleurait jamais longtemps. Tout à coup Raoul la vit se redresser, essuyer ses beaux yeux pleins de larmes, et il l'entendit murmurer avec l'accent de la résolution :

— Allons ! puisque Henri a cessé de m'aimer, je serais folle, moi, si je l'aimais encore.

Et madame Marguerite, qui sans doute était trop agitée pour songer à se mettre au lit, prit une lampe qui se trouvait sur la cheminée et la posa sur une table devant laquelle elle s'assit. Puis elle ouvrit un livre et se mit à lire.

Alors Raoul songea de nouveau à Nancy.

— Où est-elle allée, où peut-elle être ? — se demanda-t-il.

Il aurait voulu sortir de sa cachette et la rejoindre. Mais madame Marguerite était toujours là, et force lui serait d'attendre ou qu'elle se mît au lit et s'endormît, ou qu'elle sortît.

Ce dernier espoir était presque irréalisable, vu l'heure avancée de la nuit. Cependant le hasard vint se charger de délivrer Raoul. La cloison qui séparait le cabinet où il était caché de l'oratoire où madame Marguerite avait laissé le roi de Navarre était très-mince. Raoul entendit pendant longtemps le roi se promener de long en large, d'un pas saccadé, et paraissant livré à un violent désespoir. Puis ensuite il entendit le bruit d'une porte qui s'ouvrait et se refermait. Henri avait quitté l'oratoire et il venait de passer dans son cabinet.

Le bruit de cette porte n'avait sans doute pas échappé davantage à madame Marguerite ; car elle se leva sur-le-champ, rouvrit la porte de l'oratoire, traversa cette dernière pièce, et gagna le couloir qui conduisait à la fois au petit escalier du Louvre et aux appartements de la reine mère.

Il n'y avait pas un instant à perdre. Raoul s'élança hors du cabinet, traversa l'oratoire à son tour, et il allait entrer dans le couloir, lorsqu'il se trouva face à face avec madame Marguerite.

Cette dernière était sortie avec l'intention de se rendre chez la reine mère ; puis elle avait brusquement changé de résolution et elle était revenue sur ses pas.

A la vue de Raoul, elle étouffa un cri, et ce dernier demeura tout tremblant devant elle.

— Que faites-vous ici ? d'où venez-vous ? — telles furent les deux questions que madame Marguerite adressa sur-le-champ au page, en fronçant le sourcil. Mais presque aussitôt madame Marguerite devina tout. Elle devina qu'en son absence Raoul était venu faire sa cour à Nancy, qu'il avait été surpris par son arrivée ou celle du roi, et qu'il n'avait eu que le temps de se cacher. Seulement elle s'imagina qu'il s'était réfugié derrière un des rideaux de l'oratoire. Aussi, oubliant un moment sa douleur, elle se prit à sourire. — Mais d'où viens-tu donc, mon mignon ? — lui dit-elle d'un ton moqueur.

— Madame... je cherchais... je voulais voir...

— Oui, tu cherchais Nancy, n'est-ce pas ? — Raoul rougissait et pâlissait tour à tour. La reine le prit par le bras : — Viens avec moi, — lui dit-elle. Elle l'entraîna dans sa chambre et s'y enferma avec lui. — Dis-moi la vérité, — fit-elle.

— Mais, madame...

— Tu étais là quand je suis entrée. Voyons, ne mens pas.

— J'y étais, — balbutia Raoul.

— Où ?

— Là.

Et Raoul montra le cabinet.

— C'est Nancy qui t'avait caché, n'est-ce pas ?

— Oui, madame.

— Ainsi tu as entendu ce qui s'est passé ici ? — Raoul baissa les yeux. — Eh bien ! mon mignon, tu as mon secret, par conséquent, et tu sais que le roi de Navarre m'a trahie.

— Ah ! madame, — dit-il, — je savais tout cela bien avant ce soir. Nancy m'avait tout dit ; et nous avons fait tout ce que nous avons pu, elle et moi, pour que Votre Majesté ignorât la vérité.

— C'est-à-dire que vous avez cherché à me tromper.

— Nous voulions épargner une douleur à Votre Majesté.

— C'est ingénieux ! — dit la reine avec amertume.

— Et puis,—acheva Raoul,—Nancy cherchait un moyen de faire disparaître l'argentière, et je crois même qu'elle l'avait trouvé, quand...

— Il est trop tard maintenant, — soupira Marguerite.

— Mais, — osa reprendre Raoul, — je jure à Votre Majesté que Nancy...

— Nancy m'a jouée, — dit sèchement la jeune reine.

— Pauvre Nancy ! — murmura Raoul, qui se décida à intercéder pour elle, — elle donnerait tout son sang pour Votre Majesté. Ah ! Votre Majesté ne sait pas l'aventure qui lui est est advenue cette nuit.

— Quelle aventure ?

— On l'a enlevée.

— Qui donc ?

— Nancy.

— Tu es fou, mon mignon, — dit Marguerite. Mais Raoul ne se déconcerta point, et il raconta tout ce qu'il savait, c'est-à-dire l'enlèvement de Nancy et son retour à cheval. — Oh ! oh ! — pensa la reine de Navarre, — si on enlevait Nancy, c'est qu'on la craignait, c'est qu'on voulait pénétrer plus aisément auprès de moi. Ah ! monsieur le duc de Guise, vous avez employé de singuliers moyens pour vous faire aimer de nouveau... — Et Marguerite, un instant rêveuse, dit à Raoul : — Va-t'en, mon enfant.

— Dois-je envoyer Nancy à Votre Majesté ?

— Non. — Marguerite était trop irritée contre sa camérière. — Plus tard, — ajouta-t-elle, — demain peut-être... je lui pardonnerai... mais, pour aujourd'hui... je ne la veux point voir. Va-t'en !

Raoul comprit qu'insister ce serait doubler l'irritation de la reine de Navarre. Il sortit donc et se mit à la recherche de Nancy.

Où était-elle ?

Raoul pensa que la camérière avait dû se réfugier dans sa chambre, et il y monta. En route, il avait battu le briquet et allumé une petite bougie que, selon l'usage, chaque page, au Louvre, avait toujours sur lui.

Raoul grimpa lestement l'escalier qui conduisait aux combles, le lieu où pages et camérières avaient leur logis. Mais comme il allait atteindre la porte de Nancy, il recula abasourdi, et vit cette dernière accroupie sur le seuil extérieur.

Nancy pleurait, la tête dans ses mains.

— Chère Nancy, — lui dit-il, — ne pleurez pas, la reine vous pardonnera. — Mais Nancy était au désespoir, et elle secoua la tête. — Elle me l'a dit, — ajouta Raoul.

Nancy tressaillit et se leva tout d'une pièce.

— Tu l'as vue ? Ah ! mon Dieu ! je me souviens maintenant.

Et Nancy songea qu'elle avait poussé Raoul dans le cabinet de madame Marguerite.

— Oui, —répéta Raoul, —la reine est irritée contre vous, mais son irritation se calmera. Elle m'a laissé entendre qu'elle vous pardonnera, et je gage que demain...

Nancy essuya ses larmes.

Elle se leva et dit à Raoul :

— N'as-tu pas un ami parmi les pages ?

— J'en ai plusieurs. Pourquoi ?

— Je voudrais que tu puisses demander l'hospitalité à l'un d'eux.

Raoul regarda Nancy.

— Quelle idée ! — fit-il.

— A moins que tu ne veuilles te charger, — ajouta Nancy, — d'aller chez madame Marguerite.

— Je ne comprends pas, — dit le page.

— Eh bien ! figure-toi, — dit Nancy, — que j'étais si troublée tout à l'heure que... j'ai laissé ma clef sur un guéridon... dans l'oratoire...

— Eh bien ? venez chez moi.., je vous céderai mon logis et j'irai coucher avec mon ami Gauthier.

— Allons ! — dit Nancy. Raoul conduisit la camérière chez lui et l'y installa. — Tu es gentil et je t'aime, — lui dit-elle. Raoul frissonna de joie et s'en alla. Mais, ce soir-là, le page avait une audace inaccoutumée. Quand il eut fait dix pas dans le corridor, il revint frapper à sa porte, que Nancy avait déjà verrouillée en dedans. — Qui est là? — demanda la camérière.

— C'est moi, — répondit Raoul d'une voix humble et câline.

— Que veux-tu ?

— J'ai quelque chose à vous dire.—Nancy, ordinairement si fine mouche, ouvrit sans défiance. — Ma petite Nancy, — dit Raoul, — je viens de faire une réflexion.

— Quelle est-elle ?

— C'est que Gauthier me demandera pourquoi je vais partager son lit, quand j'ai le mien au Louvre.

— C'est juste. Eh bien ! tu lui diras la vérité.

— Mais, ma petite Nancy, vous n'y songez pas... Il voudra savoir pourquoi vous n'entrez pas chez madame Marguerite.

— Parce qu'elle dort.

— Bah ! ce n'est pas une raison, puisque vous y pénétrez à toute heure de jour et de nuit. Gauthier devinera que vous êtes en disgrâce...

— C'est-à-dire que tu ne sais où loger, mon mignon ?

— Oh ! pardon... Tenez, voyez-vous cette peau de loup, là, dans le cabinet qui précède mon logis ?

— Eh bien !

— Je dormirai parfaitement là-dessus ; quant à vous, vous tirerez les verrous de ma chambre, et vous serez comme dans un fort.

Nancy voulut se récrier, mais le page se glissa comme une couleuvre entre les bras blancs de la jolie camérière et la porte que ce bras tenait entr'ouverte.

— Et ma réputation ! — dit Nancy ; — grâce à vous, me voilà compromise !

— Vous savez bien que je vous aime, — dit-il en l'enveloppant de son plus tendre regard. — Et puis... ne devons-nous pas nous marier ?...

Nancy rougit comme une cerise de juin, mais elle n'osa se fâcher. Il était si tard !

## XXIV

Celui qui eût assisté la veille à l'entrevue nocturne de madame Marguerite avec son époux, le roi de Navarre, et aurait été témoin de l'émotion et du courroux de la pauvre reine trahie, aurait été bien étonné, le lendemain, vers dix heures, en pénétrant dans son appartement.

Marguerite avait bien un peu les yeux battus et le regard fiévreux ; peut-être même était-elle un peu pâle, mais elle était calme, et son geste, sa démarche, n'avaient plus rien de saccadé.

La jeune reine, privée des soins de Nancy, s'était habillée elle-même. Puis elle avait ouvert sa fenêtre, exposé son front à l'air pur du matin, et elle était demeurée longtemps à cette place, l'œil tourné vers Paris et la Seine.

Sans doute Marguerite avait pris quelque résolution subite et d'autant plus inébranlable.

Comme dix heures sonnaient, un petit page béarnais lui apporta un message. Ce message venait du roi de Navarre. Marguerite devina que son époux, au désespoir, lui faisait demander une entrevue.

Elle prit la lettre et la jeta négligemment sur une table. Et, comme le page ne bougeait,

— Est-ce que tu attends une réponse?

— Oui, madame.

— Eh bien! la voici.

Marguerite reprit la lettre et la laissa tomber dans un vase de bronze ciselé, placé sur un dressoir dans un angle de sa chambre:

— Tiens, — dit-elle, — tu diras au roi que tu m'as vu faire.

— Oui, madame.

— Ce vase, — ajouta Marguerite, — est destiné à recevoir toutes les lettres que je ne lis pas. Le page, un peu déconcerté, s'inclina et sortit. — A propos, — lui dit la reine en le rappelant, — connais-tu le page Raoul?

— Oui, madame.

— Cherche-le par le Louvre, tu me l'enverras...—Le page sortit. Un quart d'heure s'écoula; puis on gratta à la porte. C'était Raoul. Raoul était, lui aussi, quelque peu métamorphosé. Il était un peu pâle, un peu agité, mais son regard brillait plus qu'à l'ordinaire. — Mon mignon, — lui dit la reine, — pourrais-tu me dire où est Nancy?

— Mais... je ne sais... je... la trouverai peut-être... — balbutia-t-il.

— Trouve-la moi.

— Faut-il l'envoyer à Votre Majesté?

— Sur le champ.— Raoul s'esquiva. Au bout d'un second quart d'heure, on heurta discrètement à la porte. — Entrez! dit Marguerite. Nancy apparut, plus émue et plus troublée encore que le page. Mais Marguerite de Valois mit le trouble de Nancy sur le compte des événements de la veille, et elle se hâta de lui sourire. — Viens ici, — lui dit-elle,—je te pardonne!... — Nancy baisa respectueusement la main de la reine et se trouva réconfortée. Alors Marguerite reprit: — Sais-tu que tu m'as trompée?

— Moi! madame?

— Oui, car tu savais la vérité, — Nancy baissa les yeux, — et tu me l'as célée.

— Madame, — répondit Nancy qui retrouva sa présence d'esprit ordinaire, — le dévouement emprunte quelquefois l'apparence de l'aveuglement et du mensonge... Si j'avais eu le temps, le bonheur de Votre Majesté durerait encore... j'aurais étouffé le mal à sa naissance. Le roi... Mais Marguerite l'interrompit:

— Au nom du ciel! — dit-elle froidement et d'un air hautain,—ne me parle jamais du roi de Navarre.—Nancy la regarda. Alors un beau sourire rempli de dédain vint aux lèvres de Marguerite. — La nuit qui vient de s'écouler, — dit-elle, — m'a fait voir que j'avais un cœur à l'épreuve des plus terribles déchirements. J'ai cru que j'allais mourir... mais, tu le vois, j'ai vécu... je vivrai... je suis guérie!

L'accent de Marguerite était si vrai que Nancy oublia momentanément ses émotions personnelles pour faire la réflexion suivante:

— Décidément le roi de Navarre redeviendrait le sire de Coarasse des pieds à la tête qu'il n'en serait pas plus avancé. Son règne est fini.

La reine reprit:

— Maintenant parlons d'autres choses.— Nancy devint attentive. — Sais-tu pourquoi je t'ai pardonné?

— Mais, — dit Nancy, — parce que Votre Majesté a bien pensé que... mon dévouement...

— Ce n'est pas cela.

— Alors, c'est que...

— C'est que j'ai besoin de toi, je veux te consulter, ma petite.

— Votre Majesté me fait grand honneur...

— Non; tu es de bon conseil. — Nancy s'inclina. — Et d'abord, laisse-moi te dire que si le roi de Navarre a creusé un abîme infranchissable entre lui et mon cœur, je n'en demeure pas moins la reine de Navarre, et comme telle je serai fidèle à sa fortune bonne ou mauvaise. Ses

alliés seront les miens, ses ennemis seront mes ennemis. Je serai son amie pour les choses de la politique.

— Seulement? — fit Nancy.

— Oh! — répondit Marguerite, — s'il en était autrement, j'aurais de moi-même un mépris souverain. Passons.

— Soit! — dit Nancy.

— Que penses-tu du duc de Guise?

Nancy tressaillit à ce nom et regarda la reine dans le blanc des yeux.

— Je pense que le duc aime toujours Votre Majesté.

Marguerite haussa les épaules.

— Je le sais... Mais moi, — dit-elle, — je ne sais plus si je l'aime encore. Cependant hier...

— Madame, — interrompit Nancy, — je vais demander à Votre Majesté la permission de lui narrer un apologue.

— Voyons!

— Il était autrefois, — reprit Nancy, — au pays des féeries et des merveilles, un prince de dix ans qui avait le goût des fleurs et des arbres. Le roi, son père, avait encouragé cette inclination, en prétendant qu'un monarque jardinier vaudra toujours mieux qu'un prince batailleur.

— Il avait raison, ce roi.

— Or, un matin, le jeune prince, en se promenant dans le verger superbe où il passait sa vie, remarqua, auprès d'un bel arbuste chargé de fruits dorés et savoureux, un arbuste qu'il affectionnait et arrosait lui-même tous les matins, un autre arbre non moins beau, non moins élégant, et dont les fruits lui parurent meilleurs. La jeunesse est inconstante; elle ressemble, dit-on, aux femmes...

— Impertinente! — fit la reine.

Nancy continua.

— Le nouvel arbre plut si fort au prince que l'ancien lui déplut. Il appela un garçon jardinier et lui commanda de scier le pauvre arbuste et de le jeter bas honteusement. Le jardinier obéit. Alors, tout entier à son second amour, le prince s'empressa de cueillir un fruit du nouveau favori. Mais le fruit était amer et il le rejeta avec colère. Alors encore, se repentant, il voulut relever l'arbre abattu, et il essaya de le replacer sur son tronc... mais le pauvre arbre n'avait plus de racines et il retomba lourdement sur le sol. Voilà, madame, — acheva Nancy, — mon petit apologue.

— C'est-à-dire, — fit la reine pensive, — que le duc de Guise est un arbre déraciné.

— Hélas!

— Et le roi de Navarre l'arbre aux fruits amers?

— Précisément.

— Que faut-il en conclure?

— Ah! madame, — répondit Nancy, — quand vous voudrez tirer une conclusion de mon histoire, vous ne prendrez conseil que de vous-même.

Et Nancy retrouva son fin sourire et son regard mutin. Marguerite demeura silencieuse un moment.

— Sais-tu bien, — dit-elle enfin, — que cet arbre trompeur qui, en dépit de sa beauté, ne portait que des fruits amers, méritait un châtiment?

— Il en eut un.

— Ah!

— Le jeune prince fit quelques pas, avisa une touffe verte sous laquelle brillait modestement un petit fruit rouge et blanc, une fraise.

— Et il la mangea?

— Avec délices.

— Nancy, — dit la reine en souriant, — tu es pleine d'esprit, et je gage que tu vas comparer cette fraise à quelque petit gentilhomme naïf, candide, beau comme un ange et tout rougissant...

— A bon entendeur, salut! — murmura Nancy.

— J'y songerai! — répondit Marguerite rêveuse. Puis elle prit une plume et écrivit ces quelques lignes:

« Mon cher duc,

» La vie est un fleuve dont on ne remonte pas le courant, mais dont les rives sont parfois si belles que le

» voyageur qui les a parcourues en garde un éternel sou-
» venir.

  » Le souvenir vaut mieux que l'espérance.

  » A vous dans le passé.

» MARGUERITE. »

— Hum !—murmura Nancy à mi-voix, lorsque la reine
lui eut montré cette lettre, — je crois que Dieu va faire
un miracle et bouleverser les saisons. Je me trompe fort
ou cette année les fraises mûriront en septembre.

Marguerite n'entendit pas... elle rêvait !

La rêverie est contagieuse, et Nancy allait à son tour
devenir mélancolique, lorsque Marguerite lui dit brusquement :

  — Tu vas me chercher mes hardes et serrer dans des
caisses et dans des corbeilles mes plus beaux atours. Voici
longtemps que mon frère d'Alençon me convie à l'aller
voir dans son gouvernement d'Angers. J'ai bonne envie de
m'y rendre. Nancy soupira. — Pourquoi ce soupir ? — fit
Marguerite étonnée.

  — C'est que, à mon tour, je voudrais demander un conseil à Votre Majesté.

  — Ce conseil empêchera donc mon voyage ?

  — Non, mais...

Nancy hésita.

  — Voyons ! — fit la reine.

  — Il se pourrait que Votre Majesté me conseillât d'aller
faire, moi aussi, un petit voyage... d'où je reviendrais
après avoir changé de condition...

  — Peste ! — exclama la reine, — sais-tu que tu parles
par énigmes ?...

  — Je suis si embarrassée...

  — Toi ?

Nancy parut se résoudre à un gros aveu.

  — Ma foi ! madame, — dit-elle, — on ne peut pas
vivre impunément parmi les loups sans le devenir.

  — Plaît-il ?

  — Depuis tantôt cinq ans que je suis au Louvre, j'ai vu
passer devant moi tant d'amoureux... que...

  — Que la contagion t'a gagnée.—Nancy baissa les yeux;
— et que tu aimes Raoul...—Nancy poussa un gros soupir,
— Raoul qui t'aime aussi...

  — Il me le dit, du moins ; mais les hommes sont si
trompeurs !

  — Hélas ! — fit madame Marguerite.

  — Cependant, nous devons nous épouser.

  — Oui, dans deux ans.

Nancy se reprit à rougir.

  — Oh ! — dit-elle, — ce serait bien long.

  — Eh bien ! — acheva Marguerite, — allons faire notre
voyage ; au retour, on fera ton petit page écuyer, je te
doterai, et tout s'arrangera...

XXV

Le reste de la journée s'écoula pour madame Marguerite dans une solitude complète. Deux fois le roi de Navarre lui envoya un nouveau message. Elle prit les lettres
et les jeta dans le vase de bronze.

Madame Catherine, à son tour, voulut pénétrer chez elle.
Mais Nancy se plaça en travers de la porte et prétendit que
la jeune reine était hors d'état de voir personne.

Pendant ce temps, Nancy serrait les hardes et faisait les
paquets.

Raoul seul avait pu pénétrer auprès de madame Marguerite. On l'avait même investi d'une mission de
confiance.

  — Mon mignon ! — lui avait dit la reine de Navarre,
— voici une bourse pleine d'or ; tu vas aller dans la rue
des Deux-Écus, à l'enseigne du *Cheval-Blanc.* L'hôtelier
est un brave homme qui loue des chevaux et des litières.

Comme je ne veux pas que mon départ fasse le moindre
bruit au Louvre, je ne demanderai au roi mon frère ni
litière, ni chevaux.

  — Comment ! madame ! — s'écria Nancy, — Votre Majesté voyagera seule ?

  — Avec toi.

  — Dans une litière de louage ?

  — Sous le plus strict incognito. Ce sera plus amusant.

  — Sans la moindre escorte ?

  — Avec Raoul qui nous servira de protecteur.

Nancy avait rougi de nouveau.

  — Tu le vois, enfant, — dit madame Marguerite en
souriant, — je fais bien les choses et je ne sépare point
ceux qui s'aiment.

  — Ah ! petit drôle ! — murmura Nancy en menaçant le
page du doigt, — tu ne mérites point tant de bonheur.

Raoul avait exécuté les ordres de la reine de Navarre.

Une litière, portée par deux belles mules d'allure rapide, devait attendre le soir, vers dix heures, devant l'é-
glise Saint-Germain-l'Auxerrois. Quant à lui, Raoul, il
avait acheté un fort beau cheval à un gentilhomme
bourguignon descendu la veille à l'hôtellerie du *Cheval-
Blanc.*

Comme le gentilhomme arrivait à Paris pour y solliciter
son entrée dans les gardes du roi, et qu'il avait plus besoin
d'argent que de son cheval, Raoul avait fait un excellent
marché. Il avait acheté la monture moyennant vingt pistoles, ce qui était pour rien.

La nuit approchant, madame Marguerite se fit servir à
souper dans sa chambre et permit à Nancy et à Raoul de
partager son repas.

Ensuite elle écrivit trois lettres, dont l'une était adressée
au roi de Navarre, l'autre à la reine mère, la troisième au
roi Charles IX.

Marguerite écrivait à madame Catherine :

  « Madame,

  » Je joins à ce billet un message que vous pourrez faire
» parvenir, je n'en puis douter, à monseigneur le duc de
» Guise, attendu que j'ai appris de bonne source le revi-
» rement d'amitié que vous avez pour lui, après l'avoir
» voulu faire occire en un coin du Louvre.

  » Je vous dirai, madame ma mère, que, lorsque ce billet
» vous parviendra, j'aurai probablement fait beaucoup
» de chemin loin du Louvre et de Paris.

  » Comme je me suis aperçue que nous n'étions pas du
» même avis, le roi de Navarre et moi, sur la façon dont
» nous comptons gouverner notre peuple de Gascogne, je
» prends le parti d'aller voyager quelques jours, à la
» seule fin de m'instruire sur les choses de la politique,
» en étudiant les mœurs et les coutumes de différents
» pays.

  » Je vous prie donc, madame ma mère, d'accepter mes
» adieux, et je demande au Ciel qu'il continue à vous
» protéger.

» MARGUERITE. »

Nancy, qui lut cette lettre, fit la réflexion charitable
que le ciel se mêlait beaucoup moins que l'enfer des affaires de madame Catherine.

La reine de Navarre écrivait au roi son époux :

  » Sire,

  » J'ai éprouvé de votre conduite un violent chagrin,
» que le séjour que je pourrais faire au Louvre entretien-
» drait sûrement. Souffrez que je m'absente quelques
» jours, en me disant

» Votre bonne amie,

» MARGUERITE.

  » *P. S.* Je vous conseille de vous méfier plus que ja-
» mais de madame Catherine, de René, et de notre excel-
» lent cousin le duc Henri de Guise. »

Enfin la jeune reine écrivait à son frère, le roi Charles IX :

» Sire,

» Votre Majesté sait quelle répugnance j'ai pour les
» choses de la politique. J'espère donc qu'elle ne verra
» dans mon absence qu'un caprice de femme et nullement
» autre chose.

» Je vais, du consentement du roi mon époux, faire un
» petit voyage de quelques semaines.

» Votre Majesté m'a toujours témoigné une grande ami-
» tié, et je pense qu'elle continuera, malgré mon absence,
» à en reporter une partie sur le roi de Navarre, qui a
» bon nombre d'ennemis à votre cour, quoi qu'il soit le
» plus fidèle sujet de Votre Majesté, et peut-être même à
» cause de cela... »

Quand ces trois lettres eurent été scellées, Marguerite
les plaça sur un guéridon, au milieu de sa chambre à
coucher.

Raoul avait fait emporter une à une, dans la soirée, les
caisses et les corbeilles de la reine, par un Suisse qui lui
était très-dévoué. Caisses et corbeilles étaient arrivées à
l'hôtellerie de la rue des Deux-Écus et chargées sur deux
mulets qui devaient suivre la litière.

Un peu avant dix heures, Marguerite, dont tous les préparatifs étaient terminés, s'enveloppa dans une grande mante
espagnole qu'elle tenait de la feue reine de Navarre : elle
plaça sur son visage un loup de velours noir, et dit à
Nancy :

— Maintenant, esquivons-nous.

Raoul avait pris les devants.

La jeune reine et sa camérière descendirent par le petit
escalier, sortirent du Louvre par la poterne du bord de
l'eau, et gagnèrent la place Saint-Germain-l'Auxerrois.

La litière, attelée de ses mules conduites par deux
hommes, et les deux mulets, chargés de bagages sous
la garde d'un troisième, attendaient devant l'église.

Raoul était monté sur le cheval du gentilhomme bourguignon, et il avait le mousquet à l'arçon, les pistolets
dans les fontes, la dague au flanc et l'épée au côté.

Marguerite et Nancy montèrent dans la litière.

— Où allons-nous? — demanda Raoul pour transmettre
cet ordre aux conducteurs de la litière.

— Route d'Angers ! — répondit la reine.

— Hé ! hé ! madame, — dit Nancy, — il fait chaud à
Angers, n'est-ce pas?

— Pourquoi cette question, petite?

— Mais, dame ! — répondit Nancy, — parce qu'il y
aura peut-être encore des fraises à cueillir dans ce pays-là.

— Impertinente ! — murmura Marguerite en souriant.

Et la litière se mit en marche, escortée par Raoul qui
trottait à la portière de droite.

La nuit était noire, et personne au Louvre ne soupçonnait que madame Marguerite quittait Paris à cette heure
comme une fugitive.

* * * * * * * * * * * * * * * * * * * * *

## XXVI

Rétrogradons de vingt-quatre heures.

Avant que Marguerite, guidée par le duc de Guise et
soulevée par le garçon cabaretier Pénaritte, eût aperçu le
roi de Navarre, son époux, aux genoux de Sarah, Noë sortit de Paris à pied et gagna la maison du défunt chanoine
à travers champs. Il était alors neuf heures à peine.

Sur le seuil de la maison, Noë trouva le fidèle Guillaume
Verconsin qui vint à sa rencontre :

— Ah ! c'est vous, monsieur de Noë?

— C'est moi. Bonsoir Guillaume.

— Bonsoir, monsieur le comte.

— Peste ! — fit Noë, — tu as un mousquet sur l'épaule ?

— Après ce qui nous est arrivé, c'est tout simple.

— Bah ! le cabaretier est mort.

— Oui, mais son garçon s'est évadé.

— Au fait ! tu as raison, mon garçon... D'ailleurs, —
acheva Noë, — c'est la dernière nuit que tu passes ici...

— Ah !...— Et Guillaume regarda Noë d'un œil interrogateur. Mais Noë, paraît-il, n'avait pas le temps de donner
des explications. Il passa outre, se contentant de demander si Sarah attendait le jeune roi de Navarre. — Vous
savez, — répondit Guillaume, — que madame ne sort
jamais.

Mais comme il posait le pied sur la première marche de
l'escalier, Noë se retourna et revint vers le brave et fidèle
serviteur :

— A propos, — lui dit-il, — es-tu homme à garder un
secret ?

— Toujours, monsieur.

— Écoute bien alors ; je vais dire deux mots seulement
à madame Sarah.

— Bien.

— Et puis je m'en irai.

— Ah !

— Dans une heure le roi viendra.

— A merveille !

— Et tu te garderas bien de lui dire que tu m'as vu...—
Guillaume parut hésiter. Il savait que le roi de Navarre
aimait Sarah et que Sarah l'aimait. Or, garder à Noë un
secret au préjudice du roi de Navarre, n'était-ce point
trahir Sarah ? Noë comprit cette hésitation : — C'est dans
l'intérêt de ta maîtresse, — dit-il.

— Vrai ? — dit Guillaume.

— Quand je serai parti, tu monteras chez elle...

— Elle me dira comme vous ?

— Oui.

— Alors c'est bien.

— Tu seras muet ?

— Sur ma part de paradis, je vous le jure ! — répondit
Guillaume.

Noë monta. Sarah était seule, accoudée à sa fenêtre qui
donnait sur le sentier qui venait à travers champs du
chemin de Saint-Denis à la petite maison.

— Tout à l'heure, — dit-elle à Noë en lui tendant la main,
— j'ai entendu des pas et, un moment, mon cœur a battu
violemment.— Elle se prit à sourire.—J'ai cru que c'était
mon Henri, — mais bientôt...

— Vous avez reconnu que c'était moi, n'est-ce pas ?

— Oui, et j'ai eu peur...

— Pourquoi ?

— J'ai craint que vous ne vinssiez m'apprendre quelque malheur.

— Rassurez-vous...— Sarah respira. — Henri va bien,
— dit Noë, — et vous le verrez... ce soir... dans une
heure...

— Ah ! merci !...

Noë prit la main de l'argentière :

— Ma pauvre Sarah, — dit-il, — je suis l'homme le
plus malheureux du monde, je vous le jure !

— Vous !

— Oui, car je m'aperçois que vous aimez Henri de plus
en plus.

— Ah ! si je l'aime !...

— Et j'ai peur...

— Peur ?

— Oui, j'ai peur que vous manquiez de courage pour
le sauver.

Un fier et héroïque sourire glissa sur les lèvres de
l'argentière :

— Ah ! vous avez tort, — dit-elle.—J'aime assez Henri
pour me dévouer.

— Vous résignerez-vous à le quitter?—Elle prit la main
de Noë à son tour :— Non pas ce soir, — ajouta-t-il.

— Mais... demain ?

— Oui.

Sarah courba la tête.

— Soit! — dit-elle.

— Demain, au coucher du soleil, — poursuivit Noë, — vous quitterez cette maison.

— Et où irai-je?

— Vous me trouverez à la porte Montmartre, vous attendant.

— Tenez, — dit-elle, — il va venir, et mon cœur déborde de joie... Eh bien! dites-moi qu'il faut que je parte à l'instant même, et je partirai. Mais où me conduirez-vous?

— Vous le saurez demain.

— Je vous obéirai, — murmura l'argentière, — puisque mon départ doit sauver mon Henri.

— Oui, certes! — répondit Noë, — car Henri vous aime avec passion, avec délire; et l'espoir de vous rejoindre pourra seul lui faire quitter Paris, où sa vie est de plus en plus menacée.

— Comptez sur moi, — dit Sarah, — demain, au coucher du soleil.

— Oui... — Noë se leva — Adieu, — dit-il, — à demain... Vous ne m'avez pas vu... Il ne faut pas que Henri sache que je suis venu ici...

Sarah fit un signe de tête et Noë s'éloigna.

. . . . . . . . . . . . . . . . . . .

Trois quarts d'heures s'écoulèrent, puis des pas précipités se firent entendre dans le sentier.

Cette fois, le cœur de Sarah se reprit à battre de plus belle. Elle avait reconnu le pas de son Henri bien-aimé.

Le jeune prince, qui ne se doutait point qu'à cette heure il était épié, et que Pandrille, couché dans un champ de blé, auprès du sentier par les ordres du duc, attendait avec impatience son arrivée pour le suivre en rampant et épier tous ses mouvements, le jeune prince, disons-nous, arrivait de ce pas rapide et plein d'ardeur qui est le privilège de l'adolescence amoureuse. Il ne fit point le tour du jardin, et, pour couper au plus court, il sauta lestement par-dessus la haie.

Comme Noë, il trouva le bon Guillaume qui faisait sentinelle. Guillaume n'avait pas besoin d'être gentilhomme pour tenir scrupuleusement sa parole. Il avait promis le secret à Noë; il ne dit pas un mot à Henri de la venue du premier.

Henri courut se précipiter aux genoux de Sarah.

— Ah! chère âme, — s'écria-t-il, — comme la journée qui s'est écoulée m'a paru longue et mortelle. Il prit les belles mains de l'argentière et les baisa avec transport. Sarah avait les yeux pleins de larmes et sentait son cœur se briser, car elle songeait qu'elle voyait son Henri pour la dernière fois. Mais lui, plein de confiance en l'avenir, reprit avec enthousiasme : — Ah! ma chère Sarah, si vous saviez comme je suis heureux d'oublier à vos genoux les soucis de la politique!... Quand je suis là, votre main dans la mienne, tenez, je m'oublie parfois à faire un rêve charmant, un rêve de bonheur et de vie modeste.

— Henri!

— Il me semble, — poursuivit le jeune prince, — que je suis un simple gentilhomme, moins que cela même, un petit bourgeois qui vous aime au grand jour... et que vous pouvez épouser...

— Henri!... Henri!... — murmura l'argentière, — vous êtes fou!...

— Mais, hélas! — reprit le prince, — aussitôt hors d'ici, il faut me réveiller... et la politique me reprend.

A ces derniers mots, Sarah posa sa main sur le bras du prince :

— Tenez, — dit-elle, — je veux vous parler à cœur ouvert.

— Oh! parlez!

— Me croyez-vous votre amie?

— Comment en douterais-je?

— Et si je vous donnais un conseil?

— Parlez!

— Je ne suis qu'une pauvre femme sans condition, — poursuivit Sarah, — une bourgeoise ignorante des choses de la cour, et cependant...

Elle hésita.

— Parlez! je vous écoute.

— Eh bien! si le roi de Navarre m'en croyait, — murmura Sarah, — au lieu de rester à Paris et de s'y mêler à une foule d'intrigues...

Ces mots produisirent sur Henri une réaction subite. L'amoureux s'effaça, le prince qui rêvait une couronne fleurdelisée reparut. Il arrêta l'argentière d'un geste.

— Sarah! — dit-il, — vous allez voir si je vous aime et si j'ai foi en vous! J'ai un ami d'enfance, Noë; je l'aime comme un frère, et je sais qu'il verserait pour moi la dernière goutte de son sang. Eh bien! il n'a point mon secret.

— Ah!

— Et ce secret, je vais vous le confier.

— A moi?

— A vous?

Sarah eut un frisson d'orgueil.

Henri demeura à ses genoux; mais son regard étincela et devint dominateur, son geste prit la dignité que le jeune prince déployait parfois, et l'argentière se sentit fière de le voir à ses pieds.

En ce moment, et comme il allait parler, un cri lointain, le cri d'un oiseau de nuit, se fit entendre. Sarah eut un mouvement de frayeur.

— Qu'est-ce que cela? — dit-elle.

— C'est un cri de chouette, — répondit Henri, qui se doutait peu que, à cette heure, Pandrille avertissait le duc de Guise de la présence du roi de Navarre chez Sarah. Et le jeune prince reprit : — Ma chère Sarah! j'ai du sang de roi dans les veines, et je suis le petit-fils de saint Louis. Je ne sais ce que me garde l'avenir, mais une voix intérieure m'a crié plus d'une fois qu'un jour viendrait où je ceindrai une couronne auprès de laquelle celle de Navarre n'est qu'un jouet d'enfant. Eh bien! entre l'avenir et moi, entre cet avenir inconnu qui fait battre mon cœur d'un noble orgueil et l'heure présente, j'entrevois des combats et des luttes sans trêve, je devine de longues misères et je prévois des pièges infâmes tendus sur mon passage... J'ai des ennemis acharnés, ma chère Sarah, des ennemis qui, sous prétexte de religion, ont juré ma perte et celle des huguenots.

— Oh! je le sais, — murmura l'argentière, — je le sais, Henri!

— Ils sont puissants et je suis faible; ils ont des armées et je ne possède qu'une poignée de soldats : Eh bien! cependant, j'accepte la lutte et, Dieu aidant, je vaincrai.

— Henri! Henri! — supplia Sarah pleine d'angoisse.

Un fier et dédaigneux sourire glissa sur les lèvres du jeune prince.

— Oh! je le sais, — dit-il, — que, pour leur échapper, je pourrais me retirer sur ces quatre arpents de terre pierreuse qu'on appelle le royaume de Navarre, m'y faire humble et petit, et courber l'échine comme un vilain. Mais je suis fils de roi, et je vous l'ai dit, Sarah, et l'homme que j'estime le plus dans l'histoire, c'est David enfant terrassant Goliath.

— Mais si vous êtes vaincu?...

— Bah! j'ai mon étoile... elle brille avec trop d'éclat pour pâlir subitement, mon amie.

Alors Henri se pencha à l'oreille de Sarah frémissante. Quel secret lui confia-t-il?

Ce secret devait être terrible, sans doute, car plus d'une fois la pauvre femme pâlit et frissonna.

— Oh! — dit-elle enfin, — mais c'est votre tête que vous jouez, Henri...

Le prince ne répondit point; car, à ce moment, un cri traversa l'espace... C'était un cri de douleur, d'angoisse, de désespoir... un cri de femme... Le prince se leva précipitamment et courut à la fenêtre entr'ouverte.

Mais il ne vit rien... La nuit était noire. Sarah, elle, n'avait rien entendu. Tout entière à ce que Henri lui disait, elle n'écoutait que lui.

— Je crois que j'ai rêvé... — murmura Henri. Et il se remit aux genoux de la belle argentière. L'heure succédait à l'heure, et le temps s'écoulait. Mais Henri s'était repris à parler d'amour; il baisait les mains de Sarah et s'abandonnait avec elle à mille rêves charmants. Cependant, un moment vint où le prince leva les yeux sur le cadran placé dans un angle de la chambre du jeune femme. Ce cadran marquait une heure du matin. Henri songea soudain à Marguerite, et, se levant : — Il faut que je parte! — dit-il. Puis il jeta ses bras autour du cou de la jeune femme:

— A demain! — dit-il en lui donnant un long baiser.

— A demain! — répéta Sarah, — qui songea que le lendemain elle aurait quitté Henri peut-être pour jamais!

Le cœur de Sarah se brisait.

Le prince s'enveloppa dans son manteau et partit.

Noë devait l'attendre au bout du jardin avec son cheval.

— C'est incroyable, — murmura-t-il, — je n'aurais jamais cru qu'on pût aimer aussi ardemment deux femmes à la fois!

Et il traversa le jardin en courant.

Quant à Sarah, elle s'était mise à fondre en larmes, après le départ de son Henri bien-aimé.

Noë, en effet, était au bout du jardin, à cheval et tenant la monture du prince en main.

Henri, lorsqu'il était arrivé chez Sarah, ne venait point du Louvre, mais bien de Montmorency, où il avait eu une nouvelle conférence avec son cousin le prince de Condé.

Cette fois, le roi de Navarre ne s'amusa point à entretenir son confident Noë de son amour pour l'argentière et de la double faculté qu'avait son cœur de contenir deux amours.

Henri avait bien autre chose en tête. Noë le devina à son accent bref, à sa démarche assurée et rapide.

— Oh! oh! — pensa-t-il, — la conférence de Montmorency aura pris de la tournure. Cela se voit de reste.

Henri sauta en selle, et tous deux chevauchèrent un moment sans que le prince ouvrît la bouche. Mais Noë, impatiente, dit au roi :

— Savez-vous, Henri, qu'il est une heure du matin ?

— Je le sais.

— Et qu'il serait grand temps de rentrer au Louvre ?

— Est-ce que Myette t'attend ?...

— Aussi bien que peut vous attendre madame Marguerite. — Henri tressaillit, mais il ajouta :

— Cependant nous n'allons pas au Louvre.

— Ah !

— Nous allons rue Saint-Jacques ?

— Pour quoi faire ?

— A l'hôtellerie du Cheval-Rouan, pour y voir ton ami. Comment l'appelles-tu?

— Hector.

— Justement.

— Ah ! Votre Majesté veut voir Hector ?...

— Ventre-saint-gris ! — murmura le roi d'un ton plein d'humeur, — aussitôt que tu vois poindre dans mes paroles un mot de politique, tu me traites de Majesté comme si nous étions en plein conseil.

— Mais, dame ! sire, c'est tout simple.

Le roi haussa les épaules :

— Soit ! — dit-il. — Appelle-moi Majesté, mais conduis-moi auprès d'Hector.

— C'est inutile.

— Hein ?

— Hector n'est pas à Paris...

Noë mentait, mais il avait besoin d'Hector pour le lendemain. Il avait songé à en faire le compagnon de voyage et le chevalier de Sarah.

— Morbleu ! — murmura le roi, — j'avais besoin de lui.

— Pourquoi ? — demanda Noë.

— Pour le mettre à cheval...

— Bon !

— Et l'envoyer sur la route de Navarre.

— Tiens, tiens !... — fit Noë d'un air indifférent.

— Il est dévoué et brave, ce garçon.

— Oh ! soyez tranquille, sire. Il se fera hacher pour Votre Majesté quand il en sera besoin.

— De plus il a l'air intelligent.

— Dame ! il est Gascon.

— Et puisqu'il est parti, je ne vois que toi qui le puisses remplacer.

Noë fit un soubresaut sur sa selle.

— Comment ! — dit-il, Votre Majesté veut m'envoyer en Navarre !

— Pas tout à fait... mais jusqu'aux frontières de Gascogne.

— Et... quand cela ?

— Tu vas partir sur-le-champ.

— Sans voir ma femme ?

— Nous n'avons pas le temps... et, puisque Hector est parti...

— Sire, — dit Noë résolûment, — j'ai sous la main un homme qui est aussi jeune, aussi brave, aussi intelligent qu'Hector.

— Ah bah !

— Et qui, comme lui, verserait tout son sang pour Votre Majesté.

— Comment le nommes-tu ?

— Hogier.

— C'est un Béarnais ?

— Oui.

— Et tu l'as sous la main ?

— Il est, comme Hector, logé au Cheval-Rouan, sire.

— Et tu crois qu'il partira ?

— Sur-le-champ. Cependant.

— Bon ! — dit Henri, — je comprends ta restriction, mon bel ami...

— Peut-être...

— Cependant tu trouves que le temps est venu de te faire mes confidences...

— Il est certain, — murmura Noë un peu dépité, — que depuis quelque temps vous ne m'honorez pas précisément de toute votre confiance, Henri.

— Sais-tu pourquoi ?

— Ma foi ! non.

— Eh bien ! c'est parce que, depuis que tu as pris femme, tu n'es plus le Noë des anciens jours.

— Oh ! quelle idée !

— Tu trembles toujours, tu as peur de tout.

— Bah ! vous croyez ?

— Et tu as imaginé une foule d'inventions pour me faire quitter Paris.

— C'est vrai...

— Eh bien ! sois satisfait...

— Nous partons ?

— Après-demain. Mais, — dit le roi, — nous emmenons un otage.— Noë tressaillit pour la seconde fois. Henri se pencha à l'oreille de Noë et lui murmura un nom. — Et je te jure, — continua le roi, — que nous ne chômerons pas en route.

— Ah ! ah !

— Et que je voyagerai avec une escorte convenable. Notre prisonnier sera bien gardé. Ainsi, ami Noë, le temps d'hésiter et de reculer est passé.

— Alea jacta est ! — murmura Noë en poussant un soupir. Puis il ajouta : — Maintenant, c'est bien. J'ai peut-être eu tort, Henri, lorsque je voulais vous faire quitter Paris: mais, puisque l'heure du combat a sonné, vous me trouverez au premier rang.

Tandis qu'ils causaient ainsi, le prince et son compagnon avaient traversé la Seine, gagné la rue Saint-Jacques et atteint l'hôtellerie du Cheval-Rouan.

Noë mit pied à terre et frappa avec le pommeau de son épée. La porte s'ouvrit, et l'hôtelier en chemise accourut.

Il reconnut Noë, il reconnut le prince et salua jusqu'à terre.

— Hogier est-il couché ? — demanda Noë.

— Il dort, — répondit l'hôte.

— Tiens nos chevaux et donne-moi ta chandelle.

Noë guida Henri jusqu'au premier étage, où Hogier de Lévis dormait, la clef sur la porte, avec la confiance d'un gentilhomme aussi pauvre que brave.

Le prince et Noë entrèrent. Hogier, réveillé en sursaut, allongea la main vers son oreiller pour y prendre son épée; mais soudain il reconnut Noë et se mit à rire. Puis il regarda Henri et étouffa un cri.

Hogier avait vu souvent à Nérac le jeune roi, du temps qu'il n'était que prince de Navarre.

Il sauta donc à bas de son lit tout rougissant et tout confus. Mais Henri lui dit en souriant :

— C'est bien ! monsieur, je sais que vous n'ignorez pas qui je suis.

— Ah ! sire...

— Et Noë m'a dit que vous m'étiez dévoué.

— Faut-il me faire tuer pour Votre Majesté ?

— Pas précisément; mais habillez-vous...

Hogier se vêtit en un clin d'œil.

— Ton cheval est bon, — dit Henri à Noë, — et il peut faire encore une douzaine de lieues ?

— Il en fera vingt, si besoin est...

Henri avait fermé la porte, ouvert son pourpoint et tiré de ses chausses une grosse bourse pleine d'or, qu'il plaça sur une table aux yeux étonnés de Noë.

Puis il dit à Hogier :

— Monsieur, vous allez partir à l'instant.

— Oui, sire.

Le roi fouilla dans son pourpoint et en retira un parchemin plié en quatre. Ce parchemin était couvert d'une demi-douzaine de noms.

— Tenez, — dit-il en le plaçant sous les yeux du jeune Béarnais, — voilà six noms que vous apprendrez par cœur.

— Oui, sire.

— Et, quand vous les saurez, vous brûlerez ce parchemin. — Hogier s'inclina. — Chacun de ces six gentilshommes a son manoir sur la route de Paris en Gascogne.

— Et j'irai chez chacun d'eux ?

— Oui, successivement. — Alors le roi retira de son doigt cette bague qu'il tenait du roi Antoine de Bourbon, son père, cette bague qui l'avait fait reconnaître par le bon Malican. — A chacun d'eux, — poursuivit-il, — vous montrerez cet anneau.

— Oui, sire.

— Et chacun d'eux vous obéira comme à moi-même, monsieur.

— Que dois-je leur commander ?

— De tenir, à partir de demain soir, dix chevaux prêts à partir.

— Où les placeront-ils ?

— Tenez, — dit Henri, — le temps nous presse et je n'ai pas le temps de vous donner de vive voix toutes les instructions que vous trouverez dans cette lettre.

Il tira de sa poche un second parchemin et le remit au jeune homme :

— Il est écrit en langue béarnaise, — lui dit-il. — Partez!... — Hogier avait achevé de s'habiller. Il prit son feutre et son manteau, boucla son épée et attacha ses éperons. — Prenez encore cet or, — lui dit Henri, — et ne ménagez point sur la route. — Henri et les deux jeunes gens redescendirent. — Mets mon cheval à l'écurie, — dit le roi de Navarre à l'hôtelier, tandis que Hogier sautait sur celui de Noë, — je m'en retournerai à pied.

Hogier partit au galop.

Henri et Noë passèrent la Seine au bac de Nesle et gagnèrent le Louvre. À la porte, Noë dit au roi :

— Je ne pense pas, sire, que vous ayez besoin de moi cette nuit.

— Non.

— Et je puis vous quitter...

— Où vas-tu ?

— Chez Malican.

— Ta femme y est ?

— Elle m'y attend. Bonsoir, sire.

— Bonsoir, Noë, mon ami.

Tandis que Hogier de Lévis galopait sur la route de Gascogne, tandis que Noë s'allait coucher, Henri rentrait au Louvre, où Marguerite n'était point revenue encore.

On sait ce qui advint.

Le lendemain, en arrivant de bonne heure au Louvre, Noë trouva le jeune roi dans une prostration profonde.

Henri aimait Sarah, mais il aimait aussi Marguerite, et il était livré à un violent désespoir...

Vainement Noë essaya-t-il de le consoler.

Durant toute la journée, le jeune roi se lamenta et écrivit à Marguerite billets sur billets, qui demeurèrent sans réponse.

Mais, vers le soir, Noë, dont les confidences de Henri et les événements de la nuit avaient quelque peu modifié les plans à l'endroit de Sarah, Noë dit au roi :

— Autrefois, Votre Majesté m'écoutait.

— Et je suis prêt à t'écouter encore.

— Votre Majesté veut-elle reconquérir le cœur de la reine ?

— Tu me le demandes ?

— Eh bien ! il y a pour cela un très bon moyen.

— Lequel ?

— C'est de mettre d'abord nos plans à exécution.

— Oh ! — dit Henri, — j'y compte bien. J'ai engagé ma parole à Condé.

— Et de partir comme si de rien n'était.

— Bon ! après ?

— Nous emmènerons Sarah... — Henri tressaillit, — et nous attendrons que madame Marguerite nous courre après, ce qui ne peut manquer d'arriver... — Henri secoua la tête. — Bah ! — dit Noë, — je m'y connais. Les femmes aiment ceux qui les dédaignent. — Et ayant ainsi réconforté le prince, Noë ajouta : — Et maintenant, sire, oublions les chagrins d'amour et songeons aux choses de la politique...

Henri se redressa :

— Tu as raison, — dit-il. — Tes gens sont-ils prêts ?

— Oui, sire.

— Hector et Lahire viendront-ils ici ?

— Ils seront à minuit à la poterne.

— Avec la litière ?

— Tout sera prêt. D'ailleurs je vais donner les derniers ordres.

Noë quitta le prince et courut chez Sarah. L'argentière était toute disposée à partir, mais Noë lui dit :

— Ma chère Sarah, tout est changé depuis hier.

— Que voulez-vous dire ?

— La reine a tout su. — Sarah pâlit affreusement, — et elle a cessé d'aimer votre Henri.

— Ô mon Dieu !

— Ce qui fait que pour le présent il ne faut plus songer à le fuir. — Elle frissonna. Noë lui prit les deux mains, et lui dit avec émotion : — Ah ! vous le savez, ce prince que tous deux nous aimons ne saurait vivre sans amour... Il faut que vous l'aimiez, Sarah, il faut que vous le suiviez partout... il faut que vous deveniez son bon ange!

Sarah se mit à genoux, et deux larmes silencieuses coulèrent le long de ses joues.

La pauvre femme avait fait à son amour le sacrifice du devoir.

. . . . . . . . . . . . . . . . . .

## XXVII

Cependant madame Marguerite et Nancy s'en allaient bon train sur la route d'Angers. Elles étaient parties, comme on sait, la veille, à dix heures du soir, de la place Saint-Germain-l'Auxerrois. Raoul, on s'en souvient, trottait à la portière.

Le cortége traversa la Seine au pont au Change, puis la Cité, passa sur le pont Saint-Michel, et gagna la porte Saint-Jacques.

Une fois là, les muletiers fouettèrent leurs bêtes, et Raoul joua de l'éperon.

La nuit était fraîche, un peu sombre. C'était le meilleur temps d'été qu'on pût trouver pour voyager.

Alors la reine, qui, depuis qu'elle était montée en litière, avait gardé le silence, dit à Nancy :

— Nous ferons bien une quinzaine de lieues sans débrider, et nous arriverons, si nous continuons à aller de ce train, aux portes de Chartres avant le lever du soleil.

— C'est bien possible, — dit Nancy.

— C'est certain, — affirma Raoul à travers la portière.

— Or, ma petite, — reprit la reine, — c'est fort joli d'avoir fait quinze lieues avant que personne, au Louvre, s'aperçoive que je ne suis plus dans mon lit; mais ce n'est pas suffisant...

— Dame ! — fit la prudente Nancy, — il se pourrait faire, ma foi ! que le roi de Navarre fît courir après Votre Majesté.

— Oh ! cela m'est égal...

— Et que le roi Charles IX s'en mêlât.

— Ah ! ceci est plus grave... mais je redoute bien davantage madame Catherine, mon honorée mère.

— Sans compter le duc de Guise, qui sera fou de rage en recevant le billet de Votre Majesté.

— Par conséquent, — reprit Marguerite, — mon avis est que nous ferions fort bien de prendre le plus d'avance possible. Qu'en dis-tu, petite ?

— Je pense comme Votre Majesté.

— Et de voyager demain toute la journée. Quand nos mules seront fatiguées...

— Nous en achèterons d'autres.

— C'est cela.

Raoul se pencha sur le cou de son cheval pour se mêler plus à son aise à la conversation.

— On peut aller par ce moyen, — dit-il, — coucher à Blois.

— Ah !

— Et de Blois...

— Oh ! — dit Marguerite, — quand nous serons à Blois, nous pourrons en prendre à notre aise et ne plus voyager que la nuit...

Là-dessus, Marguerite et Nancy se mirent à causer comme de bonnes amies, et Raoul continua à galoper en respirant l'air à pleins poumons.

On voyagea ainsi le reste de la nuit.

Au petit jour, Raoul aperçut dans le lointain les tourelles de la cathédrale de Chartres.

En même temps il jeta un coup d'œil dans la litière. Madame Marguerite s'était endormie; Nancy, elle, ne dormait pas, et lorgnait son beau Raoul du coin de l'œil.

Alors celui-ci laissa passer la litière, puis poussa son cheval et vint se ranger à la portière de gauche, afin de causer plus facilement avec Nancy.

Nancy se pencha en dehors, Raoul se courba sur l'encolure de son cheval, et la conversation s'établit à mi-voix entre les deux jeunes gens.

— Mon mignon, — dit alors Nancy, — as-tu remarqué une chose ?...

— Laquelle ?

— C'est que le chagrin s'en va avec le voyage et le sommeil.

— Ah ! chère Nancy, — murmura le tendre Raoul, — si je voyageais sans vous, je ne dormirais pas, et mon chagrin augmenterait au fur et à mesure du chemin que je serais obligé de faire en m'éloignant de vous.

Le compliment plut à Nancy, mais elle n'en fit rien paraître, et continua :

— Il n'en est pas moins vrai que madame Marguerite dort.

— Oh ! profondément...

— Ce qui est une preuve, même en admettant ton raisonnement, que son chagrin est diminué.

— C'est possible.

— Quand elle s'éveillera, nous serons si loin de Paris qu'elle n'y songera plus.

— Bah ! vous croyez ?

— J'en suis sûre...

— C'est qu'alors elle n'aimait pas le roi de Navarre.

— Elle l'adorait au contraire, mais...

— Mais ? — fit Raoul.

— Elle a été froissée dans son orgueil, et, comme elle songe à se venger, elle croit ne plus souffrir.

— Comment se vengera-t-elle ? — demanda Raoul avec une candeur digne d'un page de la cour de France.

Nancy le regarda avec une compassion pleine de raillerie.

— Enfant ! — dit-elle.

— Ah ! bon ! — fit Raoul, illuminé tout à coup; — je comprends...

— C'est bien heureux...

— Et je plains...

— Chut ! — Raoul se tut. — Mon mignon, — reprit Nancy, — puisque nous causons de ces choses-là, il est bon que je te donne un conseil.

— Parlez...

— D'abord laisse-moi te dire que la reine s'intéresse à toi.

— Ah !

— A notre retour à Paris, elle te fera faire écuyer.

— Bon !

— Et elle me dotera.

— Ce qui fait que nous nous marierons tout de suite, n'est-ce pas ?

— Mais, — fit Nancy en menaçant Raoul du bout de son doigt rose, — j'y compte bien en vérité. — Nancy continua : — Il est donc nécessaire d'être aux petits soins pour madame Marguerite.

— Oh ! soyez tranquille...

— D'être complaisant, dévoué, discret...

— Oh ! certes !

— Ecoute donc ! Nous allons à Angers...

— Je le sais.

— Une galante ville, par ma foi ! — poursuivit Nancy, — et où les gentils... m...es de bonne noblesse et de belle tournure sont aussi communs qu'au Louvre. Or, je te l'ai dit, la reine veut se venger.

— Eh bien ?

— Ce qui signifie que, si elle a quelque peu besoin de nous pour sa vengeance... il faut songer à notre avenir... et la servir...

— Mais... comment ?

— Peut-être en fermant les yeux simplement, peut-être autrement... on ne sait pas...

— Ma foi ! — dit naïvement Raoul, — quand nous serons là, ma petite Nancy, vous me ferez la leçon, hein ?

— Certainement.

La litière entra dans la ville de Chartres au lever du soleil, et madame Marguerite s'éveilla en entendant résonner le sabot des mules sur le pavé.

— Ah ! — dit-elle en souriant, — je crois que j'ai dormi un peu.

— Mais oui, — répondit Nancy.

— Où sommes-nous ?

— A Chartres.

Madame Marguerite mit la tête à la portière.

Les rues étaient désertes encore, et à peine, de distance

en distance , rencontrait-on un maraîcher ou quelque bourgeois matinal qui ouvrait sa porte et humait le grand air.

Madame Marguerite dit quelques mots à Raoul, et Raoul ordonna aux muletiers de s'arrêter à la première hôtellerie qu'ils trouveraient sur leur chemin.

La jeune reine dit alors à Nancy :

— Voici le moment de nous distribuer les rôles, ma petite.

— Voyons, — fit Nancy.

— Je suis une jeune veuve du pays de Touraine, la dame de Château-Landon...

— Tiens ! un joli nom !...

— Je viens de Paris, où j'ai gagné un procès que le sire de Château-Landon, mon époux, m'avait laissé pendant devant le parlement.

— A merveille !

— Toi tu es ma nièce, et Raoul est mon neveu ; tu es la fille de mon frère, il est le fils de ma sœur ; vous êtes fiancés... et vous allez vous marier... Jusqu'à Angers, pour tout le monde nous traverserons en route, ce sera ainsi.

— Ma foi ! — dit Nancy, — tout cela m'a l'air fort naturel, et personne, j'imagine, ne soupçonnera en Votre Majesté la reine de Navarre.

La reine s'arrêta une heure à Chartres.

Pendant cette heure, Raoul acheta des chevaux pour remplacer les mules qui étaient lasses, et il troqua sa monture contre une jument percheronne qui appartenait à l'aubergiste.

Madame Marguerite prit un bouillon, suça une aile de poulet, trempa ses lèvres dans un verre de vin blanc des bords de la Loire ; Nancy l'imita, et on se remit en route.

On chemina ainsi pendant cinq ou six heures, et on fit quinze autres lieues.

Durant ce trajet, la reine ne prononça pas même le nom de Henri.

Nancy, la fine camérière, parla beaucoup d'Angers et des Angevins, prétendit qu'en ce pays les gentilshommes étaient aussi spirituels qu'en Gascogne, beaucoup plus beaux et de meilleure éducation. La reine ne contredit point Nancy. Comme il était à peu près midi, on aperçut à gauche de la route un petit hameau, et à l'entrée une hôtellerie qui avait pour enseigne :

*Au bon roi Louis le onzième.*

— Tiens ! — dit la reine, — voici un sujet qui n'a pas eu son ancêtre pendu, ce qui est rare en ce pays où mon aïeul, le roi Louis XI, avait coutume de border les chemins de potences au lieu d'y planter des arbres. Si nous dînions chez lui ?...

On s'arrêta de nouveau, et la dame de Château-Landon se fit servir à dîner pour elle et ses parents. Puis, comme la chaleur était étouffante, lorsque le repas fut fini, Nancy conseilla à sa prétendue tante de faire une sieste de quelques heures.

Madame Marguerite était fatiguée, elle suivit le conseil de sa camérière et se retira dans une des chambres de l'auberge.

Nancy et Raoul, qui n'avaient nulle envie de dormir, se prirent sous le bras et s'allèrent promener, en vrais amoureux qu'ils étaient, au bord d'une petite rivière qui coulait parallèlement à la route.

Les muletiers se jetèrent dans l'écurie sur une botte de fourrage, et s'abandonnèrent, eux aussi, tandis que leurs bêtes se restauraient, aux douceurs de la sieste, que justifiait pleinement la chaleur torride du mois d'août.

Il ne resta bientôt plus d'éveillé, dans l'auberge, que l'hôtelier, qui s'assit sur le pas de sa porte et se mit en devoir de plumer une oie.

Trois heures environ s'écoulèrent.

Nancy et Raoul erraient toujours sous les saules de la petite rivière, madame Marguerite n'avait point reparu,

et l'hôtelier achevait sa besogne, lorsqu'un cavalier s'arrêta à la porte et cria :

— Holà ! cabaretier, un verre de vin pour moi et de l'avoine pour mon cheval !

L'hôtelier accourut, le cavalier mit pied à terre. C'était un fort beau jeune homme, de taille moyenne, bien fait de sa personne, blanc et rose, avec de petites moustaches noires, un pied mignon, une main aristocratique, de grands yeux brillants et doux : un homme de race s'il en fut.

Telle fut du moins l'opinion de Nancy, qui, appuyée sur le bras de Raoul, inventoria l'inconnu d'un coup d'œil au moment où il pénétrait dans l'auberge.

En ce moment aussi madame Marguerite, ayant fini sa sieste, descendit et entra dans la salle basse.

Soudain le jeune cavalier, qui déjà s'était assis, se leva et salua avec courtoisie. Puis il demeura véritablement en extase devant la royale beauté de la prétendue dame de Château-Landon. Jamais, dans ses rêves les plus ardents, le jeune homme n'avait osé entrevoir un semblable idéal. Aussi éprouva-t-il une émotion subite si grande que ses joues s'empourprèrent comme des cerises de juin.


## XXVIII

Quand il fut hors de Paris, Hogier de Lévis, qui partait avec de mystérieuses instructions du roi de Navarre, mit son cheval au galop et s'en alla jusqu'à Meudon sans trop songer au but de son voyage. Il était arrivé à Paris huit jours avant avec la conviction qu'il y resterait longtemps, et que c'était à Paris surtout que le roi de Navarre avait besoin de ses services. Or le roi de Navarre le mettait en route pour une destination inconnue, et la chose ne laissait pas que de l'intriguer passablement.

Comme il traversait le village de Meudon, Hogier vit sur la gauche de la grande rue une lueur rougeâtre. Il s'approcha. C'était une forge de maréchal ferrant qui s'ouvrait. Le forgeron était matinal. Il se levait à deux heures du matin, allumait sa forge et chauffait son fer. A trois heures, d'ordinaire, les pratiques commençaient à arriver.

Hogier s'arrêta devant la porte, et appela le maréchal. Celui-ci accourut.

— Hé ! compagnon, — lui dit Hogier, — visite donc un peu les quatre pieds de mon cheval. Je crains que la bête ne soit déferrée.

Le maréchal prit et leva tour à tour chaque pied.

— Tous les fers y sont, — dit-il ; — mais celui du pied montoir de devant est aussi mince qu'une lame de couteau.

— Peux-tu en ajuster un de suite ?

— Ce sera l'affaire d'un quart d'heure, — répondit le forgeron.

Hogier mit pied à terre, et attacha son cheval à l'anneau de fer qui était scellé dans le mur, à la porte. Puis il entra dans la forge, et s'approcha du foyer.

— Je suis curieux, — pensa-t-il, — de savoir au juste ce que contiennent mes instructions. — Et, tandis que le forgeron arrondissait son fer sur l'enclume, il tira de sa poche les deux parchemins que le roi lui avait donnés, et les lut à la clarté de la forge. Le premier était une liste de noms. Le second était couvert d'une écriture fine, serrée, et dont la physionomie trahissait une langue autre que la langue française. Les instructions du roi Henri étaient écrites en langue béarnaise, ce qui convainquit Hogier qu'elles lui avaient toujours été destinées. Le document était ainsi conçu : « Le porteur du présent parchemin se rendra d'abord au château de Bellecombe, qui est situé sur la gauche du chemin, à une lieue de Chartres. Le seigneur de Bellecombe est un calviniste du nom de Mauduit. Le porteur lui montrera la bague qu'on lui aura donnée, et comme le sire de Mauduit se mettra à l'instant même à sa disposition, il le requerra d'avoir à tenir des chevaux tout sellés dans la nuit de

» jeudi, vers deux heures du matin, dans la forêt qui » avoisine le château. » Hogier s'arrêta en cet endroit de sa lecture pour faire la réflexion suivante : — C'est aujourd'hui mardi, c'est donc après-demain qu'il faut les chevaux. — Et il continua : « Du château de Bellecombe » le porteur de la présente se rendra au manoir de Gra- » teloup, habité par le vieux sire de Grateloup, calviniste » comme de Mauduit, et il le requerra pareillement. » — Bon ! — se dit Hogier, — il paraît que je suis transformé en courrier. — Le document, en langue béarnaise, indiquait successivement dix châtelains et dix manoirs situés sur la route de Gascogne. Seulement, pour chacun d'eux, l'heure variait. — Hé ! mais, — pensa le jeune homme, — avec quarante-huit heures d'avance, j'ai réellement le temps d'en prendre à mon aise et de ne point crever mon cheval. — Puis il remit les parchemins dans sa poche, ôta de son doigt la bague que lui avait donnée le roi, et la mit dans sa bourse, qu'il portait suspendue au cou, sous sa chemisette, par un cordon de cuir. Le jeune homme venait de faire la réflexion suivante : — Si cette bague a la vertu de me faire obéir de ceux qui la verront, elle doit être fort connue, et par conséquent il serait imprudent de la porter à mon doigt, car je crois que le roi de Navarre n'a pas que des amis en France.

Le cheval était ferré. Hogier paya le forgeron, sauta en selle et partit.

Au lever du soleil il atteignit le manoir du sire de Bellecombe. Le sire de Bellecombe était un vieillard fort vert et dont l'œil brillait du feu de la jeunesse. Il s'était retiré du métier des armes et des soucis de la politique depuis de longues années, mais il était demeuré calviniste enragé, et les choses de la religion avaient le privilège de lui rendre l'ardeur de ses vingt-cinq ans.

Il paraît que la bague du roi possédait réellement un pouvoir magique, car le vieux seigneur, en la voyant, s'inclina plein de respect, et dit à Hogier :

— Il sera fait comme désire celui qui vous envoie.

Les instructions en langue béarnaise dont Hogier était porteur renfermaient une recommandation qui n'était point de mince importance, celle de voyager le moins possible durant le jour tant qu'il ne serait pas à une distance convenable de Paris. Aussi, fidèle à cette recommandation, Hogier passa-t-il la journée chez le sire de Bellecombe, et n'en repartit que le soir au moment de la fraîcheur.

A dix heures du soir, il sonnait au pont-levis du deuxième manoir qu'il devait visiter, s'acquittait rapidement de sa mission, et partait pour atteindre au point du jour un troisième château.

Mais là il éprouva une déception. Le châtelain, qui ne s'attendait pas sans doute à cette visite, avait été plus matinal qu'Hogier. Il était allé à la chasse.

Le parti de jeune messager fut bientôt pris. Il se renseigna sur la direction suivie par le chasseur et remit son cheval au galop. Au bout de trois heures, guidé par le son d'une trompe et les aboiements d'une meute, Hogier rejoignit le châtelain et s'acquitta de son message. Puis il continua son chemin avec l'intention de pousser jusqu'à Blois.

Or, c'était lui qui était entré dans l'auberge où madame Marguerite venait de faire sa sieste, tandis que Raoul et Nancy s'étaient conté mille gentillesses au bord de la petite rivière.

Marguerite s'aperçut tout de suite de l'impression profonde qu'elle produisait sur Hogier. Mais, en même temps aussi, elle ne put se défendre elle-même d'une sorte d'émotion bizarre, et il lui sembla que cet homme, que le hasard plaçait sur son chemin, serait quelque chose dans son existence.

L'histoire des pressentiments est inexplicable.

Quant à Nancy, elle entra, et, fidèle à la leçon que la reine lui avait faite le matin, elle lui dit :

— Est-ce que nous repartons sur-le-champ, ma tante ?

— Oui, petite, — répondit Marguerite.

— Il fait bien chaud encore...

— Tu crois ?

— Oh ! certes, nous revenons avec Raoul de nous promener au bord de l'eau, où le soleil est brûlant.

— Voyons ! — dit Marguerite.

Et comme si elle eût voulu rompre ce charme mystérieux qu'elle semblait exercer sur Hogier depuis deux minutes, elle passa devant lui et sortit de la cuisine de l'auberge, tandis que la camérière y entrait. Hogier était demeuré immobile et comme fasciné.

La reine partie, il respira ; puis il regarda Nancy et Raoul. Raoul, en cavalier courtois, salua, attendu qu'il entrait, et que par conséquent c'était à lui de faire les avances. Hogier lui rendit son salut avec empressement. Ce que voyant Nancy, elle lui fit à son tour une belle révérence ; puis elle poussa le coude à Raoul.

Raoul comprit que Nancy désirait entrer en conversation avec le jeune gentilhomme, et il lui dit, en le saluant de nouveau :

— Vous avez dû faire une longue route, monsieur, car votre cheval, que je viens de voir à la porte, est tout ruisselant et a les flancs coupés.

— En effet, monsieur, je viens d'assez loin, — répondit Hogier.

— Est-ce que vous vous dirigez sur Paris ?

— Non, monsieur; je vais à Tours. En ce moment, l'hôtelier apporta à Hogier une bouteille de vin et un gobelet. — Monsieur, — dit poliment le Gascon, — oserai-je vous faire une prière ?

— Parlez, monsieur.

— J'ai horreur de boire seul et je suis persuadé que cela porte malheur.

— On le dit, monsieur.

— Voudriez-vous donc trinquer avec moi ?

— Volontiers.

— Un verre ! — demanda Hogier.

La connaissance était faite.

On se mit à causer, et Nancy s'en mêla.

De même que Hogier avait dit qu'il allait à Tours, Nancy et Raoul prétendirent qu'ils faisaient la même route. Hogier se donna pour un gentilhomme qui était allé recueillir aux environs de Paris la succession d'un vieil oncle mort dans les ordres. Nancy et Raoul parlèrent de leur prochain mariage, et racontèrent que leur tante, madame de Château-Landon, revenait également de Paris, où elle avait une sœur mariée à un officier du roi.

Hogier eut quelques mots pleins d'adresse, à la seule fin de savoir si madame de Château-Landon avait un mari.

— Elle est veuve, — lui répondit-on.

Hogier éprouva une satisfaction qu'il eût été bien embarrassé de s'expliquer.

— Oh ! — dit-il, — elle est veuve de trop bonne heure pour ne point songer à se remarier promptement.

Nancy hocha la tête.

— Je ne crois pas, — dit-elle.

— Cependant !...

— Elle adorait son mari, et elle le pleure tous les jour

— Ah ! — soupira Hogier.

Madame Marguerite revint après avoir fait quelques pas sur la route, et elle fut fort étonnée de voir Raoul et Nancy en si bonne relation avec l'inconnu.

— Ma tante, — dit Nancy, — voilà un gentilhomme qui fait la même route que nous.

— Il va à Tours, — ajouta Raoul. Hogier salua profondément Marguerite, et son visage exprima le trouble d'un adolescent. Marguerite lui fit une révérence et ne put s'empêcher de le trouver charmant. — Ma tante, — dit Raoul à son tour, — est-ce que vous ne vous plaigniez pas tout à l'heure que les routes n'étaient pas sûres ?

— Et que, par le temps de troubles où nous vivons, — ajouta Nancy, — il valait mieux ne pas voyager seuls ?

— C'est vrai, — dit Marguerite.

— Alors, puisque monsieur suit le même chemin que nous...

Hogier s'inclina :

— Diable ! — pensa-t-il, — cette veuve est charmante; mais j'ai une mission pressée... Comment faire ?

Marguerite reprit à son tour :

— Monsieur est peut-être pressé d'arriver...

— Pas précisément, madame,—répondit Hogier,—mais je suis obligé de me détourner de la route un peu avant d'arriver à Blois.

Nancy fit une petite moue de désappointement.

Heureusement Hogier ajouta :

— Ce qui fait que je ne pourrai arriver à Blois que fort tard. Mais si j'osais vous demander à quelle auberge vous comptez descendre ?

— A la *Licorne-d'Argent*.

— C'est pareillement mon hôtellerie.¹

— Nous nous reverrons à Blois, en ce cas, — répliqua Raoul.

Et il sortit pour faire harnacher les chevaux et préparer la litière.

Quant à Hogier, comme s'il avait eu hâte de s'arracher à la fascination exercée sur lui par Marguerite, il fit rebrider son cheval, prit congé de la prétendue dame de Château-Landon et de sa nièce, promit de les revoir à Blois, sauta en selle et partit.

. . . . . . . . . . . 7 . . . . . . .

Alors Marguerite regarda Nancy.

— Ah çà ! — lui dit-elle, — quelle idée singulière t'a passée par la tête de faire la connaissance de ce gentilhomme ?...

Nancy eut un sourire mystérieux et ne répondit pas.

## XXIX

Hogier était jeune, ardent, et son cœur, rempli de vagues aspirations, n'avait jamais aimé. Pour la première fois, ce cœur avait battu à outrance à la vue de Marguerite.

Aussi notre héros s'en alla-t-il accomplir sa quatrième mission avec beaucoup plus de zèle et de promptitude, car il avait hâte de se retrouver à Blois avec la prétendue dame de Château-Landon.

La même pensée présida-t-ella au voyage de Marguerite, ou bien Nancy donna-t-elle à Raoul des ordres secrets, c'est ce qu'on ne saurait préciser. Toujours est-il que, le petit cortége s'étant mis en route, les chevaux qui portaient la litière prirent une allure plus rapide ; Raoul mit insensiblement sa monture au grand trot. Bientôt on marcha un vrai train de prince. La reine était silencieuse et rêvait... Nancy l'observait du coin de l'œil et se livrait à des réflexions pleines de sens :

— Evidemment, — se disait-elle, — ce gentilhomme qui nous doit rejoindre à Blois est fort joli garçon, et il rougit si gentiment que c'est à donner envie de l'aimer... Cependant il faut convenir que madame Marguerite n'eût pas fait attention à lui s'il eût été blond au lieu d'être brun, grand et non de taille moyenne, homme du Nord et non méridional ! Mais il a une jolie moustache noire, un nez busqué, des yeux brillants, et un accent gascon qui rappelle légèrement ce pauvre roi de Navarre. Or donc, ce pourrait bien être la fraise que nous attendons.

Voyant que madame Marguerite était plongée dans les méditations, Nancy se garda bien de lui adresser la parole. Durant plus d'une heure, il y eut un silence profond dans la litière. Raoul galopait, se penchait de temps à autre pour voir Nancy lui sourire. Madame Marguerite rêvait toujours. Cependant, un peu avant d'arriver à Blois, la reine regarda tout à coup sa camérière.

— La nuit est fraîche, — dit-elle.

— Très fraîche, — répondit Nancy.

— Il fait un clair de lune superbe.

— C'est vrai, madame.

— Et si notre attelage n'était point trop las...

— Eh bien !

— Je serais d'avis de pousser à quelques lieues plus loin.

— Ah ! — fit Nancy avec une indifférence affectée.

— Raoul, — dit la reine se penchant à la portière, — combien de lieues d'ici à Blois ?

— Une, madame.

— Et après Blois, quel est le plus proche pays ?

— Je ne sais : c'est un village dont j'ai oublié le nom.

— Est-il bien éloigné ?

— Trois lieues.

— Si nous allions jusqu'à ce village ?

— Les chevaux sont fatigués, — répondit Raoul qui échangea un rapide coup d'œil avec la rusée camérière.

— Allons ! — soupira Marguerite, — arrêtons-nous à Blois, en ce cas.

— D'autant plus, — dit alors Nancy, — que nous avons donné rendez-vous à ce gentilhomme.

Marguerite tressaillit.

— Tiens ! c'est vrai, — dit-elle.

— Votre Majesté n'y songeait plus ?

— Point du tout.

— Ah ! — fit Nancy. Et la camérière se dit :—Madame Marguerite l'avait si bien oublié, ce gentilhomme, qu'elle n'a cessé de rêver à lui depuis que nous sommes en route. Et voilà comment on écrit l'histoire !

— Après cela, — reprit la reine, — si nos chevaux n'avaient pas été las...

— Mais, — répondit Nancy, — le pauvre garçon serait bien désappointé.

— Tu crois ?

Et Marguerite se rejeta au fond de la litière pour causer plus librement avec Nancy.

— Bon ! — pensa cette dernière, — voici l'heure des confidences. — Et elle reprit tout haut : — Si je le crois ? Certes, oui, madame.

— Bah ! — fit la reine.

— Votre Majesté a produit sur lui une vive impression.

— En vérité !

— Il crèvera plutôt son cheval que de ne point venir au rendez-vous.

La reine redevint rêveuse un moment. Nancy se garda bien de parler.

Mais Marguerite reprit après un silence :

— Il est tout jeune, ce gentilhomme.

— Il a peut-être vingt ans.

— Comment le trouves-tu ?

— Charmant. Il est bien pris en sa taille, il a de jolis traits, des mains de femme, un sourire...

— Peste ! — fit la reine, — tu vois bien des choses en peu de temps, ce me semble...

— Ah ! — reprit Nancy, — je garantis qu'il a le cœur neuf, celui-là... — Marguerite tressaillit. — Il rougit comme une jeune fille, — poursuivit la camérière.

— Cela ne prouve rien...

— Et il a regardé Votre Majesté avec des yeux !...

— Les yeux de l'homme sont trompeurs, petite.

— Ah ! madame, si j'étais à la place de Votre Majesté...

— Eh bien ?

— Je me rappellerais l'apologue d'hier.

— Chut ! — dit Marguerite, — tu es folle...

— Pouh ! — fit Nancy, — il n'y a de raisonnable que la folie.

— Singulière idée, en vérité, — reprit la reine. — Connais-tu ce gentilhomme ?

— Non. Mais...

— Sais-tu où il va ?

— A Tours, a-t-il dit.

— Eh bien ! nous allons à Angers, nous.

— Il viendra à Angers aussi.

— Pourquoi ?

— Mais, — dit Nancy, — parce que nous y allons.

— Nancy, — murmura la reine, — tout ce que tu dis n'a pas l'ombre du sens commun.

— C'est possible.

— Il est heureux que tu en conviennes.

— Mais tout ce que je prédis arrivera cependant.

— Par exemple ?

— Chut ! — fit tout à coup Nancy. — Ecoutez, madame...

— Et elle indiquait du doigt la route que l'on venait de parcourir On entendait le galop lointain d'un cheval. — Je gage que c'est lui, — fit Nancy. Marguerite tressaillit de nouveau et son cœur battit un peu plus vite. — Hé ! Raoul ? — cria Nancy, — dis donc aux porteurs de ne pas crever leurs bêtes. Nous allons beaucoup trop vite.

— Soudain la litière ralentit sa marche. Le cheval qu'on entendait galoper, sur la route redoublait, au contraire, de vitesse. — Il n'y a que les amoureux qui vont un pareil train, — murmura Nancy. La reine ne répondit rien ; mais les battements de son cœur devinrent précipités, et un léger incarnat se répandit sur son front.

— Peste ! — pensa Nancy, — les bords de la Loire ont un climat joliment hâtif. Les fraises y mûrissent en quelques heures... — Madame Marguerite, qui ne soupçonnait point la malicieuse réflexion de Nancy, s'était penchée à la portière, et elle écoutait avec une sorte de joie inquiète le galop forcené qui retentissait dans l'espace. Bientôt la silhouette du cheval et du cavalier se dessina dans l'éloignement. Alors le cœur de Marguerite palpita plus vite. Bientôt encore la silhouette grandit ; le cheval, pressé par l'éperon, redoubla de vitesse, et, quelques minutes après, Marguerite ne put douter davantage. Elle avait reconnu, aux rayons de la lune, le beau cavalier de l'auberge. — Allons ! allons ! — murmura Nancy, — je ne m'étais pas trompée.

Hogier, c'était bien lui, arriva jusqu'à la litière et rangea son cheval à la portière de droite, que Raoul, plein de tact et de réserve, s'était empressé de lui céder. Raoul avait passé à gauche, ce qui le plaçait du côté de Nancy.

Hogier salua Marguerite. Marguerite lui rendit son salut et lui dit avec une certaine émotion :

— Mon Dieu ! monsieur, vous paraissez maintenant bien pressé d'arriver à Blois.

Hogier répondit :

— Détrompez-vous, madame, j'étais pressé de vous rejoindre... — Cette galanterie à brûle-pourpoint ne déplut pas à la jeune reine, car Hogier se hâta d'ajouter : — Les routes sont si peu sûres, le soir...

— Vraiment ? — dit Marguerite.

— Oh ! — répondit Hogier, — tous les jours, en ce pays, catholiques et huguenots s'entre-battent.

— Mon Dieu !

— Et les coupe-jarrets, et les voleurs, prennent prétexte de la religion pour arrêter les voyageurs.

— Vous m'effrayez, en vérité !

— Si bien, — continua Hogier, qui ne tenait à faire valoir l'utilité de sa présence, — que, du moment où nous faisons le même chemin, je mentirais à mon nom de gentilhomme si je ne vous accompagnais, madame.

Marguerite s'inclina, souriant :

— Oh ! ces Gascons ! — murmura Nancy, — ils ont le talent de se faufiler partout et de persuader qu'ils sont nécessaires toujours.

La reine reprit :

— Et la ville de Blois, monsieur, comment est-elle, au point de vue de la religion ?

— Ah ! il y a des huguenots en quantité, madame.

— Et les catholiques sont plus faibles ?

— Souvent.

— Alors on doit parfois se battre dans les rues ?

— Presque tous les jours.

— Mais vous me faites grand'peur, monsieur !

— Précisément à l'hôtellerie de la *Licorne*, — continua le jeune homme, — il y a eu dernièrement une rixe sanglante.

— Ah ! mais je ne veux pas y descendre, en ce cas.

— C'est que c'est la seule auberge pour des gens de qualité.

Marguerite se pencha à la portière de gauche :

— Raoul ? — appela-t-elle.

— Ma tante... — répondit Raoul, fidèle à son rôle de neveu.

— Tu crois donc, mon mignon, que nos chevaux n'en peuvent plus ?...

Mais Raoul, qui n'avait plus les mêmes raisons pour trouver que la route était longue et qu'il était nécessaire de s'arrêter à Blois, Raoul répondit :

— La nuit est fraîche, la route est bonne, ils pourront bien faire trois lieues encore.

— Et ma foi ! — dit Nancy à son tour, — puisque Votre Majesté a fait la sieste et que, sans doute, elle n'a plus sommeil...

— Oh ! du tout..

— Elle pourrait aller coucher un peu plus loin.

— J'y songeais... — Hogier tressaillit à cette réponse, car il avait à voir, à une demi-lieue de Blois, au bord de la forêt, un cinquième gentilhomme calviniste qui devait, comme les autres, fournir un relai de chevaux. — Monsieur, — lui dit Marguerite, est-ce que vous ne connaissez pas, au delà de Blois, une ville ou un village plus pacifique et où l'on puisse dormir dans une hôtellerie sans crainte d'être réveillé par des catholiques et des huguenots s'expliquant à coups d'arquebuse ?

— Oh ! certainement, madame. Un village de cent feux environ, dont les habitants ne se mêlent point de toutes ces querelles religieuses.

— Comment le nommez-vous ?

— Bury.

— A quelle distance se trouve-t-il au delà de Blois ?

— A trois lieues.

— Eh bien ! si nous poussions jusque-là...

Hogier hésita l'espace d'une seconde. Puis il fit cette réflexion :

— De Bury à Blois, il n'y a pas loin. Quand la belle veuve sera couchée, je prendrai un cheval frais et je ferai le voyage en trois heures. J'aurai donc le temps de revenir avant le lever du soleil. — Hogier était sur une pente fatale ; l'amour commençait à lui suggérer des transactions avec son devoir. Mais, au clair de la lune, il s'enivrait du sourire mélancolique de la prétendue dame de Château-Landon, et il répondit, fasciné : — Je suis tout à vos ordres, madame.

— Votre cheval n'est point las ?

— Il ferait dix lieues encore.

— Mais, j'y songe, — dit la reine, souriant toujours, — trouverons-nous une hôtellerie dans ce village ?

— Nous y trouverons un château.

— Ah ! et vous en connaissez le châtelain, sans doute ?

— C'est un de mes cousins...

Marguerite fronça légèrement le sourcil :

— Qu'est-ce que ce gentilhomme ? — demanda-t-elle.

— C'est un huguenot.

— Fi ! — dit la reine avec dédain.

— Mais un huguenot fort courtois, madame.

— Vraiment ?

— Et qui, du reste, n'habite point son domaine, ce qui fait que nous en serons les maîtres. — Marguerite respira. — Hector de Bury, — continua Hogier, — un de mes cousins au deuxième degré, sert en Navarre. — La jeune reine laissa échapper un geste de surprise. Mais Hogier ne le remarqua point et poursuivit : — Quand je l'ai vu pour la dernière fois, il m'a dit : « Tu peux prendre mon manoir pour hôtellerie quand tu iras à Blois, mon intendant te recevra de son mieux. »

— Mais que dira cet intendant, — observa Marguerite, — en nous voyant arriver ensemble ?

— Vous passerez pour ma cousine.

— Tiens ! — dit Nancy qui ne perdait pas un mot de la conversation, — c'est une idée !

— Vous trouvez, mademoiselle ?

— Et je conseille à ma tante d'en faire son profit.

— Soit ! — dit la reine, qui trouvait toutes ces combinaisons d'incognito charmantes.

Nancy se hâta d'ajouter :

— Ainsi, voilà qui est convenu, nous dépassons Blois ?

— Pourquoi pas ?

— Et nous allons coucher au manoir de Bury.

— Oui, mademoiselle.

— Hé ! Raoul, — dit Nancy, — fais donc presser un peu les chevaux.

Raoul stimula les porteurs, la petite caravane prit une allure plus rapide.

Marguerite causait avec Hogier, lequel se laissait entraîner sur la pente de sa galanterie et devenait insensiblement plus hardi. Raoul et Nancy échangeaient de doux regards, de tendres sourires, se parlaient bas, et parfois le page, se courbant, effleurait de ses lèvres les boucles de la blonde chevelure de Nancy.

Ce fut ainsi qu'on atteignit Blois et qu'on laissa le château sur la gauche.

Puis on entra dans la forêt, et Hogier, qui connaissait merveilleusement le chemin, fit prendre à la caravane une jolie route sablonneuse qui serpentait sous les grands chênes pendant deux lieues environ.

La jeune reine se plaisait à écouter la voix fraîche et sonore de Hogier. Son accent méridional, son esprit vif et parfois railleur, lui plaisaient.

Hogier allait à Tours, disait-il ; mais il ne faisait nul mystère de son origine, il était Béarnais.

— Où êtes-vous né ? — lui demanda madame Marguerite.

— A Pau, madame.

— Avez-vous vu le roi de Navarre ?

— Une fois en ma vie.

— Et... où cela ?... — demanda-t-elle en tressaillant.

— A Nérac.

Hogier était trop discret pour convenir qu'il eût vu le roi de Navarre à Paris ; sa mission ne devait pas même être soupçonnée.

Nancy murmurait à l'oreille de Raoul, courbé sur l'encolure de son cheval :

— Si cela continue, madame Marguerite n'ira pas à Angers.

— Où ira-t-elle ?

— En Navarre.

— Oh ! quelle plaisanterie ?

— A moins, — dit encore Nancy, — qu'elle n'éprouve le besoin de rester quelques jours au manoir de Bury.

Lorsque la litière eut traversé la forêt de Blois, elle se trouva sur le versant d'une petite colline au flanc de laquelle la route descendait par rampes assez brusques.

Dans la plaine sommeillait un paisible village, Chambon.

Au delà de Chambon, sur une autre colline, la lune dessinait les tourelles d'un vieux manoir. C'était Bury.

Un faux pas que fit un des chevaux de la litière servit de prétexte à madame Marguerite pour mettre pied à terre et descendre la côte à pied.

Aussitôt le jeune Gascon en fit autant, noua la bride sur le cou de son cheval et le laissa cheminer tranquillement devant lui. De cette façon, il put offrir son bras à madame Marguerite, laquelle ne put le refuser.

— Eh ! — dit Nancy qui demeura dans la litière, — voilà que nous allons pouvoir causer à notre aise, Raoul, mon mignon.

— Ah ! chère Nancy... — dit le page en la regardant avec tendresse.

Mais Nancy laissa bruire un joli éclat de rire sur ses lèvres roses.

— Oh ! — dit-elle, — ce n'est pas pour parler de nos affaires, mon mignon.

— Desquelles voulez-vous donc parler, ma chère Nancy ?

— De celles de madame Marguerite.

— A quoi bon ?

— Comment ! nigaud, — reprit Nancy, — tu crois donc que tout ce qui arrive est le pur effet du hasard ?

— Mais, dame !

Nancy haussa les épaules.

— A la condition, — reprit-elle, — que je lui ai aidé.

— A qui ?

— Mais au hasard, donc !

— C'est vrai...

— Et tu vois comme nous faisons de la belle besogne, le hasard et moi.

— Certes, oui. Mais je me demande quel intérêt vous avez à cela, Nancy.

La blonde camérière prit un air mystérieux.

— Mon petit, — dit-elle, — tu es trop jeune pour comprendre bien des choses...

— Oh ! par exemple !

— Cependant je vais t'expliquer de mon mieux certains détails.

— J'écoute.

— Le roi de Navarre a perdu l'amour de la reine...

— C'est incontestable.

— Et pour toujours...

— Vous croyez ?

— Je connais madame Marguerite et je suis certaine de ce que j'avance.

— Diable !

— Or, du moment où elle s'est juré de ne plus aimer le roi de Navarre, madame Marguerite s'est fait un autre serment.

— Lequel ?

— Celui d'aimer quelqu'un.

— Ah ! vous croyez ?

— D'abord, — poursuivit Nancy, — madame Marguerite est de l'opinion des dieux de l'Olympe.

— Elle aime la vengeance ?

— Naturellement ; ensuite elle a besoin d'être aimée, à peu près comme nous avons besoin d'air et comme les poissons ont besoin d'eau.

— Mais enfin, — dit Raoul, — je ne vois pas pourquoi l'homme qui doit l'aimer dans l'avenir serait ce petit Gascon...

— Mon bon ami, entre deux maux on choisit le moindre.

— Comment cela !

— Si la reine porte les yeux sur un grand seigneur, sur un prince, sur quelqu'un de considérable, en un mot, ce sera un grand scandale...

— C'est juste.

— Ce pauvre roi de Navarre, que toi et moi aimons de tout notre cœur...

— Oh ! certes !

— Se trouvera joué à l'âge où l'on a pour coutume de jouer les autres.

— Et vous croyez que ce petit gentilhomme sera discret ?

— Comme la tombe, attendu qu'il apprendra, un beau matin, que la dame de Château-Landon est une fille de France, et que le roi Charles IX a voulu un jour faire occire le duc de Guise parce que Marguerite l'aimait.

— Alors, — dit Raoul, — tout est pour le mieux ainsi. Vive la Gascogne !

En ce moment la litière se trouva au bas de la côte.

Madame Marguerite, qui avait cheminé à petit pas, s'appuyant avec délices sur le bras d'Hogier, s'arrêta pour remonter en litière, Hogier ouvrit la portière et aida la reine à s'y installer.

Mais, pendant trois secondes, sa main blanche et aristocratique demeura posée sur le rebord de la portière, exposée aux rayons de la lune.

Marguerite regarda cette main et tressaillit aussitôt. Hogier portait à son doigt la bague du roi de Navarre.

Cette bague, on s'en souvient, il l'avait d'abord enfermée dans sa bourse ; puis il l'avait remise à son doigt à la porte de chacun des châteaux qu'il allait visiter.

Ensuite il la remettait dans sa bourse. Mais, dans sa dernière visite, l'image de la belle dame de Château-Landon l'avait si fort troublé qu'il était remonté à cheval en conservant la bague à son doigt.

Or, la reine venait de remarquer cette bague et elle l'avait reconnue aussitôt.

## XXX

Madame Marguerite avait parfois sur elle-même une grande puissance. Ce soir-là, elle eut la force de concentrer son étonnement, nous dirons même sa stupéfaction. Elle ne poussa pas un cri, elle ne laissa échapper aucun geste.

Nancy elle-même, qui passait au Louvre pour voir courir l'air et discerner sa couleur, ne s'aperçut de rien.

Hogier remonta sur sa bête et le cortège se remit en route.

On traversa la plaine de Chambon, on arriva au pied de la colline qui supportait le manoir de Bury, on suivit les contours sinueux de la route qui grimpait jusqu'au pont-levis.

La reine causa avec Hogier comme si de rien n'était.

Nancy s'occupait de Raoul et laissait Marguerite penchée à la portière de droite.

Le manoir de Bury était une vieille construction remontant à la grande féodalité. Un fossé bourbeux sur lequel était jeté un pont-levis lui servait d'enceinte.

Seulement le pont-levis ne se hissait plus depuis des siècles ; on ne voyait luire aucune arquebuse derrière les créneaux, les hommes d'armes étaient morts, et la seule garnison que renfermât dans ses vieux murs le fier castel féodal était un gros homme d'intendant du nom de Pamphile, assisté de deux maritornes et d'un valet d'écurie.

Ce fut cet intendant qui vint, au seuil du pont-levis, recevoir les visiteurs.

Le bonhomme avait environ cinquante ans, trogne rubiconde, des joues rebondies, l'œil souriant, les lèvres rouges et charnues.

On lui eût souhaité une robe de moine ; et d'aucuns, dans la contrée environnante, prétendaient qu'il avait passé sa jeunesse au couvent et que c'était là qu'il avait appris à boire.

Or, maître Pamphile, qui passait neuf mois de l'année sans voir son honoré maître et seigneur, allait se mettre au lit et dormir tout d'une traite jusques au lendemain, lorsque, ce soir-là, en fermant la fenêtre de sa chambre, il aperçut un groupe de personnes à cheval et une litière qui montaient la côte.

D'ailleurs les clochettes des chevaux avaient résonné dans le lointain.

Au lieu de manifester la moindre humeur, comme tant d'autres valets qui n'aiment point que leurs maîtres reçoivent des visites, maître Pamphile, au contraire, épanouit ses lèvres en un large sourire.

— Hé ! hé ! — se dit-il, — voilà, ce me semble, une litière et des cavaliers. La litière contient des dames, sans nul doute ; les cavaliers sont des gentilshommes, c'est certain. Tout ce monde-là vient demander au manoir l'hospitalité pour la nuit, c'est-à-dire que nous allons boire...

Pour expliquer ces dernières paroles, que le gros intendant s'adressa en fermant la fenêtre, il nous est besoin d'une légère digression.

Hogier n'avait point menti à la prétendue dame de Château-Landon ; il était bien le cousin du sire de Bury.

Or, le sire de Bury était un joyeux compagnon, un bon vivant, qui préférait le séjour de Nérac à celui de son vieux manoir, et les beaux yeux des Béarnaises à ceux des paysannes de sa seigneurie.

Cependant, comme tout gentilhomme qui se respecte et qui est d'origine écossaise (son aïeul était venu en France sous Louis XI et avait servi dans la garde de ce roi), le sire de Bury était hospitalier.

Maître Pamphile avait ordre de recevoir les voyageurs égarés, les étrangers surpris par la nuit, et, dans ces occasions, la permission de boire du meilleur vin de la cave lui était octroyée.

Pamphile était un intendant fidèle. Il n'aurait point mis une bouteille en vidange ni un tonneau en perce s'il n'en avait pas eu le droit.

Or, chaque année, en quittant son manoir, le sire de Bury lui disait :

— Tu boiras dans la semaine du vin de l'année courante ; je te permets le vin de deux ans le dimanche ; les jours de fête, tu pourras boire du vin de Guienne, et, quand tu recevras des étrangers en mon nom, tu trinqueras avec eux, comme mon représentant, et tu leur verseras de ce muscat sans pareil qui fut mis en bouteille par mon trisaïeul.

Or, ce fameux muscat, qu'on réservait pour les hôtes de distinction, chatouillait si agréablement le palais de maître Pamphile qu'il eût souhaité tenir table ouverte d'un bout à l'autre de l'année. Le soir en se couchant et le matin en se levant, il adressait à Dieu cette singulière prière :

— Mon Dieu ! faites qu'aujourd'hui la pluie ou le vent, la neige ou le tonnerre, nous amène des étrangers, à la seule fin que cet excellent muscat, qui me rend gai comme un pinson et robuste comme un jeune homme, ne s'aigrisse pas à la cave.

Or, ce soir-là, maître Pamphile voyait sa prière exaucée.

Aussi se rhabilla-t-il salement, et, passant plus belle casaque, il s'empressa d'aller recevoir les étrangers à la porte du manoir.

Comme Hogier, en compagnie d'Hector de Galard, avait déjà passé par Bury quelques jours auparavant, en allant à Paris, maître Pamphile le reconnut pour un cousin de son maître et lui fit force révérences.

— Mon cher monsieur Pamphile, — lui dit Hogier, — je vous amène une parente à moi, madame de Château-Landon, que son neveu et sa nièce accompagnent ; — l'intendant s'inclina ; — et nous venons vous demander l'hospitalité pour la nuit.

Maître Pamphile, plus heureux qu'un roi, fit à Hogier et à la prétendue dame de Château-Landon la plus belle réception du monde. Bien qu'il fût tard, on fit main basse sur la basse-cour endormie, on alluma les fourneaux de cuisine, on mit à sac l'office et le cellier.

Pendant tous ces préparatifs, madame Marguerite, songeuse et préoccupée, s'adressait trois fois par minute cette question unique :

« Comment ce jeune Gascon peut-il posséder la bague du roi mon époux ? »

Cependant, fidèle à son plan de dissimulation, la jeune reine ne fit point part à Nancy de son observation. Elle attendait pour cela d'être seule avec elle.

On se mit à table. De plus en plus amoureux, Hogier se montra spirituel, empressé et de joyeuse humeur. Mais tout à coup madame Marguerite tressaillit profondément. Elle s'aperçut que la bague avait disparu. Hogier l'avait ôtée de son doigt et remise dans sa bourse.

Le souper terminé, la prétendue dame de Château-Landon prétexta une grande fatigue et demanda à se retirer dans sa chambre avec Nancy.

Hogier, que son devoir rappelait à Blois, se garda bien d'insister ; et, lorsqu'il eut été convenu qu'on repartirait le lendemain au coucher du soleil, il laissa la prétendue dame de Château-Landon suivre maître Pamphile, qui la conduisit avec Nancy à la chambre d'honneur du château.

Marguerite avait besoin d'être avec sa camérière ; ce secret qu'elle avait surpris semblait l'étouffer.

Nancy avait fini par deviner que la jeune reine était en proie à une vague inquiétude.

— Ah çà ! — lui dit naïvement Marguerite lorsqu'elle eut poussé les verrous, — n'as-tu pas entendu ce jeune cavalier me dire qu'il avait vu le roi de Navarre une fois en sa vie?

— Oui, — dit Nancy.

— Il mentait !...

Et Marguerite prononça ce mot avec une émotion étrange.

— Bah ! — fit Nancy.

— Il mentait ! — répéta lentement madame Marguerite. Et comme Nancy ouvrait de grands yeux : — Cet homme, — dit-elle, — appartient au roi de Navarre.— A son tour, Nancy tressaillit. — J'ai vu une bague à son doigt.

— Une bague?

— Oui, la bague du feu roi Antoine de Bourbon...

— C'est impossible !

— Je l'ai vue... et, tu le sais, cette bague est celle que les rois de Navarre confient à ceux-là seulement qui possèdent toute leur confiance.

— Mais, — dit Nancy de plus en plus étonnée, — je n'ai vu aucune bague, moi.

— Non, car il a eu soin de la cacher en arrivant ici.

— Et il l'avait en route?

— Oui.

— Après ça, — dit Nancy, — il y a des bagues qui se ressemblent...

— Oh! non, — répondit Marguerite, — celle-là est unique en son genre.

— Et vous croyez que c'est celle du roi ?

— J'en suis sûre...

— Comment donc l'aurait-il en sa possession ?

— Le roi la lui a confiée.

— Pourquoi?

— Je l'ignore. Mais... — Marguerite fronça subitement le sourcil. — Qui sait ? — dit-elle, — cet homme est peut-être un espion. Le roi de Navarre lui a commandé de me suivre.

— Bah ! — fit Nancy.

— Oh ! — reprit la reine hors d'elle-même, — il faudra bien que je sache comment il possède cette bague...

— Ma foi ! madame, — dit Nancy, — il y a peut-être un bon moyen pour cela.

— Vrai ?

Nancy baissa la voix :

— J'ai une poudre merveilleuse, — dit-elle.

— Une poudre ?

— Qu'un gentilhomme espagnol donna jadis à mon père.

— Et quelle est la vertu de cette poudre?...

— Elle rend bavard. — Nancy avait au petit doigt de la main gauche un gros anneau surmonté d'un large chaton. C'était un joyau de famille, une bague que le père transmettait à son fils. Nancy, n'ayant pas de frère, avait hérité de cette bague. Or, le chaton contenait une petite poudre noirâtre, et, en donnant cette bague à sa fille, le vieux seigneur lorrain lui avait dit : « Nancy, ma mignonne, tôt ou tard tu rencontreras sur ton chemin un beau damoiseau qui te parlera d'amour. Il aura pourpoint de soie et langage doré; mais si tu veux savoir s'il t'aime réellement et s'il est sincère, un soir que tu souperas en sa compagnie, jette un grain de cette poudre dans son verre. Je la tiens d'un capitaine espagnol qui a longtemps navigué dans les mers indiennes. » Mon père, — acheva Nancy, — me remit alors cette bague.

— Et tu n'as jamais essayé cette poudre?

— Jamais.

— Cependant, au Louvre, les occasions ne t'ont pas manqué?

— Oh ! certes non.

— Mais alors...

— Je la réservais pour le but que lui avait assigné mon père.

— Ah ! — dit la reine en souriant.

— Et tout dernièrement, — ajouta Nancy, — je comptais en faire usage sur mon ami Raoul, lorsque...

— Tu as laissé chez moi la clef de ta chambre, n'est-ce pas?

— Justement, madame.

— Ce qui fait que l'essai devenait inutile.

— Hélas ! — soupira Nancy, — à quoi bon consulter mon talisman, du moment que ce petit démon m'avait ensorcelée.

— Alors tu vas me laisser faire usage de ta poudre?

— Oui, madame.

— Mais comment l'employer?...

— Ah ! dame! ce soir, ce serait peut-être un peu tard...

— Tu crois?

— Il a soupé, et sans doute il va dormir, mais... demain...

Nancy n'eut pas le temps de développer sa pensée. On entendit, dans la cour d'abord, puis sous la voûte du manoir, puis enfin sur le pont-levis, retentir le sabot d'un cheval. La reine se leva et ouvrit sa croisée.

Au clair de lune, elle aperçut Hogier de Lévis à cheval. Le jeune homme, en quittant la table, avait pris à part le gros intendant :

— Mon bonhomme, — lui dit-il, — as-tu un cheval passable ici?

— J'ai celui de monseigneur.

— Est-il frais?

— Il n'est pas sorti depuis deux jours.

— En combien de minutes irait-il bien à Blois?

— En moins d'une heure.

— Selle-le! J'ai oublié à Blois un objet auquel je tiens beaucoup.

— Ah !

— Je vais le chercher... Et comme le bonhomme Pamphile semblait hésiter quelque peu, Hogier, qui connaissait déjà son faible, ajouta : — Et tiens-moi dans un seau d'eau une bouteille de ce vin muscat que nous avons bu à dîner; nous trinquerons à mon retour...

La promesse était alléchante; Pamphile ne se fit pas prier davantage.

Il sella le cheval et Hogier l'enfourcha.

— Hé ! monsieur ! — fit la reine en le voyant sortir; Hogier tourna la tête ; — où donc allez-vous?

— Madame, — répondit Hogier un peu déconcerté, — je vais à Blois.

— A Blois !

— Oui, madame.

— Et que faire, bon Dieu ?

— M'acquitter d'une commission que j'avais oubliée.

— Vraiment !

— Et que je viens de me remémorer à l'instant.

Et comme Hogier ne voulait pas entrer dans de plus amples explications avec la prétendue dame de Château-Landon, il se contenta de saluer pour la seconde fois, poussa son cheval et lui fit prendre le galop.

— Oh ! — murmura la reine avec colère, — cet homme se joue de moi !...

— Diable ! — murmura pareillement Nancy, — est-ce que notre fraise serait empoisonnée ?...

## XXXI

Tandis que madame Marguerite voyageait ainsi incognito et faisait en route la connaissance de Hogier, tandis encore qu'elle remarquait à son doigt la bague du roi de Navarre, d'autres événements s'accomplissaient au Louvre.

Le soir même où madame Marguerite s'échappait avec Nancy de la royale demeure, la reine mère, qui ne soupçonnait point ce départ, avait passé deux heures à conférer avec René le Florentin, après le souper du roi, auquel elle avait assisté.

Le roi s'était montré de belle humeur, il avait raillé quelque peu l'amiral Coligny, désapprouvé le roi de Navarre, qui élevait la prétention de toucher la dot de sa femme, et dit assez nettement que si les huguenots continuaient à conspirer contre la sécurité du royaume, il les ferait pendre, occire et noyer.

Ce qu'entendant, le judicieux Pibrac, qui était en même temps l'homme le plus prudent de la cour de France, avait fait la réflexion que l'air de Paris devenait de plus en plus insalubre pour le roi de Navarre.

La reine mère était rentrée chez elle toute joyeuse, et René, qui depuis qu'il était en liberté se montrait fort peu, ne venait au Louvre qu'en cachette et évitait avec soin la moindre rencontre, René s'était réjoui avec elle.

Vers onze heures du soir, après avoir fait faire les cartes par René et avoir déchiffré au fond d'une carafe une page de la destinée, madame Catherine congédia René en lui disant :

— Il faut que je voie le duc.
— Quand ?
— Cette nuit même.
— Dois-je l'aller prévenir ?
— Oui, sur-le-champ.

René partit.

Alors madame Catherine s'enveloppa dans sa mante, posa un masque sur son visage, et se glissa furtivement hors de chez elle. Elle suivit cet escalier que Marguerite et Nancy avaient descendu une heure auparavant, et elle arriva au bord de l'eau.

Le temps était nuageux, la lune n'apparaissait point.

Madame Catherine passa inaperçue devant les deux Suisses en sentinelle à la grande porte du Louvre.

Elle arriva sur la place où Malican avait son cabaret, la traversa et gagna la rue des Prêtres-Saint-Germain-l'Auxerrois.

Cette rue était étroite, sombre, et l'unique lanterne suspendue au milieu, à vingt pieds du sol, ne projetait autour d'elle qu'une clarté douteuse.

Cependant, comme madame Catherine, depuis qu'elle se rendait auprès du duc de Guise, avait l'habitude de passer par là, elle suivit le même chemin sans hésiter.

Mais à peine avait-elle fait une dizaine de pas dans la rue que son pied rencontra un obstacle. Elle fit un faux pas et tomba.

L'obstacle rencontré était une petite corde tendue d'un côté à l'autre de la rue.

A peine était-elle tombée, et avant qu'elle eût le temps de se relever, que la reine se sentit saisir par derrière, et on lui jeta sur la tête un capuchon de laine semblable à celui avec lequel, la veille, on avait momentanément aveuglé Nancy.

Elle voulut crier, mais deux mains l'étreignirent à la gorge :

— Taisez-vous ! — lui dit-on. On lui mit un poignard sur la poitrine, puis la même voix qui lui avait imposé silence murmura : — Si vous appelez, on vous tue !

Madame Catherine était Italienne, elle était prudente, elle connaissait le prix de la vie. Elle demeura donc muette aux bras de ses agresseurs ; mais, en se relevant, elle cherchait à les voir, et, par un brusque mouvement, elle secoua le capuchon.

Le capuchon retomba après avoir été soulevé, mais pas assez rapidement pour que la reine n'eût vu qu'elle était entourée d'hommes masqués et armés.

Cependant elle se hasarda à parler à voix basse.

— Que me voulez-vous ? — demanda-t-elle.
— Vous le saurez plus tard, — répondit cette voix, qui devenait méconnaissable.
— Peut-être vous trompez-vous ?
— Oh ! non...
— Vous ignorez qui je suis...
— Nous le savons.
— Ah ! — fit Catherine en tressaillant.
— Vous êtes la reine Catherine de Médicis, — continua la voix, — la persécutrice des huguenots, l'amie des princes lorrains.

— Ces hommes en veulent à ma vie, — pensa la reine mère. Cependant elle essaya de se débattre et de payer d'audace : — Malheureux ! — dit-elle, — je vous ferai tous périr sur un échafaud...

Un éclat de rire lui répondit.

— Allons ! madame, — reprit la voix, — il faut vous exécuter de bonne grâce, si vous voulez vivre... car, sans cela...

Catherine sentit la pointe du poignard effleurer son cou.

— Mais où me conduisez-vous ? — demanda-t-elle.
— On vous le dira plus tard, marchez !

Et la reine mère se sentit enlevée par deux bras robustes, en même temps qu'une main lui appuyait le capuchon sur le visage pour étouffer ses cris.

En même temps aussi elle entendit un second voix qui disait :

— Nous nous donnons là une besogne bien périlleuse.
— Tu crois ? — dit la première voix.
— Et bien inutile.
— Bah !
— Un coup de poignard la simplifierait.
— Oh ! oh !
— Demain on trouverait le cadavre de madame Catherine dans la rue ; et, comme il est vingt personnes pour une qui s'en réjouiraient, il en résulterait que le roi seul serait intéressé à savoir quels sont les meurtriers.
— C'est possible...
— Or le roi est d'humeur changeante.
— Chut ! — dit la première voix. — A employer le moyen que tu proposes, autant faire disparaître le cadavre.

Madame Catherine frissonnait jusqu'à la moelle des os.

Elle se sentit enlevée, transportée, jetée dans une litière, et le capuchon était si bien appliqué qu'elle ne pouvait pousser un cri. D'ailleurs le poignard était toujours appuyé sur sa gorge.

Un des hommes masqués qu'elle avait entrevus s'assit à côté d'elle et lui dit :

— Vous devez bien penser, madame, que des gens qui osent faire ce que nous faisons sont capables de toutes les extrémités. Par conséquent, réfléchissez que, si on essayait de nous délivrer, vos libérateurs ne trouveraient plus qu'un cadavre.

La reine soupira et se tut.

— Marche ! — cria la première voix.

Aussitôt la litière s'ébranla au grand trot. Seulement, en dépit du pavé, les chevaux qui la portaient ne faisaient aucun bruit, et ils n'étaient point, selon l'usage, garnis de grelots retentissants.

Madame Catherine, qui malgré son émoi avait conservé toute sa présence d'esprit, en conclut qu'ils avaient les pieds enveloppés de chiffons.

Pendant la première heure de cette course silencieuse, la reine mère se dit :

— Evidemment ce sont les huguenots qui viennent de

se rendre maîtres de ma personne. Mais les huguenots ont plusieurs chefs... quel est celui qui a osé tenter ce coup hardi ?—Madame Catherine songea un peu à l'amiral, un peu au prince de Condé, pas du tout au roi de Navarre. Henri était occupé de Sarah, selon elle, et c'en était assez pour qu'il n'eût point le temps de songer à autre chose. Ce raisonnement, complétement faux, égara la reine mère. —Voilà, — pensa-t-elle,—des gens qui m'ont enlevée afin d'avoir un otage... Nous verrons bien à quoi je leur servirai ! — Cependant les paroles qu'elle avait entendues : *autant faire disparaître le cadavre*, ne laissaient point que de l'inquiéter. — Ils sont capables de me tuer, — pensa-t-elle, — si je n'en passe par où ils voudront... Ah ! si je pouvais leur échapper.

A partir de ce moment, toutes les pensées de madame Catherine, comme celles des prisonniers, se portèrent vers un but unique, la délivrance !

Elle n'appela point à son aide, elle savait que c'était inutile ; elle ne se débattit point, mais elle chercha, au contraire, à tromper ses ravisseurs par sa docilité.

Au bout d'une demi-heure de marche, le cortège s'arrêta un moment.

Deux ou trois *haut le pied !* que la reine entendit, lui apprirent qu'on débarrassait les chevaux de leurs chiffons, ce qui était une preuve qu'on était hors de Paris et en rase campagne.

En même temps, l'atmosphère, assez fraîche jusque-là, lui parut plus lourde. Madame Catherine en conclut que la litière, après avoir un moment suivi le bord de l'eau, avait pris à gauche ou à droite.

Quand le cortège se remit en marche, elle entendit résonner les pieds des chevaux sur une route sonore, et son oreille exercée lui apprit qu'il y avait une escorte autour de la litière.

Madame Catherine était privée de la vue, mais en revanche elle avait l'oreille fine. Cette finesse d'ouïe lui permit d'apprécier, à la sonorité du chemin qu'elle parcourait, qu'elle était sur une des trois routes nouvelles construites à grands frais par le feu roi Henri II, son époux.

Or, ces trois routes étaient celle de Saint-Germain, qu'on trouvait au delà du village de Chaillot ;

Celle de Melun, qui commençait à la porte Bourdeille ;

Celle de Chartres, qui partait du village de Vaugirard.

Madame Catherine, étant allée récemment à Saint-Germain, avait remarqué que la route était nouvellement empierrée. Or, comme ses pieds reposaient sur un sol uni, ce qui était facile à constater par le son, la reine mère n'avait point à s'occuper de la route fraîchement empierrée de Saint-Germain. Restait donc à savoir si elle suivait celle de Chartres ou si elle avait pris celle de Melun.

En rassemblant ses souvenirs, madame Marguerite songea que de Paris au village de Charenton il y avait beaucoup plus loin que de Vaugirard à Meudon.

Et comme, au bout de dix minutes, le sabot des chevaux résonna de nouveau sur le pavé, elle en conclut qu'elle était à Meudon et non point à Charenton.

« Je suis sur la route de Chartres, » pensa-t-elle.

Les porteurs allaient bon train, l'escorte était silencieuse. Madame Catherine avait glissé son bras sur la portière entrouverte et avait retiré sa main humide. Il tombait un léger brouillard.

La reine mère avait une robe dont les manches étaient d'une ampleur peu ordinaire. Cette robe, qui n'était point ajustée à la taille, était celle qu'elle avait coutume de mettre le soir, quand elle se glissait hors du Louvre pour courir Paris incognito.

Une idée lui vint. Elle ramena ses deux mains sur sa poitrine, puis elle passa une de ses mains sous sa robe, et cette main fouilla dans son corsage et y prit une rose à peu près fanée. Madame Catherine aimait les fleurs, et, chaque matin, elle mettait, soit à sa ceinture, soit dans son corset, une grosse rose mousseuse qu'elle remplaçait le lendemain.

Elle prit donc cette rose, la dissimula dans sa large manche, et replaça son avant-bras sur la portière. Puis, lentement, elle effeuilla la rose, en laissant tomber une feuille de distance en distance.

« Si on retrouve ma trace, » pensa-t-elle, « on pourra me suivre à l'aide de ces feuilles de rose. »

Tout à coup la litière sembla changer de direction. Le sabot des chevaux cessa de retentir sur un sol sonore, et à de certains cahots inusités la reine mère comprit qu'elle prenait un chemin de traverse à travers les terres.

En même temps, l'une des deux voix qu'elle avait entendues murmura :

— Je ne ne répondrais pas que madame Catherine ne fût point arrivée au terme de son voyage...—elle tressaillit, — car, si elle refuse de signer la petite pièce que tu sais...

— Eh bien ?

— Il faudra jouer du poignard.

— Que peut-on vouloir me faire signer ?—se demanda la reine mère.

Peu après la litière s'arrêta; puis l'homme masqué assis auprès de la reine descendit et lui prit la main :

— Venez, madame, — dit-il.

La reine mit pied à terre.

Alors on lui ôta son capuchon. Elle jeta un regard avide autour d'elle et ne vit que les hautes et sombres murailles d'un manoir qui lui était inconnu.

## XXXII

Revenons à Hogier.

Le cheval du sire de Bury que lui avait remis le bonhomme Pamphile était un vrai cheval, dans toute l'acception du mot, c'est-à-dire qu'il galopait comme une gazelle et faisait un chemin du diable. En outre, il paraît qu'il avait l'habitude d'aller à Blois et de prendre les raccourcis, car, au lieu de suivre le chemin battu, il se jeta dans un sentier qui courait droit sous la futaie.

L'instinct du cheval et sa vitesse permirent à Hogier d'atteindre Blois en moins de trois quarts d'heure.

Une heure et demie après, il était de retour à Bury, et en hélant le majordome Pamphile pour qu'il lui vînt ouvrir la porte, il fit la réflexion suivante, qui ne manquait ni de philosophie ni de tristesse :

— Le hasard n'est vraiment point aimable à mon endroit. Je n'avais souci, voilà un mois, ni de politique, ni de religion, et ne savais que faire de mon temps. Pourquoi donc le destin ne m'a-t-il point placé alors sur le chemin de cette adorable veuve, que j'aime passionnément déjà et à laquelle, hélas ! il ne m'est plus permis de me consacrer entièrement ? Le roi de Navarre se fût bien passé de moi, en vérité...

Maître Pamphile vint ouvrir la porte du manoir.

— Cornes de cerf ! monsieur, — dit-il avec admiration, — vous ne chômez pas en route.

— Tu trouves ?

— Ah ! pauvre cheval...! il est en nage.

— Fais-le bouchonner solidement, demain il n'y paraîtra plus.

Hogier mit pied à terre.

— Ces dames vous attendent, — ajouta Pamphile.

— Hein ? — fit Hogier surpris. Et il s'aperçut que les croisées de la salle à manger étaient éclairées.—Comment ! — dit-il, — elles ne sont pas couchées ?

— Non.

— La singulière idée !

— Elles ont voulu vous attendre...

Tandis que Pamphile conduisait le cheval à l'écurie, Hogier entra dans la salle à manger.

La prétendue dame de Château-Landon, assise devant la vaste cheminée sans feu, avait les yeux tournés vers la porte.

Nancy et Raoul jouaient aux dés sur un coin de la grande table de chêne placée au milieu de la salle.

Le haut bout de cette table avait été couvert d'une nappe, et sur cette nappe l'hospitalier Pamphile avait étalé des viandes froides, un pâté de venaison, des gâteaux et des confitures, le tout accompagné de trois bouteilles du fameux vin muscat.

Marguerite accueillit Hogier avec un sourire charmant. Nancy et Raoul interrompirent leur jeu.

— Comment ! monsieur, — dit Marguerite d'un ton à demi railleur, — c'est ainsi que vous nous abandonnez, au milieu de la nuit, en ce vieux manoir ?...

— Ah ! madame, croyez bien... — balbutia Hogier.

— Un manoir hanté par les esprits...

— Oh ! quelle plaisanterie !...

— Où le vent pleure sous les portes...

— Vraiment ?

— Où l'on entend des bruits étranges...

— Ah ! monsieur Hogier, — dit Nancy, — si vous écoutez ma tante...

— Taisez-vous, mademoiselle ! vous savez bien, — dit Marguerite jouant à merveille son rôle de tante, — vous savez bien que je suis peureuse.

— Oh ! peureuse à ce point, — dit Nancy, — que ma tante n'a pas voulu se coucher que vous ne soyez revenu...

Hogier, tout confus, mais ravi, regardait Marguerite avec amour.

— Enfin, vous voilà ! — reprit la prétendue dame de Château-Landon, — et ma terreur se dissipe un peu.

— Désirez-vous, madame, que je passe la nuit à veiller sur le seuil extérieur de votre porte ?

— Non, mais nous allons souper, n'est-ce pas ?

— Ma tante a peur, — dit Nancy, — mais la terreur ne lui ôte pas l'appétit.

Et Nancy eut un frais éclat de rire.

— Venez, monsieur,—dit Marguerite. Elle alla s'asseoir à la place d'honneur de la table, et, d'un geste, elle invita Hogier à s'asseoir auprès d'elle. — Ah ! — reprit-elle, — vous courez donc ainsi la nuit, abandonnant deux pauvres femmes et un jouvenceau, après leur avoir proposé de leur servir de paladin !

— Madame ! croyez bien...

L'arrivée de Pamphile coupa court aux explications de Hogier.

Le gros majordome arrivait, sa serviette sous le bras, pour présider à ce nouveau repas des hôtes que le hasard envoyait au vieux manoir de Bury.

— Monsieur Hogier,—dit encore Nancy de son petit ton railleur, — ma tante est peureuse, il faut le lui pardonner. Cependant si, comme moi, elle savait ce que vous êtes allé faire à Blois...

Hogier rougit jusqu'aux oreilles.

— C'est bien simple, — dit-il. — On m'avait chargé à Paris d'un message...

— Bah !

— Et je l'ai porté à son adresse...

— Bravo ! — dit Nancy, — seulement on ne vous croit pas... — Après avoir rougi, Hogier se prit à pâlir, car il se crut deviné. — Mon Dieu ! — continua l'hypocrite camérière, — il n'y a pas grand mal à tout cela, monsieur Hogier.

— Mais... mademoiselle...

— Si on n'aimait pas à notre âge...

— Aimer ! que voulez-vous dire ?

— Que sans doute, tout à l'heure, à Blois, une persienne s'est ouverte, qu'une petite main a touché la vôtre... que... mon Dieu ! le sais-je ?...

Ces paroles de Nancy frappèrent Hogier d'une douloureuse stupeur.

— Moi ! moi ! — dit-il. Et il leva sur Marguerite un regard qui semblait dire : — Comment peut-on supposer que j'aime au monde une autre femme que vous ?

Ce regard, cet accent furent d'une telle éloquence que la jeune reine en fut touchée.

— Il est possible,—pensa-t-elle,—que ce jeune homme soit le mandataire du roi de Navarre ; il est possible encore qu'il ait mission de me suivre et de m'espionner, mais malgré tout il m'aime !...—Et Marguerite ajouta, tout au fond de son cœur : — Ah ! tant pis ! si le roi de Navarre a voulu en faire un instrument, il verra le parti que j'en saurai tirer. .

— Comment ! — dit Nancy ingénument, — vous n'alliez pas à Blois pour... ?

— Non mademoiselle.

— Le jureriez-vous ?

— Sur l'honneur !

— Alors, pardon ! je m'étais trompée. Soupons, monsieur Hogier.

Nancy déboucha elle-même une des bouteilles du vin muscat.

Maître Pamphile prit sur la table un quartier de venaison et le porta sur un dressoir voisin pour le découper.

Presque aussitôt la prétendue dame de Château-Landon parut tressaillir.

— Qu'avez-vous, madame ? — demanda Hogier avec empressement.

— Je crois avoir entendu du bruit.

— Où ?

— Là...

Et elle indiqua les croisées.

Hogier se leva, alla ouvrir une des fenêtres et se pencha au dehors.

— Je ne vois rien, — dit-il.

— Ah ! — dit la reine.

— Et je n'entends rien.

— Pardonnez-moi, la nuit je suis poltronne à l'excès.

Hogier referma la fenêtre ; puis il revint prendre sa place en souriant et jetant un tendre regard à la dame de Château-Landon.

Mais, prompte comme l'éclair, Nancy avait su mettre à profit cette absence momentanée. Tandis que Hogier tournait le dos, la leste camérière avait laissé tomber dans son verre un grain de cette poudre merveilleuse qui devait rendre les amoureux sincères et leur arracher leurs plus intimes secrets.

Ensuite, la reine, Raoul et elle, avaient échangé un malicieux regard.

— Le tour est fait, — pensa le page.

Quant au bonhomme Pamphile, il découpait gravement sa venaison et n'avait rien vu.

Nancy, pressée sans doute de faire avaler sa poudre merveilleuse à Hogier, s'empressa de lui verser un nouveau verre de vin.

— A votre santé, monsieur Hogier ! — dit-elle. — A la santé des revenants dont ma tante a si grande peur...!

— Quand je ne suis pas là, du moins, — répondit Hogier, à qui le vin muscat donnait une certaine suffisance.

Et il vida son verre d'un trait.

Puis il mangea de fort bon appétit, attachant toujours un regard amoureux sur Marguerite et raillant fort agréablement le bonhomme Pamphile, qui semblait vouloir se conduire d'une intempérante façon.

Au bout d'un quart d'heure, Hogier commença à éprouver de légers titillements. Il sentit que le vin lui montait singulièrement à la tête, et il lui sembla que les murs de la salle s'éloignaient et changeaient mutuellement de place.

Mais cette ivresse qui lui venait aussi rapidement n'avait rien de triste. Bien au contraire, il éprouvait une sorte de bien-être qui lui montrait tout en rose, et la dame de Château-Landon lui parut d'une beauté sans limites et sans comparaisons.

— Le premier symptôme de ma poudre se traduit par la gaieté,—pensa Nancy. Un regard qu'elle échangea avec la jeune reine lui fit dire tout haut : — Ma foi ! je trouve que nous avons suffisamment festoyé, ma tante, et moi qui n'ai pas peur des revenants et des esprits...

— Tu es bien heureuse.

— J'ai bonne envie de m'aller coucher, si vous le permettez.

— Moi aussi, — dit Raoul.

Hogier se mit à rire :

— Il fait trop chaud pour dormir, — dit-il; — et l'autre nuit, quand ils sont venus m'éveiller... à Paris...

— Oh! oh! — pensa la reine, — la poudre agit, nous allons voir...—Puis elle dit à Nancy : —Eh bien! retirez-vous, mes enfants... Mais moi j'ai trop peur dans ce vieux manoir, et si monsieur me veut tenir compagnie...

— Oh! bien volontiers, madame...

— J'attendrai le jour ici.

— Nous causerons, — murmura Hogier.

— Vous me raconterez votre voyage.

— Quel voyage?

Et Hogier, secoué par un reste de raison, essaya de se remémorer l'importance de sa mission secrète.

Nancy et Raoul s'esquivèrent sans bruit, et Raoul, en sortant, prit le bonhomme Pamphile par le bras.

— Où me conduisez-vous? — fit celui-ci qui se laissait entraîner avec peine et regrettait un fond de bouteille de muscat oublié sur la table.

Mais l'hésitation de mons Pamphile ne fut pas longue, car il vit Hogier prendre la bouteille et en verser le contenu dans son gobelet.

Aussi, poussant un soupir de regret, il suivit Raoul.

— Comment! monsieur Pamphile, — dit Nancy, — vous ne comprenez pas, vous qui êtes un homme d'âge?...

— Quoi donc?

— Naïf intendant!...

Et Nancy se prit à rire.

— Vous ne comprenez pas. — dit Raoul, — que nôtre tante et Hogier...

— Ils s'aiment?

— Ils doivent s'épouser aux vendanges...

— Peut-être avant, — murmura la malicieuse Nancy.

— Et il les faut laisser seuls un peu...

— C'est juste.

— Aussi bien vous devriez aller vous coucher, monsieur Pamphile...

— Heu! heu! — dit l'intendant, qui décrivait des zigzags fabuleux dans le vestibule.

— Vous paraissez fatigué...

— C'est vrai... Bonsoir, mademoiselle... bonsoir, monsieur...

— Bonsoir, monsieur Pamphile.

Le digne intendant prit la rampe de fer de l'escalier, laquelle lui fut d'un grand secours, et il monta ainsi d'un pas lourd et inégal jusqu'à sa chambre, sans trop s'inquiéter de savoir si les deux jeunes gens le suivaient.

Mais ceux-ci n'avaient garde de le faire.

Nancy avait pris Raoul par la main, l'avait ramené à la porte de la salle à manger, qu'ils avaient fermée en s'en allant.

Puis elle avait collé son œil au trou de la serrure.

— Qué faites-vous? — demanda Raoul.

— Mon métier. J'écoute et je regarde par les trous de serrure, comme il convient à une camérière bien éduquée, — répondit Nancy.

— Et vous croyez que...?

— Mon mignon, — dit Nancy souriante, — je crois plusieurs choses.

— Ah!

— Je crois d'abord que ma poudre rend communicatif.

— C'était du moins l'opinion de votre père, n'est-ce pas?...

— Je crois ensuite que Hogier est gris...

— Cela se voit.

— Qu'il est entreprenant...

— Oh! certes!

— Et que madame Marguerite fera l'impossible pour savoir d'où lui vient la bague du roi de Navarre.

— Je le crois comme vous.

— Je crois encore, — poursuivit Nancy, — que madame Marguerite trouve Hogier fort de son goût...

— Vraiment?

— Et qu'elle est vindicative!...

— Oh!

— Je crois enfin, — acheva Nancy, — que tu es beaucoup plus heureux, en ce moment, dans ta souquenille de page, que le roi de Navarre dans son pourpoint...

— Chère Nancy! — murmura Raoul, — vous avez de l'esprit comme un démon.

Et il prit la tête de la jolie camérière dans ses mains et lui donna un baiser.

— Chut! — murmura Nancy, — écoutons!...

## XXXIII

Madame Marguerite était la fille de cette Catherine de Médicis qui, avant de s'abandonner aux arides soucis de la politique, avait été citée dans le monde entier comme la plus séduisante des princesses.

Madame Marguerite était la petite-fille du roi François, le plus galant des princes de son temps.

Madame Marguerite avait aidé de ses conseils et de sa jeune expérience le vieux sire de Bourdeille, abbé de Brantôme, lorsqu'il composait son livre immortel des Dames galantes.

Madame Marguerite, enfin, avait étudié l'art difficile des séductions, et nulle femme mieux qu'elle ne savait trouver une voix mélodieuse, prendre une pose enchanteresse, lancer un regard tendre et doux.

Quand Nancy et Raoul furent sortis, elle se renversa à demi dans un grand fauteuil à la châtelaine où elle était assise. Puis elle fascina Hogier d'un regard, et lui dit :

— Vraiment, vous n'avez nulle envie de dormir...?

Hogier devenait hardi, grâce à la poudre et au vin muscat.

— Ah! — dit-il, — serait-ce possible, quand vous daignez m'admettre en votre compagnie, chère dame?...

Et il osa rapprocher son escabeau du fauteuil de Marguerite.

Marguerite continua :

— Figurez-vous, — dit-elle, — que j'ai eu ce soir une singulière idée...

— Quand donc?

— Lorsque vous êtes parti pour Blois.

— Vraiment?

— Comme ma nièce, j'ai pensé que vous alliez à Blois pour un rendez-vous d'amour.

— Oh! — fit Hogier d'un ton de reproche, — avez-vous pu le croire?

Son visage devint mélancolique, et il attacha un œil ardent sur la prétendue veuve.

Marguerite eut un éclat de rire moqueur.

— Mais dame! — dit-elle, — quand cela serait, après tout...

— Mais cela n'est pas!

— Vous avez bien le droit d'aimer...

— Hélas! — soupira Hogier, — j'aime, en effet...

— Voyez-vous!

— J'aime ardemment... avec passion... avec délire...

— Pauvre jeune homme! — dit Marguerite d'un air naïf.

— Une femme qui, sans doute, ne m'aime pas.

— Vous croyez? — Hogier poussa un profond soupir; puis il regarda plus tendrement encore la belle veuve. Marguerite, toujours ingénue, reprit : — Et cette dame est à Blois?

— Oh! non...

— A Tours ?

— Non, — dit encore Hogier.

— A Paris ?

— Je crois qu'elle en revient.

— Et... où est-elle ?

Hogier pensa que le moment était venu, il tomba à genoux :

— Ici... !

Mais Marguerite ne s'émut point :

— Ah ! grand Dieu ! — dit-elle, — je devine. Vous aimez ma nièce !... — Et elle se mit à rire, ajoutant : — Mais mon neveu Raoul vous tuera, mon pauvre monsieur Hogier.

— Oh ! — dit Hogier, — je ne crains pas cela, madame.

— Vous avez tort.

— Oh ! non.

— Raoul est une fine lame.

— Mais ce n'est pas votre nièce que j'aime... — Le moment était venu, Marguerite se leva un peu émue. — C'est vous ! — dit Hogier.

Et il osa prendre la main de la jeune reine et la porter à ses lèvres.

Mais Marguerite retira cette main avec dignité, et, d'un geste plein d'autorité, elle fit signe à Hogier qu'elle ne voulait point qu'il demeurât à ses genoux.

— Relevez-vous, monsieur, — lui dit-elle, — et retirez-vous...

— Madame ! — supplia Hogier éperdu.

— Retirez-vous ! — ordonna Marguerite, qui feignait une grande irritation.

Les fumées du vin et de la poudre mystérieuse montaient de plus en plus à la tête de Hogier.

— Mais je vous aime ! — dit-il avec un accent désolé, — je vous aime !...

Marguerite partit d'un éclat de rire moqueur.

— Il est possible que vous m'aimiez, — dit-elle, — cependant je tiens à m'en assurer... — Et comme il la regardait avec étonnement : — Montrez-moi vos mains, — dit-elle. Hogier tendit ses deux mains. — Tiens ! — dit Marguerite, — il paraît que vous avez laissé à Blois cette bague que vous aviez à la main gauche. — Hogier pâlit et, un moment, les fumées de l'ivresse parurent se dissiper. — C'est à la femme que vous aimez réellement et qui vous attendait à Blois que vous l'aurez donnée...

— Oh ! — s'écria Hogier, — cela est faux, madame...

— Où donc est cette bague ?

Il fouilla dans sa poche, ouvrit sa bourse et en tira la bague du roi :

— La voilà, — dit-il.

— Singulière idée de porter une bague tantôt au doigt et tantôt dans une bourse !

— Ah ! c'est que...

La poudre de Nancy n'agissait que lentement. Hogier se défendait encore.

— Monsieur, — dit sèchement Marguerite, — cette bague cache un mystère...

— C'est vrai.

— Un mystère que je veux savoir.

— Mon Dieu ! mon Dieu ! — murmura le jeune homme, — c'est que ce n'est pas mon secret...

— Et vous prétendez m'aimer ! — fit Marguerite avec dédain.

Cette exclamation fut le coup de grâce porté à la discrétion de Hogier.

— Eh bien ! je vais tout vous dire, — fit-il.

— Ah !

— Oui, je vous dirai tout.

— A quoi bon ? — dit Hogier.

— Je veux que vous sachiez d'où me vient cette bague.

— Vous allez me conter quelque fable.

— Non, je vous le jure.

— Prenez garde ! — dit Marguerite, — mais j'ai tou-jours lu dans les yeux d'un homme. Je verrai bien si vous mentez !...

— Oh ! je ne mentirai pas, vous verrez.

— Soit ! je vous écoute.

Et Marguerite se rassit dans son grand fauteuil, et elle toléra que Hogier se remit à genoux devant elle.

Hogier reprit alors :

— Cette bague est celle du roi Henri de Navarre.

Madame Marguerite feignit la plus grande surprise.

— Mais, — dit-elle, — je croyais que vous n'aviez vu le roi de Navarre qu'une fois.

— Je vous ai menti.

— Ah ! vraiment ?

— Je l'ai vu deux fois.

— Une fois à Nérac ?...

— Et l'autre à Paris.

— Y a-t-il longtemps ?

— Deux jours, et encore je l'ai si peu vu...

— Prenez garde ! — dit Marguerite, — je vous ai averti que je lirais la vérité dans vos yeux.

— Oh ! je dis vrai.

— Et il vous a parlé, le roi de Navarre ?

— Certainement.

— C'est peut-être lui qui vous a commandé de vous arrêter à Blois ?

— Justement ! et en bien d'autres endroits encore...

— Hé ! — dit Marguerite, — Dieu me pardonne ! monsieur Hogier, mais vous me paraissez vous occuper de politique.

— Je ne crois pas...

— Comment ! vous n'en êtes pas sûr ?

— Ma foi, non !

— Cependant, cette bague ?...

— Le roi me l'a donnée comme un talisman...

— Qui doit vous faire reconnaître ?...

— Tout le long de la route.

— Où donc allez-vous ?

— En Gascogne.

— Mais, Blois...

Et madame Marguerite enveloppa le jeune homme d'un regard fascinateur.

— A Blois j'ai vu un gentilhomme du nom de Mauduit.

— Et vous lui avez montré la bague ?

— Oui, madame.

— Que lui avez-vous commandé au nom du roi ?

— De tenir des chevaux prêts pour la nuit prochaine.

— Est-ce un voyage, le roi de Navarre ?

— Avec une femme, je crois.

Madame Marguerite étouffa un cri, puis elle crut que la lumière se faisait dans son esprit.

La femme avec laquelle le roi voyageait ne pouvait, à ses yeux, être une autre que Sarah.

C'était une dernière félonie ajoutée à tant d'autres.

Cependant Marguerite se contint. Elle questionna Hogier, mais Hogier ne savait pas autre chose. Seulement il lui montra les deux parchemins dont il était porteur.

Malheureusement madame Marguerite était plus ferrée sur le latin et le grec que sur la langue béarnaise, et les deux parchemins restèrent pour elle à l'état de grimoire indéchiffrable.

— Ma foi ! — fit-elle, — je n'y comprends absolument rien. — Et elle les rendit à Hogier. Hogier, de plus en plus étourdi, était arrivé à cet état de béatitude et de surexcitation extrême où tout devient couleur de rose. Il portait sans cesse à ses lèvres les belles mains de la prétendue veuve, et elle ne les retirait pas. Tout à coup elle lui dit : — Je pense certainement, cette femme avec qui le roi voyage est une favorite.

— Vous croyez, — dit naïvement le jeune homme.

— S'il était question de la reine de Navarre, il voyagerait en plein jour, ce me semble...

— C'est vrai !...

— Avez-vous jamais vu la reine de Navarre, monsieur Hogier ?

— Jamais.

— On la dit fort belle.

— Il n'est bruit que de sa beauté.

— On dit même qu'elle a quelque esprit...

— Elle passe pour la princesse la plus aimable, la plus accomplie de la cour de France.

— Eh bien ! ne trouvez-vous pas que le roi... est... impardonnable... de se conduire ainsi ?

— Dame !

— Et si la reine se vengeait...?

— Elle ferait bien, mordioux !

— C'est votre avis ?

— De tout point.

— Ah ! — dit Marguerite rêveuse. Hogier aurait bien voulu pouvoir commenter son opinion ; mais l'ivresse le gagnait de plus en plus, sa tête commençait à s'alourdir, sa langue s'épaississait. Il était aux genoux de Marguerite, et sa tête s'était inclinée sur son épaule. Bientôt il ferma les yeux. Alors Marguerite appela : — Nancy ! Nancy ! Nancy, qui par un trou de la serrure n'avait pas perdu un traître mot ni un simple geste, accourut. Marguerite, immobile, contemplait la tête pâle d'Hogier qui reposait sur ses genoux. — Ah ! le monstre de roi de Navarre ! — dit-elle à Nancy, — sais-tu pourquoi il a donné sa bague à ce jeune homme ?

— Non, — dit Nancy.

Nancy mentait ingénument au besoin.

— Eh bien ! c'est pour qu'il prépare des relais de chevaux.

— Des relais ?

— Sur la route de Gascogne...

— Le roi voyage ?

— Oui, il enlève Sarah.

— En vérité !

— Et il la conduit en Navarre.

— Ma foi ! madame, — dit Nancy, — il ne lui reste plus qu'à lui donner le château de Nérac pour résidence.

— Qui sait ?

— Et que pense monsieur Hogier de cela ?

— Il pense que c'est infâme !

— Ah !

— Que la reine indignement trahie aurait le droit de se venger.

— Hé ! hé ! — Marguerite prit dans ses mains la tête brune et la chevelure bouclée du jeune homme endormi, dont les lèvres fait ouvertes souriaient. — Je gage qu'il fait un beau rêve, — murmura Nancy. — Comment le trouves-tu ?

— Charmant ! — Marguerite rougit et se tut. — Hein ! — pensa Nancy, — je crois que notre fraise est mûre !

### XXXIV

Cependant madame Catherine de Médicis, reine douairière de France, venait de pénétrer dans l'enceinte de ce manoir inconnu dont les hautes murailles grises ne lui permettaient point de savoir en quel lieu elle se trouvait.

Elle jeta un regard rapide autour d'elle lorsqu'elle fut sortie de la litière, et elle reconnut que son escorte se composait de quatre valets qui conduisaient la litière, laquelle était attelée de ces vigoureuses mules du Poitou qui égalent en vitesse, en fonds et en vigueur, les meilleurs chevaux.

Le jour commençait à naître et les premières lueurs de l'aube blanchissaient le faîte du donjon.

Madame Catherine constata que les quatre cavaliers étaient masqués et que les conducteurs de la litière avaient le visage barbouillé de noir.

Un homme parut sur le seuil de la grande porte du manoir. Il était armé de toutes pièces et avait sur la tête un heaume dont la visière était baissée, mais duquel s'échappaient des touffes de cheveux blancs.

Madame Catherine en conclut que c'était quelque vieux gentilhomme huguenot qui avait passé sa vie au prêche, et nourrissait une haine violente contre la monarchie catholique.

Le vieillard vint à la rencontre des cavaliers et les salua.

L'un d'eux, qui paraissait être le chef de la troupe, rendit le salut au vieillard, mais ne prononça pas un mot.

Alors celui des cavaliers qui s'était assis dans la litière, auprès de la reine, reprit la parole et lui dit :

— Madame, veuillez nous suivre.

— Monsieur, — répondit Catherine, — je suis en votre pouvoir et forcée de vous obéir. Seulement, me direz-vous ce que vous comptez faire de moi ?

— Certainement, madame. Nous allons d'abord vous conduire dans la grande salle de ce manoir.

— Bien.

— Vous y trouverez des rafraîchissements et un déjeuner servi.

— Merci ! — dit la reine avec dédain. Le cavalier à qui tout le monde semblait obéir fit un geste, et celui qui parlait à la reine n'insista pas, mais il lui offrit son bras. Madame Catherine, qui rêvait l'heure d'une revanche, s'était imposé la loi de ne point résister. Elle prit le bras de l'inconnu et entra, guidée par lui, dans le manoir. Chacun des cavaliers avait mis pied à terre. D'abord la reine mère traversa un large vestibule assez sombre, puis elle entra dans une vaste salle dont les murs étaient tendus d'une étoffe rouge et garnis de vieux meubles qui rappelaient le règne du roi Louis XII. Une particularité la frappa. Cette salle possédait une grande cheminée dont le manteau supportait les armoiries du possesseur du manoir ; mais on avait recouvert ces armoiries d'un voile, afin qu'il fût impossible d'en distinguer la taille ou les couleurs, non plus que les emblèmes. — Voilà des gens prudents, — pensa la reine mère. Au milieu de la salle on avait dressé une table, et cette table supportait du parchemin, des plumes et de l'encre. Devant la table se trouvait un fauteuil unique. En traversant l'espace qui séparait la porte d'entrée de la table, madame Catherine, qui observait tout, fit une remarque fort judicieuse, à savoir que si le cavalier qui lui parlait, et dont l'organe lui était complétement inconnu, n'était pas le chef de la bande, et que ce fût au contraire celui qui ne parlait que par gestes, ce dernier, à coup sûr, était de sa connaissance. — Il craint que je ne le reconnaisse à la voix, — pensa-t-elle.

Le cavalier qui parlait lui dit :

— Madame, veuillez prendre ce fauteuil et vous asseoir.

— Pourquoi ce papier et ces plumes ? — demanda-t-elle avec inquiétude.

— Oh ! madame, — répondit le cavalier en souriant, — tranquillisez-vous, on ne veut point vous faire signer votre abdication.

— Que voulez-vous donc que j'écrive ?

— Un mot au roi votre fils.

— Dans quel but ?

— Pour le rassurer.

Madame Catherine jeta sur tous ces hommes un regard profond et terrible.

— Prenez garde ! — répéta-t-elle.

Le cavalier muet haussa les épaules.

— Oui, — reprit celui qui parlait, — vous allez écrire au roi, madame.

— Écrire au roi ?

— Sous ma dictée.

— Ah ! — Et madame Catherine se leva et dit avec un dédain superbe : — Vous vous méprenez étrangement si vous pensez que je céderai à vos menaces.

— Votre Majesté refuse ?

— Certainement.

— Votre Majesté a tort... — Le cavalier muet se pencha alors à l'oreille de ce vieillard, qui paraissait être le châtelain, et murmura quelques mots que la reine mère n'entendît pas. Le vieillard approuva d'un signe de tête; puis il frappa trois coups sur le plancher avec son talon éperonné. Presque aussitôt on vit apparaître deux robustes filles de campagne, les bras nus et le visage noirci. — Madame, — dit le jeune cavalier, — nous sommes gentilshommes, et il nous répugne étrangement de faire violence nous-mêmes à Votre Majesté. Aussi ces filles que voilà vont nous suppléer.

— Vous avez une délicatesse assez singulière, — fit la reine avec ironie.

Sur un geste du vieux châtelain, les deux paysannes se ruèrent sur madame Catherine, l'enlacèrent, l'enlevèrent de terre malgré les efforts qu'elle fit pour se dégager et les cris qu'elle poussa.

En même temps le châtelain s'approcha du mur, tira sa dague et en appuya le manche dans un certain endroit.

Tout aussitôt le mur s'entr'ouvrit, une lourde pierre tourna avec le panneau de boiserie qui la recouvrait, et laissa voir une sorte d'oubliette noire et profonde.

— Madame, — dit alors le cavalier, — il y a là un puits de cent pieds de profondeur, au fond duquel se trouve une couche d'ossements séculaires.

Madame Catherine, que les deux paysannes avaient poussée au bord de cet abîme, jeta un cri et se renversa brusquement en arrière.

— Grâce! — murmura-t-elle éperdue.

— Ce sera une dure nécessité, madame, — poursuivit le cavalier avec calme, — mais nous jouons tous notre tête, et à notre place vous feriez comme nous.

— Oh! — s'écria la reine, qui retrouva soudain une énergie fougueuse et sauvage, — mon fils me vengera, misérables!

— Les puits sont profonds! — répondit le jeune cavalier. Les paysannes enlevèrent la reine et la suspendirent au-dessus du gouffre. — Réfléchissez vite, madame, — reprit le cavalier, — vous avez une minute. Il faut écrire ou mourir.

Et madame Catherine comprit que ces hommes le feraient comme ils le disaient, et elle eut peur.

— Grâce! — répéta-t-elle.

— Écrirez-vous?

— Oui... — La voix si impérieuse d'ordinaire de madame Catherine était devenue tremblante et semblait près de s'éteindre. On la reconduisit vers la table, et le cavalier lui tendit la plume. Catherine était pâle et tremblait. Cependant elle prit cette plume et dit : — J'attends!...

Le cavalier échangea un regard avec celui qui paraissait être le chef; puis il ajouta :

— La lettre que je vais dicter à Votre Majesté a pour but de rassurer complétement le roi Charles IX.

Catherine de Médicis ne perdait jamais la tête longtemps. Elle eut reconquis son sang-froid en quelques minutes :

— Monsieur, — dit-elle avec calme, — je suis en votre pouvoir et je sais que, si je veux vivre, il faut vous obéir.

— Madame...

— Donc j'obéirai, — reprit la reine; — mais au moins répondrez-vous à mes questions avec franchise?

— Peut-être...

— Que veut-on faire de moi?

— Madame, — répondit gravement le cavalier, — vous êtes condamnée à une prison perpétuelle.

— Ah! et... en quel lieu?

— Dans un château fort, hors du royaume de France, et par conséquent des lois royales.

— Et quand arriverai-je à cette prison?

— Dans trois jours.

Sans doute une lueur d'espoir s'était faite déjà dans le cerveau machiavélique de la reine mère, car, trempant sa plume dans l'encre et posant le parchemin devant elle :

— Je préfère la prison à la mort, — dit-elle. — Dictez, monsieur.

Le cavalier dicta.

« Sire roi, mon fils,

» Quand cette lettre vous parviendra, j'aurai quitté le » Louvre et Paris depuis plusieurs heures, et je vous sup» plie de ne point chercher à connaître ma demeure. Je » me retire du monde et des soucis de la politique. Je vais » m'ensevelir vivante au fond d'un couvent, et je prierai » Dieu tous les jours qu'il me pardonne le mal que j'ai » fait. »

Madame Catherine écrivit, sans omettre un mot, jusqu'au bout.

— Maintenant, madame, — ajouta le cavalier, — veuillez signer et apposer votre cachet sur cette lettre.

Du doigt il indiquait une bague fleurdelisée que la reine mère portait à la main gauche.

En même temps le cavalier muet allumait une bougie à la flamme de laquelle il exposait un morceau de cire.

La reine signa; puis elle ôta la bague de son doigt et l'imprima sur la cire brûlante.

Seulement, elle posa le cachet à l'envers, c'est-à-dire que la couronne qui surmontait l'écusson se trouva renversée, tandis que l'écusson était en chef.

Aucun muscle de son visage ne tressaillit ; aucun mouvement de joie ne se produisit dans sa physionomie, son œil demeura triste et morne.

Et cependant elle se disait in petto :

— Les niais! à la façon dont j'ai apposé mon cachet, le roi mon fils ne croira pas un mot de ma lettre.

Le cavalier plia lui-même le parchemin, puis il l'entoura d'un fil de soie.

Après quoi il invita la reine à y apposer un deuxième cachet.

La reine obéit et toujours de la même manière.

Mais ni le cavalier qui parlait, ni le châtelain, ni les trois gentilshommes qui continuaient à garder le silence, n'y prirent garde.

— Maintenant, madame, — dit le cavalier, — vous comprendrez que, pour des raisons de prudence, nous ne voyageons pas le jour. Vous allez passer une journée ici. Nous repartirons ce soir...—Il ouvrit une porte, et la reine mère fut introduite dans une chambre dont les croisées étaient fermées et qui était éclairée par une lampe suspendue au plafond. Une table chargée d'aliments était dressée au milieu ; dans un angle se trouvait un lit. — Si vous avez besoin de quelque service, madame, — ajouta le cavalier, — vous pourrez frapper sur ce timbre, on s'empressera d'accourir.

Les autres cavaliers étaient demeurés dans une salle voisine.

Catherine s'assit dans un grand fauteuil et se prit à méditer profondément, murmurant à part elle :

— Ah ! si jamais je suis libre, si je rentre au Louvre, dussé-je bouleverser le monde, il faudra bien que je retrouve tous ces hommes et que leur tête tombe !

Les cavaliers, pendant ce temps-là, tenaient conseil.

## XXXV

Cependant René le Florentin, on s'en souvient, était sorti du Louvre quelques instants avant madame Catherine, chargé par cette dernière d'aller annoncer sa visite au duc de Guise.

Le prince lorrain avait passé la journée dans la plus vive anxiété, attendant un message de madame Marguerite, laquelle lui avait dit, la veille au soir, en le quittant :

— Demain, vous aurez de mes nouvelles !...

Ce message si désiré n'était point venu.

16

Le duc, qui menait de front son amour et sa politique ténébreuse, avait envoyé ses *fidèles* de divers côtés, et il était seul, pour le moment, avec Pandrille le géant, sur lequel il comptait pour une occasion prochaine.

Pandrille était devenu comme le cerbère de la maison borgne où le duc se cachait. Couché derrière la porte, il veillait nuit et jour.

On heurta par trois fois différentes.

— Qui est là? — demanda Pandrille.

— Un bon catholique! — répondit-on.

C'était le mot de passe. Pandrille ouvrit, René entra. En voyant apparaître le Florentin, le duc fut pris d'une immense joie.

— Tu m'apportes une lettre? — lui dit-il.

— Non, monseigneur.

— *Elle* ne t'a pas remis un message pour moi?

— Pardon, monseigneur, mais de qui parle Votre Altesse?

— D'*elle*, sang-Dieu! de Marguerite, reine de Navarre.

— Ce n'est pas elle qui m'envoie.

— Ah! — fit le duc désappointé.

— C'est madame Catherine.

— Eh bien?

— Elle va venir.

— Allons! — pensa le duc, — elle m'apportera elle-même le message de sa fille. — Et d'un geste, il permit à René de s'asseoir. — Quand viendra-t-elle, la reine mère? — demanda-t-il au Florentin.

— Mais bientôt... dans quelques minutes...—On heurta de nouveau à la porte, — la voilà sans doute, — dit René.

René se trompait. C'était Gaston de Lux qui arrivait de Meudon. Le prince l'avait chargé la nuit précédente de reconduire la duchesse de Montpensier à sa petite maison des bois; puis il lui avait commandé en même temps de passer, au retour, rue Saint-Jacques, à l'hôtellerie indiquée par Pandrille, et d'y laisser Vulcain, ce beau cheval noir volé par Pandrille deux ou trois jours auparavant, et que notre jeune Béarnais avait voulu reconquérir l'épée à la main.

— Ah! c'est toi? — lui dit le duc.

— Oui, monseigneur.

— Tu as rendu le cheval?

— Oui, et je crois qu'il n'aura pas chômé à l'écurie.

— Comment cela?

— Ma foi! c'est une drôle d'histoire que celle de votre cheval, monseigneur. D'abord, vous savez qu'il appartient à un Gascon?

— Parfaitement.

— Un ami de Noë, un de ceux qui ont voulu faire rouer René...

— Ah! — dit le Florentin à qui ce souvenir arracha un frisson, — c'est un de ces quatre démons?...

— Démon ou non, — dit le prince, — c'est une fine lame, un galant homme et un joli garçon. Après?

— Il paraît que ces messieurs, si nous conspirons contre le roi de Navarre, ne s'endorment pas non plus.

— Ah!

— Et que l'un d'eux, peut-être cet Hector lui-même, est en route, à cette heure, pour quelque mission secrète.

— Plaît-il? — fit le duc.

— D'abord, vous savez que le roi de Navarre est allé plusieurs fois à Montmorency.

Le duc fronça le sourcil:

— Je sais tout cela, — dit-il, — et je compte bien en conférer tout à l'heure avec la reine mère. Mais qu'est-ce que cela peut avoir de commun avec ton cheval, mon bel ami?

— Voici: la nuit dernière, en passant à Vaugirard, je me suis aperçu que le cheval boitait. Il était déferré d'un pied. Je suis entré chez un forgeron et je lui ai demandé un fer. « Tiens! » m'a dit le forgeron, « j'ai la main aux chevaux de Gascogne, ce matin. — Pourquoi cette observation? — Voilà un cheval qui est ferré comme on ferre en Gascogne, mon gentilhomme. Les clous ne sont pas les mêmes. — Ah! — Et, il y a moins d'une heure, j'ai referré un cheval qui était ferré de la même façon.— Vraiment? A qui était-il? — A un jeune gentilhomme qui paraissait très-pressé. » J'ai fait jaser le forgeron, — continua Gaston de Lux, — et j'ai appris que le cavalier dont il parlait avait déroulé des parchemins qu'il avait lus, puis qu'il avait retiré de son doigt une grosse bague pour la mettre dans une bourse pleine d'or. Tout cela m'a paru assez singulier, surtout quand, au portrait qu'il m'a fait du cavalier, j'ai cru reconnaître un des fidèles du roi de Navarre.

— Et c'est là tout?

— Non pas... attendez...

— Voyons? — fit le duc.

— Tout à l'heure, — poursuivit Gaston, — j'ai reconduit le cheval à l'hôtellerie de la rue Saint-Jacques. C'est l'hôtelier lui-même qui est venu m'ouvrir. « Monsieur Hector! » ai-je demandé. « Il n'est pas rentré, » m'a répondu l'hôtelier. Je lui ai remis le cheval et je suis descendu par la rue Saint-Jacques à pied, enveloppé dans mon manteau. Mais, comme j'atteignais le pont Saint-Michel, j'ai entendu le trot de deux chevaux derrière moi. A Paris, et par le temps où nous vivons,—ajouta judicieusement Gaston de Lux,—le moindre événement peut avoir une grande importance; il est bon d'être curieux. Je me suis donc effacé dans l'angle d'une maison qui se trouve à l'entrée du pont. Peu après deux cavaliers ont passé, je n'ai pu voir leur visage, mais, à la lueur de la lanterne placée au milieu du pont, j'ai reconnu le cheval.

— Vulcain?

— Oui, Vulcain, que je venais de laisser à l'hôtellerie du *Cheval-Rouan*. Le cavalier qui le montait disait: « Ma foi! je ne comptais pas sur mon vieux Vulcain; mais, puisqu'il est rentré, je le préfère au cheval que j'avais retenu. Il fera bien ses quinze lieues cette nuit... » L'autre cavalier a repris, en passant près de moi: « — Pourvu que la litière soit prête? — Elle l'est, » a répondu le premier.

— Tout cela est bizarre! — murmura le duc intrigué. — Est-ce là tout ce que tu as entendu?

— Oui, monseigneur... Ils étaient à cheval et allaient bon train; j'étais à pied, la nuit était noire, je les ai perdus de vue...

Le duc se prit à rêver, attendant toujours avec impatience l'arrivée de madame Catherine, qu'il croyait porteuse d'un message de madame Marguerite pour lui. Mais une heure s'écoula, puis une seconde; la reine mère ne vint pas.

René commençait à être inquiet.

— Ah çà! — murmura enfin le duc, — qu'est-il donc arrivé au Louvre?

— Le roi a peut-être fait demander madame Catherine, — hasarda René.

— Si tu allais y voir?... — René se leva. — Ou plutôt, non, — dit le duc, — j'y vais avec toi.

— Mais... monseigneur...

— J'y vais! — répondit le duc avec autorité.

Et il prit son manteau et son épée.

— Monseigneur, — dit Gaston de Lux, — je ne laisserai point Votre Altesse aller seule au Louvre.

— Soit, venez avec nous.

Tous trois quittèrent la rue des Remparts et s'acheminèrent vers le Louvre, à travers les rues désertes.

Comme ils atteignaient la rue des Prêtres, René, qui avait un véritable œil de lynx et voyait presque aussi bien la nuit que le jour, René, disons-nous, aperçut à terre un objet blanc qu'il ramassa. C'était un mouchoir.

— Peste! — dit-il, — c'est de fine toile, en vérité; c'est un mouchoir de belle dame.

Et, curieux, il alla se placer sous l'unique lanterne qui éclairait la rue des Prêtres. Soudain une exclamation de surprise lui échappa.

— Qu'est-ce? — dit le duc.

— Ce mouchoir est à la reine...

— A la reine !

— Voyez, monseigneur...

Et René montrait au duc un des coins du mouchoir orné d'armoiries : trois fleurs de lis et une couronne royale.

— Oh ! oh ! — fit le duc.

— La reine aura passé par ici et pris à droite de Saint-Eustache, tandis que nous venions par la gauche, sans doute, — observa Gaston de Lux.

Mais René secoua la tête, agité qu'il était d'un sinistre pressentiment.

— Il est arrivé malheur à la reine ! — s'écria-t-il.

Le duc tressaillit.

— Allons au Louvre ! — dit-il.

— Allons ! — dit René, qui doubla le pas, tenant toujours dans ses mains le mouchoir que, une heure auparavant, la reine mère avait laissé tomber en se débattant avec ses ravisseurs inconnus.

Était-ce simplement l'effet du hasard, ou bien ceux qui avaient enlevé la reine avaient-ils pu se ménager de secrètes intelligences avec les Suisses qui se trouvaient de garde au Louvre cette nuit-là ? Ce fut un mystère. Mais lorsque René et le duc se présentèrent à cette poterne où d'ordinaire veillait une sentinelle complaisante qui ne demandait jamais le mot de passe et laissait se croiser, aller et venir, tous ceux qu'une intrigue d'amour ou quelque mystérieux motif amenait au Louvre, le Suisse de faction croisa sa hallebarde :

— On ne basse bas ! — dit-il.

— Je vais chez la reine... — dit René.

— Afez-fus le mot t'ortre ?

— C'est inutile ici... je vais...

— On ne basse bas ! — répéta le Suisse.

— Mais, manant ! — s'écria René, — sais-tu bien qui je suis ?

— Nein ! — dit le Suisse.

— Je suis René le Florentin.

— Je ne fus gonnais bas ! au larche !—Et comme le duc impatienté s'avançait pour forcer le Suisse à se retirer...— A moi ! — cria la sentinelle.

Le duc avait de trop bonnes raisons de demeurer à Paris incognito pour s'exposer à être reconnu par les Suisses. Quand il entendit la sentinelle appeler le poste à son aide, il s'enfuit ; René et Gaston le suivirent.

— Tout cela est bien extraordinaire, — murmura René.

Ils coururent jusqu'à la place Saint-Germain-l'Auxerrois ; puis là, ils tinrent conseil.

— Pourquoi donc n'entre-t-on plus au Louvre par la poterne ? — demanda le duc.

— On y entrait il y a une heure, — répondit René. — C'est à n'y rien comprendre... ou plutôt... Tenez, monseigneur, retournons à la petite maison où la reine vous avait donné rendez-vous.

— Et si la reine n'y est pas ?...

— Alors c'est qu'il est arrivé quelque chose d'extraordinaire au palais. — La circonstance de la poterne, au lieu d'éclairer René, l'égarait au contraire. Cependant il ne voulut rien dire au duc avant de savoir si la reine ne les attendait pas tranquillement au rendez-vous. Ils retournèrent donc à la rue des Remparts. Pandrille était assis sur le seuil de la porte. Personne n'était venu, il n'avait vu personne. — Monseigneur ! — dit alors René, — le roi Charles IX est d'humeur fantasque.

— Oh ! je le sais, — dit le duc.

— Il aura eu vent, par quelqu'un de ces pages coureurs d'aventures qui, au besoin, font le métier d'espion, que la reine sortait chaque nuit. Il l'aura fait suivre, arrêter, reconduire au Louvre, et il aura donné la consigne de ne laisser entrer ni sortir...

— Ah ! tu crois... ?

— Moi, — dit Gaston, je ne puis m'empêcher de songer à cette litière et à ces deux cavaliers. René frissonna. — Les Gascons sont hardis...

— Oh ! par exemple ! — fit le duc.

— Qui sait ? ils ont peut-être enlevé madame Catherine.

— Hé ! hé ! hé ! — fit le duc, — ce petit roi de Navarre est d'une fière audace, en vérité !...

Comme il prononçait ces mots, le pas d'un cheval se fit entendre à l'extrémité opposée de la rue.

## XXXVI

Le cavalier qui arrivait n'était autre que Léo d'Arnembourg. Le jeune gentilhomme du Luxembourg était monté à cheval pour la première fois depuis sa blessure. Il était faible encore, mais il aimait trop la duchesse pour ne point être impatient de lui témoigner son dévouement en servant le duc son frère. Aussi avait-il accepté avec empressement la mission d'aller porter un message à un gentilhomme appelé le sire de Croissy, catholique ardent, serviteur passionné de la maison de Lorraine, et à qui on réservait un rôle actif dans le drame qui se préparait à Paris contre les huguenots.

Léo d'Arnembourg était rentré dans Paris par le bord de la Seine.

— Est-ce toi, Léo ? — demanda le duc.

— Oui, monseigneur.

— Apportes-tu de bonnes nouvelles ?

— Celui de chez qui je viens sera ici demain au soir.

— Ah ! — fit le duc.

— Mais, — reprit Léo, — j'ai bien failli ne pas vous l'annoncer moi-même.

— Comment cela ?

— J'ai failli tomber au milieu des Gascons.

— Plaît-il ? — fit le duc.

— Ils enlèvent la belle argentière, j'imagine.

René tressaillit.

— Explique-toi donc, — fit le duc avec anxiété.

— Ils étaient masqués, mais j'ai reconnu le cheval de l'un d'eux... vous savez... le cheval noir.

— Ah ! ils étaient masqués ?...— Et le duc, se tournant vers Gaston : — Tiens, — dit-il, — bien certainement il a rencontré tes deux cavaliers.

— Ils étaient quatre, monseigneur.

— Oh ! oh !

— Et ils escortaient une litière dont les rideaux étaient bien tirés. Ah ! si je n'avais pas été seul...

— Monseigneur, — s'écria René illuminé soudain, — ce n'est pas la belle argentière qu'ils enlèvent.

— Qui donc serait-ce ?

— La reine.

— A cheval ! — s'écria le duc...

— Mais, monseigneur, — dit Gaston, — en êtes-vous certain ?

— Hé ! qu'importe !

— Mais il faudrait au moins savoir si la reine n'est pas au Louvre...

De nouveaux pas de chevaux se firent entendre.

— C'est Crèvecœur et Conrad, — dit le duc. — A la bonne heure !—C'étaient en effet les deux jeunes gens, qui eux aussi venaient de remplir une mission aux environs de Paris et de rallier des partisans à la cause des princes lorrains. — A cheval ! messieurs, à cheval ! — ordonna le duc.

L'auberge misérable dans laquelle monsieur de Guise se tenait caché pendant le jour était pourvue d'une écurie où se trouvaient des chevaux frais.

Pandrille, converti en palefrenier, les sella et les brida.

Une demi-heure après, le duc, René et les quatre amoureux de la duchesse galopaient sur la route de Vaugirard.

C'était à la sortie de ce village que Léo d'Arnembourg avait rencontré la litière.

On traversa Vaugirard au galop et on courut un moment sur la route de Chartres,

Mais, comme le jour naissait, on atteignit une bifurcation de deux chemins.

L'un continuait à se diriger sur Chartres, l'autre inclinait à l'est, vers Orléans.

Quel était celui qu'avaient suivi les ravisseurs ?

On hésita un moment. Le comte Éric de Crèvecœur proposait de se diviser en deux bandes. Le duc penchait vers cette opinion. Mais tout à coup René sauta à bas de son cheval, se pencha sur la route et y ramassa une des feuilles de rose que la reine avait semées.

— Tenez, — dit-il, — voilà qui ne nous permet plus de douter...—Et il montra la feuille au duc, ajoutant : — Ces roses ne viennent qu'au Louvre, dans une serre chaude, et seule la reine en porte sur elle.

— Ah ! — fit le duc. René fit quelques pas sur la route de Chartres, et il recueillit trois autres feuilles semblables à la première. Il était impossible d'hésiter désormais, c'était la route de Chartres qu'avaient suivie les ravisseurs. Les feuilles de rose étaient semées de distance en distance, pendant environ une lieue. Mais la dernière était tombée bien avant que la litière fût arrivée à sa première étape, et, lorsque la dernière eut disparu, force fut aux cavaliers de chercher un autre indice. Pendant quelque temps la poussière de la route garda de loin en loin l'empreinte du pied des chevaux, mais il vint un moment où ce nouveau vestige disparut. Le duc et sa suite rencontrèrent un troupeau de moutons. La trace des moutons avait effacé celle des chevaux. Cependant René questionne le berger ; il lui offrit de l'or ; il le menaça de le tuer s'il ne parlait. Le berger n'avait rencontré d'autre cavalier qu'un abbé qui s'en allait tranquillement à l'amble de sa mule. — Allons toujours ! — dit le duc.

Ils atteignirent un village et demandèrent si on n'avait pas vu passer une litière escortée par des hommes à cheval. Personne n'avait rien aperçu.

Au delà de ce village la route bifurquait de nouveau. Cette fois l'œil perçant de René retrouva de nouveau des traces de fer de chevaux dans la poussière. Parmi ces traces, il en était une plus profondément marquée et dont les clous avaient une forme particulière.

— C'est le cheval ferré à la mode gasconne, — dit Gaston de Lux.

Seulement les traces ne se dirigeaient plus vers Chartres, mais semblaient au contraire retourner vers Paris.

— Ils sont rusés, — se dit le duc, — et ils se font tourner comme un renard devant une meute.

Et persuadés que la litière et son escorte étaient retournés vers Paris par la seconde route, le duc et sa suite rebroussèrent chemin.

Ils avaient couru pendant cinq heures et il était neuf heures du matin. Les chevaux commençaient à être las. Cependant on courut trois heures encore et on atteignit l'heure de midi, toujours guidé par les empreintes de fer imprimées dans la poussière.

Cette fois il fallait absolument faire halte. Mais la route était déserte et on ne voyait aucune maison à droite ou à gauche. Les cavaliers se jetèrent dans un petit bois pour laisser reposer les chevaux. Les pauvres animaux débridés se mirent à brouter l'herbe verte. Les fruits d'un pommier sauvage, l'eau d'un ruisseau et une gourde d'eau-de-vie que le comte Éric avait dans ses fontes permirent aux hommes de tromper momentanément leur soif et leur faim.

Après deux heures de repos on se remit en selle et on continua à suivre les traces. Enfin, comme le soir tombait et qu'on n'était plus qu'à quelques lieues de Paris, on aperçut un village, et à l'entrée de ce village une boutique de forgeron.

Le cheval du duc avait perdu un de ses fers et boitait au remontoir. Le duc mit pied à terre et appela le forgeron, qui attisait le feu en attendant la pratique. Le forgeron accourut, prit le pied de l'animal pour prendre la mesure du sabot et demanda naïvement ·

— Faut-il le ferrer à l'envers ?

— Comment, à l'envers ? butor ! — exclama le duc.

— Dame ! il paraît que c'est la mode à présent, mon gentilhomme.

— Te railles-tu de moi, maraud ?

— Mais non, mon gentilhomme, — répondit le forgeron. — J'ai ferré ce matin huit chevaux de la même façon.

— A l'envers ?

— Oui, à l'envers.

Un soupçon traversa le cerveau du duc, rapide comme l'éclair.

— Huit chevaux ? — dit-il.

— Pardon, quatre chevaux et quatre mules. Les mules portaient une litière.

René jeta un cri.

— Et où allaient-ils, ces chevaux ?...

Le forgeron étendit la main vers l'ouest, indiquant ce long ruban de route que le duc et sa suite venaient de parcourir.

— Malédiction ! — s'écria René,—nous sommes joués !...

— Les Gascons sont fins, — observa Gaston.

— En selle ! — s'écria le duc ivre de colère, — mort de ma vie !... j'y perdrai mon nom ou nous les rejoindrons !

— Mais les chevaux du duc et de sa suite n'étaient plus en état de fournir une longue course. Il fallait absolument s'en procurer d'autres. René et le comte Éric mirent le village en réquisition. Un riche fermier fournit trois bêtes percheronnes, le curé vendit sa mule, un petit gentilhomme qui s'en allait courre un lièvre, monté sur une jument bretonne, accompagné de son unique piqueur, qui enfourchait un roussin poussif, fut démonté de force. Tout cela fit perdre une heure encore. Mais le duc s'était fait un raisonnement plein de sagacité. — Évidemment, — se dit-il, — si les Gascons enlèvent madame Catherine et la conduisent en Navarre, tous nos plans avortent. D'un autre côté, si je la rejoins, si je puis la sauver, ma faveur devient immense. — Et le duc remonta à cheval, disant à sa suite : — Messieurs, tous les chevaux sont bons et vifs quand on sait jouer de l'éperon.—On repartit après le coucher du soleil. Comme la nuit approchait, et bien avant qu'on ne fût arrivé à cette bifurcation où les ravisseurs de madame Catherine avaient tiré un si grand parti, on fit rencontre d'un moine qui chevauchait paisiblement à califourchon sur une mule. — Hé ! mon père,— lui cria le duc,— n'avez-vous pas rencontré une litière et des hommes à cheval ?

— Non, messeigneurs, — répondit le moine. — Cependant je viens d'au delà de Chartres. Je n'ai rencontré qu'un cavalier qui m'a chargé d'un message...

— Ah !

— D'un message pour le roi ! — dit le moine avec un naïf orgueil ; — il m'a donné une bourse pleine d'or pour mon couvent.

— Oh ! oh ! — dit le duc, — je voudrais bien le voir, ce message.

Le moine, qui ne connaissait nullement l'importance de sa mission, tira de la poche de sa robe un parchemin qu'il montra complaisamment.

— C'est de la reine ! — s'écria René en montrant le cachet.

— Ah ! par Saint-Georges ! — s'écria le duc, — je veux savoir ce qu'il contient.

— Tout beau ! — dit le moine, — c'est pour le roi, et non pour vous, mon gentilhomme.

Mais le duc fit un signe, et le comte Éric, rangeant son cheval auprès de la mule, s'empara du moine et l'enleva de sa selle. En même temps, le duc lui arracha le parchemin et en brisa le scel. Puis il lut, jeta un cri de surprise et le tendit à René, disant :

— Ah çà ! mais la reine s'en va fort librement, et personne ne l'enlève.

Mais René ne s'est point trompé au cachet renversé.

— Vous vous méprenez, monseigneur, la reine a écrit cela sous une menace de mort.

— Es-tu fou ?

— Voyez ce cachet : il est renversé. C'est une mode adoptée par la reine et qui signifie que tout ce qu'elle a écrit, elle l'a écrit contre son gré... D'ailleurs, — acheva René, — si la reine avait dû partir, je l'aurais su le premier.

Le moine, tout tremblant, regardait avec stupeur ces hommes armés qui l'entouraient.

— Mon père, — lui dit le duc, — retournez en votre couvent. Nous sommes gens du roi et nous nous chargeons de votre message. Et puis dites-nous s'il y a long-temps que vous avez rencontré ce cavalier.

— Trois heures environ.

— Où allait-il?

— Il suivait la route de Blois.

— Etait-il bien monté ?

— Oh ! il avait un cheval frais et qui courait comme un lièvre.

— Eh bien ! on le rattrapera.

Et le duc enfonça l'éperon aux flancs de sa monture et repartit rapide comme l'éclair.

## XXXVII

Cependant, après avoir conduit la reine dans la pièce qui devait lui servir de prison jusqu'au soir, le cavalier qui lui avait constamment adressé la parole avait fermé la porte au verrou, puis il s'était mis en devoir de rejoindre ses compagnons.

Les trois autres cavaliers s'étaient réunis dans une salle du manoir, et ils avaient ôté leurs masques.

C'étaient Henri, Noë et Lahire.

Jusqu'à présent, — disait Noë, — tout est pour le mieux.

— L'enlèvement n'a fait aucun bruit, — dit Lahire.

— Et grâce à l'idée que j'ai eue de quitter brusquement la route de Chartres, d'aller ensuite à travers champs me jeter dans un autre chemin, — reprit Henri, — et de faire ferrer nos chevaux à l'envers, on aura quelque peine à retrouver nos traces.

— Ou du moins, si on les retrouve, — observa Noë, — on perdra du temps.

Hector entra.

— Enfin, — ajouta Henri, — que penses-tu, mon petit Noë, de mon système de mutisme ?

— Il est excellent, sire.

— On ne sait ce qui peut arriver, — continua le roi de Navarre. — Si la reine nous échappait !...

— Oh ! maintenant, c'est douteux...

— N'importe ! tout est possible. Or, la reine nous aurait reconnus, toi et moi, à la voix.

— C'est indubitable.

— Et Lahire a son accent gascon trop prononcé pour qu'on ne songe pas un peu à nous en l'écoutant. — Lahire se mit à rire. — Hector, au contraire, — poursuivit le roi, — a plutôt l'accent poitevin. La reine ne l'a jamais vu, il n'est jamais entré au Louvre...

— Non, — dit Hector.

— Que la reine nous échappe et que nous puissions fuir, je veux porter ma tête sur le billot s'il y a une preuve contre nous !...

— C'est mon avis, — dit Noë pensif. — Seulement une chose m'embarrasse...

— Ah !

— La reine est en nos mains, c'est bien. Nous la conduirons en Navarre...

— Nous serons à Nérac dans six jours.

— C'est parfait ; mais...

Et Noë s'arrêta.

— Voyons, — dit Henri avec humeur, — tu es un censeur éternel et tu prêches toujours malheur par avance.

Noë reprit sans s'émouvoir :

— Qu'en ferons-nous?

— De la reine?

— Oui.

— Je la garderai comme otage... jusqu'à ce que le roi Charles IX ait octroyé une bonne charte aux huguenots.

— Et puis?

— Et qu'il m'ait baillé la dot de madame Marguerite.

— A ce nom, un nuage passa sur le front du roi ; mais il chassa ce pénible souvenir et continua : — La charte octroyée, la dot payée, la ville de Cahors en mon pouvoir, je rendrai madame Catherine.

— C'est fort joli, — dit Noë.

Et il eut un rire sceptique.

— Eh bien ! que te faut-il encore ?

Noë se gratta l'oreille.

— J'aimerais mieux que madame Catherine mourût de la colique.

— C'est une belle idée, — dit le roi, — mais je n'en suis point partisan.

Noë soupira.

— Car, — acheva Noë, — madame Catherine, de retour au Louvre, abrogera la charte octroyée et mettra une bonne armée en campagne pour reprendre Cahors.

— C'est ce que nous verrons ! — murmura Henri. Et comme le maître du manoir entrait : — Allons ! — acheva le roi de Navarre, — déjeunons d'abord, et buvons sec. J'ai faim, ventre-saint-gris ! et je meurs de soif.

— Amen ! — murmura le sceptique Noë.

Madame Catherine passa la journée à méditer, cherchant, mais en vain, à deviner quels pouvaient être ses ravisseurs, et flottant entre le prince de Condé et l'amiral Coligny.

La journée s'écoula.

Madame Catherine, vaincue par le besoin, trempa ses lèvres dans un verre de vin et mangea quelques bouchées d'un pâté de perdreaux qu'on avait placé sur la table.

Puis, accablée de fatigue, elle s'endormit dans le fauteuil où elle était assise.

Le bruit de la porte qu'on ouvrait et dont on tirait les verrous la réveilla.

Le cavalier masqué reparut et lui dit :

— Madame, il faut que Votre Majesté se résigne à se remettre en route.

La reine se leva.

— Allons ! — dit-elle, — est-ce que vous allez me replacer cet affreux capuchon sur la tête?

— Il le faut. — Catherine de Médicis avait pris la résolution de se montrer d'une docilité parfaite aux volontés de ses ravisseurs. Elle se laissa couvrir la tête du capuchon, prit la main de son guide, remonta dans la litière et fit un signe d'assentiment lorsque celui-ci lui dit : — Je dois vous prévenir, madame, que toute tentative d'ôter le capuchon, de sauter hors de la litière ou d'appeler à votre aide, serait mortelle pour vous. — La litière et son escorte se remirent en route et coururent environ trois heures sans s'arrêter. Puis, au bout de ce temps, il y eut une halte. Alors Hector dit à la reine Catherine : — Vous pouvez ôter votre capuchon quelques minutes, madame, et respirer librement. — Et il lui enleva lui-même cette étrange coiffure. La reine mit la tête à la portière et jeta un regard curieux autour d'elle. Elle reconnut alors qu'elle se trouvait dans le carrefour d'une forêt. Un des cavaliers masqués tenait une torche. Un autre, qui avait mis pied à terre, détachait des chevaux attachés à un arbre. — C'est un relai, — dit Hector ; — nous en avons encore deux d'ici à demain matin.

On changea les mules, on transporta les selles d'un cheval fatigué à un cheval frais. Puis celui qui paraissait être le chef fit un signe.

Hector remit à la reine son capuchon, et la litière s'ébranla de nouveau.

Trois fois, en effet, la même cérémonie se renouvela. On changea de mules et de chevaux au plus profond d'un bois ; puis, au matin, on fit descendre la reine de litière, et elle se trouva dans les murs d'un autre manoir, aussi vieux, aussi morne d'aspect que le premier.

Comme dans le premier, elle fut reçue par un châtelain masqué, et renfermée durant la journée dans une chambre dont les croisées avaient été condamnées. Vers le soir, l'homme masqué reparut et la vint chercher.

Madame Catherine, toujours docile, toujours résignée en apparence, remonta en litière, n'ayant nullement conscience du reste des lieux qu'elle parcourait, et se demandant si on la conduisait au nord ou au midi, à l'est ou à l'ouest...

Comme la nuit précédente, on changea de chevaux au bout de trois heures de marche, toujours dans un fourré, et, comme la veille, la reine put respirer un moment, débarrassée de son capuchon.

Puis on repartit.

On approchait du second relai de chevaux lorsque Henri et Noë, qui se tenaient en avant de la litière et causaient à voix basse, crurent entendre un bruit lointain.

— Qu'est cela ? — dit le roi de Navarre. Noë arrêta sa monture, se tourna sur sa selle et se fit un cornet acoustique avec sa main. La nuit était silencieuse ; aucun souffle de vent ne courbait la cime des arbres, et la sonorité de l'espace permettait aux moindres bruits de franchir de vastes distances. — Il me semble, — dit le roi, — que j'entends galoper des chevaux.

— Oh ! oh !

— Mais ils sont loin...

Noë écouta encore.

— Moi aussi, — dit-il.

— Ah ! tu entends ?

— Mais ils sont à plusieurs lieues d'ici ; nous avons donc une fière avance.

— Raison de plus, pour jouer de l'éperon.

Et Henri de Navarre poussa son cheval, qui du trot passa au galop.

La reine, elle aussi, prêtait l'oreille, et, comme Henri, elle avait entendu un bruit lointain.

Mais ce bruit avait suffi pour lui mettre au cœur un rayon d'espérance.

— On me cherche, — pensait-elle. — Le roi Charles, mon bien-aimé fils, aura compris à ma lettre que j'étais prisonnière, et, à cette heure, il a envoyé des cavaliers sur toutes les routes.

Cependant le petit cortége avait redoublé de vitesse, et bientôt, à l'horizon, Henri et Noë aperçurent une bande noirâtre. C'était une forêt.

Cette forêt, qui était la première de l'Anjou, était un des points indiqués sur l'itinéraire suivi par Hogier.

C'était là qu'on devait trouver de nouvelles montures ; et certes jamais on n'en avait eu un plus impérieux besoin, car de Blois à cette forêt il y avait près de vingt lieues, et dans l'espace de ces vingt lieues il ne s'était trouvé ni un manoir, ni un châtelain sur lesquels on pût compter.

— Ah ! enfin ! — dit le roi, — le sire de Terregude, notre ami, a dû être prévenu à temps, j'imagine.

— Pardieu ! — répondit Noë, — Hogier a trente heures d'avance sur nous.

— Et je t'assure, — ajouta le roi, — que nos chevaux ont besoin d'arriver. Le mien est rendu...

— Heureusement voilà la forêt. Nous trouverons les chevaux du sire de Terregude au premier carrefour.

— Entends-tu toujours ?...

Et Henri entourait, lui aussi, son oreille de sa main ouverte.

— Toujours, — répondit Noë. — Il me semble même que le bruit se rapproche...

— Moi, — dit Henri, — j'entends fort distinctement le galop de plusieurs chevaux. Mais ils sont loin... toujours loin !... — Au moment où le roi parlait ainsi, la petite caravane venait d'atteindre la lisière de la forêt. Noë plaça deux doigts sur sa bouche et fit entendre un coup de sifflet modulé d'une façon particulière. Ce coup de sifflet, qu'elle avait entendu plusieurs fois déjà, et auquel un autre coup de sifflet plus lointain répondait d'ordinaire, apprenait à la reine qu'on allait de nouveau changer de chevaux. Mais, cette fois, aucun bruit de ce genre ne répondit à l'appel de Noë. Noë siffla trois fois, et la forêt demeura silencieuse. — Ventre-saint-gris ! — murmura le roi de Navarre, — les chevaux de Terregude ne seraient-ils point arrivés ?

— Oh ! c'est impossible ! — dit Noë.

Et il ensanglanta les flancs de sa monture, et atteignit le premier le carrefour où devaient se trouver les chevaux.

Mais le carrefour était désert.

— Ils sont en retard, — dit le roi qui arrivait derrière lui. Noë siffla une fois encore... aucun écho ne lui répondit. — Mais c'est une trahison ! — s'écria le roi de Navarre.

— Oh ! — dit Noë, — je réponds de mon ami Hogier, sire.

— Et moi du sire de Terregude... Alors il est arrivé malheur à l'un des deux ! — s'écria le roi.

Le galop de ces chevaux qui retentissait dans l'espace devenait de plus en plus distinct.

— Si c'est nous qu'on poursuit, — dit Noë, — et que les chevaux n'arrivent pas promptement, il faudra en découdre, sire.

— Eh bien ! — répondit le roi, — ventre-saint-gris ! nous sommes quatre : est-ce que chacun de nous n'en vaut pas dix !... On en découdra, mon fils !... — Et Henri de Bourbon, roi de Navarre, Henri, fier et tranquille, posa la main sur la garde son épée. — Navarre, à la rescousse ! — s'écria-t-il.

---

## TROISIÈME PARTIE.

—|—

Nous avons laissé madame Marguerite, Nancy, Raoul et Hogier de Lévis, au château de Bury.

Hogier avait avalé dans le fond de son verre la poudre mystérieuse de Nancy.

Puis, comme cette poudre, avant d'agir comme narcotique, avait des effets bizarres, le jeune homme était d'abord tombé aux genoux de la jeune reine, puis il s'était endormi.

Nancy avait longtemps regardé par le trou de la serrure, tandis que Raoul, penché sur son épaule, dérobait parfois à la jolie camérière un de ces baisers ardents dont la vingtième année emporte le secret avec elle.

Nancy, la fine mouche, était trop occupée de ce qui se passait dans la salle à manger pour paraître s'en apercevoir ; et, lorsque la reine l'avait appelée, elle s'était empressée d'entrer sans se retourner vers Raoul.

C'était alors que la reine et Nancy étaient tombés d'accord que Hogier était charmant.

Ensuite Nancy avait fait la réflexion que la fraise devait être mûre...

Il y eut un moment de silence entre Marguerite et Nancy.

Cette dernière baissait les yeux et semblait jouir de l'embarras de la jeune reine.

— Ah ! — dit enfin celle-ci avec un soupir à fendre le cœur, — si tu savais...

— Je sais.

Marguerite eut un geste de surprise.

— Comment ! tu sais ?

— Tout, — dit froidement Nancy.

— Tu sais que le roi voyage ?

— Oui.

— Avec une femme ?

— Oui...

— Et que.... cette femme...

— C'est Sarah.

— Mais... comment peux-tu savoir ?

Nancy montra ses dents blanches en un sourire.

— J'écoutais à la porte, — dit-elle.

— Nancy, Nancy ! — murmura la reine, — je te chasserai un beau jour !...

— Bah ! Votre Majesté plaisante. Elle sait bien qu'elle a besoin de moi, et que d'ailleurs... je suis discrète... — La reine de Navarre jeta un regard plein de défiance vers la porte. — Ah ! c'est juste, — dit Nancy. Elle sortit et trouva Raoul derrière la porte. — Mon petit, — lui dit-elle, — ne penses-tu pas qu'il est bien tard ?

— Plaît-il ? — fit Raoul.

— Si tu t'allais coucher ?

— Déjà !

— Oui, — fit Nancy avec un sourire plein de malice. Raoul avait fini par comprendre à demi-mot ; il posa donc sa main sur la rampe de l'escalier et monta au premier étage. Nancy revint vers la reine. — Maintenant nous pouvons causer, — dit-elle.

— Raoul n'est plus là ?

— Non, madame. — Marguerite contemplait le jeune homme endormi avec une rêveuse émotion. Nancy comprit la lutte qui se livrait dans l'âme de la jeune reine. — Allons ! — pensa-t-elle, — le sire de Coarasse reparaît sous le roi de Navarre en ce moment. Il a laissé des racines, Dieu me pardonne !

— Oui, — reprit Marguerite après un silence, — le roi de Navarre voyage avec Sarah ; il l'emmène en Gascogne.

— Convenez, madame, — dit Nancy, — qu'il a eu bientôt pris son parti.

— Oh ! — fit Marguerite indignée.

— Et que cette loi romaine qu'on appelle la peine du talion...

— Tais-toi !

— Ne trouvera jamais une plus juste application, — acheva la camériste.

Marguerite était toujours rêveuse.

Mais tout à coup elle redressa la tête et son œil étincela.

— Mais je ne veux pas, — dit-elle, — que ce jeune homme lui serve d'instrument, je ne veux pas qu'il trouve des chevaux préparés...

— Oh ! c'est facile.

— Tu crois ?

— Dame ! — murmura Nancy, — il ne tient qu'à Votre Majesté de faire ce qu'elle voudra.

— Nancy, Nancy, — dit Marguerite, — tu es un démon tentateur.

— Qui veut la fin veut les moyens...

Mais Nancy était allée un peu loin. La reine de Navarre ne parut pas comprendre et lui demanda :

— Combien de temps penses-tu qu'il dorme ainsi ?

Elle montrait Hogier que le sommeil avait appesanti dans le fauteuil où il était assis, et dont la tête reposait sur le bord de la table.

— Soyez tranquille, madame, il dormira longtemps, je vous en réponds.

— Combien d'heures ?

— Douze ou quinze.

— Faut-il le laisser là ?

— Ah ! pauvre garçon ! — murmura Nancy avec compassion.

— Ou bien appeler les valets et le faire transporter dans sa chambre ?

Un fin sourire vint aux lèvres de Nancy.

— Votre Majesté oublie, — dit-elle, — que les valets du manoir se réduisent à cet ivrogne d'intendant qui cuve son vin à cette heure.

— C'est juste. Eh bien ! laissons-le ici.

— C'est bien inhumain.

— Nous ne pouvons cependant pas le porter nous-mêmes.

— Oh ! — dit Nancy, — Raoul nous aidera.

Et, de crainte que la reine n'hésitât encore, la camérière courut ouvrir la porte et appela Raoul.

Raoul était demeuré en haut de l'escalier ; il redescendit.

— Tiens ! — lui dit Nancy, — il s'agit de charger monsieur Hogier sur nos épaules.

— Faut-il le jeter dans un puits ?

Un cri d'effroi échappa à Marguerite, tandis que Raoul se mettait à rire.

— Bon ! elle l'aime... — pensa Nancy. Puis elle dit à Raoul : — Non, il faut le porter dans sa chambre et l'y laisser dormir le plus longtemps possible. Nous allons t'aider, mon mignon.

— C'est inutile. Voyez !

Et Raoul prit Hogier à bras le corps et le chargea sur son épaule.

— Tu es fort comme Hercule, — dit Marguerite. Hogier ne s'éveilla point. Nancy prit un flambeau, la reine un autre, et elles éclairèrent Raoul. Raoul gravit pesamment les degrés de l'escalier, mais il ne fléchit point sous le poids, et il arriva au premier étage du château et à la chambre destinée à Hogier. Là il déposa le Gascon endormi sur le lit, et fit mine de se retirer. — Reste, — lui dit la reine. Celle-ci lui fit signe d'ouvrir le pourpoint du dormeur, ce que Raoul exécuta, et d'en retirer les parchemins que contenait la poche de dessous. — Tu es allé en Navarre, n'est-ce pas ?

— Mais oui, madame.

— Alors tu connais la langue béarnaise ?

— Oh ! non certes !

— Comment ! tu ne la comprends pas du tout ?

— Je n'en sais pas un traître mot.

Marguerite se mordit les lèvres.

— Cependant, — dit-elle, — j'aurais bien voulu savoir ce que contiennent ces parchemins.

— Et moi aussi, — murmura Nancy, qui avait sa dose de curiosité.

Marguerite prit néanmoins les deux parchemins et se mit à les examiner tour à tour.

Le moins indéchiffrable était celui qui contenait les noms des gentilshommes que Hogier devait requérir pour fournir des relais de chevaux.

Comme l'écriture béarnaise ne diffère point des autres, la reine put lire différents noms placés en regard d'un nom de pays.

Ainsi, en regard du mot *Blois*, elle lut *Maltravers*.

— Bon ! — se dit-elle, — ce Maltravers doit être celui que Hogier est allé voir cette nuit. Passons à un autre. Et la reine lut au-dessous cet autre nom : *Terregude*. Comme il n'y avait pas d'autre nom en face Marguerite, Raoul et Nancy en conclurent que *Terregude* désignait à la fois le manoir et le châtelain.

— C'est le relai après Blois, — dit Nancy. — Il paraît que Sa Majesté le roi de Navarre prendra des chevaux frais pour lui et la belle argentière chez le sire de Terregude.

— S'il en trouve ! — observa Marguerite dont la voix eut une expression de colère.

— Hein ! — fit Nancy.

— Puisque Hogier dort, il n'ira point chez le sire de Terregude, ce me semble.

— Mais il s'éveillera demain soir.

— Il ne sera plus temps, si le roi est pressé.

Tout à coup Nancy se frappa le front :

— Ah ! il me vient une bonne idée ! — fit-elle.

— Voyons ?

— Après Terregude, quel est le nom que porte cette liste, madame?

Marguerite lut :

— *Du Saussay, à Vernouillet*

— Et puis?

— *Altony*, — lut encore Marguerite. Celui-ci doit être près d'Angers.

— Très-bien.

— Voyons ton idée ?

— Madame, — répondit Nancy, — lorsqu'on a pris ma poudre, on peut dormir dans toutes les positions, debout ou couché, en plein air ou dedans, au soleil ou à l'ombre. Le sommeil tient dur.

— Que veux-tu dire ?

— Je veux dire qu'en place de dormir quinze heures sur ce lit, monsieur Hogier pourrait tout aussi bien dormir ailleurs.

— Mais où ?

— En litière.

L'œil de Marguerite brilla.

— Ah ! — dit-elle, — c'est vraiment une idée, cela, et nous pourrions lui faire faire trente lieues pendant son sommeil.

— Comme qui dirait, — ajouta Raoul, — le transporter jusqu'à Angers.

— En litière.

Nancy se prit à sourire.

— J'aimerais qu'on s'arrêtât un peu avant, au premier village, par exemple.

— Pourquoi cela, chère petite ?

— Ah ! c'est mon secret...— Et Nancy se prit à rire après avoir souri. Ensuite elle dit encore : — Nos porteurs doivent être reposés, nos muletiers dorment, mais on les éveillera.

— Est-ce que tu veux te remettre en route sur le champ, mignonne?

— Oui, madame.

— Mais je suis bien lasse...

— Votre Majesté dormira dans la litière.

— Et toi ?

— Oh ! je monterai le cheval de ce pauvre monsieur Hogier.

— Diable ! diable ! — grommelait Raoul, — ce n'est pas ce que j'avais rêvé, je comptais dormir ici. — Mais l'idée de Nancy était lumineuse, en ce sens qu'on faisait passer Hogier endormi à travers tout le pays qu'il aurait dû parcourir en préparant des relais au roi de Navarre, et Marguerite était trop vindicative pour ne point se réjouir d'avance de la déconvenue qu'éprouverait son volage époux en se trouvant dans l'impossibilité de continuer son chemin. Raoul, un peu consolé par un doux regard de Nancy, s'en alla éveiller les muletiers. Marguerite contemplait le doux et charmant visage d'Hogier, Nancy observait Marguerite du coin de l'œil. Cinq minutes après, Raoul remonta. — Ah çà ! — dit-il, — tout le monde a donc pris un narcotique ici? Je ne pouvais plus faire ever nos muletiers.

— Et le gros intendant ?

— Oh ! celui-là, il ronfle à ébranler la maison. Ce manoir me paraît être le palais du Sommeil.

— Et les servantes ?

— Les servantes couchent dans les combles.

— C'est fort bien, — dit la reine ; — mais pourrons-nous sortir ?

— Je me charge d'ouvrir les portes et de baisser le pont-levis.

— Alors, —acheva Marguerite, — partons !...

. . . . . . . . . . . . . . .

Quinze heures après, suivant la prédiction de Nancy, Hogier de Lévis sortit de son sommeil léthargique et rouvrit les yeux.

Entre autres propriétés, la poudre narcotique avait celle de brouiller un peu les idées et la mémoire, et il s'écoula quelques minutes pour notre héros avant qu'il

eût pu savoir où il était et pourquoi il ne s'éveillait point dans son manoir des bords de l'Ariége. Son regard étonné rencontra une chambre éclairée par une lampe posée sur une table.

Lui-même, Hogier, était couché tout vêtu sur un lit.

— Où diable suis-je donc ? — se demanda-t-il. Sa mémoire le servait si peu en ce moment, qu'il n'était pas bien certain d'être jamais allé à Paris. — Quels drôles de rêves je fais depuis hier soir ! — se dit-il. Il avisa un sablier dans le coin de la salle. Le sablier marquait dix heures.

— Habituellement, — pensa Hogier, — je ne me couche jamais avant minuit. Or, il n'est que dix heures... il me semble qu'il y a longtemps que je dors.... C'est bizarre !... Holà ! quelqu'un ! —il frappa du poing sur la table placée auprès du lit. Au bruit, une porte s'ouvrit ; Hogier tourna les yeux vers cette porte et vit entrer une femme qui s'avança sur la pointe du pied ; c'était Nancy. Hogier la regarda, et soudain un vague souvenir éclaira son cerveau troublé, — Je vous connais, vous, — dit-il.

— Bonsoir, monsieur Hogier, — répondit Nancy en s'asseyant au chevet du jeune homme.

— Ah ! vous me connaissez, vous aussi ?

— Sans doute.

— Mais... vous... qui... êtes-vous ?

— Je suis la nièce de madame de Château-Landon.

— Il me semble que... je... la connais...

Nancy se mit à rire :

— Comment donc ! — fit-elle ; et, tandis qu'il la regardait avec une sorte d'hébétement, — je crois même qu'hier au soir vous étiez à ses genoux.

— Ah ! — fit Hogier...

— Que vous baisiez ses mains... et que vous prétendiez l'aimer...

Ces derniers mots furent pour Hogier un trait de lumière.

— Ah ! — dit-il, — je me souviens...

— C'est fort heureux, ma foi !

— Oh ! oui, je l'aime... — répéta-t-il.

— Vrai ?

Hogier mit la main sur son cœur ; puis il eut un frisson de crainte et s'écria :

— Mais où est-elle, mon Dieu ? Serait-elle partie !... Ah ! c'est impossible .. puisque... vous voilà... - Elle dort, — dit Nancy.

Hogier passa la main sur son front.

— Mais moi aussi, j'ai dormi...

— Profondément, monsieur Hogier.

— Ah ! je suis où nous sommes... Oh ! je me souviens — reprit le jeune homme...

— En vérité, — dit Nancy, — vous savez où nous sommes ?

— Parbleu ! au château de Bury.

— Ah !

Hogier regarda le sablier, qui marquait un peu plus de dix heures.

— Mais cette horloge est arrêtée, — dit-il.

— Elle va très-bien, monsieur Hogier.

— Serait-il donc dix heures du matin ?

— Non, du soir.

— Ciel ! aurais-je dormi tout le jour, mademoiselle ?

— Oui, monsieur.

Hogier sentit ses cheveux se hérisser, car la mémoire lui revint tout à fait et il se souvint de sa mission.

— Mais c'est impossible ! — s'écria-t-il, — je ne dors jamais aussi longtemps.

— Je le crois, — dit Nancy en riant, — mais cette fois vous avez dérogé à vos habitudes, monsieur Hogier, et vous avez eu le sommeil si dur que nous vous avons fait faire trente lieues sans vous éveiller.

Hogier jeta un cri.

— Trente lieues ! — dit-il.

— Oui.

— Je ne suis donc plus à Bury ?

— Non.

— Et où suis-je donc, sang du Christ ?

— A Saint-Mathurin, un village à trois lieues d'Angers.

Hogier poussa un nouveau cri :

— Ainsi, — dit-il, — vous m'avez enlevé de Bury tandis que je dormais ?

— Oui.

— Et vous m'avez transporté ici.

— Oui.

— Pourquoi ?

Et Hogier se dressa pâle et l'œil étincelant.

— Oh ! oh ! —pensa Nancy,—le damoiseau va se fâcher.

— Et elle s'approcha de la cloison et frappa deux petits coups régulièrement espacés. — Ma foi ! — dit-elle, — ma tante vous l'expliquera, monsieur Hogier.

Soudain la porte par laquelle Nancy était entrée se rouvrit, Marguerite apparut.

Soudain aussi Hogier sentit son cœur battre à outrance, sa vue se troubla, et il s'élança les bras tendus vers cette femme dont la beauté merveilleuse avait fait une si grande impression sur son âme.

— Bonsoir, monsieur Hogier, — lui dit Marguerite avec son divin sourire.

— Ah ! madame ! — murmura Hogier, — dites-moi que cette jeune fille...—il désignait Nancy du geste et du regard, — dites-moi qu'elle m'a raillé...

— Elle ? — fit Marguerite.

— Qu'elle s'est moquée de moi en me disant que nous n'étions plus à Bury.

— Mais non, — dit Marguerite avec calme, — nous n'y sommes plus, en effet.

— Et où sommes-nous donc, juste ciel ?

— Je vous l'ai dit, — répéta Nancy, — à Saint-Mathurin, près d'Angers.

— Elle dit vrai, — fit la reine d'un signe.

— Alors, madame, — dit froidement Hogier, — s'il en est ainsi, il ne me reste plus qu'à me passer mon épée au travers du corps, car je suis un homme perdu d'honneur.

Et Hogier courut à son épée, qu'on avait placée sur un escabeau durant son sommeil.

## II

Marguerite et Nancy se précipitèrent en même temps et arrachèrent l'épée des mains de Hogier.

— Malheureux ! — s'écria la reine de Navarre.

— Que faites-vous donc, monsieur ? — fit Nancy, qui n'avait point perdu tout à fait sa physionomie railleuse et mutine.

Mais un désespoir immense s'était emparé de Hogier.

— Ah ! — dit-il, essayant de dégager son épée, — vous voulez savoir pourquoi je veux me tuer ?

— Oui, en dit résolûment Marguerite.

— Eh bien ! je veux me tuer parce que vous m'avez déshonoré ?

— Moi ! — fit Marguerite.

— Vous, madame.

Elle prit un air ingénu :

— Soit ! — dit-elle, — je vous permets de vous tuer, si vous me prouvez comment je vous ai déshonoré.

— Oh ! c'est facile, — dit Hogier avec amertume.

— Voyons, en ce cas. — Marguerite tenait toujours l'épée par la lame, au risque de se blesser cruellement. — Mais auparavant, — ajouta-t-elle, — laissez cette arme.

— Non, car je ne suis plus digne de vivre.

— Eh bien ! — dit Marguerite, — quand vous me l'aurez prouvé, je vous la rendrai.

Une grande franchise brillait dans le regard de Marguerite.

Hogier lâcha l'épée.

Aussitôt Nancy s'en empara, et la reine de Navarre lui dit :

— Laissez-nous !

— Hum ! — grommela Nancy, — voici qui devient sérieux... et madame Marguerite va se voir contrainte à de grandes concessions pour empêcher ce jeune homme de se donner la mort.

Lorsque Nancy fut partie, madame Marguerite prit un grand air d'autorité.

— Monsieur, — dit-elle à Hogier, — je suis prête à vous écouter, et si votre honneur vous commande le sacrifice de votre vie, je ne m'opposerai point à ce sacrifice. Le ton grave et pénétré de Marguerite impressionna vivement Hogier de Lévis. Marguerite s'assit ; puis, comme Hogier demeurait debout devant elle : — Voyons ! — dit-elle, — je vous écoute...

Hogier était calme, mais la résolution brillait dans son regard.

— Madame, — répondit-il, — je suis gentilhomme et Béarnais...

— Je le sais.

— Je suis au service du roi de Navarre.

— Vous me l'avez dit hier.

— Et j'ai trahi le roi de Navarre.

— Bah ! — fit Marguerite.

Hogier poursuivit :

— Le roi m'avait envoyé au-devant de lui pour lui préparer des relais.

— Je sais cela, — dit Marguerite.

— Pourquoi et comment me suis-je endormi au manoir de Bury ? Je l'ignore... Mais vous m'avez fait mettre dans votre litière... sans doute ?

— En effet, — dit la jeune reine, qui prit un air innocent. — On ne parvenait point à vous réveiller, monsieur.

— Et vous m'avez fait faire trente lieues ?

— A peu près.

— Ce qui fait que j'ai perdu quinze heures d'une part et dix de l'autre.

— Comment cela ?

— Je n'ai point préparé les relais du roi.

— Ah ! c'est juste — dit Marguerite toujours impassible.

— Or, madame, — acheva Hogier d'un ton convaincu, — à cette heure le roi est passé.

— Croyez-vous ?

— Il n'aura point trouvé ses relais.

— Bah !

— Et le roi pense que je suis un traître ! — acheva Hogier avec l'accent du désespoir. — Vous voyez donc bien qu'il faut que je meure !...

Notre héros prononça ces mots avec une résignation chevaleresque si remplie de simplicité que Marguerite eut un élan d'enthousiasme.

— Oh ! — dit-elle, — cela ne sera pas !

— Et pourquoi donc ? — fit-il avec amertume.

Elle l'enveloppa d'un regard ardent sous le magnétisme duquel il se sentit frissonner.

— Mais parce que... je ne... le veux pas !... — dit-elle.

Il tressaillit et la regarda à son tour.

— Vous... ne... le voulez pas ?... — balbutia-t-il.

— Non.

— Et de quel droit ?

Son œil devint humide, sa voix s'altéra :

— Parce que, moi aussi, — dit-elle, — je... vous... aime !...

Hogier jeta un cri et tomba à genoux :

— Oh ! — murmura-t-il, — il me semble que le ciel m'écrase !

— Vous êtes fou ! — dit Marguerite.

— Fou, dites-vous ? non, madame ; je suis l'homme le plus malheureux du monde, — murmura-t-il, — car je vais mourir au moment où le paradis s'ouvrait pour moi.

Marguerite eut peur, elle lisait dans les yeux du jeune homme sa résolution bien arrêtée de mourir. — Rendez-

moi mon épée, — ajouta Hogier, — et laissez-moi, ma
dame.

— Non, pas encore, — dit Marguerite. Et comme il la
regardait à son tour avec étonnement. — Moi aussi, —
dit-elle, — je veux que vous m'écoutiez, monsieur. Si vous
vous tuez, j'aurai été la cause involontaire de votre mort,
moi.

Hogier tressaillit.

— Moi qui vous aime, — acheva-t-elle.

— Ah ! — dit Hogier, — taisez-vous, madame ! votre
voix et votre regard séduiraient un ange, et je ne suis
qu'un homme, hélas !

Marguerite eut un frisson d'espérance.

— Vous allez vous tuer, — dit-elle, — et ce sera moi
qui serai la cause de votre mort.

— Qu'importe !

— Moi qui d'un mot pourrais vous forcer à vivre, —
ajouta Marguerite. Ces mots frappèrent Hogier d'étonnement. La reine reprit : — Tenez, — dit-elle, — écoutez-
moi encore, je vais vous faire juge...

— Parlez, madame.

— Supposez que je sois la reine de Navarre...

— Vous !

Et Hogier jeta sur la prétendue dame de Château-
Landon un regard éperdu.

Marguerite se prit à rire :

— Hélas ! — dit-elle, — si je l'étais en effet, je ne
voyagerais pas en si mince équipage ; mais admettez-le...

Hogier, un moment suffoqué, se reprit à respirer.

— Ah ! — dit-il, — ce n'était donc qu'une simple supposition ?

— Mon Dieu ! oui...

— Et vous êtes ?...

— Je suis une demoiselle de Touraine, veuve du sire
de Château-Landon.

— Alors, — observa Hogier, qui comprenait de moins
en moins, — à quoi bon cette plaisanterie, madame ?

— Je ne plaisante pas.

— Cette supposition, veux-je dire ?

— Ah ! c'est différent. Écoutez : je suppose que je sois
la reine de Navarre : vous me rencontrez et vous m'aimez...

— Oh ! — dit Hogier avec une naïve admiration, — je
défie qu'il en soit autrement.

— Je l'admets, — répondit Marguerite en souriant.
Donc, vous m'aimez, et, comme on n'a rien de caché pour
celle qu'on aime, n'est-ce pas... ?

— Parlez !

— Vous me faites l'aveu que vous servez de coureur
au roi de Navarre.

— Bon !

— Lequel voyage *incognito*, de nuit, et avec toutes
sortes de précautions, en compagnie d'une femme dont il
fait sa favorite.

— Mais, madame...

— Alors, je suppose toujours que je sois la reine de
Navarre, apprenant la trahison du roi mon époux, je
m'irrite et jure de me venger. Est-ce mon droit ?

— Oh ! certes !...

— Et, comme vous êtes jeune, spirituel, aimable...

— Madame !

— Et que vous paraissez m'aimer...

— Ah ! — murmura Hogier, que la voix, le regard et le
sourire de Marguerite fascinaient...

— Je jette les yeux sur vous, — continua-t-elle, — et je
fais de vous le complice de ma vengeance. — Ces derniers
mots mirent le comble au trouble, à la stupéfaction de
Hogier. La reine poursuivit : — Alors encore je vous fais
prendre un narcotique, et je vous fais transporter à trente
lieues plus loin durant votre sommeil.

— Mais, madame...

— De cette façon, — acheva Marguerite, dont la voix
devint railleuse, — les relais du roi ne sont pas prêts, et
la belle qu'il enlevait...

Hogier interrompit brusquement Marguerite :

— Ah ! — dit-il, — je crois que je deviens fou.

La jeune femme haussa les épaules, puis elle prit sa
main dans les siennes et continua :

— Alors, placé entre la mort que vous avez méritée
pour avoir trahi votre roi et l'amour de votre reine, que
feriez-vous ? — Hogier eut le vertige et baissa la tête. Marguerite reprit : — Maintenant, supposons encore autre chose.
Je ne suis pas la reine de Navarre, mais je suis sa dame
d'honneur... sa confidente... une femme enfin qui possède
son amitié et ses secrets...

— Eh bien ? — fit Hogier, qui commençait à se demander s'il n'était pas le jouet de quelque rêve affreux.

— Eh bien ! la reine de Navarre a eu vent des projets
du roi.

— Ah !

— Et elle m'a envoyée en avant, afin que je vous arrête, vous retienne et vous captive.

— S'il en est ainsi, madame, — dit tristement Hogier,
— vous avez réussi...

— Ah ! voyez-vous !

— Car je vous aime sincèrement.

— En vérité !

— Et je vais mourir aussi désespéré qu'un condamné.

— Pauvre ami ! — murmura la jeune reine.

— Mais, si ardent que soit mon amour, — acheva Hogier, — il ne m'empêchera pas de me faire justice.

— Sur le champ ?

Un pâle sourire vint aux lèvres du jeune homme.

— Mieux vaut plus tôt que plus tard, — dit-il.

— Mais enfin, puisque... je vous aime.

Hogier haussa la tête :

— Votre amour ne me rendra pas l'honneur.

— Mais si je vous suppliais de différer votre mort...

— Ah ! madame.

— De quelques heures. — Hogier eut le vertige. — Si
je prenais votre main... si je vous disais... que je veux
vous aimer... que je veux être aimée de vous...

— Oh ! je vous aime ! je vous aime !...

— Au moins jusqu'à demain.

— Mon Dieu ! — murmura le Gascon éperdu, — faites
que j'aie la force de ne point survivre à mon honneur !

Mais Marguerite acheva :

— Monsieur Hogier, me refuserez-vous votre protection quelques heures encore ?...

— Madame !...

— Jusqu'à Angers, où m'appelle une affaire importante.

— Soit, madame, — dit Hogier, — je vous accompa-
gnerai jusqu'à Angers. — Marguerite laissa échapper un
cri de joie. — Mais là... mais là, — dit le jeune homme,
— vous me rendrez ma liberté ? — Marguerite courba le
front. — Vous me le jurez ?

— Je vous le jure, si toutefois à Angers je n'ai pu réus-
sir à vous convaincre.

Hogier secoua la tête.

— Oh ! — dit-il, — on ne persuade point à un homme
tel que moi que la vie sans honneur est chose possible.

Mais Marguerite avait obtenu une première concession
qui lui suffisait, momentanément du moins.

Aussi courut-elle vers la porte appelant Nancy.

Nancy revint l'épée de Hogier à la main.

— Rends cette épée à monsieur, — dit la jeune reine.

— Est-ce pour qu'il se tue ? — demanda la camérière
d'un ton moqueur.

— Non, il m'a promis d'être raisonnable.

— Ah ! c'est différent.

— Jusqu'à Angers, du moins, — observa Hogier, toujours désespéré.

Nancy regarda Marguerite :

— Est-ce que nous allons passer la nuit ici, ma tante ?

— Non, nous allons coucher à Angers, où nous pouvons arriver en moins d'une heure, ce me semble.

— A peu près, — dit Hogier.

— Et où nous trouverons un meilleur gîte.

Le muet sourire qui glissa sur les lèvres de Nancy suffit à jeter Hogier dans tout un monde de suppositions.

Qui lui disait que cette femme, qu'il persistait à prendre pour la dame de Château-Landon, n'était pas la reine de Navarre, ainsi qu'elle l'avait un moment prétendu ?

Et, à cette pensée, Hogier regardait Marguerite et s'avouait qu'une beauté semblable ne pouvait appartenir qu'à une reine.

Mais, en même temps aussi, le jeune homme se disait qu'une fille de France ne saurait voyager dans le chétif équipage où il l'avait rencontrée, et que d'ailleurs, si la chose était ainsi, ce ne serait point une raison pour que Nancy l'appelât *ma tante*.

Tandis que notre héros était livré à ces perplexités, Raoul entra.

— Bonsoir, monsieur Hogier, — dit-il à son tour, — avez-vous bien dormi ?

— J'ai trop dormi, monsieur, — répondit tristement le Gascon.

Marguerite posa un doigt sur ses lèvres :

— Chut ! — dit-elle.

— Il paraît, — pensa Hogier, — qu'elle ne veut pas que son neveu sache que je dois me tuer.

La reine dit à Raoul :

— Monsieur Hogier consent à nous accompagner à Angers.

— Ah ! ah !

— Et nous allons partir sur le champ.

— Les chevaux sont las, — observa Raoul, qui regarda Nancy avec éloquence.

— Tu crois ? — fit la reine.

— Et nous étions fort bien ici pour y passer la nuit, — acheva Raoul.

— Nous serons bien mieux à Angers.

— Ah !

Et Raoul allongea sa lèvre inférieure et prit un air boudeur.

Mais Nancy se pencha à l'oreille du page, après l'avoir regardé, et elle murmura :

— Vous savez bien, monsieur, que, une fois à Angers, on y passera quelque temps, et qu'on aura tout loisir de parler d'amour.

Raoul poussa un gros soupir et s'en alla faire préparer les chevaux.

Un quart d'heure après, la reine et Nancy, après avoir payé l'écot à l'auberge de Saint-Mathurin, montaient en litière.

Hogier et Raoul, à cheval tous deux, se rangeaient aux portières. Le muletier chargé des bagages de la prétendue dame de Château-Landon fermait la route.

De Saint-Mathurin à Angers il y avait trois grandes lieues de pays.

Le sablier de l'auberge marquait onze heures du soir lorsque le petit cortége se mit en route.

Une heure du matin sonnait au beffroi du château d'Angers quand Marguerite et ses compagnons se présentèrent à la porte de la ville.

Angers était une place de guerre dans laquelle on ne pénétrait point aisément.

Il fallait avoir un nom bien connu de l'officier du poste, ou savoir le mot de passe, ou être mandé par quelque haut personnage, pour entrer ainsi au milieu de la nuit.

Mais madame Marguerite ne s'effrayait pas pour si peu.

Elle appela Raoul.

Raoul se pencha à la portière, et la reine lui dit :

— Tu vas heurter à la porte avec le pommeau de ton épée.

— Bien ! — fit Raoul.

— On te demandera qui tu es et d'où tu viens.

— Que répondrai-je ?

— « Je viens de Paris, service du roi. »

— Bon ! — fit Raoul ; — mais il n'est pas bien sûr, malgré cela, qu'on veuille nous ouvrir.

— Alors tu prieras l'officier de sortir et de me venir parler.

Raoul piqua des deux, laissa la litière en arrière et s'approcha seul de la porte.

Il paraît qu'on ne pénétrait pas souvent de nuit dans Angers, car Raoul fut obligé de frapper plusieurs fois avant qu'on se décidât à démasquer le guichet grillé à travers lequel s'échangeaient d'ordinaire les pourparlers.

— Qui êtes-vous ? d'où venez-vous ? — demanda une voix grondeuse et entachée d'accent germanique.

— Hum ! — pensa Raoul, — la porte est gardée par des lansquenets. — Et il répondit tout haut : — Je viens de Paris et je suis au service du roi.

— Avez-vous le mot d'ordre ?

— Non.

— Alors, *ponsoir, bordez-fus pien.* — Et le lansquenet ferma le guichet.

Mais Raoul, furieux, se remit à frapper si fort que l'officier de la porte accourut en personne et fit ouvrir le guichet.

L'officier était Français.

— Oh ! oh ! mon jeune coq, — dit-il, — vous faites grand tapage, ce me semble.

— On me l'a commandé, monsieur, — répondit courtoisement Raoul.

— Et qui donc ? s'il vous plaît.

— Une personne qui se trouve là-bas, dans cette litière, et qui a le droit de parler haut et fort.

— Diable ! — fit l'officier d'un air incrédule, — et cette personne veut entrer ?

— Oui.

— A-t-elle le mot d'ordre ?

— Monsieur, — répliqua Raoul avec hauteur, — il est probable qu'elle vous le donnera tout à l'heure, si voulez bien me suivre...

— Plaît-il ?

— Jusqu'à la litière, — acheva Raoul.

— Monsieur, — répondit l'officier, — dites-moi le mot d'ordre, et la porte s'ouvrira ; sinon... bonsoir !

— Allons ! — pensa Raoul, — il faut employer les grands moyens. — Et il dit à l'officier : — Voulez-vous faire un pari, mon gentilhomme ?

— Lequel ?

— Que, si vous nous faites coucher à la belle étoile, demain, à pareille heure, vous serez en prison jusqu'à une tour du château d'Angers, — Ces mots firent impression sur le chef du poste. — Venez voir, — acheva Raoul, — à qui vous avez affaire.

— Faites avancer votre litière, — répondit l'officier, qui donna l'ordre d'ouvrir un des battants de la porte. Puis il sortit et s'en alla, suivi de Raoul, à la rencontre de la litière. Il faisait un beau clair de lune, et bientôt l'officier put distinguer une tête de femme qui sortait à demi par la portière. Soudain il tressaillit, car il avait reconnu cette tête, ayant accompagné plusieurs fois le duc d'Anjou au Louvre. — La reine de Navarre ! — s'écria-t-il.

Soudain aussi un cri d'étonnement et de douleur se fit entendre.

Hogier ne pouvait plus douter, c'était bien la reine de Navarre qu'il aimait.

Le cri qu'il avait poussé remua profondément la jeune reine.

Elle tendit la main au jeune homme, tout frémissant d'émotion et de respectueuse terreur :

— Oui, — lui dit-elle tout bas, — oui, je suis la reine de Navarre qui vous défends de vous tuer... elle vous aime !...

Hogier se sentit défaillir sur sa selle :

— Mon Dieu ! — murmura-t-il, — je crois que je n'aurai pas besoin du secours de mon épée, il me semble que je vais mourir...

## III

Revenons à Henri.

Nous avons laissé la petite caravane qui enlevait la reine mère, madame Catherine de Médicis, au milieu d'une forêt où on s'attendait à trouver des chevaux frais.

Cette forêt était voisine du manoir de Terregude, un gentilhomme huguenot sur lequel Henri de Navarre croyait pouvoir compter.

Mais, comme on a pu le voir, Hogier, victime de la poudre narcotique de Nancy, n'avait prévenu ni le sire de Terregude, ni les autres gentilshommes qui se trouvaient sur la route d'Angers.

Et cependant ce galop forcené que Henri de Navarre et ses compagnons entendaient depuis si longtemps se rapprochait peu à peu et retentissait plus sonore dans l'espace.

La litière escortée par Hector et Lahire avait rejoint le jeune roi et Noë au milieu du carrefour.

— Halte ! — cria Noë.

— Où sont donc les chevaux ? — demanda Hector tout bas.

— Il n'y a pas de chevaux, — répondit Noë.

— Trahison ! — murmura Lahire.

— Malheur ! — répéta Hector.

— Mais enfin que faut-il faire ? — demanda Hector, qui rangea son cheval auprès de celui de Noë.

— Attendre ! — répondit Noë.

Le roi fit un signe.

A ce signe, la petite escorte entoura la litière.

Puis Hector, qui avait toujours parlé à madame Catherine, se pencha vers elle et lui dit :

— Je ne dois point vous cacher, madame, que vous courez quelque danger.

— Moi ? — fit-elle en tressaillant.

— Si c'est nous qu'on poursuit, — continua Hector, — nous nous défendrons, — la reine sentit son espoir augmenter, — et nous vendrons chèrement notre vie, madame, — ajouta le jeune homme.

— C'est votre droit, monsieur.

— Or, dans ce cas, il est probable que Votre Majesté ne tombera point vivante aux mains de ses libérateurs.

— Mais... monsieur... — supplia la reine.

Hector ne répondit pas et se rapprocha de Noë et du roi.

Ces derniers tenaient conseil.

— Sire, — disait tout bas Noë, — si mon oreille ne me trompe, ils sont au moins quinze cavaliers.

— Tu crois !

— Ecoutez plutôt.

— Quatre contre quinze, c'est peu...

— Bah ! — fit Noë; et il eut un chevaleresque sourire. — Supposons, — reprit Noë, — que nous nous défendions une heure.

— Bon !

— Après il faudra toujours succomber...

— On succombera, Noë, mon ami; — répondit fièrement le roi.

Mais Noë secoua la tête :

— Et notre étoile, — continua Noë, — que nous contemplâmes, un soir, d'une des fenêtres du Louvre ; cette étoile qui semblait luire pour vous seul, sire, et vous promettre un grand avenir ?

— Eh bien ! — répondit Henri, — si cette étoile est la mienne, elle ne m'abandonnera pas aujourd'hui.

Le galop devenait de plus en plus proche et distinct.

Il n'y avait plus à s'y tromper, les gens qui semblaient poursuivre le roi de Navarre et sa suite étaient nombreux.

— Sire, — reprit Noë, — il est un proverbe qui dit : Aide-toi, le ciel t'aidera.

— Je le connais, ami Noë.

— Cela veut dire que votre étoile ne luira pour vous que si vous vous y prêtez, sire.

— Et que veux-tu donc que je fasse ?

Hector venait de s'approcher.

— Sire, — dit-il, — votre cheval et ceux de mes compagnons sont las, mais le mien est un cheval du Béarn, et il peut courir trois ou quatre heures encore.

— Eh bien ?

— Prenez-le, sire, et fuyez ! — dit Noë.

Mais Henri répondit par un éclat de rire :

— Ces hommes-là sont fous ! — dit-il; puis il tira son épée. — Allons ! dit-il, mes amis, au lieu de me raconter de pareilles sornettes, il faut en découdre !...

Noë s'était penché à l'oreille de Lahire :

— Nous sommes perdus ! — murmura-t-il.

— Oh ! oh ! — pensait Henri, — c'est bien à nous qu'on en veut ! — En effet, la forêt se trouvait sur la gauche de la route, et du moment où la troupe abandonnait cette voie battue, c'est qu'elle était sur les traces des ravisseurs de madame Catherine. — Nos chevaux ne peuvent plus courir, — dit Henri, — mais ils auront bien encore assez de force pour combattre. Allons ! mes enfants, à la rescousse ! — Et le jeune roi, plein d'ardeur, poussa son cheval à la rencontre de l'ennemi. Noë s'était rangé auprès du roi, Hector et Lahire s'étaient placés chacun à une des portières de la litière. Madame Catherine, qui avait toujours son capuchon sur la tête, avait bien compris qu'il se passait quelque chose d'extraordinaire, mais elle ne pouvait au juste définir ce quelque chose. Cependant elle entendit tout à coup retentir ces cris, et ce galop infernal qui semblait les poursuivre depuis une heure devint si distinct et si bruyant que la reine mère comprit qu'une collision allait avoir lieu. En effet, Henri et Noë s'étaient avancés à la rencontre de cet ennemi mystérieux. Les poursuivants venaient de faire irruption dans le carrefour. C'étaient, on le devine, René, le duc et ses favoris, les amoureux de la duchesse. Cinq contre quatre, la partie eût été presque égale; mais René, en homme prudent, avait requis à deux lieues de là une dizaine de reîtres et leur officier qui s'en allaient à Angers tenir garnison et qu'il avait rencontrés sur la route. On avait promis deux pistoles à chaque soldat, cinquante à l'officier, et des chevaux de rechange pour ceux qui auraient crevé les leurs. Ce n'était donc plus à cinq hommes mais à quinze que le Béarnais et ses trois Gascons allaient avoir affaire. Henri les compta du regard, puis il cria en béarnais : — Chargeons cette canaille !

Et les quatre braves se ruèrent sur cet ennemi nombreux qui les avait poursuivis avec tant d'acharnement.

Mais le duc et René, en généraux habiles, avaient mis les reîtres en avant, gardant avec Léo et ses amis le rôle de la réserve.

Ce furent donc les reîtres qui reçurent le premier choc.

Henri s'ouvrit un passage au milieu d'eux, conservant toujours son masque, et frappant d'estoc et de taille.

Hector était demeuré auprès de la litière, prêt à poignarder la reine mère si Henri et ses compagnons succombaient.

Le combat fut court, mais terrible.

Cinq reîtres tombèrent ; une balle tua le cheval de Noë.

Noë se releva rapide comme l'éclair et se retrouva à pied, à la droite de son roi.

Mais aux cinq reîtres tombés succédèrent alors le duc et ses hommes.

Il faisait clair de lune, et Henri reconnut son ennemi, son rival, ce cousin de Guise qui le haïssait si mortellement.

Aussi courut-il droit à lui, frappant à tort et à travers pour s'ouvrir un passage.

— Ah ! ah ! — ricana le duc, qui l'attendait de pied ferme, — il paraît que voilà le chef de la bande !...

Alors entre ces deux hommes, dont l'un connaissait l'autre, tandis que le second peut-être devinait aussi à qui il avait affaire, entre ces deux hommes, disons-nous, il se

livra un combat terrible, acharné, sans exemple. A la façon dont leurs épées se froissaient, se suivaient dans l'air
en sifflant, on devinait qu'elles se connaissaient et s'é-
taient déjà rencontrées.

Noë combattait à pied, mais il avait eu le temps de
prendre ses pistolets dans ses fontes et de les passer à sa
ceinture.

Tandis que le duc ferraillait avec Henri, René, toujours
traître, accourait au secours du prince lorrain et s'apprêtait à frapper Henri par derrière.

Mais Noë le prévint, et d'un coup de pistolet il abattit
son cheval; puis il tomba sur René, l'épée haute :

— A nous deux ! — dit-il.

— Je connais cette voix ! — murmura le Florentin.

— Tu ne la connaîtras pas longtemps, — s'écria Noë
hors de lui.

Et il se fendit sur le Florentin.

Mais René fit un leste saut de côté, l'épée glissa dans le
vide, Noë fit un faux pas et tomba.

Au même instant deux reîtres qui avaient été démontés
se ruèrent sur Noë, et l'un d'eux l'enlaça de ses bras robustes, tandis que l'autre lui appuyait un genou sur la
poitrine et sa dague sur la gorge.

Mais René cria :

— Ne le tuez pas ! c'est l'affaire du bourreau; garrot-
tez-le..

Tandis que Henri ferraillait avec le duc, qu'il avait blessé
trois fois, et que Noë était fait prisonnier, Hector et Lahire,
placés devant la litière, se défendaient avec une énergie
sauvage.

Léo et ses compagnons, suivis de ce qui restait de reîtres, les avaient entourés, leur criant :

— Rendez-vous !

Mais Hector et Lahire se battaient à outrance, frappant
d'estoc, frappant de taille, après avoir fait feu de leurs
quatre coups de pistolet et tué trois reîtres, parmi lesquels se trouvait l'officier.

Mais que pouvaient deux hommes épuisés contre dix ?

Une heure vint où les forces leur manquèrent.

L'épée de Lahire se brisa vers la poignée, et un reître
qu'il avait abattu se releva et planta sa dague dans le
flanc du cheval que montait le Gascon.

Cheval et cavalier roulèrent pêle-mêle sur le sol, et,
pour la seconde fois, Henri, qui avait atteint le duc d'un
quatrième coup d'épée, entendit la voix de René qui
criait à Léo et à ses compagnons :

— Ne les tuez pas ! garrottez !

Deux hommes luttaient encore contre sept ou huit :
Henri, qui pressait le duc et le forçait à reculer ; Hector,
qui s'était fait un rempart de la litière après s'être d'abord
placé devant elle.

Dans la litière, madame Catherine, épouvantée, n'osait
faire un mouvement ni relever son capuchon.

— Ah ! mordioux ! — s'écria tout à coup Hector, qui
tenait toujours contre tant d'ennemis, — au moins ils ne
l'auront pas vivante ! — Et il allongea le bras à l'intérieur
de la litière et frappa la reine d'un coup de dague. Un
cri sourd se fit entendre, une pluie chaude inonda la main
du Gascon. — Je l'ai tuée ! — pensa-t-il, et alors il ne
songea plus à se défendre, mais à fuir, et à s'ouvrir
une route au milieu de ces ennemis sans cesse renais-
sants.

Henri, à dix pas plus loin, pressait toujours le duc de
Guise et ne pouvait parvenir à l'abattre.

Hector poussa son cheval.

Le vaillant Lucifer bondit, foula aux pieds deux reîtres
démontés; l'épée d'Hector frappa à droite et à gauche,
rencontra la poitrine de Léo d'Arnembourg et y disparut
presque tout entière.

Ce fut une chance de salut pour Hector.

Les compagnons de Léo s'écartèrent un moment pour
soutenir leur malheureux ami, qui chancelait sur sa selle.

Hector était déjà auprès du roi.

Que se passa-t-il alors ?

Il est impossible de le dire ; mais ces deux hommes,
qui venaient de se battre en désespérés et n'avaient eu
un moment d'autre perspective que celle de mourir
vaillamment, ces deux hommes, disons-nous, échangèrent un regard, se devinèrent, se comprirent.

Et soudain Henri, dont le cheval harassé, blessé, était
prêt à s'abattre, Henri sauta lestement à terre, tandis
qu'Hector se plaçait devant le duc et remplaçait son roi.

Henri était sain et sauf; le duc était blessé.

Henri était l'enfant des montagnes ; il avait l'agilité
d'un chamois, il savait au besoin bondir comme un
tigre.

Un cheval dont le cavalier avait été tué errait en liberté
au milieu de cette scène de carnage. Henri s'élança sur
lui, jeta un cri guttural, le cri d'un Béarnais qui fuit après
avoir résisté à l'ennemi jusqu'au dernier moment, et
enfonçant l'éperon aux flancs de l'animal, il s'éloigna
au galop,

Soudain aussi Hector avait fait volte-face, et deux
secondes après il galopait à côté du Béarnais, qui lui
disait :

— A Paris ! à Paris ! il faut sauver Noë et Lahire de
l'échafaud !...

## IV

Tandis que tous ces événements s'accomplissaient sur
la route de Paris à Angers, le Louvre était en grand émoi.

Quelques heures après l'enlèvement de madame Catherine et la disparition de madame Marguerite, Sa Majesté
le roi Charles IX, qui avait fort bien dormi, chose rare,
s'éveilla de très belle humeur.

Pour les gens qui vivaient alors au Louvre, la belle
humeur du roi Charles IX était aussi peu commune qu'un
jour de soleil en plein hiver.

Aussi monsieur de Pibrac, qui attendait, dès sept heures, dans l'antichambre, le bon plaisir de Sa Majesté, fut-il
agréablement surpris lorsque le page Gauthier, qui avait
passé la nuit dans un fauteuil, en la chambre royale,
lui vint dire :

— Monsieur le capitaine des gardes, le roi s'est éveillé
en souriant et demande à vous voir.

Monsieur de Pibrac, en entendant ces paroles, regarda
le cadran de l'antichambre.

Cette horloge patriarcale marquait non-seulement les
heures, mais encore les jours et les années.

Or le sablier indiquait en ce moment qu'on était au
dix-sept août et qu'il était sept heures et demie du matin.

— Voilà une date que je retiendrai, mordioux ! — murmura monsieur de Pibrac.

Et, d'un pas délibéré, il entra dans la chambre royale.

Sa Majesté le roi Charles IX était assis sur son séant,
le sourire aux lèvres, ainsi que l'avait annoncé le page
Gauthier, l'œil clair et brillant.

— Bonjour, Pibrac, — dit le roi.

— Bonjour, sire.

— Quel temps fait-il ?

— Un soleil magnifique, sire.

— Pourra-t-on chasser ?

— Oh ! certes !

— Seyez-vous là, Pibrac, mon ami, — dit le roi en
indiquant un siége à son capitaine des gardes. Pibrac
s'assit. — Savez-vous, — dit le roi, — que j'ai dormi cette
nuit comme le dernier paysan de mon royaume, mon
cher Pibrac ?

— Tant mieux ! sire.

— Et j'ai fait des rêves charmants...

— Ah ! — fit Pibrac.

— Oh ! — continua le roi, — des rêves impossibles à
réaliser, je vous assure.

— Vraiment, sire ?

— Jugez-en vous-même : j'ai rêvé que madame Catherine, ma mère, avait pris René en horreur...

— En effet, sire, — observa Pibrac, — ce rêve-là est un peu... léger.

— Attendez donc, Pibrac, mon ami !

— Qu'est-ce encore, sire ?

— Dans mon rêve, madame Catherine et mon cousin le roi de Navarre étaient au mieux.

— En vérité !

— Ils s'embrassaient et s'accablaient de protestations d'amitié.

— On voit bien que Votre Majesté a rêvé, — dit finement Pibrac.

— Et madame Marguerite, ma sœur, se réconciliait avec mon autre cousin que vous savez, Pibrac, mon ami.

— Le duc de Guise ?

— Justement.

Monsieur de Pibrac fronça le sourcil.

— Ma foi ! sire, — dit-il, — voici la dernière partie du rêve de Votre Majesté qui me semble plus vraisemblable que les deux autres.

— Hein ! — fit le roi.

Et il regarda Pibrac fort attentivement.

Le capitaine des gardes prit un air ingénu.

— Dame ! sire, — dit-il, — madame Catherine n'aimait pas beaucoup le duc de Guise.

— C'est vrai.

— Mais elle aime encore moins le roi de Navarre.

— Je suis de votre avis, Pibrac ?

— Or, — reprit le prudent capitaine des gardes, — Votre Majesté sait aussi bien que moi que madame Catherine a toujours eu un faible pour la discorde. — Le roi eut un gros rire plein de gaieté. — Et, — poursuivit Pibrac encouragé, — à la seule fin de chagriner le roi de Navarre, elle est femme à avoir fait sa paix avec le duc de Guise.

— Vous croyez ?

— Dame ! c'est possible, sire.

— Mais qu'est-ce que ma sœur Margot peut avoir à faire en tout cela ?

— La reine de Navarre est jeune, sire.

— Elle a vingt ans.

— Elle est belle... elle a l'orgueil de sa beauté.

— Ça, j'en suis sûr.

— Elle est peut-être jalouse...

— C'est bien possible !

— Et si le roi de Navarre...

— Bon, — interrompit Charles IX, — je comprends, Pibrac, mon ami.

— Par conséquent madame Catherine, — continua le capitaine des gardes, — est bien capable d'avoir tiré parti de tout cela.

— Au profit du duc ?

— Je le crains.

Le roi sauta à bas de son lit et appela le page Gauthier.

— Habille-moi ! — dit-il. Pibrac fit mine de se retirer.

— Non, non, — dit le roi, — restez, Pibrac.

— Votre Majesté a besoin de moi ?

— Je veux savoir ce qu'il peut y avoir de vrai dans mon rêve...

— Comment cela, sire ?

Le roi eut un sourire mystérieux.

— Margot ne me cache rien, — dit-il.

— Ah ! — fit Pibrac d'un air de doute.

— Et si madame Catherine a intrigué quelque peu en faveur du duc... Margot me le dira.

— Peut-être, sire.

— Donc, allez me la quérir.

Pibrac s'inclina, se leva et sortit, tandis que le roi se faisait habiller.

On se levait de bon matin au Louvre, sous le règne du roi Charles IX, surtout en plein été, au mois d'août.

Monsieur de Pibrac s'en alla donc tout droit aux appartements de la reine de Navarre, persuadé qu'il faisait jour chez elle dès sept heures du matin, ou que, tout au moins, il trouverait dans ses antichambres soit Nancy, la jolie camérière, soit un page ou une fille de chambre qui se chargerait de transmettre à madame Marguerite la volonté du roi.

Monsieur de Pibrac se trompait.

Les antichambres de madame Marguerite étaient vides. Le capitaine des gardes les traversa et arriva jusqu'à la porte de l'oratoire où la jeune reine de Navarre se tenait tous les matins, sans rencontrer personne.

— Oh ! oh ! — pensa-t-il, — on s'est couché tard, paraît-il. Et il gratta doucement. Un profond silence régnait à l'intérieur de l'oratoire, et personne ne répondit. Pibrac gratta plus fort, et n'obtint aucun résultat. — La reine de Navarre est sortie, — se dit-il. — Sans doute, elle est chez madame Catherine... à moins qu'elle ne soit dans le cabinet du roi, son époux. — Il traversa de nouveau les antichambres et s'en alla heurter à la porte du roi de Navarre ; le même silence l'accueillit. — Tiens ! — se dit-il, — voilà qui est bizarre ! — Il sortit de l'antichambre, et, en homme qui savait son Louvre sur le bout du doigt, il prit le petit corridor qui conduisait de chez la reine de Navarre aux appartements de madame Catherine. Là, une nouvelle surprise attendait le capitaine des gardes. Comme l'antichambre de la jeune reine, celle de la reine mère était déserte. — Ma foi ! tant pis ! — se dit Pibrac ; et il frappa. Personne ne répondit ; mais presque aussitôt des pas se firent entendre, et une porte arriva par une porte opposée. Ce page, qu'on nommait Robert, était depuis peu au service de la reine mère ; il salua Pibrac. — Bonjour, page, — lui dit le capitaine des gardes.

— Bonjour, monsieur de Pibrac.

— Sais-tu si la reine est levée ?

Le page prit un air mystérieux.

— Je ne crois pas, — dit-il.

— Oh ! oh !

— J'ai frappé vainement du moins, — ajouta le page.

— Mais tu es entré ?...

Et Pibrac attacha un clair regard sur l'enfant.

— Oui, monsieur, — dit-il.

— La reine dort-elle encore ?

— Je crois que oui... — balbutia l'enfant.

— Et madame Marguerite n'est point chez elle, alors ?

— Non.

Monsieur de Pibrac s'imagina que le page mentait, et lui dit sèchement :

— Je te préviens, mon jeune ami, que je viens de la part du roi. — Ces mots troublèrent le page, qui se prit à rougir jusqu'au blanc des yeux. — Allons ! petit, — insista Pibrac, — dis-moi la vérité, si tu veux conserver tes deux oreilles : c'est un bon conseil que je te donne.

Le page eut peur.

— La reine mère n'est point rentrée, — dit-il.

— Comment ! elle n'est point rentrée ?

— Non.

— Depuis quand ?

— Depuis hier soir...

— Oh ! oh ! — fit Pibrac stupéfait.

— C'est la vérité, monsieur.

— Et où est-elle allée ?

— Je ne sais.

— Quand est-elle sortie ?

— Vers dix heures du soir.

— Et elle n'a point reparu depuis lors ?

— Non, monsieur.

— Sais-tu où elle est allée ?

— Je l'ignore.

— Ah ! par exemple ! — murmura Pibrac, — ceci est trop fort !...— Et il s'en alla tout rêveur. Cependant, avant d'aller rapporter ces choses au roi, il jugea prudent de retourner voir si madame Marguerite était chez elle. Pibrac, le Gascon prudentissime, s'était dit :— Si je trouve madame Marguerite, les affaires de la reine mère n'étant pas les miennes, je n'ai pas besoin de narrer au roi ce que je viens d'apprendre.—Cette fois, dans le corridor, le capitaine des gardes rencontra une camérière. Ce n'était pas Nancy (Nancy était bien loin à cette heure), mais Ponette, une jolie fille qui remplaçait quelquefois la favorite de la reine de Navarre. — Ma mignonne, — lui dit monsieur de Pibrac, — pourriez-vous me dire où je trouverai madame Marguerite ?

— Hélas ! non, monsieur.

— Vous êtes cependant entrée chez elle ce matin ?

— Je ne l'ai pu.

— Pourquoi ?

— J'ai heurté à toutes les portes...

— Et elles sont demeurées closes !

— Justement.

— Diantre ! — murmura Pibrac, — voici qui se complique étrangement. Mais au moins avez-vous vu Nancy ?

— Pas davantage, monsieur ; je suis montée à sa chambre.

— Et elle n'y était pas ?

— Non, — dit Ponette ; — il y a mieux, j'ai regardé par le trou de la serrure, et j'ai constaté que le lit n'avait pas été foulé.

— Diantre ! diantre ! — répéta Pibrac, — et le roi de Navarre ?

— Je ne l'ai pas vu non plus. Cependant, — ajouta la jeune fille, — je suis entrée dans son cabinet, mais ce cabinet était vide.

Pibrac prit congé de la camérière et retourna chez Sa Majesté.

— Je gage, — dit le roi en le voyant entrer, — que ma sœur Margot n'est point levée.

— C'est bien possible, sire.

— Comment ! vous n'en êtes pas sûr, Pibrac ? — s'écria le roi.

— Sire, je ne puis voir à travers les murs, et Votre Majesté ne m'a point commandé d'enfoncer les portes.

— Que voulez-vous dire ?

— Que la reine de Navarre n'est point chez elle, sire.

— Allons donc !

— Ou que, si elle y est, elle ne veut point se laisser voir.

— Bah ! — dit le roi, — elle sera allée chez madame Catherine.

— La reine mère n'est pas chez elle, sire. — Cette fois, le roi demeura comme stupéfait. — Il paraît même, — dit Pibrac, — que Sa Majesté est sortie du Louvre hier soir.

— Vous dites ?...

— Et qu'elle n'est point rentrée...

— Ah ! voilà qui est impossible !

— C'est ce que je tiens d'un de ses pages, sire.

— Comment le nommez-vous ?

— Robert.

Le page Gauthier, qui achevait en ce moment de vêtir le roi, osa prendre la parole.

— La reine mère, — dit-il, — sort du Louvre presque tous les soirs.

— Que nous contes-tu là, petit ?

— La vérité, sire.

— Et où va-t-elle ?

— Je l'ignore.

— Tu rêves, mon mignon.

— Oh ! non, sire ; seulement elle est souvent vêtue en cavalier.

— Ah ! — Et Charles IX fronça le sourcil.

— Elle se dirige habituellement vers la place Saint-Germain, et je l'ai vue, un soir, s'engager dans la rue des Prêtres. Je n'ai pas osé la suivre...

Charles IX était devenu rêveur.

— Mon pauvre Pibrac, — dit-il tout d'un coup, — convenez que le métier de roi est fort vilain. Il se passe à mon insu toute sorte de choses étranges dans le Louvre ; mais il faudrait bien que je sache... Et le roi eut un subit accès de colère. — Venez avec moi, Pibrac, — dit-il. Charles IX prit son chapeau, sa canne et son épée ; puis,

suivi de son capitaine des gardes, il s'en alla tout droit aux appartements de madame Catherine. Le page Robert, qui était demeuré dans l'antichambre, confirma au roi ce qu'il avait déjà dit à monsieur de Pibrac. — Va me chercher un Suisse, — dit le roi, — le plus grand et le plus fort que tu pourras trouver.—Le page courut exécuter l'ordre qu'il recevait. Pendant ce temps, le roi disait à Pibrac : — Si madame Catherine a quitté le Louvre hier soir et n'est point rentrée, et que ma sœur Margot ne soit point chez elle non plus, évidemment elles sont ensemble. — Le page revint, suivi d'un Suisse gigantesque, un vrai fils d'Uri et d'Unterwalden, qui devait chanter à pleins poumons le Ranz des vaches. Le roi lui montra la porte de l'oratoire de madame Catherine : —Appuie ton épaule,— dit-il. Le Suisse obéit. — Et enfonce ! — Le Suisse exerça une pesée et la porte vola en éclats.

— Il fait bon être roi, — murmura Pibrac en souriant, — quand on pénètre ainsi chez les gens.

Le Suisse allait se retirer, mais le roi lui fit signe de demeurer dans l'antichambre.

Alors, suivi de Pibrac, il fit le tour de l'oratoire et de la chambre à coucher de madame Catherine.

Tout était vide ; le lit n'avait pas été foulé.

Mais nulle part le roi ne put trouver un indice qui le mît sur les traces de madame Catherine.

— Voyons, — dit-il à Pibrac, — si nous serons plus heureux chez Margot.

Et, suivis du Suisse, ils se rendirent devant la porte des appartements de madame Marguerite.

Cette deuxième issue fut forcée comme la première, par un coup d'épaule du Suisse ; puis le roi entra dans l'oratoire.

Mais tandis que Charles IX traversait cette première pièce pour se rendre sur-le-champ à la chambre à coucher, l'œil perçant du capitaine des gardes aperçut sur un guéridon les trois lettres laissées par madame Marguerite.

Pibrac était un homme d'inspiration ; il lut les trois suscriptions : « A madame Catherine. » « A S. M. le roi. » « Au roi de Navarre. »

Et obéissant à un pressentiment bizarre, Pibrac s'empara de cette dernière missive avec toute l'adresse d'un escamoteur.

Puis il appela le roi.

— Voyez, sire, — dit-il.

Et il lui montrait les deux autres lettres.

— Oh ! oh ! — fit le roi. — Lisons donc !

Il brisa le cachet de la missive que la reine de Navarre lui adressait, et il lut tout haut :

« Sire,

» Votre Majesté sait quelle répugnance j'ai pour les » choses de la politique. J'espère donc qu'elle ne verra » dans mon absence qu'un caprice de femme et nulle au» tre chose.

» Je vais, du consentement du roi mon époux, faire un » petit voyage de quelques semaines.

» Votre Majesté m'a toujours témoigné une grande ami» tié, et je pense qu'elle continuera, malgré mon absence, » à en reporter une bonne part sur le roi de Navarre, qu » a tant d'ennemis à votre cour, malgré qu'il soit le plus » fidèle sujet de Votre Majesté... »

— Peste ! — dit le roi, — voilà une chaleureuse recommandation !... Voyons maintenant ce qu'elle dit à madame Catherine.

Et le roi, à qui tout était permis, brisa sans façon le scel de la lettre qui ne lui était point adressée.

▼

Le roi, en décachetant la lettre que madame Marguerite écrivait à la reine mère, fit la réflexion suivante :

— Si Margot écrit à madame Catherine, c'est qu'elle n'est point sortie avec elle du Louvre ; où donc est madame Catherine ?

Et le roi lut :

« Madame,

» Je joins à ce billet un message que vous pourrez faire » parvenir, je n'en puis douter, à monseigneur le duc de » Guise, attendu que j'ai appris de bonne source le revi- » rement d'amitié que vous avez pour lui, après l'avoir » voulu faire occire en un coin du Louvre.

» Je vous dirai, madame ma mère, que, lorsque ce billet » vous parviendra, j'aurai probablement fait beaucoup de » chemin loin du Louvre et de Paris.

» Comme je me suis aperçu que nous n'étions pas du » même avis, le roi de Navarre et moi, sur la façon dont » nous devons gouverner notre peuple de Gascogne, je » prends le parti d'aller voyager quelques jours, à la seule » fin de m'instruire sur les choses de la politique, en étu- » diant les mœurs et coutumes des différents pays...

» Je vous prie donc, madame ma mère, d'accepter mes » adieux, et je demande au ciel qu'il continue à vous » protéger.

» MARGUERITE. »

Le roi lut et relut tout pensif.

Il avait trouvé sous l'enveloppe le billet que madame Marguerite écrivait au duc de Guise.

— Ah çà ! — s'écria-t-il avant d'ouvrir ce dernier mes- sage, et regardant Pibrac, — je ne suis donc plus rien au Louvre, — Pibrac tressaillit, — je ne suis plus roi de France, — continua le prince exaspéré, — que de semblables choses se passent auprès de moi sans que j'en sois averti ?

— Voici l'orage qui gronde, — pensa Pibrac — et, mor- dioux ! je crois que j'ai bien fait de supprimer la lettre au roi de Navarre : elle doit contenir bien d'autres choses !

Le roi, hors de lui, brisa le cachet de la lettre que Mar- guerite écrivait au duc de Guise.

Cette lettre était ainsi conçue :

« Mon cher duc,

» La vie est un fleuve dont on ne remonte pas le cou- » rant, mais dont les rives sont parfois si belles que le » voyageur qui les a parcourues en garde un éternel sou- » venir.

» Le souvenir vaut mieux que l'espérance.

» A vous, dans le passé.

» MARGUERITE. »

Cette fois la colère de Charles IX fut sans bornes.

— Comment ! — s'écria-t-il, — le duc de Guise est venu à Paris ?

— Dame ! — fit Pibrac.

— Il a revu Marguerite ?

— La lettre de la reine de Navarre le laisserait suppo- ser, sire.

— Cornes de cerf ! — murmura le roi, — mon cousin de Navarre en sera instruit.

— Sire, — dit Pibrac, — j'ai vainement cherché le roi de Navarre en tout le Louvre.

— Cependant il n'est point parti avec Margot... ?

— Je ne le pense point, sire.

— Et si Margot est allée de son côté, — poursuivit Char- les IX, — la reine mère est allée du sien.

— Cela m'en a tout l'air, sire.

— Et vous dites, Pibrac mon ami, que le roi de Navarre n'est point au Louvre ?

— J'en suis certain.

— Il faut savoir où il est... Cherchez-le-moi ; je veux le voir !...

Et le roi, hors de lui, quitta Pibrac et rentra dans son cabinet, laissant son capitaine des gardes au milieu d'un corridor.

Monsieur de Pibrac était tellement abasourdi de toutce qu'il venait de voir et d'apprendre, qu'il éprouva le besoin de se recueillir un moment.

Pour ce faire il alla s'enfermer chez lui.

Là, il s'assit en un grand fauteuil et se prit à rêver.

— Voyons ! — se dit-il, — tâchons de résumer et de coordonner un peu tout cela. D'abord, la reine mère a revu le duc de Guise, je le savais. Ensuite ils sont au mieux ensemble, ce dont je me doutais. Enfin madame Catherine est sortie du Louvre hier soir comme à l'ordi- naire ; mais elle n'est pas rentrée. Où donc est madame Marguerite ? voici la première partie du problème, pas- sons à la seconde : Primo, madame Marguerite a, elle aussi, revu le duc de Guise; mais elle l'a mal reçu, puis- qu'elle lui donne congé. Donc elle n'aime plus le duc et aime toujours le roi de Navarre, son époux. Jusque-là, tout est naturel, et madame Catherine en est pour ses frais d'i- magination et de haine. Mais...—Ce mais était si gros d'ob- jections, que monsieur de Pibrac éprouva le besoin de re- prendre haleine. — Mais, — reprit-il enfin, — s'il en est ainsi, si madame Marguerite aime toujours le roi de Na- varre, pourquoi donc a-t-elle quitté furtivement le Louvre? Voici que le problème devient insoluble, à moins que...— Monsieur de Pibrac tira de sa poche cette lettre qu'il avait escamotée, obéissant à je ne sais quel pressentiment, et que la reine de Navarre avait laissée à l'adresse de son époux. Pendant quelques minutes, le Gascon tourna et retourna cette lettre dans ses mains, la flaira et chercha à deviner ce qu'elle pouvait contenir.—L'explication de tout le mys- tère est peut-être là-dedans, — se dit-il. — Quel dommage que je ne sois pas le roi de Navarre lui-même ! je saurais tout... — Monsieur de Pibrac hésita longtemps, puis il fit cette réflexion héroïque : — Je suis au service du roi de France, mais, en ma qualité de Gascon, j'aime le roi de Navarre et je lui suis trop dévoué pour ne pas me mêler un peu de ses affaires. Or, qui sait ? de la connaissance de cette lettre dépendent peut-être de gros intérêts. Bah ! il me pardonnera...

Et monsieur de Pibrac, que l'exemple de Charles IX avait encouragé à l'indiscrétion, rompit le scel de la lettre et lut :

« Sire,

» J'ai éprouvé de votre conduite un violent chagrin, que » mon séjour prolongé au Louvre entretiendrait sûrement. » Souffrez que je m'absente quelques jours en me di- » sant

» Votre bonne amie,

» MARGUERITE. »

« P. S. Je vous conseille de vous méfier plus que » jamais de madame Catherine, de René et de notre ex- » cellent cousin le duc de Guise. »

— Hum ! — murmura Pibrac — si je n'ai pas encore le mot de l'énigme tout entier, je crois que j'en tiens la première syllabe.—Monsieur de Pibrac croisa ses jambes, appuya son coude sur son genou et son menton dans sa main, puis il poursuivit ainsi son monologue : — Le roi de Navarre a trompé madame Marguerite, la chose est claire; madame Marguerite a voulu se venger, et elle a songé à renouer avec le duc de Guise. Alors elle s'est aper- çu qu'elle n'aimait plus le duc, et elle a eu l'idée de faire un voyage... Ce voyage est une petite amorce destinée à ramener l'époux infidèle.—Monsieur de Pibrac n'était pas tout à fait dans le vrai, mais il brûlait, comme on dit, en ce qui touchait la reine de Navarre. Seulement il en était toujours au même point après qu'avant la lecture de la lettre écrite par madame Marguerite au roi de Navarre, sur la disparition simultanée de ce dernier et de la reine mère. — Je sais bien, — se disait le capitaine des gardes, — que si le roi de Navarre a une intrigue, l'objet de cette intrigue est probablement hors du Louvre, et alors il est possible que le roi de Navarre ait passé la nuit en bonne fortune. Mais où est la reine mère? Ma foi! — acheva Pibrac se levant et prenant une résolution soudaine, — en cherchant le roi de Navarre, je trouverai peut-être madame Catherine. Le capitaine des gardes sortit du Louvre par la poterne, posa son chapeau sur l'oreille, enfouit ses deux mains dans les poches de ses chausses, et se donna l'apparence d'un brave homme d'épée qui respire le grand air, fait claquer sa langue, s'en va à la recherche d'une bouteille de vieux vin et ne songe à rien de plus sérieux. Puis il s'en alla à petits pas vers le cabaret de Malican. Le bon Malican était sur le seuil de sa porte, les bras croisés, la tête coiffée de son béret rouge; et, du plus loin qu'il aperçut monsieur de Pibrac, il le salua. — Bonjour, Malican, — dit le capitaine en lui tendant la main, honneur que Malican, fier comme un montagnard, ne refusait pas. Le capitaine des gardes jeta un regard à l'intérieur du cabaret et constata qu'il était désert. — Hé! dis donc, Malican, — fit-il, — je me suis levé ce matin avec une soif ardente, et j'ai songé à me désaltérer d'une bouteille de ton vieux vin, tu sais?

— Oui, messire.

— Va-t'en la chercher, et rince deux gobelets, Malican, mon ami. Le cabaretier descendit à la cave sur-le-champ, posa son épée sur un escabeau, s'assit sur un autre, croisa les jambes et se fit cette réflexion: — Noë est le mari de la jolie Myette. Un mari n'a pas de secrets pour sa femme, et, Myette étant la nièce de Malican, il est probable qu'elle n'a pas de secrets pour son oncle. Or Noë est le confident de notre Henri; donc il est possible que les secrets de ce dernier soient parvenus jusqu'à Malican. — Le cabaretier revint, et, persuadé que tous les Béarnais sont égaux et ont le droit de s'asseoir à la même table, il s'assit sans façon en face de Pibrac et décoiffa une des deux bouteilles poudreuses qu'il avait rapportées sous son bras. La première rasade versée et avalée, Pibrac regarda Malican en face. —Tu me connais, n'est-ce pas? lui dit-il.

— Certainement, messire.

— Tu sais que je suis Béarnais...

— De sang et de cœur, c'est connu.

— Et, bien qu'au service du roi de France...

— Oh! — dit Malican, — je sais que vous êtes dévoué à notre Henri.

— Eh bien! — dit Pibrac, je viens voir tout exprès pour lui.

— Hein! — fit Malican.

— Le roi de Navarre n'est pas au Louvre.

Malican cligna de l'œil.

— Je le sais, — dit-il.

— Ah!

— Et je vous conseille de n'être point en peine de lui, — ajouta le cabaretier.

— Tu sais où il est?

— Oui.

— Alors tu vas me le dire?

— Non, — dit Malican.

— Et pourquoi, s'il te plaît?

— Parce que ce n'est pas mon secret, à moi.

— Mais, si je te le demande, dans l'intérêt même de *notre* roi, de me le confier, ce secret?

— Non, — répéta Malican.

— Peut-être y va-t-il de sa vie?

Malican se mit à rire.

— Oh! — dit-il, — à cette heure le roi Henri n'a rien à craindre de personne.

— Tu crois?

— J'en suis sûr.

Malican était entêté comme une mule espagnole; Pibrac le savait.

— Soit, —dit-il; mais au moins tu me feras une grâce, Malican, mon ami.

— Laquelle?

— Écoute bien.

— Voyons?

— Le roi de Navarre est absent; très bien, tu le sais et ne veux pas me dire où il est allé.

— J'ai juré de me taire.

— C'est convenu. Je ne te le demande pas; mais tu peux répondre à ma question.

— C'est selon.

— Le roi est-il absent pour affaire d'amour?

— Je ne crois pas, — dit Malican, dont l'œil gris pétilla de malice.

— C'est bon! — pensa Pibrac, — maintenant je sais à quoi m'en tenir; lorsque le roi de Navarre ne songe point à l'amour, il s'occupe sûrement de politique; c'est clair comme le jour... — Et le capitaine des gardes acheva sa bouteille et tomba en une rêverie profonde. L'arrivée de deux Suisses qui entrèrent dans le cabaret ôta à monsieur de Pibrac la possibilité de questionner plus longtemps Malican. Il s'en alla, fit quelques pas au bord de l'eau, et tout à coup une idée bizarre traversa son esprit. — Oh! oh! — se dit-il, — si pareille chose était arrivée, ce serait bizarre!...

Monsieur de Pibrac avait cru deviner que l'absence du roi de Navarre et celle de madame Marguerite pourraient bien avoir un même point de départ.

Et, le visage déridé, Pibrac rentra au Louvre et se rendit chez le roi Charles IX.

### VI

Monsieur de Pibrac était bien, comme il l'avait dit à Malican, demeuré Béarnais au fond du cœur.

Pour lui, le roi de Navarre passait avant le roi de France; et, s'il se fût fait un cas de conscience de mentir à Charles IX pour tout autre motif, il n'éprouvait aucune répugnance à lui assaisonner la vérité de quelque artifice dans la circonstance actuelle.

Donc, en s'en allant chez le roi, monsieur de Pibrac prépara son discours et se dit en manière de conclusion:

— L'essentiel est que le roi ne devine pas ce que je crois avoir deviné moi-même.

Sa Majesté le roi Charles était rentré dans son cabinet, en proie à un vif ressentiment.

Ce ressentiment, on le devine, ne provenait ni du départ de madame Marguerite ni de la disparition du roi de Navarre, mais bien parce que ce qu'il venait d'apprendre touchant les relations de la reine mère et du duc de Guise.

Lorsque le capitaine des gardes entra, Charles IX se promenait de long en large d'un pas saccadé, jurant et pestant comme un païen, au grand scandale du page Gauthier, qui s'était blotti tout tremblant dans un coin du cabinet.

— Eh bien! où est le roi de Navarre? —demanda brusquement Charles IX en voyant reparaître monsieur de Pibrac.

— Le roi de Navarre est parti, sire.

— Parti! — exclama le roi.

— Oui, sire.

— Pour quel pays?

— Il court sur les traces de madame Marguerite.

Charles IX regarda son capitaine des gardes avec étonnement, et sa colère se calma tout à coup.

— Ah ça! Pibrac, mon ami, — dit-il, — vous n'êtes pas dans votre bon sens, ce me semble.

— Pourquoi cela, sire ?

— Margot ne m'a-t-elle pas écrit qu'elle partait avec l'assentiment du roi son époux ?

— Oui, sire.

— Alors pourquoi le roi de Navarre courrait-il après elle ? Pibrac eut son fin sourire de Gascon.

— Madame Catherine a passé par là, — dit-il.

Le roi fit un pas en arrière.

— Encore ! — Monsieur de Pibrac jeta un éloquent regard sur le page Gauthier. — Laisse-nous, — dit le roi à l'enfant.

Gauthier sortit.

Alors Pibrac prit son air le plus mystérieux, et dit :

— Je suis allé aux renseignements, et je sais bien des choses.

— Ah !

— D'abord le roi et la reine de Navarre sont en brouille.

— Hein ? — fit le roi.

— Madame Catherine a passé par là, — répéta Pibrac. Le roi fronça le sourcil. — Votre Majesté, — continua le capitaine des gardes, — se souvient bien certainement de cet argentier de la rue aux Ours nommé Loriot...

— Que René assassina ?

— Justement.

— Et qui avait une jolie femme, morbleu ! — acheva Charles IX.

— Eh bien ! sire, il paraît que cette femme est devenue un instrument dans les mains du duc de Guise et de madame Catherine.

— Oh ! oh !

— Le roi de Navarre s'en était énamouré jadis, avant son mariage.

— Je sais cela.

— La reine mère a replacé l'argentière sur le chemin du roi de Navarre.

— Et Margot a été jalouse ?...

— C'est-à-dire, — continua monsieur de Pibrac. — qu'on lui a prouvé, clair comme le soleil, que le roi de Navarre la trompait; ce qui fait que la jeune reine indignée est partie pour on ne sait quel pays.

— Mais le roi de Navarre ? — demanda Charles IX.

— Le roi de Navarre a couru après elle pour se disculper. La rejoindra-t-il ? Je l'ignore.

Charles IX fut pris d'un accès de gaieté subite.

— Eh ! — dit-il, — ce serait drôle que ma sœur Marguerite eût pris la route de Navarre.

— C'est bien possible, sire.

— Et que, poursuivant sa femme, le roi rentrât dans ses États.

— Pourquoi donc cela serait-il drôle, sire ? — demanda Pibrac.

— Parce qu'il y a loin de Nérac à Paris.

— Huit jours de chevauchée, sire.

— Et que, une fois chez lui, le roi de Navarre y restera, — ajouta Charles IX.

Monsieur de Pibrac avait l'esprit singulièrement ouvert ce matin-là, et il devinait à demi-mot.

— Ce qui fait, — dit-il en clignant de l'œil, — qu'il ne reparlerait plus à Votre Majesté de la dot de sa femme.

— Précisément.

Et le roi Charles eut un beau gros rire plein de belle humeur.

— Bah ! — pensa Pibrac, — puisque le roi est gai, voici une bonne occasion de lui parler un peu de madame Catherine.

On eût dit que le roi devinait la pensée de son capitaine des gardes, car il le prévint.

— Mais, — dit-il, le départ de ma sœur Margot boudant son époux et celui de son époux courant après elle ne m'expliquent nullement la disparition de la reine mère.

— C'est vrai, sire. — Le roi était redevenu grave tout à coup, et il regardait Pibrac dans le blanc des yeux. — Sire, — dit Pibrac, — il est dangereux de jouer avec le feu.

— Comment ?

— De réchauffer dans ses mains un serpent engourdi.

— Bon !

— Et de redevenir l'ami de ceux qu'on a voulu faire assassiner.

Le roi tressaillit.

— Expliquez-vous donc, — fit-il brusquement.

— Ah ! c'est que, — dit Pibrac, qui parut hésiter, — Votre Majesté sait qu'il fait mauvais pour de pauvres gens comme moi de s'occuper des affaires de la reine mère.

— Allez toujours ! — dit le roi, — ne suis-je pas là, moi ?

— Eh bien ! sire, comme le vient d'apprendre Votre Majesté, la reine mère et le duc de Guise se sont revus...

— Oui.

— La reine sortait tous les soirs du Louvre.

— Et où allait-elle ?

— Voir le duc de Guise, qui était caché quelque part dans Paris.

— Qui sait ! — murmura le roi tout rêveur, — ce qu'ils complotaient ensemble ?

Pibrac se prit à sourire.

— Je ne me mêle pas de politique, sire, — dit-il.

— Parlez, je le veux ! — dit Charles IX avec hauteur.

— Sans nul doute, — reprit monsieur de Pibrac avec soumission, — il était question du roi de Navarre.

— Ah ! vous croyez ?

— Le duc de Guise aimait toujours madame Marguerite.

— C'est probable.

— Et la reine mère était heureuse de trouver un ennemi acharné du roi de Navarre dans le duc de Guise. Or, — poursuivit Pibrac, — madame Catherine, aveuglée par sa haine, et le duc de Guise, étreint par son amour, se sont associés de bonne foi.

— Ils sont fourbes tous deux, cependant.

— Mais quand le duc aura perdu tout espoir de reconquérir le cœur de madame Marguerite, alors il aura cessé d'être de bonne foi avec la reine mère.

— Comment l'entendez-vous ?

— Il se sera souvenu que la reine mère a voulu le faire assassiner.

— Et alors...

— Alors, sire, je crois que nous allons nous expliquer la disparition de madame Catherine.

Le roi tressaillit de nouveau.

— Que vouliez-vous dire ? — fit-il.

— Hé ! hé ! la reine est un bel otage ! — murmura Pibrac.

— Un otage !

— Dame !

Et le capitaine des gardes prit un air naïf qui acheva d'impressionner le roi Charles IX.

— Voyons, Pibrac, — dit le roi, — soyez clair, mon bel ami.

— Votre Majesté l'exige ?

— Je l'ordonne.

— J'obéirai, sire.

— Qu'est devenue la reine mère ? Vous le savez !

— Je m'en doute. Elle est sortie du Louvre hier soir... comme à l'ordinaire.

— Et puis ?

— Et, comme à l'ordinaire, — murmura Pibrac, — elle est allée rejoindre le duc de Guise.

— Mais... où ?

— Ah ! sire, — dit le capitaine des gardes, — voilà ce que je ne puis dire au juste. Cependant...

Pibrac s'arrêta encore.

— Cependant ? — fit le roi que l'impatience commençait à gagner.

— Je ne serais pas étonné qu'un certain La Chesnaye... qui fait les affaires de la maison de Lorraine... sût où le duc logeait.

— Ah ! ah ! et savez-vous où demeure ce La Chesnaye ?

— Oui, sire.

— Bon ! — dit le roi, — vous allez prendre dix Suisses avec vous et vous l'irez arrêter.

— Qui ? La Chesnaye ?

— Lui-même.

— Sur-le-champ ?

— Oh ! tout à l'heure... Finissons-en avec la reine mère. Vous disiez donc, Pibrac, que madame Catherine a quitté le Louvre hier soir, comme à l'ordinaire ?

— Oui, sire.

— Et qu'elle a rejoint le duc de Guise ?

— Je le crois.

— Eh bien ?

— Eh bien ! sire, le duc, apprenant que madame Marguerite ne l'aime plus, se sera souvenu que la reine mère le voulait faire occire jadis, et l'aura enlevée...

— Comment ! il aura osé....

— Les princes lorrains osent tout, sire.

— C'est vrai, — murmura le roi qui devint pensif.

— Le duc n'était pas seul à Paris, probablement.

— Bah !

— Il avait avec lui deux ou trois gentilshommes dévoués ; ils auront bâillonné, garrotté la reine mère, puis ils l'auront mise en litière ou couchée en travers sur une selle...

— Mais c'est un crime de haute trahison, cela !

— Oui, sire.

— Et le duc aurait pu le concevoir ?...

— Je le crois.

Charles IX frappa du pied.

— Mais alors, — s'écria-t-il, — vous allez monter à cheval, Pibrac...

— Soit, — dit le capitaine des gardes avec flegme.

— Et courir après les ravisseurs...

Le sourire narquois de Pibrac reparut.

— Sire, — dit-il, — quand j'aurai crevé dix chevaux et galopé vingt-quatre heures, je n'en serai pas plus avancé.

— Pourquoi donc ?

— Parce que le duc a douze heures d'avance sur nous, et qu'il a dû jouer de l'éperon.

— Ah ! c'est juste !...

— Et, — dit Pibrac, — mon avis serait, sauf le bon plaisir de Votre Majesté...

— Voyons votre avis, Pibrac ?

— D'arrêter plutôt ce La Chesnaye.

— Et puis ?

— Qui sait ! — murmura Pibrac, — il en sait plus long que nous, sire. Nous le ferons causer.

— Soit, — dit le roi, — allez arrêter La Chesnaye sur-le-champ. — Monsieur de Pibrac fit trois pas vers la porte ; Le roi le rappela : — Un instant, — dit-il. Monsieur de Pibrac revint. — Hé ! Pibrac, mon ami, — dit le roi, — vous voyez les choses juste, ce me semble.

— Quelquefois, sire.

— Donnez-moi donc votre avis...

— J'écoute, — dit le capitaine des gardes.

— Si le duc a enlevé la reine mère...

— Oh ! je le jurerais, sire.

— Quel est son but ?

— Il veut un otage.

— Mais pourquoi ?

— Les princes lorrains, sire, ont toujours eu envie d'une certaine forteresse qui appartient au roi de France et touche à leur frontière.

— Hein ? — dit le roi, — est-ce que vous voulez parler de Dieulouard ?

— Oui, sire.

— Mort de ma vie ! — s'écria Charles IX, — s'ils ont compté là-dessus, ils ont compté sans leur hôte. — Pibrac, à son tour, regarda le roi d'un œil interrogateur. Mais le roi était redevenu calme, un sourire glissait sur ses lèvres, et ce fut avec un sang-froid superbe qu'il répondit : — Mes cousins de Lorraine peuvent bien garder la reine mère toute sa vie, mais ils n'auront pas Dieulouard...

— Amen ! — dit Pibrac.

— Car, voyez-vous, mon bel ami, — acheva le roi, — tout bien réfléchi, la reine mère sera fort bien à Nancy, auprès de ses cousins qu'elle aime tant. — Le capitaine des gardes ne souffla mot ; mais Charles IX, dans l'esprit mobile duquel un revirement venait de se faire, Charles IX poursuivit : — En fin de compte, madame Catherine devenait fort gênante au Louvre ; elle se mêlait à toutes les intrigues, inventait des conspirations, chamaillait mon cousin le roi de Navarre, et s'occupait d'une foule de choses malséantes et déshonnêtes avec ce misérable René.

— Hé ! sire, — dit le capitaine des gardes, — Votre Majesté prétend qu'elle ne sait rien de ce qui se passe dans son royaume ; cependant elle me semble être assez au courant.

— Heu ! heu !

— Donc, puisque Votre Majesté pense qu'un voyage à Nancy peut être utile à la santé de la reine mère...

— Certainement.

— Il est superflu d'arrêter ce La Chesnaye, ce me semble ?...

— Non pas, — dit le roi.

— Ah ! il faut l'arrêter ?

— Oui, nous pourrons toujours en tirer quelque chose.

— C'est différent, sire.

— Amenez-le moi ici.

— Quand ?

— Mais tout de suite.

Pibrac salua et sortit.

Puis, d'un pas rapide, le capitaine des gardes gagna la grande cour du Louvre, entra dans le poste des Suisses et y prit dix hommes.

Après quoi il s'en alla au domicile de maître La Chesnaye, et, avant de frapper, il établit avec ses dix Suisses un cordon autour de la maison, donnant cette consigne laconique à ses hommes :

— Vous arquebuserez quiconque voudra sortir de là.

— Cet ordre donné, monsieur de Pibrac souleva le marteau de la porte et le laissa retomber sur le chêne ferré.

— Voilà un homme qui dort encore, — pensa-t-il en voyant les volets clos, — et qui aura un mauvais réveil.

## VII

Il n'était guère que huit heures lorsque monsieur de Pibrac, après avoir fait entourer la maison de maître La Chesnaye, souleva le marteau de la porte.

Les volets des fenêtres étaient hermétiquement clos, et tout le monde paraissait dormir profondément.

Au premier coup de marteau, personne ne bougea, aucun bruit ne se fit entendre.

Pibrac frappa plus fort.

Alors une fenêtre s'ouvrit et une voix cassée demanda :

— Que voulez-vous ?

— Voir maître La Chesnaye, — répondit le capitaine des gardes. Une tête de vieille femme s'était penchée en dehors et regardait avec une sorte de stupeur les Suisses qui formaient le cordon autour de la maison. — Ouvrez ! ouvrez ! — répéta Pibrac d'une voix impérieuse.

— Maître La Chesnaye n'y est pas ! — répondit encore la vieille.

Pibrac fit un signe.

A ce signe, un Suisse gigantesque, le même qui avait enfoncé la porte de madame Catherine d'un coup d'épaule, prit sa hallebarde à deux mains et se mit en devoir d'ébranler l'huis de maître La Chesnaye.

Au bruit, une deuxième fenêtre s'ouvrit et encadra une tête d'homme.

— Qu'est-ce que tout ce vacarme et que me veut-on ? — demanda le survenant.

— Tiens ! — dit Pibrac, — c'est monsieur La Chesnaye lui-même.

— Oui, c'est moi, — répondit le maître de la maison, non moins stupéfait de voir des soldats à sa porte. — Que voulez-vous ?

— On me disait que vous étiez absent, cher monsieur, — railla Pibrac.

— J'avais commandé qu'on me laissât dormir.

— Ah ! ah !

— Que me voulez-vous ?

— Eh bien ! vous voilà réveillé ?

— Oui, certes.

— Alors veuillez m'ouvrir. J'ai une petite commission à vous faire.

— De la part de qui ?

— Au nom du roi.

Maître La Chesnaye comprit qu'il ne fallait point plaisanter, et il cria à la vieille femme :

— Gertrude, allez ouvrir.

— A la bonne heure ! — murmura monsieur de Pibrac.

Le capitaine des gardes entra et trouva maître La Chesnaye dans le corridor.

L'homme d'affaires de la maison de Lorraine était à moitié vêtu, et il était facile de voir à son visage qu'il avait été réveillé en sursaut.

Il connaissait de vue monsieur de Pibrac.

— Que me voulez-vous, monsieur ? — lui dit-il avec un certain effroi.

— Monsieur, — répondit Pibrac, — j'ai eu l'honneur de vous le dire, je viens vous visiter de la part du roi.

— Ah ! — dit hypocritement La Chesnaye, — le roi fait bien grand honneur à un pauvre marchand comme moi, monsieur.

— Le roi veut vous voir.

— Moi ?

— Vous, cher monsieur La Chesnaye.

— Est-ce que le roi me voudrait nommer prévôt des marchands ?

Et La Chesnaye prit un air bonhomme qui fit sourire Pibrac.

— Peut-être...

— Eh bien ! vous pouvez dire à Sa Majesté que je me vais rendre au Louvre, monsieur.

Mais Pibrac hocha la tête.

— Non, mon cher monsieur, — dit-il, — ce n'est pas cela...

— Hein ?

— Je viens vous quérir, et j'ai ordre de vous conduire au Louvre moi-même.

La Chesnaye fronça le sourcil :

— C'est que je ne suis point vêtu convenablement, — dit-il.

— Eh bien ! habillez-vous...

— Et peut-être que le roi est encore au lit.

— Non, il est levé.

— Alors donnez-moi une heure.

— Pas seulement dix minutes, mon cher monsieur.

Le ton bref de Pibrac apprit à La Chesnaye qu'il fallait obéir.

— Mais au moins, — dit-il, — vous me permettrez d'aller mettre un pourpoint de gala.

— C'est inutile.

— Je n'oserais jamais paraître ainsi vêtu devant le roi.

— Mon Dieu ! — fit le capitaine des gardes, — croyez-moi bien, cher monsieur La Chesnaye, le roi est un homme fort simple, qui a un grand mépris de l'étiquette.

— En vérité !

— Seulement, il n'aime pas à attendre...Et, tenez, suivez mon avis... il est bon...

— J'écoute, monsieur.

— Prenez mon bras et allons-nous-en au Louvre comme deux amis.

— Mais...

— Sinon, je vais vous faire garrotter par mes Suisses et jeter comme un fagot sur les épaules de l'un d'eux.

Les tempes de maître La Chesnaye se mouillaient d'une légère sueur.

Il inclina la tête.

— Alors, monsieur, marchons ! — dit-il.

— A la bonne heure !

— Seulement...—hasarda La Chesnaye, —vous me permettrez bien...

— Quoi donc ?

— De donner quelques ordres à ma gouvernante...

— Soit ! Appelez-la.

— Hé ! Gertrude ! — cria La Chesnaye.

La vieille femme descendit toute tremblante.

Alors monsieur de Pibrac fit un nouveau signe et deux Suisses entrèrent dans le corridor.

— Garrottez-moi cette vieille sorcière, — ordonna Pibrac, — et logez-vous avec elle à l'intérieur de cette maison. Que personne n'y entre ou n'en sorte ! — Les Suisses s'inclinèrent. — Maintenant, — acheva le capitaine en se tournant vers La Chesnaye, — venez donc avec moi au Louvre.

La Chesnaye était sans armes, et ne pouvait avoir un seul instant la pensée de résister.

D'ailleurs, résister n'était-ce pas se compromettre ?

Il suivit donc Pibrac au Louvre, sinon avec plaisir, du moins avec résignation.

Le capitaine des gardes le fit entrer par la poterne et le conduisit à travers les petits corridors jusqu'au cabinet du roi.

Charles IX, le roi léger et mobile par excellence, s'était mis à lire, en l'absence de Pibrac, le livre du sire de Brantôme, la *Vie des dames galantes*.

— Sire, — dit Pibrac en entrant, — voilà monsieur La Chesnaye.

— Ah ! ah ! — fit le roi. Il jeta son livre sur une table voisine, et, sans quitter son fauteuil, il se prit à regarder attentivement le personnage qu'on lui amenait. La Chesnaye s'était fait humble et chétif ; il paraissait trembler de tous ses membres et être saisi d'admiration et de respect à la vue du monarque. — Hé ! — dit le roi en attachant sur lui un clair regard, — c'est vous qu'on nomme La Chesnaye ?

— Oui, sire, — balbutia le bourgeois.

— Quelle est votre profession ?

— Je suis drapier.

— Vous n'en avez aucune autre ?

— Non, sire.

— Bah ! — fit le roi de ce ton moqueur et sec qu'il savait prendre quelquefois, — ce n'est pas l'avis de Pibrac.

— La Chesnaye leva un œil étonné et suppliant sur le capitaine des gardes. Le roi poursuivit : — Mon ami Pibrac prétend, lui, que vous êtes à Paris l'homme d'affaires de mes bons cousins les princes de Lorraine.

La Chesnaye laissa échapper une exclamation de surprise, leva les mains et les yeux au ciel, puis regarda le capitaine des gardes.

— Ah ! — dit-il, — se peut-on moquer ainsi d'un pauvre drapier comme moi ! Seigneur Jésus ! si pareille chose était vraie, je serais bien heureux !

— Vraiment ! — fit le roi.

— Et, en place de me donner tant de mal pour gagner ma vie...

— C'est bon ! — dit le roi d'un ton bref. — Ainsi, Pibrac a menti ?

— Monsieur de Pibrac est mal informé.

— Vrai ?

— Oui, certes !

— Eh bien ! — reprit le roi, — vous avez du malheur, monsieur La Chesnaye...

— Sire...

— Car, voyez-vous, j'ai l'habitude de croire Pibrac.

— Mais Votre Majesté...

— Et je me suis mis en tête de vous faire pendre

demain matin, au lever du soleil,—La Chesnaye frissonna, — si vous refusez de me mettre un peu au courant des affaires de mes cousins.

La Chesnaye grimaça un sourire:

— Alors, — balbutia-t-il, — je serai pendu.

— Ah! ah!

— Car je n'ai jamais vu les princes lorrains, sire.

— En vérité!

— Oh! je le jure...

— Eh bien!—fit froidement le roi,—c'est fâcheux pour vous, en effet,— les cheveux de La Chesnaye se hérissèrent, — car vous serez pendu, — ajouta le roi; — vous comprenez que je ne puis donner un démenti à mon ami Pibrac.

La Chesnaye avait peur de la mort, mais il était fidèle à ceux qu'il servait.

— Eh bien! — dit-il, — je serai pendu, sire.

— Oh! oh! — murmura le roi. Et, se tournant vers Pibrac:— Faites-moi enfermer cet homme dans un cachot du Louvre, — dit-il.

— Sire, — dit froidement Pibrac, — oserais-je émettre un avis?

— Parlez, Pibrac, mon ami.

— Si on pendait cet homme tout de suite...

La Chesnaye eut la chair de poule, mais il ne broncha pas.

— Je vais mourir innocent, — murmura-t-il, — Seigneur, ayez pitié de votre malheureux serviteur!

— Non, — répondit le roi,— attendons à demain, d'ici là il se décidera à parler.

— Comme il plaira à Votre Majesté. Et Pibrac dit à La Chesnaye: — Venez avec moi. — La Chesnaye sentait ses jambes fléchir. — Mais venez donc! — fit Pibrac en le prenant rudement par le bras. Et il l'emmena hors du cabinet du roi. Charles IX, parfaitement calme, avait repris son livre et lisait. Le capitaine des gardes conduisit La Chesnaye par le même chemin jusqu'à ce couloir obscur qui précédait la poterne. Mais là il appela le lansquenet qui se trouvait de faction et lui dit: — Va me querir deux soldats au poste de la grande porte, et tu demanderas la clef du Prie-Dieu.

Le Prie-Dieu dont parlait monsieur de Pibrac était un cachot étroit, humide, obscur et infect, situé sous l'escalier tournant que nous connaissons.

Un prisonnier qui l'aurait habité huit jours serait mort le neuvième. Des rats y grouillaient par centaines.

L'homme qu'on renfermait dans le Prie-Dieu était condamné par avance.

La Chesnaye comprit qu'il était perdu, et il ne compta plus que sur un miracle pour le tirer de cette position critique.

Le lansquenet revint avec les deux Suisses et les clefs du Prie-Dieu.

Sur un signe de Pibrac, on alluma une torche, et le capitaine des gardes poussa La Chesnaye devant lui et lui fit descendre les dix marches qui séparaient le sol du corridor de la porte du cachot.

— Mon cher monsieur, — dit-il alors à La Chesnaye, devenu livide, tandis que le lansquenet ouvrait les deux serrures et tirait les trois verrous de l'infâme réduit, — le roi vous a prédit que vous seriez pendu demain. — La Chesnaye soupira, — le roi s'est trompé. — La Chesnaye leva sur Pibrac un regard étrange, — car, — ajouta le capitaine des gardes,— je ferai revenir Sa Majesté sur cette décision.

— Ah! —murmura La Chesnaye,—vous ne pouvez vouloir la mort d'un innocent, monsieur.

Pibrac haussa les épaules.

— Ce n'est pas ce que je veux dire, — fit-il. — On pend au soleil, devant le peuple assemblé, et le peuple aime les bourgeois. cela rend un roi impopulaire. Il y a ici près une oubliette de cent pieds de profondeur. . on vous jettera dedans, mon cher monsieur La Chesnaye, dès demain matin.

Et Pibrac poussa La Chesnaye dans le Prie-Dieu après lui avoir fait cette sinistre prédiction, fit refermer la porte avec soin, et s'en alla, mettant les clefs dans sa poche, et laissant les deux soldats en faction à la porte. . . . .

. . . . . . . . . . . . . . . . . . . . . . . . . . . . .

La journée se passa sans que ni le roi Charles IX, ni monsieur de Pibrac eussent la moindre nouvelle des absents.

Malgré la recommandation du roi, la chose avait passablement transpiré dans le Louvre.

Des gens de l'importance de madame Catherine, du roi et de la reine de Navarre, ne disparaissaient pas ainsi qu'on s'en occupât.

Les pages avaient jasé, et, comme le babil d'un page ne tarit pas, avant le coucher du soleil il courait cent versions différentes dans le Louvre.

Selon les uns, la reine mère, le roi et la reine de Navarre, étaient partis de compagnie.

Selon d'autres, ils se donnaient mutuellement la chasse.

D'autres encore prétendaient que le roi Charles IX les avait fait arrêter sans bruit ni scandale et conduire au donjon de Vincennes. Ceux qui faisaient ce dernier conte représentaient, au Louvre, la section des poëtes et des fantaisistes.

Monsieur de Pibrac écoutait çà et là, souriait et prenait un air étonné, et s'en allait ensuite rôder aux environs de Malican.

Le bonhomme béarnais lorgnait du coin de l'œil monsieur de Pibrac, souriait à demi, et feignait de ne l'avoir point aperçu.

Cependant, comme le capitaine des gardes passait, à la brune, pour la dernière fois devant sa porte, Malican l'appela:

— Hé! monsieur de Pibrac? — dit-il. Pibrac entra. — Vous paraissez bien en peine, en vérité, — fit Malican.

— Tu crois?

— Dame!

— Eh bien! — dit le capitaine des gardes avec son fin sourire, — tire-moi d'affaire, si tu peux.

— Je le voudrais... mais...

— Ah! oui, c'est vrai... tu as fait un serment, n'est-ce pas?

— Justement. — Monsieur de Pibrac soupira. — Mais, — ajouta Malican, — j'en serai délié...

— Ah!

— Bientôt...

— Et quand cela?

— A minuit.

— A minuit tu pourras parler?

— Oui, car il y aura environ vingt-six heures que notre Henri sera parti.

— Mordioux! — murmura Pibrac, — je ne suis pas curieux de ma nature, mais je jure bien que je te viendrai voir.

— A minuit.

— Parbleu!

— Soit! — dit Malican, — venez à minuit; je vous attendrai. Vous cognerez au volet de la fenêtre.

Monsieur de Pibrac s'en retourna au Louvre se disant:

— Il est neuf heures, c'est donc trois heures à attendre... Que faire pendant ces trois heures?... Bah! j'ai une idée...

Et Pibrac se frotta le front.

## VIII

Monsieur de Pibrac avait fait le raisonnement que voici et qui ne manquait ni de sagacité ni de logique:

— En me faisant arrêter La Chesnaye, le roi m'a tout à fait compromis vis-à-vis du duc de Guise. Je suis dévenu l'ennemi des princes lorrains ouvertement, comme je l'étais au fond du cœur; donc, l'heure des ménagements est passée, et, puisque la guerre est déclarée, il s'agit de la faire avec conscience et courage. — On le voit, le capitaine des gardes, prudent d'ordinaire, savait faire appel à la violence de son sang gascon lorsque besoin était. D'ailleurs, à vrai dire, monsieur de Pibrac n'avait qu'une terreur sérieuse au monde, la haine de madame Catherine. Il eût bravé l'univers entier, mais la pensée que la reine mère le pourrait haïr lui donnait la chair de poule. Or donc, le digne capitaine des gardes, s'étant résolu à faire la guerre aux princes lorrains, termina son raisonnement par la conclusion suivante : — Il est impossible que La Chesnaye n'ait pas chez lui des papiers compromettants; lesquels papiers, tombés en ma possession, me permettront de tenir monseigneur le duc de Guise à une distance respectueuse.

Et monsieur de Pibrac prit le chemin de la maison où il avait, le matin, arrêté La Chesnaye, et dans laquelle il avait laissé deux Suisses chargés de veiller sur la vieille servante.

Seulement, le capitaine était loin de s'attendre au spectacle qu'il trouva en arrivant; et, pour expliquer ce qui s'était passé, il faut nous reporter à quelques heures plus tôt.

La vieille femme garrottée, et la consigne donnée aux deux Suisses, monsieur de Pibrac s'était en allé emmenant son prisonnier.

Alors les deux Suisses avaient fermé la porte d'entrée et s'étaient installés dans la maison, poussant la servante, qui remplissait l'air de ses gémissements, dans un coin de la cuisine.

Et comme elle criait de plus belle, l'un d'eux prit son mouchoir et la bâillonna en lui disant:

— Prends garde, vieille sorcière ! si tu n'es pas plus raisonnable, nous allons te faire rôtir sur un tas de fagots.

Cette menace épouvanta dame Gertrude, qui n'osa plus ni gémir, ni se débattre.

Les deux Suisses demeurèrent persuadés pendant plus d'une heure que le capitaine des gardes allait revenir, et, en vrais fils de l'Helvétie, fidèles à leur consigne, ils attendirent patiemment le retour du chef.

Mais les heures s'écoulèrent, monsieur de Pibrac ne revint pas.

Comme midi sonnait à la paroisse voisine, l'un des Suisses émit cette réflexion :

— Messire le capitaine n'est pas raisonnable de nous laisser ici sans boire ni manger.

— Moi, — répondit l'autre, — je meurs de soif.

— Au fait, — reprit le premier, — le capitaine ne nous a pas défendu de manger, ce me semble.

— Non, mais de sortir.

— Pourquoi ne mangerions-nous pas ici ?

— Tiens ! c'est une idée. Le vieux singe que le capitaine a emmené ce matin doit avoir une bonne cave.

— Et la maison n'est pas sans un morceau de lard et une miche de pain blanc. — En prononçant ces derniers mots, le premier Suisse regarda la servante : Hé ! vieille sorcière ! — dit-il, — nous avons faim et soif... il faut que tu nous donnes à boire et à manger !

La servante, qui avait toujours grand'peur et ne savait ce qu'on voulait faire d'elle, fit signe que, si on lui ôtait son bâillon, elle répondrait.

Les Suisses la débarrassèrent, puis, quand elle put parler, ils lui dirent :

— Indique-nous l'office et la cave.

— Ouais ! — répondit-elle, — et que ferez pour moi ?

— Tu te mettras à table avec nous.

— Non, — dit la vieille, — je veux m'en aller.

— Hein ?

— Vous me laisserez aller, — répéta-t-elle, — et vous ferez ce qu'il vous plaira dans la maison.

Les deux Suisses se mirent à rire.

— Tu es folle, la vieille, — dirent-ils, — tu veux donc que nous soyons pendus?

— Alors c'est bien, — répondit-elle, — cherchez si vous voulez... moi je ne vous indiquerai rien...

Les deux Suisses se consultèrent du regard.

— Nous allons allumer le feu, en ce cas, — dit le premier, — et tu nous serviras de braise.

La vieille eut peur.

— Soit ! — dit-elle, — je vous indiquerai la cave et je vous donnerai les clefs de l'office, mais vous me délierez, car vos affreuses cordes me font un mal horrible.

Les deux Suisses se consultèrent de nouveau :

— Au fait ! — dit le second, — elle ne nous échappera pas... il n'y a qu'à bien fermer la porte de la rue.

— Et puis, — reprit le premier, — elle nous fera la cuisine.

— Tiens ! c'est juste...

Ils délièrent la servante, allumèrent le feu et ordonnèrent à dame Gertrude de leur mettre le couvert et de leur confectionner une omelette au lard.

Du reste, ils avaient l'œil sur ses moindres mouvements, et ils lui avaient promis de l'assommer d'un coup de hallebarde si elle cherchait à leur échapper.

Quand l'omelette fut cuite, celui des deux qui avait émis le premier l'idée de ce petit festin accompagna la servante à la cave.

Si on eût pu douter, à voir la chétive apparence de la maison que possédait maître La Chesnaye, de ses relations mystérieuses avec de grands personnages, les doutes auraient disparu à la vue de la cave.

Le cellier du prétendu drapier était vaste et merveilleusement bien garni de vins de tous les crûs.

On y voyait de vieilles barriques et des bouteilles couvertes d'une barbe vénérable.

Ce fut vers le rayon le plus chargé de poussière que le Suisse força la vieille à se diriger.

Dame Gertrude se prit à gémir, mais elle fut contrainte de mettre dans son tablier quatre bouteilles, tandis que le Suisse lui-même en plaçait deux autres sous son bras.

Puis on remonta à la cuisine, où l'autre Suisse attendait.

La servante s'était subitement calmée.

Elle ne gémissait plus; son geste et son regard ne trahissaient plus la terreur.

Les deux soldats l'invitèrent à se mettre à table avec eux. Elle accepta.

Une heure après, les deux Suisses étaient aux trois quarts ivres.

Alors la vieille Gertrude leur dit :

— Vous êtes de gais compagnons, ma foi ! et je vais vous faire boire d'une liqueur que je fabrique moi-même avec des cerises.

— Kirchen ! Kirchen ! — s'écrièrent les fils de l'Helvétie tout joyeux.

Dame Gertrude ouvrit la porte de l'office et y entra sans que, cette fois, ses gardiens songeassent à la suivre.

Elle en revint, quelques minutes après, armée d'une bouteille enfermée dans une enveloppe d'osier.

— Goûtez-moi cela, — dit-elle.

Les Suisses tendirent leurs verres, dame Gertrude les emplit jusqu'au bord.

Ce fut l'affaire d'un instant : les deux soldats trinquèrent, burent en même temps aussi, et roulèrent sous la table comme foudroyés.

La perfide servante de maître La Chesnaye avait mêlé au kirch un narcotique des plus puissants.

Quand ils ronflèrent sur le sol, la servante ne perdit pas un moment; elle monta au premier étage et ouvrit un volet avec précaution.

Elle craignait que la maison ne fût toujours environnée de soldats : mais la rue était déserte, et dame Gertrude ne vit qu'un jeune homme qui se promenait de long en large à distance.

C'était le commis drapier de maître La Chesnaye.

Le commis était venu le matin, à l'heure accoutumée, pour ouvrir la boutique ; mais il avait vu les soldats de monsieur de Plorac, puis ce dernier emmenant La Chesnaye et laissant deux Suisses à l'intérieur de la maison, et il s'était bien gardé d'approcher.

— Hé ! Patureau ? — cria la servante. A cette voix bien connue, le commis s'approcha. — Arrive ! arrive ! répéta la vieille. Et elle descendit lui ouvrir la porte. — On a arrêté le maître, — dit-elle vivement, — de la part du roi.

— Je le sais, — dit Patureau.

— Mais il ne faut pas qu'on le perde ! Viens ! viens ! Elle l'entraîna à l'intérieur de la maison.

— Mais où me conduisez-vous donc ? — demanda le commis.

— Il faut brûler les papiers ou les emporter loin d'ici... Il y en a, — acheva la servante, — qui sont de nature à nous faire tous rouer vifs !...

A son tour, lorsque le commis fut entré, la vieille servante de La Chesnaye ferma la porte au triple verrou.

Les Suisses ronflaient comme des orgues de cathédrale.

## IX

La vieille servante et le commis montèrent en toute hâte à la chambre de La Chesnaye.

Dame Gertrude était dans tous les secrets de son maître, car elle ouvrit un vieux bahut, lequel en apparence ne contenait que des hardes.

Seulement le bahut avait un double fond, et cette cachette était remplie de papiers et de parchemins de toute sorte.

— Je ne sais pas lire, — dit la vieille à Patureau, — mais j'ai toujours entendu dire à maître La Chesnaye qu'il y avait là-dedans de quoi faire pendre bien du monde.

— Raison de plus pour tout brûler...

— Oh ! non, — répondit la vieille.

— Mais si on arrête le patron, on viendra fouiller dans la maison.

— Il faut les emporter d'ici.

— Mais où ?...

— Hé ! le sais-je ? pourvu qu'ils soient en sûreté.

— On ne peut pourtant pas les mettre dans la rue.

— Oh ! non.

— Alors...

— Imbécile ! — s'écria dame Gertrude, à qui vint tout à coup une idée lumineuse, — est-ce que tu n'as pas ton logis derrière l'église Saint-Eustache, dans la rue du Jour ?

— Hein ? — fit le commis en tressaillant, — vous parlez de mon logis ?

— Mais sans doute.

— Et vous voulez que...

— Je veux que tu portes ces papiers avec toi.

— Dans ma chambre. — Les cheveux de Patureau se hérissaient. — Mais, dame Gertrude, — reprit-il, — puisque ces papiers peuvent faire pendre le patron...

— Il faut les enlever à tout prix.

— Mais ils me feront pendre également, moi...

La servante haussa les épaules :

— Grand niais ! — dit-elle. Et comme l'épithète ne suffisait point à calmer la terreur du commis, dame Gertrude ajouta : — Comment veux-tu qu'on puisse supposer jamais qu'un pauvre diable comme toi se mêle des choses de la politique ? — Malgré ce beau raisonnement, Patureau hésitait encore. Alors dame Gertrude indignée lui dit : — Maître La Chesnaye sera mis en liberté tôt ou tard et il te chassera...

Ces derniers mots décidèrent le commis. Il laissa Gertrude faire un paquet de tous les papiers et les lui placer entre sa chemise et son pourpoint. Puis elle lui dit : — Sauve-toi vite, maintenant !

— Faudra-t-il revenir ?

— Non. Et prends garde aux papiers...

— Oh ! je ne vais pas les perdre dans la rue, soyez tranquille.

— Songe, — acheva la servante, — que, s'il en manque un seul, les lorrains t'écharperont et te mettront le corps en lambeaux.

Cette deuxième menace acheva d'épouvanter le commis. Cependant il demanda à Gertrude :

— Est-ce que vous allez rester ici, vous ?

— Oh ! non, — dit-elle.

— Où irez-vous ?

— C'est mon secret. Va-t'en, et garde bien les papiers.

— Et elle se remit à la fenêtre pour le voir sortir. La peur d'être pendu par les gens du roi ou d'être écharpé par ceux des princes lorrains donna des ailes à Patureau. La servante le vit traverser la rue d'un pas précipité, et se sauver comme s'il avait eu le diable à ses trousses. — Bon ! se dit-elle, — il s'agit maintenant de prévenir monseigneur le duc de Guise et de ne pas perdre un instant.

Elle redescendit à la cuisine, s'assura que les deux Suisses ronflaient toujours sous la table, et, après avoir entr'ouvert la porte avec précaution pour s'assurer qu'aucune hallebarde et aucun mousquet ne brillait dans le voisinage, elle s'esquiva avec non moins de rapidité que maître Patureau, après avoir toutefois fermé la porte et mis la clef dans sa poche.

Quant à Patureau, le commis drapier, il avait déjà gagné son logis, situé dans les combles d'une vieille maison de la rue du Jour.

Ce logis était une pauvre mansarde dont tout le mobilier consistait en un grabat, un escabeau et une table boiteuse.

Le peuple, en tout pays et à tous les âges, a les mêmes instincts.

Si d'aventure le pauvre veut cacher quelque chose, un bijou, un petit pécule ou un objet compromettant, soyez sûr qu'il l'enfouira dans sa paillasse.

Ainsi fit le commis.

Il déboutonna son pourpoint, prit la liasse de parchemins, et la cacha dans la paille de son grabat.

Puis, comme s'il se fût trouvé mal à l'aise en pareil voisinage, il sortit et se prit à errer sur le pavé comme une âme en peine.

Pendant plusieurs heures Patureau s'en alla de rue en rue, la sueur au front, l'angoisse au cœur, se répétant :

— Si on trouvait ces papiers en ma possession, je serais pendu !... — Et les cheveux de Patureau se hérissaient, et il s'indignait de sa complaisance et murmurait : — Je risque ma vie par dévouement pour maître La Chesnaye, lequel n'a jamais été ni bon ni généreux pour moi, qui me paye mal, me nourrit plus mal encore, et a voulu me chasser deux fois déjà. Qu'est-ce que cela me fait, après tout, qu'on pende maître La Chesnaye ?... — Et Patureau avait envie de retourner chez lui, d'y prendre les papiers et de les brûler. Mais alors la deuxième menace de dame Gertrude lui revenait en mémoire : « Si les papiers s'égarent, » lui avait-elle dit, « les lorrains t'écharperont. » Le commis battit le pavé pendant plusieurs heures, il oublia de manger, il endura la soif et ne songea point à boire. De rue en rue, et après avoir longtemps tourné aux environs de Saint-Eustache sans oser remonter à son logis, il arriva sur la place de Grève. Le grand prévôt avait fait pendre la veille un pauvre diable, et le corps du supplicié se balançait encore dans l'air. Ce hideux spectacle épouvanta si bien Patureau qu'il se dit : — Non ! non ! j'aime encore mieux être écharpé que pendu !... je vais brûler les papiers !... — Dès lors le commis n'hésita plus, il rebroussa chemin vers son logis et en passant par la rue aux Ours, qui a déjà, on s'en souvient, joué un grand rôle dans notre histoire. La rue aux Ours avait acquis une vraie célébrité parmi les Parisiens depuis l'assassinat de l'argentier Loriot. En la traversant, Patureau ne put se défendre de songer à cette sombre his-

toire et de faire cette réflexion naïve : — Ce n'est pas moi
qu'on assassinera jamais pour me voler... je suis trop
pauvre !... — Et, lorsqu'il se fut avoué qu'il était pauvre,
qu'il portait des chausses trouées, couchait en un taudis,
buvait de l'eau et mangeait une maigre pitance d'un bout
à l'autre de l'année, Patureau songea qu'il y avait de par
le monde des gens qui avaient de l'or plein leurs mains et
qui ne se refusaient aucune des jouissances terrestres.
Alors une mauvaise pensée lui vint. — Qui sait ? — se
dit-il ; — le roi payerait bien cher peut-être pour avoir
ces papiers que dame Gertrude m'a fait emporter et que
je veux brûler pour n'être point pendu. — Patureau repoussa d'abord cette idée, puis elle lui revint, et il lui
sembla voir une bourse arrondie à travers les mailles de
laquelle brillaient des pièces d'or. Et, quand il fut arrivé
à la porte de la maison où il demeurait, il hésita à en
franchir le seuil. Sans doute, en ce moment, il se passa
dans l'âme naïve et cupide à la fois du commis drapier
quelque étrange lutte entre sa conscience et l'âpre amour
de l'or ; sans doute aussi la conscience fut vaincue, car,
au lieu de monter chez lui, il revint brusquement sur ses
pas, longea de nouveau l'église Saint-Eustache, et prit
résolûment le chemin du Louvre. Patureau était décidé à
aller trouver le roi et à trahir La Chesnaye et les princes
lorrains. Il s'en alla droit au Louvre. En route, le naïf
commis se disait : — Je vais demander à parler au roi, et
je lui dirai : Sire, il est en votre pouvoir de me faire pendre, mais que peut vous importer la vie d'un pauvre diable, tandis que, si vous me voulez bailler beaucoup d'or,
je vous donnerai en échange des parchemins fort compromettants pour monseigneur le duc de Guise. Le roi
aurait bien tort de refuser...

Et, bien qu'il n'eût point encore le premier écu de ce
trésor qu'il rêvait, Patureau, chemin faisant, en calcula
l'emploi.

Il achèterait une boutique de drapier et s'établirait pour
son propre compte, puis il se marierait.

Il avait vu sur le seuil d'un droguiste de la rue du Renard une fille qui lui plaisait fort...

Patureau songeait à l'épouser, et il préparait son petit
discours au père de la jeune fille comme il se l'était répété
déjà son allocution au roi, lorsque tous ses rêves vinrent
se briser au guichet du Louvre.

Patureau s'était imaginé qu'on entrait au Louvre comme on entre chez soi, avec la souquenille de grosse laine
et le chapeau d'un bourgeois.

Passé avec le pourpoint et le toquet à plumes d'un gentilhomme !

Le Suisse de faction croisa la hallebarde en criant à
Patureau :

— Au large !

— Mais je veux parler au roi !...

Le Suisse le prit pour un fou, et lui appliqua le manche
de la hallebarde entre les deux épaules, en répétant :

— Au large ! maraud !

Cependant le commis était tenace, et il allait sans doute
revenir à la charge une troisième fois lorsqu'il vit sortir
par la poterne un gentilhomme qu'il reconnut sur-le-
champ pour celui qu'il avait vu passer le matin emmenant son malheureux patron prisonnier.

C'était monsieur de Pibrac.

Une idée vint à Patureau.

— Puisque ce gentilhomme a arrêté maître La Chesnaye,
— se dit-il, — ce doit être un favori du roi. Je vais l'a-
border...

Mais monsieur de Pibrac marchait d'un pas rapide, et il
avait de longues jambes.

Patureau allongea le pas pour le rattraper.

Mais, comme Patureau ne parlait pas d'abondance et
qu'il avait toujours besoin de préparer une allocution, il
perdit environ dix minutes et laissa monsieur de Pibrac
s'engager dans les petites rues étroites qui conduisaient à
la maison de La Chesnaye.

Le commis le vit, comme neuf heures et le quart son-

naient à la paroisse Saint-Eustache, s'arrêter devant la
maison de La Chesnaye.

Alors, obéissant à un sentiment de prudence, Patureau
se tint à l'écart.

Pibrac frappa. Personne ne répondit.

— Oh ! oh ! — dit-il, — est-ce que mes Suisses auraient
gagné au large ? — Il frappa plus fort, puis il ébranla la
porte à coups d'épaule. Mais la porte était solide, et elle
résista. Alors Patureau n'hésita plus, et il s'approcha, sa
toque à la main, d'un air humble et prévenant. — Que
veux-tu, maraud ? — demanda le capitaine des gardes.

— Offrir mes services à Votre Seigneurie, — répondit
Patureau.

— Pour quoi faire ?

— Pour entrer dans cette maison.

— As-tu de bonnes épaules, — Patureau regarda Pibrac, — afin d'enfoncer la porte ? — ajouta le capitaine
des gardes.

Patureau secoua la tête.

— Ce n'est pas utile, — dit-il.

— Pourquoi ?

— Parce qu'on peut entrer par la boutique.

Et il indiquait une seconde porte.

— Mais elle est fermée aussi...

— Oui, mais j'en ai la clef.

— Toi ? — Et Pibrac le regarda. — Qui es-tu donc ? —
dit-il.

— Je m'appelle Patureau.

— Bon ! après ?

— Et je suis le commis de maître La Chesnaye.

— Ah ! ah ! — dit Pibrac, — voilà qui est bon à savoir... Ouvre-moi, en ce cas. — Le commis tira une clef
de sa poche, ouvrit la porte de la boutique, et fit pénétrer
Pibrac dans la maison. — Holà ! les Suisses ! — cria le
capitaine des gardes. Patureau poussa une seconde porte
qui de la boutique donnait accès dans la cuisine, et alors
Pibrac entendit un ronflement sonore. — Sandis ! — murmura-t-il, — les drôles auront bu et se seront grisés ! —
Et en effet, lorsqu'il eut franchi le seuil de la cuisine,
monsieur de Pibrac put se rendre compte de ce qui s'était
passé. Alors il se tourna vers Patureau. — Pourquoi n'é-
tais-tu point ici ce matin ? — lui dit-il.

— Je loge au dehors.

— Es-tu venu après mon départ ?

— Oui, messire.

— Qu'as-tu rencontré ?

— La vieille Gertrude, qui m'a ouvert la porte.

— Et où est-elle maintenant ?

— Elle s'est sauvée après avoir grisé les deux Suisses.

— Ah ! — Pibrac leva les yeux sur le visage mélangé
d'astuce et de naïveté de Patureau. — Sais-tu où est La
Chesnaye ? — dit-il.

— Vous le devez mieux savoir que moi, puisque ce
matin...

— Oui, certes, je le sais, et je vais te le dire : La Chesnaye est dans un cachot du Louvre, et il sera pendu demain matin. — Patureau tressaillit. — Il sera pendu en ta
compagnie, — acheva Pibrac, — si d'ici là tu ne m'as pas
aidé à trouver certains papiers qui doivent exister ici.

Patureau tressaillit de nouveau, monsieur de Pibrac allait au-devant de ce qu'il avait à lui dire.

— Comme cela se trouve ! — pensa-t-il.

<h2 style="text-align:center">X</h2>

Les gens les plus timides s'enhardissent parfois outre
mesure et tout d'un coup.

Ce fut l'histoire de Patureau.

Durant toute la journée, le pauvre diable avait tremblé
comme un lièvre. En présence de monsieur de Pibrac,
qui cependant parlait de le faire pendre, non-seulement

il ne trembla plus, mais encore il prit un aplomb qui eût stupéfié dame Gertrude elle-même.

— Monseigneur,—dit-il,— on trouve toujours ce qu'on veut trouver.

— Ah ! ah !

— Le tout est de mettre aux recherches le prix convenable.

— Hein ! — fit Pibrac.

— Car, — ajouta Patureau, — en ce monde, tout se paye.

Pibrac regarda attentivement le commis.

— Hé ! hé ! — dit-il, — me voudrais-tu faire des conditions, maraud ?

— Moi ? pas du tout...

— Alors aide-moi... ou plutôt indique-moi...

— Mais, monseigneur, toute peine mérite salaire, et, si vous m'employez à chercher les papiers de maître La Chesnaye, il est juste... que...

— Tiens ! voilà une pistole.

Patureau se mit à rire, et n'étendit point la main pour prendre la pistole.

— Votre Seigneurie se gausse de moi, — dit-il.

Bien qu'il fût Gascon, Pibrac était toujours calme, et l'audace du commis ne l'irrita point.

— Comment te nommes-tu ? — demanda-t-il.

— Patureau, monseigneur.

— Tu es commis drapier ?

— Oui, monseigneur.

— Combien gagnes-tu par jour ?

— Une livre deux sous.

— Eh bien ! drôle, je puis te faire pendre, et au lieu d'user de ce droit je t'offre une pistole pour ta peine, et tu fais le dédaigneux !

Ces paroles du capitaine des gardes ne déconcertèrent point le commis drapier.

— Oh ! je sais bien, monseigneur, — dit-il, — que vous pouvez me faire pendre.

— Et je le ferai, certes !

— Je m'y attends, mais...

— Mais ? — fit Pibrac.

— Lorsque j'aurai été pendu, vous n'en serez pas plus avancé.

— Tu crois ?

— J'en suis sûr. Sans moi vous n'aurez jamais les papiers que vous cherchez.

— Bah ! lorsque tu seras en présence d'une belle corde neuve et de la potence... tu changeras d'idée.

— Je ne crois pas.

— Plaît-il ?

— J'ai voulu me rendre compte de la chose, — ajouta Patureau avec calme, — et je suis allé tout à l'heure me promener sur la place de Grève.

— En vérité !

— J'y ai vu un pendu. Ma foi ! monseigneur, cela n'a rien d'effrayant. On dit même que c'est un genre de mort qui n'a rien de désagréable, la pendaison.

— Oh ! oh ! — pensa Pibrac, — voilà un drôle bien trempé. — Puis il dit tout haut : — Et tu crois que sans toi je ne trouverai point les papiers ?

— J'en suis certain.

— Même en bouleversant la maison de fond en comble ?

— Il y a pour cela une raison bien simple, monseigneur.

— Laquelle ?

— C'est que les papiers ne sont pas dans la maison.

— Et où sont-ils ?

— C'est mon secret.

— Et tu veux vendre ce secret ?

— Dame !

Pibrac comprit qu'il était à la discrétion de Patureau.

— Soit, — dit-il, — quel est ton prix ?

— Je voudrais avoir cent pistoles.

Pibrac fit un pas en arrière.

— Tu as la berlue ! — dit-il.

— Pourquoi, monseigneur ?

— Mais parce qu'un pauvre officier de fortune comme moi n'a jamais eu cent pistoles dans le creux de sa main.

— Oui, mais le roi les a.

— Eh bien ! va les demander au roi.

— C'était ce que je comptais faire d'abord, monseigneur.

— Ah !

— Je me suis présenté au guichet du Louvre, et on n'a point voulu me laisser entrer.

— Eh bien ! je te ferai entrer, moi.

— Et vous me conduirez chez le roi ?

— Oui.

— Allons ! — dit Patureau.

La résolution du commis fit réfléchir de nouveau le capitaine des gardes.

— Sais-tu comment je me nomme ? — lui dit-il.

— Non, monseigneur.

— Je m'appelle Pibrac.

— Vous êtes le capitaine des gardes ?

— Précisément. Et si je te donnais ma parole, en douterais-tu ?

— Non, monseigneur.

— Eh bien ! je t'engage ma foi de gentilhomme que tu auras tes cent pistoles.

— Quand ?

— Demain matin avant midi. Mais il me faut les papiers ce soir.

Le commis eut confiance en la loyauté de Pibrac.

— Puisqu'il en est ainsi, monseigneur, — dit-il, — venez avec moi.

Et il l'emmena rue du Jour, lui racontant en route comment la servante de maître La Chesnaye, dame Gertrude, s'était débarrassée des deux Suisses, et lui avait confié, à lui Patureau, ces papiers et ces parchemins, dont le moindre, selon elle, était suffisant pour faire pendre le prétendu marchand drapier.

Le capitaine des gardes grimpa au dernier étage de la vieille maison, et pénétra dans l'affreux réduit qui servait de logis à Patureau.

Celui-ci avança son unique escabeau, puis, après avoir battu le briquet et allumé une chandelle, il éventra sa paillasse et en retira la liasse de parchemins.

Sur un signe de Pibrac, il les plaça sur la table de bois blanc qui composait avec l'escabeau tout le mobilier, puis il poussa cette table devant le capitaine des gardes.

— Voyons un peu qu'est-ce que tout cela, — murmura ce dernier.

. . . . . . . . . . . . . . . . . . . . . .

De quelle importance étaient les papiers et les parchemins de maître La Chesnaye, et que se passa-t-il entre monsieur de Pibrac et le commis drapier Patureau ?

Nous ne saurions le dire au juste. Tout ce que nous pouvons affirmer, c'est que le capitaine des gardes demeura beaucoup plus d'une heure enfermé avec Patureau, et que, en le quittant, il lui donna comme à-compte sur les cent pistoles le contenu de sa bourse, qui était assez bien garnie.

En homme prudent, Pibrac avait glissé les parchemins sous son pourpoint, qu'il avait ensuite reboutonné avec soin.

Après quoi il avait repris le chemin du Louvre, se disant qu'il n'était pas très-loin de minuit, et que c'était à minuit que Malican avait promis de parler.

Aussi le capitaine franchit-il lentement la distance qui séparait la rue du Jour du Louvre, occupé qu'il était de monologuer de la sorte :

— Les papiers que j'ai sur moi sont de nature à envoyer monseigneur le duc de Guise, son frère Mayenne et son autre frère, le cardinal de Lorraine, laisser leur tête en place de Grève. Malheureusement, pour obtenir ce résultat dont les conséquences ne pourraient être que très-favorables au royaume de France et à la monarchie, il faudrait un autre roi que celui que je sers... — Et Pibrac soupira. — Car, — reprit-il, — supposons que j'aille trouver le roi et que je lui soumette les plans de cette petite

19

conspiration qui peut envelopper la France entière. le roi va jeter les hauts cris, jurer, tempêter, ordonner qu'on arrête les uns, qu'on pende les autres... il fera grand bruit, se couchera après avoir formulé sa volonté, se réveillera malade, et retrouvera à son chevet madame Catherine, l'amie des princes lorrains, qui lui prouvera clair comme le jour qu'il a fait un mauvais rêve et que la conspiration n'existe pas. Ah ! si j'étais sûr que madame Catherine ne revînt jamais au Louvre et que le roi de Navarre lui eût trouvé un logis pour ses vieux jours !...

Monsieur de Pibrac arriva au guichet du Louvre et fut fort étonné d'y voir, au clair de la lune, un cavalier qui parlementait avec le Suisse de faction.

Ce cavalier était un moine, monté sur une mule, qui disait à le sentinelle :

— Il faut absolument que je parle au roi.

— Le roi est couché, et puis, mon père, — ajoutait le soldat, — on n'entre point au Louvre à pareille heure. —

Ce fut comme comme le soldat prononçait ces mots que Pibrac arriva. — Tenez, — dit le Suisse, — voilà le capitaine des gardes, adressez-vous à lui, mon père.

Le moine mit pied à terre et vint à la rencontre de Pibrac.

— Que désirez-vous, mon révérend ? — lui demanda courtoisement le capitaine.

— Messire, — répondit le moine, — je désirais voir le roi pour lui confier une aventure qui m'est advenue touchant madame la reine mère.

Pibrac tressaillit.

— Pardon ! mon révérend, — dit-il en entraînant le moine à l'écart, — il est près de minuit, le roi est couché depuis longtemps et j'ai l'ordre formel de ne laisser pénétrer personne auprès de lui.

— Cependant...

— Mais, comme je suis son capitaine des gardes, si vous avez un message de la reine mère, vous pouvez me le confier.

— Hélas ! monsieur, je ne l'ai plus, ce message.

— Plaît-il ?

— On me l'a volé... Pibrac ouvrit de grands yeux. — Messire, — reprit le moine, — j'appartiens à une communauté qui se trouve sur la route de Blois.

— Bah ! — dit le capitaine.

— Hier, dans la journée, un cavalier s'est présenté à notre couvent, et il nous a remis une lettre et une bourse. La bourse était destinée à l'église de notre couvent : la lettre portait le sceau de la reine mère, était adressée au roi Charles IX, et le cavalier nous a priés de la porter à sa destination.

— Comment était ce cavalier ? — demanda Pibrac.

— De taille moyenne, brun de visage, l'œil noir, l'accent méridional.

— Son âge ?

— Il pouvait avoir vingt ans.

— Bon ! — pensa Pibrac, — c'est un des Gascons de Noë.

Le moine reprit :

— Le supérieur de notre couvent me fit barder ma mule et me remit cette lettre avec l'ordre de faire diligence et de m'en aller à Paris sans m'arrêter en route.

— Et vous partîtes sur-le-champ ?

— Oui, messire.

— Eh bien ! où est cette lettre ?

— Je vous l'ai dit, on me l'a volée en route.

— Qui donc ?

— J'ai fait la rencontre d'une troupe de cavaliers qui m'ont arrêté, renversé, garrotté et m'ont pris la lettre de la reine.

— Oh ! oh !

— L'un d'eux m'a dit : « Nous nous chargerons de votre message ; » puis ils ont continué leur chemin.

— Vers Paris ?

— Oh ! non, ils couraient vers Blois, au contraire, et ils semblaient poursuivre d'autres cavaliers.

Pibrac tressaillit de nouveau.

— Comment étaient-ils, ces cavaliers ?

— L'un d'eux avait une balafre au front, messire.

— Et il était jeune.

— Oui.

— Grand ?

— De haute taille.

— C'est le duc de Guise, — pensa Pibrac. Puis il dit froidement au moine : — Mon père, je vous engage à aller descendre en un couvent de votre ordre et à revenir me voir demain matin. Je vous conduirai au roi.

Le moine s'inclina.

— Ah ! — fit-il, — j'oubliais de vous dire que j'étais retourné dans mon couvent après ma mésaventure ; mais le supérieur a voulu que je vinsse raconter cela au roi.

— Et il a eu raison, — dit Pibrac. — Bonsoir, mon père, à demain.

— Bonsoir, messire.

Le moine remonta sur sa mule et prit le chemin de la rive gauche de la Seine, où il y avait plusieurs monastères.

Quant à monsieur de Pibrac, il demeura pensif un moment et finit par se dire :

— Je veux être pendu si je comprends maintenant quelque chose à tout cela !... Allons chez Malican !...

Minuit sonnait à Saint-Germain-l'Auxerrois.


## XI

Malican attendait Pibrac.

Le cabaretier avait éteint ses lumières et poussé sa porte.

Mais cette porte s'ouvrit aussitôt que le pas du capitaine des gardes retentit à l'extérieur.

Pibrac entra.

— Ah ! — dit Malican, — maintenant nous pouvons causer.

— Il est minuit.

— Je le sais, je vous attendais... Et Malican ferma sa porte aux verrous, ajoutant : — Les paroles n'ont pas de couleur, et je crois qu'il sera prudent de ne point allumer de lampe.

— Soit ! — répondit Pibrac. Le capitaine des gardes et le cabaretier s'assirent l'un auprès de l'autre, ainsi que deux Béarnais qui sont sur l'égalité des idées bien arrêtées, et Pibrac dit : — Je gage que j'ai deviné.

— C'est bien possible.

— On a enlevé la reine mère ?

— Précisément.

— Et c'est le roi de Navarre qui a fait le coup... ?

— C'est, ma foi ! vrai.

— Parbleu ! — dit Pibrac, — c'est hardi, si le succès couronne l'œuvre.

Malican sourit dans l'ombre.

— A cette heure, le danger d'être rejoint en route est passé.

— Tu crois ?

— Ils ont une fière avance....

Mais Pibrac fronça le sourcil.

— Cependant, — dit-il, — le duc de Guise est à leur poursuite.

— Hein ! — s'écria Malican.

Et le cabaretier fit un soubresaut sur son siège.

— C'est comme je te le dis, — ajouta Pibrac.

Puis il lui raconta ce qu'il venait d'apprendre du moine.

Mais Malican avait une foi aveugle dans le plan du Béarnais, qu'il connaissait à merveille.

— Oh ! soyez tranquille, — dit-il, — les précautions ont été prises. Le convoi ne suivra point les grandes routes.

Alors Malican raconta de point en point à Pibrac comment on s'y était pris, comment on avait prévenu les gentilshommes dévoués à la cause calviniste, et quel ingénieux moyen de changer de chevaux tous les dix lieues on avait trouvé.

Mais le capitaine des gardes était l'homme prudent et défiant par excellence.

— J'admets tout cela, mon cher Malican, — dit-il; — cependant...

— Eh bien?

— Tu ne peux douter, non plus que moi, que le duc de Guise est sur leurs traces.

— C'est possible.

— Comment a-t-il su que l'enlèvement avait eu lieu?

— Ah! diable! — murmura Malican, — c'est juste, cela.

— Donc ce n'est plus qu'une question de vitesse entre ceux qui poursuivent et ceux qui sont poursuivis.

— Les Béarnais ont de l'avance.

— Dieu le veuille!

— Et, une fois en Gascogne...

— Oh! — fit Pibrac, — une fois hors du royaume de France, le duc ne nous chagrinera plus; le tout est de passer la frontière.

— Ils la passeront, si ce n'est fait à cette heure.

— Combien sont-ils?

— Quatre.

— C'est-à-dire le roi, Noë, Lahire et un autre Gascon nommé Hector?

— Justement.

— Eh bien! à coup sûr, le duc de Guise est accompagné de ses quatre gentilshommes, au moins. S'il parvient à rejoindre le roi de Navarre, il y aura combat.

— Chut! — dit Malican.

— Qu'est-ce donc? — fit Pibrac surpris de cette interruption.

— Écoutez!... — Et Malican alla entr'ouvrir sa porte.— J'entends le galop d'un cheval, — ajouta le cabaretier.

— Moi aussi.

Pibrac se glissa hors du cabaret pour écouter plus à son aise.

La lune avait disparu, la nuit était sombre.

— Oui! oui! — répéta Malican inquiet, — c'est le galop d'un cheval qui retentit sur la rive droite de la Seine et qui vient à nous.

En effet, le bruit devenu plus distinct se rapprochait.

— C'est singulier, — murmura le capitaine des gardes, qui, après avoir fait quelques pas en avant, revint vers la porte du cabaret, — il n'y a qu'un cheval du pays de Tarbes qui galope ainsi.

— Ciel! — dit Malican, — qu'est-il donc arrivé?

Monsieur de Pibrac rentra dans le cabaret, et conseilla à Malican d'en faire autant, ajoutant:

— Il faut tâcher de voir sans être vu. Un cavalier qui galope dans cette direction ne peut aller qu'au Louvre.

— Peut-être... — dit Malican.

Malican avait raison, ce n'était point au Louvre qu'allait le cavalier, car il arrêta court sa monture à la porte du cabaret; puis il cria en langue béarnaise:

— Ouvrez! ouvrez!

— Tonnerre et sang! — murmura Malican abasourdi, — c'est lui...

Et il se précipita au dehors:

— Est-ce toi, Malican? — reprit le cavalier en sautant à terre.

— Oui, sire.

— Ah! sauve-moi, en ce cas; nous sommes perdus!...— Et Henri de Navarre, car c'était bien lui, se précipita dans le cabaret; mais, en dépit des ténèbres, il distingua une forme humaine immobile au milieu de la salle. — Il y a quelqu'un ici, — exclama-t-il en faisant un pas en arrière et portant la main à son épée.

— C'est un ami, — répondit une voix, tandis qu'une main prenait le bras du jeune prince pour le retenir.

— Pibrac! — fit le roi.

— Oui, sire.

— Vous avez... entendu?...

— Je sais tout, et. ce n'est pas moi qui trahirai mon souverain, — répondit le capitaine des gardes avec l'accent de la loyauté.

Malican avait conduit le cheval à l'écurie.

— Ah! — dit le roi de Navarre, qui se laissa tomber sur un banc épuisé de fatigue, — vous savez tout, Pibrac?

— Oui, sire.

— Eh bien! ce que vous ne savez pas, c'est que tout est perdu.

— Je m'en doute en vous voyant revenir, sire.

— Avons-nous été trahis? est-il arrivé malheur à celui de nous qui nous précédait? c'est un mystère; mais nous n'avons pas trouvé de chevaux au delà de Blois, et nous avons été rejoints par quinze hommes que commandait... Ah! — ricana le roi de Navarre en s'interrompant, — vous ne devinerez jamais qui, mon cher Pibrac.

— Pardon, sire, c'était le duc de Guise.

— Vous le saviez?

— Depuis une heure.

— Eh bien! ils nous ont rejoints, entourés; nous nous sommes battus à outrance, mais il a fallu céder au nombre. Lahire et Noë sont prisonniers... moi, j'ai pu m'échapper... suivi d'Hector, que j'ai laissé à deux lieues de Paris, car son cheval était tombé épuisé.

— Mais, sire, — dit Pibrac avec émotion, — pourquoi êtes-vous revenu, pourquoi n'avoir point tenté de gagner la Gascogne?

— Vous vouliez donc que j'abandonnasse mes amis?

— Noë et Lahire...?

— Certes! ils sont aux mains du duc; le duc les livrera au roi Charles IX.

— C'est l'échafaud qui les attend! — dit Pibrac.

En ce moment Malican revint.

— Allume une lampe, — dit le roi de Navarre, — et sers-moi quelque nourriture; je suis exténué; j'ai fait quarante lieues en dix heures. — Et tandis que Malican s'empressait d'obéir, le jeune prince ajouta: — Oh! j'ai de l'avance sur eux, cette fois; ils auront eu beau reprendre la route de Paris, je les ai laissés bien en arrière! Quel cheval que celui d'Hector!

Malican plaça devant le roi de Navarre un morceau de viande, du pain et un flacon de vieux vin.

Le roi se précipita sur ces aliments avec l'avidité d'une bête fauve longtemps privée de nourriture, et Pibrac, respectant cet appétit dévorant, ne souffla mot pendant quelques instants. Cependant, lorsque Henri eut calmé sa faim et sa soif, le capitaine des gardes lui dit:

— Malican m'a dit, sire, que vous étiez masqué.

— C'est vrai.

— Votre masque s'est-il détaché?

— Jamais.

— La reine mère a-t-elle entendu votre voix?

— Non.

— Et... le duc?...

— Ni le duc, ni René.

— Ah! ce maudit Florentin y était?

— Pardieu! oui.

— Ainsi vous avez pu vous ouvrir un passage et fuir sans que votre masque tombât, sans que votre voix vous trahît, et rien ne prouve que le roi de Navarre était parmi ces hommes qui ont enlevé la reine mère?

— Rien.

— Eh bien! sire, il faut rentrer au Louvre.

— Quand.

— A l'instant même, et vous aller coucher dans votre lit.

— Bon!

— Demain au jour vous irez voir le roi.

— Mais, — dit le roi de Navarre, — j'imagine qu'avant...

Pibrac eut un sourire énigmatique:

— Votre Majesté, — dit-il, — espère voir madame Marguerite?

— Certes!

— Madame Marguerite n'est pas au Louvre.— Le roi de Navarre tressaillit. Pibrac ouvrit son pourpoint : — Décidément, — dit-il, — j'ai bien fait, ce matin, de soustraire adroitement cette lettre. Et il tendit au roi le message que madame Marguerite, avant de s'échapper du Louvre, avait laissé pour lui. — Sire, — ajouta-t-il, — la reine mère avait disparu, madame Marguerite aussi, j'ignorais ce qu'était devenue Votre Majesté, j'ai flairé un danger et j'ai décacheté cette lettre.

Le roi lut et passa la main sur son front :

— Mon Dieu ! — dit-il, — je l'aimais pourtant avec passion.

Mais Pibrac répondit :

— Ne songez point à votre amour en ce moment, sire ; songez à sauver vos amis et vous-même,.. et taisez la fuite de madame Marguerite,».

— Eh bien ?

— C'est votre salut.

— Comment cela ?

— Je vous l'expliquerai. Maintenant, sire, venez.

— Au Louvre ?

— Oui, au Louvre.—Henri, qui était brisé de fatigue, se leva en chancelant et s'appuya sur le bras de Pibrac. Celui-ci dit à Malican : — Au point du jour, tu viendras me parler. J'aurai peut-être besoin de tes services.

— Oui, messire.

Le roi de Navarre et Pibrac sortirent du cabaret et gagnèrent la poterne du Louvre.

Henri était si bien enveloppé dans son manteau que la sentinelle ne put voir son visage et s'effaça respectueusement devant le capitaine des gardes.

Ce dernier conduisit le roi de Navarre à son appartement, s'y enferma avec lui et lui dit :

— Votre Majesté doit avoir grand besoin de dormir.

— Je meurs de lassitude.

— Et cependant il faut qu'elle veille.

— Plaît-il ?

— Et qu'elle parcoure avec moi ces papiers, qui peuvent être de quelque importance à ses yeux.— En parlant ainsi, Pibrac étala sur une table les parchemins de maître La Chesnaye, ajoutant : — En voilà pour cent pistoles ! mais il est vrai qu'on peut, avec leur aide, faire tomber la tête du duc de Guise.

## XII

Les papiers à l'examen desquels Henri de Navarre et monsieur de Pibrac se livrèrent se composaient de documents multiples.

Quelques-uns étaient des lettres des princes lorrains à La Chesnaye, lettres concernant la gestion des biens qu'ils possédaient en France, et notamment à Paris.

D'autres, d'une nature plus grave, se rapportaient à divers complots que la maison de Lorraine avait fomentés et qui n'avaient pu être menés à bonne fin.

Un dernier billet était écrit en chiffres.

— Oh ! oh ! — dit Henri, — celui-ci doit être plus sérieux que les autres. Savez-vous lire les chiffres, Pibrac ?

— Non, sire.

— Ni moi. Comment faire ?

— La Chesnaye doit avoir la clef de cette écriture.

— Ah !

— Et, quand je devrais me faire tourmenteur comme maître Caboche, il faudra bien.

Mais Henri arrêta Pibrac d'un geste :

— Un instant !— dit-il. Pibrac regarda le roi de Navarre, qui poursuivit : — Qu'allons-nous faire de tout cela ? évidemment, si on met ces papiers sous les yeux du roi Charles IX, il aura la preuve que les Guise ont toujours conspiré contre le royaume de France.

— Oui, mais après ?

— Après, — dit Henri, — comme les Guise ne seront point à Paris, mais bien à Nancy, le roi se sera mis en colère pour rien et la reine mère arrangera les choses.

— Vous avez raison, sire.

— Donc que faut-il faire ?

— J'ai une idée.

— Voyons !

— Puisque le duc vous a rejoints et qu'il a pu s'emparer de la reine mère, il est probable qu'il reviendra avec elle à Paris.

— C'est même chose certaine.

— Eh bien ! pourquoi ne l'arrêterait-on pas à son arrivée ?

— C'est hardi, Pibrac.

— Et, une fois arrêté, on mettrait ces papiers sous les yeux du roi.

— Mais où et comment l'arrêter ?

— Dans la petite maison où il se cachait depuis quinze jours.

— Et vous connaissez cette maison ?

— Je sais où elle est.

— C'est différent. Mais,—reprit-il, — ce qui m'intrigue, c'est ce manuscrit en chiffres.

— Il faut, en effet, — répondit le capitaine des gardes, —qu'il contienne des choses d'une haute importance. Et tenez, sire, remarquez-vous que plusieurs mots sont tracés d'une main différente ?

— Oui.

— Et avec une encre plus pâle.

— C'est vrai.

— Ce document est de deux écritures, l'une qui trahit la main d'un homme, l'autre une main de femme.

— En ce cas, c'est celle de la duchesse de Montpensier.

— Ensuite, — poursuivit Pibrac, — remarquez encore que cela est fraîchement écrit.

— En effet.

— Ce document n'a pas huit jours de date, selon moi. Je dois avouer à Votre Majesté que je donnerais gros pour avoir la clef de cette écriture.

— Et moi aussi, — dit Henri.

— Eh bien ! j'en reviens à mon idée : La Chesnaye parlera.

— Quand ?

— À l'instant, si vous le voulez.

— Il est donc ici ?

— Oui, sire. Venez avec moi.

— Ah ! mon pauvre Pibrac, — murmura Henri, — que le diable emporte la politique ! J'ai si grande envie de dormir.

— Cependant, sire...

— Soit, allons !

Et Henri reprit son épée et son manteau.

— La Chesnaye, — continua Pibrac,— est dans le *Prie-Dieu*.

— Depuis quand ?

— Depuis ce matin.

— Ce La Chesnaye est fidèle aux princes lorrains m'a-t-on dit.

— Par malheur ! Mais il aura peur de la mort, sans doute.—Pibrac prit un flambeau sur la table, tandis que le roi de Navarre serrait précieusement dans un bahut tous les autres papiers, et glissait sous son pourpoint le parchemin couvert des mystérieux caractères. Puis ils gagnèrent tous deux le corridor et le petit escalier, qu'ils descendirent sur la pointe du pied. C'était toujours la même sentinelle qui veillait à la poterne ; et, par un hasard assez étrange, cette sentinelle n'était autre que le Suisse gigantesque à qui, le matin précédent, Charles IX avait fait enfoncer la porte de madame Catherine d'un coup d'épaule vigoureux... — Celui-là,— dit le capitaine des gardes, est muet comme la tombe quand on lui recommande le silence. Il croit toujours que les ordres qu'on lui donne lui sont transmis au nom du roi.

— Ah ! — dit Henri en souriant.

Et le jeune prince couvrit son visage d'un pan de son manteau.

Pibrac appela le Suisse.

— Ulrich, — lui dit-il, — tu vas fermer la poterne. Le Suisse s'inclina. — Si quelqu'un se présente au guichet, tu n'ouvriras pas.

— Oui, capitaine.

— Et, si tu entends descendre par cet escalier, tu croiseras ta hallebarde.

— Oui, capitaine.

— Et tu ne laisseras passer personne.

— Pas même le roi?

— Imbécile ! — murmura le capitaine des gardes. On se souvient que, le matin, monsieur de Pibrac avait mis dans sa poche les clefs de l'étroit et sombre cachot nommé le Prie-Dieu, après y avoir enfermé maître La Chesnaye. Il prit donc ces clefs qu'il avait conservées sur lui et ouvrit la porte du cachot. Puis il y pénétra le premier, disant : — Pourvu que le pauvre diable ne soit pas mort de faim !

— Hein ? — dit Henri.

— Je me souviens à présent, —répondit le capitaine des gardes, — que j'ai oublié de lui envoyer la moindre nourriture. Maître La Chesnaye était accroupi sur la paille qui lui servait de grabat. Il ne dormait pas et roulait autour de lui des yeux égarés. — Bonjour, La Chesnaye, — lui dit Pibrac, qui referma la porte quand le roi de Navarre fut entré.

La Chesnaye le regarda, puis son œil s'éclaira :

— Est-ce que vous venez me rendre la liberté ? — demanda-t-il.

— Vous êtes naïf, maître.

— Cependant je suis innocent.

Pibrac haussa les épaules.

— Allons, maître La Chesnaye, — dit-il, laissez-moi donc vous donner un avis.

— Un avis ?

— Oui. — Et Pibrac lui mit la main sur l'épaule, ajoutant : — Tenez ! Sa Majesté le roi de Navarre, que voici, pense exactement comme moi.

A ce nom, La Chesnaye tressaillit, regarda le personnage qui venait d'entrer avec Pibrac, le reconnut, et fit cette réflexion judicieuse :

— Puisque le roi de Navarre est au nombre de mes ennemis, je suis perdu deux fois plutôt qu'une.—Cependant il paya d'audace : — Voyons, monsieur de Pibrac, — dit-il, — j'attends votre avis.

— C'est de jouer avec nous cartes sur table.

— Je ne demande pas mieux.

— Ah ! ah !

— Mais vous voulez me faire avouer ce que je ne sais pas, — reprit La Chesnaye.

— Allons donc !

— Je ne suis qu'un pauvre marchand drapier...

— Tarare !

— Et vous voulez, le roi de Navarre et vous, me transformer en un homme honoré de la confiance des princes de la maison de Lorraine.

— Ma foi ! mon cher, je ne le veux pas, moi, c'est la vérité qui le veut.

— Quelle plaisanterie !

— Écoutez, et vous verrez que je ne m'embarque jamais sans preuves dans l'affirmation d'un fait.

— Oh ! — dit le drapier toujours impassible, —si vous me prouvez celui-là, vous ferez un beau miracle.

— Soit.

— Et pour atteindre ce résultat...

— Mais taisez-vous donc, maître ! — dit Pibrac avec hauteur, — et écoutez-moi, je vous prie. — La Chesnaye baissa le front. — Je suis retourné dans votre maison, ce soir, tandis que vous étiez ici.—La Chesnaye eut un mouvement d'inquiétude. — Votre servante s'était échappée, mais j'ai trouvé votre commis.

— Eh bien !—répondit La Chesnaye redevenu impassible, — il a dû vous dire que je ne m'étais jamais mêlé de politique.

— Au contraire...—Le prisonnier fit un léger soubresaut sur son grabat. — Figurez-vous, — continua Pibrac, — qu'il nous a affirmé que vous étiez le mandataire du duc de Guise.

— C'est faux !

— Et que vous possédiez des lettres et des documents de nature à vous faire pendre d'abord, vous, maître La Chesnaye...

— Oh ! par exemple !

— Et ensuite à faire tomber la tête du duc votre maître en place de Grève. Qu'en pensez-vous ?

— Je pense, — répliqua La Chesnaye, — que mon commis est un fou ou un misérable.

— Vraiment ?

— Mais que, dans l'un ou l'autre cas, il a menti !...

Monsieur de Pibrac se mit à rire.

— Il y a cependant dans votre maison, — dit-il, — un bahut de vieux noyer... — La Chesnaye tressaillit, — et ce bahut a un double fond.—La Chesnaye pâlit.—Or, ce double fond renfermait les papiers dont parlait votre commis, à telle enseigne que...

— En voilà un ! — dit Henri, qui déboutonna son pourpoint.

Cette fois Le Chesnaye jeta un cri.

— Vous voyez bien, maître, — lui dit Pibrac, — que j'avais raison tout à l'heure de vous donner un bon avis.

La Chesnaye perdit un peu la tête.

— Mais que voulez-vous donc de moi ? — s'écria-t-il avec anxiété.

— Ah ! je vais vous le dire. Mais, attendez un peu. — Et Pibrac reprit le flambeau qu'il avait posé par terre. Le cachot de La Chesnaye avait douze pieds carrés. Dans un coin, du côté opposé à celui qu'occupait le grabat, se trouvait une large dalle ronde qui formait une légère saillie sur le sol. Monsieur de Pibrac se dirigea vers cet endroit, se pencha sur la dalle, tira sa dague et l'enfonça dans une fente qui semblait être une cassure naturelle de la pierre, mais qui en réalité avait été préparée tout exprès. La pointe de la dague rencontra sans doute quelque mystérieux ressort, car la dalle fit aussitôt la bascule et mit à découvert un trou noir, sur lequel se pencha le capitaine des gardes. Une bouffée d'air humide et infect vint fouetter le visage de Pibrac, tandis qu'un bruit sourd montait à son oreille. — Tenez, monsieur La Chesnaye, — dit-il, — voilà l'oubliette dont je vous parlais une heure. — La Chesnaye frissonna. — Elle a cent pieds de profondeur, et la Seine y laisse filtrer un filet d'eau qui produit le bruit que vous entendez...

— C'est donc pour m'y précipiter que vous êtes venus ? — demanda le drapier dont les dents claquaient.

— Peut-être...—Et Pibrac mit sous les yeux de La Chesnaye le parchemin apporté par le roi de Navarre. — Regardez ! — dit-il.

L'audace de La Chesnaye égalait son épouvante :

— Voilà des signes bizarres, — dit-il.

— Peuh ! vous trouvez ?

— Et auxquels je ne comprends rien.

— Vraiment ?

— Ma foi ! non.

— Ainsi vous ne pourriez point nous traduire ce que renferme ce parchemin, maître ?

— Non.

— Cependant il vous était adressé.

— C'est possible.

— Et vous n'avez pu le lire ? — La Chesnaye secoua la tête. — Allons ! — dit le capitaine des gardes, — je vois qu'il faut employer les grands moyens.

— Ah ! ah ! — ricana La Chesnaye.

Henri et Pibrac échangèrent un regard, puis ils prirent La Chesnaye à bras-le-corps.

La Chesnaye essaya de se débattre, mais ils le portèrent

vers l'oubliette et le forcèrent à s'asseoir sur le bord, les pieds suspendus dans le vide.

— Mon cher monsieur La Chesnaye, — dit alors Pibrac, — vous avez cinq minutes pour vous décider.

— A quoi ? — demanda le faux drapier, dont la nature énergique, sauvage et dévouée, avait repris le dessus, même en face de la mort.

— Il faut nous lire couramment ce parchemin.

— Je ne sais pas.

— Allons donc !

La Chesnaye se prit à ricaner.

— Ou plutôt, — reprit-il, — je ne veux pas !

— Alors il faut mourir.

Et la voix de Pibrac était grave et solennelle.

— Vous êtes donc des assassins ! — s'écria La Chesnaye.

— Nous voulons savoir ce que contient ce parchemin.

Le drapier se retourna, l'écume à la bouche, l'œil sanglant, la lèvre grimaçante et railleuse :

— Tenez, — dit-il, — vous pouvez me tuer, mais, comme vous ne saurez pas ce que ce parchemin contient, je mourrai avec une espérance certaine.

— Ah ! — dit Pibrac.

— Celle d'être vengé !...

La Chesnaye prononça ces mots d'un ton sinistre qui fit tressaillir Henri de Navarre.

— Maître La Chesnaye, prenez garde, — dit Pibrac hors de lui, — le temps s'écoule, il faut vivre ou mourir !

— Voilà ma réponse ! — s'écria La Chesnaye dont l'œil brilla d'un sombre enthousiasme : Vive le duc de Guise ! mort au roi de Navarre !...

Et il s'élança de lui-même dans l'oubliette, où il disparut.

Henri et Pibrac jetèrent un cri et se regardèrent avec stupeur.

## XIII

La Chesnaye n'avait point hésité entre la mort et son devoir. Son devoir lui ordonnait de garder fidèlement les secrets de son maître, et il avait fait son devoir.

Pibrac, en le plaçant sur le bord de l'oubliette, n'avait voulu que l'effrayer.

La Chesnaye, lui, avait pris la chose au sérieux, et il s'était précipité dans l'abîme pour y engloutir à jamais le secret du duc de Guise.

Aussi le capitaine des gardes et le roi de Navarre se regardèrent-ils avec une sorte d'épouvante.

Il était donc bien terrible et bien menaçant, ce secret, que celui qui en était le détenteur ne reculait point devant le trépas !

Ils demeurèrent l'un et l'autre, le roi et le capitaine, face à face, l'œil atone, retenant leur haleine en prêtant l'oreille.

Mais l'oubliette était profonde et aucun bruit ne remonta de l'abîme.

— Voilà un serviteur, — murmura enfin le roi de Navarre, — comme le roi de France n'en a guère. — Pibrac s'inclina. — Et maintenant, — continua Henri, — qu'allons-nous faire ?

— Je ne sais, sire.

— Le roi Charles savait-il que La Chesnaye était ici ?

— Je l'y avais enfermé par son ordre.

— Diable !

— Et j'ignore, en vérité, comment je lui expliquerai cette disparition.

— Etes-vous sûr, — fit Henri, — du Suisse qui veille là-haut ?

— Comme de moi-même.

— Eh bien! venez, alors.—Henri prit le flambeau, ajoutant : — Vous allez lui recommander de ne dire à âme qui vive qu'il vous a vu cette nuit.

— Bon !

— Et que vous avez pénétré dans le Prie-Dieu.

Monsieur de Pibrac rouvrit la porte du cachot et s'effaça.

Le roi de Navarre sortit le premier, se cachant de nouveau le visage avec son manteau.

Alors Pibrac referma la porte du cachot avec autant de précaution que si le prisonnier s'y fût encore trouvé, puis il alla droit au Suisse.

— Mon camarade, — lui dit-il, — sais-tu retenir ta langue ?

— Elle n'a jamais laissé échapper un secret.

— C'est bien. Alors, retiens ce que je vais te dire.

— J'écoute, capitaine.

— Je me suis couché ce soir à dix heures.

— Plaît-il ? — fit le Suisse étonné.

— Et j'ai dormi jusqu'au jour.

— Mais...

— Ce qui veut dire que, la tête sur le billot, tu soutiendrais, au besoin, que tu n'as vu ni moi ni ce cavalier qui m'accompagne.

— Oui, capitaine.

— Sur ton honneur ?

— Sur l'honneur de la vieille Helvétie, ma patrie !

— C'est bien. Retourne à ton poste.

Et monsieur de Pibrac s'éloigna.

Henri avait déjà posé le pied sur la première marche du petit escalier tournant.

— Ah çà ! maintenant, Pibrac, mon ami, — dit-il, — penses-tu que nous puissions aller nous coucher ?

— Certainement, sire. Seulement... il serait bon de convenir de quelque chose entre nous.

— Voyons !

— Au point du jour, le roi m'enverra chercher.

— C'est probable...

— Que lui dirai-je ?

— Qu'après avoir couru pendant vingt-quatre heures après madame Marguerite, qui m'avait appris sa fuite par le billet que m'as remis, je suis rentré au Louvre exténué de fatigue, mourant de faim, désespéré et me voulant passer mon épée au travers du corps.

— C'est parfait. Mais... les papiers ?

— Chut ! — dit Henri.

— Votre Majesté ne s'en voudrait-elle pas servir ?

— Au contraire. Mais, comme vous le disiez fort bien tout à l'heure, mon cher Pibrac, il faut, pour cela, tenir le duc de Guise.

— C'est juste.

— Et attendre par conséquent.

— C'est égal, — murmura Pibrac, — j'aurais voulu savoir ce que peut contenir ce parchemin écrit en langue chiffrée.

— Et moi aussi, — dit Henri. Puis, sa nature insouciante et aventureuse reprenant le dessus : — Bah ! — dit-il, — nous trouverons quelqu'un peut-être qui en pourra venir à bout. En parlant ainsi le roi de Navarre était arrivé à la porte de son appartement. — Bonsoir, Pibrac, — dit-il, — bonne nuit !...

— Bonne nuit, sire.

Henri rentra chez lui, se déshabilla et se mit au lit en soupirant. Il était brisé de fatigue, et cependant il ne dormit pas, et, lorsqu'il se trouva seul, il se prit à songer, non point à son hardi coup de main avorté, non point à la haine violente dont le poursuivrait désormais madame Catherine, non point même au danger de mort qu'allaient courir ses deux amis Noë et Lahire; mais il songea à Marguerite, à Marguerite qu'il aimait avec un amour différent peut-être de celui qu'il avait pour Sarah l'argentière, mais qu'il aimait néanmoins ardemment...

Et la jeunesse reprit le dessus ; le prince, occupé des soucis de la politique, céda sa place à l'amoureux de vingt ans, et il cacha sa tête sous son oreiller, l'inondant de larmes brûlantes.

. . . . . . . . . . . . . . . . . . . . . . . .

— Monsieur de Pibrac, qui n'avait point chevauché deux

jours et deux nuits, et n'avait pas par conséquent les mêmes raisons pour avoir besoin de sommeil, passa la nuit, non dans son lit, mais à sa fenêtre, qui donnait, on s'en souvient, sur la rivière.

Tous les méridionaux sont rêveurs, et les rêveurs aiment le silence de la nuit.

Donc, monsieur de Pibrac, accoudé à l'entablement de sa croisée, tête nue et penché en avant, se prit à respirer l'air frais de la nuit et s'abandonna à une profonde méditation.

Cette méditation fut laborieuse et longue, car les étoiles pâlirent au ciel, et les premiers rayons du jour glissant à l'horizon retrouvèrent le capitaine dans la même attitude.

— Allons ! — se dit-il alors en se secouant et étirant ses bras engourdis, — notre ami Noë avait raison quand il conseillait au roi de Navarre de s'en retourner à Pau ou à Nérac. Que va-t-il se passer ? Je ne vois pas comment Noë et Lahire échapperont au billot, et je ne répondrais pas que madame Catherine ne prouvât au roi de France que le prince Henri de Navarre était parmi ses ravisseurs.

Monsieur de Pibrac soupira profondément par deux fois puis un éclair passa dans ses yeux, et il termina ainsi son monologue : — C'est égal, Pibrac, mon ami, comme dit le roi, l'heure de la prudence est passée. Il ne faut pas oublier que tu es né le sujet du roi de Navarre, et que tu dois risquer pour lui, si besoin est, le dernier lambeau de ta chair et la dernière goutte de ton sang ! — Comme il prononçait ces mots à mi-voix, Pibrac entendit frapper sa porte. — Qui est là ? — demanda-t-il.

— Moi ! — répondit une voix jeune et fraîche que Pibrac reconnut.

Le capitaine des gardes alla ouvrir et le page entra.

— Que veux-tu, mignon ?

— Le roi veut vous voir.

— Diable ! — fit Pibrac, — le roi s'éveille matin depuis quelque temps.

— Il n'a dormi de la nuit.

— Alors, — murmura Pibrac en riant, — il paraît que maître Morphée, dieu du sommeil, se déplaît au Louvre.

Et il suivit le page Gauthier et alla chez le roi.

En effet le roi n'avait point dormi ; on le voyait suffisamment à ses yeux battus et à son visage pâle.

Pibrac s'arrêta sur le seuil de la chambre royale et prit l'attitude respectueuse d'un soldat à qui son chef va donner un ordre important.

— Va-t-en Gauthier, — dit le roi.

Le page sortit.

— Venez, Pibrac, — continua Charles IX, — c'est à vous que j'en ai.

— Votre Majesté s'éveille de bonne heure, — dit le capitaine des gardes.

— Hélas ! je n'ai point dormi.

— En vérité !

— Et savez-vous pourquoi ?

— Je l'ignore, sire.

— Parce que, mon cher Pibrac, j'ai songé que peut-être, tandis j'étais fort tranquillement au Louvre, madame Catherine, ma mère, était prisonnière du duc de Guise.

— Que Votre Majesté se rassure, — répondit Pibrac en souriant.

— Ah ! — fit le roi, — est-ce que vous avez des nouvelles de la reine mère.

Pibrac répondit avec quelque embarras :

— Aucune nouvelle, sire.

— Alors que voulez-vous dire ?

— Les princes lorrains sont magnifiques, et, si madame Catherine est leur prisonnière, ils la traiteront avec les égards qui lui sont dus.

— Dieu vous entende, Pibrac ! — dit le roi avec tristesse.

— Hum ! — pensa Pibrac, — la mauvaise nuit qu'a passée le roi vient de servir la reine mère dans ce faible esprit. — Et il dit tout haut : — Évidemment, on traite une

reine de France, même quand elle est prisonnière, comme le doit être une personne de son rang.

— C'est vrai, mais...

— Et d'ailleurs, si, comme nous l'avons supposé, ce sont les princes lorrains qui ont enlevé la reine mère, Votre Majesté pourra facilement lui rendre sa liberté quand elle le voudra.

— Comment cela ?

— En leur cédant la forteresse de Dieulouard.

Le roi tressaillit.

— Sur ma foi ! — dit-il, — j'aimerais encore mieux abandonner Dieulouard que savoir ma mère prisonnière.

— O le versatile monarque ! — pensa Pibrac. Puis il reprit : — J'ai une nouvelle à donner à Votre Majesté.

— Ah !

— Le roi de Navarre est retrouvé.

— Où donc était-il ?

— Il a couru après madame Marguerite, qui le fuyait.

— A-t-il pu la rejoindre ?

— Hélas ! non. Il a chevauché dans toutes les directions, et il est revenu hier soir au Louvre.

— Ah ! il est au Louvre ? — fit le roi avec indifférence.

— Et il se désole de l'abandon de madame Marguerite.

— Peuh ! — fit le roi du même ton. Puis il changea brusquement de sujet de conversation et murmura : — Savez-vous bien, Pibrac, que ce sera un déshonneur pour mon règne quand l'histoire dira que le roi Charles IX a laissé enlever sa mère au milieu de Paris, et qu'une poignée d'aventuriers...

— Mais, sire, Votre Majesté a un moyen fort simple de réparer ce déshonneur.

— Lequel ?

— Déclarer la guerre aux princes lorrains.

— Oui, mais...

Et Charles IX soupira de nouveau.

— Le roi de France, s'il se mettait à la tête d'une armée, entrerait dans Nancy avant deux mois.

— Vous croyez, Pibrac ?

— Parbleu ! sire.

Le roi secoua la tête.

— Peut-être avez-vous raison, — dit-il ; — mais j'ai eu cette nuit de sombres visions dont le souvenir m'empêchera de faire la guerre aux lorrains.

— Et... ces visions ?...

— J'ai vu la France huguenote gouvernée par un roi huguenot, et je me suis éveillé en sursaut, et j'ai senti mes cheveux se hérisser. Il était alors dix heures du soir, et je n'ai pu me rendormir.

Et le roi soupira plus fort encore.

— Ah ! sire, — dit Pibrac, — voilà un singulier rêve, en effet.

— N'est-ce pas ?

— Mais ce n'est qu'un rêve, après tout.

— Ah ! les rêves sont parfois des avertissements du ciel.

— Bah ! — dit Pibrac.

— C'est ma conviction, — répéta le roi.

— Soit ! Mais quel rapport ce rêve-là peut-il avoir avec les princes lorrains ?

— Comment ! vous ne devinez pas ?

— Non, sire.

— Mais, Pibrac, mon ami, je n'ai plus d'autre allié qu'eux en ce moment. Tout ce qui m'entoure est huguenot. Les Guise sont le dernier rempart de la religion.

— Vous croyez, sire.

— Et si j'attaque ce rempart...

Pibrac courba la tête.

— Au fait ! — dit-il, — je n'entends rien aux choses de la politique, moi, et Votre Majesté m'excusera d'avoir supposé que la maison de Lorraine passait sa vie à conspirer contre le trône de France.

— Peuh ! — dit le roi, — c'est madame Catherine qui a prétendu cela.

— Allons ! — se dit Pibrac, — les lorrains sont rétablis

dans l'esprit du roi, et ce n'est point le moment de lui parler des papiers trouvés chez La Chesnaye.

— A propos, — dit le roi, — qu'avez-vous fait de ce bonhomme que vous avez arrêté hier matin, Pibrac ?

— La Chesnaye ?

— Oui.

— Je l'ai enfermé dans le Prie-Dieu.

— Et il y est encore ?

— J'attendais les ordres de Votre Majesté, sire.

— Eh bien ! renvoyez-le.

— Où donc, sire ?

— Chez lui. — Monsieur de Pibrac fit un pas vers la porte. Le roi le rappela : — Envoyez-moi donc le roi de Navarre ? — lui dit-il.

Le capitaine des gardes sortit la tête basse, rongeant sa moustache et tourmentant la poignée de sa dague.

Il alla chez le roi de Navarre.

Henri avait fini par s'endormir, et son rêve était plein de Marguerite lorsque le capitaine des gardes l'éveilla en sursaut.

— Ah ! sire, — lui dit Pibrac, — Votre Majesté aurait réellement beaucoup mieux fait de gagner la Navarre.

— Pourquoi ?

— Parce que le roi Charles IX a fait un mauvais rêve.

— Vraiment ?

— Et la conclusion de ce rêve, c'est qu'il n'a pas de meilleurs amis, de sujets plus fidèles, d'alliés plus dévoués que les princes lorrains. — Henri fit un soubresaut sur son lit. — D'ailleurs, — ajouta Pibrac, — le roi vous attend, et il vous expliquera lui-même combien il redoute les huguenots.

Henri s'habilla à la hâte et prit le chemin des appartements occupés par Charles IX.

Mais comme il arrivait dans l'antichambre royale, un autre personnage y entrait par une porte opposée.

C'était René le Florentin, couvert de poussière et de sang !

## XIV

La vue de René le Florentin produisit sur le jeune prince une assez vive impression.

Cependant il sut se dominer assez pour n'en rien faire paraître ; et il eut même la force d'âme nécessaire pour regarder curieusement le parfumeur et lui dire :

— Grand Dieu ! cher monsieur René, comme vous voilà fait !...

Et, en parlant ainsi, il montrait les chaussures poudreuses et le pourpoint maculé de sang du parfumeur.

Mais si la vue de René avait produit sur le roi de Navarre une impression inattendue, la vue de ce dernier en produisit une plus inattendue encore sur René.

René s'attendait à tout peut-être, excepté à rencontrer le roi de Navarre dans les antichambres de Charles IX.

Aussi balbutia-t-il quelque peu en le voyant.

— Comment ! sire, — dit-il, — vous êtes... ici ?

— Où voulez-vous donc que je sois ? — répondit Henri avec flegme.

— Mais... je... ne... sais.

— Qu'avez-vous donc, monsieur René ?

— Moi.... sire ?

— Vous êtes crotté comme un chien barbet...

— C'est vrai ! — balbutia René.

— Et couvert de sang comme un boucher.

— Je me... suis... battu...

— Ah ! ah !

— Votre Majesté en douterait ?...

— Ah dame ! — répondit le roi de Navarre d'un ton railleur, — comme vous avez l'habitude... de... Vous comprenez ?

— Non, — dit René.

— D'assassiner, — dit le roi de Navarre avec calme, — j'ai cru... que..

— Sire !

— Bah ! fâchez-vous... si vous avez un mauvais caractère... mais... je maintiens mon dire. — René prit avec ses dents le croc de sa moustache et le rongea avec fureur. Le roi de Navarre reprit d'un ton railleur :

— Ainsi, vous vous êtes battu ?

— Oui, sire.

— Avec qui ?

— Avec un gentilhomme de la connaissance de Votre Majesté.

— Bah !

— C'est comme j'ai l'honneur de le dire.

— Son nom ?

— Le vicomte Amaury de Noë. — Le roi de Navarre fit un pas en arrière, et il joua si bien la surprise que René s'y laissa prendre. — Comment ! — dit-il, — Votre Majesté l'ignorait !

— Complétement.

— Cependant..

— Mon cher monsieur René, — dit le roi de Navarre avec hauteur, — je n'ai qu'un mot à vous dire : c'est que je ne me mêle plus des affaires amoureuses de mon ami Noë.

— Ah ! — fit René.

— Il a aimé, séduit même, dit-on, votre fille Paola.

René fit la grimace.

— Oh ! — dit-il, — ce n'est point de cela qu'il s'agit, sire.

— En vérité !

— Mais de choses plus... sérieuses.

— Hein ?

— Oui, — répéta René, — je me suis battu avec monsieur Noë.

— Mais alors, — s'écria Henri, qui porta la main à son épée, — vous l'avez tué !

Et, pour la seconde fois, il parut si bien étranger aux événements dont parlait René, que celui-ci sentit un doute complet pénétrer en son cœur.

— Vrai, sire, — dit-il, — je ne l'ai point tué ; c'est même lui qui m'a blessé.

— Ventre-saint-gris ! monsieur René, — s'écria Henri, — c'est bien heureux pour vous, ma foi ! car, si vous aviez tué mon ami Noë, je vous eusse passé mon épée au travers du corps.

René fit la grimace ; mais il demeura planté au milieu de l'antichambre royale, regardant le roi de Navarre avec une sorte de stupeur et n'osant faire un pas.

Henri profita de son étonnement et de cette hésitation pour entrer le premier chez le roi, et la portière du cabinet retomba derrière lui avant que René eût songé à le suivre.

Charles IX, tandis que Pibrac était allé querir le roi de Navarre, s'était levé et habillé.

— Ah ! vous voilà, monsieur mon cousin, — dit-il en voyant entrer Henri.

— Oui, sire, et je me rends avec empressement aux ordres de Votre Majesté.

Henri s'était incliné avec grâce, bien que toute sa personne et la pâleur de son visage révélassent une tristesse profonde.

— Et d'où venez-vous donc, monsieur mon cousin ? — continua Charles IX.

— Ah ! de bien loin, sire.

— Vraiment ?

— Et, — continua Henri d'un ton piteux, — je suis le plus malheureux des hommes, sire.

— Comment cela, monsieur mon cousin ?

— Par le seul fait d'avoir épousé madame Marguerite, la sœur de Votre Majesté, — murmura Henri.

Un sourire méchant vint aux lèvres de Charles IX.

— Ah dame ! — dit-il, — monsieur mon cousin, si vous m'aviez consulté avant de vous embarquer dans cette affaire, peut-être vous eussé-je conseillé de réfléchir un peu plus. — Henri tressaillit. — Margot est une femme capricieuse, — continua le roi.

— Hélas ! — soupira Henri.

— Et on a même répandu sur notre cousin le duc de Guise...

Un flot de sang monta du cœur au visage du jeune prince, au nom de ce rival détesté ; mais cette souffrance et cette jalousie passagères lui furent d'un grand secours aux yeux de Charles IX.

— Ah ! sire, — murmura-t-il, — si je tenais le duc de Guise à longueur d'épée, il faudrait bien que l'un de nous deux mordît la poussière !

— Vous avez donc à vous plaindre à nouveau du duc, monsieur mon cousin ?

— Je ne sais... sire...

— Alors pourquoi cette colère ?

— Parce que madame Marguerite a disparu du Louvre.

— Je sais cela...

— Et que je soupçonne le duc de Guise de l'avoir enlevée !...

— Oh ! oh ! — fit le roi, qui ne s'attendait point à cette conclusion. Puis, cette idée qu'émettait le roi de Navarre le frappant : — Mais cela n'est pas possible ! — dit-il, — monsieur mon cousin.

— Où Votre Majesté veut-elle que soit madame Marguerite ?

— Je l'ignore, mais...

— Et moi, — continua Henri, à qui une idée subite passa par l'esprit, — j'affirme à Votre Majesté que madame Marguerite est partie avec le duc de Guise, qui se cachait à Paris depuis plusieurs jours.

— En avez-vous la preuve, monsieur mon cousin ?

— A peu près, sire.

— Comment ! à peu près ? — Henri tira de sa poche la lettre si habilement escamotée la veille par Pibrac, et il la tendit au roi. C'était cette lettre dans laquelle madame Marguerite avertissait Henri de son départ du Louvre, sans lui dire où elle allait. — Bon ! — dit Charles IX après l'avoir lue, eh bien ! qu'est-ce que cela prouve ?

— La fuite de madame Marguerite.

— Oui, mais cela ne dit point qu'elle soit partie avec le duc de Guise.

— C'est vrai, mais j'ai su que le duc et la reine de Navarre s'étaient revus, sire.

— Ah ! oh !

— Et j'ai couru hier toute la journée sur les traces de cinq cavaliers au milieu desquels chevauchait une femme.

— Oh ! oh ! — fit le roi, qui tressaillit et songea à la reine mère. — Et sur quelle route, monsieur mon cousin ?

— Sur la route de Nancy.

— Plaît-il ?

— J'ai dit de Nancy, sire.

— Et vous êtes sûr que ces cavaliers ?...

— Ce ne pouvait être que le duc de Guise et ses gens.

— Bon ! mais la femme ?

— La femme était masquée, m'a-t-on dit, et je jurerais que c'était madame Marguerite.

— Vraiment ? — fit le roi.

— Malheureusement, — poursuivit Henri, — ils avaient douze heures d'avance sur moi ; j'ai compris que je ne pourrais jamais les rejoindre avant qu'ils eussent atteint les frontières de Lorraine, et je suis revenu me jeter aux pieds de Votre Majesté et lui demander justice.

Le roi de Navarre avait su donner à sa voix un accent si convaincu, que Charles IX ne douta plus de sa sincérité.

Seulement il lui dit :

— Je crains, monsieur mon cousin, que vous ne vous soyez trouvé dans la position où je me suis vu la semaine dernière.

— Quelle était cette situation, sire ?

— Figurez-vous que je chassais dans la forêt de Saint-Germain...

— Ah !

— On avait détourné un cerf dans la nuit, et j'avais fait attaquer la bête à dix heures du matin.

— Mais je ne vois pas, sire...

— Attendez ! le cerf lancé, je mets mon cheval au galop. Les chiens chassaient chaudement. Cependant l'animal ne voulait point débûcher. Enfin il gagne la plaine, et je vois... devinez quoi, monsieur mon cousin ?

— Je ne devine pas, sire.

— Un méchant renard. Les chiens avaient trouvé un change, quitté le cerf et donné nez au renard.

— Mais, sire, — dit le roi de Navarre, — en quoi l'histoire de Votre Majesté peut-elle ressembler à la mienne ?

— Attendez donc, mon cousin !

— J'écoute, sire.

— Madame Marguerite a pris la fuite ?

— Oui.

— Vous avez couru après ?

— Naturellement.

— Et vous avez pensé que le duc de Guise l'enlevait ?

— Dame !

— Eh bien ! vous aviez raison à moitié.

— Comment cela ?

— Le duc de Guise enlevait en effet une femme.

— Ah !... Votre Majesté en convient.

— Mais ce n'était pas ma sœur Margot, mon cousin.

— Et qui donc, sire ?

Charles IX soupira.

— C'était madame Catherine, la reine mère, — dit-il.

Henri ne sourcilla point.

— Ah ! sire, — fit-il, — voilà qui est étrange !

— N'est-ce pas ?

— Et je ne comprends pas, en vérité, pourquoi Votre Majesté fait de semblables suppositions.

— Mais, — s'écria Charles IX, — ce ne sont pas des suppositions, c'est un fait exact.

— Cependant, sire, je ne vois pas quelles raisons le duc de Guise peut avoir pour enlever la reine mère.

Le roi se reprit à soupirer.

— Ah ! qui le sait ? — fit-il.

— Hum ! — pensa Henri, — le roi Charles IX est tout à fait dérouté. Mais René est là qui le va remettre dans le droit chemin.

Comme le roi de Navarre faisait cette réflexion, le page Gauthier souleva la portière du cabinet.

— Que veux-tu, mignon ? — demanda Charles IX.

— Sire, — répondit le page, — maître René le Florentin sollicite la faveur d'être admis auprès de Votre Majesté.

Le roi fit comme un soubresaut dans le grand fauteuil sculpté où il était assis.

Jamais, depuis ces derniers temps, le Florentin n'avait osé braver sa présence.

Lorsqu'il venait au Louvre, chez la reine mère, René entrait par la poterne et cachait son visage dans un pan de son manteau.

Charles IX avait dit souvent à madame Catherine :

« Madame, recevez votre favori tant qu'il vous plaira, mais donnez-lui un bon conseil, celui de ne se point trouver sur ma route en quelque corridor du Louvre, car je lui planterais ma dague en plein corps. »

René se l'était tenu pour dit ; il avait toujours évité avec le plus grand soin de se montrer en plein jour, il avait constamment évité de paraître devant le roi, et voici que tout à coup il osait solliciter une audience !

— Oh ! — s'écria Charles IX, — c'est trop d'audace en vérité !

— Sire, — dit le page, — maître René m'a dit qu'il était porteur d'un message de la reine mère.

Le roi tressaillit.

— Ah ! c'est différent ! — dit-il.

Cependant il hésitait encore à recevoir le Florentin, tant cet homme lui inspirait de dégoût, lorsque monsieur de Pibrac entra.

Le brave et rusé capitaine des gardes, en voyant René dans l'antichambre royale, avait compris que le roi de Navarre allait avoir besoin du secours de son esprit ingénieux et souple.

En sa qualité de capitaine des gardes, Pibrac avait ses entrées chez le roi à toute heure de jour et de nuit.

— Sire, — dit-il, — René le Florentin est là dans l'antichambre de Votre Majesté.

— Je le sais.

— Et il est sanglant comme un bourreau, — ajouta Pibrac.

— Oh! oh! — fit le roi. Puis il dit à Gauthier : — Fais entrer ce misérable !—Le page releva la portière, et René entra, saluant jusqu'à terre. Le roi tendit la main. — Donne ce message, — dit-il.

Mais René releva la tête et répondit avec calme :

— C'est un message verbal que j'apporte à Votre Majesté.

— Que dit-il? — fit le roi.

René répéta :

— J'apporte à Votre Majesté un message verbal de madame Catherine.

— Verbal? pourquoi? — exclama le roi, — madame Catherine ne sait-elle donc plus écrire?

— Sa blessure est grave, — répondit René, — et elle lui a occasionné une fièvre ardente.

— Sa blessure ! — s'écria Charles IX. — La reine mère est blessée?...

— Elle a failli être assassinée par ses ravisseurs, sire.

Le roi jeta un grand cri et se leva précipitamment.


## XV


Le mot de *blessure* produisit sur le roi de Navarre et sur monsieur de Pibrac une impression presque aussi violente que sur le roi.

Hector de Galard, on s'en souvient, avait, au moment de voler au secours du Béarnais et d'abandonner avec lui le champ de bataille, passé son bras dans la litière et frappé la reine mère avec son poignard.

Mais s'il avait cédé à cette fatale inspiration, il n'avait pas eu du moins le courage d'en avertir Henri, et il était revenu à Paris avec lui sans oser le lui avouer.

Charles IX demeura un moment debout, immobile, l'œil hagard, la bouche entr'ouverte.

Il regardait René et se demandait s'il n'était pas la proie d'un horrible cauchemar.

Mais René répéta lentement :

— J'avais l'honneur d'affirmer à Votre Majesté que la reine mère avait failli être assassinée.

Charles IX se tourna alors vers le roi de Navarre et Pibrac :

— Mais cet homme est fou ! — s'écria-t-il.

René hocha la tête et ajouta :

— Nous avons ramené madame Catherine dans la litière qui avait servi à l'enlever, — le roi eut une nouvelle exclamation d'étonnement, et dans laquelle, — acheva le Florentin, — un bras régicide a osé la frapper d'un coup de poignard.

— Oh! mais tout cela est affreux ! — s'écria le roi, qui passa la main sur son front; — et vraiment je crois que je rêve.

— Votre Majesté est parfaitement éveillée.

— Mais parle donc ! — dit le roi, — parle donc alors !

Henri et Pibrac avaient une mine consternée et une attitude empreinte de stupeur.

René se redressa avec l'importance d'un homme devenu nécessaire.

— Sire, — dit-il, — la reine mère a été enlevée avant-hier soir.

— Oh! je sais par qui..., — fit le roi, — et je brûlerai Nancy pour me venger !

René hocha la tête :

— Votre Majesté s'égare. Ce n'est point le duc de Guise qui a enlevé la reine mère.

— Et qui donc, alors?

— Quatre cavaliers masqués, dont deux sont tombés entre nos mains et celles des reîtres que j'ai requis de m'assister pour délivrer la reine.

— Et les deux autres sont morts, j'imagine? — dit Charles IX.

— Non, sire, ils ont pu fuir.

— Mais... quels sont ces hommes?

— Ils étaient masqués, sire.

— Et ceux que tu as faits prisonniers?

— Oh! quant à ceux-là, Votre Majesté les verra...

— Leurs noms?

— L'un s'appelle Lahire...

— Ce nom m'est inconnu, — dit le roi.

— L'autre se nomme Amaury de Noë.

A ce dernier nom, trois cris retentirent.

Le roi de Navarre et Pibrac s'écrièrent :

— C'est faux ! c'est impossible !

Et ils surent donner à leur voix un accent de vérité suprême.

Le roi Charles IX exclama en se retournant vers Henri :

— Mais c'est votre ami !

— Oui, sire, — dit le roi de Navarre, — et cet homme doit mentir...

Et Henri étendit un doigt menaçant vers René.

— Foi de Florentin ! — pensa celui-ci, — on jurerait que le roi de Navarre n'est pour rien dans tout cela, et pourtant je donnerais ma tête à couper que c'était lui qui s'escrimait si vigoureusement avec le duc de Guise... — Charles IX regarda tour à tour le Florentin, Henri et Pibrac. On eût dit qu'il cherchait à démêler la vérité au milieu de toutes ces contradictions. Mais le Florentin parlait, lui aussi, avec un accent de conviction. — Oui, sire, — répéta-t-il, — parmi les ravisseurs de la reine mère se trouvait l'ami du roi de Navarre, monsieur Amaury de Noë.

— Que répondrez-vous à cela, monsieur mon cousin? — s'écria tout à coup le roi, qui éclata comme un coup de tonnerre, recula d'un pas et menaça le roi de Navarre d'un regard.

Mais ce regard n'intimida point Henri; il venait de puiser de la force d'âme et de l'audace dans cette pensée qu'il fallait sauver ses amis, et que pour cela, il avait besoin de se sauver lui-même :

— Sire, — répondit il, — je supplie Votre Majesté de ne prêter qu'une attention médiocre aux paroles de cet homme.

— Mais... cependant...

— Et de ne condamner personne avant d'avoir vu la reine mère.

Mais le roi était devenu fou de colère, et il frappa le parquet du pied.

— Ah ! prenez garde ! monsieur mon cousin, — s'écria-t-il, Henri conserva son attitude calme et tranquille ; — car, — poursuivit Charles IX, — si vous et les vôtres avez osé versé le sang de la reine de France... je vous enverrai porter votre tête en place de Grève !...

Le roi de Navarre ne sourcilla point.

— La douleur et la colère, — dit-il, — aveuglent Votre Majesté.

Ces mots touchèrent Charles IX.

— Cependant, — dit-il, — vous l'entendez !...

Et il désignait René.

Mais Henri, toujours maître de lui, répondit :

— Votre Majesté oublie que je n'étais point avec mon ami Noë, et que je ne puis savoir ce qui s'est passé...

— Étrange ! étrange ! — murmurait le Florentin. — Je jurerais cependant que c'est lui qui...

— Et, — continua Henri avec assurance, — avant de

croire aux paroles de cet homme, je voudrais voir la reine mère et apprendre de sa bouche...

— Vous avez raison, — dit brusquement Charles IX. Puis il se tourna vers René : — Où est la reine mère ? — dit-il.

— Sire, — répondit le Florentin, — Sa Majesté a supporté avec courage les premières heures du voyage ; mais, aux portes même de Paris, ses forces l'ont trahie.

— Mon Dieu !

— Et elle a été obligée de s'arrêter dans la forêt de Meudon. — Henri et Pibrac échangèrent un regard. René continua : — Nous l'avons déposée dans une petite maison située en un carrefour de la forêt.

— Et vous l'avez laissée seule ?

— Oh ! non, sire, elle est gardée par les reîtres qui m'ont aidé à la délivrer. — René, on le voit, ne soufflait mot du duc de Guise et de ses gentilshommes. Il poursuivit : — La reine mère supplie Votre Majesté de monter à cheval et de se rendre auprès d'elle.

— J'irai, de par le ciel ! s'écria le roi ; — et cela, à l'instant même... — Puis il dit à Pibrac : — Mon cheval, mes gardes ! Allez, Pibrac, je veux partir sur le champ.

Le capitaine des gardes jeta un nouveau coup d'œil énergique et suppliant à la fois au roi de Navarre.

Ce coup d'œil voulait dire :

— Demeurez calme ! ne vous trahissez pas !...

Et Pibrac sortit.

Alors le roi dit à Henri :

— Monsieur mon cousin, vous allez m'accompagner à Meudon.

— Oui, sire, — dit Henri.

— Il faut que nous démêlions la vérité au milieu de ces ténèbres.

— C'est mon vœu le plus cher, je le jure à Votre Majesté.

— Et croyez bien, — acheva le roi avec un accent terrible, — que je serai sans pitié pour les coupables ! — Henri s'inclina. Alors Charles IX, qui était en pourpoint et en chausses du matin, frappa sur un timbre et appela le petit page Gauthier. — Viens m'habiller ! — lui dit-il.

Et, de la pièce où il était, et qui, au Louvre, on s'en souvient, avait le nom de cabinet du Roi, Charles IX passa dans sa chambre à coucher, laissant en tête-à-tête le roi de Navarre et René le Florentin.

Alors le parfumeur et le jeune prince se mesurèrent du regard.

Henri était toujours calme, un sourire dédaigneux glissait même sur ses lèvres.

— Maître René, — dit-il, — avez-vous lu l'histoire romaine ?

— La question est singulière, sire !

— N'importe ! répondez...

— Oui, sire, j'ai lu l'histoire romaine.

— Ah ! très-bien.

— Et, — ajouta René, — deux fois plutôt qu'une.

— Alors, vous vous souvenez des pontifes qui, le peuple écoulé, le temple où l'on consultait les augures demeuré vide, ne pouvaient se regarder sans rire.

— Oui, sire, mais...

— Attendez donc, maître René. Il m'est avis que nous ressemblons à ces pontifes, vous et moi...

— En quoi, sire ?

— Écoutez-moi bien. Vous servez la reine mère qui me hait, et vous me haïssez vous-même... convenez-en... — Le Florentin fit la grimace. — Donc, avec la reine mère, vous avez imaginé quelque abominable intrigue dans laquelle vous me vouliez envelopper moi et mes amis.

— Mais sire, je vous jure...

— Voyons, — fit Henri d'en ton bonhomme, — le roi n'est pas là, nous sommes seuls...

— Eh bien ?

— Ce que vous me direz, nul ne l'entendra, et vous pourrez au besoin le nier, maître René. — L'étonnement de René augmentait. — Avouez-moi la vérité, et, si vous avez

bien manœuvré, — poursuivit le roi, — si vous avez ingénieusement combiné votre petite machination, je serai le premier à vous en féliciter.

Mais le Florentin stupéfait répondit :

— Sire, il n'y a en tout cela d'autre machination que celle de vos amis...

— Vous dites ?

— Qui ont enlevé la reine mère...

— Oh ! c'est impossible !

— C'est vrai, et, il y a une heure, j'étais convaincu que Votre Majesté en faisait partie.

— Du complot ?

— Non, des combattants.

— Maître René, vous vous entendez à composer les énigmes.

— Sire...

— Seriez-vous le sphinx de l'antiquité, maître René ?

— Votre Majesté raille.

— Je vous préviens que je suis pour le moins aussi fort qu'Œdipe, et que je devinerai tôt ou tard...

Mais René ne se déconcerta point et reprit :

— Oui, sire, vos amis ont enlevé la reine.

— Quels amis ?

— Noë, Lahire et les autres...

— Noë est mon ami, je ne connais pas le Lahire dont vous voulez parler, et je serais curieux de savoir quels sont les autres.

— J'ai cru... j'aurais juré que Votre Majesté était l'un des deux.

— Merci ! — fit le roi de Navarre.

— Dans tous les cas, — continua le Florentin qui avait reconquis toute son audace, — Votre Majesté n'a pu ignorer la chose...

— Bah !...

— Si même elle ne l'a ordonnée...

Henri porta la main à la garde de son épée.

— Maître René, — dit-il d'un ton sec, — vous oubliez le respect qu'on doit à un prince du sang.

— Sire...

— Un mot de plus, et je vous passe mon épée au travers du corps. — René vit luire dans les yeux d'Henri un regard terrible. Instinctivement il fit un pas en arrière et baissa la tête. — Sachez, maître, — dit Henri de Navarre avec dignité, — que lorsque j'expose mes amis à des dangers, je partage ces dangers avec eux.

Si René perdait facilement son assurance, il la retrouvait plus facilement encore.

— C'est pour cela, — dit-il, — que j'aurais juré que Votre Majesté était l'un des deux cavaliers qui sont parvenus à s'échapper.

Cette fois Henri se mit à rire.

— Si cela m'eût, — dit-il, — il est probable que je ne serais point revenu à Paris, mais que j'aurais au contraire galopé nuit et jour sur la route du Béarn.

Cette réponse frappa René.

Le Florentin avait l'âme trop vile pour soupçonner qu'on pût jour sa tête à la seule fin de sauver celle de ses amis, et pour la troisième fois il se dit :

— Est-ce que, par hasard, le roi de Navarre aurait tout ignoré ?

Mais il n'eut pas le temps de répondre, car Charles IX reparut.

Le roi de France avait endossé un autre vêtement, chaussé ses bottes et ses éperons et il avait une cravache à la main.

— En route ! monsieur mon cousin, — dit-il au roi de Navarre.

— Je suis aux ordres de Votre Majesté, — répondit Henri.

— Partons !

Le roi sortit le premier, Henri et René le suivirent.

Monsieur de Pibrac était déjà à cheval dans la cour du Louvre, à la tête de douze gardes qu'il avait fait sauter en selle aussitôt. Cependant le rusé Gascon avait eu le temps de sortir du palais en toute hâte, de courir chez Malican, et de conférer avec lui l'espace de quelques minutes.

Un de ses regards l'apprit à Henri.

Ensuite, comme le roi mettait le pied à l'étrier, tandis que le page lui tenait son cheval, un superbe genet d'Espagne, noir comme la nuit, avec une étoile au front, Pibrac s'approcha du prince et lui dit rapidement :

— J'ai sur moi la lettre que le duc d'Alençon écrivait à reine mère et que vous avez trouvée sur le cadavre du page mort. Vous l'aviez confiée à Malican, et Malican me l'a remise.

Henri fit un imperceptible mouvement de satisfaction et se mit en selle à son tour.

— En route ! messieurs, — répéta le roi.

Et il sortit le premier de la cour du Louvre.

Puis il fit signe à René, qui vint ranger son cheval auprès du sien.

— Voilà qui tombe à merveille ! — murmura Pibrac.

Et le capitaine se mit à chevaucher de compagnie avec le roi de Navarre.

Charles IX n'avait pas eu le temps, dans son cabinet, d'interroger le Florentin.

Il voulait connaître l'aventure dans tous ses détails, et c'était pour cela qu'il lui avait ordonné de se placer à sa gauche.

Mais si la conversation de René avec Charles IX pouvait être pernicieuse au roi de Navarre, du moins celui-ci avait ainsi la liberté de causer avec le capitaine des gardes.

Ce dernier, qui connaissait à merveille tous les gentilshommes de sa compagnie, s'était bien gardé de choisir un seul méridional parmi ceux qui devaient escorter le roi avec lui. Il avait pris trois Bretons, quatre Picards, deux Orléanais, un Poitevin et un Tourangeau, bien sûr qu'il était qu'aucun d'eux ne comprendrait les idiomes qui se parlent au pied des Pyrénées.

Le roi Charles IX ni René n'entendait davantage les langues méridionales.

Cependant, par excès de précaution, ce ne fut point en béarnais que le capitaine des gardes adressa la parole au roi de Navarre.

René était Italien, et il pouvait saisir au passage quelque consonnance qui lui donnerait à réfléchir.

Ce fut en langue basque que Pibrac s'adressa à Henri.

La langue basque, on le sait, sera toujours un tissu d'énigmes pour quiconque, dans son enfance, n'aura point vu se dresser à l'horizon les cimes neigeuses des Pyrénées.

Henri parlait le basque aussi couramment que le béarnais.

Cependant le prudent capitaine des gardes parlait tout bas :

— Vous savez où nous allons ? — dit-il.

— Parbleu !

— A Meudon, chez la duchesse de Montpensier.

— Et le roi y trouvera le duc ?

— Naturellement.

— Eh bien ! que pensez-vous de cela, Pibrac, mon ami ?

— Rien de bon, sire.

— Pourvu que je sauve mes amis ! — murmura le roi de Navarre.

— Ah dame ! sire, pourvu que vous vous sauviez vous-même.

— Bah ! Noë et Lahire mourraient dans les tortures plutôt que de me trahir.

— Je n'en ai jamais douté.

— Alors...

— Alors, sire, — dit brusquement Pibrac, — je crains les accès de colère du roi.

— Le roi ne me condamnera point sans preuves... et je défie...

— Qui sait ? — fit Pibrac.

Mais Henri eut un fier sourire et rejeta sa belle tête en arrière.

— Regardez-moi donc, ami Pibrac, — dit-il ; — croyez-vous qu'un homme comme moi puisse mourir de la main du bourreau ? dites, le croyez-vous ?

— Vous avez raison, sire, et, comme vous, je crois à l'étoile de Votre Majesté.

— Eh bien ! — poursuivit Henri, — marchons donc alors, et ne craignons rien !... — Et comme Pibrac, tout pensif, se penchait sur sa selle : — Vous m'avez compris, — poursuivit le jeune prince, — en demandant à Malican la lettre dont je vous ai parlé. Cette lettre sera la rançon de Noë.

— Peut-être... — murmura Pibrac.

— L'essentiel, — ajouta le prince, — est que je puisse demeurer seul un moment avec la reine mère...

Tandis que le roi de Navarre et monsieur de Pibrac échangeaient ces quelques mots, Charles IX disait à René :

— En quel lieu as-tu rejoint la reine mère ?

— Entre Blois et Angers.

— Et quels étaient les hommes qui te suivaient ?

— Une quinzaine de reîtres et leur capitaine, que j'ai requis au nom du roi.

René, on le voit, se gardait bien, suivant sans doute les instructions qu'il avait reçues, de parler du duc de Guise et de ses gentilshommes. Il évita même de parler du roi de Navarre.

Charles IX chevauchait, sombre et pensif, se retournant parfois et jetant sur le roi de Navarre un fauve regard.

Ils gagnèrent ainsi le village de Vaugirard, puis celui de Meudon, et s'enfoncèrent dans la forêt.

Bientôt le roi vit poindre à travers les arbres la maisonnette qui servait de retraite mystérieuse à la duchesse de Montpensier.

Autour de la maison plusieurs chevaux broutaient l'herbe du bois, et quelques hommes d'armes, la visière baissée, se trouvaient sur le seuil et se levèrent pour recevoir le roi de France et sa suite.

René sauta le premier à terre et entra dans la maison pour conduire le roi.

Charles IX regarda les hommes d'armes et les prit pour les reîtres dont avait parlé René.

Il se tourna vers le roi de Navarre, qui avait mis pied à terre et le suivait :

— Venez, monsieur mon cousin, — dit-il, — venez !

La voix de Charles IX était menaçante et couvait des tempêtes.

Pibrac se pencha vers le jeune prince :

— Courage ! — dit-il, — et soyez calme !

Le roi suivit René.

Celui-ci longea le corridor et poussa une porte devant lui.

Alors Charles IX se trouva sur le seuil de cette chambre où quelques jours auparavant Lahire avait passé la nuit, et il aperçut la reine mère pâle, l'œil brillant de fièvre, couchée sur un lit dont les draps éblouissants de blancheur étaient çà et là jaspés de taches de sang.

## XVI

Que s'était-il passé au milieu de cette forêt où le duc de Guise et ceux qui l'accompagnaient avaient rejoint et attaqué Henri et ses compagnons, après que le jeune prince et Hector, obéissant à une inspiration soudaine, eurent pris la fuite ?

Noë et Lahire, tombés au pouvoir de l'ennemi, avaient été garrottés.

Noë criait cependant à René le Florentin :

— Mais tue-moi ! tue-moi, misérable !

— Non pas ! — répondit René, — c'est l'office du bourreau ; et d'ici à ce que vous alliez en sa compagnie à la place de Grève, je veillerai à ce qu'il ne tombe pas un cheveu de votre tête.

Lahire avait été atteint en divers endroits, mais aucune

de ses blessures n'était grave. Noë lui-même, quoique couvert de sang, aurait pu se battre longtemps encore s'il n'avait été renversé.

Et puis tous deux, en voyant le roi de Navarre et leur ami Hector prendre la fuite, ils se sentirent sur-le-champ soulagés d'un grand poids, et acceptèrent leur sort avec une résignation joyeuse.

— Il est sauvé ! — murmura Noë en langue basque. — La forêt est touffue, on ne les rejoindra pas.

Cependant le duc de Guise s'était relevé furieux, et, s'élançant sur un autre cheval, il avait crié :

— Sus ! sus aux fugitifs !...

Et il avait poussé son cheval, et était parti ventre à terre, suivi de Léo et de Gaston de Lux.

Mais déjà le roi de Navarre et Hector avaient pris de l'avance, et l'on entendait dans l'éloignement le galop de leurs chevaux. Le duc et ses compagnons coururent une heure à travers les méandres de la forêt, traversant les broussailles, sautant les fossés ; puis il vint un moment où le taillis devint si épais qu'ils se trouvèrent environnés de ténèbres, et, n'entendant plus aucun bruit, ils se virent dans la nécessité de revenir sur leurs pas.

Cette poursuite infructueuse avait duré une heure.

Pendant cette heure, voici ce qui s'était passé au carrefour du bois où le combat avait eu lieu.

Le sol était jonché de morts et de blessés. Lahire et Noë garrottés, le Florentin regarda autour de lui et ne vit plus que quatre hommes debout. Mais c'en était assez pour garder les prisonniers.

Alors il courut à la litière, dont les conducteurs avaient pris la fuite, et il en écarta vivement les rideaux.

Mais soudain il recula saisi d'épouvante.

Un rayon de lune venait de lui montrer au fond de la litière la reine mère inanimée et sanglante.

René jeta un cri terrible.

— A moi ! à moi ! — dit-il.

Et il ouvrit la portière, prit la reine mère à bras-le-corps, et, la soulevant, il la porta sur l'herbe.

Le sang coulait avec abondance d'une blessure que la reine avait au côté droit.

Un moment René crut que madame Catherine était morte.

Mais, quand il eut ouvert ses vêtements et dégrafé son corsage, elle fit un mouvement et poussa un soupir.

Était-ce affection ou égoïsme ? Cet homme, qui n'avait jamais aimé personne, avait-il fini par aimer sa bienfaitrice, ou bien s'était-il contenté de calculer tout ce qu'il allait perdre le jour où elle aurait cessé de vivre ?

Toujours est-il que le Florentin, pris d'une douleur immense, se mit à sangloter comme un enfant, tandis qu'il donnait les premiers soins à madame Catherine. Mais la douleur ne l'empêcha point d'agir avec la netteté et la lucidité de l'homme qui a longtemps étudié la chirurgie.

René sonda la blessure, et reconnut aussitôt qu'elle n'était point mortelle. Le poignard d'Hector avait glissé au lieu de pénétrer profondément.

Le Florentin déchira ce mouchoir de la reine qu'il avait trouvé dans la rue des Prêtres et qui avait été le premier indice de l'enlèvement, puis il banda la blessure et arrêta l'hémorrhagie.

Après quoi il se mit en devoir de faire respirer à Catherine un flacon de sels qu'il portait toujours sur lui, suspendu à son cou par une chaîne d'argent.

Presque aussitôt la reine ouvrit les yeux, et promena autour d'elle un regard qui, d'abord égaré, s'arrêta bientôt clair et intelligent sur René.

— Ah ! — dit-elle d'une voix encore faible, — c'est toi, René ?

— Oui, madame.

— Mais où sommes-nous donc ? que s'est-il passé ? ai-je fait un rêve affreux, ou bien tout cela est-il vrai ?

— C'est vrai, madame.

— Ainsi on m'a enlevée ?

— Oui.

— Ah ! — fit soudain Catherine, qui porta la main à sa blessure, — ils m'ont frappée.

— Oui, madame, ils ont voulu assassiner Votre Majesté

— Les misérables !

— Heureusement, — reprit René, — Dieu n'a point permis que leur forfait s'accomplît. Le poignard de l'assassin a dévié et la blessure de Votre Majesté est légère.

La reine écoutait René et semblait ne pas comprendre encore tout le péril qu'elle avait couru.

— Mais comment es-tu là ? — dit-elle enfin.

— J'ai couru après vos ravisseurs, et nous avons pu vous délivrer. Deux de ces misérables sont en notre pouvoir.

La reine s'était soulevée, et elle examinait curieusement le champ de bataille et les deux prisonniers couchés côte à côte sur la terre.

— Mais quels sont ces hommes ? — demanda-t-elle enfin.

— L'un d'eux se nomme Noë ; — la reine étouffa un cri ; — et il se pourrait bien, — acheva René, — qu'un de ceux qui viennent de prendre la fuite fût le roi de Navarre.

— Ah ! — murmura la reine, dont l'œil lança des éclairs, — s'il en est ainsi, il me faut tout son sang.

Ce fut en ce moment que le duc de Guise revint.

Tandis que la reine mère remerciait ses libérateurs, Noë et Lahire, toujours couchés et immobiles sur l'herbe, causaient à voix basse dans l'idiome de leur pays, bien sûrs qu'on ne pourrait les comprendre.

— Mon pauvre Noë, — disait Lahire, — nous sommes perdus.

— Oui, mais le roi est sauvé.

— C'est vrai. Vive le roi !

— A moins, — dit tristement Noë, — que son caractère chevaleresque ne le perde.

— Comment cela ?

— Écoute ; au lieu de galoper nuit et jour vers la Navarre, il est homme à reprendre la route de Paris.

— Pourquoi ?

Noë soupira.

— Pour essayer de nous sauver, — dit-il.

— Ah ! — dit Lahire, — tu as raison. Mais penses-tu donc que, s'il ne put et échapper à ceux qui le poursuivaient, on parvienne à prouver qu'il était avec nous ?

— Je le nierai pour mon compte, au milieu des tortures.

— Et moi aussi, — fit Lahire.

— Mais il l'avouera le premier peut-être, — dit Noë. Les deux captifs se regardèrent avec stupeur, puis Noë ajouta : — On nous interrogera, tu me laisseras parler.

— Que diras-tu ?

— J'inventerai une fable.

— Soit ! — répondit Lahire.

Bientôt les deux prisonniers furent chargés, chacun en travers d'un cheval, devant un des reîtres qui avaient survécu à ce combat acharné.

Puis le cortège se remit en marche et reprit la route de Paris.

Le duc de Guise et René chevauchaient aux portières de la litière au fond de laquelle la reine était couchée. Vingt-quatre heures après, comme la nuit tombait, la reine mère et son escorte entraient dans le bois de Meudon, et faisaient halte à la petite maison de la duchesse de Montpensier.

Quand ils arrivèrent, madame de Montpensier était absente.

La jeune princesse, inquiète de n'avoir aucune nouvelle du duc son frère depuis environ trois jours, avait couru à Paris, ne laissant à Meudon qu'un page.

Ce page était ce même Amaury que Nancy avait si cruellement mystifié.

Cependant, malgré l'absence de la duchesse, le duc de Guise et René demeurèrent d'accord qu'il fallait passer la nuit à Meudon.

D'ailleurs il était vraisemblable que madame de Montpensier reviendrait dans la soirée.

— Qu'allons-nous faire de nos prisonniers?—demanda alors René.

— Il y a ici un petit caveau qui peut servir de prison, — répondit le duc.

— A la condition qu'on placera des sentinelles à la porte.

— Soit ! — dit le duc.

Tandis que madame Catherine, guidée par le prince lorrain, prenait possession de la maison et s'installait dans la chambre à coucher de la duchesse, où René pansait sa blessure, Léo d'Arnembourg et Gaston de Lux s'occupaient des prisonniers.

Léo avait une revanche à prendre avec Lahire, et il y mettait un véritable acharnement.

— Ah ! cher monsieur, — disait-il, — convenez, en vérité, que le ciel me devait bien le bonheur de vous servir de geôlier.

— Monsieur, — répondit Noë, — il est peu probable que nous ayons jamais l'occasion de vous rencontrer en plein air, mais croyez que, si pareille chose arrivait jamais, nous calmerions un peu vos fanfaronnades.

— Tais-toi donc, Noë ! — fit Lahire en haussant les épaules ; — monsieur est jaloux.

Lahire savait la portée de ce mot ; et en effet il pénétra dans le cœur de l'amoureux de la duchesse comme la lame aiguë d'un poignard. Les deux jeunes gens furent conduits dans le caveau dont avait parlé le duc de Guise.

C'était un réduit étroit qui servait de cave, dont la voûte était solide, la porte massive, et où toute tentative d'évasion était inutile.

— Messieurs, — ricana Léo, — cela ne vaut pas peut-être une chambre au Louvre, mais nous n'avons pas d'autre logis à vous offrir.

Lahire et Noë avaient été séparés durant toute la route, et ils ne se retrouvèrent en tête-à-tête que dans le caveau.

Leo d'Arnembourg, après avoir refermé la porte, avait placé deux reîtres en sentinelle dans le couloir souterrain qui conduisait au caveau.

— Maintenant, — dit alors Lahire, — nous pouvons causer.

— Et ce n'est point trop tôt, — répondit Noë en s'allongeant sur un peu de paille, autant que les cordes qui lui liaient les pieds et les mains purent le lui permettre.

— Mais d'abord où sommes-nous ?

— Tu ne l'as donc point deviné ?

— Non.

— Eh ! ventre de biche ! — murmura Lahire, — nous sommes chez madame la duchesse de Montpensier.

— A Meudon ?

— A Meudon.

— Mais, — dit Noë, — n'est-ce point ici qu'elle a daigné... ?

— Me donner asile avant que je n'eusse vu son visage.

— Qui sait? elle fera peut-être quelque chose pour toi.

— Je le crois, — dit ironiquement Lahire. — Elle aura peut-être la bonté de nous envoyer des aliments empoisonnés.

— Pourquoi ?

— Afin que je ne puisse pas la reconnaître le jour où le parlement assemblé nous jugera comme coupables de haute trahison.

— Bah ! — fit Noë, — la duchesse ne hait sérieusement que le roi de Navarre. — Et il se retourna sur la paille du caveau en murmurant : — Tout cela est fort bien, et je consens à mourir, mais non de faim. Or, il y a longtemps que nous n'avons mangé, ami Lahire.

— D'accord... J'ai une faim de loup.

Lahire se traîna vers la porte, et, comme il ne pouvait faire usage ni de ses mains ni de ses pieds, il se prit à cogner avec sa tête.

Au bruit, un des reîtres accourut :

— Que *fulez-fous ?* — dit-il.

— A boire et à manger, — répondit le Gascon.

Le reître parut tenir conciliabule avec son camarade, puis on l'entendit s'éloigner, tandis que l'autre continuait à se promener de long en large.

Quelques minutes s'écoulèrent, puis de nouveaux pas se firent entendre, et enfin la porte du caveau s'ouvrit.

Lahire et Noë, qui se trouvaient plongés dans l'obscurité la plus complète, furent tout à coup éblouis par une vive clarté.

Le reître venait d'ouvrir la porte, puis il s'était effacé pour livrer passage à un jeune homme qui tenait un flambeau d'une main et de l'autre une corbeille qu'il posa à terre.

C'était le page Amaury, qui apportait à souper aux deux prisonniers.

Lorsque la reine mère et son escorte étaient arrivées à la maisonnette de la duchesse, il était nuit, et Amaury n'avait prêté nulle attention aux prisonniers, si bien qu'il n'avait point reconnu Lahire.

Mais celui-ci s'écria en le voyant :

— Eh ! bonjour, monsieur Amaury.

L'enfant jeta un cri à son tour :

— Quoi ! — dit-il, — c'est vous, monsieur Lahire?

— Moi-même, mon jeune ami, et, vous le voyez, dans une situation qui n'a rien de très-agréable.

— Mais quel crime avez-vous donc commis, monsieur Lahire ?

— Je me suis mêlé de politique.

— Ah ! diable ! — murmura le petit page, — c'est grave, cela.

— Vous croyez ?

— Plus que d'avoir volé et assassiné.

— Vous m'effrayez, monsieur Amaury, — murmura Lahire en souriant. Puis, comme le page regardait curieusement Noë : — Monsieur est mon ami, — dit Lahire.

— Ah !

— Mon meilleur ami...

— Et il s'est mêlé pareillement de politique ?

— Hélas ! oui.

— Mais, — reprit le page, — je vous ai apporté des provisions ; le duc, qui soupe en compagnie de René le Florentin, vous envoie des vivres de sa table.

— Le duc est bien bon, vraiment !

— Et moi, — dit le page,— qui me sentais entraîné vers vous par une mystérieuse sympathie, bien que je fusse loin de supposer que c'était vous, monsieur Lahire, je vous ai cherché deux flacons du meilleur vin.

— Mon cher monsieur Amaury, — répondit Lahire, — vous êtes mille fois trop aimable. Mais comment voulez-vous que nous mangions et buvions, ainsi garrottés?

— Attendez, — dit le page.

Il prit son poignard et coupa les liens qui retenaient captives les mains de Lahire ; puis il en fit autant à Noë.

— Vous êtes une vraie Providence, — lui dit Lahire.

— Je rends le bien pour le mal, — répliqua malicieusement le page.

— Hein !

— Hé ! mais, — fit Amaury, — il me semble que vous m'avez pleinement mystifié, un soir, ici.

— Bah ! — répondit Lahire, — n'ayez pas de rancune, monsieur Amaury...

— Aussi n'en ai-je pas.

— Et soupez avec nous...

— Volontiers.

Le page sortit tour à tour de la corbeille un morceau de venaison et un pâté, ainsi que deux bouteilles poudreuses.

— Ma foi ! — murmura Noë tout réconforté par cette vue, — j'ai bonne envie de boire à la santé du duc.

— Vous pourriez boire aussi à celle de la maîtresse du logis, — observa le page. Lahire tressaillit. — Madame est absente, — ajouta le jouvenceau ; — mais, quand elle reviendra, je ne manquerai pas de lui donner de vos nouvelles, monsieur Lahire.

— Vous êtes un aimable garçon ; à votre santé, monsieur Amaury !

— A la vôtre ! monsieur Lahire.

Les deux prisonniers et le page soupèrent cordialement.

Puis ce dernier s'en alla, emportant la corbeille et les bouteilles vides.

Le vin que les deux prisonniers avaient bu était généreux et portait un peu à la tête.

Ce semblant d'ivresse, réuni à la fatigue qu'ils éprouvaient, leur permit de s'endormir profondément, en dépit de leurs graves préoccupations et de la perspective d'une mort à peu près inévitable.

Une partie de la nuit s'était déjà écoulée ; Noë et Lahire ronflaient côte à côte lorsqu'ils furent éveillés en sursaut par le bruit de la porte qui s'ouvrait de nouveau et un rayon de lumière qui vint tomber sur leur visage.


## XVII

Il est temps de revenir à ceux de nos personnages que nous avons laissés aux portes d'Angers.

Nous voulons parler de madame Marguerite, de Nancy, de Raoul et de ce malheureux Hogier de Lévis dont le fatal amour avait grandement compromis l'honneur.

Sur les instances de Raoul, l'officier qui commandait la porte orientale d'Angers avait fini par se décider à quitter son poste et à venir reconnaître lui-même quel était le personnage important que renfermait la litière, et qui voulait pénétrer dans la ville en dépit des édits de S. A. R. le prince gouverneur.

C'est alors qu'il avait reconnu la prétendue dame de Château-Landon pour ce qu'elle était réellement, et que Hogier de Lévis avait jeté un cri d'étonnement et presque d'épouvante en apprenant que la femme qu'il aimait et pour laquelle il allait mourir était l'épouse de son roi.

Marguerite de Valois, on s'en souvient encore, lui avait pris le bras, et, le serrant fortement, elle lui avait dit :

— Oui, je suis la reine de Navarre et je ne veux pas que vous mouriez !—L'officier avait fait ouvrir les portes à deux battants, et la litière de la reine avait pénétré dans Angers. — Au château ! — avait dit alors madame Marguerite. Durant le trajet de la porte de la ville au château, Hogier de Lévis roula sur sa selle comme un homme ivre. Il ne savait au juste s'il vivait ou s'il était déjà dans la tombe, s'il était réellement éveillé ou s'il faisait un rêve étrange. Ce ne fut qu'à la porte du château qu'il eut réellement conscience de son existence, lorsque madame Marguerite, passant la tête à la portière, lui dit : — Monsieur Hogier, mettez pied à terre et me venez donner la main.

Cette voix rappela le malheureux jeune homme au sentiment de la réalité.

Raoul faisait grand tapage à la porte du château.

Les deux reîtres qui s'y trouvaient en sentinelle n'étaient guère plus accommodants que l'officier de la porte.

Les reîtres ne voulaient pas ouvrir sans un ordre de leur chef.

Le chef, éveillé par le bruit, prétendit qu'on n'ouvrait qu'à ceux qui avaient le mot d'ordre.

Raoul n'avait pas le mot d'ordre ; mais il nomma la reine de Navarre, et alors la porte s'ouvrit.

Seulement Marguerite dit à l'officier, quand elle fut entrée sous la voûte, armée d'une herse et précédée par un pont-levis :

— Monsieur, je viens à Angers pour voir mon frère le duc d'Alençon ; je voyage sans suite, c'est-à-dire incognito, et je vous serai fort reconnaissante de ne point ébruiter ma venue.

A quoi l'officier répondit :

— Le secret de Votre Majesté sera gardé ; seulement Votre Majesté a fait un voyage inutile.

— La raison ? — demanda la reine de Navarre.

— C'est que Son Altesse Royale n'est pas à Angers.

— Vraiment ? — fit Marguerite.

L'officier répéta :

— Son Altesse le duc d'Alençon a quitté Angers ce matin.

— Ah ! — dit Marguerite, plus charmée que contrariée de cette circonstance ; — et où est allé le duc ?

— Je l'ignore, madame.

— Mais enfin, — dit la reine, — il y a quelqu'un au château pour me recevoir.

— L'intendant de Son Altesse, le vieux Bertrand Marel ; seulement il faudra l'éveiller, et ce n'est pas chose facile.

Tandis que l'officier s'exprimait ainsi, la litière était arrivée à l'extrémité de la première voûte et pénétrait dans la cour d'honneur.

A l'exception de quelques sentinelles éparpillées au bas des escaliers, dans les corridors et en haut des tours, les hôtes du château étaient plongés dans le plus profond sommeil.

Cependant, à une des croisées ogivales du premier étage, les regards de Marguerite aperçurent une lumière discrète.

— Qu'est-ce que cela ? — dit-elle.

— C'est la chambre d'un gentilhomme arrivé du Louvre hier soir.

Marguerite tressaillit.

— Son nom ? — dit-elle.

— Gaston de Nancey.

— Oh ! oh ! pensa Marguerite, — c'est le plus dévoué des gentilshommes de madame Catherine, et, pour qu'elle s'en soit ainsi séparée, il faut qu'elle lui ait confié quelque importante mission. — Et la reine descendit de litière en faisant cette autre réflexion : — Il serait assez curieux que la politique, que je croyais avoir laissée au Louvre, me poursuivît jusqu'ici.

La reine de Navarre s'était appuyée sur le bras d'Hogier, lequel avait mis pied à terre et confié son cheval à un des soldats du corps de garde de la porte.

L'officier avec qui on venait de parlementer s'était empressé de courir éveiller l'intendant et de mettre sur pied deux ou trois valets.

Pendant ce temps, précédée d'un valet qui portait une torche, Marguerite gravissait le grand escalier du château, appuyée sur le bras d'Hogier.

Hogier se sentait mourir de joie, de douleur et de honte en même temps ; de joie parce qu'il voyait bien que Marguerite l'aimait, de douleur parce qu'il songeait à son roi, de honte parce qu'il sentait bien que cet amour venait de le déshonorer en le forçant à manquer à son devoir.

Mais Marguerite s'appuyait avec tant de grâce et de nonchalance sur son bras, elle le regardait avec un œil si doux ! elle avait une voix si enchanteresse et si fascinatrice, et Hogier oubliait sa douleur et sa honte pour s'abandonner tout entier à l'enivrement d'être aimé.

Nancy et Raoul avaient suivi l'officier de la porte et n'avaient pas peu contribué à stimuler le vieil intendant Bertrand Maret, éveillé au milieu de son premier sommeil.

Celui-ci, s'étant levé à la hâte, se précipita à la rencontre de la jeune reine.

Madame Marguerite, lorsqu'elle n'était que fille de France, était venu plus d'une fois à Angers, et elle connaissait parfaitement le vieil intendant.

— Mon bon Maret, — lui dit-elle, — il est inutile que tu éveilles personne autre que les valets nécessaires pour me préparer un appartement. — Et comme le vieillard se confondait en salutations, elle ajouta : — Mais où donc est ton maître ?

— Son Altesse est partie ce matin.

— Pour quel pays ?

— Pour Paris, j'imagine.

— Oh ! c'est impossible, dit Marguerite, — je l'aurais rencontré.

Le vieil intendant conduisit la jeune reine aux appartements d'honneur du château, lesquels étaient situés au premier étage, dans l'aile gauche.

Ces appartements, réservés de tout temps pour les hôtes de distinction, n'avaient point été habités depuis longtemps.

— Votre Majesté, — dit Bertrand Maret, — fera bien d'occuper la petite salle qui donne au midi. Elle y sera mieux.

Ceci dit, l'intendant prit congé de la reine, et conduisit à son tour Hogier de Lévis à la chambre qu'il lui destinait. C'était une pièce située à l'extrémité d'un corridor, lequel communiquait par une porte dérobée avec l'appartement de Marguerite. Le brave homme d'intendant, considérant Hogier comme appartenant à la maison de la princesse, le logeait naturellement à portée des ordres de sa souveraine.

L'intendant lui avait dit, en ouvrant la porte de la chambre située à l'extrémité du corridor :

— Voici votre logis, messire.

— Ah ! — fit Hogier avec distraction.

— Ce corridor que nous venons de suivre aboutit à l'appartement de la reine. — Hogier tressaillit. — Sur ce, mon gentilhomme, — acheva l'intendant, — j'ai bien l'honneur de vous souhaiter une bonne nuit.

Et il se retira.

Alors Hogier se trouva seul en présence de son amour, avec le souvenir de son déshonneur; car il était déshonoré, puisqu'il avait désobéi aux ordres de son roi, car il n'oserait pas reparaître devant ses amis dont il avait trahi la cause.

Un moment, dominé par la honte et le remords, il essaya de chasser loin de lui la séduisante image de Marguerite, et, en proie à un accès de désespoir, il se passa pour la seconde fois sur son épée, décidé à se la passer au travers du corps.

C'en était fait de Hogier de Lévis si, la porte de sa chambre, qu'il n'avait point fermée à clef, ne se fût ouverte à ce moment et n'eût livré passage à Nancy.

Nancy ne jeta pas un cri, comme on aurait pu le croire, mais elle s'élança d'un bond de chèvre effarouchée sur Hogier et lui arracha son épée.

— Eh bien ! — dit-elle, souriante à travers son émotion, — j'arrive à point nommé, convenez-en, monsieur.

— Laissez-moi mourir, — répéta le jeune homme, dont le désespoir était au comble.

— Non pas, — dit Nancy, — je viens au contraire vous chercher.

— Me chercher !

— Oui, maintenant que l'intendant s'est retiré et que le premier étage du château nous appartient tout entier.

— Mais où voulez-vous me conduire?

— Chez madame Marguerite.

Hogier sentit tout son sang affluer à son cœur :

— Ah ! — murmura-t-il, — je m'étais pourtant juré de ne plus la revoir...

Et il suivit Nancy.

Nancy le conduisit à l'extrémité du corridor et le fit de nouveau pénétrer chez madame Marguerite, qui, suivant le conseil de l'intendant, avait pris possession de la petite salle qui donnait au midi.

— Eh bien ! — dit Nancy, — Votre Majesté a eu une bien belle inspiration.

— Que veux-tu dire? — fit Marguerite, qui leva ses grands yeux bleus sur le visage pâle et contracté d'Hogier.

— Il allait se tuer quand je suis entrée, — répondit Nancy.

Marguerite regarda Hogier avec une tristesse sévère :

— Je vous avais cependant ordonné de vivre, — lui dit-elle.

— Vivre sans honneur n'est pas vivre, — murmura-t-il en baissant la tête; — n'ai-je point trahi le roi mon maître ?

— Eh bien !—dit-elle,—la reine vous pardonne.— Mais

il demeurait le front courbé et comme un criminel. Alors Marguerite lui prit la main et dit : — Il faut pourtant que vous me fassiez un serment?

Nancy, tandis que la reine parlait, avait à petits pas gagné le seuil de la porte, sur lequel se trouvait Raoul :

— Allons, — lui souffla-t-elle à l'oreille, — laissons madame Marguerite raisonner sur la vanité des choses humaines et prouver à Hogier que son honneur est sauf.

— Hum ! — dit Raoul, — nous lui avons fait jouer un singulier rôle, en fin de compte.

— C'est vrai, mais... — Un sourire énigmatique glissa sur les lèvres de la railleuse camérière.—Ah ! mon Dieu ! —dit-elle, — je crois décidément que le souvenir du sire de Coarasse est bien et dûment expulsé de l'esprit et du cœur de madame Marguerite. — Nancy poussa un petit soupir, puis elle dit à Raoul : — Si tu allais te coucher, mon mignon?

— C'est ce que je vais faire, et vous?

— Moi, j'ai vu quelque chose qui m'intrigue, je flaire un mystère que je veux éclaircir, — dit-elle; — attends-moi ici.

Et elle s'esquiva avant que Raoul stupéfait eût songé à lui en demander davantage.

⋅ ⋅ ⋅ ⋅ ⋅ ⋅ ⋅ ⋅ ⋅ ⋅

Où donc allait Nancy ?

Nancy était toujours la petite fille dont l'esprit en éveil ne se reposait jamais et qui recherchait la cause de toute chose. Elle avait entendu prononcer le nom de monsieur de Nancey, le gentilhomme favori de la reine mère, et elle en avait conclu qu'il ne se trouvait pas à Angers dans le but unique d'y respirer l'air de l'ouest.

Or, au Louvre, peut-être à cause de la presque similitude de leurs noms, la camérière Nancy et le jeune gentilhomme monsieur de Nancey échangeaient mille politesses.

Quand la reine de Navarre envoyait la camérière chez la reine mère, la camérière rencontrait ordinairement dans l'antichambre monsieur de Nancey, qui venait à elle et rougissait même un peu en la regardant.

Nancy était jolie à croquer, et monsieur de Nancey n'avait guère que vingt ans.

Lorsque, au contraire, c'était monsieur de Nancey qui s'aventurait vers les appartements de la reine de Navarre, Nancy lui faisait le plus aimable accueil.

Peut-être monsieur de Nancey aimait-il Nancy.

Quant à Nancy, elle n'aimait pas monsieur de Nancey, puisqu'elle aimait Raoul; mais elle pensait qu'il est toujours bon de ménager un joli garçon, surtout lorsqu'il est en faveur auprès d'une reine.

Or donc, en apprenant que monsieur de Nancey était à Angers et, malgré l'heure avancée de la nuit, en voyant de la lumière à sa fenêtre, la fine camérière se prit à flairer de la politique.

Puis, sans faire part ni de ses réflexions ni de son projet à la reine de Navarre, non plus qu'à Raoul, Nancy s'était esquivée sur la pointe du pied et avait gagné le grand escalier de pierre à balustre de fer doré qui tournoyait au milieu du château. Nancy avait bien aperçu de la cour la fenêtre qu'on lui avait dit être celle de monsieur de Nancey; elle savait que cette fenêtre était au second étage.

Mais lorsqu'elle eut atteint le palier de ce second étage, elle se trouva à l'entrée de deux immenses corridors, l'un à droite, l'autre à gauche, tous deux plongés dans les ténèbres.

Lequel des deux conduisait à l'appartement de monsieur de Nancey ?

La camérière hésita un moment; puis il lui sembla voir dans l'éloignement, à l'extrémité du corridor de gauche, un filet de lumière qui passait sous une porte.

— Ce doit être là, — se dit-elle ; et elle se dirigea sur le point lumineux. Nancy marchait sur la pointe du pied, c'était une habitude qu'elle avait contractée au Louvre. Quand elle fut arrivée sans bruit à la porte, elle essaya de voir au travers; mais la porte n'avait d'autre trou que celui de la serrure, et la clef s'y trouvait. — Ma foi, tant pis ! — murmura Nancy.

Et elle frappa ; mais nul ne répondit.

Nancy frappa de nouveau ; le même silence continua de régner.

Nancy était une femme de résolution. Elle mit la main sur la clef, tourna la clef dans la serrure, ouvrit la porte, qu'elle poussa devant elle, et soudain elle s'arrêta tout interdite sur le seuil.

## XVIII

Pourquoi Nancy s'arrêtait-elle étonnée ? c'est que la chambre sur le seuil de laquelle elle venait de mettre le pied était vide.

Cependant un flambeau brûlait sur une table, et tout dans la pièce révélait la présence récente d'un habitant.

Nancy hésita un moment sur le seuil; mais une circonstance fortuite la décida à entrer.

Elle avait aperçu un papier et un livre sur la table, auprès du flambeau. Elle entra donc et repoussa la porte derrière elle ; puis, aussi effrontée qu'un page, elle s'assit devant la table et prit successivement le livre et le papier.

Le papier était une lettre ouverte qui portait cette suscription :

### A monsieur le duc d'Alençon.

Nancy tressaillit.

— Comment ! — se dit-elle, — serais-je donc chez Son Altesse le duc? — Elle jeta un regard défiant autour d'elle et s'assura qu'elle était bien seule. — Voyons, — pensa-t-elle, — si cette lettre est là, c'est que le prince y était tout à l'heure. Et cependant on nous a dit qu'il était absent. Comment expliquer cela ?

Nancy pensa que le meilleur moyen d'approfondir ce mystère était de lire la lettre qu'elle avait sous les yeux.

Aussi la déplia-t-elle sans façon, et, l'approchant du flambeau, elle lut :

« Mon bien-aimé et cher fils,

» Monsieur de Nancey vous portera de vive voix les » détails qu'on ne saurait confier au parchemin. Qu'il » vous suffise de savoir que tout est prêt pour le vingt- » quatre du présent mois.

» Votre mère, » CATHERINE. »

— De quoi s'agit-il ? qu'est-ce que tout cela ? et que signifie cette date du *vingt-quatre!* — se demanda Nancy toute rêveuse. Elle prit le livre, espérant y trouver une indication quelconque. Mais le livre était un volume de l'abbé de Brantôme, la *Vie des grands capitaines*. Nancy le feuilleta, le secoua, le retourna en tous sens; aucun papier ne s'en échappa. — Puisqu'il en est ainsi, — se dit la caméiste, — je n'ai plus rien à faire ici. Allons nous-en ! — Elle se leva du fauteuil où elle s'était assise, et fit un pas vers la porte. Mais en ce moment elle entendit du bruit à l'extrémité du corridor. C'était un bruit de voix et de pas qui semblait se rapprocher. Nancy s'arrêta toute tremblante et chercha du regard une issue autre que celle par où elle était entrée; la chambre était petite et n'avait qu'une seule porte. Les pas se rapprochaient toujours, Nancy n'hésita plus : elle s'élança vers la fenêtre et se cacha derrière les rideaux. Presque aussitôt après la porte s'ouvrit, et deux hommes entrèrent. L'un était monsieur de Nancey, l'autre était Son Altesse monseigneur le duc d'Alençon. Nancy, immobile, retenant son haleine, ne put cependant se défendre d'un mouvement de stupeur à la vue du prince. Pourquoi donc l'intendant avait-il dit à

madame Marguerite que Son Altesse était absente du château ? — Autre mystère, — pensa la camériste. Et, bien qu'elle fût un peu troublée de la situation singulière que sa curiosité venait de lui faire, elle n'en demeura pas moins à son poste, l'œil et l'oreille au guet. — Pourvu, — se dit-elle, — qu'ils ne songent pas l'un ou l'autre à ouvrir la croisée ?

Mais ni le prince ni monsieur de Nancey ne s'approchèrent de la fenêtre.

Le premier s'assit dans le fauteuil tout à l'heure occupé par Nancy, le second demeura respectueusement debout et la tête nue.

Alors Nancy remarqua que le prince avait de grosses bottes poudreuses, ce qui était un indice qu'il venait de faire une longue route.

— Ouf ! — dit-il, — je suis rudement fatigué, monsieur de Nancy. J'ai fait mes treize lieues, et, ma foi ! c'est une jolie course d'une seule haleine.

— Six lieues et demie pour s'en aller voir une femme aimée, — murmura Nancey, — c'est beau, monseigneur !...

— D'autant plus beau que la femme aimée n'a point bougé d'ici.

Nancy ouvrit ses oreilles toutes grandes, puis elle murmura :

— Je ne comprends pas !...

— En effet, monseigneur, — dit monsieur de Nancey, qui semblait aller au-devant de la curiosité et de l'étonnement de la camériste, — voici une chose qu'on ne s'expliquerait pas très-facilement au Louvre.

— Bah !

— Dame ! avoir ce qu'on aime sous son toit, et commencer par s'éloigner de six ou sept lieues pour revenir en pleine nuit.

Le prince se mit à rire.

— Mon cher Nancey, — dit-il, — ceci est difficile à comprendre, comme vous le dites, mais non impossible.

— Il me semble pourtant...

— Et je vais vous faire ma confidence tout entière. — Monsieur de Nancey regarda le prince. — Car, — acheva celui-ci, — il faudra bien que vous expliquiez à madame Catherine, mon honorée et bien-aimée mère, pourquoi vous m'avez rencontré ce soir à sept lieues d'Angers. — Monsieur de Nancey s'inclina ; le prince eut un sourire mystérieux. Le duc d'Alençon poursuivit en ces termes, parlant de nouveau à monsieur de Nancey. — Figurez-vous, — dit-il, que je suis follement épris de la nièce de mon vieux capitaine des gardes.

— Vraiment ?

— Une fort belle Allemande, dont il est à la fois l'oncle et le tuteur, et qu'il prétend appeler à l'honneur de sa couche. En attendant, le vieux tigre en est jaloux comme si elle était déjà sa femme.

— Vraiment ?

— Je crois qu'il me tuerait moi-même, tout prince que je suis, s'il venait à savoir que la belle ne me regarde pas d'un œil défavorable.

— Fort bien, mais je ne vois pas encore où Votre Altesse veut en venir.

— J'y arrive.

— La nièce est coquette et ne refuse pas de se laisser conter fleurette. Elle m'a donné rendez-vous cette nuit dans le parc du château ; mais elle a une peur horrible de son oncle, et c'est pour dépister les soupçons de cet ombrageux barbon que ce soir, après mon dîner, je suis monté à cheval et j'ai dit à mon capitaine des gardes : « Vous allez m'accompagner jusqu'au bourg de Saint-Antonin, lequel est à six lieues d'Angers. »

— Bon ! — fit Nancy.

— Le capitaine obéit avec la docilité brute d'un reître qu'il est. Il a donc enfourché sa monture. Nous sommes partis tous les deux, suivis de mon écuyer. Quand nous avons été hors la ville, je lui ai dit : « Capitaine Hermann, êtes-vous homme à exécuter fidèlement et rigoureusement une consigne ? — Je me ferais tuer, monseigneur, plutôt que d'y manquer. — Alors écoutez bien ce que je vais vou dire ; » et j'ai ajouté : « Je quitte Angers pour trois jours au moins, si ce n'est davantage. Qui sait ? peut-être irai-je jusqu'à Paris , cela dépendra de ce que je trouverai à Blois. » Le capitaine Hermann s'est imaginé qu'il était question de politique, et il m'a demandé s'il devait m'accompagner. « — Non pas, » ai-je répondu, « mais je veux vous confier le château d'Angers. — Votre Altesse peut voyager tranquille, il sera bien gardé. — Je le sais... Mais je tiens à ce que vous ne quittiez pas d'une minute, soit le poste de l'officier de la porte, soit la salle d'armes du château, jusqu'à mon retour. — Il suffit, monseigneur... » Le bonhomme de reître, — acheva le prince, — me fit son serment par le Christ et les douze apôtres, et je le laissai au village de Saint-Antonin. Un peu plus loin, mon cher monsieur de Nancey, je vous rencontrai, pris connaissance du message que vous m'apportiez... Tiens ! — s'interrompit le prince en jetant les yeux sur la table, — le voilà, ce message !

— Oui, monseigneur.

— Pourquoi se trouve-t-il là ?

— Parce que Votre Altesse me l'a confié, après en avoir pris connaissance, dans la crainte de l'égarer en galopant à travers champs.

— C'est juste, monsieur de Nancey. Donc, après avoir quitté mon capitaine des gardes et vous avoir rencontré, j'ai fait un crochet et je suis revenu à Angers par un chemin de traverse.

— Et Votre Altesse arrive ?

— A l'instant.

— Mais comment est-elle entrée ?

Le prince se prit à sourire :

— Il y a au château un souterrain qui passe sous la tour du Sud et va communiquer avec les caves d'une maison isolée au milieu d'un grand jardin.

— Ah ! et c'est par là...

— Cette maison a été achetée par mon intendant Bertrand Maret. Je suis entré dans la ville avec le mot d'ordre que j'avais donné ce matin.

— Et votre Altesse s'en est allée à la maison isolée ?

— Justement, et j'y ai trouvé maître Bertrand, qui m'a annoncé l'arrivée de ma sœur Margot. Que diable vient-elle faire ici ?

— Je l'ignore, monseigneur.—Durant toute cette conversation, Nancy avait conservé une immobilité complète, mais elle commençait à trouver l'entretien un peu long. Mais Nancy était curieuse, et elle continua à ne point bouger. — Ainsi, monseigneur, — dit monsieur de Nancey, — vous êtes rentré au château par la cave ou le souterrain ?

— Oui.

— Nul ne vous a vu ?

— Excepté Bertrand.

— Bon ! Et la nièce du capitaine ?

— Elle m'attend... et je suis bien sûr que son jaloux ne viendra point troubler ce premier rendez-vous. Seulement, je vais la faire attendre quelques minutes encore.

— Ah !

— J'ai besoin de causer avec vous, mon cher monsieur de Nancey.

— A vos ordres, monseigneur.

— Car, — acheva le prince, — je suis impatient de savoir comment on a tout préparé à Paris pour le grand jour.

— Je vais le narrer à Votre Altesse.

— Oh ! oh ! — se dit Nancy, — voici la lumière qui va se faire. Écoutons...

Le duc d'Alençon s'était renversé à demi dans le fauteuil qu'il occupait et il avait croisé ses jambes.

Monsieur de Nancey continuait à se tenir respectueusement debout devant lui.

— Asseyez-vous donc, monsieur de Nancey, — fit le prince,—asseyez-vous !—Le jeune homme hésitait encore,

mais le geste du prince était impératif et il équivalait à un ordre. Monsieur de Nancey s'assit. — Voyons, j'écoute, — dit le prince.

— Eh bien ! monseigneur, — reprit Nancey, — Votre Altesse sait déjà que la reine mère et le duc de Guise sont au mieux.

— Oui, certes !

— Le duc n'aime pas le roi de France.

— Plaît-il ? — fit le prince.

— Quand ce roi se nomme Charles IX, — ajouta Nancey en souriant.

— Ah ! — dit le duc d'Alençon.

— Le duc de Guise, — poursuivit monsieur de Nancey, — n'aime pas le roi Charles IX, mais il s'entendrait fort bien avec le roi François III.

Un nuage passa sur le front du jeune prince.

— Taisez-vous, Nancey, — dit-il, — vous me donneriez le vertige.

— Au contraire, monseigneur, il faut que vous m'écoutiez !

— Soit, parlez...

Nancey poursuivit :

— Le roi Charles IX est malade, le duc d'Anjou est devenu roi de Pologne.

— Après ? — fit le prince.

— René le Florentin, qui est un médecin habile, prétend que le roi Charles IX n'a pas un an à vivre...

— Taisez-vous, Nancey, taisez-vous !...

— Et si le roi mourait...

— Oh !

— Ce ne serai point le roi de Pologne qu'on irait chercher pour lui succéder.

— Et qui donc ?

— Vous, monseigneur.

— Nancey, Nancey, — murmura le duc d'Alençon, — vous êtes donc envoyé par l'enfer ?... Vous me tentez !...

— Écoutez encore, monseigneur, et supposons que le roi Charles IX soit mort. Eh bien ! qui donc s'opposera à votre avénement au trône ?

— Mais le roi de Pologne.

— Non, monseigneur, le roi de Pologne sera trop loin.

— Et qui donc ?

— Les huguenots, dont les deux chefs, le roi de Navarre et le prince de Condé, sont nés sur les marches du trône.

— Oui, je comprends bien, — murmura le prince ; — mais quel intérêt le duc de Guise a-t-il à me servir ?

— Le duc n'aime pas le roi Charles IX.

— Bon : vous me l'avez dit.

— Mais il espère pouvoir s'entendre avec Votre Altesse, si jamais Votre Altesse monte sur le trône.

— C'est-à-dire que la maison de Lorraine me demandera des concessions de territoires que le roi Charles IX lui a refusées.

— Peut-être...

— Et me dictera des conditions qu'elle n'a pu dicter à mon frère Charles IX ?

— Dame ! monseigneur, — fit naïvement Nancey, — il ne faut pas regarder de trop près à la bride d'un cheval donné.

— Soit ! — dit brusquement le prince. — Mais, enfin, comment a-t-on organisé le massacre ?

A ce mot, Nancy, qui retenait son haleine derrière le rideau, Nancy redoubla d'attention.

Monsieur de Nancey répondit :

— Ce sera pour la nuit du vingt-quatre. Si le roi, comme on l'espère, consent à tout, on le laissera à Paris ; sinon la reine mère a trouvé le moyen de l'éloigner et de l'envoyer courre au cerf à Saint-Germain, tandis qu'on exterminera les huguenots.

— Mais enfin osera-t-on toucher au roi de Navarre ?

— Comme au prince de Condé. Les Guise s'en sont chargés.

— Et s'ils sont au Louvre ?...

— Eh bien ! on les tuera dans le Louvre.

Le cœur de Nancy battait à rompre sa poitrine.

— Ma foi ! — dit le prince, — tout cela est fort bien, mais il faudra voir la chose à l'œuvre. Demain vous me donnerez de plus amples détails. N'oubliez pas que je suis attendu. Bonsoir, monsieur de Nancey.

— Bonsoir, monseigneur.

Le prince se leva. Nancy commença à respirer.

Puis monsieur de Nancey prit le flambeau qui se trouvait sur la table et ouvrit lui-même la porte au prince.

Nancy se disait :

— Il va accompagner Son Altesse et je vais pouvoir m'esquiver.

Nancy se trompait.

— Restez, mon cher Nancey, — dit le prince, — restez ! et bonsoir...

Et il tira la porte après lui, laissant monsieur de Nancey dans sa chambre.

— Ma foi ! — dit celui-ci à mi-voix et se parlant à lui-même, il est tard, je suis las, et je n'ai rien de mieux à faire que de me coucher.

— Bon ! — pensa Nancy, — quand il dormira, je m'en irai. — Et malgré l'émotion violente qu'elle ressentait après tout ce qu'elle venait d'apprendre, la jeune fille continua à demeurer immobile et elle attendit avec patience. Monsieur de Nancey se coucha, puis il souffla son flambeau. Mais il se tourna et retourna assez longtemps sur son lit, parlant à mi-voix, soupirant de temps à autre et abusant sans le savoir de la patience de la camérière, qui murmura : — Mais quand donc s'endormira-t-il ? — Elle avait remarqué, avant que monsieur de Nancey se mît au lit, qu'il avait oublié de retirer la clef qui se trouvait sur la porte extérieurement, si bien qu'on pouvait entrer comme elle était entrée elle-même. — Voilà un gentilhomme qui va dormir, c'est le cas ou jamais de le dire, — pensa-t-elle, — sur la foi des traités, et sans songer à moi !

Enfin monsieur de Nancey s'endormit.

Nancy entendit un ronflement sonore et régulier qui lui apprit le départ de l'écuyer de la reine mère pour le pays des songes.

Alors elle quitta sa cachette et se dirigea à pas de loup vers la porte, qu'elle ouvrit d'une main discrète.

Et elle s'esquiva.

Le château était plongé dans le silence et l'obscurité.

Nancy, heureuse de ne point avoir été vue par l'écuyer de la reine mère, Nancy, disons-nous, redescendit, avec la légèreté et la rapidité d'un sylphe, au premier étage, et atteignit en deux bonds les antichambres de madame Marguerite.

Raoul était assis sur un escabeau, l'œil tourné vers la porte par où Nancy avait disparu.

Depuis plus d'une heure le page était anxieux et plein d'impatience.

— Ah ! enfin ! — dit-il en voyant reparaître la camérière, — enfin, vous voilà !

Nancy mit un doigt sur ses lèvres :

— Chut ! — dit-elle.

— Mais d'où venez-vous ?

— Cela ne te regarde pas.

— Cependant...

— Cependant il faut éveiller madame Marguerite, si elle dort.

Nancy était agitée et pâle.

— Mon Dieu ! — fit Raoul, — qu'avez-vous ?

— J'ai, — dit Nancy toute tremblante, — j'ai besoin de voir la reine sur-le-champ.

Raoul lui prit la main et attacha sur elle son plus tendre regard.

— Voyons ! ma mie, — dit-il, — ne suis-je donc plus votre Raoul et n'avez-vous pas confiance en moi ?

— Si, — dit-elle en prenant la tête brune du page dans ses mains et lui mettant un baiser au front ; — si, tu es mon bien-aimé, et tu m'aideras à le sauver.

— Qui ?

— Le roi de Navarre. — Raoul étouffa un cri ; mais Nancy lui dit rapidement : — Il faut retourner à Paris... il faut que la reine sache tout... on veut massacrer les huguenots.

Elle fit un pas vers la porte de la chambre de madame Marguerite, et elle frappa.

## XIX

Revenons à Paris, ou plutôt à la maisonnette du bois de Meudon, où nous avons laissé la reine mère blessée, en compagnie de son cher René et du duc de Guise, et Noë et Lahire prisonniers et enfermés dans le caveau, sous la garde de deux reîtres et la surveillance haineuse du chevalier Léo d'Arnembourg.

On se souvient que la duchesse de Montpensier était absente de sa mystérieuse retraite lorsque son frère et la reine mère y étaient arrivés.

La fière et intrigante princesse, qui avait fait le serment de placer la couronne de France sur la tête de son frère, attendait ce dernier la veille au soir.

Le duc ne devait la visiter durant la nuit, après l'entrevue qu'il comptait avoir avec la reine mère.

Mais la soirée puis la nuit tout entière s'étaient écoulées, et le duc n'était point venu.

La duchesse avait attendu toute la journée du lendemain et le duc n'avait point paru ; il n'avait pas même envoyé un de ses messagers ordinaires.

Alors madame de Montpensier, alarmée, avait demandé sa litière, et, escortée d'un écuyer et de ses pages, elle s'était rendue à Paris.

Elle était arrivée à la porte de la ville comme la nuit tombait.

Puis, au lieu de s'en aller tout droit à cette petite rue des Remparts où se cachait le duc, elle était entrée dans l'église Saint-Eustache, comme une femme aussi noble que dévotieuse et qui va faire ses prières en grande pompe.

Seulement, le page Séraphin, qui l'accompagnait, après être entré avec elle dans l'église par la grande porte, en était ressorti sur-le-champ par la petite, puis il avait couru à la rue des Remparts.

Maître Pandrille était sur le seuil, l'œil tourné vers l'angle de la rue.

— Où est-il ? — demanda le page.

— Parti, — répondit laconiquement le colosse.

— Hein ?

— Parti avec les cavaliers.

— Mais quand ?... mais où est-il allé ? — exclama le page stupéfait.

— Je ne sais pas, — dit Pandrille, qui en effet n'avait absolument rien compris au départ précipité du duc, de ses gentilshommes et du parfumeur de la reine, maître René le Florentin.

Le page courut à Saint-Eustache et rapporta fidèlement à madame de Montpensier ce que Pandrille venait de lui dire.

Alors la duchesse, inquiète, s'enveloppa dans sa mante, cacha soigneusement son visage, sortit pareillement par la petite porte de l'église, et, prenant le bras du page, elle courut avec lui à la petite rue des Remparts.

Là Pandrille lui répéta ce qu'il avait dit à Séraphin ; et certes la duchesse n'en aurait pas appris davantage si, en ce moment, une vieille femme qui était demeurée silencieuse au fond de la maison ne s'était vivement approchée en reconnaissant la voix de madame de Montpensier.

Cette vieille femme n'était autre que dame Gertrude, la servante du malheureux La Chesnaye.

— Ah ! madame... madame, — dit-elle en se jetant aux genoux de la duchesse et lui baisant les mains avec transport, — si vous saviez ce qui est arrivé !...

— Qu'est-il donc arrivé? — demanda la duchesse dont l'anxiété allait croissant.

— On a arrêté La Chesnaye... — la duchesse recula d'un pas, — au nom du roi, — ajouta Gertrude. Madame de Montpensier se prit à frissonner. — On l'a arrêté et conduit au Louvre,—poursuivit Gertrude,—moi, on m'a garrottée et confiée à la garde de deux soldats, et, si je n'avais pu parvenir à m'en débarrasser...

— Mais alors, — interrompit la duchesse, — si on a arrêté La Chesnaye par ordre du roi, on a fouillé sa maison et saisi ses papiers?

— Oh! non, — dit la vieille en souriant; madame de Montpensier respira, — les papiers sont en sûreté, — dit la servante; — c'est Patureau qui les a pris.

La duchesse attendit plusieurs heures, cachée dans la petite maison; mais nul ne parut.

Alors, comme la nuit s'avançait, elle prit le parti de retourner à Meudon.

Lorsqu'elle fut près de son habitation, les lumières qui brillaient à travers des arbres, à toutes les croisées, lui inspirèrent une nouvelle inquiétude.

Un moment elle crut que les gens du roi étaient installés chez elle.

Mais son angoisse fut de courte durée, car au bruit des grelots de sa litière un cavalier vint à sa rencontre.

C'était Gaston de Lux.

— Où est le duc? — s'écria-t-elle.

— Ici, madame.

La duchesse s'élança vers la maison, où elle entra tout affolée, et deux secondes après elle tombait dans les bras du duc.

Mais, après la première étreinte, et ce moment d'effusion passé, madame de Montpensier s'aperçut que le duc n'était pas seul. Elle regarda autour d'elle et vit d'abord René, puis une femme couchée, et elle étouffa un cri en reconnaissant la reine mère.

Alors on lui apprit tout.

La duchesse écouta avec un étonnement profond le récit de l'enlèvement de madame Catherine et la façon presque miraculeuse dont elle avait échappé à ses ravisseurs.

Mais tout à coup elle tressaillit et pâlit lorsque, ayant demandé quels étaient les deux gentilshommes qu'on avait faits prisonniers sur le champ de bataille, le duc lui eut répondu:

— L'un est un ami bien connu du roi de Navarre, on le nomme Noë, l'autre s'appelle Lahire.

A ce nom, la duchesse éprouva une commotion terrible; elle sentit ses cheveux se hérisser, surtout lorsque la reine mère eut ajouté:

— Oh! ils mourront dans les tortures s'ils n'avouent que le roi de Navarre était avec eux.

Madame de Montpensier était fort troublée, et cependant ni le duc, ni la reine mère, ni même René, l'homme à l'œil de lynx, ne remarquèrent le trouble.

— Eh bien! moi je le sauverai! — pensa-t-elle. Puis elle causa une heure encore. Il fut arrêté entre ces quatre personnages que René partirait pour Paris au point du jour et ramènerait le roi; que ce dernier viendrait à Meudon sans soupçonner qu'il venait chez la duchesse, et que ce ne serait qu'autant que son indignation contre les huguenots viendrait à éclater et qu'il manifesterait le désir de se rapprocher de ses cousins de Lorraine, que le duc et madame de Montpensier oseraient se montrer. Quand tout cela eut été convenu, madame de Montpensier prétexta le besoin de repos que devait avoir la reine, et se retira dans son appartement, où elle s'enferma. Mais la duchesse ne se mit point au lit. Elle s'assit devant une table, appuya sa tête dans ses mains et se prit à rêver. — Oh! l'étrange chose! — murmura-t-elle. — Il y a eu, il y a de par le monde quatre hommes, jeunes, braves, nobles et beaux, quatre hommes qui m'aiment avec folie, avec délire, qui donneraient la dernière goutte de leur sang, qui se feraient hacher et subiraient les plus épouvantables tortures pour l'amour de moi; et cependant aucun de ces hommes n'a

touché mon cœur. En revanche, un aventurier, un gentillâtre gascon, est entré ici, un soir, avec son grand œil noir, sa mine effrontée, sa lèvre moqueuse, sa démarche hautaine et conquérante... et cet homme a été plus fort, lui tout seul, que ces quatre jeunes gens réunis, et sa voix a trouvé le chemin de mon âme... Et cet homme... mon Dieu! mon Dieu!... mais je croyais l'avoir oublié hier encore, et voici qu'on me dit qu'il est prisonnier, que l'échafaud l'attend!... Ah! je ne l'ai point oublié... je l'aime!...

Une larme avait jailli des yeux d'un bleu sombre de la fière duchesse; son cœur avait battu à outrance. Elle aimait!

Longtemps après s'être écriée: « Je le sauverai! » elle rêva à l'exécution de ce projet.

Et certes ce n'était point chose facile! Comment sauver Lahire?

Il fallait le faire évader ou demander sa grâce.

Demander sa grâce: à qui? au roi, à la reine mère, au duc?

Mais n'était-ce point avouer son amour, elle, la fille des prince lorrains, la cousine des rois de France, pour un petit gentilhomme du pays gascon?

C'était inadmissible.

Restait l'évasion. Madame de Montpensier se prit à songer.

Elle se leva, ouvrit une porte et appela:

— Amaury! — Le page accourut et salua la duchesse.— Mon mignon, — lui dit madame de Montpensier, — raconte-moi donc ce qui s'est passé ici en mon absence.

— Ah! madame, — répondit le page avec la respectueuse familiarité d'un enfant gâté, — il est arrivé d'étranges choses.

— Vraiment?

— Ce pauvre monsieur Lahire... vous savez?... qui nous a si bien joués l'autre jour et qui est parti en me volant mon cheval...

— Eh bien? — fit madame de Montpensier, qui affecta un grand calme.

— Il est ici.

— Après?

— Prisonnier dans le caveau avec son ami monsieur de Noë, un autre de ces quatre démons qui voulaient faire rouer le parfumeur.

— Je sais tout cela, mon mignon, — dit la duchesse;— maintenant, écoute-moi bien.

— J'écoute.

— Vois-tu un moyen de faire évader Lahire?

— Du caveau où il est?

— Oui.

Amaury secoua la tête.

— C'est impossible, — dit-il.

— Pourquoi?

— Parce que le caveau n'a d'autre ouverture qu'un jour de quatre pouces carrés percé dans la voûte, qui a six pieds d'épaisseur, et une porte de chêne massif bien ferrée...

— C'est vrai.

— Et garnie de deux verrous et d'une serrure.

— On brisera la serrure et on tirera les verrous.

— Oui, mais monsieur Léo d'Arnembourg a placé deux reîtres derrière la porte.

— On corrompra les reîtres avec de l'or.

Amaury secoua la tête.

— Impossible! — dit-il.

— Pourquoi?

— Parce que, toutes les cinq minutes, monsieur d'Arnembourg descend jusqu'à la porte du caveau. — La duchesse tressaillit. — Et, — continua Amaury, — il a fait un vœu, monsieur d'Arnembourg.

— Lequel?

— De ne se désarmer que lorsque le bourreau aura tranché la tête de monsieur Lahire.

— Ah ! fit la duchesse.

— Jusque-là, — acheva Amaury, — monsieur Léo d'Arnembourg ne retirera, pour dormir, ni ses brassards ni sa cuirasse.

— Eh bien ! — murmura madame de Montpensier, dont l'œil eut un fauve éclair, — il dormira ainsi vêtu pendant sa vie entière, car je sauverai Lahire. — Elle se leva et se promena un moment à grands pas dans la chambre, en proie à une sorte d'exaltation fiévreuse. Puis, tout à coup, elle dit à Amaury : — Va me quérir monsieur d'Arnembourg !

Le page sortit en hochant la tête.

— Ce n'est certes pas Léo, — pensa-t-il, — qui se prêtera à délivrer monsieur Lahire.

Cependant il s'acquitta de sa mission et trouva le sire d'Arnembourg armé de toutes pièces, l'épée nue sur son genou, et assis sur la première marche de l'escalier qui conduisait au caveau transformé en prison.

Depuis la façon barbare dont les amoureux de la duchesse l'avaient traité, Amaury avait conçu pour eux tous en général, et surtout pour Léo, une haine violente, qu'il dissimulait de son mieux, en attendant qu'il pût l'assouvir.

Aussi fut-il enchanté de jeter par avance un peu de colère et d'amertume dans le cœur de Léo.

— Hé ! messire ? — dit-il, — vous avez l'air bien rêveur, cette nuit ?

Léo leva la tête.

— Que veux-tu, page de malheur ! — lui dit-il.

— Vous êtes un peu poli pour ceux qui vous apportent un message.

Léo se dressa surpris.

— Un message ? De qui ?

— De madame de Montpensier, — dit-il en souriant sous cape. Ces derniers mots bouleversèrent le sire d'Arnembourg. — Madame la duchesse vous attend, messire, — acheva Amaury. — Venez...

Léo suivit le page en chancelant, et il s'arrêta sur le seuil de la chambre où l'attendait la duchesse, comme si ses jambes eussent refusé de le porter.

La duchesse était assise dans un grand fauteuil, le visage tourné vers la porte ; elle était calme et souriante, et avait su imprimer à tout son visage un cachet de sérénité parfaite.

— Bonsoir, Léo, — dit-elle. — Approchez, ami, j'ai besoin de vous. Léo fit un pas, chancelant toujours, puis il s'enhardit en voyant le sourire de la duchesse, vint prendre la main qu'elle lui tendait, et la porta respectueusement à ses lèvres. Amaury était demeuré sur le seuil.

— Oui, — répéta madame de Montpensier, — j'ai besoin de vous, mon cher Léo.

— Je suis aux ordres de Votre Altesse. — Et Léo jeta à Amaury un regard défiant, qu'il reporta ensuite sur la duchesse et qui voulait dire : — Est-ce que ce page de malheur va assister à notre entretien ?

Mais la duchesse répondit :

— Amaury n'est point de trop entre nous ; au contraire...

— Léo fronça le sourcil. — Mon cher Léo, — dit la duchesse, — je gage que vous devinez pourquoi je vous ai mandé ?

— Mais... je ne... crois pas,— balbutia le sire d'Arnembourg.

— N'êtes-vous pas devenu le geôlier en chef de mes prisons ? car, — dit-elle en souriant, — ma petite maison est désormais un château fort...

— Provisoirement, du moins, — fit Léo.

— Et il paraît, — ajouta la duchesse, — que vous vous acquittez de votre rôle en conscience, ami Léo.

— Je fais mon devoir, madame.

— Ainsi,—m'a dit Amaury,—vous avez mis deux reîtres à la porte du cachot ?

— Oui, madame.

— Et vous comptez passer la nuit dans l'escalier du caveau ? — Léo s'inclina. — Enfin, paraît-il, vous avez fait un vœu, Léo tressaillit. — Vous vous êtes juré de ne vous désarmer qu'après l'exécution de l'un des prisonniers confiés à vos gardes.

— C'est vrai ! — dit froidement le jeune homme.

La duchesse laissa bruire entre ses lèvres un petit rire moqueur :

— O jeunesse imprudente ! — fit-elle. A ces mots Léo la regarda avec une sorte de stupeur. — Et voilà, — continua-t-elle, — comment on fait des serments qu'on ne pourra tenir.

Léo devint livide.

— Oh ! — dit-il, — que Votre Altesse se rassure !

— Comment cela ?

— Je tiendrai mon serment.

— Bah !

— Je le jure à Votre Altesse.

Le rire railleur de la duchesse se fit entendre de nouveau.

— Voyez, — dit-elle, — moi qui suis prête à vous jurer le contraire.—Léo recula pensif.—L'un des prisonniers ne sera point exécuté, — dit la duchesse.

— Oh ! — dit Léo dont la voix devint rauque et dont l'œil eut un éclair de haine, — la reine mère ne pardonne pas, madame.

— Je le sais.

— Et, pour que cet homme pût échapper au sort qui l'attend...

— Eh bien ?

— Il faudrait qu'il s'évadât.

— Qui sait ? il s'évadera peut-être...

Un cruel sourire vint aux lèvres de Léo :

— Oh ! non, — dit-il, — je suis là.

— Eh bien ! — fit la duchesse avec un superbe sang-froid, — moi qui avais compté sur vous...

— Sur moi !

— Pour m'aider à sauver ce malheureux, — acheva froidement madame de Montpensier. Léo d'Arnembourg jeta un cri et sentit ses cheveux se hérisser, tandis que ses tempes se mouillaient d'une sueur glacée. La duchesse de Montpensier n'avait rien perdu de son flegme apparent et le sourire n'avait pas fui ses lèvres. Quant au sire d'Arnembourg, il était pétrifié. Un silence de quelques secondes régna entre lui et la duchesse, puis celle-ci reprit :— Oui, mon cher Léo, je me suis mis deux choses en tête : la première, de sauver ce jeune homme de l'échafaud, et la seconde de me faire aider par vous.

Un ricanement féroce déchira la gorge de Léo d'Arnembourg.

— Ah !—dit-il,—Votre Altesse sait railler quand la fantaisie lui en vient.

— Je ne raille pas.

— Oh ! c'est impossible !...

— Mais non, mon cher Léo, c'est très-possible, au contraire.

— Ah !... madame.

— Très-possible, puisque... je le veux !

La duchesse prononça ces derniers mots froidement.

— Mais enfin, madame, — dit Léo, — cet homme est coupable.

— Soit !

— Il a commis un crime de lèse majesté...

— D'accord.

— Et ni le roi, ni la reine mère, ni le duc votre frère, ne consentiront jamais à le laisser s'échapper.

— Je le sais.

— Alors Votre Altesse voit bien que c'est folie...

— Pardon ! mon ami ; ce serait folie de s'adresser au roi, à la reine mère ou au duc...

— Vous voyez bien...

— Mais puisque j'ai compté sur vous.

— Sur moi ! sur moi !... — répéta Léo qui fut pris de vertige.

— Oui, — dit la jeune femme, — car vous m'aimez.— Léo jeta un cri et tomba à genoux. — Vous voyez bien, — dit la duchesse triomphante, — que j'avais raison.

Et elle enveloppa le jeune homme de son sourire le plus fascinateur.

— Mon Dieu ! mon Dieu ! — murmura le sire d'Arnembourg.

Mais Anne de Lorraine, duchesse de Montpensier, répéta :

— Je le veux !

Léo cacha sa tête dans ses mains.

— Mais madame, — dit-il, — je vais trahir mon devoir !

— De quel devoir parlez-vous, Léo ?

— Ne suis-je point au duc ?

— Ah ! pardon ! vous manquez de mémoire.

— Que dites-vous ?

Et il regarda la duchesse avec une avidité pleine de stupeur.

— Comment êtes-vous entré au service du duc mon frère, Léo ? Est-ce pour l'amour de lui ou pour l'amour de moi ?

Léo baissa les yeux.

— Votre Altesse a raison, — balbutia-t-il.

— Donc, si vous êtes au duc, c'est que je l'ai voulu.

— C'est vrai, madame.

— Et maintenant il me plaît plus que vous soyez au duc.

— Madame... !

— Je veux que vous soyez à moi, à moi seule !

— Je suis prêt à mourir pour Votre Altesse, madame.

— Mourir, c'est inutile ; il suffit que vous m'obéissiez.

De nouveau, Léo d'Arnembourg courba le front.

— Mais enfin, madame, — dit-il, — Votre Altesse s'intéresse donc beaucoup à l'un de ces deux hommes ?

— Oui.

— Et... lequel est-ce ?

— Celui qui a motivé votre vœu, messire d'Arnembourg.

Léo fit un nouveau mouvement de surprise dont la duchesse ne tint aucun compte.

— Pourquoi vous intéresser à lui, madame ?

— Pourquoi le haïr ? répondit-elle.

Ces derniers mots exaspérèrent Léo.

— Eh bien ! — s'écria-t-il, — savez-vous pourquoi je le hais ?

— Parlez.

— Pourquoi je suis avide de voir jaillir son sang ; pourquoi je donnerais ma propre vie pour voir briser la sienne ?

— Je vous le demande.

Et la duchesse se reprit à sourire avec cette enivrante méchanceté qui la caractérisait.

— Eh bien ! je le hais... parce que...

Léo hésita encore.

— Voyons ? parlerez-vous... ? — fit la duchesse.

— Je le hais parce qu'il vous aime, — acheva Léo.

Le jeune homme était livide de rage, il roulait des yeux sanglants et tout son corps était parcouru de frissons fébriles.

Mais son exaltation, sa colère et sa haine vinrent se briser contre le calme et le sang-froid de madame de Montpensier.

— Voyons ! mon ami, — dit-elle, — pourquoi ne point me faire un aveu sur le champ.

— Un aveu !

— Oui, vous êtes jaloux...— Le mot tomba sur la tête du sire d'Arnembourg comme un coup de foudre. — Oui, — répéta la duchesse, — vous êtes jaloux, parce que vous et vos amis vous croyez que j'aime Lahire.

— Oh ! nous en avons douté un moment, madame, — fit-il avec amertume.

— Et... maintenant ?

Il grimaça un affreux sourire :

— A présent, — dit-il, — je ne doute plus. Vous l'aimez !

La duchesse haussa les épaules.

— Vous ne comprenez rien à la politique, — dit-elle.

Puis comme il hésitait encore : — Eh bien ! soit ! — dit-elle, — c'est parce que je l'aime que je veux le sauver !...

Léo porta, avec un geste de fureur, la main à la garde de son épée.

— Ah ! c'en est trop, — dit-il, — je le tuerai de ma main.

Mais la duchesse attacha sur lui un regard dominateur sous la flamme duquel il se sentit vaincu :

— Vous m'obéirez ! lui dit-elle. Et alors elle se leva et, se tournant vers le page, — Amaury, tu vas seller ton cheval. — Le page s'inclina. — Vous, — dit la duchesse à Léo, — vous allez prendre ce flambeau. — Léo obéit. — Bien ! ouvrez cette porte et éclairez-moi.

## XX

Léo, tout chancelant, mais dominé, vaincu par la volonté de fer de cette créature délicate et blonde qu'on nommait la duchesse de Montpensier, Léo, disons-nous, se mit à précéder la duchesse jusqu'à l'entrée de cet escalier qui conduisait au caveau où Lahire et Noë étaient enfermés.

Là, il s'arrêta et regarda la duchesse d'un œil interrogateur.

Madame de Montpensier s'effaça dans l'ombre et dit à Léo :

— Allez relever de leur faction les deux reîtres ; renvoyez-les et mettez-vous à leur place. — Et comme il hésitait encore : — Mais allez donc ! — dit-elle, — ou je croirai que vous ne m'aimez pas. — Ces mots fouettèrent le sang du sire d'Arnembourg. Il s'élança dans l'escalier, et la duchesse, qui était demeurée dans le corridor supérieur, l'entendit congédier les deux reîtres. Ceux-ci remontèrent, passèrent près de la duchesse sans la voir, et gagnèrent l'écurie, où ils allèrent se coucher sur des bottes de fourrage. Alors madame de Montpensier descendit et trouva Léo morne et la sueur au front, se promenant, un mousquet sur l'épaule, dans le corridor souterrain. Elle lui sourit de cet enivrant sourire qui tournait toutes les têtes. — Allons, — dit-elle, — vous êtes raisonnable, je m'en souviendrai.— Le cœur de Léo battait à outrance. Qu'allait-elle donc lui ordonner encore ? La duchesse prit le flambeau. — Maintenant, — dit-elle, — ouvrez-moi la porte du cachot.— Léo prit en soupirant la clef du caveau à sa ceinture. La duchesse poursuivit :

— Je vais entrer seule dans le cachot.

— Ah !

Et toutes les fureurs de la jalousie étreignirent le cœur de Léo.

— Vous refermerez la porte sur moi... — Léo s'inclina, muet de rage. — Et vous vous éloignerez de quelques pas, car il est inutile que vous entendiez un seul mot de ma conversation avec les prisonniers.

— J'obéirai, — murmura Léo.

— Quand je frapperai, vous me rouvrirez, — ajouta la duchesse.

— Oui, madame.

— Et alors...

A son tour, elle hésita et leva sur le sire d'Arnembourg un regard rempli de défiance.

Mais Léo avait l'attitude humble de l'homme vaincu.

— Alors ? — interrogea-t-il.

— Jurez-moi que vous ferez ce que je vous demanderai. — Il cacha une fois encore sa tête dans ses mains, et une lutte violente se passa en lui. — Jurez ! — répéta-t-elle avec une énergie sauvage.

— Je le jure ! — dit-il.

— C'est bien. Ouvrez.

Léo ouvrit la porte du cachot, et la duchesse, s'arrêtant un moment sur le seuil, vit Lahire et Noë qui dormaient côte à côte, aussi paisiblement que s'ils eussent été couchés dans leur lit.

Lahire venait d'être brusquement éveillé par le bruit de la porte qui s'ouvrait et la vive clarté d'un flambeau tombant d'aplomb sur son visage.

Lahire reconnut la duchesse et étouffa un cri.

Mais déjà la porte s'était refermée, et madame de Montpensier se trouvait dans le cachot.

La duchesse appuya un moment son oreille contre cette porte pour écouter.

Elle entendit les pas de Léo, qui, fidèle à son serment, s'éloignait.

Alors elle plaça un doigt sur ses lèvres, et regardant Lahire, qui après avoir un moment ouvert les yeux les avait refermés, se croyant sans doute le jouet d'un rêve :

— Je viens vous sauver, — lui dit-elle.

Lahire se dressa tout d'une pièce ; il courut à la duchesse, et lui prit la main qu'il baisa avec transport :

— Ah ! madame, — murmura-t-il, — vous êtes un ange !

— Chut !

— Vous craignez donc qu'on ne nous entende ?

Elle montra Noë d'un geste.

— Oh ! — lui dit Lahire, — il sera bientôt prêt à partir. Mais, avant de l'éveiller, laissez-moi vous dire, madame, combien...

Elle l'interrompit d'un geste hautain :

— Ah ! pardon, — lui dit-elle, — je ne viens pas précisément ici pour vous voir de nouveau à mes genoux.

— Lahire se souvint de sa bizarre conduite et se mordit les lèvres, — je viens vous rendre la liberté.

— Madame...

— Mais je ne puis sauver votre ami.

— Ah !

Et Lahire regarda la duchesse avec un œil étrange.

— Car, — poursuivit elle, — pour que vous puissiez sortir d'ici, il faut que je mette au nombre à votre place, Lahire garda le silence, — et je n'ai qu'un homme à ma disposition. Donc suivez-moi... et pas de bruit.

Mais Lahire se laissa retomber de toute sa hauteur sur le sol du caveau.

— Madame, — dit-il, — ce ne peut être que pour m'éprouver que Votre Altesse est venue me faire une semblable proposition.

— Que voulez-vous dire ? — dit-elle étonnée.

— L'homme qui dort là, à côté de moi, — poursuivit Lahire, — est mon ami.

— Soit !

— Et vous pensez, madame, que j'aurais la lâcheté de l'abandonner ?

— Mais, malheureux ! — fit la duchesse, — avez-vous songé au sort qui vous attend ?

— Oui, madame.

— C'est la mort.

— Je le sais.

— Et pensez-vous que votre ami, s'il s'éveillait, accepterait un semblable sacrifice ?

— Non, — dit une voix. — C'était Noë qui venait de se lever et saluait la duchesse. Noé avait tout entendu. Il posa sa main sur l'épaule de Lahire, qui s'était redressé pareillement, et il lui dit : — Fuis donc, ami, puisque madame peut te sauver.

— Moi fuir ! — dit Lahire.

— Penses-tu donc que tu m'arracherais à la mort en restant ici ?

— Non, mais je mourrai avec toi.

La duchesse, pâle et frémissante, assistait à cette lutte de générosité, et se demandait si ce n'était pas en vain qu'elle avait torturé le cœur du sire Léo d'Arnembourg :

— Mais pars donc, ami ! — répéta Noë, — pars, je t'en supplie !

— Je reste, — répondit Lahire, — du moment où madame ne peut nous sauver tous deux.

— Hélas ! non, — dit-elle.

Tout à coup, Lahire se frappa le front :

— Tiens ! — dit-il, — une idée.

— Voyons !

Lahire regarda la duchesse et lui dit :

— Voulez-vous me permettre, madame, de dire deux mots à mon ami ?

— Faites, — répondit madame de Montpensier d'un signe de tête.

Lahire regarda Noë.

— Tout le monde sait, — lui dit-il en langue béarnaise, — que tu es l'ami de notre roi.

— Parbleu ! — dit Noë.

— Il a fui, et nous nierons qu'il fût parmi nous ; mais ta présence l'accusera malgré tout.

— Eh bien !

— Suppose que la duchesse te sauve à ma place.—Noë tressaillit. — Qui donc, toi disparu, pourra affirmer au roi de France que le meilleur ami du roi de Navarre était au nombre des ravisseurs de la reine mère? Personne.

— Tu perds la tête, ami.

— Comment cela ?

— La reine mère, René, le duc, la duchesse, ne seront-ils pas là pour jurer que le prisonnier qui s'est évadé se nommait bien Amaury de Noë ?

— Oui, mais moi je nierai, je traiterai tous ces gens-là de calomniateurs, et je prouverai qu'ils ont formé le complot de perdre le roi de Navarre.— Madame de Montpensier, toujours anxieuse, assistait à cette conversation pleine de mystère pour elle, et qu'en vain elle cherchait à comprendre. Lahire reprit : — Donc, puisque madame de Montpensier peut sauver l'un de nous, il vaut mieux que ce soit toi.

— Ami, — répondit Noë, — tu as le langage doré, la parole persuasive, et certes tout autre peut-être s'y laisserait prendre ; mais moi...

— Eh bien ! tirons au sort ! — Noë le regarda.— La Providence décidera, — acheva Lahire, — si je dois fuir ou si tu dois prendre ma place.

— Soit ! — dit Noë.

Alors Lahire dit à la duchesse :

— Madame, êtes-vous toujours décidée à me sauver ?

Elle lui jeta un regard plein d'amour et de reproche.

— Ingrat ! — dit-elle.

— Et si je vous suppliais de sauver mon ami ?

— Vous savez que cela ne se peut...

— Mais... le... sauver... à ma place !—La duchesse étouffa un cri. — Car, — dit Lahire, — comme je ne voulais pas fuir sans lui, nous venons de trancher la difficulté.

— Que voulez-vous dire ?

— Le sort décidera entre nous.—Madame de Montpensier recula d'un pas et regarda Lahire d'un air effaré ; mais celui-ci répéta froidement : — Oui, madame, c'est au destin que nous nous en remettons. — Il fouilla dans sa poche et en retira une pistole. — Madame, — dit-il, — je vous jure que, si le sort me favorise, je fuirai ; mais vous allez me jurer aussi que, s'il désigne mon ami, vous le sauverez comme vous m'eussiez sauvé moi-même. — La duchesse hésitait.— Alors, — dit froidement Lahire, — n'en parlons plus, madame ; il n'y a rien de fait. — Et il remit tranquillement la pistole dans sa poche, ajoutant : — Après tout, j'aime autant cela.

Mais alors, se cramponnant à l'espoir que le hasard serait pour Lahire, et comprenant bien que l'entêté Gascon, si elle refusait de souscrire à l'engagement qu'il lui proposait, ne voudrait pas abandonner son ami, la duchesse de Montpensier lui dit :

— Eh bien ! soit, monsieur : je sauverai celui que le sort aura désigné.

— A la bonne heure ! — fit Lahire. Et il reprit la pistole, et dit à Noë : — Croix ou face ? Si tu devines, tu partiras. Le jures-tu ?

— Oui, — répondit Noë. Noë et la duchesse avaient

chacun le secret espoir que Lahire serait l'élu du hasard.
Lahire jeta la pistole en l'air. — Face ! — dit Noë.

La duchesse, qui tenait toujours son flambeau à la
main, se pencha frémissante vers le sol sur lequel brillait
la pistole.

Et soudain elle jeta un cri terrible, et s'affaissa comme
si elle eût été frappée de la foudre.

C'était Noë qui avait gagné, Noë qui devait fuir...

Lahire s'élança vers madame de Montpensier, la prit
dans ses bras :

— Madame, — murmura-t-il, — du courage !

Madame de Montpensier venait de trahir tout son
amour.

— Allons ! — pensa Noë dont la consternation fit place
alors à un secret espoir, — elle l'aime trop pour ne point
le sauver sur les marches mêmes de l'échafaud.


## XXI


Que se passa-t-il dans le caveau entre madame de
Montpensier défaillante, Noë et Lahire ?

La duchesse se redressa au contact des bras du jeune
homme, comme si ces bras l'eussent électrisée ; puis elle
le regarda, effarée, terrible :

— Oh ! non, non, — dit-elle, — non ! c'est impossible !...

— Madame, vous avez fait un serment, — dit Lahire.

— C'est vrai ; mais je vous sauverai malgré vous !

— Oh ! — dit le Gascon en souriant, — pourvu que vous
sauviez d'abord mon ami, c'est tout ce que je vous
demande. — Noë, immobile et silencieux, regardait tour à
tour Lahire et madame de Montpensier. Cette dernière,
l'œil morne, les bras pendants, semblait être frappée de
prostration. — Madame, — répéta Lahire, — vous m'avez
juré.

Elle se redressa hautaine, calme, un dédaigneux sourire aux lèvres :

— Eh bien ! — dit-elle, — je tiendrai parole. — Puis elle
retourna vers la porte du caveau et frappa. Léo vint
ouvrir. Le jeune homme était pâle et triste, et son regard
se croisa avec celui de Lahire comme une lame d'épée
avec une autre. Mais déjà la duchesse avait repris sur
lui son ascendant fascinateur. — Mon cher Léo, — lui dit-
elle, — vous avez le casque en tête, la cuirasse au dos
et les genouillères d'acier.

— C'est vrai, madame.

— Vous êtes prêt à monter à cheval, par conséquent.

— Votre Altesse peut ordonner... je suis prêt.

Léo parlait d'une voix sourde et pour ainsi dire caver-
neuse, tant la haine et la jalousie l'étouffaient.

— Attendez, — fit la duchesse, — et écoutez-moi. — Léo
regarda madame de Montpensier d'un œil interrogateur.

— Vous êtes un homme de précaution, Léo, mon ami, —
poursuivit la jeune femme, — et vous aviez si grand'peur
que vos prisonniers ne pussent échapper, que vous avez
multiplié les sentinelles.

— Madame...

— Voyons, comptons-les.

— Mais... je ne sais pourquoi...

— Deux reîtres dans le couloir, vous en haut de l'escalier, Gaston de Lux à la porte de la maison, l'officier
des reîtres et le comte dans le jardin. N'est-ce point
cela ?

— En effet, madame.

— Si bien, — reprit la duchesse, — que tout ce que j'ai
fait pour délivrer l'un de vos prisonniers est inutile.

— Cependant...

— Car vous, Léo, vous allez le laisser passer ; mais
après ? — Léo baissait la tête. — Gaston est à la porte,
le comte et l'officier des reîtres sont dans le jardin.
Comment le prisonnier sortira-t-il ?

— Mais... madame...

— A première vue, — poursuivit la duchesse, — la chose
est impossible, n'est-ce pas ?

— J'avoue...

— Eh bien ! j'ai trouvé un moyen, moi !...

— Ah !

Et Léo attacha un œil égaré sur madame de Montpensier.

— Un moyen à peu près certain d'éviter le péril.

— J'écoute, madame.

— Ce n'est pas cela, mon cher Léo. Otez votre casque.

— Mais...

La duchesse eut un geste d'impatience.

— Souvenez-vous, — lui dit-elle, — que vous m'avez
fait tout à l'heure le serment de m'obéir. — Léo étouffa
un soupir et ôta son casque. — Bien ! — dit la duchesse,
— passons à la cuirasse, puis aux genouillères. — Léo se
dépouilla tour à tour de ses cuissards et de sa cuirasse.

— Maintenant, — continua la duchesse en se tournant
vers Noë, — veuillez, monsieur, endosser la cuirasse et
coiffer le casque du sire d'Arnembourg.

— Comment ! — fit Léo stupéfait, — c'est monsieur ?...
Et il regardait tour à tour Noë et Lahire.

— Oui, c'est monsieur, — dit la duchesse tristement.

— C'est monsieur que Votre Altesse veut sauver ?

— Oui.

Le visage crispé de Léo d'Arnembourg se dérida.

— Mais pourtant, — dit-il, — ce n'est pas lui... qui...

La duchesse le foudroya d'un regard.

— Et qui donc vous a permis, — dit-elle, — de pénétrer
mes volontés et d'en chercher le secret ?

Mais Léo était devenu subitement ivre de joie.

— Ainsi, — dit-il, — c'est monsieur de Noë qui va fuir ?

— C'est lui.

— Et monsieur Lahire restera ?

— Oui. Et, — acheva la duchesse, — vous lui tiendrez
compagnie jusqu'à demain au matin...

Le cœur de Léo d'Arnembourg se prit à battre avec
violence.

— Oh ! très-volontiers, — dit-il.

Cependant Noë avait revêtu la cuirasse et les genouillères de Léo.

Ensuite il avait mis son casque, et, sur l'ordre de la
duchesse, il en baissa la visière.

— On jurerait, — dit alors madame de Montpensier, —
que vous êtes le sire d'Arnembourg en personne. — Puis
elle dit encore à Léo : — Maintenant, mon cher Léo, remettez votre épée à monsieur.

— Oh ! de grand cœur !

Et Léo, qui n'avait aucune raison de haïr Noë, lui
tendit son épée avec une grâce parfaite.

— Vous allez, — acheva la duchesse, — tenir compagnie
à monsieur Lahire jusqu'à demain matin. C'est un charmant compagnon, monsieur Lahire.

— Je connais monsieur, — fit Léo avec dédain.

— Ce qui n'est pas pour vous faire un mince honneur, —
ajouta Lahire, dont le naturel gascon reprit le dessus.

La duchesse se pencha alors à l'oreille de Léo :

— Souvenez-vous, — dit-elle, — que vous avez juré de
m'obéir.

— J'obéirai, madame.

— Demain on viendra ici, et on sera fort étonné de vous
trouver prisonnier.

— Eh bien !

— Vous répondrez qu'étant entré dans le caveau pour
savoir si vos captifs n'avaient besoin de rien, ils se sont
précipités sur vous, vous ont désarmé, bâillonné et réduit
à l'impuissance ; qu'alors ils ont tiré au sort pour savoir
lequel des deux prendrait votre place, et que monsieur
de Noë a été le gagnant.

— Soit ! — fit Léo avec indifférence. Et il s'assit tranquillement sur la paille du caveau, tout en murmurant à
part lui : — Voilà, ma parole d'honneur ! qui devient tout
à fait incompréhensible. J'aurais mis ma tête sur le billot

que, à sauver l'un des deux, la duchesse aurait sauvé Lahire.

Quand la métamorphose de Noë fut opérée, la duchesse jeta un tendre et mélancolique regard sur Lahire ; puis elle dit à Noë :

— Venez, monsieur. — Et ils sortirent tous deux, emportant le flambeau et laissant Lahire et Léo plongés dans l'obscurité. La duchesse avait elle-même refermé la porte du caveau ; mais elle avait laissé la clef dans la serrure. Elle éteignit son flambeau avant d'atteindre le haut de l'escalier, puis elle dit à Noë : — Attendez là un moment.

Elle remonta seule le corridor sur la pointe du pied, arriva jusqu'à la porte derrière laquelle veillait Gaston de Lux, et, comme cette porte était entre-bâillée, elle regarda au travers.

Il faisait clair de lune, et, à la lueur de l'astre nocturne, la duchesse vit le page Amaury qui tenait en main le cheval de Léo.

— Que fais-tu donc, drôle ? — lui avait dit Gaston de Lux, en le voyant sortir des écuries le cheval en main.

— On m'a ordonné de seller le cheval du sire d'Arnembourg, je l'ai sellé, — dit le page.

— Et où diable va-t-il ?

— Qui, le cheval ?

— Le cheval et le cavalier, parbleu !

— Je ne sais, — répondit naïvement le page ; — à Paris, peut-être.

— Ah ! — dit Gaston de Lux, qui continua à se promener de long en large devant la porte.

La duchesse avait vu le cheval et entendu les quelques mots échangés entre Amaury et Gaston de Lux.

Elle s'en retourna jusqu'à l'escalier et appela à mi-voix :

— Monsieur de Noë ! — Noë monta. Alors la duchesse le prit par la main, le conduisit vers la porte et lui dit : — Sortez hardiment, et montez à cheval. Adieu !...

— Madame, — murmura Noë, qui porta la main de la duchesse à ses lèvres, — je n'accepte ma liberté que parce que j'ai foi en vous... et que j'ai la conviction que vous le sauverez, *lui !*

— Comptez sur moi, — dit-elle. — Adieu...

Elle se dégagea et s'éloigna légère comme une ombre.

Quant à Noë, suivant le conseil de la duchesse, il ouvrit brusquement la porte et sortit, la visière baissée, le poing sur la hanche.

— Voici messire d'Arnembourg, — dit le page, — qui peut-être avait deviné la vérité.

— Où vas-tu donc ? — lui cria Gaston.

Mais Noë, qui se souciait peu d'être reconnu à la voix, fit un geste qui signifiait :

— C'est un secret !

Puis il sauta en selle et enfonça l'éperon aux flancs de son cheval, qui partit au grand galop.

— Bon ! — pensa le page, — voilà monsieur Lahire sauvé !...

Noë galopa sans s'arrêter jusqu'aux portes de Paris. Mais là il jugea prudent de tenir conseil avec lui-même et se dit :

— Voyons, où irai-je ? — Cette question, si simple en apparence, était fort difficile à résoudre, par le motif que le Louvre lui était fermé désormais. Aller au Louvre, non-seulement c'était se jeter dans la gueule du loup, mais c'était compromettre sans ressource le roi de Navarre, dans le cas de supposer que ce dernier eût eu le temps d'y rentrer. — Décidément, — se dit Noë, — ce que j'ai de mieux à faire c'est de suivre les remparts et de rentrer dans Paris par la porte Saint-Jacques.

Notre héros avait trop vécu à la campagne, et surtout dans le Midi, pour ne point déchiffrer l'heure exacte aux étoiles. La lune venait d'ailleurs de disparaître.

Noë calcula qu'il pouvait être un peu plus de deux heures du matin et que le jour ne tarderait pas à venir.

En effet, comme après un assez long détour il atteignait la porte Saint-Jacques, un rayon blanchâtre teignit l'horizon et les étoiles commencèrent à pâlir.

Cette clarté était trop incertaine cependant pour permettre à Noë de distinguer les traits et la tournure d'un homme à pied qui, après avoir soulevé le heurtoir de la porte Saint-Jacques, parlementait avec la sentinelle à travers le guichet.

Noë, en homme prudent, se tint à distance ; mais il écouta.

La sentinelle disait :

— On ne laisse point pénétrer la nuit, dans Paris, les manants, les bourgeois et autres gens de peu de qualité.

— Par la mordieu ! maraud ! — répondit le piéton avec hauteur, — est-ce parce que je suis à pied que tu te refuses à me reconnaître pour un gentilhomme ?

Noë reconnut cette voix et accourut :

— Hector ! — dit-il.

Hector se retourna et regarda cet homme dont la visière était baissée :

— Vous me connaissez ? — dit-il.

Mais Noë, sans lui répondre, frappa sur la porte du pommeau de son épée.

— Ouvrez donc ? — dit-il ; — ouvrez ! je suis gentilhomme. — Noë était à cheval et il avait l'épée au poing ; c'en était assez pour décider la sentinelle à ouvrir. — Et, — ajouta Noë, — laissez passer ce gentilhomme qui est mon ami. — La sentinelle s'effaça, Hector et Noë passèrent. Hector avait reconnu Noë à la voix, lorsqu'ils eurent fait trente pas dans la rue Saint-Jacques, ils se tendirent spontanément la main. — Où est-il ? — demanda Noë.

— Il est sauvé, — répondit Hector. — Il a dû entrer dans Paris voici deux heures au moins. Mon cheval s'est abattu sous moi ; j'ai continué mon chemin à pied ; mais, toi, tu as donc pu leur échapper ?

— Oui, mais chut ! Je te conterai tout cela quand nous serons en lieu sûr et bien clos.

— Et Lahire ? — demanda Hector.

— Il est prisonnier, mais on le sauvera.

— Qui ? — Noë se pencha sur sa selle et murmura un nom à l'oreille d'Hector. — Ah ! je comprends, — fit le jeune homme. — L'amour d'une femme renverse les murs de prison les plus épais. — Les deux jeunes gens descendirent la rue Saint-Jacques et s'arrêtèrent un moment à la porte du cabaretier Lestacade, qui, on s'en souvient, avait pour enseigne : *Au Cheval rouan.* L'intention première de Noë avait été de descendre en cette hôtellerie. Mais Hector, après avoir examiné les fenêtres et constaté qu'aucune lumière ne brillait à l'intérieur, fit cette réflexion judicieuse : — Demain, on te cherchera dans tout Paris, et le premier logis où viendront frapper les gens du roi sera celui-ci.

— C'est juste, — dit Noë.

— Or, — poursuivit Hector, — je serais bien plutôt d'avis d'aller à l'hôtellerie de la *Cloche Fêlée...*

— Qu'est-ce que cela ?

— Une auberge qui se trouve rue Saint-Sauveur.

— En face le logis de La Chesnaye, l'homme du duc de Guise ?

— Justement.

— Voilà une singulière idée ! — murmura Noë surpris.

— C'est original, mais elle est bonne.

— Pourquoi ?

— Je te l'expliquerai en route. Mais d'abord prends-moi en croupe, car je suis harassé de fatigue.

Et Hector sauta sur le coussinet de la selle et s'y établit.

Noë et Hector traversèrent la Seine au pont Saint-Michel, longèrent la rue de la Barillerie et gagnèrent la place du Châtelet par le pont au Change. — Veux-tu savoir pourquoi je préfère loger à la *Cloche Fêlée* plutôt qu'ailleurs ? — dit Hector.

— Oui, voyons ?

— C'est une hôtellerie où ne gîtent que des gentilshommes lorrains.

— Tu crois ?

— Et si demain les archers du roi sont à nos trousses, ce n'est pas là qu'*ils* nous chercheront.

— Tu as peut-être raison, — dit Noë. — Allons ! — Comme ils arrivaient à l'entrée de la rue Saint-Sauveur, ils virent un homme à pied qui paraissait marcher avec peine. Mais ils ne s'en inquiétèrent point et passèrent près de lui sans lui accorder la moindre attention. Tandis que Hector, qui avait sauté lestement à terre, heurtait à la porte de l'hôtellerie qui portait pour enseigne : *A la Cloche fêlée*, Noë leva les yeux sur la maison située vis-à-vis et qui était celle de maître La Chesnaye. — Oh ! oh ! — dit-il, — elle est bien silencieuse, ce me semble. Ce n'est certes pas cette nuit qu'on y conspire contre le roi de France et les huguenots.

Hector avait frappé fort, mais on tardait à ouvrir.

Enfin un valet d'écurie entre-bâilla une fenêtre au premier étage et demanda :

— Qui êtes-vous et que voulez-vous ?

— Des gentilshommes lorrains ! — répondit Noë, qui accompagna cette phrase d'un juron allemand.

— Attendez, je vais vous ouvrir, — cria le valet qui referma la croisée.

Ce temps écoulé avait permis à l'homme qui marchait avec peine de rejoindre Noë et Hector.

Noë, on le sait, était revêtu de l'armure de Léo d'Arnembourg ; de plus, il était monté sur le cheval gris de fer de ce gentilhomme.

Le piéton, qui sans doute connaissait Léo, aborda donc Noë et lui dit :

— Ah ! monsieur d'Arnembourg, je crois bien que je reviens de l'autre monde.

Noë, étonné, se retourna, et, comme le jour était venu, il reconnut dans cet homme qui marchait si péniblement un personnage dont la vue eût plongé dans la stupéfaction monsieur de Pibrac et le roi de Navarre.

Ce personnage n'était autre que maître La Chesnaye, en chair et en os, maître La Chesnaye qui s'était précipité volontairement au fond de l'oubliette qui avait son orifice dans le cachot du Prie-Dieu.

## XXII

Maître La Chesnaye n'était donc pas mort.

Noë et Hector, qui ne savaient absolument rien de ce qui s'était passé au Louvre, ne pouvaient en bonne conscience s'étonner de le trouver debout.

Noë, qui avait vu le bonhomme une fois ou deux à peine, avait cependant gardé fidèle mémoire de sa physionomie, et en le trouvant au petit jour meurtri, contusionné, les mains ensanglantées et les vêtements en désordre à la porte de son propre logis, il flaira quelque mystérieuse et nouvelle aventure.

La Chesnaye le prenait pour Léo d'Arnembourg ; c'était le cas ou jamais de profiter de la méprise.

Noë, lorsqu'il était en Navarre, s'était souvent amusé à imiter la voix de telle ou telle personne, notamment celle d'un certain conseiller au parlement de Pau, lequel, en dépit de ses fonctions, était d'origine allemande et avait conservé l'accent des bords du Rhin.

Or, cette facilité qu'avait Noë d'imiter l'accent allemand le servit merveilleusement en cette circonstance :

— Comment ! cher monsieur La Chesnaye, — dit-il, — vous ne savez si vous êtes mort ou vivant ?

— Non, monsieur Léo.

— Comment cela ?

Noë avait remarqué, durant le trajet qu'il avait fait comme prisonnier en compagnie du sire d'Arnembourg, une certaine façon qu'avait celui-ci de se tourner à demi sur la selle, et il l'imita si bien que La Chesnaye ne douta pas un seul moment qu'il n'eût affaire à Léo.

— Hélas ! — dit-il, — j'ai vu le fond de l'enfer, messire.

Noë le regarda au travers de sa visière.

— En vérité, — dit-il, — êtes-vous dans votre bon sens, monsieur La Chesnaye ?

— Voyez mes habits déchirés et mes mains en sang !...

— Mais, en effet, auriez-vous fait une chute ?—Comme Noë parlait ainsi, la porte de l'hôtellerie s'ouvrit. Hector entra le premier, tandis que Noë disait à La Chesnaye :—Mais contez-moi donc cela, maître. — La Chesnaye jeta sur Hector un regard défiant. — N'ayez crainte, — dit Noë, — c'est un homme dont je réponds.

Le nom de La Chesnaye avait suffi pour rendre Hector muet.

Il craignait de trahir en parlant son origine méridionale.

Noë était peut-être un peu moins grand que le sire d'Arnembourg ; mais l'état d'agitation dans lequel se trouvait maître La Chesnaye l'empêcha de s'en apercevoir.

Celui-ci s'était mis à heurter à sa porte et à faire grand tapage.

Mais nul ne bougeait dans la maison.

— Holà ! Gertrude ! holà ! Patureau ! — criait le faux drapier. Gertrude et Patureau ne répondaient pas. Gertrude s'était cachée dans la petite maison de la rue des Remparts ; quant à Patureau, il avait fui après sa trahison. — Juste ciel ! — murmura La Chesnaye,—vous verrez qu'ils auront pareillement arrêté mon commis et ma servante.

— Qui donc cela, monsieur La Chesnaye ?

— Hé ! les gens du roi.

— Ah ! les gens du roi sont venus chez vous ?

— Ils m'ont arrêté hier matin.

— En vérité !

— Oui, messire.

— Et où vous ont-ils conduit ?

— Au Louvre.

— Vous avez vu le roi ?

— Comme je vous vois.

— Oh ! oh ! — pensa Noë, — jouons serré, nous allons savoir bien des choses.

Mais La Chesnaye posa un doigt sur ses lèvres.

— Chut ! — dit-il, — parlons bas... — Et comme il renonçait à se faire ouvrir, il s'assit dans l'embrasure de sa porte et Noë s'assit auprès de lui. — Oui, — reprit La Chesnaye,—ils m'ont arrêté hier matin. C'est le capitaine des gardes, un Gascon.

— Monsieur de Pibrac ?

— Précisément.

— Et il vous a conduit au Louvre devant le roi ?

— Comme j'ai eu l'honneur de vous le dire.

— Mais que voulait le roi ?

— Mes papiers. — Et La Chesnaye cligna de l'œil. — Vous comprenez ? — fit-il.

— Parfaitement.

— Moi j'ai nié posséder aucun papier, avoir aucun rapport avec le duc de Guise, et j'ai levé les mains au ciel, attestant que j'étais un honnête drapier.

— C'est fort bien, monsieur La Chesnaye ; vous êtes un homme d'esprit.

— Alors, — poursuivit La Chesnaye, — ils m'ont enfermé dans un cachot du Louvre qu'on appelle le Prie-Dieu.

— J'en ai ouï parler.

— Et j'y suis demeuré tout le jour et une partie de la nuit sans qu'on songeât à m'y apporter à manger.

— Mais c'est une barbarie !

— Oh ! attendez... vous allez voir.

— J'écoute.

— Vers une heure du matin, on a rouvert la porte de mon cachot.

— Ah !

— Et deux hommes sont entrés.

— Monsieur de Pibrac, sans doute, et le roi avec lui ?...

— Oh ! non, pas le roi de France.

Noë tressaillit.

— Qui donc alors ?

— Le roi de Navarre.

— Le roi de Navarre !

— Lui-même, messire d'Arnembourg.

— Mais que pouvait-il vous vouloir, le roi de Navarre ?

— Le Gascon et lui ont trouvé mes papiers.

— Oh ! oh !

— Et parmi eux une pièce écrite en chiffres dont ils auraient bien voulu connaître la teneur.

— Et c'est pour ça qu'ils vous sont venus trouver ?

— Oui, messire, — continua La Chesnaye : — figurez-vous que le roi de Navarre et Pibrac voulaient savoir le contenu du parchemin couvert de chiffres.

— Bah ! — dit le faux sire d'Arnembourg.

— Ce parchemin n'était autre que la liste des gens sur lesquels on pourra compter pour le grand jour. Vous savez bien ?...

Et La Chesnaye clicha de l'œil.

— Oui, oui, je sais, — dit le prudent Noë, qui ne comprenait pas du tout.

Mais Noë espérait que La Chesnaye compléterait sa pensée.

Il n'en fut rien. La Chesnaye poursuivit :

— Ils sont donc entrés dans mon cachot ; le capitaine des gardes a fermé la porte, puis il a découvert l'oubliette, car il y a une oubliette dans le Prie-Dieu. Et alors ils m'ont placé tous les deux le parchemin sous les yeux : « Mon cher monsieur, » m'a dit le capitaine des gardes, « il faut choisir : lire ou bien pourrir dans cette oubliette. » Je les ai regardés tous deux, et j'ai compris qu'ils parlaient sérieusement. Qu'eussiez-vous fait à ma place, messire d'Arnembourg ?

— Dame ! — murmura Noë, — le cas était embarrassant.

— Lire, c'était trahir le duc notre maître.

— Vous avez préféré mourir ?

— Oui.

— Comment donc n'êtes-vous pas mort ?

— Ah ! voilà... Je n'ai pas attendu qu'ils me poussassent dans l'oubliette, je m'y suis précipité moi-même. — A travers sa visière, Noë eut un regard d'admiration pour ce bourgeois qui avait l'âme d'un gentilhomme. La Chesnaye continua simplement : — L'oubliette du Prie-Dieu, messire, est la plus profonde du Louvre ; elle est creusée en contrebas du lit de la Seine, à trente ou quarante pieds au-dessous de son niveau ; mais il arrive, à la suite des pluies d'orage, que le fleuve grossit, dépasse sa hauteur ordinaire, et arrive jusqu'à une petite excavation qui communique avec l'oubliette, si bien que souvent l'oubliette s'emplit d'eau. Au lieu de tomber sur les fourches de fer qu'on place au fond de pareils endroits, je suis tombé dans une nappe d'eau assez profonde pour me soutenir.

— Tiens ! c'est heureux cela.

— Je sais nager, monsieur d'Arnembourg, et je me suis débattu comme un beau diable au milieu de l'obscurité et dans cette eau fétide ; un rayon lumineux est venu frapper mon visage, et j'ai aperçu devant moi une fente qui laissait passer un rayon de clarté : c'était la gueule de cette excavation dont je vous parlais et qui se trouvait à fleur d'eau. Elle était étroite comme un terrier de renard, mais j'y ai pris pied, m'y suis glissé à plat ventre, meurtrissant mes épaules, ensanglantant mes mains, déchirant mes vêtements, et, après deux heures d'efforts désespérés, je me suis trouvé sur la berge de la Seine. Le fleuve s'était retiré, la berge était à sec.

— En vérité, monsieur, — dit Noë, — votre aventure est miraculeuse.

— C'est-à-dire, — murmura La Chesnaye, — que je crois rêver.

Noë regardait l'homme des Guise tout en l'écoutant, et il se disait :

— Voilà un homme qui ne craint pas la mort et qui est plus dangereux pour nous que tous les gentilshommes du duc réunis.

— Et maintenant, messire d'Arnembourg, — dit La Chesnaye, — que pensez-vous que je doive faire ?

— Mais, mon cher monsieur, — dit Léo, — il faut fuir et aller trouver le duc sans retard.

— Mais le roi de Navarre, le roi de France et le capitaine des gardes doivent me croire mort.

— C'est juste. Seulement, avant ce soir, tout le monde vous aura vu dans le quartier, et demain on saura au Louvre...

La Chesnaye s'était levé et jetait à sa maison un regard mélancolique. Tout à coup il laissa échapper une exclamation de joie :

— Voyez ! — dit-il. Et il montrait une des fenêtres du premier étage dont le volet était légèrement entre-bâillé.

— Ah ! — fit-il, — si je pouvais atteindre jusque-là.

— Pourquoi faire ?

— Mais pour rentrer dans ma maison, messire.

— Vous y tenez donc ?

La Chesnaye cligna de l'œil une fois encore en regardant Noë.

— J'ai de l'or chez moi, beaucoup d'or. J'en avais du moins... et les gens du roi ne me l'ont pas pris... Vous comprenez bien que je ne veux pas le leur laisser pour leur prochaine visite.

— Je comprends, — dit Noë. Puis il mesura du regard la hauteur de la croisée. — Mais, — dit-il, — en montant sur mes épaules, vous pourriez atteindre l'embrasure.

— Vous croyez ?

— Essayez...

Et Noë s'appuya et s'arcbouta contre le mur en faisant le gros dos.

La Chesnaye, bien qu'il eût dépassé la cinquantaine, était agile et vigoureux.

Il grimpa sur les épaules du faux sire d'Arnembourg, et, se dressant de toute sa hauteur, il atteignit le volet, qu'il acheva d'ouvrir, puis l'entablement de la croisée, et s'y cramponna.

Alors, La Chesnaye du poignet, comme un bateleur de la foire Saint-Gervais, il se souleva jusqu'à ce qu'il pût placer le genou.

— J'y suis, — cria-t-il.

Noë, qui ne le supportait plus sur ses épaules, leva la tête et le vit assis sur le rebord de la fenêtre.

— Très-bien, — dit-il ; — mais vous devez avoir une corde à me jeter.

— Vous voulez monter ?

— Parbleu ! n'allez-vous pas me laisser dans la rue ?

— Attendez, je vais passer par l'escalier et je vous ouvrirai la porte. Au dedans il n'y a qu'un verrou à pousser. — Cinq minutes après, en effet, Noë, qui s'était appuyé à la porte, entendit grincer le verrou. La porte s'ouvrit et Noë entra. La Chesnaye referma la porte et regarda le faux sire d'Arnembourg. — Je n'ai remarqué aucun désordre ni dans la chambre par où je suis entré, ni dans l'escalier. Cependant il faut être prudent. Qui sait ? il y a peut-être ici des gens du roi.

— C'est possible, — dit Noë. — Puis il prit brusquement le bras du prétendu drapier. Recommenceriez-vous le saut de l'oubliette ? — lui demanda-t-il.

— Ma foi ! non, — répondit naïvement La Chesnaye. J'en ai le frisson quand j'y songe.

— Ah ! oh !

— Je n'avais pas peur de la mort il y a quelques heures, mais... à présent... j'avoue qu'il fait bon vivre !

— Vraiment ?

— Et je crois que, si le duc avait besoin du sacrifice de ma vie aujourd'hui, je pourrais bien hésiter...

— Bon ! — dit Noë, qui reprit tout à coup son accent gascon, ce qui fit faire un pas en arrière à La Chesnaye.

— voilà une parole qui me plaît, maître, et je vois que nous pourrons nous entendre.

Et Noë leva sa visière, et La Chesnaye terrifié reconnut qu'il s'était trompé et n'avait point affaire au sire d'Arnembourg.

— Je suis un homme perdu ! — murmura-t-il.

La Chesnaye était sans armes, et Noë avait tiré son épée du fourreau.

## XXIII

Maître La Chesnaye, tout en s'occupant beaucoup des affaires du duc de Guise, et se trouvant par suite mêlé à toutes les intrigues que la maison de Lorraine ourdissait constamment tant contre les huguenots que contre le roi de France lui-même, maître La Chesnaye, disons-nous, avait cependant mis les pieds au Louvre fort rarement, et il était loin d'en connaître tous les hôtes.

Si Noë le connaissait de vue parce que, un soir, monsieur de Pibrac le lui avait montré en lui disant : « Voilà un drapier plus remuant et plus à craindre qu'un grand seigneur, » en revanche La Chesnaye ne connaissait Noë que de nom et pas autrement.

Un fait seul demeurait constant pour le malheureux drapier, c'est qu'il avait livré une partie de ses secrets à un inconnu.

Quel était-il ?

Le sourire de cet homme lorsqu'il releva sa visière, son accent railleur, son regard ardent et la promptitude avec laquelle il tira son épée, disaient éloquemment à La Chesnaye qu'il se trouvait en présence d'une ennemi.

— Maître La Chesnaye, — dit Noë, — nous avons à causer ensemble.

— Qui donc êtes-vous ? — fit le drapier tout ému.

— Peut-être un ennemi, peut-être un ami ; cela dépendra. Mais, avant de causer, nous ferions bien, je crois, de nous assurer si nous sommes seuls, ou bien si votre servante s'y trouve. Nous allons visiter votre maison. — Et comme il y avait de l'hésitation dans l'attitude du drapier, Noë ajouta : — Je dois vous prévenir que j'ai la pointe de mon épée à la hauteur de vos reins, et que j'allongerai le bras si vous vous faites prier ou si la fantaisie d'appeler à votre aide venait à vous prendre. — Cette menace donna des jambes à La Chesnaye, qui se dirigea vers l'escalier. — Commençons par le haut, — dit Noë, — absolument comme des chasseurs de fouines. — La Chesnaye avait du reste quelque intérêt personnel à visiter sa maison. Il savait qu'on avait trouvé ses papiers, mais il espérait que son or aurait échappé aux perquisitions des gens du roi. Il monta donc jusqu'aux combles, Noë silencieux le suivit. Ils visitèrent une à une chaque pièce ; le plus grand ordre y régnait. — Convenez, — dit Noë, — que les gens du roi sont bien appris : ils n'ont rien gaspillé chez vous.

La Chesnaye avait peu à peu reconquis quelque sang-froid.

— Ah ! vous trouvez ? — dit-il.

— Voyez, tout est en place. — Et en effet le meuble à double fond qui renfermait naguère les papiers et les parchemins avait été refermé avec le plus grand soin. Mais, lorsqu'on fut arrivé au rez-de-chaussée, Noë changea d'opinion. La Chesnaye, ayant ouvert la porte de la cuisine, s'arrêta stupéfait sur le seuil. Les Suisses étaient toujours couchés sous la table, rónflant à l'envi et achevant de cuver leur vin. Les bouteilles vides, les assiettes encore pleines, la table dressée, disaient l'orgie qu'ils avaient faite en l'absence du maître. — Tiens, — pensa Noë, —

le roi de France et monsieur de Pibrac ont des soldats d'une sobriété parfaite. C'est vraiment un plaisir que de se fier à eux.

— Mais où donc est Gertrude ? — murmura La Chesnaye.

— Je vous le dirai, moi, — répondit Noë, qui du reste n'en savait absolument rien, mais qui voulait achever d'en imposer à La Chesnaye.

La Chesnaye le regarda de nouveau.

— Et qui donc êtes-vous ? — dit-il avec un redoublement d'effroi.

— Vous allez le savoir. — Noë s'approcha des deux Suisses et les poussa l'un après l'autre du bout du pied. Ils ne bougèrent point. — Voilà des gens qui ont pris un narcotique, — pensa-t-il ; — je puis m'entendre avec La Chesnaye, ils ne s'éveilleront pas pour venir me déranger. — Alors Noë ferma la porte de la cuisine, après avoir poussé La Chesnaye devant lui : — Maintenant, — fit-il, — je vais vous dire qui je suis...

— Ah ! — fit le drapier qui l'enveloppa d'un regard avide.

Noë se mit à califourchon sur un escabeau, et plaça son épée nue en travers devant lui.

— Cher monsieur La Chesnaye, — dit-il, — je vous ai prévenu que nous avions à causer un peu longuement.

— Oui, — balbutia le drapier, que le calme railleur de Noë remplissait d'angoisses.

— Par conséquent je vous engage à vous asseoir. Tenez, là, sur cet escabeau, en face de moi et à la longueur de mon épée. — Cette invitation ressemblait trop bien à un ordre pour que La Chesnaye hésitât à s'y soumettre. L'épée nue l'éblouissait. — Très-bien. A présent je suis à vous, — dit Noë lorsque le drapier fut assis. — Je suis Gascon, vous le voyez à mon accent, et un peu gentilhomme d'aventures, vous devez le comprendre à la façon dont j'ai fait connaissance avec vous.

— C'est-à-dire, — fit La Chesnaye, — que vous êtes au roi de Navarre.

Noë se prit à rire.

— Pas plus qu'au roi de France, — dit-il. La Chesnaye éprouva un léger soulagement, et l'épée nue lui parut moins fulgurante. — Je ne suis ni aux uns ni aux autres, — poursuivit Noë, — je suis à moi...

— Ah !

— Et je songe à mes propres affaires.

— En ce cas, — fit le drapier, — vous trouverez bon que je respire.

— Pourquoi donc ?

— Mais parce que, ma foi ! je vous ai confié tout à l'heure de gros secrets.

— Bah ! vous croyez ?

— Dame !

— Et moi qui n'ai absolument rien compris ni à vos histoires de gens du duc, ni à l'importance de ces parchemins qu'on vous a volés, ni à tout ce que vous demandaient le roi de Navarre et monsieur de Pibrac !

Noë avait su imprimer à sa voix un accent de vérité et à sa physionomie un air ingénu.

— Vrai ? — fit La Chesnaye.

— Mon Dieu ! oui.

— Alors vous ne vous mêlez point de politique ?

— Dieu m'en garde !

— Et être au roi, au Béarnais ou au duc, vous serait indifférent ?

— Absolument.

La Chesnaye, après avoir eu grand'peur, se rassurait petit à petit.

— Mais alors, — dit-il, obéissant encore cependant à un sentiment de défiance, — alors pourquoi m'avez-vous trompé ?

— Je ne vous ai pas trompé.

— Pardon ! vous vous êtes donné sous votre visière pour le sire d'Arnembourg.

— C'est-à-dire que c'est vous qui m'avez pris pour lui.

— Soit ! mais quel intérêt aviez-vous à me le laisser croire ?

Noë eut un fin sourire.

— Un intérêt qui n'a point été déçu.

— Ah ! lequel ?

— Ne m'avez-vous pas fait des confidences... — La Chesnaye tressaillit, — des confidences que le roi payerait fort cher.

Et le sourire de Noë devint plus significatif.

— C'est-à-dire que maintenant vous me voulez vendre votre silence ?

— Justement.

— Eh bien ! fixez votre prix.

— Maître, — dit Noë, qui du sourire passa à l'éclat de rire, — vous avez vu la mort de si près, cette nuit, que vous en avez perdu l'esprit. — La Chesnaye regarda Noë avec inquiétude. — Comment ! vous me prenez pour un misérable aventurier qui mendie une centaine de pistoles ?

— Quelle somme exigez-vous donc ?

— Tout, — dit Noë.

— Plaît-il ? — fit La Chesnaye, qui crut avoir mal entendu.

Mais Noë se leva et posa un doigt sur ses lèvres.

— Chut ! — dit-il, — écoutez-moi bien et ne perdons pas un temps inutile. — La Chesnaye était bouche béante et regardait de nouveau l'épée avec terreur. — Maître, — reprit Noë, — suivez bien mon raisonnement. Nous sommes seuls ici, car ces deux brutes avinées ne comptent pas ; donc nous sommes seuls, vous sans armes, moi ce joli outil dans la main. — Et Noë décrivit un arc de cercle avec son épée. — Par conséquent, — poursuivit-il, — votre vie est entre mes mains, et je vous aurais perforé la gorge avant que vous eussiez le temps de pousser un cri. — La Chesnaye frissonna. — Vous me le disiez tout à l'heure, cher monsieur La Chesnaye, on ne joue pas sa vie deux fois de suite. Vous vous étiez bravement dévoué à mourir, il y a quelques heures, et voici que tantôt vous m'avez confié que vous n'auriez pas le courage de recommencer.

— Oh ! — fit La Chesnaye, qui essaya de payer d'audace.

— Or donc, — continua Noë, — si vous hésiteriez à donner votre vie pour le duc, vous n'hésiteriez certainement pas, pour conserver cette même vie, à me donner cet or que vous tenez en réserve.

— Mais vous voulez donc me dépouiller ? — exclama La Chesnaye.

— Le mot est dur, mais il est juste.

— Hé ! que voulez-vous donc que je dise au duc quand il me redemandera son or ? — supplia le drapier.

— Vous lui narrerez votre belle conduite de l'oubliette.

Une idée ou plutôt un souvenir traversa le cerveau de maître La Chesnaye.

Il songea qu'il avait deux cachettes dans les caves de sa maison, l'une qui lui était particulière et dans laquelle il serrait ses propres deniers, l'autre qui était réservée à l'argent du duc.

La Chesnaye était un serviteur dévoué, et il fit cette réflexion.

— J'ai quarante mille pistoles au duc, et cet argent est nécessaire pour le grand jour, le jour solennel où il ne restera plus un seul huguenot dans Paris. Mes économies à moi s'élèvent au quart de cette somme, il vaut mieux sacrifier le quart que de perdre tout. — Et, après avoir soupiré de nouveau et pris des airs lamentables, La Chesnaye parut faire un grand effort, et dit à Noë : — Venez avec moi, l'or est en bas.

Noë vit le bonhomme allumer une lanterne et soulever une trappe de la cave dans laquelle on descendait par une échelle de meunier.

— Passez devant, maître, — dit-il à la Chesnaye, et n'oubliez pas que j'ai toujours ma rapière au poignet.

La Chesnaye descendit et Noë le suivit.

Le drapier fit traverser au prétendu aventurier deux petits caveaux, puis un grand qui était encombré de fu-

tailles, les unes vides, les autres pleines. Il posa sa lampe à terre, poussa un tonneau vide, et montra une pierre blanche.

— C'est là, — dit-il.

Puis il prit cette pierre, qui paraissait enfoncée dans le sol, la poussa de droite à gauche et la fit tourner sur une rainure invisible, si bien qu'elle se leva comme le couvercle d'une boîte, laissant à découvert une petite cavité pleine d'or.

Noë s'approcha et piqua son épée dans le trou, remuant les pistoles et les comptant, pour ainsi dire, à vue de nez.

— Quoi ! — dit-il, — c'est cela ?

— Oui ! — fit La Chesnaye.

— C'est l'argent du duc ?

— Dame !

— Et voilà tout ?

— Mais c'est un joli denier, ce me semble.

— Peuh ! — fit Noë.

La Chesnaye sentit une sueur froide inonder son cuir chevelu.

— Cependant, — dit-il, — je sais plus d'un gentilhomme qui n'en a jamais possédé autant.

— C'est possible.

— On achèterait un fier domaine avec cet or, — murmura La Chesnaye.

— D'accord.

— Et s'il était à moi...

— Bah ! — fit Noë, — on achèterait deux ou trois clochers, peut-être même une baronnie, je ne dis pas, mais... — et Noë transperça le drapier d'un regard, — mais, — dit-il, — quand on s'appelle le duc de Guise et qu'on soudoye des armées occultes chez son voisin le roi de France, tout cet or est insuffisant à payer les simples soldats.

— Quelle plaisanterie ! — fit La Chesnaye.

— Et je suis bien sûr que la cachette des officiers... — La Chesnaye eut le vertige, — est autrement garnie que celle-là ; n'est-ce pas, maître ?

— Vous voulez rire ?

— Nullement.

— Alors vous serez déçu dans vos espérances, mon gentilhomme.

— Vrai ?

— Ce que vous appelez la cachette des officiers n'existe pas.

Noë haussa les épaules.

— En ce cas, — dit-il, — c'est un grand malheur pour vous, monsieur La Chesnaye, — le drapier eut un regard effaré, — car il ne vous aura servi de rien de sortir vivant de la fameuse oubliette.

— Pourquoi donc ? — balbutia maître La Chesnaye.

— Parce que je vais vous tuer, — fit Noë.

Et il lui appuya la pointe de son épée sur la gorge.

La Chesnaye devint livide ?

— Grâce ! — balbutia-t-il.

Noë appuya légèrement la pointe de l'épée, qui pénétra d'une ligne. La Chesnaye jeta un cri, fit un bond en arrière et recula jusqu'au mur.

Mais Noë le suivit, lui porta de nouveau la pointe de sa rapière à la gorge et dit :

— Vite ! Hâtons-nous ! Parlez !

— Je ne sais rien ! — hurla le drapier. La pointe de l'épée pénétra d'une ligne encore. La Chesnaye avait dit vrai, il avait maintenant peur de la mort. — Grâce ! — répéta t-il, — je parlerai.

Noë abaissa son épée.

— Voyons, — dit-il, — où est la cachette ?

— Là, — dit La Chesnaye tout tremblant ; et il étendit la main vers le mur.

Noë fit un pas, prit la lanterne, examina le mur, et ne vit ni une fente ni une pierre qui eût une physionomie particulière.

— Maître La Chesnaye, — dit-il, — je vous donne trois secondes pour me découvrir cette cachette.

Alors le drapier palpa le mur de son poing fermé, frappant de petits coups secs ; et tout à coup le mur sonna le creux et Noë vit que quelques parcelles de ciment se détachaient.

— Il faut crever cela, — dit La Chesnaye.

Noë prit son épée et entama le mur à coups de pommeau. Une pierre se détacha et laissa voir une crevasse.

D'abord aucun reflet fauve ne vint frapper les regards de Noë, mais sa main palpa un gros sac de cuir, puis un second, puis un troisième.

Noë approcha la lanterne de la crevasse et compta jusqu'à dix sacs pleins d'or, et qu'il jugea devoir contenir quatre mille pistoles chacun.

— A la bonne heure ! — dit-il.

La Chesnaye était livide, la sueur inondait son front, et il chancelait sur ses jambes.

— Je suis un homme déshonoré, — murmura-t-il.

— Bah ! pourquoi ?

— J'ai livré l'or de mon maître.

— Ah ! — fit Noë en riant, — soyez tranquille, le duc ne sera pas ruiné pour cela. La Lorraine est un pays fertile, et les princes qui la gouvernent savent y moissonner grassement.

Mais cette consolation ne touchait nullement maître La Chesnaye Il hochait tristement la tête et disait :

— Il ne me reste plus qu'à fuir. Jamais je n'oserai reparaître devant Son Altesse le duc de Guise.

— Allons donc ! — fit Noë en riant ; — je vais vous donner une belle idée, cornes du diable !—La Chesnaye le regarda. — Les gens du roi ont trouvé vos parchemins, n'est-ce pas ?

— Hélas !

— Eh bien ! ils ont trouvé votre or pareillement, tandis que vous étiez enfermé dans le Prie-Dieu.

— Mais...

— Vous direz cela au duc, il le croira. — La Chesnaye continuait à se lamenter. — Allons ! maître, — dit Noë,— aidez-moi donc à sortir ces sacs l'un après l'autre.—La terrible rapière n'était point rentrée au fourreau, elle avait même parfois des reflets flamboyants lorsqu'un rayon de la lanterne tombait sur elle. La Chesnaye était dans une veine de couardise, et il ne voulait plus mourir. Il obéit donc à Noë, retira un à un tous les sacs placés dans la crevasse et les empila sur le sol. Pendant qu'il exécutait cette besogne, Noë tenait conseil en lui-même et s'adressait ce monologue : — Je ne suis ni un coupeur de bourse ni un voleur, mais j'use du droit de la guerre en confisquant les ressources de l'ennemi. La guerre étant déclarée entre la Lorraine et la Navarre, il est tout simple que la Navarre s'empare du trésor de la Lorraine. Voilà un or qui nous servira. Mais comment, diable ! — exclama Noë tout haut, — vais-je emporter tout cela ? il y a la charge d'un mulet.

— Je t'aiderai, — répondit une voix.

Noë se retourna et vit Hector debout sur le seuil du caveau.

Hector s'était inquiété de Noë ; il l'avait vu, par la fenêtre de l'auberge, causer longtemps avec La Chesnaye, faire à ce dernier la courte échelle, puis pénétrer dans la maison.

Et, comme Noë ne ressortait pas, Hector, inquiet, avait pris le parti de quitter l'auberge pour courir à la recherche de son ami.

Maître La Chesnaye, en pénétrant dans la cuisine un peu auparavant, en avait ouvert la fenêtre.

Cette fenêtre était à quatre ou cinq pieds du sol.

Hector avait sauté sur l'entablement ; de là il était entré dans la cuisine et, sans prendre garde aux deux Suisses, et voyant l'entrée de la cave ouverte, il s'y était aventuré, pensant que Noë et son hôte devaient s'y trouver.

## XXIV

C'était à peu près à l'heure ou Noë découvrait les pistolets du duc de Guise, que S. M. le roi Charles IX, en compagnie du roi de Navarre et de René le Florentin, arrivait dans la petite maison du bois de Meudon.

Le duc de Guise et la duchesse de Montpensier avaient, on le sait, durant la soirée précédente, arrêté avec la reine mère une petite mise en scène sur l'effet de laquelle on devait compter beaucoup.

Le roi, en entrant, vit la reine mère pâle, l'œil morne, étendue sur un lit tout jaspé de taches de sang...

Le roi jeta un cri de douleur, tout son amour filial s'éveilla ; il se précipita vers sa mère, l'enlaça de ses bras et se mit à verser des larmes. Mais déjà madame Catherine avait oublié le rôle qu'elle s'était imposé d'abord.

Derrière le roi Charles IX, elle avait vu entrer le roi de Navarre.

Le roi de Navarre qu'elle croyait en fuite, le roi de Navarre qui aurait dû, en quittant à toute bride le champ de bataille où le duc de Guise était demeuré vainqueur, galoper jour et nuit vers la Gascogne.

A la vue du jeune prince, madame Catherine éprouva la stupéfaction qu'avait déjà ressentie René le Florentin.

Elle se dressa l'œil en feu, étendit, la main vers Henri, et s'écria d'une voix que la colère rendait sifflante :

— Comment ! vous, vous !

Le roi Charles IX, étonné de ces paroles, s'écarta et à son tour regarda Henri.

Henri était fort calme et ses traits semblaient empreints d'un très-grand étonnement.

— Mais, madame, — dit-il, — n'est-il pas naturel que j'accompagne le roi mon cousin, et me rende auprès de vous en toute hâte ?

René avait oublié de la complicité du roi de Navarre, mais elle, madame Catherine, ne douta pas une minute.

— Sire, — dit-elle à son fils en désignant du doigt le roi de Navarre, — vous voyez cet homme ?

— Eh bien ? — fit Charles IX.

— C'est lui qui m'a enlevée, — dit la reine mère.

— Mais, madame...

Et Charles IX regarda fixement Henri de Bourbon, qui supporta la flamme de ce regard.

— C'est lui ! — répéta la reine avec énergie. Henri, impassible, se contenta de hausser les épaules. — Et, — acheva madame Catherine, — un de ceux qui l'accompagnaient a osé me frapper d'un coup de poignard.

Alors, par un geste tragique, la reine mère rejeta les couvertures et montra sa poitrine ensanglantée.

La vue du sang produisit sur Charles IX un saisissement terrible.

Ses yeux s'injectèrent, l'écume vint à ses lèvres, un violent accès de courroux s'empara de lui ; s'élançant vers la porte, il cria :

— Pibrac ! à moi, Pibrac !

Le capitaine des gardes, qui était demeuré dans la pièce voisine, accourut.

— Arrêtez cet homme ! — dit Charles IX hors de lui.

Et il lui montrait le roi de Navarre.

Henri fit un pas en arrière et, instinctivement, il porta la main à la garde de son épée.

Mais Pibrac, l'homme froid et prudent, le regarda.

Le coup d'œil de Pibrac signifiait :

— Si vous ne voulez vous perdre, soyez calme !

Ce regard produisit l'effet attendu.

— Sire, — dit le roi de Navarre, — madame Catherine m'accuse, et le bon plaisir de Votre Majesté est que cette accusation ait une portée. Je suis ici à la merci du roi de France, et un roi hors de son royaume n'est plus qu'un homme ordinaire. Je rends donc mon épée à votre capilaine des gardes et j'attends que madame Catherine veuille bien prouver l'accusation qu'elle porte contre moi.

Le calme du roi de Navarre déconcerta Charles IX.

Cependant il laissa le jeune prince tirer son épée et la tendre à monsieur de Pibrac.

Puis, comme le capitaine des gardes hésitait à la prendre :

— Pibrac, — dit-il, — vous allez retourner au Louvre.

— Oui, sire.

— Vous y conduirez le roi de Navarre.

— Oui, sire.

— Et vous le ferez garder à vue dans ses appartements.

Déjà le courroux de Charles IX s'était apaisé.

Henri le comprit, salua, et sortit la tête haute, tandis que monsieur de Pibrac murmurait :

— Allons ! décidément, j'ai eu une bonne idée en achetant les parchemins et les papiers de maître La Chesnaye.

Lorsque monsieur de Pibrac fut sorti, emmenant son prisonnier, Charles IX et la reine mère se trouvèrent seuls en présence.

Charles IX avait encore le sourcil froncé, et, si l'orage avait paru s'éloigner, il grondait toujours à l'horizon.

— Ma mère, — dit enfin le monarque, — ceux qui ont osé toucher à une reine de France mourront du dernier supplice, recevez-en ma parole de gentilhomme ; mais je n'enverrai personne à l'échafaud que son crime ne m'ait été démontré.—La reine mère inclina la tête sans répondre.

— Vous accusez le roi de Navarre ?

— Oui, — fit Catherine.

— Cependant le roi de Navarre a passé la nuit au Louvre.

— En êtes-vous sûr, mon fils ?

— Très-sûr, madame.

— Et... la nuit précédente ?

— La nuit précédente il galopait sur la route de Nancy.

— Vous dites ?

— Je dis, sur la route de Nancy, — répéta le roi avec conviction.

— C'est bizarre ! — dit la reine.

— Mais, non, — reprit Charles IX, — il courait après Marguerite.

— Hein ?

Et madame Catherine, à son tour, regarda le roi avec surprise. Le roi continua :

— Ma sœur Margot n'a-t-elle pas revu le duc de Guise ?

— C'est possible, — répondit la reine. — Eh bien ?

— Et comme elle a disparu du Louvre depuis deux jours...

Madame Catherine étouffa un cri.

— Marguerite a disparu ? — fit-elle.

— Oui, madame.

— Et où est-elle allée ?

— Voilà ce que le roi de Navarre ne sait pas au juste, bien que, à deux lieues des frontières lorraines, on lui ait affirmé qu'une troupe de cavaliers avait passé quelques heures avant lui, ayant une femme au milieu d'elle.

Un sourire incrédule vint aux lèvres de la reine mère.

— En vérité ! — dit-elle.

— Oh ! — dit le roi avec un emportement subit, — le duc a osé me braver, il est venu jusque dans Paris...

— C'est vrai, — dit froidement Catherine.

— Et il aura enlevé Margot.

— Vous croyez ?

— Je le jurerais...

— Vous seriez parjure, sire.

L'aplomb avec lequel parlait la reine mère impressionna Charles IX.

— Au fait ! — dit-il, — vous devez savoir mieux que moi, madame, ce que fait mon cousin le duc de Guise.

— Peut-être...

— Car il est redevenu votre ami.

— Et celui de Votre Majesté, sire.

Le roi fronça de nouveau le sourcil.

— Vous l'avez vu chaque soir à Paris ?

— Oui, sire.

— Et c'est par vos soins que Margot a été avertie de l'infidélité du roi de Navarre, son époux.

— Non, — dit la reine toujours calme, — c'est le duc qui a tout conduit.

— Ah !

— Maintenant, si Marguerite indignée a fui son époux, il ne faut vous en prendre, sire, ni à moi ni au duc.

— En vérité !

— Le duc n'est point parti pour la Lorraine, comme Votre Majesté le pense.

— Où donc est-il allé ?

— Il a galopé trente heures derrière mes ravisseurs...

— Comment ! c'est lui... ?

— C'est à lui que je dois de n'être point aux mains des huguenots.

Alors madame Catherine raconta de point en point au roi, qui se prit à l'écouter religieusement, toutes les phases de son enlèvement, ses haltes périodiques dans des manoirs inconnus, ou chez des châtelains masqués, ses repos nocturnes au milieu des bois où ses ravisseurs changeaient de chevaux.

Enfin elle lui narra ce combat sanglant, acharné, que le duc et René, soutenus par leurs gens, avaient livré à ces quatre hommes masqués, dont l'un avait tenté de l'assassiner, leur résistance héroïque et la fuite de deux d'entre eux.

— Mais où donc est le duc, maintenant ? — demanda le roi.

— Ici, — dit une voix derrière lui ; et une portière glissa sur sa tringle et le duc de Guise entra. Le duc, on le sait, exerça durant toute sa vie, cette vie qui devait être à la fois si remplie et si courte, une sorte de fascination sur ceux qui l'approchaient. Sa haute taille, son accent dominateur, son regard d'aigle, imposaient, et le roi Charles IX lui-même, ce caractère timide et farouche à la fois, avait souvent subi cet ascendant. Or, ce jour-là, l'audace avec laquelle le duc se présentait inopinément devant lui, au lieu de courroucer le roi, l'intimida pour ainsi dire. Il porta même la main à la garde de son épée. Mais le duc eut un fier sourire : — Pardonnez-moi, sire, — dit-il, — d'oser me présenter ainsi devant Votre Majesté. Si je l'ai offensée, je suis prêt à expier mon crime et à rendre mon épée.

Mais la reine répondit, avant que le roi stupéfait eût songé à ouvrir la bouche :

— N'ayez crainte, monsieur mon cousin, Sa Majesté commence, je l'espère, à discerner ses amis de ses ennemis ; ceux qui veulent prêter leur appui à la monarchie et ceux qui rêvent son anéantissement.

Ces mots frappèrent Charles IX.

— Qui donc oserait ! — s'écria-t-il.

— Les huguenots, sire. — Charles IX fit un pas en arrière et son œil lança des flammes. — Les huguenots, — répéta la reine mère, — et leur chef le roi de Navarre.

— Encore ! — fit Charles IX en frappant du pied.

— Oui, sire, le roi de Navarre, qui rêve de grandes destinées.

Un sourire de mépris effleura les lèvres minces de Charles IX.

— Son royaume est bien petit, — dit-il.

— Peut-être... mais il en rêve un plus grand, sire.

— Ah ! ah !

— Un royaume qu'on appelle le royaume de France, — ajouta hardiment le duc de Guise.

Le roi recula comme s'il eût vu un abîme s'ouvrir devant lui.

— Que dites-vous là, monsieur, — fit-il.

— La vérité, sire.

— Et... vous pourriez ?...

— Je pourrais le prouver à Votre Majesté.

— Quand ?

— Oh ! — fit le duc, — ses complices tombés en nos mains finiront bien par avouer.

— Ah ! c'est juste,—fit le roi.—Vous avez deux gentilshommes gascons en votre pouvoir.

— Oui, sire.

— Où sont-ils ?

— Ils sont enfermés dans un caveau de cette maison.

— Eh bien ! — dit le roi, — je veux les voir !...

Le duc s'approcha d'une table, y prit une baguette
d'ébène et frappa sur un timbre.

Gaston de Lux entra aussitôt par la même porte que le
duc.

— Où est Léo ? — demanda le duc.

— Léo ? — fit le jeune homme étonné.

— Hé ! oui, Léo.

— Mais il est parti cette nuit.

— Que dites-vous ? — fit le duc.

— Votre Altesse ne l'a-t-elle pas envoyé à Paris ?

— Non, certes.

— Cependant il a fait seller son cheval et il est parti
vers minuit.

— C'est impossible !

— Je l'affirme à Votre Altesse.

— Alors qui donc a pris sa place ?

— Je ne sais.

— Mais les prisonniers... ?

— Ils sont toujours enfermés dans le caveau.

— Eh bien ! — dit le roi, — qui ne comprenait pas
grand'chose à ces explications, allons les voir, en ce cas !

Et il fit un pas vers vers la porte,

— Des torches ! — ordonna le duc.

— Vous dites donc, duc, — fit le roi, — que l'un d'eux
est monsieur de Noë ?

— Oui, sire.

— Et, — ajouta la reine, — Votre Majesté sait que
monsieur de Noë est l'ami le plus intime du roi de Navarre.

— C'est juste.

— Donc, — reprit à son tour le duc, — le roi de Navarre est un de ceux qui nous ont échappé.

— Marchons ! — dit le roi, devenu tout pensif à ces
derniers mots.

. . . . . . . . . . . . . . . . . . . . . . . . . . .

Que s'était-il passé dans le caveau, durant la nuit, depuis le départ de la duchesse de Montpensier qui emmenait Noë ?

La haine jalouse de monsieur d'Arnembourg lui avait
fait accepter avec une sorte de joie cette captivité momentanée.

Il allait donc se trouver seul avec son rival !...

Aussi, lorsque la porte se fut refermée et que le bruit
des pas de Noë et de la duchesse se furent éteints dans
l'éloignement, le gentilhomme du Luxembourg jeta-t-il
autour de lui ce regard de l'homme habitué à sonder les
ténèbres et qui est particulier aux soldats et aux chasseurs.

L'obscurité était grande dans le cachot ; cependant, par
le soupirail, un rayon de lune filtrait et décrivait un petit
cercle sur le sol.

Cette lumière problématique permit à Léo d'apercevoir
Lahire, qui s'était couché de nouveau dans un angle du
caveau.

— Hé ! monsieur ? — dit-il.

Lahire se souleva de nouveau.

— Bonsoir, monsieur d'Arnembourg, — dit-il, — que
puis-je faire pour vous êtes agréable ?

— Je désirerais causer avec vous, monsieur.

— Très-volontiers, monsieur.

— Car je vous avouerai que j'éprouve un tel étonnement...

Lahire eut un rire bruyant.

— En vérité, — dit-il, — vous êtes étonné ?

— Oui, monsieur.

— Je devine votre étonnement, — fit Lahire. — Vous
ne vous attendiez point à ce que la duchesse sauvât mon
ami de préférence à moi.

— En effet, monsieur, et c'était sur ce point que je désirais vous demander une explication...

— Demandez.— Et Lahire se rapprocha de Léo et se plaça
sous le rayon lumineux, de telle façon que son rival pût
voir le sourire railleur qui épanouissait son visage. — Figurez-vous, monsieur, — dit-il, — que la duchesse n'aurait jamais songé à faire évader mon ami.

— Ah ! vous croyez ?

— C'était moi, moi à qui elle veut quelque bien, con-
venons-en, qu'elle prétendait sauver.

— Monsieur, — dit Léo, — prenez garde ! Je ne sais
pas si réellement la duchesse vous aime, mais je vous jure
que, s'il en est ainsi...

— Eh bien ?

— Vous mourrez de ma main tôt ou tard.

— Monsieur, — répondit Lahire toujours railleur, —
comment voulez-vous que je vous puisse donner des explications si vous commencez par me chercher querelle ?

— Vous avez raison, monsieur. Continuez...

— Or, donc, — poursuivit Lahire, — c'était moi que
madame de Montpensier voulait sauver.

— Bon ! Après ?

— Seulement j'ai refusé, moi.

— Ah !

— Et j'ai voulu qu'elle nous laissât tirer au sort, mon
ami et moi.

— Et elle y a consenti ?

— Sans doute, et vous allez comprendre pourquoi. Je
refusais net de m'évader seul. Elle a préféré courir cette
chance de me sauver. La chance lui a été contraire,
comme vous voyez...

— Et alors elle a bien voulu faire échapper votre ami ?

— Vous l'avez vu. D'ailleurs j'avais sa parole.

— Ainsi donc, — fit Léo d'un air sombre, c'est le hasard seul... qui vous enverra à l'échafaud ?

— Tarare ! — murmura Lahire, — la chose n'est point
décidée encore.

— Oh ! vous pouvez y compter, — ricana Léo. — La
reine mère ne vous lâchera pas.

— Ah ! je sais bien qu'elle me renverra devant le parlement.

— Tenez-le pour certain.

— Que le parlement me condamnera.

— Soyez-en sûr.

— Et que maître Caboche, si je comparais devant lui,
fera deux tronçons de mon corps. Mais...—Ce mais fit tressaillir Léo, car Lahire n'avait perdu ni son accent goguenard ni son sourire sceptique. — Mais, — reprit-il après
un silence, — il est possible que je n'arrive ni devant le
parlement, ni devant maître Caboche.

— Ah !—fit Léo avec un rire sinistre,—je voudrais bien
savoir comment vous leur échapperez...

— Bah ! les femmes peuvent tout ce qu'elles veulent.

— Vous croyez ?

— Et la duchesse veut me sauver... Et maintenant,
monsieur, — acheva Lahire, — que vous savez ce que
vous désiriez savoir, j'ai l'honneur de vous souhaiter le
bonsoir.

Et Lahire retourna dans son coin et y prit la posture
d'un homme qui désire dormir.

Léo garda un morne silence.

Puis, tout à coup :

— Hé ! monsieur Lahire ?

— Qu'est-ce encore ? — demanda celui-ci, qui se remit
sur son séant.

— Je voulais vous faire une question.

— Faites.

— C'est moi qui vous ai désarmé ?...

— Oui, monsieur, et cela vous a été d'autant plus facile
que j'étais couché par terre, et que deux reîtres m'ap-
puyaient le genou sur la poitrine, — répondit Lahire d'un
ton goguenard.

— Soit. Mais enfin, c'est moi.

— Je l'avoue.

— N'aurais-je point oublié de vous ôter votre dague ?

— Vous l'avez si peu oublié que vous m'avez enlevé jusqu'à un couteau de poche que j'avais dans mes chausses.

— Ah ! c'est juste.

— Mais enfin, monsieur, pourquoi me demandez-vous si j'ai encore ma dague ?

— C'est que j'ai conservé la mienne, moi.

— Vous ne l'avez pas donnée à mon ami monsieur de Noë ?

— J'ai pensé qu'elle me serait plus utile qu'à lui.

— Ah çà ! — fit Lahire, — est-ce que vous songeriez à m'assassiner ?

— Moi ! non. Mais...

— Tiens ! il y a un *mais*.

— Oui, si vous aviez eu votre dague...

— Eh bien ?

— Je vous aurais proposé de nous entretenir la main.

— Hé ! hé ! c'est une assez bonne idée, cela, et telle qu'il en vient rarement à des Allemands comme vous, monsieur Léo. Et si j'avais ma dague.—Lahire soupira.

— Ah ! mais, — dit-il tout à coup, — attendez...

— Quoi donc ?

— Je me souviens maintenant que vous nous avez envoyé à souper.

— Sans doute ?

— Par le petit page Amaury, un enfant charmant qui m'aime autant qu'il vous déteste, monsieur Léo.

— Passons...

— Et je me souviens encore qu'Amaury, comme nous n'avions pas de couteaux, nous a prêté son poignard pour couper notre pain.

— Et il vous l'a laissé ?

— Je crois bien que oui...attendez...—Et Lahire se traîna sur le sol, le palpant avec précaution en tous sens. — Ah ! parbleu ! — s'écria-t-il tout à coup, — voilà notre affaire !

— Vous le tenez ?

— Oui. — Léo eut un rugissement de bête fauve satisfaite. Mais tandis que Lahire se redressait et assurait le poignard dans sa main, le rayon de lune qui leur donnait une clarté vague et leur permettait de s'entrevoir s'éteignit. Un gros nuage avait sans doute obscurci l'astre des nuits. — Mordioux ! — exclama le gentilhomme gascon, — voici qu'il fait noir comme chez le diable.

— La flamme de nos yeux nous éclairera, — répondit Léo.

— Encore un joli mot, — goguenarda le Gascon, — et dont j'aurais cru un Allemand incapable.

Léo avait tiré sa dague du fourreau, puis il s'était enveloppé le bras dans sa cape, qu'il avait ôtée tout exprès pour s'en faire un bouclier.

— Ah ! méchant aventurier ! — murmura-t-il, — tu te permets d'aimer la belle duchesse de Montpensier ?

— J'use de la permission qu'on me donne, — ricana Lahire, à qui le même instinct de conservation avait fait chercher son pourpoint, qu'il avait pareillement roulé autour de son bras.

— Eh bien ! — s'écria Léo hors de lui, — tu ne seras bientôt plus en état d'aimer qui que ce soit, car tu vas mourir ! — Et dans les ténèbres il se rua sur le Gascon Lahire. Mais Lahire était agile et souple comme un chat, il s'accroupit et bondit silencieusement de côté ; puis il demeura muet. Léo s'était précipité vers l'endroit où, une seconde auparavant, résonnait la voix de son ennemi. Son élan fut si impétueux, si rapide, qu'il alla se heurter rudement contre le mur et y émoussa la pointe de sa dague.

— Ah ! tu fuis, lâche ! — murmura-t-il.

— Hé ! non, — répondit Lahire, à l'autre extrémité du caveau où il s'était traîné en rampant, — les ruses de guerre sont permises.—Et le Gascon bondit de nouveau et, avant que Léo eût repris son équilibre et se fût retourné, il reçut dans l'épaule un coup de poignard qui ne fit que l'effleurer. Léo se reprit à rugir, et derechef il se précipita sur son adversaire. Mais Lahire s'était de nouveau pelotonné sur lui-même, tout en demeurant à la même place, si bien que, tandis que le bras de Léo frappa dans le vide, ses jambes se heurtèrent à Lahire accroupi. Et soudain, prompt comme l'éclair, Lahire étreignit ses jambes, souleva son adversaire, le renversa sur le sol, lui mit un genou sur la poitrine, assura contre terre le bras qui tenait la dague, et lui appuya son poignard sur la gorge.—Mordioux ! —murmura-t-il, —je crois que je vous tiens en mon pouvoir, mon gentilhomme.

— Tuez-moi ! — hurla Léo d'une voix étranglée.

— Et bien ! vrai, c'est mon droit.

— Usez-en donc !

— Non, je veux vous faire grâce,— ricana le Gascon.

— Je ne veux point de grâce !

— Bah ! je suis généreux, moi, — dit Lahire qui continuait à maintenir son adversaire immobile. — Seulement je veux vous faire grâce à de certaines conditions.

— Mais tuez-moi donc ! — vociférait le gentilhomme du Luxembourg.

— Non, si vous me donnez votre parole de gentilhomme d'être plus raisonnable et de ne pas recommencer ce petit combat dans cette obscurité.

— Tuez-moi ! — répéta Léo, — car, si vous me faites grâce, je ne vous pardonnerai pas, moi.

— Etes-vous entêté ! — murmura Lahire, qui redevint d'humeur gasconne ; — lâchez votre dague...—Mais Léo, bien que son bras fût réduit à l'impuissance, continuait à serrer le manche de sa dague dans sa main crispée. — Monsieur Léo, — dit Lahire avec douceur, — réfléchissez donc que nous sommes gens de revue, et que, lorsque je serai libre, nous pourrons nous retrouver. Lâchez cette dague !

— Jamais ! — fit Léo d'une voix étouffée.

Et, par un suprême effort, il se souleva à demi, imprima une violente secousse à son ennemi et faillit s'en débarrasser.

Mais Lahire parvint à reprendre sa position victorieuse et à coucher de nouveau son adversaire sur le sol.

— Une dernière fois, monsieur, — dit Lahire, dont la voix devint grave et triste, — voulez-vous vivre ?

— Je préfère la mort à ta générosité, traître ! — hurla Léo.

Les forces de Lahire commençaient à s'épuiser, et il voyait le moment où le robuste Allemand, par un nouveau soubresaut, arriverait à se relever.

— Ah ! ma foi ! — dit-il, — mieux vaut encore tuer le loup que si le loup vous croque. — Et il leva le bras qui tenait le poignard. — Si vous savez une prière, dites-la, monsieur, — fit-il.

— Que Belzébuth soit ton âme ! — blasphéma Léo.

Le bras de Lahire retomba, le poignard pénétra dans la gorge de Léo jusqu'au manche, et un jet de sang fouetta le visage du Gascon.

Léo se débattit un moment encore, puis ses mouvements devinrent moins brusques... puis ils s'apaisèrent... Lahire entendit un soupir... et Léo ne bougea plus...

Alors Lahire retira son poignard et se releva.

Un moment il demeura immobile, pensif, le front baigné de sueur, le visage inondé de sang, étreignant dans sa main ce poignard qui venait d'ouvrir les portes de l'éternité au malheureux amoureux de la duchesse.

Puis il murmura avec un soupir :

— Comme il l'aimait !

Et, comme Lahire était bien le descendant direct et l'héritier des vertus de ce pieux compagnon de la Pucelle, qu'on voyait, au matin de chaque bataille, les deux genoux en terre, invoquer le Dieu des soldats et des chevaliers, le Dieu des rois qui défendent leur couronne ; comme il était né dans le Midi, ce pays de la foi robuste et des généreux élans, il s'agenouilla près du cadavre de son ennemi et pria pour le repos de cette âme que l'amour avait tourmentée au malheureux amoureux de la duchesse la terre.

. . . . . . . . . . . . . .

Voilà ce qui s'était passé, durant la nuit, dans le caveau où Lahire était enfermé.

Le duc de Guise et le roi venaient donc de quitter la chambre où madame Catherine paraissait souffrir beaucoup d'une blessure qui, au demeurant, était fort légère, le poignard d'Hector ayant glissé sur les côtes.

— Allons voir les prisonniers! — avait dit le roi. René, qui se trouvait dans l'antichambre, avait songé un moment à les suivre, mais le roi, à qui la vue de l'empoisonneur était odieuse, lui dit brusquement: — Va-t'en chez madame Catherine.

Gaston de Lux précédait les deux princes.

Lorsqu'il fut arrivé sur la première marche de l'escalier qui conduisait au caveau, le duc regarda Gaston.

— Mais, — dit-il, — si Léo est allé à Paris, il aurait dû au moins placer des sentinelles dans le corridor souterrain.

— Il y avait deux reîtres hier soir. — Et Gaston appela: — Hermann?

A ce nom une voix répondit:

— Me voilà!

Mais la voix ne montait pas des profondeurs du souterrain; elle venait du dehors.

Et le reître se montra en effet sur le sol de la porte extérieure.

— Comment! — dit le duc, — tu désertes ton poste, drôle!

— On me l'a ordonné, monseigneur.

— Qui donc?

— Le sire d'Arnembourg. Il nous a fait remonter, mon camarade et moi, en nous disant qu'il veillerait seul, et que nous pouvions aller nous coucher.

— Quand cela?

— Cette nuit.

— Un moment après, — poursuivit le reître, — comme nous venions de nous coucher dans l'écurie, un page est venu chercher le cheval du sire d'Arnembourg.

— Ah! — fit le duc. — Quel est ce page?

— Je crois qu'on le nomme Amaury.

— Oui, — dit Gaston de Lux, — c'est Amaury, en effet, qui tenait le cheval en main lorsque Léo a sauté en selle.

— Eh bien! — fit Charles IX, que toutes ces explications impatientaient, — descendons toujours.

— Mais, — observa respectueusement Gaston de Lux, — c'est Léo qui a les clefs du caveau.

— On enfoncera la porte à coups de hallebardes, — dit le roi. L'ordre était formel, le duc descendit le premier et prit la torche des mains de Gaston. Charles IX suivait le duc; son œil flamboyait. —Ah!—murmurait le monarque, — vous conspirez contre moi, monsieur mon cousin de Navarre!... Eh bien! je ferai rouler votre tête sous la hache, comme la tête d'un simple gentilhomme!

Le duc avait déjà fait trois pas dans le corridor souterrain, et soudain il s'était arrêté stupéfait.

Il venait d'apercevoir les clefs du caveau sur la serrure. Madame de Montpensier, en s'en allant avec Noë, les y avait laissées.

— Ah! par exemple! — s'écria le duc, — ceci devient plus qu'étrange!...

Et il ouvrit brusquement la porte du caveau.

Puis il s'arrêta sur le seuil, car un singulier spectacle venait de s'offrir à ses regards.

Le sol, jonché de paille tachée de sang, témoignait d'une lutte acharnée.

Dans un coin, le Gascon Lahire, épuisé de fatigue, dormait étendu sur le dos, ronflant comme le bourdon de Notre-Dame.

A l'autre extrémité se trouvait une forme humaine couverte d'un manteau.

Sans doute le meurtrier avait prié jusqu'au jour auprès du cadavre, puis il l'avait pieusement couvert de ce manteau.

On aurait pu croire que l'homme à demi enseveli sous ce vêtement, et dont on ne pouvait voir le visage, dormait pareillement, si un filet de sang n'avait glissé sur le sol.

— Mordioux! — exclama le roi, qui vit ce sang,—est-ce que celui-là se serait tué pour échapper au bourreau? — Et il marcha vers le cadavre et arracha le manteau. — Mais ce n'est pas Noë, — dit-il.

Le duc fit un pas en avant, et reconnut Léo d'Arnembourg, Léo, raide et glacé, dont la gorge avait une plaie béante rouge de sang coagulé!

Le duc poussa un cri terrible, et Gaston de Lux répéta ce cri.

Quant au roi, il s'était approché du dormeur et l'avait poussé du pied. Lahire s'éveilla et se dressa sur ses pieds, regardant avec étonnement et tour à tour le roi, le duc et Gaston.

Mais la vue du cadavre de Léo lui eut bientôt remis en mémoire tout ce qui s'était passé durant la nuit; et, bien qu'il n'eût jamais vu le roi, il le reconnut à son attitude hautaine.

Et aussitôt le Gascon retrouva toute sa présence d'esprit et se souvint des derniers mots qu'il avait échangés avec Noë en langue béarnaise.

— Lahire, mon ami, — se dit-il, — attention! Il s'agit de ne pas trahir involontairement le roi de Navarre.—Et comme le duc et Gaston contemplaient, les cheveux hérissés, le cadavre de Léo d'Arnembourg, Lahire dit froidement: — C'est moi qui l'ai tué.

Le duc eut un accès de colère, et dégainant il s'avança sur Lahire l'épée haute.

Mais Charles IX l'arrêta du geste.

— L'épée au fourreau, duc! — dit-il. — L'accent du roi était impérieux. Le duc et Gaston comprirent qu'il allait interroger Lahire, et demeurèrent immobiles et silencieux. En effet, le roi regarda le jeune homme, dont le visage s'était empreint d'une fierté respectueuse. — Comment vous nommez-vous? — dit-il.

— Lahire, sire.

— De quel pays êtes-vous?

— Je suis Gascon.

— Quel est ce cadavre?

— Celui d'un homme qui est entré cette nuit dans mon cachot et qui m'a provoqué à un combat à outrance.

— Il est entré cette nuit?

— Oui, sire.

— Il n'était donc pas prisonnier? ce n'était donc pas votre complice? — exclama le roi stupéfait.

— C'était un de mes gentilshommes, — dit le duc.

— Mais cet autre prisonnier, où est-il? — demanda le roi.

— Léo lui a ouvert la prison, — répondit Lahire.

Gaston cria:

— Ah! je comprends tout; c'est lui qui est parti vêtu de l'armure de Léo.

Lahire osa sourire.

— Il paraît qu'elle était à sa taille, — dit-il, — puisque vous ne vous en êtes point aperçu, messire.

Mais le roi frappa du pied.

— Voyons, — dit-il, — tout cela est obscur, et il faut que la lumière se fasse!

Ce mot de lumière éveilla une inspiration dans l'esprit de Lahire.

— Puisque Léo est mort, — dit-il, — je vais m'arranger de telle façon que la duchesse ne sera pas même soupçonnée. — Puis, toujours calme, il dit au roi: — Si Votre Majesté daigne m'écouter, la lumière se fera.

— Parlez, — dit le roi.

— Ce gentilhomme, — reprit Lahire, et il montrait le cadavre de Léo, — m'avait juré une haine mortelle depuis longtemps. Il est entré dans mon cachot et a offert sa liberté à mon compagnon, si ce dernier voulait lui céder sa place.

— Mais... quel était son but?

— Il voulait s'enfermer avec moi et me livrer le combat à outrance dans lequel il a succombé.

— Sire, — s'écria le duc, — cet homme ment ! et je devine ce qui s'est passé.

— Parlez ! — fit Charles IX.

— Léo, que j'avais chargé de veiller sur eux, est entré ici dans un but que je ne puis préciser, et il l'auront assailli traîtreusement et assassiné ; puis l'un d'eux sera parti revêtu de l'armure de mon gentilhomme.

Lahire avait écouté le duc sans l'interrompre.

Quand le duc eut fini, le Gascon se redressa, leva sur le prince lorrain un œil tranquille et dédaigneux, et lui dit :

— Regardez-moi donc, monseigneur : dites-moi si j'ai l'air d'un assassin ou la mine d'un gentilhomme.

L'accent de Lahire était si noble et si fier que le roi en tressaillit.

### XXV

Tandis que le roi interrogeait Lahire, Noë, Hector et la Chesnaye se trouvaient en tête-à-tête dans la cave où l'on venait de déterrer les pistolets de monseigneur le duc de Guise.

Surpris un moment de l'arrivée inattendue de son ami Hector, Noë ne tarda point à s'écrier :

— Parbleu ! tu viens à propos.

— Ah ! ah ! — fit Hector.

— Et à nous deux nous allons aviser aux moyens de mettre cet or en sûreté.

La Chesnaye jetait sur le monceau d'or un regard désolé.

— Où le mettre ? — demanda Hector.

— Ma foi je n'en sais rien... — Noë, tout en répondant ainsi, regardait La Chesnaye. — Ecoute, — dit-il à Hector, — j'ai une assez bonne idée.

— Laquelle ?

— C'est de laisser l'or ici.

— Hein ?

— Attendu que les gens du roi ne songeront point à l'y venir chercher.

— Oh ! — dit La Chesnaye, qui eut un rayon d'espoir, — ils ont tout fouillé, et ils sont partis avec la conviction qu'ils n'avaient plus rien à emporter.

— C'est juste, — dit Hector ; — mais, si les gens du roi ne viennent pas, il peut venir les gens du duc.

— C'est vrai.

— Et les gens du duc savent sans doute le secret de la cachette.

— Non, — dit La Chesnaye, — il n'y a que le duc et moi.

Malheureusement pour le mystérieux intendant des princes lorrains, il s'était trop hâté de faire cette réponse, qui éveilla les soupçons de Noë.

— Tu as raison, — dit-il à Hector, — il faut enlever l'or.

— Mais... où le porter ?

Noë réfléchit un moment.

— Attends, — reprit-il, — nous allons d'abord nous occuper d'autre chose.

— De quoi donc ?

— Tu vas voir. — Puis, regardant La Chesnaye et le montrant à Hector : — Je te confie monsieur.

— Bien.

— Si l'envie le prenait de te quitter, tu pourrais lui loger ta rapière dans le ventre. — La Chesnaye fit la grimace. — Moi je reviens, — ajouta Noë.

Et il regagna sans lumière, car il avait laissé la torche aux mains de La Chesnaye, l'entrée des caves et l'échelle de meunier qui permettait de remonter dans la cuisine.

Noë s'en alla fermer soigneusement la porte et ensuite la croisée par laquelle s'était introduit Hector.

Ensuite, lorsqu'il fut bien certain qu'on ne pouvait plus pénétrer dans la maison sans une effraction quelconque, il redescendit les premières marches de l'échelle, et laissa retomber la trappe sur lui.

C'était suffisant pour que, si on pénétrait violemment dans la maison, on ne songeât point tout d'abord qu'il pouvait y avoir du monde dans la cave.

Cela fait, Noë rejoignit Hector.

Hector s'était assis sur les sacs remplis d'or ; et, lorsqu'il vit revenir Noë, il lui dit en souriant :

— C'est un siége un peu dur, il est vrai, mais on s'y ferait aisément.

— Oh ! moi, — répondit Noë, — je m'en servirais volontiers comme de matelas. — La Chesnaye, immobile, triste, le front penché, tenait toujours sa torche à la main.

— Mon cher monsieur, — lui dit Noë, — si vous le voulez bien, nous allons causer un peu de toute autre chose que de cet or, dont nous trouverons plus tard l'emploi. — La Chesnaye tressaillit. — Tout à l'heure, — poursuivit Noë, — lorsque vous me preniez pour le sire Léo d'Arnembourg, vous me parliez d'un certain parchemin... — L'inquiétude gagna La Chesnaye, — d'un certain parchemin écrit en chiffres... — poursuivit Noë.

— Eh bien ?

— Que ni monsieur de Pibrac ni le roi de Navarre n'avaient pu déchiffrer.

La Chesnaye comprit que Noë n'était pas homme à laisser perdre un secret.

Cependant il paya d'audace.

— Qu'est-ce que cela peut vous faire, monsieur ? — dit-il.

— Cela m'intéresse.

— Mais, m'avez-vous dit, vous ne vous mêlez pas de politique.

— Habituellement, non...

— Alors ?...

— Mais par hasard, accidentellement, comme on dit..., vous comprenez ?

— Mais non, — dit La Chesnaye, — je ne comprends pas.

— En ce cas, je vais m'expliquer.

— J'écoute.

Noë reprit :

— Ce parchemin, m'avez-vous dit, contenait une liste.

— C'est possible.

— La liste de ceux sur qui on peut compter au *grand jour*... N'est-ce pas le mot dont vous vous êtes servi, maître La Chesnaye ?

— Peut-être...

— Eh bien ! figurez-vous que ces mots qui vous sont échappés ont vivement chatouillé ma curiosité.

— Vraiment ?

— Parole d'honneur !

La Chesnaye retrouvait facilement son calme ordinaire. Il eut même un sourire railleur.

— Vous êtes curieux, — dit-il, — de choses qui ne vous intéressent guère.

— C'est ce qui vous trompe.

— Bah !

— Et je me suis mis en tête de savoir au juste ce que contient cette liste.

La Chesnaye regarda Noë.

— Comment ! — fit-il, — vous avez donc oublié ce que j'ai fait la nuit dernière ?

— Non, certes ! Je sais que vous vous êtes précipité dans l'oubliette pour ne point révéler ce que vous saviez.

— Eh bien ! alors.

— Mais vous êtes convenu tout à l'heure avec moi que depuis vous aviez peur de la mort.

— J'en conviens encore.

— Donc, comme je suis homme à vous tuer, maître la Chesnaye... — le drapier fit un pas de retraite — vous parlerez, mordioux! — exclama Noë, qui remit sa flamberge au vent.

— Et si je refusais?

— Je vous tuerais.

— Oh! — Noë fit miroiter la lame de son épée dans le rayon lumineux décrit par la torche. La Chesnaye comprit qu'il était perdu s'il hésitait. — Eh bien! — dit-il, — que voulez-vous savoir?

— D'abord ce que vous nommez le *grand jour*.

Une inspiration traversa le cerveau du faux drapier:

— C'est le jour de la conspiration, — dit-il.

— Quelle est cette conspiration?

— Ah! c'est difficile à expliquer.

— Expliquez toujours.

— Eh bien! figurez-vous que le duc a de l'ambition.

— Je l'ai ouï dire.

Et Noë prit un air naïf.

— Or l'ambition du duc, — poursuivit La Chesnaye, — est d'être roi.

— Je comprends cela.

— Et le duc rêve une couronne.

— Bon! c'est celle de France.

— Peut-être...

Et La Chesnaye eut un sourire de mystérieuse finesse. Mais l'œil clair de Noë pesait sur le faux drapier.

— Maître, — dit-il, — vous êtes un homme d'esprit.

La Chesnaye s'inclina.

— Vous êtes trop bon, — fit-il.

— Et vous mentez agréablement, — acheva Noë. La Chesnaye se sentit mal à l'aise. — Oh! — continua Noë, — je sais bien que le duc veut être roi.

— Vous voyez bien alors que je ne mens pas, mon gentilhomme!

— Pardon!

— Cependant...

— Ecoutez donc, — fit Noë; — je vais vous faire un raisonnement bien simple.

— Parlez...

— Je sais bien que le duc aimerait assez devenir roi; mais le duc sait bien qu'il y a des obstacles.

— Ah! vous croyez? — fit La Chesnaye avec impudence.

— O mon Dieu! — poursuivit Noë, — ces obstacles ne sont ni le duc d'Alençon qui est détesté, ni le duc d'Anjou qui règne en Pologne, ni le roi Charles IX lui-même qui, dit-on, est atteint d'une maladie mortelle, laquelle l'emportera au premier jour.

— Hé! mais, — observa La Chesnaye, dont toutes les défiances assoupies se réveillèrent soudain, — il me semble que vous vous occupez plus de politique que vous ne le prétendiez.

— Possible encore. Mais écoutez donc. Les obstacles qui séparent le duc de Guise du trône de France ne sont donc ni le roi de Pologne, ni le roi Charles IX, ni le duc d'Alençon.

— Je n'en vois pas d'autres cependant, — dit La Chesnaye, qui sut prendre un air naïf.

— Il y en a un plus sérieux que tout cela cependant.

— Bah!

— C'est le roi de Navarre.

— Peuh! — fit La Chesnaye.

— Le roi de Navarre, à qui reviendrait le trône par droit d'héritage si les Valois s'éteignaient. — La Chesnaye fronça le sourcil. — Or, cher maître, quand on va droit à un but, on cherche à supprimer les obstacles.

— Naturellement.

— D'où je conclus que le *grand jour* peut bien signifier une conspiration contre le roi de Navarre. — Tout vieux qu'il était, La Chesnaye se prit à rougir. — Allons! — dit Noë, — il est temps de lever le masque. — Et, regardant fixement La Chesnaye: — Vous ne me connaissez donc pas? — fit-il.

— Je vous ai vu aujourd'hui pour la première fois.

— Vous ne soupçonnez pas qui je puis être?

— Non.

— Je suis le comte Amaury de Noë, — dit froidement le Gascon.

— L'ami du roi de Navarre?

— Justement.

Les cheveux de La Chesnaye se hérissèrent.

— Ah! mon Dieu! — fit-il.

— Et convenez, — reprit Noë en riant, — que vous n'êtes pas très heureux, mon cher maître, car vous tombez de Charybde en Scylla. Après avoir échappé au roi de Navarre, vous voilà au pouvoir de son ami le comte Amaury de Noë. — La Chesnaye baissait la tête. — C'est jour de malheur, ma foi! — acheva Noë.

Le faux drapier perdit un moment son assurance.

— Mais enfin, — dit-il, — que voulez-vous de moi?

— Je veux que tu parles! — Et Noë agita négligemment son épée en regardant Hector. Hector, lui aussi, mit flamberge au vent. Alors La Chesnaye regarda tour à tour les deux jeunes gens, et comprit qu'il n'avait ni grâce ni merci à attendre. — Ah! parbleu! — murmura Noë d'un ton railleur, — je vais bien voir si mon père avait raison.

— Que disait donc ton père? — demanda Hector.

— Il prétendait qu'on était brave un jour et lâche le lendemain.

— Et tu en conclus?

— Que maître La Chesnaye, qui a bravé la mort la nuit dernière, va se cramponner à la vie ce matin.

— Tu crois?

— Nous allons voir. — Et Noë dit à La Chesnaye: — Je vous donne trois minutes, maître, pour vous décider. Je veux savoir ce que c'est que le *grand jour*.

— Et si je ne veux parler! — s'écria La Chesnaye hors de lui.

— Mon ami vous tuera. Allons! Hector, voilà de la besogne pour toi, mon ami...

Il se livra alors dans l'âme de maître La Chesnaye un singulier combat entre l'amour de la vie et le sentiment de fidélité qui l'attachait aux princes lorrains.

Noë avait deviné à moitié; un mot de plus, et tous les plans du duc de Guise avortaient.

La Chesnaye le comprit si bien qu'il eut un éclair de cet héroïsme dont il avait fait preuve la nuit précédente, et que, présentant sa poitrine, il dit à Hector:

— Allons! monsieur, tenez, tuez-moi!

— Hum! — pensa Noë, — si le drôle redevient brave, nous ne saurons absolument rien. Il faut l'effrayer. — Et se tournant vers Hector qui n'attendait qu'un signe pour frapper: — Remets ton épée au fourreau, — dit-il.

Hector obéit sans trop savoir ce que voulait Noë, mais en se fiant à son imagination.

La Chesnaye respira:

— Vous voyez bien, — fit-il, — que vous alliez commettre un meurtre inutile.

— Plaît-il?

— Sans doute, j'aime cent fois mieux la mort que de commettre une trahison.

Noë haussa les épaules:

— Vous êtes un niais, maître La Chesnaye, — dit-il.

— Un niais?

— Mais certes! vous allez en juger. — Noë avisa dans un coin de la cave un monceau de bois et de fagots.

— Voyez-vous, maître La Chesnaye, — poursuivit-il, — tel qui mourrait d'un coup d'épée sans sourciller pâlirait devant un bûcher. — La Chesnaye fit encore un pas de retraite. — Quand le parlement veut absolument obtenir des aveux, il fait donner la torture à l'inculpé. Nous allons faire comme le parlement, maître. — Et s'adressant à Hector: — Prends ce fagot, porte-le là-bas, dans ce coin, car il ne faut pas mettre le feu à la maison... Bien! — La Chesnaye devint pâle et tremblant. Noë lui prit la torche des mains et en même temps il le saisit par le bras. — Nous allons vous chauffer la plante des pieds, — dit-il.

La Chesnaye étouffa un cri.

Mais déjà Noë avait passé la torche à Hector, qui mit le feu au fagot.

En même temps le jeune homme, qui était d'une rare vigueur, prit La Chesnaye à bras le corps, le renversa sur le sol, le saisit ensuite par les pieds et le traîna vers le fagot qui commençait à flamber.

— Grâce ! — s'écria le malheureux drapier.

— Non pas, non pas ! — dit Noë, qui lui mit un genou sur la poitrine et lui assujettit les deux bras sur le sol, tandis qu'Hector, prenant les pieds à son tour, les tirait vers le fagot enflammé.

— Grâce ! — répéta La Chesnaye qui sentit les premières atteintes du feu.

— Alors, parle !...

Ce que la menace de mort n'avait pu obtenir, la douleur l'obtint.

Depuis qu'il était en présence de Noë, maître La Chesnaye n'avait jamais eu toute sa tête à lui, et il s'était trouvé si bouleversé qu'il avait perdu en partie la mémoire et n'avait point songé à un moyen de salut qui, en toute autre circonstance, lui fût sans doute venu à l'esprit.

Eh bien ! la première brûlure fut pour lui comme une inspiration :

— Je parlerai ! — dit-il.

— A la bonne heure ! — fit Noë.

Et il laissa La Chesnaye se relever.

La Chesnaye regarda Noë avec une certaine bonhomie effrayée à laquelle le jeune homme, tout Gascon qu'il était, se laissa prendre :

— Quand j'aurai trahi le duc, — dit-il, — me prendrez-vous sous votre protection ?

— Oui.

— Car le duc me ferait mourir dans les supplices, — acheva La Chesnaye, — si je retombais en ses mains.

— Vous n'y retomberez pas ; nous vous enverrons en Navarre.

— Vrai.

— Foi de gentilhomme !

— Ah ! — fit La Chesnaye, qui poussa un dernier soupir, — tant pis pour le duc, je ne veux pas brûler.

— Je comprends cela, — dit Noë.

— Et vous saurez tout.

— Voyons.

— Il y a ici, dans cette cave, une armoire creusée dans le mur et fermée par une porte de fer... tenez... là, derrière cette futaille.

— Et cette armoire...?

— Contient tous les secrets de la maison de Lorraine.

— Ah ! ah !

— La futaille est vide, aidez-moi à la déplacer.

La Chesnaye avait su prendre un air résigné ; son accent semblait sincère.

Noë continua à s'y tromper.

Hector et lui déplacèrent la futaille, et La Chesnaye s'approcha du mur dans lequel, en effet, était percée une porte.

Cette porte était en fer.

La main du drapier chercha un ressort, le pressa, et soudain la porte céda, et Noë et Hector aperçurent une cavité dont ils ne purent mesurer la profondeur.

Alors, prompt comme l'éclair, La Chesnaye s'élança en avant, et, comme si elle eût obéi à un second ressort non moins invisible que le premier, la porte se referma bruyamment, et La Chesnaye se trouva séparé de ses persécuteurs.

Noë et Hector jetèrent un cri et se regardèrent avec stupeur.

## XXVI

La disparition de maître La Chesnaye venait de s'opérer comme par miracle, et d'une façon si subite que les deux jeunes gens se regardèrent un moment et semblèrent se demander s'ils n'avaient pas rêvé. Mais la porte de fer était là pour attester la réalité de ce qui venait d'avoir lieu.

Enfin Noë fit entendre un juron énergique et se rua sur cette porte, cherchant à son tour ce ressort, ce bouton secret que La Chesnaye avait pressé.

Mais Noë chercha et palpa dans tous les sens inutilement.

Hector, la torche à la main, examina la porte avec attention depuis le haut jusques au bas sans rien découvrir.

— Mordioux ! — murmura-t-il, — le vieux drôle nous a joués comme ne l'eût pas mieux fait le diable en personne.

Et il essaya d'enfoncer la porte d'un coup d'épaule.

Mais la porte résista.

— Cornes de Satan ! — s'écria Noë, — je le ferai mourir de faim dans ce réduit, si je ne peux l'y rejoindre.

— Oh ! ce réduit, — répondit Hector, — n'est pas ce que le drôle nous a dit.

— Tu crois ?

— C'est un passage secret évidemment.

— Tant mieux pour La Chesnaye, en ce cas, — fit Noë ; — car s'il est autrement, et s'il n'a d'autre issue que cette porte pour nous échapper, il n'en franchira pas le seuil !

Hector regarda le fagot qui continuait à brûler :

— Si nous mettions le feu à la maison ? — dit-il.

— C'est une bonne idée, seulement il faut enlever cet or.

— Tiens, c'est vrai.

— Tu comprends bien, mon ami, — continua Noë, — qu'il ne faut pas laisser à nos ennemis ce qu'on appelle le nerf de la guerre.

— Non, mais comment l'emporter ? Il y a là plus que la charge de deux hommes.

— Eh bien ! nous ferons plusieurs voyages.

— Et si La Chesnaye a trouvé une issue secrète et qu'il ait pu s'échapper... ?

— Bah ! ce n'est pas lui qui nous dérangera.

— Non, mais il ira prévenir les gens du duc.

— Le duc et ses gens sont à Meudon.

— Alors il faut se hâter.

Noë et Hector tinrent conseil un moment.

— Tiens ! — dit Noë, — j'ai une idée.

— Voyons ?

— Personne au Louvre ne te connaît. Tu peux te risquer au milieu des gens du roi, on ne fera nulle attention à toi.

— C'est probable.

— Écoute donc. Tu vas t'en aller près du Louvre, en face de l'église Saint-Germain-l'Auxerrois.

— Bien !

— Tu entreras dans un cabaret qui porte pour enseigne : *Au rendez-vous des Béarnais.*

— Chez Malican ?

— Justement.—Noë ôta un anneau de son doigt.—Tu lui montreras cela, — dit-il, — et il saura que tu viens de ma part.

— Après ?

— Tu diras à Malican que tu as besoin de lui, et il t'obéira comme à moi-même.

— Que lui ordonnerai-je ?

— Tu le prieras de te prêter un haut-de-chausses et une souquenille de pauvre hère, un costume qui te donne l'air d'un valet de bourgeois.

— Est-ce tout ?

— Non. Quand tu seras ainsi accoutré, Malican placera sur sa mule une barde à paniers et tu monteras dessus.

— Bon ! — dit Hector, — je comprends. Mais penses-tu que Malican voudra se charger de cet or ?

— Malican fera ce que je voudrai. Va !

— Et toi ?

— Moi, je vais t'attendre ici. — Hector partit ; Noë le reconduisit jusqu'à la porte de la maison, et, en ouvrant cette porte, il jeta un coup d'œil rapide dans la rue. La rue était déserte, et le premier rayon de soleil ne dorait point encore la cime des toits. — Si tu te hâtes, — dit Noë, — nous aurons tout enlevé avant qu'on ait ouvert une seule fenêtre. — Hector s'en alla en courant. Noë referma la porte avec soin, passa dans la cuisine, où il s'assura que les Suisses dormaient toujours, et redescendit dans la cave. Là, armé de la torche, il examina de nouveau cette porte mystérieuse que La Chesnaye avait pu ouvrir si facilement. Il chercha, palpa, essaya d'introduire la pointe de son épée dans la rainure des gonds... tout fut inutile, la porte ne s'ouvrit pas. — Cet homme est donc sorcier ? — dit-il.

Puis renonçant à suivre la trace de La Chesnaye, Noë ne s'occupa plus que des sacs remplis d'or.

Chacun d'eux contenait environ quatre mille pistoles et avait déjà, par conséquent, un poids raisonnable.

Cependant Noë en prit un sous chaque bras et remonta ainsi chargé dans la cuisine.

Il fit cinq voyages de suite, et l'or du duc de Guise abandonna les profondeurs souterraines pour reparaître à la surface du globe et sous la lumière du jour.

Pendant ce temps-là Hector courait chez Malican.

Malican venait de se lever, et il était assis mélancoliquement sur le seuil de sa porte, se remémorant les événements de la nuit, c'est-à-dire le retour précipité du roi de Navarre et la visite de monsieur de Pibrac, le capitaine des gardes.

Malican songeait que Noë avait été fait prisonnier, qu'il était aux mains des gens du duc et de René le Florentin, et Malican frissonnait, Noë n'était-il pas l'époux de Myette, sa jolie nièce ?

— Comment apprendre à Myette la catastrophe ? — murmurait le pauvre cabaretier. Tandis qu'il se posait cette question un peu épineuse, il vit venir Hector, qui le salua d'un air de connaissance. Malican n'avait jamais vu Hector ; mais le jeune homme était grand, svelte, brun comme une olive, et tout ce qui trahissait l'origine méridionale. Hector avait encore ses bottes crottées et il était enveloppé dans son manteau couvert de poussière. Malican se dit : — Voilà un Gascon. Si c'était ce gentilhomme qui a pu s'échapper avec le roi ?

Puis il rendit son salut à Hector. Celui-ci lui dit :

— C'est bien vous qui êtes Malican ?

— Pour vous servir, mon gentilhomme.

Hector tira de son doigt la bague de Noë.

— Connaissez-vous ce joyau ?

— Oh ! certes ! — dit Malican ému, — mon pauvre neveu !

— Je suis son ami.

— Est-ce vous qui... cette nuit... ?

— Je m'appelle Hector.

— Ah ! je l'avais deviné... — fit Malican.

— Vous avez vu le roi ?... — demanda tout bas Hector.

— Il est arrivé cette nuit.

— A-t-il pu rentrer au Louvre ?

— Oui, avec monsieur de Pibrac. Mais, — fit tout à coup Malican, — il ne m'a point dit que vous eussiez cette bague.

— Je ne l'avais pas hier.

— Comment ! vous avez vu Noë depuis, monsieur Hector ?

— Je le quitte à l'instant.

— Mais...

— Ah ! — fit Hector en souriant, — j'oubliais de vous dire qu'il a pu s'échapper. — Malican étouffa un cri de joie. — Chut ! — dit Hector, — il est libre, et il m'envoie vers vous.

— Pour que je le cache, — fit Malican avec effroi. — Mais ma maison est la première qu'on fouillera de fond en comble.

— Ce n'est pas cela, maître. Noë m'envoie simplement chercher votre mule et ses paniers.

Hector raconta alors à Malican comment il avait retrouvé Noë et ce qui s'était passé dans la maison de La Chesnaye. Malican écoutait, ébahi.

— Mais, — dit-il enfin, — Noë n'a pu songer sérieusement à cacher tout cet or chez moi.

— Pourquoi ?

— Parce que les gens du roi ne manqueront pas de l'y venir chercher, — lui dit Malican, — et qu'en le cherchant ils trouveront l'or.

— C'est juste. Alors où le mettre ?

— Vous direz à Noë qu'il aille au village de Chaillot. Il saura ce que je veux dire.

Tout en échangeant ces explications avec Hector, Malican avait bridé sa mule, posé dessus la barde à paniers, puis il avait donné à Hector des vêtements qui le métamorphosèrent tout à fait.

Ces vêtements étaient ceux d'un garçon cabaretier que Malican avait à son service.

Quand il fut ainsi vêtu, Hector monta sur la mule et s'assit sur la barde à la manière des gens du peuple ; puis il reprit le chemin de la maison de La Chesnaye.

Noë, l'œil et l'oreille au guet derrière la porte, entendit le pas de la mule et se hâta d'ouvrir.

— Ah ! mordioux ! — dit-il, — j'aurais bien reconnu la mule, mais, quant à Hector, il est complètement déguisé.

Hector lui-même s'était arrêté à trois pas du seuil, un peu interdit.

Ce n'était plus Noë qu'il voyait, c'était un jeune homme vêtu de grosse laine grise, coiffé d'un chapeau bourgeois et tout à fait méconnaissable.

Noë avait trouvé des habits à Patureau et il s'était empressé de les endosser.

Puis il avait pilé du charbon, l'avait délayé dans du vinaigre, en avait confectionné une sorte d'encre, et s'était noirci la barbe et les cheveux.

Myette elle-même ne l'eût pas reconnu.

— Ah ! mordioux ! — fit Hector, — tu pourrais figurer avec avantage parmi les confrères de la Passion.

— Tu trouves ?

— Et tu es aussi dissemblable du Noë de tout à l'heure que tu ressemblais cette nuit au sire Léo d'Arnembourg.

Noë se mit à rire.

— Hâtons-nous, — dit il. Et il entra dans la maison tandis qu'Hector attachait la mule à un anneau de fer scellé dans le mur. Les deux jeunes gens ne perdirent pas à causer un temps précieux : chacun des sacs remplis d'or fut apporté et placé dans les paniers ; puis, quand ce fut fait, Noë dit à Hector : — Nous avions songé à mettre le feu à la maison.

— Oui.

— J'y ai renoncé.

— Pourquoi ?

— Parce que, pour brûler La Chesnaye, nous brûlerions en même temps les deux Suisses ; ce qui serait une cruauté bien inutile.

— Tu as raison.

— Donc partons et allons mettre notre trésor en sûreté. Malican a-t-il vu le roi ?

— Oui, il est rentré au Louvre avec Pibrac, qui sait tout.

— Ah ! — fit Noë soulagé.

— Mais, — poursuivit Hector, — Malican prétend que cet or serait bien plus en sûreté à Chaillot.

— Tiens ! c'est vrai.

— Qu'est-ce que Chaillot ?

— Un village aux portes de Paris, dans lequel nous avons des amis.

Noë faisait allusion à la tante de cet honnête Guillaume Verconsin, si dévoué à Sarah l'argentière.

Noë se percha sur la mule à côté d'Hector, qui se plaça à califourchon, et ils partirent, laissant la porte de la maison entr'ouverte.

La rue était déserte encore, et nul n'avait vu commettre le vol des pistolets de monseigneur le duc de Guise.

## XXVII

Tandis que Noë et Hector enlevaient le trésor du duc de Guise, celui-ci était toujours avec le roi Charles IX dans le caveau où gisait le cadavre de Léo d'Arnembourg et où Lahire subissait un interrogatoire.

Le jeune gentilhomme avait si énergiquement protesté par son accent et son attitude contre l'accusation d'assassinat portée par le duc, que Charles IX en tressaillit et fut touché de cette fière et noble attitude.

— Soit, — dit le monarque, — je veux croire, je crois que vous avez loyalement tué cet homme. Mais que répondrez-vous si je vous demande pourquoi vous avez enlevé la reine mère ?

— Sire, je suis huguenot.

Lahire mentait, mais il mentait pour sauver son roi à lui, le roi de Navarre.

— Ah ! vous êtes huguenot ?

— Oui, sire.

— Eh bien ?

— A nos yeux, sire, aux yeux de cette malheureuse et loyale fraction de votre peuple qui ne demande qu'à vous servir avec amour, notre plus mortel ennemi c'est d'abord monseigneur le duc de Guise que voilà... et ensuite...

Lahire s'arrêta.

— Achevez, — dit le roi.

— Ensuite c'est la reine mère.

— Et vous avez osé porter la main sur elle ?

— Oui, sire.

— Quel était votre but ?

— Lui vendre sa liberté au prix de notre repos.

— Ainsi vous avouez votre crime ?

— A nos yeux ce n'est point un crime.

— Vous aviez trois compagnons ?

— Oui, sire.

— Nommez-les-moi.

— Votre Majesté peut m'envoyer à la torture, je ne répondrai pas.

— Prenez garde, monsieur.

Et le roi frappa le sol du pied.

— Sire, — dit fièrement Lahire, — mon corps est aux hommes, ma vie au roi, mon âme à Dieu. Le roi peut me condamner à mort, les hommes peuvent exécuter la sentence. Dieu seul peut me délier du serment que j'ai fait de garder le silence.

— Ah ! vous avez juré de vous taire ?

— Oui, sire.

— Même si je vous pardonnais ?

— Je ne demande point ma grâce, sire.

— Mais on retrouvera vos complices !

— Ce sera difficile, car, à l'exception de celui qui a été fait prisonnier avec moi et qui s'est évadé, nul n'a vu leur visage.

— Eh bien ! on retrouvera Noë ! — dit le roi.

Lahire eut une inspiration sublime.

— Noë ? — fit-il, — qu'est-ce que Noë ? — Le roi eut un geste de surprise et le duc jeta un cri. — Je ne connais monsieur de Noë que de nom, — dit Lahire ; — je ne l'ai jamais vu.

— Vous ne l'avez jamais vu ! — s'écria le duc hors de lui.

— Mon compagnon de captivité était, comme moi, un gentilhomme huguenot étranger à la cour de France.

— Et il se nommait ?

— Gontran, sire.

Le roi se retourna vers le duc stupéfait.

— Qu'est-ce que cela signifie, monsieur ? — lui dit-il avec sévérité.

— Mais, sire, — dit le duc, — j'affirme à Votre Majesté que le gentilhomme qui s'est évadé cette nuit était bien messire Amaury de Noë, l'ami le plus intime du roi de Navarre.

Lahire se frappa le front, comme si les dernières paroles du duc eussent jeté une grande lumière dans son esprit.

— Ah ! — dit-il, — je comprends tout.

— Que voulez-vous dire ? — fit le roi.

Lahire étendit la main vers le duc.

— Tenez, sire, mes amis et moi nous avons osé conspirer contre la reine mère, mais nous avons joué notre vie. Monseigneur le duc de Guise que voilà conspire non-seulement contre Votre Majesté, mais il conspire aussi contre le roi de Navarre.

Le roi frappa de nouveau du pied avec une colère croissante.

— Mais expliquez-vous donc ? — dit-il ; — expliquez-vous, monsieur ?

— Il y a un complot, sire, — continua Lahire, — un complot ourdi contre le roi de Navarre par monseigneur le duc de Guise, la reine mère et René le Florentin. Maintenant je comprends pourquoi ils ont fait évader mon ami Gontran. On voulait pouvoir affirmer à Votre Majesté que mon ami s'appelait Noë, et que ce même Noë, l'ami du roi de Navarre, n'avait été que l'instrument de ce dernier.

Cette étrange assertion de Lahire avait, en apparence, quelque chose de si logique, et les événements de la nuit semblaient si bien venir à l'appui de la version qu'il opposait à celle du duc, il parlait enfin avec tant de calme, envisageant le duc avec assurance et portant la tête haute que la conviction du roi fut ébranlée.

Le roi regarda le duc :

— Eh bien ! monsieur, — dit-il, — qu'avez-vous à répondre ?

L'altier prince lorrain fut pris d'un violent accès de rage :

— Cet homme ment, sire, — dit-il. Lahire eut un sourire de dédain.

— La reine mère, — continua Lahire, — René et tous ceux qui m'accompagnaient, vous diront...

— Bah ! — interrompit Lahire, — tous les gens de monseigneur le duc de Guise lui sont dévoués ; ils soutiendront que mon ami Gontran était bien monsieur de Noë.

— Oh ! c'est trop d'impudence ! — vociféra le duc.

Il porta de nouveau la main à la garde de son épée ; et sans doute, sans la présence du roi, il se fût rué sur Lahire et l'eût tué sur place.

Mais Lahire fut protégé par le roi.

Charles IX étendit la main :

— Monsieur, — dit-il au duc, — tout cela s'expliquera au Louvre, où je vous donne rendez-vous ce soir avec madame Catherine et le roi de Navarre. — Et il fit un pas vers la porte, mais soudain il se retourna et dit à Lahire : — Monsieur, vous êtes mon prisonnier... Suivez-moi !

— Par ma foi ! sire, — répondit le Gascon, — j'aime bien mieux être aux mains du roi qu'en celles de monseigneur le duc de Guise, et je poserai ma tête sur le billot sans vergogne, pourvu que le bourreau soit aux gages de Votre Majesté et non à ceux des princes lorrains.

Le roi ordonnait, le duc lui-même n'osa refuser d'obéir. Il s'effaça, le roi sortit le premier, et Lahire, se drapant dans son manteau, suivit le roi, jetant au duc un regard de triomphe.

Le roi, en ordonnant à monsieur de Pibrac d'arrêter le roi de Navarre et de le conduire au Louvre, avait néanmoins conservé une partie de son escorte de Suisses à cheval.

Remonté dans le corridor, le monarque ne se dirigea point vers l'appartement occupé par la reine mère.

Tout au contraire, il s'en alla droit à la porte extérieure et demanda sa monture.

Les paroles de Lahire avaient suffi pour tourner une partie de sa colère contre la reine mère et le duc de Guise. Aussi il ne prit congé ni de l'une ni de l'autre.

— Donnez un cheval à ce jeune homme, — dit-il en montrant Lahire ; — il est mon prisonnier, et vous me répondez de lui.

Le duc avait accompagné le roi jusqu'au seuil :

— Sire, — dit-il, — Votre Majesté repart pour Paris, sans avoir revu madame Catherine ?

— Ce soir, — répondit le roi avec impatience, — ce soir... au Louvre... Bonsoir, duc !

Et il sauta en selle et partit.

Lahire chevauchait respectueusement derrière le roi, et trois Suisses fermaient la marche de la petite escorte.

Mais Lahire ne s'éloigna point sans détourner la tête plusieurs fois. Il espérait voir la duchesse à quelque fenêtre ou sur le seuil de la porte. La duchesse ne se montra point.

— Allons ! Lahire, mon bel ami, — se dit le jeune homme, — il y faut renoncer et suivre sa destinée... Qui sait ! pourtant... ! Ce que femme veut, Dieu le veut, et elle me sauvera peut-être, bien que je vienne de passer des mains du duc à celles du roi.

. . . . . . . . . . . . . . . . . . . . . . .

Le duc de Guise était demeuré comme stupéfait sur le seuil de la petite maison.

Il vit d'un œil atone le roi s'éloigner.

Immobile, sans voix, il resta là pendant quelques minutes, se demandant s'il ne rêvait pas ; mais enfin il se retourna et vit Gaston de Lux derrière lui.

Gaston était non moins atterré, pour ainsi dire.

— Ah ! tu étais là ? — fit le duc qui avait besoin d'épancher cette colère, que la présence du roi avait pu seule contenir.

— Oui, monseigneur, — répondit Gaston, — et j'avoue à Votre Altesse que je ne comprends absolument rien à tout ce qui s'est passé ici.

— Ni moi, — dit le duc.

— Ce Lahire, que le roi nous enlève, a-t-il tué loyalement Léo ou l'a-t il assassiné ?

Le duc se souvint de ce regard calme et fier que Lahire avait levé sur lui tout à l'heure :

— Non, — dit-il, — le combat a dû être loyal, mais...

— Mais, Votre Altesse ne comprend pas comment Léo a pu consentir à se dépouiller de ses armes en faveur de Noë ?

— Non, certes.

A de certaines heures, les hommes ont comme une révélation lointaine de la vérité.

Gaston eut un éclair de divination, et il se souvint que Léo avait affirmé jadis l'amour de la duchesse de Montpensier pour Lahire.

Il est vrai que depuis la duchesse avait prouvé clair comme le jour au comte Eric de Crèvecœur que Lahire avait menti. Mais un soupçon n'en était pas moins demeuré au fond du cœur de Gaston.

Et Gaston aimait la duchesse autant que l'avait aimé Léo d'Arnembourg, et, comme lui, il était jaloux.

Gaston se souvint d'avoir rencontré madame de Montpensier dans la soirée précédente et d'avoir remarqué sa pâleur et son trouble, et il se dit :

— Elle aura voulu faire évader Lahire... et sans doute il y aura eu quelque méprise.

— Eh bien ? — fit le duc qui semblait attendre que Gaston lui donnât l'explication de ces événements étranges, explication qu'il cherchait vainement.

— Monseigneur, — dit Gaston, — il est une personne qui peut savoir la vérité sur l'évasion de Noë.

— Qui donc ?

— Le page Amaury.

— Ah ! c'est juste !... Eh bien ! va me le quérir.

— Amaury n'est point ici.

— Où donc est-il ?

— Il est monté à cheval au point du jour, monseigneur.

— Où est-il allé ?

— Je l'ignore. — A son tour le duc frappa du pied. Le roi n'était plus là, le duc redevenait le maître. — Mais, — dit Gaston, — madame la duchesse de Montpensier doit savoir où elle l'a envoyé... — Le duc tressaillit et, pour la première fois depuis le matin, il songea à sa sœur. — Et même, — ajouta Gaston, — je gage que la duchesse de Montpensier pourrait nous donner l'explication que désire si ardemment Votre Altesse.

Le duc n'en entendit pas davantage et se précipita comme un ouragan vers l'appartement de madame de Montpensier.

Gaston le suivit.

Mais le duc, après avoir gratté par deux fois inutilement, prit le parti d'ouvrir et de refermer la porte sur lui laissant Gaston au dehors.

Celui-ci voulut s'éloigner, mais une force invincible, une sorte d'attraction cruelle le retint. Il demeura immobile derrière la porte, écoutant.

La porte s'était ouverte avec fracas sous la main du duc, et le bruit avait été tel que madame de Montpensier, qui était au lit, s'était éveillée en sursaut.

A quelle heure, dominée par la fatigue, brisée par la douleur, la duchesse avait-elle fini par s'endormir ?

On le devinait à ses yeux battus, à son visage fatigué.

Madame de Montpensier avait dû veiller jusqu'au jour, et chercher dans son imagination un moyen quelconque d'arracher au sort qui l'attendait l'homme que, la veille encore, elle ne croyait pas tant aimer.

L'irruption que le duc fit dans sa chambre en l'éveillant en sursaut lui remémora sur le champ ce qui s'était passé durant la soirée précédente et pendant la nuit.

— Ah ! — fit-elle en voyant entrer le duc, — le roi a-t-été prévenu ce matin, n'est-ce pas ?

— Certainement.

— Et il est venu ?

— Il est venu et reparti, — répondit le duc d'un air sombre.

La duchesse pensa que le plan arrêté la veille entre elle, son frère et la reine mère, avait échoué, et la femme politique reparut en elle :

— Oh ! oh ! — dit-elle, — aurions-nous été battus, Henri ?

— Oui, madame.

— Vous n'êtes point rentré en grâce ?

— D'abord le roi m'a rendu la main, et il a fait arrêter le roi de Navarre, qui a dû faire diligence pour nous devancer ainsi de près de douze heures et rentrer au Louvre ?

— Le roi de Navarre est arrêté ?

— Oui.

— Eh bien ! mais c'est un triomphe cela, mon frère.

— Oui un, du moins.

— Qu'est-il donc arrivé ?

— Une catastrophe incompréhensible.

— Oh ! oh ! — pensa la duchesse, — on a constaté l'évasion de Noë. — Et madame de Montpensier redevint femme, elle prit un air ingénu et effrayé à la fois, résolue à jouer la dissimulation la plus complète. — De quelle catastrophe voulez-vous donc parler ? — fit-elle.

— Un des prisonniers s'est évadé.

— Allons donc ! — répondit la duchesse avec un ton d'incrédulité parfaitement joué, — c'est impossible !

— Impossible, dites-vous ?

— Sans doute. Léo d'Arnembourg ne veillait-il pas sur eux ?

— Léo est mort.

Le duc prononça ces deux mots avec un calme sinistre.

— Mort ! — s'écria la duchesse terrifiée.

— Oui, madame.

— Mort ! mort ! — répéta-t-elle avec stupeur, — tu dis qu'il est mort, Henri !

— Il a été tué ou assassiné cette nuit dans le caveau par celui des prisonniers qui n'a pu s'évader. — La duchesse jeta un grand cri; mais elle ne demanda aucune explication et devina ce qui s'était passé. Et, comme elle n'aimait point Léo, mais bien Lahire, elle songea à ce dernier, et elle se dit qu'elle devait paraître tout ignorer, si elle voulait le sauver. — Oui, madame, — reprit le duc — l'un des deux prisonniers s'est évadé ; l'autre a tué Léo.

— Quel est celui qui s'est évadé ? — demanda la duchesse.

— Hé ! mille tonnerres ! — exclama le duc, — c'est Noë; et c'est ce qui a tout perdu vis-à-vis du roi.

La duchesse tressaillit :

— Comment donc ? — fit-elle.

— Parce que j'avais promis Noë au roi et qu'il n'a plus trouvé dans le cachot que le Gascon Lahire et le cadavre de Léo.

— Eh bien ?

— Eh bien ! ce Lahire est un impudent menteur, un misérable !

— Je le sais, — dit la duchesse redevenue maîtresse d'elle-même.

— Savez-vous bien qu'il a osé soutenir au roi que jamais Noë n'avait été notre prisonnier ?

— En vérité !

— Et que son compagnon de captivité s'appelait Gontran.

— Mais le roi n'en a rien cru, j'imagine ?

— Au contraire. Le roi est reparti pour le Louvre persuadé que nous avions ourdi un complot contre le roi de Navarre, de concert avec la reine mère.

— Mais tous ceux qui sont ici ont dû lui dire...

— Le roi n'a rien voulu entendre. Il est parti emmenant Lahire. Oh ! celui-là est bien certain de voir avant huit jours sa tête divorcer d'avec son corps.

Mais le duc avait à peine prononcé ces mots que la duchesse poussa un nouveau cri et se dressa échevelée et l'œil en feu.

— Le roi a emmené Lahire ! — dit-elle.

— Oui.

— Et Lahire n'est plus en vos mains ?

— Non.

— Ah ! — s'écria-t-elle avec un accent étrange qui fit pâlir le duc, — il est perdu !... — Et comme le duc absourdi la regardait et semblait se demander s'il n'avait pas une folle devant lui, elle ajouta avec une énergie sauvage qui était l'expression de son immense douleur. — Ah ! mon secret m'échappe... je l'aime !!!

On entendit un rauque soupir derrière la porte.

Les paroles de la duchesse étaient arrivées jusqu'à Gaston de Lux.

### XXVIII

Depuis une heure le duc de Guise tombait de surprise en surprise et d'étonnement en étonnement. Il avait appris l'évasion de Noë, il avait vu le cadavre de Léo d'Arnembourg, il avait entendu Lahire soutenir avec calme qu'il ne connaissait pas, qu'il n'avait jamais vu Noë, et que celui à qui on donnait le nom s'appelait Gontran.

Enfin, la duchesse de Montpensier, sa sœur, cette fière princesse issue de sang royal, cette femme altière qui avait dédaigné l'amour de tant de nobles gentilshommes, lui venait dire en face qu'elle aimait ce gentillâtre de Gascogne, cet aventurier sans sou ni maille qui bientôt porterait sa tête sur l'échafaud.

Ce dernier coup ébranla si bien la raison du duc, qu'il s'écria :

— Oh ! mais je fais un rêve, ou bien je suis devenu fou !...

Anne de Lorraine, duchesse de Montpensier, s'était levée, elle avait passé un peignoir à la hâte, et tout à coup elle vint s'agenouiller devant son frère et lui dit :

— Henri, mon Henri bien-aimé, pardonne-moi ! — Le duc

la regardait d'un air sombre. — Ah ! je sais bien, — poursuivit-elle, — j'ai menti à la fierté de ma race le jour où cet amour fatal est entré dans mon cœur ; mais tu le sais, toi qui as aimé, toi qui as souffert, tu le sais, frère, nous ne sommes point maîtres de notre cœur.

Et alors la fille des ducs de Lorraine, l'héritière de saint Louis, la femme en qui coulait le sang d'une héroïque lignée, cette implacable duchesse de Montpensier qui avait un jour rêvé le trône de France pour un prince de sa maison, s'abattait aux genoux de ce frère qu'elle aimait et qui faisait son orgueil, et elle lui confessa son amour.

Elle lui dit la rencontre fortuite avec le jeune aventurier, sa hardiesse, sa beauté, son esprit mordant et railleur ; et comment il l'avait fasciné ; comment une fibre de son cœur, muette jusque-là, s'était mise à vibrer tout à coup ; comment elle avait obéi à un mystérieux entraînement.

Et le duc, morne et pâle, écoutait sa sœur et se taisait.

Tout à coup il eut un de ces accès de colère auxquels il était sujet :

— Mais, par le sang du Christ ! — exclama-t-il, — vous me direz au moins, madame, combien ils sont, ceux qui savent votre secret ?

Anne de Lorraine se redressa à ces mots.

Elle sécha ses larmes, rejeta sa blonde tête en arrière et regarda son frère face à face :

— Que vous importe ! — dit-elle.

— Ah ! — répondit le duc, dont le courroux allait croissant, — je veux le savoir, moi !

— Eh bien ! — répondit-elle avec calme, — je n'ai eu qu'un confident.

— Son nom ?

— C'est mon page, le petit Amaury.

— Et nul autre ?

— Personne, — dit la duchesse.

— Alors, — dit Henri de Guise, — je ferai étrangler Amaury avant le coucher du soleil.

— Vous êtes fou, — dit la duchesse.

— Quant à celui que vous avez la lâcheté d'aimer, — poursuivit Henri de Guise, — il sera décapité avant huit jours.

Anne de Lorraine jeta un nouveau cri.

Mais cette fois ce ne fut pas le cri désespéré de la femme à qui on enlève l'objet de son amour, ce fut celui de la lionne qui se place devant lui pour lui faire un rempart de son corps :

— Ah ! — dit-elle, — vous avez compté sur ma confusion, n'est-ce pas ? vous avez compté sur mon silence, et vous avez pu croire un instant, Henri, que je laisserais mourir l'homme que j'aime ?

Le duc eut un rugissement.

— Oh ! — dit-il, — dussé-je le tuer de ma propre main !...

— Vous ne le tuerez pas.

— Non, car c'est la besogne du bourreau.

— Le bourreau ne fera pas sa besogne, mon frère.

— Et qui donc l'en empêchera ?

— Vous ! — dit la duchesse avec un accent étrange. Elle était debout, fièrement campée ; elle regardait le duc en face : — Oui, reprit-elle, — ce sera vous qui empêcherez le bourreau de remplir son office.

— Vous êtes folle !

— Ce sera vous, car je le veux. — Et, comme si elle eût eu conscience en cet instant-là de l'influence fascinatrice que peut exercer une femme en de certains moments, elle attacha sur le duc un de ces regards qui dominent les natures les plus altières. — Oui, — continua-t-elle, — je le veux, parce que j'ai le droit de vous imposer ma volonté.

— Vous ! — fit le duc.

Et il eut un sourire de dédain.

— Moi, — dit-elle, — moi qui vous ai conseillé, encouragé, soutenu ; moi qui suis votre bon ange, moi que vous consultez et qui vous ai guidé !...— Et comme il osait résister : — Ingrat ! — fit-elle, — ingrat qui oublie que j'ai rêvé pour lui une couronne !

Ces derniers mots touchèrent le duc plus que tout ce qu'avait pu lui dire madame la duchesse de Montpensier jusque-là.

— Eh bien! soit, — dit-il, — admettez que je puisse sauver cet homme.

— Ah! tu le vois, — fit-elle avec un élan de joie, — tu le vois, Henri, tu peux le sauver! Tu le dis, du moins...

— Qu'en adviendra-t-il? — demanda le duc.

Anne de Lorraine tressaillit.

— Oh! je l'aimerai, — dit-elle.

— Mais... lui?

— Eh bien?

— Pensez-vous donc que je le recevrai à la cour de Lorraine et qu'il puisse devenir votre époux?

La duchesse de Lorraine eut un sourire de dédain.

— Prenez garde, Henri, — dit-elle, — vous allez mesurer mon amour. — Et elle ajouta avec exaltation: — Mais vous ne savez donc pas que l'homme qu'une femme telle que moi daigne aimer devient l'égal de tous, ducs ou princes? Vous ne savez donc pas qu'une femme ne rougit jamais de son amour? — Elle eut un accès d'emportement. — Tenez, — dit-elle, — je n'ai nul besoin de vous!

— Mais, madame...

— J'irai me jeter aux genoux du roi Charles IX, je lui avouerai humblement que j'ai conspiré contre sa couronne, que j'ai rêvé de placer cette couronne sur la tête de mon frère, et je lui demanderai, en échange de ces révélations qui perdront à jamais la maison de Lorraine, je lui demanderai la grâce de ce jeune homme que j'aime d'un ardent amour.

Le duc connaissait madame de Montpensier. Il savait qu'elle était femme à mettre ces menaces à exécution, et la peur le prit.

— Eh bien! soit, — dit-il, — on le sauvera.

Et, dissimulant sa faiblesse sous une violente colère, il sortit.

Madame de Montpensier ne chercha point à le retenir.

La duchesse était femme, elle discernait merveilleusement la faiblesse de la force.

— Il fera ce que je voudrai, — pensa-t-elle. — Je lui ai parlé de couronne, et il veut régner!... — La duchesse allait sans doute se remettre au lit, brisée qu'elle était par de semblables émotions, lorsqu'on gratta à sa porte. — Entrez! — dit-elle. La duchesse avait cru d'abord que Henri de Guise s'était repenti de son emportement et qu'il venait faire des excuses. Mais elle fut étonnée à la vue de Gaston de Lux. Gaston était si pâle, si pâle, qu'on eût dit un fantôme. — Ah! c'est vous, Gaston, — dit la duchesse. — Que venez-vous aussi m'apprendre, vous?

— Madame, — répondit Gaston, — je viens vous demander la permission de quitter votre service et celui du duc.

— Nous quitter! — exclama la duchesse.

— Oui, madame.

Gaston parlait d'une voix brève et sifflante qui semblait lui déchirer la gorge.

— Comment! répéta la duchesse, — vous voulez nous quitter, Gaston? — Il fit un signe de tête. — Mais pourquoi?

Elle remarqua la pâleur du jeune homme, son œil égaré, son visage contracté, et elle eut un pressentiment de la vérité.

— Madame, — répondit Gaston, — je compte partir aujourd'hui même.

— Mais j'ai besoin de vous, mon ami.

Il eut un rire ironique, un cri désespéré:

— Eh bien! — fit-il, — le Gascon Lahire me remplacera. — Anne de Lorraine comprit. — Je sais tout, — dit Gaston. — Et comme elle baissait les yeux, il ajouta: — Vous comprenez maintenant, madame, pourquoi je quitte votre service; mais rassurez-vous, je ne trahirai ni le secret de votre amour, ni celui de mon désespoir. Mes compagnons, ces hommes qui vous aiment comme je vous aimais, et

qui vous ont dévoué leur vie, ne sauront point le motif de mon départ. Adieu, madame.

Elle essaya de le retenir d'un geste, mais il marcha vers la porte sans s'arrêter, et il ne se retourna point avant d'en avoir franchi le seuil.

Anne de Lorraine, immobile, le vit s'éloigner; elle entendit le bruit de ses pas dans le corridor s'affaiblir par degrés; puis, lorsque ce bruit se fut éteint, une larme s'échappa de ses yeux bleus.

— Pauvre Gaston! — murmura-t-elle.

Cependant Noë et Hector s'en allaient paisiblement à Chaillot.

Tantôt c'était Hector qui se trouvait à califourchon sur le bât à paniers de la mule, tantôt c'était Noë qui prenait sa place, et alors, comme la charge était lourde pour la mule, Hector cheminait en tenant l'animal par la bride.

La mule était un bel animal d'origine castillane et de robe grise, avec les quatre pieds blancs, et *buvant dans son blanc*, comme on dit, c'est-à-dire ayant le chanfrein pareillement blanc.

— Mais où allons-nous donc? — demanda Hector.

— Chez la tante du valet de Sarah. — Ce nom fit tressaillir Hector. — Ah! mon pauvre ami, tu n'as pas eu de chance, vraiment. — Hector se tut. — Il y a une femme qu'aime le roi de Navarre, et c'est de celle-là que tu vas t'éprendre?

— Hélas!

— Et, chose bizarre! je n'ai pu savoir si le roi de Navarre aimait réellement Sarah ou s'il aimait madame Marguerite, — continua Noë.

— Oui, mais, — dit Hector avec amertume, — Sarah l'aime.

— Avec enthousiasme, avec passion, mon pauvre ami! Hector soupira.

— Tiens! — murmura-t-il, — tu avais raison tout à l'heure, je n'ai pas de chance; j'aurais dû me faire tuer l'autre nuit, au lieu de me sauver!

— Sang-Dieu! es tu fou?

— Pourquoi?

— Et le roi qui a besoin de nous...

— C'est juste. Pardonne-moi.

— Écoute donc, — poursuivit Noë, — tout change en ce monde, surtout le cœur des femmes. Qui te dit que ton heure ne viendra pas? Sarah aime le roi de Navarre, mais elle lutte contre cet amour; et s'il cessait de l'aimer, lui, peut-être s'efforcerait-elle d'en aimer un autre.

— Tais-toi! — répéta Hector, — parlons d'autre chose.

— Soit!

— Le roi est donc rentré au Louvre. Eh bien! là, crois-tu qu'il ait bien fait?

— Non, certes!

— Je me suis efforcé de lui faire prendre la route de Gascogne, — poursuivit Hector, — mais il m'a parlé de toi, il m'a parlé de Lahire, il voulait vous sauver.

— Son masque ne s'est point détaché, je le sais bien.

— Ni le mien, — dit Hector.

— Mais il suffit que je me sois trouvé parmi vous pour que la reine mère demeure convaincue que Henri s'y trouvait aussi.

— Mais on ne le prouvera jamais!

— Hé! mon Dieu! — fit Noë, — il m'est déjà venu par deux fois, depuis une heure, une idée qui m'a donné le frisson.

— Quelle est-elle?

— Lahire est resté prisonnier.

— La duchesse le sauvera.

— Je l'espère, mais si elle ne le peut, s'il tombe entre les mains du roi de France...

— Eh bien?

— On lui fera donner la torture.

— Il mourra et ne parlera point.

— Je le sais encore... mais...

Et Noë hésite.

— Achève! — dit Hector.

— Eh bien ! le roi de Navarre est homme à aller trouver le roi Charles IX et à lui avouer la vérité pour sauver Lahire.

— Mordioux ! — exclama Hector, — si pareille chose arrivait, je me passerais mon épée au travers du corps, moi !

Tandis qu'ils causaient ainsi, les deux jeunes gens étaient entrés dans Chaillot.

La maison de la tante Verconsin était située, on se le rappelle, sur le bord de l'eau.

Devant la maison se trouvait un petit jardin clos par une grille.

Malgré l'heure matinale, les croisées de la maison, la grille du jardin et la porte d'entrée étaient ouvertes.

La tante Verconsin, armée d'un arrosoir, inondait une plate-bande de laitues.

Sur le seuil de la porte, Noë aperçut un homme qu'il reconnut sur le champ.

C'était le fidèle Guillaume.

Guillaume vit la mule s'arrêter et il reconnut en elle la monture du cabaretier Malican.

Aussitôt il accourut et, malgré leur déguisement, il reconnut pareillement les deux jeunes gens.

Noë mit un doigt sur ses lèvres.

— Silence ! — fit-il.

— Vous ! monsieur de Noë, — exclama Guillaume, — vous !

— Tais-toi.

— Mais qu'est-il donc arrivé ? — demanda Guillaume tout ému. — Le roi ?

— Nous avons échoué... — dit Noë ; — mais, chut ! je te conterai cela tout à l'heure. Allons au plus pressé. — Et il prit la mule par la bride et la fit entrer dans le jardin.

— Conduis-moi cette bête à l'écurie, — dit-il. Guillaume aurait juré dix minutes auparavant que le roi de Navarre, Noë et ses compagnons, étaient plus près de Nérac que de Paris ; et voici que Noë et Hector arrivaient.

Noë le suivit à l'écurie, et, lorsqu'ils y furent entrés avec la mule, il ferma la porte, jetant un regard soupçonneux autour de lui. — On ne peut pas nous voir ici ? — demanda-t-il.

— Non, messire.

— Alors mets la main dans ces papiers et prends à même.

Guillaume, tout étonné, retira l'un des sacs que contenait le bât à paniers.

— De l'or ! — fit-il.

— Oui, de l'or, — répondit Noë. — Il y a là quarante mille pistoles que nous ne savons où cacher et que je viens te confier.

— Vous pouvez les mettre ici, messire. Jamais personne ne soupçonnera que de pauvres gens comme nous puissent avoir un pareil trésor chez eux.

— Où vas-tu placer cet or ?

— Ma foi ! — dit Guillaume, — la meilleure cachette est la moins mystérieuse. — Tenez... Il fit sauter le couvercle d'un grand bahut rempli d'avoine, et il y creusa un trou avec ses mains. Noë et Hector avaient déchargé les sacs un à un, et Guillaume les enterrait à mesure. — On ne viendra pas les chercher ici, — dit-il.

— Et si par hasard on les cherchait, — ajouta Noë, — on démolirait la maison pierre par pierre avant de songer à fouiller dans ce coffre à avoine. Tu es un garçon d'esprit, Guillaume.

Guillaume salua.

— Mais... le roi ? — dit-il.

— Mon pauvre ami, — répondit Noë, — nous avons été battus. On a délivré la reine mère.

— Ciel !

— Et je suis resté, avec Lahire, aux mains du duc de Guise et de René.

— René ! — s'écria Guillaume, — toujours René ! Cet homme nous poursuivra donc éternellement ?

— Où est Sarah ? — demanda Noë.

— Ici, depuis deux jours. Elle attendait toujours avec anxiété l'arrivée de ce messager qui devait nous apprendre que vous étiez hors de danger.

— Allons la voir ! — dit Noë.

Hector sentit un flot de sang affluer à son cœur.

## XXIX

Henri de Bourbon, roi de Navarre, était sorti de la chambre de madame Catherine, à Meudon, sur les pas de Pibrac.

Pibrac avait placé sous son bras l'épée du roi de Navarre.

Charles IX avait ordonné, le capitaine des gardes devait obéir.

Pibrac prit avec lui deux gardes seulement.

C'était bien assez de trois hommes pour veiller sur un prisonnier tel que le roi de Navarre, lequel n'aurait même pas la pensée de fuir.

On amena un cheval au jeune prince, qui sauta en selle et se rangea à la droite de Pibrac :

— Mon cher capitaine, — lui dit-il alors à haute voix, — afin de vous éviter le souci de me garder, laissez-moi vous donner ma parole de gentilhomme et de roi que je ne chercherai point à vous échapper.

— Je l'accepte, sire, — répondit Pibrac ; et il se tourna vers les deux gardes : — Vous avez entendu, messieurs ?

Les deux gardes s'inclinèrent.

Alors ces quatre hommes reprirent le chemin de Paris, les deux gardes ouvrant la marche, le roi de Navarre et Pibrac suivant à dix pas en arrière.

— Certes ! — dit alors le jeune prince, voici l'occasion ou jamais, Pibrac, mon ami, de causer dans la langue de notre pays.

— C'est mon avis, sire, car nous allons probablement parler de choses qui n'intéresseraient que trop le roi Charles IX et ses gens.

— Hé ! hé ! — dit le roi en riant.

— Ma foi, sire ! — murmura Pibrac, — vous me paraissez prendre votre arrestation assez gaiement.

— Vous trouvez, Pibrac ?

— Et Votre Majesté ne me semble pas comprendre...

— Pardon ! je comprends tout, mon ami. Je comprends que, tout roi que je suis, je n'ai ni armée ni royaume, et que je me trouve simple gentilhomme chez le roi de France, qui, sous prétexte de suzeraineté, me peut faire mettre à mort.

— Ah ! Votre Majesté comprend cela ? — fit Pibrac soucieux.

— Sans doute, mon ami.

— Et elle ne tremble pas ?

— Aucunement.

— Votre Majesté a du courage, en vérité !

— Voyons, Pibrac, mon ami, — dit Henri en donnant un coup d'éperon à sa monture, — causons sérieusement.

— Je le veux bien, sire.

— On peut mettre à mort un roi, n'est-ce pas ?

— Les rois entre eux, sire, n'ont d'autre loi que celle du plus fort.

— Je le sais. Mais, pour me mettre à mort, moi, il faudra me juger...

— On vous jugera, sire.

— Et fournir des preuves...

— On en inventera.

— Oh ! la reine mère a des ressources dans l'esprit, je le sais ; mais...

Henri de Navarre souriait à demi ; Pibrac le regarda du coin de l'œil :

— J'admire, — dit-il, — le calme de Votre Majesté.

— Ah ! vraiment

— Et je gage qu'elle a déjà songé aux moyens de se tirer d'affaire.

— Peut-être.

— Comme, par exemple, une certaine lettre écrite par monseigneur le duc d'Alençon à la reine mère, laquelle lettre est tombée dans les mains de Votre Majesté.

— Cette lettre pourra me servir, en effet.

— Ensuite, sur les papiers que j'ai achetés au commis de La Chesnaye.

— Je conviens qu'ils ne me seront pas inutiles.

— Hé ! mais, — dit Pibrac, — en dehors de ces deux planches de salut...

— J'en vois une troisième, moi.

— Hein ? — fit Pibrac.

Et la physionomie spirituelle du capitaine des gardes exprima l'étonnement.

— Une troisième et une quatrième, — ajouta Henri avec une tranquillité qui tenait du prodige.

— Ah ! par exemple ! sire, voilà qui m'étonne !

— Vraiment ?

— Et je serais curieux...

— La première planche de salut, Pibrac, mon ami, se nomme madame Marguerite, fille de France et reine de Navarre.

Pibrac eut un sourire incrédule.

— Je crois, — dit-il, — que Votre Majesté se fait des illusions.

— Bah !

— Madame Marguerite adorait Votre Majesté il y a huit jours... mais... depuis lors...

— Ah ! Pibrac, mon ami, je sais ce que vous voulez dire.

— Voyons, sire ?

— J'ai trompé la reine de Navarre, et, selon vous, la reine de Navarre ne me pardonnera pas.

— J'en doute, sire.

— Vous avez tort et raison.

— Plaît-il ?

— Vous avez raison, parce qu'une femme jeune et belle comme Marguerite ne saurait avoir de rivale.

— Eh bien ! Votre Majesté daigne en convenir, ce me semble.

— Vous avez tort, parce que si Marguerite de France en veut à Henri de Bourbon, qui l'a offensée, la reine de Navarre est de trop bonne race pour ne point faire au roi son époux un rempart de son corps.

— C'est assez juste cela, sire, mais...

— Voyons votre objection, Pibrac ?

— Madame Marguerite n'est plus au Louvre, sire.

— Je le sais, — dit le roi en soupirant.

— Ni même à Paris.

— Bah ! avant que le parlement ou d'autres juges aient osé me condamner, fût-elle au bout du monde...

— Eh bien ?

— Elle reviendra.

— Je l'admets encore, mais...

— Ah çà ! Pibrac, — dit le roi avec une certaine hauteur, — vous êtes insupportable avec vos mais.

— J'ai la franchise gasconne, sire : pardonnez-moi.

— Soit. Expliquez-vous...

— Si on vous juge, la reine de Navarre aura le temps d'arriver.

— J'en suis certain.

— Mais si on vous condamne sans vous juger, sire ?...

— Comment l'entendez-vous, Pibrac ?

— On peut vous assassiner, sire.

— De par le roi ?

— Hé ! mon Dieu ! le roi est si faible !...

Henri eut un fier sourire.

— Je sais bien, — dit-il, — qu'à l'heure qu'il est, la paix est faite entre mon cousin le duc de Guise et lui.

— Je le crains, sire.

— Et que madame Catherine, devenue toute-puissante dans l'esprit du roi, obtiendra bien des choses avant le coucher du soleil... Mais...—Le *mais* de Henri de Bourbon était non moins accentué que ceux de Pibrac. Ce dernier tressaillit et regarda le roi de Navarre avec une curiosité pleine d'inquiétude. — Mon bon ami, — dit alors le roi de Navarre, — si la chose est ainsi, ce sera le moment de songer à la quatrième planche de salut, n'est-ce pas ?

— Ma foi ! — dit Pibrac, — je ne suis pas curieux d'ordinaire, sire, mais j'avoue que je voudrais la connaître.

— Elle a plusieurs noms..—Cette réponse acheva d'étonner Pibrac. — Les uns la nommeront le *hasard*, d'autres la *chance*, moi je l'appelle *mon étoile*.—Et Henri de Navarre eut un si fin sourire que, pour la seconde fois depuis quelques mois, monsieur de Pibrac éprouva comme un éblouissement. — Les rois ont leur destinée, — ajouta Henri. — Ne craignez rien, Pibrac, Dieu me réserve de grandes choses à faire et mon heure n'est point venue !...—Tout en causant, le jeune roi prisonnier et son escorte étaient arrivés dans Paris, et ils venaient de passer la Seine à la hauteur du village de Grenelle, lorsqu'ils rencontrèrent deux hommes qui venaient de Chaillot en suivant le bord de l'eau et poussant devant eux une mule. Si ces deux hommes ne se fussent point arrêtés et n'eussent manifesté quelque étonnement, sans nul doute Henri et Pibrac eussent passé outre, car ils étaient pauvrement vêtus et paraissaient de condition bourgeoise ; mais, l'un d'eux n'ayant pu retenir un léger cri, le roi de Navarre s'arrêta et fixa ses regards sur lui : soudain il tressaillit. — Oh ! c'est étrange, — se dit-il, — si cet homme avait la barbe noire, je jurerais que c'est Noë. — Et il regarda la mule et ajouta : — Mais c'est la mule de Malican !

Et celui qui accompagnait l'homme à la barbe noire s'étant approché, le roi de Navarre jeta un cri.

— Hector ! — dit-il.

Alors Noë, car c'était lui, s'approcha.

— Chut ! — dit-il, — c'est moi, sire.

— Toi ?

— Je me suis échappé.

— Et Lahire ?

— Oh ! soyez tranquille... nous le sauverons !

Henri croyait rêver et regardait monsieur de Pibrac. Les deux gardes chevauchaient en avant et ne s'étaient point retournés.

Le roi de Navarre et Pibrac avaient échangé un regard rapide. De la part du roi ce regard voulait dire :

— Est-il prudent de causer ainsi avec Noë ?

Le regard de monsieur Pibrac répondit :

— Je connais mes deux gardes ; ce sont des Allemands qui vont droit leur chemin ; ils ne se retourneront même pas. D'ailleurs, — dit le capitaine des gardes à mi-voix, — causons béarnais. Et puis Noë et Hector ressemblent si bien à de pauvres hères.

— C'est vrai, — murmura Henri. Et il dit à Noë : — Range ta mule auprès de mon cheval et faisons même route.

— Parbleu ! — répondit Noë, — je vais à Paris, moi aussi, quoiqu'il n'y fasse pas très-bon pour moi.

— Ni pour moi, — dit Henri.

En ce moment Noë regarda plus attentivement le prince et étouffa un nouveau cri.

Henri était sans épée.

— Le roi est mon prisonnier, — dit tristement Pibrac.

— C'est impossible !

— Cela est.

— Mais d'où venez-vous !

— De Meudon.

— Ah ! ah ! — fit Noë.

Henri répondit :

— Je suis rentré au Louvre cette nuit. Ce matin je me suis rendu chez le roi Charles.

— Bon !

— Et j'y ai rencontré René qui le venait quérir pour aller voir madame Catherine à Meudon.

— Et le roi y est allé ?

— Il m'a emmené avec lui.

— Et... là ?...

— Là, madame Catherine a soutenu que j'étais au nombre de ses ravisseurs, et le roi Charles m'a fait arrêter. On me conduit au Louvre, mais toi ?

Et le roi de Navarre regardait avec une curiosité inquiète le bizarre accoutrement de Noë et d'Hector.

— Moi, — dit Noë, — j'ai été mis en liberté par madame de Montpensier.

— Tu railles !

— Hein ? — fit Pibrac, qui crut avoir mal entendu.

— Par madame de Montpensier, — répéta Noë.

Puis il raconta sa merveilleuse évasion.

Henri écoutait ébahi.

— Mais, — dit-il, — où as-tu retrouvé Hector ?

— A la porte Saint-Jacques.

— Comment ! tu es entré dans Paris par ce chemin ?

— Oui.

— Et je te trouve au bac de Chaillot.

— Ah ! — dit Noë en souriant, — nous sommes allés, Hector et moi, mettre en sûreté un petit trésor, quelque chose comme quarante mille pistoles.

Henri regarda Noë.

— Parles-tu sérieusement ? — dit-il.

— Très-sérieusement.

— Quarante mille pistoles !

— Oui, sire.

— A qui appartiennent-elles ?

— A vous, sire.

— Noë, mon ami, je crois que tu as perdu l'esprit.

— Nullement.

— Quarante mille pistoles ! — répéta le roi de Navarre, — mais c'est plus que ne vaut tout mon royaume.

— Peut-être.

— Et où veux-tu que j'aie pris cette somme ?...

— Je l'ai prise pour vous, sire.

— Et... à qui ?

— A monseigneur le duc de Guise.—Henri tressaillit et fit un soubresaut sur sa selle. — Oui, sire, — répéta Hector,—nous avons mis la main sur le trésor secret des princes lorrains, nos ennemis, et la chose nous a semblé de bonne guerre de lui faire changer de maître. Nous l'avons transporté à Chaillot grâce à la mule de Malican, et nous voilà !

— Mais où l'avez-vous trouvé, ce trésor ?

— Dans une cave.

— Où cela ?

— Dans la maison de La Chesnaye.

— Hein ?

— Pauvre La Chesnaye, l a fait une triste fin !

— Bah ! — dit Noë, — il se porte comme un charme.

Henri et Pibrac échangèrent un sourire d'incrédulité.

— Il est mort ! — répéta Pibrac.

— Vous croyez ? — fit Noë.

— Parbleu !

— Eh bien ! moi, — dit Noë, — je gagerais volontiers ma tête contre ces quarante mille pistoles qui appartiennent maintenant à Votre Majesté...

— Que La Chesnaye est vivant ?

— Et que vous entendrez parler de lui avant peu, même.

— Ma foi ! — dit Hector, — il nous a fièrement joués cette nuit.

— Que nous dites-vous là ? — dit Pibrac.

— La vérité.

— Vous avez vu La Chesnaye ?

— Sans doute.

— Cette nuit ?

— Au point du jour.

— Vous avez rêvé ?

— Mais non, puisque c'est lui qui nous a indiqué la cachette des quarante mille pistoles.

— Alors, — dit Pibrac, — les morts reviennent.

Mais je vous jure qu'il est vivant !

Et Noë raconta sa rencontre avec La Chesnaye, et la circonstance miraculeuse à laquelle ce dernier avait dû son salut.

— Maintenant, — murmura Henri de Navarre, — je crois que c'est nous qui rêvons, n'est-ce pas, Pibrac ?

— C'est mon avis, sire.

— Nous n'en avons pas moins les quarante mille pistoles.

— Et nous les papiers, — dit Henri.

— Et c'est fort heureux pour vous, sire, — murmura Pibrac, — car nous voici bientôt au Louvre, où vous allez entrer comme prisonnier, et, si vous en sortez libre, ce pourra bien être grâce aux papiers trouvés chez La Chesnaye.

— Ah çà ! — dit le roi de Navarre s'adressant à Noë,— où vas-tu ?

— Moi, sire ?

— Oui, toi.

— Eh bien ! je rentre dans Paris.

— Et où iras-tu te cacher ?

— Chez ma femme.

— Que tu as cachée elle-même chez l'épicier Jodelle.

— Justement, sire.

— Mais Hector ?

— Eh bien ! Hector n'a pas besoin de se cacher, lui.

— Pourquoi ?

— Personne ne le connaît au Louvre.

— C'est juste.

— Et à ta place, — continua Noë, — je me promènerais du matin au soir.

— Mais toi, veux-tu que je te donne un bon conseil ?

— Parlez, sire.

— Mets l'éperon aux flancs de la mule, et fais moi sept ou huit lieues, et même dix, en tournant le dos à Paris.

— Bon ! après ?

— Quand la mule sera fatiguée, tu achèteras un cheval et tu monteras dessus.

— Pour continuer à galoper ?

— Jusques en Navarre, mon bel ami.

— Sire, vous n'avez pas prêché d'exemple, ce me semble, — dit Noë en riant.

— Tu étais prisonnier, je voulais te sauver...

— C'est comme moi, je reste à Paris pour sauver Votre Majesté et mon ami Lahire.

— Entêté ! — murmura le roi de Navarre. Les deux gardes du roi Charles IX chevauchaient toujours en avant sans paraître s'inquiéter beaucoup de la conversation du roi de Navarre avec Pibrac, Noë et Hector, persistant à prendre ces deux derniers pour de pauvres hères. — Allons ! mes amis, — dit le roi, comme on était tout près du Louvre, — il faut nous séparer. Mais nous correspondrons, soyez tranquilles. Pibrac vous donnera de mes nouvelles par l'intermédiaire de Malican.

Et Henri joua de l'éperon, et monsieur de Pibrac et lui rejoignirent les deux gardes au moment où ils atteignaient la grande porte du Louvre.

Hector et Noë poussaient la mule devant eux et se dirigeaient vers le cabaret de Malican.

## XXX

Qu'était devenu La Chesnaye ?

Nous l'avons vu presser un ressort invisible, ouvrir brusquement la porte de fer et disparaître derrière cette porte contre laquelle Noë et Hector s'acharnèrent vainement.

Cette porte placée entre ses persécuteurs et lui, La Chesnaye se trouva dans une sorte de boyau souterrain qui conduisait on ne sait où.

Du moins telle eût été l'impression d'un homme qui se fût trouvé à la place de La Chesnaye.

Si on étendait la main à droite ou à gauche, on rencontrait un mur humide ; si on l'élevait au-dessus de sa tête, on trouvait une voûte.

Un air malsain vous prenait à la gorge, et le sol glissant et légèrement incliné ne possédait aucune sonorité.

On y marchait sans éveiller le moindre son.

Mais La Chesnaye connaissait probablement ce souterrain mieux que personne, car il s'y engagea bravement et d'un pas ferme, se souciant fort peu des ténèbres.

Il marcha droit devant lui pendant un quart d'heure environ, les mains en avant ; puis, tout à coup, il rencontra un obstacle.

Cet obstacle était un mur qui semblait fermer le souterrain et en faire un cul-de-sac.

La Chesnaye palpa ce mur avec précaution jusqu'à ce qu'il eût rencontré un anneau de fer, qu'il tourna deux fois de droite à gauche.

Et soudain le mur s'entr'ouvrit, une grande pierre fit bascule, et un rayon de lumière vint frapper au visage maître La Chesnaye.

Le faux drapier se trouvait au bas d'un escalier de quelques marches, en haut duquel on voyait le jour et un lambeau du ciel qui était d'une pureté parfaite.

La Chesnaye gravit cet escalier, et, lorsqu'il en eut atteint la dernière marche, il se trouva dans une petite cour enceinte de murs sur trois côtés et d'une maison sur le quatrième.

Cette cour était celle de l'habitation qui donnait dans la rue du Rempart, qui pour le vulgaire était un cabaret, et dont le duc de Guise et ses gens avaient fait, à Paris, leur demeure secrète.

Le souterrain qui mettait cette cour en communication avec la maison de La Chesnaye, souterrain qui existait depuis fort longtemps, avait été la cause déterminante qui avait fait choisir aux princes lorrains cette retraite mystérieuse de la rue du Rempart.

Le duc de Guise et La Chesnaye communiquaient entre eux par cette voie, ignorée de tout le monde excepté du cabaretier. Lorsqu'il fut monté dans la cour, La Chesnaye, qui arrivait là comme une apparition surnaturelle, entendit un cri d'étonnement et de joie tout à la fois.

Une femme était assise sur le seuil de la maison.

C'était dame Gertrude, la vieille gouvernante du faux drapier.

Dame Gertrude se précipita les bras tendus vers son maître :

— Ah ! mon Dieu ! mon Dieu ! — murmura-t-elle, — et moi qui n'espérais plus vous revoir, mon bon maître !

— Chut ! — dit La Chesnaye, — tais-toi ! je n'ai pas le temps de te donner des explications.

— Mais d'où sortez-vous !

— De l'autre monde, chut !

— O mon Dieu ! mais vous êtes tout en sang !

— Je me suis meurtri les mains, mais ce n'est rien. Où est le duc ?

— Hé ! le sais-je ? — fit la servante avec un geste plein d'éloquence. — Le duc est parti, on ne sait pour quel endroit, depuis deux jours.

— Allons donc ! c'est impossible. — Un homme qui se trouvait dans la maison accourut, en entendant parler dans la cour. C'était Pandrille. La Chesnaye le questionna et n'apprit rien autre chose si ce n'est que madame de Montpensier était pareillement venue la veille au soir, et qu'elle n'avait rencontré personne. — O mon Dieu ! mon Dieu ! — murmura La Chesnaye avec désespoir, — comment faire ? — Il regarda Pandrille, et se demanda sans doute si le colosse et lui ne seraient pas de taille et de force à lutter avantageusement avec Hector et Noë, et à leur reprendre l'or du duc. Mais une réflexion prudente lui vint. Pandrille était homme à le trahir et à passer à l'ennemi. Et puis La Chesnaye était sans armes, et il chercha vainement dans la maison une paire de pistolets ou une épée. — Je veux pourtant sauver l'or de mon maître ! — se disait La Chesnaye. Tout à coup il

lui vint une idée en regardant dame Gertrude, qui ne comprenait rien à son désespoir. Dame Gertrude était normande, et elle avait conservé le costume du pays de Caux, c'est-à-dire qu'elle portait une immense coiffe à pyramide dont le bas lui enveloppait une partie du visage. — Pardieu ! — se dit La Chesnaye, — si mes deux bandits s'attendent à me voir reparaître, ce n'est certes pas avec les vêtements d'un autre sexe que le mien. Et il dit à Gertrude, en l'entraînant dans la maison : — Déshabille-toi et donne-moi ta robe ?

— Seigneur Dieu ! êtes-vous fou, mon bon maître ! — demanda la servante.

— Non, tu vas voir. — Et il entra dans la petite chambre où nous avons vu madame Catherine être reçue par le duc à leur première entrevue. Dame Gertrude hésita un moment ; mais quand elle vit son maître prendre un rasoir et couper lestement sa barbe grise, elle n'hésita plus. — Pourvu que j'arrive à temps pour savoir où ils porteront cet or ? — murmurait le faux drapier en endossant pièce à pièce le costume féminin de dame Gertrude.

Et lorsque, pour couronner l'œuvre, il eut placé sur sa tête la coiffe normande, il s'élança dans la direction de la rue du Renard-Saint-Sauveur.

La Chesnaye ainsi accoutré était méconnaissable.

Comme il allait atteindre l'angle de la rue du Renard, il entendit le pas d'une monture.

— Hop ! la bonne femme ! — lui cria une voix.

La Chesnaye se rangea contre le mur et vit passer une mule.

Il leva les yeux sur son conducteur et tressaillit. Il avait reconnu Hector, malgré son déguisement.

Hector passa près de lui sans l'avoir regardé.

Alors La Chesnaye s'effaça dans l'embrasure d'une porte bâtarde.

Puis il suivit des yeux la mule et son conducteur.

Il fut alors témoin, à distance, de la scène que nous avons décrite, c'est-à-dire de l'enlèvement des sacs d'or qui furent placés dans les paniers du bât.

— Je ne peux pas les leur arracher, — murmura-t-il ; — mais, du moins, je saurai où ils les portent.

Et lorsque Noë fut monté sur la mule et que, Hector marchant après, tous deux s'éloignèrent, La Chesnaye se jeta dans une ruelle voisine.

Mais il ne les perdit pas de vue et les suivit à distance.

Il vit ainsi qu'il les vit suivre le bord de la rivière et s'en aller à Chaillot.

La mule marchait d'un bon pas ; mais sa charge était trop lourde pour qu'elle pût prendre le trot.

La Chesnaye joua des jambes et lui tint pied.

Aussi, lorsque Noë et Hector entrèrent dans la maison de la tante Verconsin, La Chesnaye les vit.

Il y avait un cabaret à l'autre extrémité de la rue ; il y entra.

— Que faut-il vous servir, la bonne femme ? — lui demanda le cabaretier, un gros homme à mine réjouie.

— Du vin et du pain, — répondit La Chesnaye avec un fort accent normand.

Et il se mit à manger sur le seuil de la porte, l'œil attaché sur la maison où la mule et ses conducteurs venaient de pénétrer.

Noë et Hector demeurèrent près d'une heure chez la tante Verconsin.

La Chesnaye, sous sa coiffe normande, mangeait comme un rustre et buvait comme un Suisse.

— Voilà une vieille qui a grand faim ! — pensait le cabaretier.

Enfin la grille de la maison se rouvrit et la prétendue Normande vit sortir la mule.

Mais, cette fois, Noë et Hector étaient montés dessus tous deux, et la mule prit le grand trot.

— Bon ! — pensa La Chesnaye, — elle est débarrassée de sa charge. Et regardant la maison : — L'or est là, — dit-il. Noë et Hector disparurent au bout de la rue.

Alors La Chesnaye jeta une pièce de monnaie sur le

comptoir d'étain du cabaretier.—Voilà votre écot, maître,
— dit-il. Et il reprit le chemin de Paris, se disant : —Il
faut à tout prix que je retrouve le duc !

. . . . . . . . . . . . . . . . . . .

## XXXI

Où donc La Chesnaye, déguisé en femme, allait-il
porter ses pas ?

Ce n'était pas le tout de savoir où était le trésor ; il
fallait pouvoir le reprendre.

Or, La Chesnaye, sous sa coiffe normande, n'avait point
perdu son regard de lynx, et ce regard s'était arrêté sur
l'honnête Guillaume Verconsin, que Noë et Hector avaient
laissé dépositaire des pistolets du duc de Guise.

Guillaume était un beau gars bien découplé, capable
de tuer La Chesnaye d'un coup de poing.

La Chesnaye le comprit si bien, qu'il ne songea même
pas à rôder autour de la maison, et, en s'en allant, il
se dit :

—Cherchons un auxiliaire ; quelqu'un comme un des
amoureux de madame la duchesse de Montpensier, par
exemple !—Le bonhomme suivait le bord de l'eau, et, tout
en marchant, il récapitulait tous les événements de la
veille, de la nuit dernière et du matin. — Décidément
— se disait-il,— pour que j'aie ainsi échappé aux pointes
de fer de l'oubliette du Prie-Dieu et à l'épée de cet endia-
blé Noë, il faut que la Providence ait formé sur moi des
projets. Je suis réservé bien certainement à de grandes
destinées. — La Chesnaye était non moins ambitieux que
dévoué aux princes lorrains. Ce n'était point l'argent qui
le tentait, il était riche. La Chesnaye avait une ambition
plus haute, il voulait devenir un noble homme, comme
on disait alors, c'est-à-dire obtenir des parchemins qui
lui conféreraient la qualité de chevalier. — Pour le coup,
— pensait La Chesnaye en s'en allant, — si monseigneur
de Guise ne me baille pas des lettres de noblesse, cette
fois, il sera le plus fier ingrat de la terre.—Et l'ambitieux
La Chesnaye marchait d'un pas rapide, et il arriva ainsi
en face du bac qu'on passait pour aller à Meudon. Là, il
hésita un moment. — Je viens de Paris, — se dit-il, — et
je n'ai trouvé ni le duc ni ses gens. Il est possible qu'il
soit à Meudon, et, dans tous les cas, j'y trouverai la
duchesse, qui me donnera deux de ses écuyers, à l'aide
desquels je pourrai reprendre le trésor. Cette réflexion le
décida, et la prétendue Normande entra dans le bateau
et passa le bac. Comme il arrivait sur la rive gauche de
la Seine et prenait le chemin du bois de Meudon, La
Chesnaye entendit le pas d'un cheval, puis il vit venir à
lui un cavalier.—Oh ! oh !— se dit-il, — je crois que
voilà l'un des hommes que je cherche. Et il doubla le
pas à la rencontre du cavalier. Ce cavalier n'était autre
que Gaston de Lux, qui avait quitté pour toujours le
service des princes lorrains, et chevauchait mélancolique et la tête inclinée sur sa poitrine. — Hé ! messire
Gaston !— lui cria La Chesnaye, qui le reconnut.

Gaston jeta les yeux sur cette femme dont la tête dis-
paraissait sous l'ample coiffe cauchoise.

Puis, malgré sa tristesse, il ne put réprimer un éclat
de rire :

— Comment ! — dit-il, — c'est vous, monsieur La
Chesnaye?

— Oui, messire.

— Ainsi accoutré ?

— Dame !

— Et d'où sortez-vous?

— A peu près de l'autre monde, monsieur Gaston.

— Voyons !— fit Gaston, — ou vous avez perdu l'esprit...

— Non, certes !

— Ou vous vous moquez de moi...

— Dieu m'en garde !...

— Alors, expliquez-vous...—Et Gaston s'appuya sur le
pommeau de sa selle et s'arrêta, regardant avec curiosité
La Chesnaye ainsi déguisé. La Chesnaye ne se fit point
prier, et il raconta à Gaston son arrestation de la veille,
son plongeon dans l'oubliette du Louvre, puis sa mésaventure dans sa propre maison. Gaston écoutait fort attentivement. — Ainsi, lui dit-il enfin, — vous êtes sûr
que le trésor est demeuré dans la maison de Chaillot ?

— Très-sûr, messire.

— Ah !— fit Gaston.

— Et puisque je vous rencontre, — reprit La Chesnaye,
— nous allons y aller sur-le-champ.

Gaston eut un sourire triste dont le sens échappa au
drapier :

— Mon pauvre La Chesnaye, — dit-il, — je vais vous
donner un conseil qui vous tirera de peine.

— Parlez, messire.

— Allez-vous-en à Meudon.

— Bon ! après ?

— Vous y trouverez le duc, le comte Éric et Conrad
de Saarbruck. C'est plus qu'il ne vous faut de monde
pour aller reconquérir les pistolets.

— Mais vous, messire ?

— Oh ! moi, je suis pressé.

— Vous avez une mission du duc ?

— Non.

— De la duchesse.

— Encore moins.

— Mais alors vous pouvez bien me donner vous-même
un coup de main.

— Non, — dit Gaston.

— Pourquoi ?

— Parce que je ne suis plus au service du duc de
Guise. — La Chesnaye eut un geste de surprise. — Ah !
voilà ! mon cher maître, — dit Gaston, — ce que je vous
affirme est de la vérité pure.

— Jésus Dieu ! mais...

— *Mais ?* — dit Gaston.

— Vous aimez la duchesse ?

Et La Chesnaye cligna de l'œil.

Un nuage passa sur le front de Gaston.

— Non, — dit-il ; et comme La Chesnaye demeurait
stupéfait de cette réponse : — Adieu !— reprit-il.

Et il poussa son cheval.

— Au revoir ! voulez-vous dire ? — lui cria le drapier.

— Non, adieu !— répéta-t-il.

Et il mit son cheval au galop.

— Le diable m'emporte si j'y comprends quelque chose,
— murmura La Chesnaye demeuré immobile au milieu
de la route. Mais lorsque Gaston eut passé l'eau, le drapier comprit qu'il ne fallait plus compter sur lui.—Allons
à Meudon ! — se dit-il en soupirant. Et il continua son
chemin. Comme il entrait dans le bois, il entendit de
nouveau le pas d'un cheval ou plutôt de deux chevaux ;
car il vit bientôt venir à lui deux cavaliers qui trottaien
côte à côte. — Ah ! pour cette fois, — dit La Chesnaye,
— je crois que voici mon affaire. Je n'aurai pas besoin
d'aller jusqu'à Meudon. —La Chesnaye avait reconnu dans
l'un des cavaliers maître René le Florentin, le parfumeur
de la reine mère et le très-dévoué serviteur du duc de
Guise. L'autre était un des reîtres que le duc et René
avait emmené l'avant-veille à la poursuite des ravisseurs
de madame Catherine. René s'en allait au Louvre, après
avoir eu avec la reine mère et le duc une longue conférence à la suite du brusque départ du roi Charles IX.

— Hé ! monsieur René, — fit le bonhomme déguisé en
femme.

René s'arrêta non moins étonné que ne l'avait été
Gaston.

Puis, comme il avait vu La Chesnaye bien moins souvent, et que d'ailleurs le drapier avait coupé sa barbe, il
ne le reconnut pas tout d'abord et le prit pour ce qu'il
paraissait.

— Bonsoir, la vieille ! — dit-il en voulant passer outre. Mais La Chesnaye mit résolûment la main sur la bride du cheval de René.

— Regardez-moi bien, — dit-il.

— Hein ! qui êtes-vous ? — fit le parfumeur étonné.

— Je suis La Chesnaye.

— *Per Bacco !* — s'écria le Florentin, — je ne vous ousse pas reconnu ainsi vêtu, maître.

— Monsieur René, — répondit le drapier, — je n'ai pas le temps de vous expliquer pourquoi je suis travesti de la sorte; je vous le dirai en chemin. Il faut que vous veniez avec moi...

— Plaît-il ?

— Me donner un coup de main.

— Où cela ?

— A Chaillot.

René tressaillit.

C'était à Chaillot que jadis Noë avait caché la fille du parfumeur et Godolphin.

— Service du duc ! — ajouta La Chesnaye.

— Mais je suis mandé au Louvre, mon cher maître.

— Eh bien ! vous irez après...

— Mais, enfin, qu'allons-nous faire à Chaillot ?

En ce moment, maître La Chesnaye oublia un peu, tant il avait hâte de reconquérir le trésor volé, les saines traditions de la prudence, et il ne se souvient pas que René avait autrefois assassiné maître Samuel Loriot, l'argentier de la rue aux Ours, à la seule fin de le voler.

Aussi répondit-il :

— Nous allons reprendre l'or du duc.

— Hein ! — fit René. Et au seul mot d'*or*, il ouvrit de grands yeux cupides.

— L'or du duc, — répéta La Chesnaye.

— Il est donc à Chaillot ?

— Oui.

— C'est bizarre.

— On me l'a volé ce matin.

— Ah ! où donc ?

— Dans ma maison du quartier Saint-Sauveur.

— Et les voleurs l'ont porté à Chaillot ?

— Oui, messire.

— En quel endroit ?

— Dans une maison au bord de l'eau, en face d'un cabaret qui a pour enseigne *Au bon saint Nicolas.*

— C'est la maison où était Paola, — pensa René, qui tressaillit de nouveau. Puis il reprit tout haut : — Quels sont donc ces voleurs ?

— Il y en a un que vous connaissez bien certainement.

— Son nom ?

— Noë.

René tressauta sur sa selle.

— Si je le connais ! — dit-il. — Noë était parmi eux ?

— Oui.

— Mais où ?... mais quand ?...

— C'est lui qui a tout conduit.

— Mais... quand ? — répéta René, qui avait peine à en croire le drapier.

— Ce matin, au point du jour.

— Il est entré dans votre maison ?

— Oui. Ah ! — soupira La Chesnaye, — j'ai eu tort de m'y laisser prendre. Mais figurez-vous que j'aurais juré, avant qu'il ne relevât sa visière, que j'avais à faire à messire Léo d'Arnembourg.

René jeta un cri et ne douta plus que, en effet, La Chesnaye eût vu Noë.

— Et il vous a volé l'or du duc ?

— Oui.

— Pour le porter à Chaillot ?

— En compagnie d'un jeune homme que je n'avai jamais vu, du reste, et qu'il appelait Hector.

— C'est bien certainement un de ceux qui nous ont échappé, — pensa René.

Le Florentin avait des palpitations de cœur à la seule pensée qu'il allait chercher de l'or, l'or du duc, comme avait dit maître La Chesnaye.

Et il passa le bac, prit la prétendue Normande en croupe et mit son cheval au grand-trot.

— Est-ce qu'il y a une somme considérable, maître ? — demanda-t-il.

— Quarante mille pistoles environ.

René frissonna de joie.

— Mort de ma vie ! — pensa-t-il, — ce La Chesnaye est naïf, s'il a cru que je l'allais aider à restituer cet or au duc. Le duc est notre ami, soit, mais l'or trouvé est à celui qui le trouve, voilà ma maxime. — Puis, comme ils arrivaient à quelques centaines de pas de la maison indiquée, René étendit la main. — Est-ce bien celle-là ?

— Oui. — René arrêta son cheval. — Que faites-vous ?

— Chut ! — dit René, — nous n'avons nul besoin de nous presser.

— Pourquoi ?

— Mais parce qu'il faut aviser à reprendre cet or sans esclandre.

— Comment cela ?

— La maison n'est pas inhabitée, je présume ?

— Non. Et même, — ajouta La Chesnaye, — j'ai vu un vigoureux gaillard conduire à l'écurie la mule de ce sacripant de Noë.

— Bon ! — dit René, — qui rassembla ses souvenirs, je devine qui ce peut être...

— Ah !

— C'est Guillaume Verconsin. — Ce nom était inconnu à La Chesnaye. René continua : — Passons devant la maison sans nous arrêter.

— Pourquoi ?

— Et allons-nous-en tenir conseil là-bas, au bord de l'eau, derrière ces arbres, au-dessous du village d'Auteuil.

— Mais...

— Mon cher monsieur La Chesnaye, — dit René, — on ne reprend pas quarante mille pistoles en plein jour, dans une maison habitée, au milieu d'un village, sans avoir médité un petit plan d'attaque.

Le Florentin se tourna vers le reître qui chevauchait derrière lui et lui dit quelques mots en allemand.

— Que faites-vous ? — demanda La Chesnaye.

— J'ordonne à cet homme de rester ici et d'aller boire dans ce cabaret.

— Afin de surveiller les hôtes de cette maison ?

— Justement. — Le reître poussa en effet son cheval vers la porte du cabaret, tandis que René continuait à suivre le bord de l'eau, ayant toujours La Chesnaye en croupe. Il chevaucha ainsi jusqu'au massif d'arbres qu'il avait indiqué du doigt. — Entrons là, — dit-il en mettant pied à terre, nous serons au frais sous ces arbres.

La Chesnaye, sans aucune défiance, se laissa couler à terre et alla s'asseoir sur le tronc d'un saule couché par l'orage, tandis que René attachait son cheval.

— Vous avez une épée et une dague, — dit La Chesnaye.

— Et des pistolets dans mes fontes.

— C'est très-heureux, — reprit le drapier, — car bien certainement il faudra soutenir une lutte. Moi je suis sans armes.

— Vraiment ?

Et René vint s'asseoir auprès du drapier.

— Je n'ai pu trouver nulle part un poignard à fourrer sous ma robe.

— Et vraiment, — dit tout à coup René, — c'est malheureux pour vous, monsieur La Chesnaye.

— Pourquoi ?

— Mais parce qu'il est bien difficile de se défendre sans armes.

— Vous avez raison, mais je n'ai rien à craindre ici...

— Bah ! — ricana René. Et le malheureux La Chesnaye reçut un coup de dague en pleine poitrine qui le renversa inanimé et sanglant aux pieds de Florentin. — Il me faut les quarante mille pistoles ! — murmura ce dernier en essuyant la lame de sa dague sur l'herbe.

Puis il traîna le corps de La Chesnaye au bord de l'eau et le poussa dans la rivière.

La Chesnaye n'avait pas de chance, en vérité : il n'avait reculé que pour mieux sauter.

## XXXII

Le courant de l'eau emporta le cadavre de La Chesnaye. René contempla un moment cette robe flottante qui s'en allait à la dérive.

Pendant quelques minutes la robe soutint le cadavre et se soutint elle-même à la surface, puis elle s'emplit d'eau et tout disparut.

— Voilà, — murmura René, — le vrai moyen de bien clore un secret. Il n'y a pas d'exemple que les morts soient revenus. — Alors le Florentin remonta à cheval, et reprit au petit pas le chemin de Chaillot, s'adressant le monologue que voici : — Ce pauvre La Chesnaye était un vaillant homme, un serviteur dévoué, un véritable esclave de son maître. Il s'est précipité dans une oubliette, il s'est fait rôtir les pieds, il a couru comme un batteur d'estrade toute la nuit pour sauver le trésor de son maître, et il y était parvenu. Eh bien ! voyez à quoi tient la destinée ! Il est mort au seuil du succès, il a fait une fin misérable et ignorée : car, *per Bacco !* qui donc devinera jamais, en repêchant ce cadavre enjuponné, que c'est celui du meilleur serviteur de monseigneur le duc de Guise ! — Le reître attendait René sur la porte du cabaret et se versait religieusement un troisième pot de vin lorsque le Florentin arriva. Ce dernier jeta une pistole sur le comptoir et dit au cabaretier : — Hé ! l'ami, parles-tu quand on paye bien ?...

Cette question étonna quelque peu le cabaretier.

C'était un gros homme à l'œil gris et rond, à la mine cauteleuse, à la lèvre pleine de finesse.

Il lui suffit de considérer René pour juger qu'il avait affaire à un homme avec lequel il y avait tout profit à s'entendre.

— Cela dépend, — répondit-il. René tira sa bourse et fit briller l'or qu'elle contenait à travers ses mailles. L'œil du cabaretier brilla de convoitise. — J'ai la langue longue quand il le faut, — dit-il.

René montra du doigt la maison de la tante Verconsin.

— Qui donc demeure là ?
— Une vieille femme.
— Seule ?
— Non, avec son neveu.
— Comment le nomme-t-on ?
— Guillaume.
— C'est bien cela, — pensa René.
— Le neveu est sorti, — ajouta le cabaretier.
— Ah ! — fit René. — Sais-tu où il est allé ?
— A Paris.
— En sorte que la vieille est seule ?
— Oui, messire. Cependant...

Le cabaretier parut hésiter.

— Voyons, — fit René, — hâte-toi !...
— Cependant, reprit le cabaretier, je ne répondrais pas qu'il n'y ait point une troisième personne.
— Une femme, peut-être ? — demanda René qui sentit un flot de sang lui monter au cœur. Et il songea à Sarah, pour laquelle il avait conservé un violent amour. Puis il dit au cabaretier : — Tu n'en es donc pas sûr ?
— Je l'ai vue entrer il y a trois jours.
— Et tu ne l'as point revue depuis ?
— Non.
— Comment est-elle, cette femme ?
— Grande, brune et fort belle.
— C'est elle ! — murmura René.

Le cabaretier entendit cette exclamation et se dit :

— Ce seigneur est un amoureux, il veut enlever la dame...

— Merci de tes renseignements, bonhomme, — lui dit René. Et il lui donna deux pièces d'or. Ensuite, tandis que le cabaretier saluait jusqu'à terre, René dit au reître en langue allemande : — Quelle est ta solde ?

— Un écu par mois.
— Aimes-tu l'or ?
— *Tarteifle !* — murmura le reître, — je n'en ai jamais eu en ma possession.
— Que ferais-tu pour en avoir plein ton casque ?
— Tout ce qu'on voudrait.
— Tuerais-tu ?
— C'est mon métier.
— Même une femme ?
— Ça m'est égal, — dit la brute allemande.
— Et si je remplissais d'or ton casque, retournerais-tu dans ton pays ?
— C'est mon rêve.
— Sans jamais rien révéler de ce qui se serait passé entre nous ? — L'Allemand mit deux doigts de sa main gauche sur la poitrine et plaça la droite sur son cœur. C'était une manière de serment à lui. — Alors, viens avec moi, — dit René. Et il baissa la visière de son casque, remonta à cheval, traversa la rue et alla droit à la grille du jardin qui précédait la petite maison de la tante de Verconsin. La grille était entr'ouverte, le jardin aussi désert que la rue, les volets de la maison à demi clos. Il était alors près de onze heures du matin, et la chaleur était déjà accablante. René poussa la grille et entra le premier. Au bruit des chevaux, la porte de la maison s'entr'ouvrit, et la tante Verconsin se montra sur le seuil. A la vue de ces gens d'armes, la vieille femme eut un geste d'effroi et se rejeta vivement en arrière. Mais René lui cria : — Noue sommes des amis, approchez, bonne femme. — La tante Verconsin, un peu rassurée, s'approcha de ces deux hommes bardés de fer et dont elle ne voyait point le visage. — Vous êtes la veuve Verconsin, n'est-ce pas ? — lui dit René.

En entendant prononcer son nom, elle se rassura tout à fait.

— Oui, mon bon seigneur, — répondit-elle.
— La tante de Guillaume ?
— Oui, mais il n'est pas ici.
— Oh ! je le sais... Nous l'avons rencontré comme il allait à Paris.

Ces mots achevèrent de gagner la confiance de la tante Verconsin.

— Vraiment ! — fit-elle, — vous l'avez vu ?...
— C'est lui qui nous envoie...
— Qui donc êtes-vous, mes bons seigneurs ?

René mit un doigt sur sa bouche.

— Chut ! — dit-il. Puis se penchant sur sa selle, il approcha ses lèvres de l'oreille de la vieille femme et ajouta : — Nous sommes gens du roi Henri.

La tante Verconsin tressaillit.

— Entrez ! — dit-elle, — entrez, mes bons seigneurs.

René mit pied à terre.

— Avez-vous une écurie par ici, ma bonne femme ?
— Là, mon cher seigneur, — dit la tante Verconsin, que son neveu n'avait point mise le secret des pistoles.

Elle voulut s'emparer du cheval de René, mais celui-ci en conserva la bride à la main et se dirigea vers l'écurie, dont le seul hôte était un petit cheval breton qui tirait sa paille de fort bon appétit.

— Ma bonne femme, — dit René, qui voulait tout à fait capter la confiance de la tante Verconsin, — nous venons nous réfugier chez vous.
— Jésus Dieu ! — fit-elle en joignant les mains. — On vous poursuit ?
— Et, si nous sommes rejoints, nous serons pendus !

La vieille frissonna.

— Oh ! — dit-elle, — puisque vous êtes gens du roi de Navarre, je vous cacherai, mes bons seigneurs.

Afin de donner encore plus de vraisemblance à la fable qu'il débitait, René avait débridé son cheval et l'avait mis au râtelier. Après quoi il avait ramassé une poignée de paille et s'était mis à bouchonner l'animal.

Le reître, qui avait l'habitude de l'obéissance passive et de l'imitation, suivit l'exemple de René, et soigna pareillement sa monture.

— Avez-vous de l'avoine, bonne femme ? — demanda le Florentin.

— Oui, messire ; voilà le coffre.

Et elle indiquait, dans un coin de l'écurie, le bahut de chêne vermoulu dans lequel le naïf Guillaume avait enfoui les sacs d'or.

René s'empara d'une mesure en osier qu'il prit sur la planche d'écurie, se dirigea vers le coffre, qu'il ouvrit, et y plongea les mains pour emplir la vannette.

Soudain, en pénétrant dans l'avoine, sa main gauche ouverte heurta un corps dur. René tressaillit et sa main resta plongée dans l'avoine.

Le Florentin ne fit pas un mouvement, ne laissa échapper ni une exclamation, ni un geste. Seulement ses doigts palpèrent le corps dur.

René avait, comme tous ceux qui se sont occupés de chirurgie, une grande délicatesse de toucher.

Il ne lui fut pas difficile de se convaincre que l'objet qu'il tenait était un sac et que ce sac renfermait de l'or.

— Per Bacco ! — murmura-t-il tout bas, — c'est trop de chance !... Je crois que j'ai mis la main sur les pistoles. Alors il se hâta de remplir la vannette, qui pouvait contenir une double mesure, et il laissa retomber le couvercle du coffre. Puis, de peur que l'Allemand ne songeât à l'imiter, il alla tout de suite verser le contenu de la vannette dans la mangeoire, entre les deux chevaux, disant : — Ils en ont assez pour le moment, nous verrons dans une heure. — Et il fit signe au reître de sortir de l'écurie le premier. En même temps il se penchait à l'oreille de la tante Verconsin demeurée sur le seuil extérieur : — J'ai un message, — dit-il tout bas, — pour *elle*...

— Ah ! — fit la vieille, — est-ce de *lui* ?

— Oui.

— Pauvre chère femme, — murmura la tante Verconsin, — si vous saviez comme elle l'aime !

René pâlit sous sa visière :

— Ah ! vieille sorcière ! — se dit-il, — si j'avais songé un moment à l'épargner, voilà un mot qui serait ta condamnation. — Il prit la tante Verconsin par le bras et l'entraîna vers la maison. — Il faut nous cacher, bonne femme, — dit-il ; — hâtez-vous de fermer votre porte.

Sarah, enfermée dans sa chambre, dormait-elle ou bien était-elle agenouillée et priant pour son cher Henri ?

René avait pu croire à la première de ces deux suppositions, car aucune fenêtre ne s'était entr'ouverte, et nul bruit ne se faisait entendre dans la maison.

La tante Verconsin conduisit René et le reître dans la cuisine, qui était la principale pièce du rez-de-chaussée puis elle ferma la porte au verrou.

— Si on venait, — dit-elle, — il y a une porte par derrière ; vous pourriez vous échapper avant qu'on eût enfoncé celle-ci.

René s'assit.

— Où donc est madame Sarah ? — dit-il.

— Elle dort.

— Ah !

— Depuis trois nuits la pauvre femme n'a pas fermé l'œil. Elle priait pour *lui*.

— Et ce matin ?

— Il y a une heure que la fatigue a fini par triompher. Elle dort. Cependant, si vous avez un message, je vais l'éveiller.

— Non, laissez-la dormir. Quand elle s'éveillera, plus tard... — Et René regarda le reître à travers sa visière, et le reître comprit. — Ma bonne femme, — continua René, — nous mourons de faim et de soif.

— Je vais aller à la cave vous chercher du vin frais, mes bons seigneurs.

La vieille se pencha, saisit un anneau et souleva la trappe de la cave, dans un coin de la cuisine.

— A merveille ! — pensa René. La tante Verconsin alluma alors une lampe, s'arma d'un pot de grès, et toujours sans défiance elle posa son pied sur l'échelle de meunier qui servait d'escalier. Puis elle descendit lentement, avec précaution, de façon à ne point s'embarrasser dans sa jupe. Le reître avait fait deux pas vers la trappe. — Descends, — lui souffla René à l'oreille.

— Comment faut-il la tuer ? — demanda le reître.

— Étrangle-la, c'est plus sûr. — Le reître se laissa couler dans la cave, et René demeura sur le bord de la trappe, l'oreille tendue. Une minute s'écoula, puis René entendit un cri étouffé. Mais ce cri ne fut suivi d'aucun autre, et, quelques minutes après, le reître reparut au haut de l'échelle. Pendant les quelques minutes qui venaient de s'écouler, le Florentin avait fait cette réflexion : — Quand le reître remontera, je pourrais bien l'envoyer, d'un coup de dague au défaut de la cuirasse, rejoindre la tante Verconsin et les fiancer ainsi dans l'éternité. Mais... — ce *mais*, gros d'objections, sauva la vie au reître, — j'en ai besoin, — se dit René, — car il m'est venu une idée. Noë nous a échappé, et je hais Noë de toutes les forces de mon âme. Mettre la main sur lui et m'en emparer de nouveau c'est servir à la fois ma vengeance et celle de madame Catherine, dont l'amitié pour moi se trouvera décuplée. Noë et le roi de Navarre s'en iront porter leurs têtes en place de Grève, et le roi Charles, émerveillé de ce beau coup de filet, me rendra ses faveurs. Or, le meilleur moyen de nous emparer de Noë, c'est de l'attendre ici, car il reviendra, c'est certain... et il tombera dans la souricière. Et puis l'occasion est trop belle pour que je la dédaigne, il faut que Sarah tombe en mon pouvoir.

Il eut un féroce battement de cœur à cette pensée, et, au lieu de poignarder le reître, il lui tendit la main, au contraire, pour l'aider à remonter.

— Eh bien ? — fit-il.

— Elle est morte.

— Est-tu sûr ?

— Oh ! je l'ai bien serrée... — fit le reître avec un sourire féroce.

— Où l'as-tu laissée ?

— Je l'ai poussée dans un coin, derrière une futaille.

— Bien. — René tira sa bourse et la tendit à l'Allemand.

— Tiens, — dit-il, — voici un premier à-compte.

— C'est un plaisir de servir Votre Seigneurie, — murmura le reître avec reconnaissance.

Et il serra la bourse dans ses chausses.

— A présent, — dit René, — écoute bien ce que je vais te dire...

— Parlez, monseigneur.

— Tu vas te placer près de cette fenêtre.

— Bon !

— Et tu ne quitteras point des yeux la grille du jardin.

— Après ?

— Si un homme vient et frappe, tu lui ouvriras, en te plaçant derrière la porte.

— Et quand il sera entré...

— Tu l'étendras raide mort d'un coup de dague.

— Je préférerais l'étrangler.

— Comme tu voudras. Ah ! si tu entends crier là-haut, si le bruit d'une lutte arrive jusqu'à toi...

— Faudra-t-il monter ?

— Non, tu feras comme si tu n'entendais rien.

— C'est bien, — dit le soudard. — J'ai compris.

Et il se mit à son poste.

— A Sarah maintenant ! — murmura René.

Et il gagna l'escalier de bois qui conduisait à l'étage supérieur de la maison. En haut de cet escalier régnait un long corridor sur lequel ouvraient plusieurs portes.

René, qui marchait sur la pointe du pied, hésita un moment, se demandant quelle était celle qui conduisait chez Sarah.

Puis il avisa une clef laissée après la serrure de l'une d'elles.

La vue de cette clef le décida.

Ce fut droit à cette porte qu'il marcha ; puis, quand il fut arrivé sur le seuil, les battements de son cœur redoublèrent, et il comprit que Sarah était là.

Il ouvrit.

Le parfumeur de la reine mère ne s'était point trompé, Sarah Loriot, la belle argentière, était couchée tout habillée sur son lit et dormait.

Sa belle tête pâle reposait sur l'un de ses bras ; sa luxuriante chevelure noire dénouée inondait l'oreiller.

Sarah avait les lèvres entr'ouvertes, et sur ces lèvres le rêve mettait un sourire, un rêve sans doute empli tout entier par son cher Henri.

Elle ne s'éveilla point au léger bruit que fit la porte en s'ouvrant.

René vint tout près du lit, et la belle dormeuse continua de sourire en rêvant.

Le cœur de René tressautait dans sa poitrine, son œil pétillait, ses tempes se mouillaient d'une sueur brûlante.

Et comme la belle argentière dormait toujours, René délaça son casque et sa cuirasse, et posa ces deux pièces de son armure sur un escabeau.

Sarah ne s'éveillait point.

Alors René le bandit, René l'empoisonneur, René le lâche assassin, osa s'approcher encore ; il pencha sa tête nue sur le front blanc de Sarah, et ses lèvres effleurèrent le visage de la jeune femme.

Mais ce que le bruit n'avait pu faire, cet odieux contact le fit.

Sarah ouvrit les yeux, jeta un cri terrible et se dressa échevelée.

— A moi ! au secours ! — exclama-t-elle éperdue.

Elle avait reconnu René.

L'épouvante de la jeune femme ne désarma point le scélérat ; elle ne le fit point hésiter.

— Ah ! dit-il, — je crois, madame, que mon heure est venue.

L'argentière s'était précipitée à bas du lit, et, tremblante, égarée, elle s'était réfugiée vers l'embrasure de la croisée...

Mais René la poursuivit et l'enlaça de ses bras.

— Oh ! l'infâme ! — s'écria Sarah. — A moi ! Guillaume ! à moi !...

René répondit par un éclat de rire :

— Guillaume n'est pas ici — dit-il ; — sa tante est morte... et nous sommes seuls... Ah ! tu es en mon pouvoir, Sarah, et, cette fois, ni Henri de Navarre, ni son ami Noé, ni personne, ne viendra à ton aide...

La pauvre femme se vit perdue. Se dégageant par un suprême effort de l'étreinte du misérable, elle se mit à genoux, joignant les mains, et d'une voix suppliante :

— Grâce ! grâce ! — dit-elle.

L'œil de René s'était injecté de sang.

— Non, pas de grâce ! — répondit-il, — tu m'aimeras, Sarah !

— Jamais !

Prompte comme l'éclair, souple comme une couleuvre, agile comme un cerf, Sarah se releva, glissa une seconde fois des bras de son persécuteur, et s'enfuit à l'autre extrémité de la chambre.

René la poursuivit ; mais au moment où il allait l'atteindre de nouveau, il s'arrêta tout à coup :

— Ecoutez-moi, — dit-il.

Elle eut une lueur d'espoir et crut que cette bête fauve avait été touchée par ses larmes.

— Que me voulez-vous ? — fit-elle.

— Ecoutez-moi, — répéta-t-il, — et laissez-moi d'abord vous dire de quel fatal et violent amour je vous aime...,

— Oh ! — dit-elle avec un geste d'horreur insurmontable.

Cette exclamation et ce geste n'obtinrent point le résultat qu'on aurait pu en attendre. Au lieu d'exaspérer le Florentin, ils achevèrent de le calmer au contraire.

Le bandit retrouva cet atroce sang-froid qu'il avait lorsqu'il voulait commettre un crime :

— Ma belle ! — dit-il, — causons donc comme de bons amis, et, si vous avez peur de moi, je vais me tenir à distance. — Et, en effet, il se plaça à califourchon sur un escabeau, tandis que Sarah s'était réfugiée dans l'angle du lit. René continua : — Je sais que mon amour vous est odieux, et je ne chercherai point à combattre cette aversion. Cependant, raisonnons... Nous sommes seuls en présence, vous avec votre faiblesse, moi avec ma force et mon amour. La lutte est inégale, sinon impossible. — Sarah tremblait de tous ses membres et ne répondait pas. — Vous me haïssez, n'est-ce pas ? — poursuivit René.

Sarah eut le courage de répondre :

— Je vous hais et je vous méprise.

— Soit ! Moi je vous aime...

Sarah se mit à genoux.

— Mon Dieu ! — dit-elle, — accordez-moi la grâce de mourir sur l'heure, pour que je n'entende pas plus longtemps les odieuses paroles de cet homme...

Mais René eut un éclat de rire féroce :

— Tu as tort, la belle, tu as grand tort de faire une telle prière à Dieu, car j'allais te parler de l'homme que tu aimes !...

— Henri ! — exclama Sarah.

Et comme si ce nom eût été pour elle le phare qui brille tout à coup, par une nuit obscure, aux yeux des naufragés, Sarah se releva, son visage se rasséréna, ses yeux égarés s'arrêtèrent sur René avec plus de curiosité que d'épouvante...

Il venait de se passer quelque chose d'étrange dans le cœur du Florentin ; il avait eu un mouvement de pitié, le premier de sa vie, peut-être...

— Ecoute, — dit-il, — veux-tu le sauver ?

— Si je le veux, mon Dieu !

— Il est en danger de mort ; il mourra sûrement.

— Lui !

— On ne le prend point juger par le parlement, le parlement n'oserait le condamner ; on ne l'enverra point en place de Grève, car le bourreau pourrait hésiter... Non, on l'assassinera, et cela, avant qu'il soit peu. — Sarah jeta un cri. — Ecoute donc, — poursuivit René, écoute ! — Et il attachait sur elle ses yeux ardents et sombres... — Oh ! je t'aime tant et d'un amour si furieux, vois-tu ! que je suis homme à sacrifier ma haine à mon amour, à sauver ton Henri pour être aimé de toi, ne fût-ce qu'un seul jour !

— Mon Dieu ! mon Dieu ! — murmurait Sarah les mains jointes, le visage inondé de larmes.

René dit encore :

— C'est dans quarante-huit heures le grand jour, le jour du massacre...

— Du massacre ? — fit-elle avec un accent étrange. Et elle cessa tout à coup de trembler, et elle s'approcha de René avec une sorte de curiosité avide : — De quel massacre parlez-vous donc ? — répéta-t-elle.

En ce moment, Sarah ne songeait plus à elle-même, elle ne songeait plus que René brûlait pour elle d'un indigne amour.

— Dans deux jours, — répondit René, — on massacrera tous les huguenots.

— Ciel !

— Vilains et gentilshommes, princes et rois, tous ceux qui ne vont point à la messe, — poursuivit René, — seront compris dans le massacre...

— Oh ! c'est impossible ! Le roi de France ne le voudra pas.

— Le roi ne règne plus, — répondit René.

— Et qui donc règne pour lui ? — s'écria-t-elle éperdue.

— Moi, — dit René, — moi qui puis saûver le roi de
Navarre...

— Vous ! vous !

— Aime-moi ! et je le sauverai.

— Oh ! jamais, jamais !

Et l'épouvante reprit Sarah, qui recula une fois encore
et crut que René l'allait poursuivre de nouveau.

Mais René ne bougea point.

Le Florentin était calme, sa voix était brève ; il était
tout à fait maître de lui.

— Ecoute-moi bien, Sarah, — dit-il, — écoute-moi, si tu
veux sauver ton cher roi de Navarre.

Elle attachait sur le Florentin un œil hagard.

— Oui, c'est dans deux jours le massacre, — reprit-il ;
— Paris s'endormira paisible au dernier son de cloche du
couvre-feu, et il se réveillera bientôt au bruit du tocsin
et des arquebusades. Les princes lorrains ont soudoyé les
massacreurs ; madame Catherine a persuadé au roi que
les huguenots étaient les ennemis du royaume et que
Coligny était un traître. On égorgera l'amiral, on égorgera le prince de Condé et le roi de Navarre. Eh bien !
si tu le veux, ce dernier je le sauverai.

Sarah eut une inspiration sublime.

— René, — dit-elle, — vous êtes un grand coupable.
N'importe, si vous sauvez mon Henri, je vous donnerai
ma fortune entière, et je prierai Dieu nuit et jour pour
qu'il vous pardonne vos crimes.

— Non, — dit René, que la passion dominait, — c'est ton
amour que je veux !... Choisis : accorde-moi ton cœur de
bonne volonté, ou ton cher Henri mourra, et tu seras
ma proie, et je serai sans pitié pour toi.

— Mon Dieu ! mon Dieu ! — répéta l'argentière, qui
voyait l'abîme entr'ouvert devant elle, — mon Dieu !
n'aurez-vous donc pas pitié de moi ?

— Tu as tort, Sarah, — disait René, — tu as tort de ne
point profiter du seul bon sentiment qui soit jamais
descendu dans mon cœur ; tu as tort, tu as tort...— Et il continuait
à la contempler d'un œil terrible. — Oh ! — ajouta-t-il
tout à coup, vaincu, dominé par son amour de bête
fauve, — toute ma haine pour un mot de toi !... Dis-moi :
Oui, je vous aime ! et je sauverai Henri !...

En ce moment sans doute une lutte terrible avait lieu
dans l'âme de Sarah, une lutte entre son amour pour
Henri et l'horreur que lui inspirait René.

Tout à coup le Florentin se leva et marcha droit à
elle.

Sarah n'eut plus la force de fuir.

Il lui prit les mains ; elle ne les retira point et murmura :

— Mon Dieu ! sauvez mon Henri, et faites que je
meure !...

Mais comme l'infâme osait l'enlacer de ses bras, la
main de l'argentière rencontra la poignée de la dague
qui pendait au flanc de René... Et Dieu fit un miracle !

Dieu permit que cette femme, brisée de douleur, prête
à succomber sous sa honte, eût un éclair de sang-froid
et d'énergie ; que son bras acquît tout à coup une vigueur
virile, et que, tirant cette dague du fourreau, elle la
plongeât tout entière dans la poitrine du Florentin.

Les bras de René se détendirent, sa bouche s'entr'ouvrit
et vomit un blasphème, et il tomba à la renverse en
poussant un dernier cri.

Le reître, qui n'avait point quitté son poste, entendit le
cri de René, et alors il oublia sa consigne, ou plutôt il
devina que quelque événement non prévu par le Florentin venait de s'accomplir.

Il s'élança vers l'escalier, monta au premier étage,
et s'arrêta interdit sur le seuil de cette chambre où
Sarah venait de poignarder René le Florentin.

L'argentière était debout, la dague fumante à la main,
et elle était si belle et si menaçante à la fois, en ce moment son œil étincelait d'un courroux si majestueux,
que le soudard courba le front et se sentit dominé.

. . . . . . . . . . . . . . . . . . . . .

## XXXIII.

Le roi était rentré au Louvre moins d'une heure après
monsieur de Pibrac et Henri de Navarre.

Pendant le trajet de Meudon à Paris, le monarque avait
gardé un silence farouche.

Les gardes qui l'accompagnaient se sentaient mal à
l'aise sur leur selle, tant ils savaient combien étaient terribles les colères de Charles IX.

Lahire seul avait conservé un calme parfait.

Il chevauchait, sans épée et sans cuirasse, la tête couverte d'un simple toquet, et il maniait son cheval avec
une grâce et une habileté qui, par trois fois, attirèrent
l'attention de ce roi fantasque.

Comme ils entraient dans la cour du Louvre, le cheval
que montait Lahire eut peur des clairons qui sonnaient
pour les Suisses et se cabra.

Le roi fut charmé de la façon avec laquelle Lahire le
réduisit.

— Cornes de cerf ! monsieur, — lui dit-il, — c'est vraiment dommage que, au lieu de conspirer, vous ne soyez
point entré à mon service. Vous êtes un joli cavalier.

Lahire s'inclina et répondit avec son à-propos gascon :

— Votre Majesté me flatte pour m'encourager à mourir.

Charles IX fronça le sourcil et ne souffla mot, mais il
fit signe à Lahire de le suivre.

Ce dernier monta avec aisance les marches du grand
escalier, et pénétra dans le cabinet du roi de France,
comme il serait entré dans son propre manoir de Gascogne.

Le roi plaça deux sentinelles en dehors, puis il ferma
la porte et se trouva seul avec Lahire.

Lahire se tint debout, tête nue, dans une attitude respectueuse et cependant pleine de fierté.

Le roi s'assit et posa ses deux mains sur les bras de
son grand fauteuil, attachant sur le jeune homme ce
regard d'aigle qu'il avait hérité des Valois ses pères, et
dont on ne pouvait parfois supporter l'éclat.

— Jeune homme, — lui dit-il alors, — vous avez soutenu
ce matin, en présence du duc de Guise, que vous ne
connaissiez point monsieur de Noë ?

— C'est vrai, sire.

— Ni le roi de Navarre ?

— Pas plus que monsieur de Noë, sire.

Lahire mentait, mais il mentait avec un calme tel
que la conviction du roi en fut fort ébranlée.

— C'est bien, — dit Charles IX, — je saurai si vous m'en
imposez.

Le roi frappa sur un timbre, un page souleva la portière.

— Envoyez-moi mon capitaine des gardes ! — dit-il.
Monsieur de Pibrac était dans l'antichambre depuis deux
minutes. Il entra ; il regarda Lahire avec indifférence,
et sembla par son attitude se demander quel était cet
homme. La physionomie de monsieur de Pibrac acheva
de dérouter ou Charles IX. — Monsieur, — dit-il à
Pibrac, — vous allez conduire ce jeune homme dans le
Prie-Dieu.

Monsieur de Pibrac eut la présence d'esprit de répondre :

— Que ferai-je de La Chesnaye ?

— Vous le mettrez en liberté.

Pibrac respira ; mais son attitude étonnée semblait
dire :

— Quel crime a donc commis ce jeune homme, qu'on
me commande de l'enfermer en un si dur cachot ?

— Foi de roi ! — murmura Charles IX à part lui, — si
j'avais jamais soupçonné Pibrac de connivence avec tous
ces Gascons, qui sont après tout ses compatriotes, voilà
qui me prouverait l'injustice de mes soupçons. — Pibrac

s'effaça sur le seuil de la porte et le roi fit un geste.

— Allez ! — dit-il à Lahire. Le jeune homme salua profondément et sortit. Mais comme monsieur de Pibrac avait déjà fait trois pas en dehors, le roi le rappela.

— Quand vous aurez mis ce jeune homme au cachot, — dit-il, — vous remonterez, Pibrac.

— Oui, sire.

— Oh ! — murmura Charles IX, — la vérité s'enveloppe dans les ténèbres, depuis trois jours, mais je sonderai ces ténèbres !

Pibrac descendit avec Lahire, non point par le grand escalier, mais par cet escalier tournant que nous connaissons et sous les dernières marches duquel s'ouvrait le Prie-Dieu.

En prenant ce chemin, le capitaine des gardes avait un but, celui d'échanger rapidement quelques mots avec son prisonnier.

Lahire le comprit :

— Si vous voyez Noë, — lui dit-il rapidement, — dites-lui que j'ai affirmé ne pas le connaître.

— Bien, — dit Pibrac.

— Quant au roi de Navarre...

— Il est prisonnier.

Lahire tressaillit.

— Où ? — demanda-t-il.

— Au Louvre, dans son appartement.

Une inspiration traversa le cerveau de Lahire.

— Qui sait, — fit-il, — si le roi Charles IX ne cherchera point à me confronter avec lui ?

— C'est possible.

— Alors prévenez-le.

Ils arrivèrent au bas de l'escalier.

Deux Suisses montaient la garde dans le corridor.

Monsieur de Pibrac ouvrit la porte du Prie-Dieu et y poussa Lahire en lui disant :

— N'avancez pas plus loin, l'oubliette est ouverte !

— Quelle oubliette ?

— Chut ! je reviendrai dans une heure, avant même peut-être.

Et il referma la porte et poussa tous les verrous.

Puis il remonta chez le roi.

Charles IX, toujours assis, avait la tête appuyée dans ses mains.

— Pibrac, — dit-il au capitaine des gardes en quittant cette attitude et en se relevant aussitôt, — qu'avez-vous fait du roi de Navarre ?

— Il est prisonnier dans son appartement, sire, et j'ai placé deux gardes à sa porte.

— Allez le chercher.

— Décidément, — pensa Pibrac, — je n'aurais pu mieux demander. Je vais le pouvoir prévenir.

Quelques minutes s'écoulèrent, puis la porte se rouvrit.

Henri de Bourbon, roi de Navarre, entra tête nue, sans épée, mais la tête aussi haute, la mine aussi fière que deux heures auparavant, lorsqu'il avait quitté la chambre de madame Catherine et la petite maison de Meudon.

Pibrac marchait derrière lui.

— Monsieur mon cousin, — lui dit Charles IX, — vous êtes roi, il est vrai, mais le roi de Navarre a toujours été le vassal du roi de France.

— Excepté, — répondit fièrement Henri, — à l'époque où mon ancêtre maternel, Charles le Mauvais, lui faisait la guerre. — Cette orgueilleuse réplique ne déplut point à Charles IX, le roi fantasque et colère qui passait tour à tour de la malveillance à la douceur. — C'est-à-dire que vous n'entendez point relever de moi, monsieur mon cousin ?

— Je suis le prisonnier de Votre Majesté, mais comme son aïeul, le roi François Ier, était celui de l'empereur Charles-Quint.

— Et vous pensez que je n'ai pas le droit de vous juger ?

— Votre Majesté peut me condamner, voilà tout, car je suis en ses mains.

— Prenez garde, monsieur !

Un éclair de colère passa dans les yeux de Charles IX. Mais Henri demeura calme et souriant.

— Sire, — dit-il, — la reine mère me hait, et véritablement c'est son droit, car elle est la première ennemie du trône de France et la meilleure amie des princes lorrains.

Le roi tressaillit.

— Ah ! — dit-il, — voilà bien longtemps que j'entends dire cela.

— La vérité monte parfois jusqu'à l'oreille des rois, sire.

— Mais enfin que veulent-ils, ces princes lorrains qui bouleversent tout en mon royaume ?

— Ils veulent régner, sire.

Charles IX regarda fixement Henri de Bourbon.

— Monsieur, monsieur, — dit-il, — prenez garde !

— A quoi, sire ?

— Vous allez accuser, vous qu'on accuse ?

— Peut-être...

— Et taxer la reine mère de haute trahison. — Henri ne sourcilla point. — Comment ! — s'écria Charles IX, — vous oseriez prétendre que la reine mère songerait à me détrôner au profit des princes lorrains ?

— Sire, — répondit Henri froidement, — la reine mère n'a jamais positivement songé à cela ; cependant...

— Voyons, monsieur, — fit le roi avec emportement, — expliquez-vous !

— La reine mère, — reprit Henri, — est convaincue que Votre Majesté est atteinte d'une maladie mortelle. — Le roi fit un soubresaut sur son siège, puis se leva tout d'une pièce et regarda Henri de Navarre avec une sorte de stupeur. Henri continua : — La reine mère ne se joue pas précisément de Votre Majesté, mais elle se joue des princes lorrains, tout en les faisant agir pour le compte de ceux ou plutôt de celui qu'elle veut donner pour successeur à Votre Majesté.

— Et... ce... successeur ?

— Ce n'est pas le roi de Pologne.

— Qui donc, alors ?

Henri ne répondit pas, mais il ouvrit son pourpoint et en retira cette lettre que Noë avait trouvée sur le cadavre du page de monseigneur le duc d'Alençon, lettre dans laquelle ce dernier avouait ses prétentions au trône, que la reine mère avait encouragées.

Le roi prit cette lettre, l'ouvrit et la lut en pâlissant.

C'était bien l'écriture du duc, c'était bien son cachet et ses armes.

En même temps, monsieur de Pibrac souleva la portière du cabinet du roi.

— Que voulez-vous ? — fit le monarque tout frémissant de colère.

— Apporter à Votre Majesté certains parchemins qui lui ouvriront les yeux sur les manœuvres du duc de Guise.

— Encore ! — s'écria le roi.

Pibrac posa sur la table un énorme rouleau de parchemins.

— Voilà, sire, — dit-il.

Charles IX brisa d'une main fébrile le fil de soie qui attachait le rouleau ; puis il parcourut rapidement et l'un après l'autre tous ces documents, qui portaient l'empreinte de l'ambition immodérée des princes lorrains.

Et tout à coup, les repoussant de sa main, il dit : —

— Je ferai décapiter le duc de Guise, et j'exilerai la reine mère pour le reste de ses jours !

— Voilà une partie gagnée, — pensa Henri.

Mais le roi demeurait sombre en regardant le roi de Navarre, et monsieur de Pibrac se dit :

— Gare à la dernière épreuve !

— Sire, — reprit Henri de Navarre, — Votre Majesté est-elle suffisamment éclairée ?

Le roi se tourna vers Pibrac :

— Allez me quérir le jeune homme que vous avez enfermé dans le Prie-Dieu, — dit-il. Le capitaine des gardes s'inclina et sortit. Alors Charles IX dit au roi de Navarre :

— Connaissez-vous un certain gentilhomme gascon nommé Lahire ?

— Non, sire.

— Vous ne l'avez jamais vu ?

— Je ne crois pas.

Le roi frappa sur un timbre.

Au bruit, un page accourut.

C'était un grand garçon bien découplé et de la taille du roi de Navarre.

— Ote ton pourpoint, — dit Charles IX. Le page obéit, un peu étonné. Le pourpoint des pages du roi était mi-parti bleu et rouge, avec un nœud de rubans contrariés sur chaque épaule. — Va-t'en, — dit le roi. Le page sortit, laissant son pourpoint. — Monsieur mon cousin, — dit alors Charles IX au roi de Navarre, — vous allez vous prêter, j'imagine, à l'épreuve que je veux tenter.

— Quelle épreuve, sire ?

— Quittez votre pourpoint et endossez celui-là. Henri devina, mais il n'en feignit pas moins l'étonnement. Cependant il fit ce que le roi lui demandait. — Maintenant, — ajouta Charles IX, — tenez-vous debout derrière mon fauteuil, comme si véritablement vous étiez un de mes pages.

— Votre Majesté a de singuliers caprices, en vérité.

Charles IX ne répondit pas.

Deux minutes après, Lahire parut.

Monsieur de Pibrac l'avait-il prévenu que le roi de Navarre était dans le cabinet du roi Charles IX, ou bien sa présence d'esprit seule le servit-elle en ce moment ? toujours est-il que Lahire entra, n'eut pas l'air de voir le faux page et salua le roi.

Charles IX le regardait attentivement. Lahire avait à peine levé les yeux avec indifférence sur le roi de Navarre ainsi accoutré, et ce dernier regardait Lahire et se demandait ce que ce pouvait être.

L'épreuve fut décisive.

— Enfin ! dit Charles IX, — enfin la lumière s'est faite parmi les ténèbres. — Et se tournant vers le roi de Navarre :

— Monsieur mon cousin, — dit-il, — j'ai été trahi et joué, mais ce n'est pas par vous. — Lahire eut un geste d'étonnement si naturel que le roi s'écria : — Allons ! décidément, vous aviez dit vrai, monsieur mon cousin. — Et il appela :

— Pibrac ! Pibrac !

— Me voilà, sire.

Le capitaine des gardes recula étonné en voyant Henri travesti en page.

— Rendez son épée au roi de Navarre, — dit Charles IX. — Monsieur mon cousin, vous êtes libre. — Henri s'inclina. Le roi poursuivit, s'adressant à Lahire : — Quant à vous, jeune homme, choisissez : me nommer vos complices ou retourner dans votre cachot.

Lahire salua.

— Je ne suis pas un traître, sire, — dit-il. Et, se tournant vers Pibrac : — Monsieur le capitaine des gardes, je suis à vos ordres.

— Allez ! — dit le roi.

Pibrac emmena Lahire par le chemin qu'il lui avait déjà fait parcourir.

Seulement, lorsqu'ils furent dans le petit escalier, il lui dit tout bas :

— Savez-vous nager ?

— Oui, pourquoi ?

— Attendez ! Prenez d'abord ce briquet et ce silex.

— Bon. Après ?

— Et cette bougie. C'est pour voir clair dans le Prie-Dieu.

— Mais pourquoi me demandez-vous si je sais nager ?

— Je vous ai dit qu'il y avait une oubliette dans le Prie-Dieu...

— Oui, et je n'ai pas osé bouger, de peur d'y tomber.

— Au fond de l'oubliette, il y a une flaque d'eau.

— Je devine.

— Prenez cette corde à nœuds. — Et monsieur de Pibrac tira de la poche de ses chausses une corde de soie roulée sur elle-même et réduite à son plus simple volume. — Elle a cent pieds de long, — dit-il. — Vous la fixerez à un anneau qui se trouve au bord de l'oubliette, et vous la laisserez couler dans le gouffre. L'eau y est froide, sans doute, mais, nous sommes en été et cela vous rafraîchira.

— C'est fort joli, cela, — dit Lahire, — mais quand je serai en bas, que ferai-je ?

— Vous verrez un trou lumineux à fleur d'eau, c'est un orifice qui communique avec la Seine. C'est par là que La Chesnaye nous a échappé. — Monsieur de Pibrac ouvrit le Prie-Dieu et y fit entrer Lahire, puis il referma la porte sur lui. Après quoi le capitaine des gardes remonta, se disant : — La partie est gagnée pour nous, mais la reine mère ne peut pas être battue complétement, et il lui faudra une victime. Si Lahire n'avait la ressource de l'oubliette, je ne prêterais pas un denier sur sa tête.

Que se passa-t-il à Meudon après le départ du roi Charles IX et l'étrange entretien du duc de Guise et de sa sœur la duchesse de Montpensier ?

Ce fut un mystère.

Mais comme midi sonnait à l'église Saint-Germain-l'Auxerrois, une litière entra dans la cour du Louvre, et la reine mère, appuyée sur deux pages, pâle, défaite, chancelante, en descendit.

Elle s'attendait à trouver le roi au perron d'honneur. Lo roi n'y était pas.

Un officier des gardes, qui était de service à la porte, monta en toute hâte aux appartements du roi pour annoncer l'arrivée de la reine mère.

— Ah ! ah ! — dit Charles IX, — j'attendais madame Catherine avec impatience. J'ai un terrible compte à régler avec elle. Et il dit à l'officier : — Prévenez la reine mère que je l'attends dans mon cabinet.

On porta cette réponse à madame Catherine, qui fronça le sourcil.

— Que se passe-t-il donc passé ? — murmura-t-elle.

Lorsque madame Catherine entra chez le roi, elle le trouva debout, l'œil enflammé, tourmentant d'une main crispée le manche de sa dague.

Il la salua froidement et ne l'invita point à s'asseoir.

— Mon Dieu ! sire, — fit la reine mère alarmée, — qu'avez-vous ?

— Madame, — répondit le roi, — ne vous préoccupez point de ma santé, je vous prie ; parlons de vous.

— De moi, sire ?

— Quel est le pays de France qui vous conviendrait le mieux ?

— Mais, sire...

— Répondez ! aimeriez-vous le château d'Amboise ?...

— Pourquoi cette question, mon fils ?

Le roi s'était longtemps contenu, mais sa colère éclata.

— Parce que je vous exile ! — s'écria-t-il. Et il prit sur la table les lettres du duc d'Alençon. — Lisez, madame, lisez ! — dit-il. Et tandis que, tremblante, la reine lisait, le roi se prit à arpenter la salle à grands pas, jurant et frappant du pied : — Ah ! je suis malade ! — disait-il ; — ah ! vous me cherchez un successeur, madame ! Ah ! ah ! ah !... Et il eut un rire furieux, et tout à coup il s'arrêta comme frappé d'un mal subit, et il porta la main à son front : — Mon Dieu ! — dit-il, — auriez-vous donc prédit la vérité ? Oh ! je souffre !... —Et il attacha un œil hagard sur la reine épouvantée, ajoutant : — Vous êtes un oiseau de mauvais augure !...

Puis ses yeux s'injectèrent, ses lèvres se bordèrent d'écume, et il jeta un grand cri et s'affaissa sur lui-même.

— Au secours ! au secours ! — cria la reine mère en courant vers la porte.

Les pages entrèrent et relevèrent le roi.

Le roi retrouva une énergie subite et furieuse ; tout à

coup il repoussa les pages, tira son épée, et se précipita vers la reine en disant :

— C'est cette femme qui veut me tuer !...

La reine, éperdue, voulut fuir l'épée menaçante, mais elle allait être atteinte quand soudain un homme entra, se précipita sur le roi et lui arracha son épée des mains.

C'était Miron, le médecin de Charles IX.

Et Charles IX désarmé jeta sur lui un regard hébété, stupide, puis il entonna un refrain de chasse alors à la mode :

Margot a trois amoureux...

— Le roi est fou ! dit Miron.

— Alors, — répondit la reine mère qui se redressa tout à coup, et dont l'épouvante fit place à une indomptable et sauvage énergie, — alors, c'est moi qui vais *régner.*

## XXXIV

Le roi de Navarre était rentré chez lui, après son entrevue avec Charles IX. Puis il s'était assis et avait ouvert un livre, un livre immortel pour lequel le jeune prince avait une prédilection toute particulière : *Les grands hommes*, de Plutarque.

Et il s'était mis à lire avec calme, en homme qui ne craint rien des caprices de la destinée.

Une heure, puis deux, s'étaient écoulées; on avait gratté précipitamment à la porte.

Henri jeta son livre sur une table et se leva.

— Est-ce qu'il y a encore du nouveau?—se dit-il. La porte s'ouvrit et Pibrac entra tout effaré. — Mon Dieu ! — dit le prince, — qu'avez-vous donc, Pibrac ?

— Sire, il faut partir.

— Partir ?

— Monter à cheval sans perdre une minute, sire...

— Et... où aller ?

— Et courir ventre à terre jusqu'aux frontières de France.

— Et pourquoi cela, Pibrac ? le roi, tout à l'heure encore...

— Il n'y a plus de roi, sire.—Ces mots étaient si étranges dans la bouche de Pibrac que Henri de Bourbon fit un pas en arrière et regarda le capitaine des gardes avec stupeur. Pibrac ajouta : — Il n'y a plus de roi : il y a une reine régente de France.

— Vous rêvez, Pibrac.

— Et cette reine, c'est madame Catherine.

— Voyons, — fit Henri, — le roi se portait fort bien tout à l'heure, et, à moins qu'il n'ait été... assassiné...

— Le roi vit.

— Alors il règne...

— Non, il est fou.

— Fou ! — exclama Henri.

— Le roi Charles IX, — répéta Pibrac, — vient d'être pris d'un accès de folie furieuse, comme le roi Charles VI son aïeul, et la reine mère s'est proclamée régente.

— Ventre-saint-gris ! — murmura Henri, — s'il en est ainsi, nous sommes perdus !...

— Il faut partir, sire, partir sur le champ... Dans une heure la reine aura donné des ordres...

— Est-ce que vous m'accompagnerez, Pibrac ?

— Certes, — dit le capitaine, — il ne fera pas meilleur pour moi que pour vous demain, sire.

— Partir ! — murmura Henri, — partir sans avoir revu Marguerite !

— Qui, sire, — répondit Pibrac.

— Mais, — s'écria le roi de Navarre, — vous ne savez donc pas, Pibrac, que j'aime madame Marguerite ?

Pibrac eut une attitude solennelle :

— Je sais, sire, — dit-il, — que vous êtes mon roi, que, comme tel, je dois mourir pour vous...

Henri lui tendit la main.

— Vous êtes un vrai Béarnais, — lui dit-il.

Pibrac secoua la tête.

— C'est possible, — dit-il, — mais ce que je sais, sire, c'est que les gens qui vous ont dévoué leur vie, c'est que ceux qui sont prêts à verser pour vous la dernière goutte de leur sang, ceux-là ont le droit de parler haut.

— Parlez donc !

Et le roi de Navarre regarda monsieur de Pibrac attentivement.

— Sire, — dit alors Pibrac, — vous souvenez-vous d'un certain soir où vous étiez accoudé à une fenêtre du Louvre ?

— Après ? — fit Henri.

Le ciel était pur et rayonnant d'étoiles.

— Je m'en souviens.

— Une de ces étoiles, — continua Pibrac, brillait d'un éclat presque surnaturel, et Votre Majesté la contempla longtemps.

— C'est encore vrai.

— Or, — poursuivit Pibrac, — cette étoile que vous contempliez, c'était la vôtre, disiez-vous.

— En effet, — répondit Henri avec orgueil.

— Eh bien ! sire, je sais ce que vous prédisait cette étoile.

— Bah ! — fit Henri.

— Elle disait que vous seriez roi.

— Je le suis.

Pour la seconde fois, Pibrac secoua la tête :

— Oh ! — fit-il, — non pas roi de quelques terres pierreuses et d'une pauvre contrée comme la Navarre, qui produit plus de fer que de froment, plus de braves cœurs que d'opulents gentilshommes.

— Et de quoi donc ? — demanda Henri de Bourbon.

— D'un beau et grand royaume, sire, où le blé poussé vert et dru avant de jaunir sous les rayons brûlants de juin, où les hommes sont nombreux et forts, vaillants et fidèles, un royaume, sire, où le mot de *patrie* est sonore et retentit au loin.

— Assez ! — dit Henri. Et il regarda Pibrac. — Je sais de quel royaume vous parlez, ami, — dit-il.

— Eh bien ! sire, — continua le capitaine des gardes, — ce jour-là, le jour où vous ajoutiez foi à votre étoile, vous ne fîtes point le serment de résister à la fatalité qui éprouve les hommes afin de les rendre forts.

— Que voulez-vous dire ?

— Ce jour-là, sire, vous ne jurâtes point de soutenir avant le temps une lutte inégale. Aujourd'hui, nous sommes vaincus, mais qui sait si demain ne sonnera point l'heure du triomphe ?

— Vous avez raison, Pibrac, — dit le prince, — partons !

— J'ai envoyé en toute hâte un homme dont je suis sûr à l'auberge du *Cheval-Rouan*. On nous y tient des chevaux tout sellés, — continua Pibrac. — Nous y trouverons Noé et Hector.

— Comment allons-nous sortir du Louvre ?

— Venez, sire, venez !... On n'a point songé encore à relever les sentinelles qui sont en bas du petit escalier, à la poterne. Venez...

Le roi de Navarre prit son épée et son manteau, et il s'apprêtait à suivre Pibrac, lorsqu'il se fit du bruit au dehors.

En même temps la porte s'ouvrit sans qu'on eût même pris la précaution de frapper.

Un officier des gardes entra.

— Que voulez-vous ? — lui demanda Pibrac.

— Capitaine, — répondit l'officier, — la reine m'a commandé de vous demander votre épée.

— Ah ! — fit Pibrac.

— Et de vous conduire au donjon de Vincennes.

Pibrac regarda le roi, et son regard disait éloquemment :

— Partez seul, sire, partez !

En même temps il tendit son épée à l'officier des gardes.

Henri de Navarre fit un pas vers la porte, écartant l'officier.

Mais comme il arrivait sur le seuil, il se trouva face à face avec trois autres gardes, dont l'un lui dit :

— On ne passe pas !

— Comment ! maraud, —s'écria le roi, —tu voudrais... ?

— Sire, — répondit l'officier, — j'ai reçu l'ordre de vous demander votre épée.

Henri regarda Pibrac.

— Trop tard ! — murmura-t-il. Puis il dit à l'officier :

— Est-ce que vous allez aussi me conduire au donjon de Vincennes, monsieur ?

— Non, sire.

— Où donc, alors ?

— La reine vous donne votre appartement pour prison.

— Eh bien ! — dit Henri en riant, — je trouve l'attention délicate.

Il prit son épée et la tendit à l'officier des gardes.

— Adieu ! sire, — dit tristement Pibrac.

Henri lui prit la main et la serra.

— Dites : « Au revoir ! » — fit-il.

— Au revoir, donc, sire!...—Et Pibrac dit à l'officier :—Marchons, je vous suis...

L'officier avait placé trois gardes dans l'antichambre : un à la porte de communication qui existait entre l'appartement de Henri et celui de Noë, un autre au bout du corridor, deux enfin sous les fenêtres.

Lorsque Pibrac fut parti, Henri compta toutes ces sentinelles.

— Décidément, — dit-il, — la reine tient à ce que je ne m'échappe pas.—Et il se rassit tranquillement dans le fauteuil qu'il occupait lorsque Pibrac était entré, reprit son *Plutarque* et continua sa lecture, un moment interrompue. Le roi de Navarre lut une heure encore, puis, comme il n'entendait aucun bruit, il prit le parti de se lever et de s'accouder à sa fenêtre :— Je voudrais bien, — se dit-il, — savoir ce qui se passe au Louvre. La grande cour du palais avait son aspect accoutumé. Les gardes du roi s'y promenaient, un page y dressait un faucon. Henri reconnut le page ; c'était Gauthier. Il l'appela d'un signe. Gauthier s'approcha sous la fenêtre :

— Comment va le roi ? — lui demanda Henri.

— Il est fort furieux.

— Que dit Miron ?

— Miron dit que c'est un accès de fièvre chaude, et il ne désespère pas de guérir le roi.

— Mon mignon, — dit encore Henri, — ne pourrais-tu venir causer avec moi ?

— Là-haut ?

— Oui.

Le page jeta un regard défiant autour de lui et s'assura que personne n'avait pris garde à sa conversation avec le roi de Navarre.

— Attendez ! — dit-il.

Et il disparut, son faucon au poing, sous une des grandes portes intérieures du Louvre.

— Si Gauthier peut arriver jusqu'à moi,— pensa Henri, — il me dira ce qui advient.

Quelques minutes s'écoulèrent, puis Henri entendit une légère altercation dans l'antichambre.

— Je veux passer, — disait la voix enfantine et fraîche de Gauthier.

— J'ai pour consigne de ne laisser entrer personne, — répondait un des gardes.

— Oui, mais moi j'ai un message pour le roi de Navarre.

— De qui ?

— De la reine mère.

— Montrez-le.

— C'est un message verbal.—Le garde hésitait à laisser entrer Gauthier; mais l'enfant, plein d'audace, lui dit :— Je vous jure, monsieur, que vous vous repentirez cruellement de m'avoir empêché de passer

Gauthier était le page favori de Charles IX, et, quand Charles IX était en bonne santé, Gauthier avait grand crédit.

Le garde fit la sage réflexion que la folie du roi pourrait se calmer au premier jour, que par conséquent, Gauthier redevenu tout puissant, il aurait alors, lui, tout profit à lui être agréable.

— Passez donc, — dit-il.

Et il s'effaça.

Gauthier gratta à la porte, l'ouvrit et la referma sur lui.

Gauthier était l'ami de Raoul ; Raoul aimait Nancy ; Nancy était dévouée au roi de Navarre.

Par conséquent Gauthier pensait comme Raoul et comme Nancy, c'est-à-dire qu'il était bien plus dévoué au roi de Navarre qu'à madame Catherine.

— Bonjour, mignon, — lui dit Henri en lui tendant la main,

Gauthier mit un doigt sur ses lèvres.

— Chut ! — dit-il, — parlons bas... On nous écoute, sire.

— Je m'en doute. — Le page entraîna Henri dans l'embrasure de la croisée, le point le plus éloigné de la porte au seuil de laquelle veillaient les trois gardes. — Ah çà ! mon mignon, — dit Henri, — raconte-moi donc ce qui s'est passé.

— Le roi est devenu fou.

— Je sais cela.

— Et la reine mère s'est proclamée régente.

— Je sais cela encore, mais après ?

— Le duc de Guise s'est installé au Louvre.

— Oh ! oh !

— Et les Suisses ont été renvoyés à Saint-Germain et remplacés par des lansquenets. On ne parle plus qu'allemand dans le Louvre depuis une heure.

— Que dit-on de moi ?

— Mais, sire, — répondit naïvement Gauthier, — on parle de vous faire juger par le parlement, qui vous condamnera à mort.

Un sourire vint aux lèvres de Henri de Bourbon.

— Bah ! — fit-il.

— Enfin, — continua Gauthier, — on a appris la mort de René.

— La mort de René ! — s'écria Henri, qui crut avoir mal entendu.

— Je ne devrais pas dire que René est mort, — reprit le page, — car il n'a point encore rendu le dernier soupir. Cependant il n'en vaut guère mieux. Sa blessure est mortelle.

— Mais que me racontes-tu là ? — demanda Henri, René est blessé ?

— Mortellement.

— Depuis quand ?

— Depuis ce matin.

— Par qui donc a-t-il été frappé ?

— Par une femme qu'il voulait enlever.

Henri tressaillit.

— Et où cela est-il arrivé ?

— Dans une maison au village de Chaillot.

Henri étouffa un cri, et un nom vint mourir sur ses lèvres : *Sarah* !

Alors Gauthier lui raconta qu'un reître était accouru annoncer cette nouvelle.

La reine mère, hors d'elle-même, avait envoyé douze lansquenets à Chaillot, avec ordre de brûler la maison et de ramener la femme pieds et poings liés.

A ces derniers mots Henri frissonna.

— Et on a ramené la femme ?

— Non.

— Pourquoi ?

— Elle avait disparu.

Henri respira.

— Mon petit Gauthier, — dit-il, — me viendras-tu voir ce soir ?

— Certainement, sire

— Et tu me conteras ce qui sera advenu de nouveau ?

— Parbleu ! — dit le page, — mais à présent je vais vous quitter. Il ne faut pas que madame Catherine sache que je viens vous visiter.

Et le page s'en alla.

La journée s'écoula pour Henri dans une solitude profonde.

On lui apporta à dîner dans sa chambre, et les gens qui le servirent furent reconnus par lui pour appartenir à la maison de la reine mère.

On releva les sentinelles et on remplaça les gardes par des lansquenets.

— Ventre-saint-gris ! — murmura Henri de Navarre, vers le soir, en étirant ses bras, — madame Catherine me devrait bien faire bien juger de tout de suite. Je m'ennuie horriblement.

Au moment où dix heures du soir sonnaient à Saint-Germain-l'Auxerrois, Gauthier revint.

Le page avait la mine soucieuse.

— Cela va mal, sire, — dit-il.

— Ah ! — fit Henri.

— La folie du roi continue.

— Et la reine mère ?

— La reine mère est entourée de lorrains, et on parle déjà dans le Louvre d'égorger tous les huguenots. — Henri fronça le sourcil. — Mais, — ajouta Gauthier, — tout cela n'empêche point les amis de Votre Majesté de songer à elle.

— Je l'espère bien.

— Et je suis chargé de lui faire tenir un billet.

— Un billet ? de qui ?

— De Noë.

— Tu l'as vu ?

— Ce soir.

— Où ?

— Chez Malican, dont il est avec une grande barbe noire le garçon cabaretier.

Et Gauthier tira de sa poche un carré de parchemin plié d'une façon bizarre, mais qui sans doute était familière à Henri, car le prince le déplia lestement.

La missive de Noë ne contenait que quelques lignes, que voici :

« Lahire est sauvé. Nous sommes réunis tous les trois. Pibrac s'est échappé de Vincennes. Nous travaillons à vous rendre libre.

» NOE. »

Henri lut et relut ce billet, puis un éclair passa dans ses yeux.

— Allons, — dit-il en redressant fièrement la tête, — avec des hommes comme mes Gascons je passerais sur le corps d'une armée tout entière. Ils mettront le feu au Louvre, s'il le faut, mais ils me délivreront !

— Parbleu ! — fit le page avec l'assurance de son âge.

## XXXV

Comment Lahire s'était-il sauvé du Prie-Dieu ?

Il en était sorti comme La Chesnaye, sauf cette différence que ce dernier était tombé dans l'oubliette avec la conviction que les portes de l'éternité s'ouvraient devant lui.

Lahire, au contraire, savait que l'oubliette était pour lui le chemin du salut.

Lorsqu'il eut été enfermé de nouveau par Pibrac, notre héros s'arma du briquet et du silex, et alluma la bougie que lui avait remise le capitaine des gardes.

Cette bougie allumée, il jeta un regard autour de lui.

Le cachot nommé le Prie-Dieu était tel que l'avait laissé La Chesnaye.

Dans un coin se trouvait l'ouverture béante de l'orifice. Lahire s'en approcha.

Le jeune homme se coucha à plat ventre, et se pencha, la tête en dehors, sur l'abîme.

Un air fétide vint lui fouetter le visage, et il entendit tout au fond le clapotement de l'eau.

— Peste ! — murmura-t-il, — il faut avoir bonne envie d'éviter la place de Grève et les brutales caresses de maître Caboche pour se risquer dans ce trou de l'enfer !...

Lahire était brave, il l'avait suffisamment prouvé, et cependant il hésita pendant quelques minutes à profiter des conseils de Pibrac. — Il fait noir comme dans un four là-bas, — se disait-il, — et si j'étais sûr que ma bien-aimée madame la duchesse de Montpensier fût femme à me faire mettre en liberté, je crois que je jetterais cela dans l'oubliette et n'aurais point envie d'y aller voir moi-même.

Tout en s'adressant ce petit monologue, Lahire avait développé la corde à nœuds et il en avait solidement fixé l'extrémité à cet anneau que monsieur de Pibrac lui avait indiqué. Cela fait, il jeta dans le gouffre l'autre bout. Après quoi il la retira en disant : — Voyons si la corde est assez longue. — L'extrémité de la corde qui avait plongé dans l'abîme remonta mouillée sur une longueur de sept ou huit pieds. — Ah ! ma foi ! — murmura Lahire, — je sais nager, comme a dit monsieur de Pibrac. Je n'aime pas l'eau croupie, mais je la préfère cependant à la hache de maître Caboche. — Lahire rejeta la corde dans l'oubliette, puis il s'assit au bord, les jambes pendant dans le vide. L'odeur nauséabonde qui montait des noires profondeurs du précipice et ce clapotement sinistre qui se faisait entendre en bas le firent hésiter encore. — Par le sambleu ! Lahire, mon ami, — pensa-t-il, — vous êtes aujourd'hui plus couard qu'un procureur. Soudain — Lahire songea au roi de Navarre, à ce jeune prince entouré d'ennemis et que le retour d'amitié, peut-être momentané seulement, que lui témoignait le roi Charles IX, serait impuissant à sauver. Et alors Lahire n'hésita plus, et il se lança bravement dans l'abîme, saisissant la corde à deux mains et murmurant : — Meure la reine mère ! Vive la reine de Navarre ! — La corde était solide, mais elle était si mince que Lahire, en se laissant glisser lentement sur elle, eut peur un moment qu'elle ne vînt à casser. Néanmoins il n'en fut rien. Lahire sentit tout à coup ses jambes tremper dans l'eau. Alors il se cramponna plus solidement que jamais à la corde à nœuds et jeta un regard autour de lui. Les ténèbres l'entouraient, et il lui eût été impossible de préciser si le lieu où il se trouvait était spacieux ou étroit. Cependant un point lumineux frappa ses yeux déjà faits à l'obscurité. C'était un petit rayon blanc qui se répercutait sur l'eau noire comme une broderie d'argent sur le velours sombre d'un manteau. — Voilà mon étoile, — pensa Lahire. Et il lâcha la corde et se mit bravement à nager vers le point lumineux. À mesure qu'il s'approchait, le point grandissait ; et lorsque Lahire n'en fut plus qu'à quelques brassées de distance, il put se convaincre que Pibrac lui avait dit vrai, et qu'il avait devant lui un trou qui laissait pénétrer la lumière du jour. Lahire nagea jusqu'à ce que ses mains rencontrassent une aspérité. C'était une pierre à fleur d'eau, une pierre des puissantes assises du Louvre, à laquelle il se cramponna. Puis, à l'aide de cette pierre, il se hissa jusqu'au trou et s'y coula à plat ventre, comme un renard qui sort de son terrier. Lahire était plus grand que La Chesnaye, mais il était plus mince, et là où l'homme d'affaires des princes lorrains s'était meurtri les épaules, le Gascon passa facilement. Une bouffée d'air frais vint lui frapper le visage aux deux tiers de ce voyage étrange, et Lahire respira cet air à pleins poumons. Puis il avança encore, rampant sur le ventre et sur les mains. Et bientôt il vit briller une nappe d'eau bleue sur laquelle s'étalait un rayon de soleil. C'était la Seine qui coulait de l'autre côté de ce petit souterrain creusé par les infiltrations de l'eau. Alors, comme le prisonnier qu'on met subitement en liberté et qui passe sans transition des ténèbres de son cachot à la lumière éclatante du soleil, Lahire s'arrêta au bord du souterrain, leva les yeux vers l'azur du ciel et se remit à respirer le grand air. Pendant un moment il éprouva toutes les joies naïves du captif rendu à la liberté, mais bientôt le sentiment vrai de sa situation lui revint, et, comme il se l'était déjà dit en plusieurs circonstances, il répéta ces paroles : — Lahire, mon ami, voici le moment d'assembler votre conseil. — Le conseil de Lahire assemblé se composait de son imagination féconde en ressources et de son esprit subtil et prudent. La délibération fut courte et eut cette conclusion : — Lahire, mon ami, il ne faut point vous conduire comme un jeune rat sans expérience qui serait entré dans un trou pour échapper à un chat, et en ressortirait sur le champ pour que le chat lui tombât dessus. N'oubliez pas que vous êtes sous les murs du Louvre, dont vous avez eu tant de peine à sortir, à quelques pas des sentinelles qui veillent aux poternes et dont il ne faut pas éveiller l'attention. Tout le monde vous a vu entrer au Louvre ; il n'est pas un Suisse qui ne vous connaisse, et il est tout à fait impraticable pour vous de remonter sur la berge de la rive droite. Puisque vous savez nager, le plus simple est de vous diriger entre deux eaux jusqu'au dessous du bac de Nesle. Une fois sur la rive gauche, vous aurez le temps de prendre un parti. — Lahire respira quelque temps encore avant de se remettre à l'eau. Il était fatigué et la Seine était large. Tout à coup il aperçut une barque en amont qui descendait le courant avec vitesse. La voile rougeâtre de cette barque indiquait sa destination et son origine. C'était un bateau pêcheur. — Si je suis en avant d'atteindre l'autre rive, — pensa Lahire, — je demanderai à ces gens-là de me prendre à leur bord. On m'a pris ma dague et mon épée, mais on m'a laissé ma bourse, et l'argent en cette circonstance vaut mieux que le fer. — Lahire avait le coup d'œil sûr ; il mesura la distance qui séparait encore la barque de la ligne transversale qu'il allait suivre, lui, en nageant, et il calcula qu'il pourrait la rencontrer à peu près vers le milieu de la rivière. Alors, il se mit à l'eau, nageant sans bruit et ne montrant à la surface que sa tête. Comme il atteignait en effet le milieu du fleuve, la barque passa. Lahire calcula son élan, donna un vigoureux coup de pied, étendit les mains et se cramponna au bordage. La barque n'avait d'autre pilote et d'autre passager qu'un jeune pêcheur de quinze à seize ans qui se tenait assis à la barre et fut assez étonné de voir un homme monter à son bord. Lahire se glissa dans la barque en murmurant : — Il était temps !... j'étais au bout de mes forces. — Puis il posa un doigt sur ses lèvres : — Chut ! dit-il au pêcheur, — je te payerai bien. — Et comme l'enfant le regardait toujours avec un étonnement craintif : — Sans la barque, mon garçon, je me serais sûrement noyé. — Un homme nageant en plein jour dans la Seine, épuisant ses forces et cherchant son salut dans une barque, tout cela eût paru fort naturel, si Lahire n'eût été tout vêtu. Aussi prit-il soin d'expliquer au pêcheur encore ahuri sa situation. Il est vrai que la version de notre héros manquait d'exactitude, mais il y avait deux ou trois jours déjà que Lahire se trouvait en opposition avec la vérité, et l'habitude en était prise. D'abord il tira sa bourse, y prit une pistole toute neuve et la tendit au petit pêcheur, qui hésita à l'accepter. Jamais l'enfant n'avait eu pareille pièce d'or à sa disposition, même dans ses rêves. — Prends, dit Lahire, et écoute-moi. — L'enfant le regarda. — Sais-tu ce que c'est que l'amour ? — continua le Gascon. Le jeune pêcheur se prit à rougir. — Tu le sais, je le vois. — Le pêcheur se dit :

— Pourquoi donc me fait-il cette question ?

— Puisqu'il en est ainsi, — poursuivit Lahire, — tu vas comprendre mon histoire. J'aime une dame de la cour dont le mari jaloux m'a fait jeter à l'eau par ses gens.

— Ah ! — dit le pêcheur, — c'est donc pour cela que vous êtes tout habillé, mon gentilhomme ?

— Précisément.

— Et maintenant que vous voilà ici, — demanda le pêcheur avec tout le respect que méritait un gentilhomme

dont la bourse était pleine d'or, — où faut-il vous conduire ?

— Où tu voudras.

— C'est plutôt où voudra Votre Seigneurie. Faut-il virer de bord ?

— Où allais-tu quand je t'ai rencontré ?

— Au village de Chaillot : c'est là que demeurent mes parents.

— Et d'où venais-tu ?

— De Charenton.

— Chaillot ! — murmura Lahire — mais il me semble que c'est là qu'est la maison de Guillaume !... Parbleu ! oui, j'y serai bien tranquille, jusqu'à ce soir, du moins... Quand il fera nuit, je rentrerai dans Paris. Et il dit au pêcheur : — Eh bien ! allons à Chaillot. Le pêcheur serra son écoute et sa barque continua à filer rapidement. La cabane du pêcheur était la première du village, tout à fait au bord de l'eau. — Arrête devant chez toi, — dit Lahire ; — voilà une seconde pistole. L'enfant s'était enhardi. Il prit la seconde pièce d'or, et se confondit en remerciments tout en carguant sa voile et gagnant le bord.

— Connais-tu un garçon nommé Guillaume, à Chaillot ?

— Guillaume Verconsin ?

— Justement.

— Oui, messire.

— Où est sa maison ?

— Là-bas, à l'angle de cette rue, sur la berge ; il y a un cabaret vis-à-vis.

— Merci, — dit Lahire en sautant lestement à terre.


## XXXVI

Bien que ses habits fussent ruisselants, Lahire se dirigea d'un pas rapide vers l'endroit indiqué.

Mais quel ne fut point son étonnement en voyant un rassemblement de populaire devant la grille du jardin et le cabaret !

Au milieu d'un groupe tumultueux pérorait le gros cabaretier qui avait, le matin, versé à boire tour à tour à La Chesnaye déguisé en femme, au reître et à René qui lui avait donné deux pièces d'or.

Lahire devina que quelque événement extraordinaire s'était passé dans la maison de Guillaume Verconsin, et il se faufila au milieu du groupe et se mit à écouter.

Le cabaretier racontait que deux cavaliers qu'il ne connaissait pas, mais dont l'un lui avait fait l'effet d'un grand seigneur, étaient venus chez lui le matin.

Le dernier, le grand seigneur, lui avait demandé certains renseignements sur la maison de la veuve Verconsin, s'était informé si Guillaume était sorti ; puis, s'il y avait dans la maison une jeune femme.

Sur sa réponse affirmative, ajoutait-il, les deux cavaliers étaient entrés.

La veuve Verconsin les avait fort bien accueillis d'abord, puis elle les avait introduits dans la maison.

Une demi-heure s'était écoulée, disait toujours le cabaretier, pendant laquelle rien d'extraordinaire ne lui avait semblé se passer.

Puis il avait entendu des cris étouffés ; et, tout à coup, l'un des cavaliers, le premier, était sorti tout effaré de la maison, avait sauté sur son cheval, et l'avait lancé au galop vers Paris. Moins de cinq minutes après, une femme était sortie à son tour.

Cette femme était cette belle et mystérieuse étrangère que les gens de Chaillot avaient entrevue une ou deux fois.

Selon le cabaretier, elle était pâle, les vêtements en désordre et couverts de sang ; elle brandissait une dague d'un air égaré, et elle s'était mise à fuir à toutes jambes vers la rivière.

Cette apparition avait tant étonné le cabaretier qu'il n'avait pas songé à arrêter la jeune femme.

Ce n'avait été qu'au bout de quelques minutes que, revenu de sa stupeur, il avait songé à pénétrer dans la maison.

Là un spectacle étrange s'était offert à ses yeux.

La cave était ouverte.

Après avoir vainement appelé la veuve Verconsin, le cabaretier s'était décidé à allumer une lampe et à descendre dans la cave, où il avait trouvé le cadavre de la malheureuse femme. Alors, tout bouleversé, il était remonté, avait gagné le premier étage, et il y avait trouvé le gentilhomme qui lui avait donné deux pièces d'or agonisant au milieu d'une mare de sang.

A cette vue, le cabaretier avait perdu la tête, il avait crié Au secours, on était accouru des maisons voisines, et, guidés par lui, les premiers arrivés s'étaient transportés dans la maison. On avait retiré de la cave le cadavre de la veuve Verconsin et on l'avait exposé dans le vestibule.

Puis on avait porté le gentilhomme sur un lit et on était allé querir un chirurgien en toute hâte.

Voilà ce que Lahire, qui sur le champ, au portrait qu'on faisait d'elle, avait reconnu Sarah, venait d'apprendre.

On s'occupait trop du récit du cabaretier pour faire la moindre attention à Lahire et à ses habits trempés.

— Il faut pourtant que je sache quel est ce gentilhomme, — se dit notre Gascon.

Alors, comme la maison ne désemplissait pas de curieux, Lahire se glissa parmi la foule qui entrait et sortait, et il arriva ainsi jusqu'à la chambre où on avait couché le mourant.

Soudain il s'arrêta stupéfait sur le seuil.

Lahire avait reconnu dans cet homme qui râlait et tournait des yeux hagards et déjà privés d'intelligence le plus mortel ennemi du roi de Navarre et de Noë, René le Florentin.

Alors Lahire devina jusqu'à un certain point la vérité.

Il savait l'amour furieux de René pour Sarah et il jugea que celle-ci avait dû le poignarder pour se soustraire à ses persécutions.

Mais il songea aussi que ce premier cavalier qui s'était enfui au galop de son cheval vers Paris avait dû courir au Louvre pour y donner l'alarme.

Et Lahire se dit :

— Il ne fait pas bon pour moi ici. Détalons au plus vite!

— Il s'esquiva sans avoir autrement excité l'attention, et, tout en s'en allant, il murmura : — Je ne sais, ma foi ! comment finiront toutes mes aventures ; mais, s'il nous arrive malheur, nous aurons du moins la consolation de laisser derrière nous ce misérable empoisonneur, René le Florentin. J'espère bien qu'il sera mort dans une heure.

— Le prudent Lahire s'en alla droit chez le petit pêcheur qu'il trouva étalant son poisson au soleil. — Mon ami, — lui dit-il, — tu vas me chercher des habits, car les miens me collent à la peau.

— Mais, monseigneur, — dit le pêcheur, — je n'ai que des vêtements grossiers.

— Peu importe !

Le petit pêcheur fit entrer Lahire dans la maison où sa vieille mère raccommodait un filet.

Dix minutes après, Lahire avait coupé sa barbe, endossé une souquenille de bure, chaussé de vieilles sandales et, ainsi transformé, il se retournait tranquillement vers Paris, après avoir laissé tomber deux autres pistoles dans la main du pêcheur.

C'était donc par le billet de Noë que lui apportait le page Gauthier que Henri de Navarre avait appris l'évasion de Lahire.

René était mort ou mourant, c'était déjà quelque chose. De plus ses amis travaillaient à le sauver, et le roi de Navarre savait ce que valaient ses quatre Gascons.

Le page Gauthier se retira comme l'heure où il apportait à souper à Henri allait sonner, mais, en s'en allant la tête haute et d'un air conquérant, le page, disons-nous, ne s'attendait point à ce qui allait lui advenir.

Comme il avait déjà fait quelques pas en dehors de l'antichambre du roi de Navarre, dans ce corridor qui conduisait à l'appartement de la reine mère, on lui frappa sur l'épaule.

Gauthier tressaillit et s'arrêta.

Le corridor était sombre, cependant le page reconnut l'officier des gardes qui, le matin, l'avait laissé pénétrer chez le roi de Navarre.

— Bonsoir, monsieur Gauthier, — dit-il.

— Bonsoir, monsieur.

— Vous venez de chez le roi de Navarre ?

— J'étais porteur d'un second message pour lui.

— De qui ?

— De la reine mère.

— Voyez quelle rencontre ! — fit l'officier avec une pointe d'ironie dans le sourire et dans la voix.

— Que voulez-vous dire, monsieur ?

— Moi aussi j'ai un message.

— De qui ?

— De la reine mère.

— Pour le roi de Navarre, peut-être ?

— Non, pour vous.

— Donnez !

Et, à son tour, Gauthier tendit la main.

— Pardon ! — reprit l'officier, — c'est un message verbal, monsieur.

— Alors j'écoute.

— La reine mère vient de me dire : Je n'ai chargé le page Gauthier d'aucun message pour le roi de Navarre...

— Gauthier tressaillit. — Et, — continua l'officier des gardes, — la reine a ajouté : Vous lui demanderez son épée et l'enverrez au donjon de Vincennes, où il tiendra compagnie à monsieur de Pibrac, puisqu'il a du goût pour la société des gens qui sont prisonniers d'État.

— Diable ! — murmura Gauthier. Et il fit à part lui cette réflexion : — Comment feront les amis du roi de Navarre, à présent, pour correspondre avec lui ?

— Allons ! — dit le garde, — votre épée, mon jeune ami.

— La voilà.

Gauthier tira son épée, la prit par la lame et en présenta la poignée à l'officier des gardes, qui le prit familièrement par le bras et l'emmena.

Aussi, le lendemain, à l'heure où le page devait venir, Henri l'attendit-il vainement.

La journée tout entière s'écoula, et Gauthier ne parut point.

Pendant toute cette journée, le roi de Navarre fut gardé par les lansquenets, et il ne put échanger un mot avec aucun d'eux.

Comme il finissait de souper, on releva les sentinelles.

— Pourvu qu'on m'envoie des Français maintenant ! Je meurs d'envie de parler, — se dit Henri. Et il avala un dernier verre de vin et alla s'accouder à la fenêtre, celle qui donnait sur le bord de l'eau et en bas de laquelle veillaient deux sentinelles qui avaient ordre de l'arquebuser s'il essayait de se sauver. Le prince regardait avec mélancolie couler l'eau du fleuve et scintiller les étoiles au firmament, lorsqu'il entendit frapper à sa porte avec la crosse d'une hallebarde. — Entrez ! — dit-il. La porte s'ouvrit et un soldat parut. — Encore un lansquenet ! — murmura Henri désappointé. — Hé ! sais-tu le français, *tarteifle* !

Le lansquenet ferma la porte, puis il vint à Henri, se plaça devant lui, releva la visière de son casque et mit un doigt sur ses lèvres.

Henri recula d'un pas et eut toutes les peines du monde à étouffer un cri.

Le lansquenet, qui venait de lui montrer son visage à découvert n'était autre que le blond Amaury de Noë, affublé d'une grande barbe noire.

— Chut ! — dit Noë, — parlons bas, et allons vite en besogne !

— Mais comment as-tu pu arriver jusqu'ici !

Noë entraîna Henri vers la fenêtre :
— Regardez ! — dit-il.
— Eh bien ?
— Voyez-vous ces deux sentinelles ?
— Oui, ce sont des lansquenets.
— C'est Hector et Lahire.
Henri fit un geste de surprise :
— O mes Gascons ! — murmura-t-il.
— Il y en a un autre dans l'antichambre, sire.
— Et... c'est... ?
— C'est Pibrac qui s'est échappé du donjon de Vincennes.
— Ah ! — fit Henri, — je vais donc pouvoir sortir d'ici ?
— Oui, par la fenêtre.
Et Noë dégrafa sa cuirasse, et un paquet assez volumineux s'en échappa et tomba sur sol.
— Qu'est-ce ? — dit-il.
— C'est une échelle de corde.
— Bien, mais...
— Attendez ! derrière Saint-Germain-l'Auxerrois, il y a des chevaux tout sellés. Mais il faut nous hâter. Dans une heure le massacre commencera.
Noë fixait l'échelle de corde à la croisée.
— Quel massacre ? — demanda Henri.
— Le massacre des huguenots. Oh ! — fit Noë d'un air sombre, — madame Catherine est une terrible femme, sire ; elle s'est servie de la folie du roi son fils, et depuis une heure les catholiques ayant les Guise à leur tête sont maîtres de Paris.
— Mais les huguenots se défendront !
— Ils seront écrasés...
— L'amiral, mon vieil ami...
— Sa maison est cernée.
— Condé...
— Il est à Vincennes.
— Eh ! — s'écria Henri, — tu veux que je prenne la fuite, moi, au moment où mes frères vont être égorgés !...
— Je veux vous arracher à une mort inutile, sire.
— Mourir avec les siens c'est triompher.—Et Henri chercha une épée absente à son flanc et se redressa fier et superbe. — Tiens ! — dit-il, — tu oublies beaucoup trop souvent, ami, que je suis le petit-fils du roi saint Louis e que je m'appelle Henri de Bourbon.
— Mais c'est de la folie et du vertige, sire ! — s'écria Noë éperdu. — Vous serez massacré sans défense !
— Une épée ! donne-moi une épée ! — répondit le jeune roi.
Et comme si Dieu eût voulu faire un miracle, en ce moment une porte s'ouvrit, une autre porte que celle par où Noë était entré, et sur le seuil de cette porte apparut une femme.
Elle était rayonnante et belle de fierté ; son œil étincelait de tout l'orgueil d'une antique race de rois chevaleresques.
C'était une fille de France, c'était Marguerite de Valois, reine de Navarre, qui, au moment suprême, venait se ranger à la droite de son époux et lui apporter une épée.
— Voilà celle du roi mon père, sire, — lui dit-elle.
Et soudain Henri tomba à genoux devant Marguerite ; et puis il se redressa, saisit l'épée qu'on lui tendait, la baisa sur la lame avec respect, puis courant à la fenêtre, il cria :
— A moi, Navarre ! à moi !...—Et soudain encore deux portes s'ouvrirent, celle par laquelle Noë était entré, celle qui avait livré passage à Marguerite. Par la première entrèrent Raoul et Hogier de Lévis, l'épée nue. Au seuil de la seconde apparurent Pibrac et le page Gauthier... — Ah ! — s'écria Henri en regardant Marguerite avec enthousiasme, — Hector et Lahire vont monter, et vous verrez, madame, si les épées de Gascogne sont bien trempées !... Navarre, à moi !

## XXXVII

Revenons sur nos pas et retournons au château d'Angers.
Nancy, on s'en souvient, s'était esquivée de la chambre de monsieur de Nancey et elle était descendue en toute hâte au premier étage, où était logée madame Marguerite. Elle avait, on s'en souvient encore, retrouvé le page Raoul dans l'antichambre de la reine de Navarre.
Raoul lui avait montré la porte close de la reine et avait mis un doigt sur ses lèvres.
Mais la camérière avait bien autre chose à faire, en vérité, que de respecter le repos de madame Marguerite.
Elle frappa.
Marguerite vint entre-bâiller sa porte.
— Qui est là ? — fit-elle.
— C'est moi.
Le ton avec lequel Nancy prononça ces deux mots étonna la jeune reine.
— Que veux-tu ? — dit-elle.
— Vous parler sur-le-champ.
— Pourquoi ?
— Il s'agit du salut du roi.
— Entre ! — dit Marguerite en tressaillant.
Nancy se tourna vers Raoul, qui se trouvait derrière elle.
— Va seller les chevaux, — dit-elle, — nous partons.
— Quoi ? — fit Marguerite.
— Hein ? — dit Raoul.
— Mais va donc ! — fit-elle avec l'accent de l'autorité.
Et Raoul alla exécuter l'ordre que lui donnait Nancy, tandis que cette dernière entrait chez madame Marguerite stupéfaite.
— Ah çà ! — dit Marguerite,—qu'est-ce que tout cela,mignonne ? — Et elle ralluma une lampe à la hâte et étouffa un cri, tant Nancy paraissait bouleversée. — Mais qu'as-tu donc ? comme tu es pâle !
— Le duc est ici, madame.
— Mon frère d'Alençon ?
— Oui, et monsieur de Nancey aussi.
— Oh ! oh ! qu'est-ce qu'il vient faire, Nancey, ce favori de ma mère ?
— Il vient annoncer au duc que la mort du roi de Navarre est décidée.
Marguerite recula épouvantée.
Alors Nancy lui raconta ce qui s'était passé, il y avait quelques minutes, dans la chambre de monsieur de Nancey.
Marguerite écouta, haletante, le front baigné de sueur, le récit de ce complot qui devait envelopper tous les huguenots dans un massacre général.
— Mais, — s'écria-t-elle tout à coup, — le roi de Navarre avait quitté Paris, puisque Hogier s'en allait en avant pour lui préparer des relais.
— Oui, madame, — dit Nancy ; — seulement nous avons entravé Hogier dans sa mission.
— Mon Dieu ! — fit Marguerite. Et elle eut comme un pressentiment de la vérité — Oh ! — dit-elle avec angoisse, — je n'aime plus le sire de Coarasse, mais je serai fidèle à la fortune du roi de Navarre. — Elle courut à une porte : — Hogier ! — cria-t-elle. Et Hogier accourut. Le jeune homme était encore tout ému de son entretien avec Marguerite. Elle le regarda : — Vous me demandiez à mourir tout à l'heure, — lui dit-elle, — parce que vous vous considériez comme traître envers le roi de Navarre votre maître... — Hogier baissa tristement la tête.— Eh bien ! — continua Marguerite, — il faut le sauver ou mourir pour lui !... A cheval, monsieur...!
Raoul revint.
— Les chevaux sont prêts, — dit-il.

— Oui, — dit Nancy, — mais il faudrait pouvoir sortir
du château sans donner l'éveil au duc.

— C'est juste, — observa Marguerite.

— Et la chose est impossible.

— Pourquoi?

— Parce que l'officier qui commande la porte, — dit
Raoul, — ne le voudra pas; ou tout au moins il ira prévenir le duc d'Alençon.

Nancy hocha la tête.

— Non, — dit-elle.

— Vous croyez?

— Le capitaine Hermann ignore la présence du duc
dans le château. — Marguerite eut un geste de surprise. —
Chut! — fit Nancy. — J'expliquerai tout cela à Votre Majesté. — La jeune reine avait repris son manteau et elle
faisait à la hâte ses préparatifs de départ. Nancy entr'ouvrit une croisée et se pencha au dehors. Les premières
clartés de l'aube glissaient à la cime des tours. — Tout
dort, — murmura la camériste; — il n'y a d'éveillé que
la sentinelle qui se promène gravement dans la cour. —
Et Nancy descendit avec Raoul, laissant la reine et Hogier
en arrière. Nancy alla droit à la sentinelle: — Où est le
capitaine de la porte? — lui demanda-t-elle.

— Là, — fit le soldat surpris de voir la jeune fille levée
à pareille heure.

Et il indiquait le corps de garde.

Les soldats sommeillaient sur leur lit de camp, mais le
capitaine, à califourchon sur un escabeau, fumait gravement comme un vrai reître qu'il était.

Il fut non moins surpris que la sentinelle en voyant
Nancy sur le seuil.

Nancy mit un doigt sur ses lèvres et fit signe au capitaine de sortir.

— Est-ce que Sa Majesté la reine de Navarre aurait
besoin de moi? — fit le reître.

— Oui, — fit Nancy.

— Je suis à ses ordres.

— Il faut nous ouvrir la porte.

— Hein?

— Et nous laisser sortir.

— Mais... à cette heure...

Et, stupéfait, le capitaine regardait la jeune fille.

— Et ne point parler de notre départ avant qu'on s'en
aperçoive...

— Mais... enfin...?

— Monsieur, — dit Nancy, — je vais tout à l'heure vous
rendre un grand service. — Et Nancy se dit tout bas: — J'ai
toujours détesté le duc d'Alençon; je vais tâcher qu'il lui
arrive malheur! ce sera toujours un ennemi de moins.

— Vous allez me rendre un service? — fit le capitaine,
de plus en plus étonné.

— Ecoutez, — continua Nancy, — vous ne pouvez pas
vous opposer à ce que la reine de Navarre sorte du château.

— Evidemment.

— Seulement vous avez le droit d'annoncer son départ.

— Ce sera même mon devoir.

— Eh bien! je vous ferai une confidence tout à l'heure.

— A moi?

— Oui, et qui vous intéressera singulièrement, je vous
jure.

— Mais...

— Chut! attendez. — En ce moment la reine descendait
appuyée sur Hogier, et Raoul avait sorti les chevaux des
écuries. — Faites ouvrir la porte, — dit Nancy, — et
faites-moi un serment.

— Lequel?

— C'est que si ma confidence a pour vous l'importance
que je crois...

— Eh bien?

— Vous serez muet sur notre départ le plus longtemps
possible.

Et Nancy sauta lestement sur une haquenée blanche
que Raoul tenait en main.

— Soit, — dit le reître, — je vous en fais le serment.

La reine et Hogier étaient déjà en selle.

Alors Nancy se pencha à l'oreille du capitaine.

— Le duc est au château, — dit-elle.

— Comment! que dites-vous?

— Et vous le trouverez dans le parc avec votre pupille.

Le reître porta vivement la main à la garde de son
épée.

— Oh! — s'écria-t-il, — s'il en est ainsi, le duc est un
homme mort!

## XXXVIII

Deux jours après son départ du château d'Angers,
madame Marguerite et sa suite arrivèrent aux portes du
Louvre, à cette heure crépusculaire qu'on a appelée *entre
chien et loup*. L'auguste voyageuse s'arrêta devant la
grande porte.

Deux lansquenets se promenaient de long en large, la
hallebarde sur l'épaule, aux deux côtés de cette porte.

— Tiens, — murmura madame Marguerite, — il paraît
qu'en mon absence on a changé bien des choses au
Louvre.

— En effet, — dit Nancy, — jadis il y avait des Suisses
ou des gardes.

— Et maintenant je vois des Allemands.

— C'est que probablement, — reprit Nancy, — le roi est
à Saint-Germain.

— Non, ma mie, le roi est au Louvre.

— Qu'en sait Votre Majesté?

— Tiens, regarde!

Et Marguerite montrait l'oriflamme, ce vieil étendard
des rois de France, qui se balançait, en haut du Louvre,
au souffle des airs.

— C'est juste! — dit Nancy.

Et la soubrette se laissa glisser à bas de sa haquenée,
puis elle aborda un Allemand et lui dit:

— Fais donc ouvrir les portes!

— *Nein*, — dit le reître, — ce qui signifiait *nòn*, ou
plutôt: Je ne comprends pas ce que vous me dites.
Nancy lui montra la porte close: — *Ya, ya*, — fit-il.

Et il frappa avec sa hallebarde.

Un guichet s'ouvrit.

Alors Nancy se prit à parlementer avec l'officier du
poste.

Cet officier était pareillement Allemand; seulement il
comprenait tant bien que mal le français.

— Que *foulez fous*? — demanda-t-il en regardant Nancy.

— Entrer donc!

— On *n'endre bas*.

— Même quand on s'appelle la reine de Navarre, — fit
Nancy. L'officier regarda par-dessus l'épaule de la camérière et reconnut madame Marguerite. — C'est autre chose,
— dit-il.

Il donna un ordre en allemand, et la porte s'ouvrit.

Marguerite et sa suite entrèrent dans la cour du Louvre.
L'officier la salua profondément, fit fermer la porte et
rentra.

— Tout cela est fort singulier, — pensa la reine de
Navarre.

La grande cour du Louvre était encombrée de lansquenets; mais la reine eut beau regarder, elle n'aperçut
aucun visage de connaissance.

— Voilà qui est bizarre! — murmurait Nancy à l'oreille
de Raoul.

Quant à Hogier, il n'était jamais entré au Louvre, et
par conséquent il en ignorait les us et coutumes.

La reine de Navarre était, comme Nancy, descendue
de cheval, et elle se dirigea vers le perron du grand
escalier.

Sur la première marche de ce perron, elle rencontra un vieillard. C'était Miron.

Miron fit un pas de retraite et salua la jeune reine avec étonnement.

— Mon Dieu! mon bon Miron, — dit Marguerite, — comme vous me regardez !

— J'ignorais la présence de Votre Majesté dans le Louvre.

— Ah !...

— Tenez !...

Et Marguerite montrait ceux qui l'accompagnaient et les chevaux.

— Ah ! — fit encore Miron.

Et il soupira.

— Mais, — dit Marguerite inquiète, — vous êtes bien sombre, mon bon Miron. Qu'avez-vous? mon Dieu !

— Votre Majesté ne sait rien peut-être.

— Absolument rien. — Miron soupira une troisième fois. De quoi s'agit-il donc ?

— Le roi est malade.

— Malade ! le roi, mon frère ?

— Oui, madame.

— Qu'a-t-il donc ?

— Il est fou.

Marguerite jeta un cri.

— Fou ! — dit-elle, — le roi de France est fou ?

— Oui, madame.

— Mais qui donc règne au Louvre, alors ?

— La reine mère, — Marguerite pâlit, — et le duc de Guise, — ajouta Miron. La jeune reine eut un frisson mortel, et son sang se glaça. — Et cette nuit, — ajouta Miron, — il va se passer d'étranges choses à Paris.

Marguerite fut saisie tout à coup d'une terreur folle.

— Où donc est le roi de Navarre? — dit-elle.

— Ici.

— Sain et sauf ?

— Jusqu'à présent, madame.

Ces mots jetèrent l'épouvante dans le cœur de Marguerite.

— Ah ! Miron, Miron, — dit-elle, — il faut que vous me disiez la vérité ! — Miron parut hésiter. — Miron, Miron, — répéta la jeune reine, — seriez-vous donc l'ami de la reine mère, que vous gardez le silence ? — Miron secoua la tête. — Parlez donc alors ! — fit Marguerite.

— Pas ici, madame.

— Pourquoi ?

— Les murs du Louvre ont des oreilles.

— Mais où voulez-vous donc que je vous voie ? — fit Marguerite avec angoisse, — chez moi ?

Un triste sourire vint aux lèvres de Miron.

— Vous ne pourrez rentrer chez vous.

— Pourquoi ?

— Parce que le roi de Navarre y est prisonnier.

Marguerite leva les mains au ciel.

— Mon Dieu ! — dit-elle.

Mais le médecin du roi, au lieu de répondre à Marguerite, jetait un regard autour de lui, et, du haut de l'escalier, plongeait dans la cour.

Il n'y avait dans cette cour que des Suisses et des lansquenets, tous gens épais qui ne connaissaient que leur consigne et ne se seraient point émus si le monde s'était écroulé.

On ne voyait au milieu d'eux aucun de ces gentilshommes français ou de ces pages pour qui les nouvelles du jour, les petits cancans de galanterie étaient matière à longs discours.

Miron dit à Marguerite :

— Je gage qu'aucun de ces gens ne sait que Votre Majesté était absente du Louvre depuis près de huit jours.

— C'est possible.

— Et qu'ils lui ont ouvert la porte persuadés qu'elle revenait de faire une promenade.

— Eh bien ? — fit Marguerite.

— Qui sait, — murmura Miron, — si la reine mère apprendra le retour de Votre Majesté ?

— Mais certainement, car je la veux voir ce soir, moi.

— Ah !

— Et lui demander compte...

— Chut! madame, — fit Miron en posant un doigt sur ses lèvres. Puis il se pencha vers Marguerite. — Je risque peut-être ma tête, — dit-il, — mais je serais heureux de mourir pour Votre Majesté. Venez chez moi, madame.

— Soit ! — dit Marguerite, qui se sentait gagnée par une vague épouvante.

Le médecin du roi, Miron, le frère de ce prévôt des marchands, François Miron, qui devait devenir fameux dans l'histoire, Miron, disons-nous, occupait au Louvre un petit appartement situé dans l'aile opposée à celle qu'habitaient madame Marguerite, le roi de Navarre et la reine mère.

Cet appartement communiquait par une petite porte avec ceux du roi.

Ce fut là que Miron conduisit Marguerite.

Il s'enferma avec elle dans la pièce la plus reculée, s'assura qu'on ne pouvait l'entendre du dehors, et alors il changea d'attitude, redressa fièrement sa tête blanche et dit :

— Ah ! madame, Votre Majesté a raison de revenir; il n'est que temps, et peut-être même sera-t-il trop tard !

— Trop tard ?

— Oui, pour sauver le roi de Navarre.

— Oh ! — dit Marguerite, — je sais bien qu'on médite un massacre des huguenots.

— C'est pour cette nuit.

— Dites-vous vrai, Miron ?

— Hélas !

— Mais il est impossible que le roi de Navarre soit compris dans ce massacre.

— Oui et non.

Miron prit un air mystérieux.

— Que voulez-vous dire ? — fit Marguerite.

— Écoutez, madame. Le roi est fou depuis hier matin. Il a été saisi d'un accès de fièvre chaude et bien lui en a pris : l'histoire ne laissera point peser sur lui seul la responsabilité des crimes qui vont s'accomplir.

— Eh bien ! cette folie ?...

— Cette folie est venue à propos pour la reine mère et les princes lorrains, car ils avaient ourdi un immense complot !...

— Et... ce complot ?...

— Avait pour but d'enlever le roi, de le séquestrer provisoirement s'il refusait de signer les ordres du massacre.

— Mais c'était un crime de haute trahison !

— Bah ! — fit Miron avec amertume, — la reine mère en a commis bien d'autres.

— Après ? — fit Marguerite.

— Heureusement pour eux, le roi est devenu fou.

— Mais comment ?

— A la suite d'un accès de colère.

— Ah !

— Et sa folie est devenue furieuse, et elle semble toutefois être guidée par un reste de raison.

— En vérité !

— Le roi s'occupe des affaires du royaume depuis ce matin ; il parle de faire un traité avec l'Espagne, de déclarer la guerre à l'électeur palatin et aux Pays-Bas. On lui a persuadé le royaume de France n'avait d'autres ennemis que les huguenots, et on lui a fait signer l'ordre du massacre.

— Mais cet ordre, — s'écria Marguerite, — ne peut concerner le roi de Navarre !

— C'est vrai, madame.

— Ah ! vous voyez...

— Quand on a osé parler du roi de Navarre devant le roi, — continua Miron, — il s'est mis en fureur, disant : « Oh ! celui-là, c'est mon ami, et je ne veux pas qu'il lui arrive malheur. Seulement gardez-le prisonnier ; c'est un huguenot, il faut s'en défier.

— Et c'est pour cela... ?

— Attendez... le roi de Navarre a, poursuivit Miron.

— Si le roi de Navarre demeure au Louvre, il échappera au poignard des assassins.

— Et s'il fuit...?

— Il sera massacré avant d'avoir atteint une des portes de Paris.

— Je ne comprends plus, — murmura Marguerite.

— Ah ! c'est que, — dit Miron, — Votre Majesté n'a pas compté sur le génie infernal de la reine mère.

— Qu'a-t-elle donc encore inventé ?

— Écoutez... le roi de Navarre a, dans Paris, quatre hommes qui lui sont dévoués à la vie, à la mort. — Marguerite tressaillit et songea à Hogier de Lévis. — L'un se nomme Noë, vous le connaissez.

— Oui, — fit Marguerite d'un signe.

— Le second, vous le connaissez encore, c'est Pibrac.

— Oh ! certes !

— Les deux autres sont deux jeunes gens nommés Lahire et Hector.

— Eh bien ! ces quatre hommes...?

— Trois sont libres...

— Ah !

— Un est prisonnier.

— Lequel ?

— Pibrac. — Marguerite eut un geste douloureux. — C'est-à-dire, — reprit Miron, — il ne l'est plus.

— Comment cela ?

— Le premier soin de la reine mère, en devenant toute-puissante par suite de la folie du roi, a été de faire arrêter Pibrac.

— Cela devait être, — murmura Marguerite avec ironie.

— On a conduit Pibrac au château de Vincennes, ainsi qu'un page du nom de Gauthier, puis on les a laissés s'évader.

— Dans quel but ?

— Vous allez voir. Pibrac libre s'est empressé de rejoindre Noë et les deux autres gentilshommes gascons.

— Bien.

— A eux quatre ils ont médité un plan d'évasion pour le roi de Navarre, sans se douter que la facilité qu'ils rencontraient à l'exécuter les perdrait tous.

— Je ne comprends pas, — dit la reine de Navarre.

— Attendez. Pibrac a cru pouvoir compter sur un vieil ami, un officier des gardes, qui lui a proposé de sauver le roi de Navarre.

— Et... cet officier...?

— Est un traître, madame. Dans une heure, auparavant peut-être, la fuite du roi de Navarre aura été assurée, du moins en apparence. Grâce à une échelle de soie, il pourra sortir du Louvre.

— Et puis ?

— Il trouvera des chevaux derrière l'église Saint-Germain pour lui et ses hommes.

— Et après ?

— Pibrac compte sur un autre officier qui garde la porte Saint-Jacques.

— Et c'est également un traître ?

— Oui, madame.

— Arrivés à la porte Saint-Jacques, le roi de Navarre et les siens seront pris entre deux feux d'arquebusades.

— Oh ! — s'écria Marguerite, — cela ne sera pas, je le sauverai !... je verrai le roi, je lui dirai...

— Chut ! Ce n'est point le roi qu'il faut voir.

— Qui donc alors ?

— Il faut empêcher le roi de Navarre de sortir du Louvre. — Et Miron regarda le sablier qui marquait les heures dans un coin de son laboratoire. — Il est neuf heures, dit-il, — hâtez-vous, madame.

— Mais le roi de Navarre est prisonnier.

— Oui.

— Comment arriver jusqu'à lui ?

Miron eut un mystérieux sourire.

— Je connais un chemin, — dit-il.

— Ah ! lequel ?

— Votre appartement communique avec celui du roi, n'est-ce pas ?

— Oui.

— Et il existe un passage secret entre votre appartement et celui de Pibrac ?

— Justement.

— Eh bien ! depuis que Pibrac a été envoyé à Vincennes, sa chambre est libre.

— Très-bien ! Mais comment arriver jusqu'à cette chambre ?

— Par le corridor de l'aile gauche.

— Et nous ne rencontrerons personne ?

— Je ne crois pas. On n'a gardé au Louvre que des Suisses et des Allemands.

— Ah ! — dit Marguerite, — il peut se faire que le roi de Navarre, quand on verra qu'il n'a pas fui, soit attaqué chez lui.

— Eh bien ! ses amis le défendront.

— Et je lui ferai un rempart de mon corps, moi, — dit la jeune femme avec enthousiasme. Puis elle songea à Hogier et au page Raoul : — Et, — ajouta-t-elle, — j'ai encore deux bonnes épées à lui donner. — Elle s'était penchée à une fenêtre qui donnait sur la cour, où Raoul et Hogier causaient avec un lansquenet. Nancy, à quelques pas de là, jasait avec un reître. — Nancy ! appela Marguerite.

Nancy comprit que la reine de Navarre avait besoin d'elle.

Elle quitta la place, après avoir examiné la fenêtre où madame Marguerite lui était apparue un moment et s'être assurée que c'était celle de Miron, puis elle monta lestement chez le médecin du roi.

— Ah ! — dit-elle en entrant, — j'ai appris bien des choses depuis dix minutes.

— Qu'as-tu donc appris ?

— C'est pour cette nuit le massacre. Les lansquenets ont double paye et tous les bourgeois sont armés.

— Je sais tout cela.

— Déjà !

— Va me chercher Hogier et Raoul. — Nancy redescendit aussi lestement qu'elle était montée. Deux minutes après, Hogier et Raoul arrivèrent. — Mes amis, — leur dit Marguerite, — il faut se battre.

— Quand ? — demanda Raoul.

— Cette nuit.

— Est-ce pour le roi de Navarre ?

— Oui.

— Ah ! morbleu ! — dit le page, — regardez, mon épée sort du fourreau toute seule !

Hogier ne souffla mot, mais il leva sur Marguerite un regard qui semblait dire :

— Je veux bien pouvoir mourir... mourir en vous aimant, mourir pour vous, mon roi, que j'ai trahi.

— Et moi, — dit Miron qui décrocha une épée appendue au mur et redressa fièrement sa grande taille voûtée, — moi aussi je le défendrai, ce jeune roi, contre qui grondent tant de haines et de colères !

— Toi ? — fit Marguerite ; — toi, mon vieux Miron, mon ami ?

Et elle lui prit les mains.

— Madame, — répondit le vieillard dans les yeux duquel s'allumèrent soudain les rayons enthousiastes de la jeunesse, — je suis dévoué au roi de France, d'abord parce que c'est le roi, ensuite parce qu'il est le fils du roi Henri II, qui m'appelait son ami. La reine mère sera toujours pour moi une étrangère, et entre une princesse italienne et un prince de la maison de France, entre Catherine et l'époux de la fille de mon roi, mon cœur n'hésitera pas.

— Vous êtes un noble cœur, Miron, — dit Marguerite.

Miron lui montra l'épée qu'il tenait.

— La reconnaissez-vous ? — lui dit-il.

— Oui, c'est celle de mon père.

— Eh bien !...

— Eh bien ! ce n'est pas toi qui t'en serviras, Miron.

— Qui donc, madame ?

— C'est le roi de Navarre ; elle lui portera bonheur.

Miron s'inclina.

— Vous avez raison, madame, — dit-il. — Il faut une noble main et un jeune bras pour la soutenir. — Et il alla prendre une seconde épée pareillement appendue au mur. — Et maintenant, — ajouta-t-il, — marchons !

— Madame — dit Nancy, qui venait de reboucler elle-même le ceinturon de son cher Raoul, — si nous sortons sains et saufs de cette terrible nuit, ferez-vous quelque chose pour vos serviteurs ?

Et la jeune fille, qui avait dans les veines un vieux sang de gentilhomme, regardait Raoul avec fierté.

— Oui, — répondit Marguerite, — tu épouseras Raoul, et...

— Et...? — fit Nancy.

— Il sera cornette dans les gardes du roi de Navarre.

— Par Jupiter ! — s'écria Raoul, — je suis capable de tuer dix lorrains cette nuit.

Et il mit flamberge au vent.

— Chut ! — fit Miron. Il ouvrit la porte qui donnait sur le corridor de l'aile gauche. Ce corridor était sombre et désert. Cependant, à l'extrémité, à la porte de l'appartement jadis occupé par Pibrac, Miron fut fort étonné de trouver un reître en sentinelle. — Place ! — lui dit-il.

Mais le reître ne bougea pas :

— On ne passe bas ! — dit-il.

— Ne me reconnais-tu point ?

— Vous êtes le médecin du roi.

— Alors ?...

— Mais vous ne passerez bas tout de même ! — Et le reître se mit en travers de la porte, ajoutant : — J'ai ma consigne.

— De qui la tiens-tu ?

— Du duc de Guise.

— Il faut nous débarrasser de cet homme, — pensa Miron. Et, tout vieux qu'il était, il saisit le reître à la gorge, avant que celui-ci eût songé à faire usage de ses armes et à pousser un cri d'alarme ; puis il lui plongea sa dague dans la poitrine jusqu'au manche. Le reître étouffa un juron et s'affaissa sur lui-même. — La place est libre — dit Miron. Et il repoussa le cadavre du pied et ouvrit la porte de l'appartement de Pibrac.

Voilà comment madame Marguerite était arrivée chez le roi de Navarre au moment où ce dernier refusait de prendre la fuite.

## XXXIX

Tandis que Lahire et Hector accouraient se ranger auprès de leur roi, il y eut un moment de silence parmi les personnes qui environnaient Henri.

Enfin Noë dit à la reine :

— Ah ! madame, madame, mieux vaudrait fuir que rester ici !

— Fuir, — dit Marguerite, — c'est la mort. — Et, regardant Pibrac : — Vous étiez à Vincennes, hier ?

— Oui, madame.

— Comment vous êtes-vous évadé ?

— Grâce à Gauthier.

Pibrac désignait le page.

— Parlez, — dit Marguerite à ce dernier. On ne savait trop où la reine voulait en venir, mais elle avait un tel accent d'autorité qu'il était impossible d'oser l'interrompre. Et comme Gauthier, étonné, semblait hésiter encore :

— Mais parlez donc, — fit-elle.

Gauthier dit alors :

— On m'a arrêté hier à midi. C'est un officier des gardes qui a servi sous les ordres de monsieur de Pibrac.

— Son nom ?

— Mazzoli.

— C'est un Italien — dit la reine.

— Or, — poursuivit Gauthier, — ce garde m'a conduit d'abord dans la cour du Louvre.

— Bien.

— Là, il m'a fait monter à cheval et m'a dit : « Je vous mène à Vincennes. — Y demeurerai-je longtemps ? — Cela dépendra de vous, » m'a-t-il répondu d'un air mystérieux. Je l'ai regardé avec étonnement. Il a continué « Connaissez-vous le gouverneur du donjon de Vincennes ? — Non. — C'est un de mes amis. — Ah ! — Un gentilhomme nommé La Lande, qui m'est fort dévoué. — A vous ? — A moi, Francesco Mazzoli : vous vous recommanderez de moi. — Et il me mettra en liberté ? — Oh ! je n'ai pas dit cela. Mais enfin, qui sait !... » Sur ces mots ambigus, le capitaine me confia aux mains de quatre reîtres, qui me conduisirent à Vincennes. Là, — continua Gauthier, — je m'aperçus qu'on remettait au sire de la Lande, le gouverneur du donjon, un pli cacheté.

— Et vous ignorez ce qu'il contenait ?

— Absolument. On m'enferma dans la grosse tour, au deuxième étage, et le guichetier qui me conduisit me dit : « Vous êtes voisin de monsieur de Pibrac. — Où donc est-il ? — Là, derrière ce mur. — Me sera-t-il permis de le saluer ? — Ma foi ! dit le guichetier, » je le demanderai au gouverneur. » La chambre qu'on m'assignait pour prison et celle qui était occupée par monsieur de Pibrac donnaient toutes deux sur un corridor, fermé lui-même par une solide porte de chêne ferrée de haut en bas ; de telle façon qu'on eût ouvert le cachot de monsieur de Pibrac et le mien, et qu'on nous eût laissé le corridor pour préau, que nous n'en aurions pas moins été prisonniers. Le guichetier qui m'avait enfermé revint au bout d'une heure : « Il paraît, » me dit-il, « que vous êtes chaudement recommandé au gouverneur. — Par qui ? — Par un officier des gardes. » Je songeai soudain à Mazzoli. « — Eh bien ? » fis-je en regardant le guichetier. « — Et le gouverneur vous permet de voir monsieur de Pibrac. — Parfait ! » Sur ce, le guichetier alla ouvrir la porte du capitaine des gardes ; je le suivis et j'entrai. On laissa les portes de nos deux cachots ouvertes ; seulement on ferma celle du corridor, et derrière elle nous entendîmes retentir le pas d'une sentinelle.

— Et, — dit monsieur de Pibrac à son tour, — nous passâmes la journée ensemble. Le soir on ne nous sépara point. Vers neuf heures, on nous apporta à souper. Notre souper se composait d'un broc de vin, d'une hure de sanglier et d'un pain énorme.

— C'est moi qui coupai le pain, — reprit Gauthier, — et je fus fort étonné de rencontrer une certaine résistance filandreuse. Le pain renfermait une corde de soie à nœuds, une lime et un billet.

— Et... ce billet ? — demanda Marguerite.

— Était d'une écriture inconnue et contenait ces quelques mots : « La corde est longue, la terre est dure, la sentinelle qui veille au bas de votre fenêtre sait dormir à propos. »

— Bon ! — fit Marguerite, — je comprends... vous avez scié un barreau de fer ?

— Oui.

— Et la corde vous a servi d'échelle pour descendre ?

— Justement.

— Et vous avez cru à la protection d'un ami ?

— Naturellement.

— Eh bien ! cet ami était un traître. — Pibrac et Gauthier se récrièrent. — Oh ! — poursuivit Marguerite, — je devine le reste, allez ! Vous êtes revenus à Paris, vous avez retrouvé Noë, Hector et Lahire.

— Ils se creusaient la tête pour trouver un moyen de délivrer le roi de Navarre.

— Et ils ne le trouvaient pas ?

— Non, — dit Gauthier.

— Mais, moi, — fit Pibrac, — je le trouvai.

— En vérité !

— J'avais laissé des amis parmi les gardes et les officiers de reîtres.

— Ces amis-là, — interrompit Marguerite, — sont des traîtres. — Et tandis que Pibrac hochait la tête d'un air incrédule : — Ne deviez-vous pas sortir par la porte Saint-Jacques ?

— Oui, madame.

— Eh bien ! c'est là que vous attend une double arquebusade.

Tous tressaillirent.

Alors la porte par où s'était introduite madame Marguerite se rouvrit et Miron entra :

— Sire, — dit-il au roi de Navarre, — si vous ne voulez pas mourir massacré, sans défense, comme une victime qu'on égorge, il faut rester ici.

— Ici ! — firent les Gascons.

— Nous nous barricaderons, — continua Miron, qui brandissait une épée nue, — et, s'il faut périr, nous vendrons chèrement nos vies. — En ce moment, Hector et Lahire entrèrent et vinrent se placer silencieusement à la gauche du roi. Soudain une détonation se fit entendre, un éclair brilla de l'autre côté de la Seine. — Minuit ! Voilà le signal, — dit Miron, — c'est le massacre qui commence !

Et tout aussitôt, au premier coup d'arquebuse mille autres coups répondirent, et Paris, qui moins d'une heure auparavant semblait sommeiller sous la protection du couvre-feu, s'éveilla frémissant, hurlant, en délire, et l'on entendit des cris de fureur et des cris de détresse, des imprécations de bourreaux et des gémissements de victimes éveillées en sursaut et frappées dans leur lit.

Et comme une foule de populaire passait frissonnante, éperdue, fuyant devant les massacreurs, entre le fleuve et les murs du Louvre, une fenêtre du royal édifice s'ouvrit, et Marguerite, qui s'était penchée au dehors, put jouir d'un spectacle étrange, épouvantable.

Un homme à demi vêtu, hors de lui, furieux, en délire, déchargeait une arquebuse sur cette foule, jetait l'arme fumante loin de lui, en prenait une autre des mains d'un valet, et recommençait à tirer sur ce peuple désarmé qui fuyait épouvanté.

Cet homme, ce bourreau, ce fou, c'était Charles IX.

. . . . . . . . . . . . . . . . . . .

### XXXX

Le massacre avait commencé dans les rues de Paris, il pénétra bientôt dans le Louvre.

Tout à coup un cri terrible, immense, retentit à travers les salles et les corridors, et d'étage en étage arriva jusqu'à Henri de Bourbon, qu'entouraient ses fidèles défenseurs.

— Mort au roi de Navarre !

— Voici l'heure, — murmura Henri, — et il ne sera point dit que nous aurons attendu l'ennemi. Allons à sa rencontre.

La pièce contiguë à celle où Henri était demeuré jusque-là était une vaste salle dans laquelle on aurait pu livrer une bataille rangée.

Au moment où on attaquait les portes, Henri et ses défenseurs, au milieu desquels se trouvait toujours Marguerite, formaient un petit bataillon carré.

La porte, volant en éclats, livra passage à une douzaine de reîtres. Mais, pour Henri et ses Gascons, c'était là de pauvres adversaires : les douze reîtres tombèrent l'un après l'autre sans avoir tué personne au roi de Navarre.

Lahire seul avait reçu un coup de hallebarde qui pourtant ne le mit point hors de combat.

Mais bientôt arrivèrent des combattants plus redoutables.

Ceux-là portaient la croix de Lorraine sur l'épaule, et à leur tête marchait un homme que Marguerite reconnut sur-le-champ et qui reconnut Marguerite.

C'était le duc de Guise.

— Ah ! ah ! — dit-il en marchant à Henri l'épée haute, — vous êtes donc toujours aimé.

— Bien ! — répondit Henri, — à la bonne heure ! au moins vous avez le courage de votre haine !

Les hommes qui marchaient avec le duc de Guise étaient au nombre de dix. Parmi eux il y avait encore Eric de Crèvecœur et Conrad de Saarbruck.

— Mort à Navarre ! Vive Lorraine ! — cria le duc.

— Vive le roi ! — répondirent les Gascons.

Et la lutte s'engagea terrible, acharnée et sans relâche.

Le duc et Henri avaient croisé le fer et s'étaient blessés réciproquement, mais leurs blessures étaient légères et ne les mettaient point hors de combat.

Lahire et le comte Eric avaient fait coup fourré.

Pibrac avait tué deux lorrains.

Hector avait été renversé d'un coup de hallebarde, et le page Gauthier était tombé frappé d'un coup d'épée dans le flanc.

Le combat durait depuis une heure environ, lorsque Hogier, qui combattait à la droite du roi de Navarre, vit un lorrain qui, derrière le duc de Guise, ajustait Henri avec un pistolet et faisait feu.

Hogier bondit de côté, se jeta devant le roi de Navarre et reçut la balle en pleine poitrine.

Il tomba sanglant aux pieds du roi en murmurant :

— Mon roi me doit la vie, j'ai reconquis l'honneur.

Puis un nom, un nom aimé, vint mourir sur ses lèvres.

Ce nom, nul ne l'entendit.

. . . . . . . . . . . . . . . . . . .

Tout à coup, au seuil de cette salle convertie en champ de bataille, et dans laquelle les deux princes, sanglants tous deux, haletants, voyaient tomber un à un leurs défenseurs, on entendit une voix tonnante qui criait :

— Bas les armes ! messieurs, bas les armes ! — C'était la voix de Charles IX, de Charles IX qui avait eu un éclair de raison, dont la folie s'était calmée soudain, et que l'horreur de cette nuit de meurtre et de carnage commençait à pénétrer. Au son de cette voix les combattants s'arrêtèrent. Alors le roi Charles IX marcha droit au roi de Navarre, étendit sa main sur lui et dit : — Cet homme est sacré, c'est mon frère !

Le roi de Navarre était sauvé.

Marguerite, elle, était agenouillée auprès de Hogier de Lévis, qui allait mourir.

FIN DU SERMENT DES QUATRE VALETS.

Paris. — Imprimerie J. Voisvenel, rue du Croissant, 16.

www.ingramcontent.com/pod-product-compliance
Lightning Source LLC
Chambersburg PA
CBHW071941090426
42740CB00011B/1777